개정판

기초에서 응용까지

STM32Fx Cortex ARM
프로그래밍

기초편

개정판
기초에서 응용까지
STM32Fx Cortex ARM 프로그래밍 기초편

개정판 1쇄 발행 2022년 9월 13일

지은이 홍봉조
펴낸이 장길수
펴낸곳 지식과감성#
출판등록 제2012-000081호

교정 양수진
디자인 박예은
편집 박예은
검수 김혜련, 윤혜성
마케팅 고은빛, 정연우

주소 서울시 금천구 벚꽃로298 대륭포스트타워6차 1212호
전화 070-4651-3730~4
팩스 070-4325-7006
이메일 ksbookup@naver.com
홈페이지 www.knsbookup.com

ISBN 979-11-392-0664-7(13000)
값 27,000원

• 이 책의 판권은 지은이에게 있습니다.
• 이 책 내용의 전부 또는 일부를 재사용하려면 반드시 지은이의 서면 동의를 받아야 합니다.
• 잘못된 책은 구입하신 곳에서 바꾸어 드립니다.

지식과감성#
홈페이지 바로가기

개정판

― 기초에서 응용까지 ―

STM32Fx Cortex ARM 프로그래밍

기초편

* STM32CubeMX 와 STM32CudeIDE 무료 컴파일러 사용 *

홍봉조 지음

대학교 마이크로 프로세서 실습 교재

UML 설계와 실습
★

머리말

우리가 잘 알고 있는 임베디드 시스템이란 각종 전자 제품이나 정보 기기 등에 설치되어 있는 마이크로프로세서에 미리 정해진 특정한 기능을 수행하는 소프트웨어를 내장시킨 시스템입니다. IDC에 따르면 임베디드 소프트웨어 시스템 세계시장 규모를 2022년도 말에 943억 US$로 추정합니다. 통신, 가전, 자동차, 산업 자동화 순으로 비중을 가지고 있으며 Embedded Dragon Consulting 발표에 따르면 사용 언어 비중이 **C 언어가 55%, C++ 언어가 23%**로 C 관련 언어가 78%를 차지하고 있습니다.

현재 많은 대학에서 8비트 AVR 수업을 하고 있습니다. 필자가 근무하고 있는 대학에서도 오래전부터 Atmega 128 MCU AVR 수업을 해왔습니다. 기술이 발전함에 따라 기업에서는 ARM MCU를 많이 사용하고 있습니다. **임베디드 AVR 수업을 하는 학교는 이어서 ARM Cotex 수업을 하는 것이 학생들에게 산업체로 갔을 때 많은 도움이 되리라 생각됩니다.** 그 이유는 Cotex ARM 가격이 많이 저렴하고, 다양한 메모리 용량과 32비트의 고성능의 기능을 갖추고 있고, 선택의 폭이 아주 넓기 때문입니다. ARM MCU는 학부에서 배우는 학교가 거의 없고 서울에 있는 유명한 대학원에서 주로 배운다고 출판사 홍보팀에서 전해주었습니다. 필자는 어떻게 하면 최소의 예산으로 학부 학생들이 흥미롭게 배울 수 있을까 하는 고민에서 이 책을 쓰게 되었습니다.

ARM MCU 개발환경을 갖추려면 고가의 IAR 컴파일러와 실습 KIT 교재가 필요하였습니다. 만약 이 교재로 수업을 한다면 13,100원 정도의 가장 저렴한 NUCLEO-F103, 그 다음으로 LAN 접속이 가능한 28,000원 정도의 NUCLEO-F420Zi/F439Zi 보드가 디바이스마트 등에서 쉽게 구입이 가능합니다. NUCLEO-F103으로 하고 20세트 준비 비용이 262,000원 정도면 가능합니다. 필자가 근무하고 있는 대학에서는 2020년부터 32Bit Cotex ARM 수업을 하고 있습니다.

아직도 대부분의 작은 중소 벤처 회사들은 소프트웨어 개발 산출물이 소스 코드밖에 없는 것이 현실입니다. 이 책의 특징은 개발 프로세스에 근거하여 작은 시스템 프로젝터를 수행하는 것처럼 짜여있다는 것입니다. 1990년 이후 개발 프로세스에서 **사용자 요구사항 분석 비용이 전체 비용의 40%**를 차지하기 때문에 사용자 요구사항을 작성하도록 하였고, 소프트웨어를 모델링하는 표준언어인 UML(Unified Modeling Language)을 도입하여 각 장의 예제에 사용자 요구사항과 UML Tool을 이용한 소프트웨어 설계를 추가하였습니다. 그다음 코딩하고 시험하는 절차로 되어있습니다. 또한 OS(Operating System) 환경하에서 쉽게 펌웨어를 개발할 수 있도록 모니터 프로그램과 그 방법들을 기술하였는데 이 부분은 일반 회사에서도 개발에 참고가 될 것입니다.

우리는 복잡한 스마트폰 내부를 몰라도 사용하는 데 불편함이 없듯이, 어렵고 복잡한 MCU 데이터시트나 사용자매뉴얼을 공부하지 않고 ST사에서 제공한 STMCubeMX, STMCubeIDE 툴을 이용하여 쉽게 프로그램을 개발하는 방법을 설명하였고 각 장마다 예제를 통하여 예제 Project 파일생성과 프로그램 C Source Code를 포함했습니다. 이 책에서는 인터넷 연결이 가능한 NUCLEO-F420Zi/F439Zi 보드로 예제를 구성하였으나 인터넷 수업을 하지 않는 경우 저렴한 NUCLEO-F103 보드로 수업해도 됩니다. STMCubeMX 프로그램에서 보드만 선택하면 가능하기 때문에 NUCLEO 계열의 어떤 보드라도 문제가 되지 않습니다. 만약 산업체에서 이 책의 예제를 참고한다면 NUCLEO 보드가 아닌 별도의 하드웨어 보드를 만들어서 개발해도 코드는 같기 때문에 쉽고 안정적인 프로그램을 개발할 수 있습니다. 그때는 ST-LINK 툴을 이용하여 개발하면 되는데 NUCLEO 보드는 ST-LINK 기능이 보드에 포함되어있어 더 편리합니다. 이 책은 학교 수업이 대부분 15주 수업으로 짜여있기 때문에 15장으로 구성되어있습니다. PartⅠ은 소프트웨어 개발 프로세서와 UML, 개발환경구축으로 짜여있고, PartⅡ에서는 STMCubeMX와 STMCubeIDE 사용법 위주로 수업이 진행되며, PartⅢ은 FreeRTOS 환경에서 프로그램하는 방법, 12장에서 15장까지는 데이터통신 프로토콜 관련한 예제로 구성되어있습니다. 특히 14장 중 자동차에서 사용하는 CAN Bus 통신 예제는 관련 기업체에서는 많은 도움이 될 것으로 기대됩니다. 마지막으로 15장에서는 TCP-IP 환경에서의 서버와 클라이언트 프로그래밍을 하는 예제로 구성하였습니다. 끝으로 이 책이 나올 수 있도록 도움을 주신 지식과감성# 출판사 대표님과 편집, 교정팀에게 감사의 말씀을 드립니다.

강의계획서 구성

2학년 이상의 학생들을 대상으로 2학점 혹은 3학점으로 구성했습니다. NUCLEO-F103 보드로 수업할 경우 1장에서 13장까지 수업할 수 있습니다. 14장, 15장 수업은 NUCLEO-F429Zi 혹은 NUCLEO-F439Zi 보드가 준비되면 할 수 있습니다.

주	강의주제	해당 장
1	SW개발방법 및 ARM Processor	1장
2	Cotex ARM IDE 환경구축	2장
3	UML 소개와 GPIO UML 소개와 LED Blinking	3장
4	GPIO 실습	4장
5	Analog 전압측정과 scanf	5장
6	인터럽트와 USART	6장
7	FreeRTOS 실습	7장
8	중간고사	
9	FreeRTOS Monitor, Display Memory, Change Memory	8, 9장
10	Timer 실습	10장
11	DHT-11 온습도 센서와 RTC 실험	11장
12	I2C 통신과 SPI, I2C LCD	12장
13	USART CAN 통신	13, 14장
14	TCP/IP Server와 Client 구현하기	15장
15	기말고사	

이 책의 특징

PartI은 Software 개발방법 UML과 STM 컴파일러 환경구축으로 STMCubeMX와 STMCubeIDE 설치와 사용법에 대하여 학습합니다.

PartⅡ는 FreeRTOS 환경에서의 프로그램 개발과 멀티태스크에 대한 개념과 프로그램 작성에 대하여 학습합니다.

PartIII은 FreeRTOS 모니터 환경에서 I2C, SPI, USART, CAN, TCP-IP 등 데이터통신에 대하여 학습합니다.

각 장은 예제를 통하여 소프트웨어 개발과정을 학생들이 책을 보고 따라 할 수 있도록 쓰여있습니다. 예제마다 분석단계에서 사용자 요구사항 작성하기, 설계단계에서 UML Tool을 이용하여 소프트웨어 설계하기, 구현단계에서 구성설정과 코딩, 검증단계에서 시험하기로 구성되어있습니다. UML은 무료로 사용할 수 있는 tool로 starUML 작성법이 소개되어있습니다.

보드 및 부품 준비

이 책의 강의 시에 필요한 보드와 부품은 디바이스마트 가격을 기준으로 하였습니다. NUCLEO-F103 혹은 NUCLEO-F429Zi, NUCLEO-F430Zi는 예산에 따라 선택하시면 됩니다. 아두이노 수업을 하는 학교는 대부분 DHT-11, I2C LCD, 가변저항은 학교에서 보유하고 있을 거라 예상합니다. 만약 14장 CAN Bus 통신 실험을 하고자 한다면 SN65HVD230 CAN Bus 모듈을 준비하시면 됩니다.

보드 및 센서부품

항목	부품이름	가격(원)
1	NUCLEO-F103RB	15,400
2	NUCLEO-F429Zi	32,600
3	NUCLEO-F439Zi	43,070
4	DHT-11	2,500
5	I2C 1602 LCD	2,800
6	SN65HVD230 CAN Bus 모듈	1,800
7	가변저항 10Kohm	200

| 목차 |

머리말 4
강의계획서 구성 6

Part I
SW개발방법 UML과 STM 컴파일러 환경구축

1장 SW개발방법 및 ARM Processor ─────────────── 18
1.1 소프트웨어 개발방법 ──────────────────────── 18
1) 소프트웨어란?
2) 소프트웨어의 특징
3) 소프트웨어 개발의 기본적인 활동
4) 개발 작업의 특징
5) 소프트웨어의 개발 프로세스
6) 단계적 프로세서
7) 단계적 프로세서와 산출물
8) 소프트웨어 개발비용 비중

1.2 ARM CPU 및 NUCLEO 보드 ─────────────────── 21
1) 마이크로프로세서와 마이크로컨트롤러
2) ARM(Advanced RISC Machines)이란?
3) RISC(Reduced Instruction Set Computer) 프로세스란?
4) STM32F429(144Pin)
5) STM32F429Zi ARM MCU 기능
6) NUCLEO 보드 소개
7) NUCLEO-F429Zi/F439Zi 보드 기능

2장 Cortex ARM IDE 환경구축 — 32

2.1 선행학습 — 32
    1) STM32CubeMX 개요
    2) STM32CubeIDE

2.2 학습도구 및 기자재 — 36

2.3 CubeMX 설치 — 36
    1) CubeMX 개요
    2) CubeMX 설치
    3) CubeMX를 실행하고 사용법 익히기

2.4 STM32CubeIDE 설치 — 40

2.5 Debugging — 44

2.6 부품 및 사용기기, 프로그램 — 46

2.7 예제 1: Project File 만들기 실습 — 46
    1) CubeMX로 NUCLEO-F429Zi 선택한 후 Project 코드 만들기
    2) 시험하기

3장 UML 소개와 LED Blinking — 49

3.1 선행학습 — 49
    1) UML의 개요
    2) UML의 역사와 버전
    3) UML 다이어그램
    4) UML 모델링 절차
    5) USE 케이스
    6) 시퀀스 다이어그램
    7) 상태 다이어그램
    8) Activity Diagram
    9) StarUML

3.2 학습도구 및 기자재 — 54

3.3 예제 1: LED Blinking — 54
    1) 사용자 요구사항 작성하기
    2) UML Tool을 이용하여 Activity Diagram 작성하기
    3) 구현하기

3.4 예제 2: Digital Input — 60
    1) 사용자 요구사항 작성하기
    2) UML Tool로 설계하기
    3) 구현하기
    4) 시험하기

4장 GPIO — 65

4.1 선행학습 — 65

1) STM32 펌웨어 구성
2) HAL(Hardware Abstraction Layer) 드라이브
3) GPIO(General Purpose Input Output)
4) GPIO 설정용 구조체
5) GPIO Mode
6) Pull
7) Speed
8) GPIO 구동용 함수
9) 인터럽트 처리용 함수
10) GPIO 관련 함수

4.2 학습도구 및 기자재 — 73

4.3 예제 1: Switch 입력에 따른 LED 제어 — 73

1) 사용자 요구사항 작성하기
2) UML Tool로 설계하기
3) 구현하기(CubeMX로 Project 만들기)
4) 시험하기

4.4 예제 2: 프린트문 사용하기 — 78

1) 사용자 요구사항 작성하기
2) UML Tool로 설계하기
3) CubeMX로 Project를 만들고 code를 generate 한다.
4) 구현하기
5) main.c의 main(void) 함수에 다음과 같이 코딩한다.
6) 시험하기

5장 Analog 전압측정과 scanf — 83

5.1 선행학습 — 83

1) ADC 블록다이어그램
2) STM32 ADC 기능
3) ADC 클럭
4) 단일변환모드
5) 연속변환모드
6) STM32CubeMX에서의 ADC 설정

5.2 학습도구 및 기자재 — 86

5.3 예제 1: ADC로 전압 표시하기 — 87

1) 사용자 요구사항 작성하기
2) UML Tool로 설계하기
3) CubeMX로 Project 만들기

4) 구현하기
5) 시험하기

5.4 예제 2: scanf 기능 사용하기 —————————————————— 92
1) 사용자 요구사항 작성하기
2) UML Tool로 설계하기
3) CubeMX로 Project 만들기
4) 구현하기
5) 시험하기

6장 인터럽트와 USART ————————————————————— 95

6.1 선행학습 ——————————————————————— 95
1) 인터럽트의 개념
2) STM32F4xx 인터럽트 Vector Table

6.2 학습도구 및 기자재 ————————————————————— 100

6.3 예제 1: Interrupt 방식으로 Switch 처리 ——————————————— 100
1) 사용자 요구사항 작성하기
2) UML Tool을 이용하여 Activity Diagram 작성하기
3) CubeMX를 실행하여 Project를 만들어보라.
4) 구현하기
5) 시험하기

6.4 예제 2: USART를 인터럽트 방식으로 사용 ——————————————— 107
1) 사용자 요구사항 작성하기
2) UML Tool로 설계하기
3) CubeMX로 Project 만들기
4) 구현하기
5) 시험하기

Part II
FreeRTOS 환경에서의 실습

7장 FreeRTOS — 114

    7.1 선행학습 — 114

        1) RTOS의 개념
        2) FreeRTOS란?
        3) RTOS의 특징
        4) Multitasking
        5) Message Queue
        6) 상용 OS와 FreeRTOS

    7.2 학습도구 및 기자재 — 117

    7.3 예제 1: FreeRTOS Task로 LED Blinking — 117

        1) 사용자 요구사항 작성하기
        2) UML Tool로 설계하기
        3) CubeMX 구성하기
        4) 구현하기
        5) 시험하기

    7.4 예제 2: FreeRTOS상에서 2개의 LED On/Off — 121

        1) 사용자 요구사항 작성하기
        2) UML 작성하기
        3) 구현하기
        4) 시험하기

8장 FreeRTOS Monitor — 126

    8.1 선행학습 — 126

        1) Monitor에 대한 개념
        2) 큐(Queue)의 개념

    8.2 학습도구 및 기자재 — 130

    8.3 예제 1: FreeRTOS 환경에서 모니터 만들기 — 130

        1) 사용자 요구사항 작성하기
        2) UML Tool로 설계하기
        3) 구현하기
        4) Code Generate가 다 끝나면 Open Folder로 들어가보자.
        5) 시험하기

9장 Monitor Display Memory, Change Memory 실습 — 155

9.1 선행학습 — 155
1) STM32F429Zi Memory Map

9.2 학습도구 및 기자재 — 157

9.3 예제 1: 모니터 Display Memory 만들기 — 158
1) 사용자 요구사항 작성하기
2) UML Tool로 설계하기
3) Display Memory Program 구현하기
4) 시험하기

9.4 예제 2: 모니터 Change Memory 만들기 — 162
1) 사용자 요구사항 작성하기
2) UML Tool로 설계하기
3) 구현하기
4) 시험하기

10장 Timer 실습 — 169

10.1 선행학습 — 169
1) STM32F429Zi CPU Timer
2) STM32F429Zi CPU Timer 관련 블록다이어그램
3) Advanced-control Timer(Timer 1, Timer 8)의 기능
4) CubeMX Timer 설정

10.2 학습도구 및 기자재 — 174

10.3 예제 1: 100ms Timer 만들기 — 174
1) 사용자 요구사항 작성하기
2) UML Tool로 구현하기
3) 구현하기
4) 시험하기

10.4 예제 2: Interrupt 모드로 타이머 사용 — 179
1) 사용자 요구사항 작성하기
2) UML Tool로 구현하기
3) 구현하기
4) 시험하기

10.5 예제 3: PWM 모드로 Timer 사용 — 182
1) 사용자 요구사항 작성하기
2) UML 작성하기
3) 구현하기
4) 시험하기

11장 DHT-11 온습도 센서와 RTC 실험 — 189

11.1 선행학습 — 189
　1) DHT-11 프로토콜

11.2 부품 및 사용기기, 프로그램 — 192

11.3 예제 1: DHT-11 실험 — 192
　1) 사용자 요구사항 작성하기
　2) UML Tool로 설계하기
　3) Project 만들기
　4) 코딩하기
　5) 시험하기

11.4 예제 2: RTC 실험 — 199
　1) 사용자 요구사항 작성하기
　2) UML Tool로 설계하기
　3) RTC, Alarm 구현하기
　4) 시험하기

Part III
데이터 통신 관련된 실습

12장 I2C, SPI 통신과 I2C LCD — 216

12.1 선행학습 — 216
　1) I2C LCD
　2) I2C 통신방법
　3) SPI 통신

12.2 학습도구 및 기자재 — 223

12.3 예제 1: I2C Loop 시험 — 224
　1) 사용자 요구사항 작성하기
　2) UML Tool로 설계하기
　3) I2C Loop 구현하기
　4) 시험하기

12.4 예제 2: I2C LCD 실험 — 232
1) 사용자 요구사항 작성하기
2) UML Tool로 설계하기
3) I2C LCD 구현하기
4) 시험하기

12.5 예제 3: SPI Loop 시험 — 239
1) 사용자 요구사항 작성하기
2) UML 작성하기
3) SPI Loop 구현하기
4) 시험하기

13장 USART통신 — 247

13.1 선행학습 — 247
1) 시리얼 통신 개념
2) RS-232 통신
3) RS-422 통신
4) RS-485 통신

13.2 학습도구 및 기자재 — 251

13.3 예제 1: 시리얼 통신 Loop 실험 — 252
1) 사용자 요구사항 작성하기
2) UML Tool로 설계하기
3) CubeMX로 USART 환경 구성하여 구현하기
4) 시험하기

13.4 예제 2: 시리얼과 스마트폰 블루투스 통신 — 258
1) 사용자 요구사항 작성하기
2) UML Tool로 설계하기
3) 구현하기
4) 시험하기

14장 CAN Bus 통신 실습 — 266

14.1 선행학습 — 266
1) 개요
2) CAN Bus 특징
3) CAN Bus 등장 배경
4) CAN BUS 네트워크 동작 원리
5) CAN 통신 프로토콜

14.2 학습도구 및 기자재 ─────────────────────────────── 273

14.3 예제 1: CAN 통신 루프실험 ──────────────────── 273

    1) 사용자 요구사항 작성하기

    2) UML Tool로 Activity Diagram 설계하기

    3) CAN 통신속도 250kbps 설정하기

    4) 구현하기

    5) 코딩하기

    6) 시험하기

15장 TCP/IP Server와 Client 구현하기 ─────── 284

15.1 선행학습 ──────────────────────────────────── 284

    1) TCP Protocol

    2) TCP Server와 Client

15.2 학습도구 및 기자재 ─────────────────────────── 286

15.3 예제 1: TCP-IP Lwip Ping 실습하기 ──────────── 287

    1) 사용자 요구사항 작성하기

    2) UML Tool로 설계하기

    3) 구현하기

    4) 시험하기

15.4 예제 2: TCP-IP Server 실습하기 ─────────────── 293

    1) 사용자 요구사항 작성하기

    2) UML 설계하기

    3) 구현하기

    4) 시험하기

15.5 예제 3: TCP-IP Client 실습하기 ─────────────── 297

    1) 사용자 요구사항 작성하기

    2) UML Tool로 설계하기

    3) 구현하기

    4) 시험하기

Part 1

SW개발방법 UML과 STM 컴파일러 환경구축

Part 1 contents

- 1장 SW개발방법 및 ARM Processor
- 2장 Cortex ARM IDE 환경구축
- 3장 UML 소개와 LED Blinking
- 4장 GPIO
- 5장 Analog 전압측정과 scanf
- 6장 인터럽트와 USART

1장
SW개발방법 및 ARM Processor

필요성	본 소단원의 목표는 SW개발 프로세서에 대한 지식과 우리가 다룰 32비트 Cortex ARM Processor에 대한 지식을 배운다.
학습목표	본 소단원을 마치면, 학생들은 다음 사항을 해낼 수 있어야 한다. 1. 지식 - SW개발방법 - ARM MCU 지식 - NUCLEO-F429Zi/439Zi Board 2. 기술 SW개발 프로세서와 Cortex ARM MCU, NUCLEO Board에 대한 전반적인 지식을 습득한다.

1.1 소프트웨어 개발방법

1) 소프트웨어란?
소프트웨어의 정의는 프로그램과 프로그램의 개발 설계 운용 보수에 필요한 통체적인 정보를 뜻하며 생산물의 구조가 코드 안에 숨어있기 때문에 무형적이다.

2) 소프트웨어의 특징
소프트웨어는 복잡(complexity)하며, 순응적(conformity)이며, 변경성(changeability)이 있고, 비가시적(invisibility)인 것이 특징이다.

3) 소프트웨어 개발의 기본적인 활동
개집을 만든다면 복잡한 설계라든가 요구사항 명세서가 필요 없을 수도 있다. 하지만 빌딩을 짓는다면 요구사항 명세서, 건축 설계 도면 없이 건축한다면 안정성이 매우 취약하며 건축 진행이 아주 힘들게 될 것이다. 이처럼 소프트웨어 개발도 건축 설계 도면처럼 요구사항을 명세화하여야 하고, 이것을 토대로 설계를 진행하고 설계가 끝나면 여러 가지의 코딩으로 프로그램 개발을 하여 요구사항에 맞게 만들어졌는지 검증 절차를 거쳐서 배포되어야 한다. 배포 후에는 반드시 유지보수가 따르게 된다. 소프트웨어 개발주기(Life Cycle)는 ISO/IEC 15288에 명시되어있고 개념이 복잡하지만 간단하게 표현하면 [그림 1-1]과 같다.

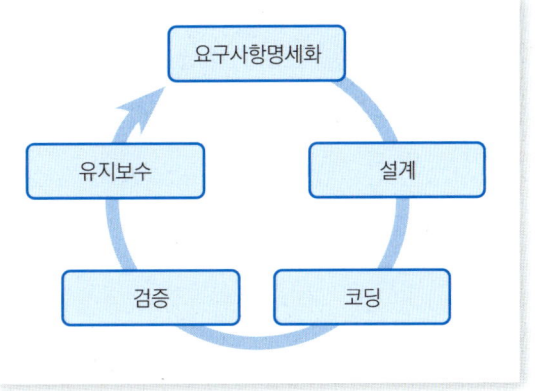

[그림 1-1] 소프트웨어 개발의 기본적인 활동

4) 개발 작업의 특징

소프트웨어의 개발과정의 특징을 보면 요구사항을 명세화하는 데 많은 어려움이 있고, 재사용(reuse)의 어려움, 예외적인 예측의 어려움, 유지보수의 어려움을 내포하고 있다. 따라서 개발 프로세스 없이 만들 경우 개발지연으로 예산을 낭비하게 되고 품질수준이 미치지 못하며 유지보수와 프로그램을 수정할 경우 많은 어려움이 생기게 된다.

5) 소프트웨어의 개발 프로세스

[그림 1-2] 소프트웨어의 공학적 접근

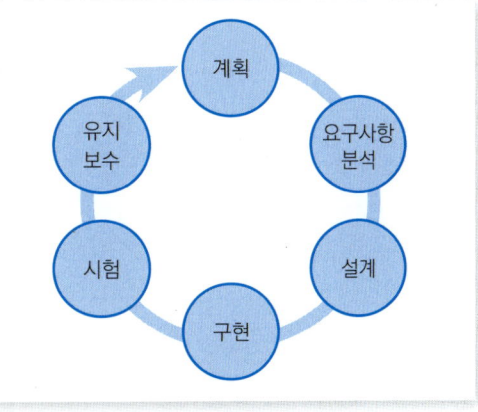

[그림 1-3] 소프트웨어 개발 프로세서

소프트웨어의 공학적인 접근은 개발과 운영, 유지보수, 소멸에 대한 체계적인 접근방법으로 개발에 사용되는 방법이 일회성이 아닌 반복과 재사용으로 유사한 소프트웨어 개발 시 개발비용과 개발기간을 줄일 수 있다. 공학적 접근의 장점은 복잡도를 낮출 수 있고 비용을 줄일 수 있으며 개발기간을 단축하고 고품질 소프트웨어 개발과 프로젝트 관리가 가능하여 개발 효율을 높일 수 있다. 따라서 공학적 접근의 목표는 품질 좋은 소프트웨어를 최소의 비용으로 계획된 일정에 맞추어 개발하는 것이라고 볼 수 있다.

6) 단계적 프로세서

단계적 프로세서는 계획하고 요구사항을 분석하고 설계하고 구현하고 시험하고 유지보수를 하는 사이클이 있는데 이것을 소프트웨어 개발주기라고 한다.

7) 단계적 프로세서와 산출물

[표 1-1] 단계적 프로세서와 산출물

단계	초점	주요작업과 기술	결과물
분석	무엇을 만들 것인가?	분석전략수립 요구결정 유스케이스 분석 구조적 모델링 동적 모델링	요구분석명세서
설계	어떻게 구축할 것인가?	설계전략수립 아키텍처 설계 인터페이스 설계 프로그램 설계 데이터베이스 설계	설계명세서
구현	시스템 코딩과 단위시험	프로그래밍 단위 테스팅 시스템 안정화 및 유지보수	새 시스템 유지보수계획
검증	시스템이 요구에 맞게 잘 실행되나?	통합 테스팅 시스템 테스팅 인수 테스팅 시스템 설치 프로젝트관리계획	테스팅 결과보고서

분석에서는 무엇을 만들 것인가에 초점을 두며 요구사항 명세서가 산출물이다. 설계단계에서는 어떻게 구축할 것인가가 초점이며 개발기준서 혹은 설계명세서가 산출물이고 UML 툴을 이용한 기초설계서와 상세설계서로 나눌 수 있다. 구현은 시스템 코딩과 모듈 단위의 단위시험이 초점이며 유

지보수 계획 사용자 매뉴얼 등이 산출물이 될 수 있다. 검증단계에서는 요구사항 항목으로 시험 절차서를 이용한 시험 결과서가 산출물이며 시험 결과가 불량이 나면 다시 설계부터 점검하여 어디서 불량이 발생했는지, 한계점이 있는지 등을 면밀히 분석해야 한다.

8) 소프트웨어 개발비용 비중

[표 1-2] 개발 프로세스별 개발비용 비중 변화

소프트웨어 생명주기 연도	요구사항 분석	설계		구현	시험	
		1차설계	디테일설계	코딩&Unit Testing	통합 Testing	시스템 Testing
1960s~1970s		10%		80%	10%	
1980s		20%		60%	20%	
1990s	40%	30%		30%		

소프트웨어 개발비용 비중을 보면 1960년에서 1970년도에는 80%가 코딩 및 Unit Testing에 소요되었고 1980년도에는 요구사항 분석이 10% 코딩 및 시험이 60%로 낮아졌다. 1990년도 이후에는 요구사항 분석에서의 개발비 비중이 40%로 높아졌고 설계에서 30%, 구현 및 시험에서 30%로 낮아졌다. 그만큼 요구사항 분석에 많은 인건비가 투입된다고 보면 된다.

1.2 ARM CPU 및 NUCLEO 보드

1) 마이크로프로세서와 마이크로컨트롤러

중앙 처리 장치(中央處理裝置) 또는 CPU(central processing unit)는 컴퓨터 시스템을 통제하고 프로그램의 연산을 실행하고 처리하는 가장 핵심적인 컴퓨터의 제어 장치, 혹은 그 기능을 내장한 칩을 말한다. 컴퓨터 안의 중앙 처리 장치(CPU)는 외부에서 정보를 입력받고, 기억하고, 컴퓨터 프로그램의 명령어를 해석하여 연산하고, 외부로 출력하는 역할을 한다. 따라서 CPU는 컴퓨터 부품과 정보를 교환하면서 컴퓨터 시스템 전체를 제어하는 장치로, 모든 컴퓨터의 작동과정이 CPU의 제어를 받기 때문에 컴퓨터의 두뇌에 해당한다고 할 수 있다. 실제의 CPU 칩엔 실행 부분뿐만 아니라 캐시 등의 부가 장치가 통합된 경우가 많다. CPU에는 MCU(Micro Control Unit)와 주변 장치(외부 확장 장치에 관한 IC)가 다 들어있는 Soc(System On Chip)가 있다. 주변 IC가 따로 달려있을 경우, 그것은 MCU라고 할 수 있다. CPU는 기계어로 쓰인 컴퓨터 프로그램의 명령어를 해석하여 실행한다. CPU는 프로그램에 따라 외부에서 정보를 입력받아, 이를 기억하고, 연산하며, 결과를 외부로 출력한다. CPU는 컴퓨터 부품과 정보를 교환하면서 컴퓨터 전체의 동작을 제어한다. 기본 구성으로는 CPU

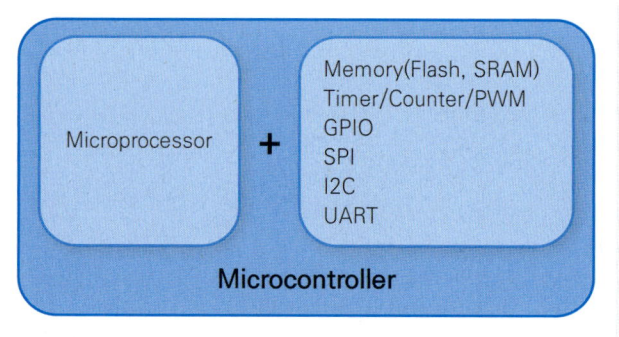

[그림 1-4] 마이크로컨트롤러(MCU) 구성도

에서 처리할 명령어를 저장하는 역할을 하는 프로세서 레지스터, 비교, 판단, 연산을 담당하는 산술논리연산장치(ALU), 명령어의 해석과 올바른 실행을 위하여 CPU를 내부적으로 제어하는 제어부(control unit)와 내부 버스 등이 있다. Z80 CPU, M68000 CPU 등이 이에 속한다. 각종 전자 부품과 반도체 칩을 하나의 작은 칩에 내장한 전자 부품을 마이크로프로세서라고 한다. 마이크로프로세서는 전기 밥통에 쓰이는 낮은 성능의 제품부터 컴퓨터에 쓰이는 높은 성능의 제품까지 매우 다양하다. 마이크로프로세서들 가운데 가장 복잡하고 성능이 높은 제품은 컴퓨터의 연산 장치로 쓰인다. 이것을 중앙 처리 장치라고 한다. ATmega128, ATMEGA328 등이 이 제품군에 속한다.

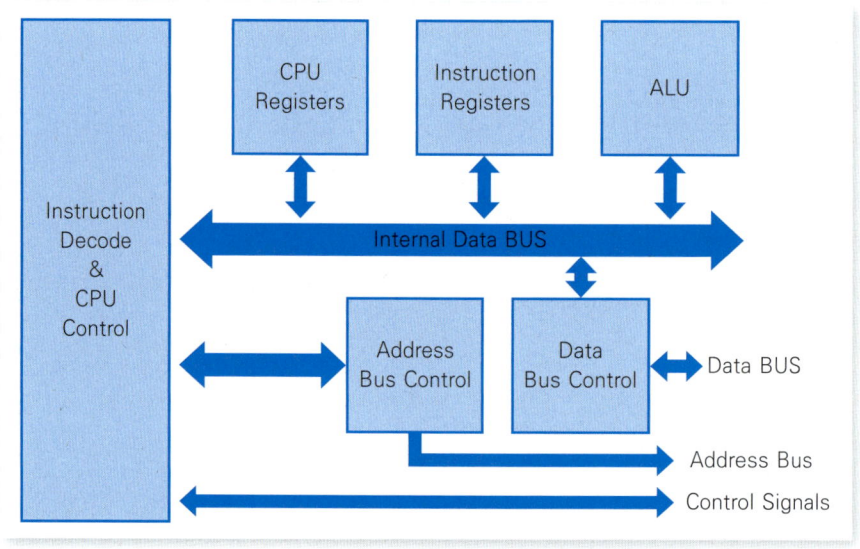

[그림 1-5] 마이크로프로세서(CPU) 구성도

2) ARM(Advanced RISC Machines)이란?

ARM 아키텍처(ARM architecture, 과거 명칭: Advanced RISC Machine, 최초 명칭: Acorn RISC Machine)는 임베디드 기기에 많이 사용되는 RISC 프로세서이다. 저전력을 사용하도록 설계하여 ARM CPU는 모바일 시장 및 싱글 보드 컴퓨터로 불리는 개인용 컴퓨터에서 뚜렷한 강세를 보인다.

- 1985년 4월 26일 영국의 케임브리지에 있는 에이콘 컴퓨터(Acorn Computers)에 의해서 탄생.
- 1990년 11월에 애플과 VLSI의 조인트 벤처 형식으로 ARM(Advanced RISC Machines Ltd.)이 생김.
- 오늘날 저전력 고성능 mobile 프로세서 절대 강자

삼성, QUALCOMM, NXP, STmicroelectronics 등 세계적인 많은 회사들이 ARM 코어를 사용한다. ARM Processor는 최초 ARM7에서 출발하여 ARM11까지 진화했으며 Cortex 계열로는 M0부터 M33까지 진화했다. M시리즈는 MCU, R시리즈는 Real Time 시스템용으로 개발되었고 A시리즈는 고기능 운영체제에 대응하도록 설계되었다.

ARM사의 32비트 MCU 버전인 Cortex-M 시리즈는 8비트에 비하여 고성능이면서 가격이 저렴하다. NXP, STMicroelectronics사 등에서 대거 출시되어 32비트 MCU 사용이 급증했다. Cortex-M를 채용할 때의 문제점은 두터운 8비트 MCU의 사용자층과 많은 경험들이 있는데 각 사의 32비트 MCU마다의 개발 툴 및 환경이 모두 상이하는 것이 단점으로 보인다.

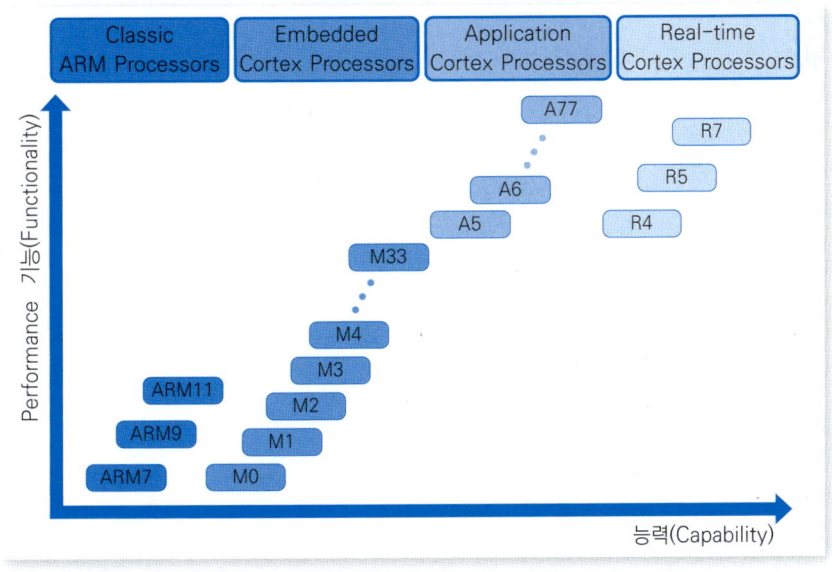

[그림 1-6] ARM Processor의 분류

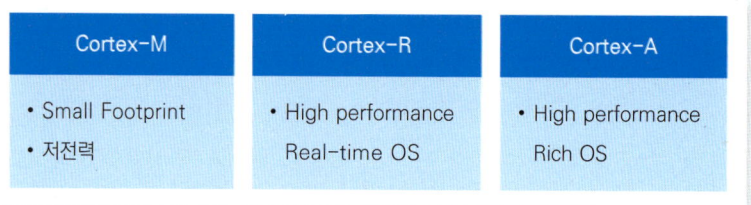

[그림 1-7] Cortex-ARM 분류

3) RISC(Reduced Instruction Set Computer) 프로세스란?

CISC(Complex Instruction Set Computer)와 대응되는 개념으로서, 명령어를 단순화하고 개수를 줄인 프로세서의 방식을 의미한다. 장점은 명령어가 단순하고 길이가 일정하여 하드웨어가 효율적이고 파이프라인 등의 병렬 수행을 적용할 수 있다는 것이다. 단점은 단순한 명령의 조합으로 원하는 동작을 수행해야 하기 때문에 컴파일러가 코드 최적화가 복잡해지고 프로그램의 길이가 길어진다는 것이다.

4) STM32F429(144Pin)

저전력 STM32F429xx 기기는 최대 180MHz의 주파수에서 작동하는 고성능 Arm® Cortex®-M4 32비트 RISC 코어를 기반으로 한다. Cortex-M4 코어는 모든 Arm® 단 정밀도 데이터 처리 명령어 및 데이터 유형을 지원하는 부동 소수점 처리를 특징으로 한다. 또한 전체 DSP 명령어 세트와 애플리케이션 보안을 강화하는 메모리 보호 장치(MPU)를 구현한다. STM32F427xx 및 STM32F429xx 장치는 고속 임베디드 메모리(플래시 메모리 최대 2MB, 최대 256KB SRAM), 최대 4KB 백업 SRAM 및 2개의 APB에 연결된 광범위한 확장 I/O 및 주변 장치를 통합한다. 버스, 2개의 AHB 버스 및 32비트 다중 AHB 버스 매트릭스, 모든 장치는 12비트 ADC 3개, DAC 2개, 저전력 RTC 1개, 모터 제어용 PWM 타이머 2개, 범용 32비트 타이머 2개를 포함한 12개의 범용 16비트 타이머를 제공한다. 또한 표준 및 고급 통신 인터페이스를 제공한다.

5) STM32F429Zi ARM MCU 기능

Core: ARM® 32-bit Cortex®-M4 CPU with FPU,
　　　Adaptive real-time accelerator (ART Accelerator™) allowing 0-wait state execution from Flash memory, frequency up to 180 MHz, MPU, 225 DMIPS/1.25 DMIPS/MHz (Dhrystone 2.1), and DSP instructions

- Memories
  - Up to 2 MB of Flash memory organized into two banks allowing read-while-write
  - Up to 256+4 KB of SRAM including 64-KB of CCM (core coupled memory) data RAM
  - Flexible external memory controller with up to 32-bit data bus:
    SRAM,PSRAM,SDRAM/LPSDR SDRAM Compact Flash/NOR/NAND memories
- LCD parallel interface, 8080/6800 modes
- LCD-TFT controller up to XGA resolution with dedicated Chrom-ART Accelerator™ for enhanced graphic content creation (DMA2D)
- Clock, reset and supply management
  - 1.7 V to 3.6 V application supply and I/Os
  - POR, PDR, PVD and BOR
  - 4-to-26 MHz crystal oscillator
  - Internal 16 MHz factory-trimmed RC (1% accuracy)
  - 32 kHz oscillator for RTC with calibration
  - Internal 32 kHz RC with calibration
- Low power
  - Sleep, Stop and Standby modes
  - VBAT supply for RTC, 20×32 bit backup registers + optional 4KB backup SRAM
- 3×12-bit, 2.4 MSPS ADC: up to 24 channels and 7.2 MSPS in triple interleaved mode
- 2×12-bit D/A converters
- General-purpose DMA: 16-stream DMA controller with FIFOs and burst support
- Up to 17 timers: up to twelve 16-bit and two 32-bit timers up to 180 MHz, each with up to 4 IC/OC/PWM or pulse counter and quadrature (incremental) encoder input
- Debug mode
  - SWD & JTAG interfaces
  - Cortex-M4 Trace Macrocell™
- Up to 168 I/O ports with interrupt capability
  - Up to 164 fast I/Os up to 90 MHz
  - Up to 166 5 V-tolerant I/Os
- Up to 21 communication interfaces
  - Up to 3×I2C interfaces (SMBus/PMBus)
  - Up to 4 USARTs/4 UARTs (11.25 Mbit/s, ISO7816 interface, LIN, IrDA, modem control)
  - Up to 6 SPIs (45 Mbits/s), 2 with muxed full-duplex I2S for audio class accuracy viainternal audio PLL or external clock
  - 1×SAI (serial audio interface)
  - 2×CAN (2.0B Active) and SDIO interface

- Advanced connectivity
  - USB 2.0 full-speed device/host/OTG controller with on-chip PHY
  - USB 2.0 high-speed/full-speed
    device/host/OTG controller with dedicated DMA, on-chip full-speed PHY and ULPI
  - 10/100 Ethernet MAC with dedicated DMA: supports IEEE 1588v2 hardware, MII/RMII
- 8-to 14-bit parallel camera interface up to 54 Mbytes/s
- True random number generator
- CRC calculation unit
- RTC: subsecond accuracy, hardware calendar
- 96-bit unique ID

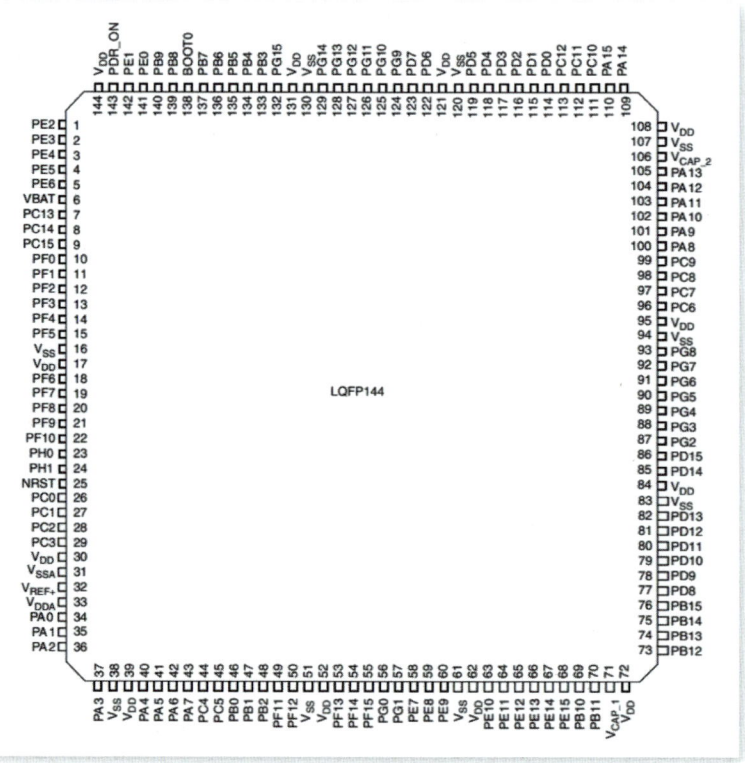

[그림 1-8] STM32F429Zi MCU(출처: www.st.com)

6) NUCLEO 보드 소개

STM32 NUCLEO는 MCU의 최소 기능만으로 구성된 개발 보드로 연결되지 않은 나머지 핀들을 사용자가 자유롭게 사용할 수 있도록 확장핀 커넥터로 연결되어있다. STM32 NUCLEO 보드의 장점은 복잡한 회로 수정 없이 다른 보드나 회로를 연결하여 빠른 기능 점검과 구현을 하는 데 있다. STM32 NUCLEO 보드의 특징을 다음 순서로 설명한다. 현재 출시된 NUCLEO 보드는 STM32 MCU 핀수에 따라 32핀, 64핀, 144핀 세 가지로 구분된다. NUCLEO-32, NUCLEO-64(왼쪽), NUCLEO-144(오른쪽) 보드이다. 우리가 이 책에서 사용할 NUCLEO 보드는 NUCLEO-F429 혹은 NUCLEO-F439Zi 보드로 플래시 메모리 크

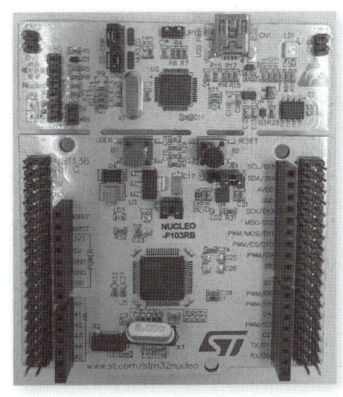
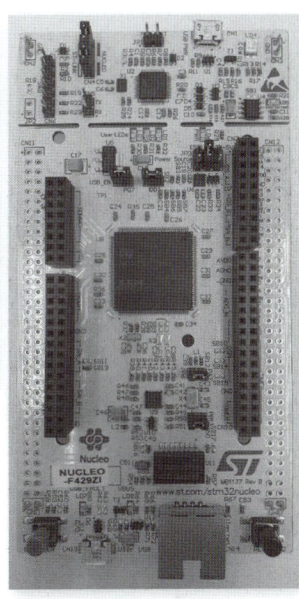

[그림 1-9] NUCLEO 보드 종류

기는 2MByte인 것을 볼 수 있다. NUCLCO-F103 보드를 사용해도 되나 CAN 통신 기능 혹은 랜 기능 없이 사용한다면 이 책을 이용해도 될 것이다.

[표 1-3] NUCLEO 보드별 제공 기능

	NUCLEO-32	NUCLEO-64	NUCLEO-144
STM32 MCU	32핀	64핀	144핀
ST-Link/V2 JTAG/SWD 디버거	○	○	○
Arduino™ Nano 커넥터	○		
Arduino™ Uno V3 커넥터		○	○
ST Morpho 커넥터		○	○
ST Zio 커넥터			○
LSE (32.768KHz) 크리스탈	○ (일부)	○	○
사용자 USB 포트			○
사용자 Ethernet 포트			○ (일부)
사용자 LED	○	○	○
사용자 푸쉬 버튼		○	○
MCU 리셋 버튼	○	○	○

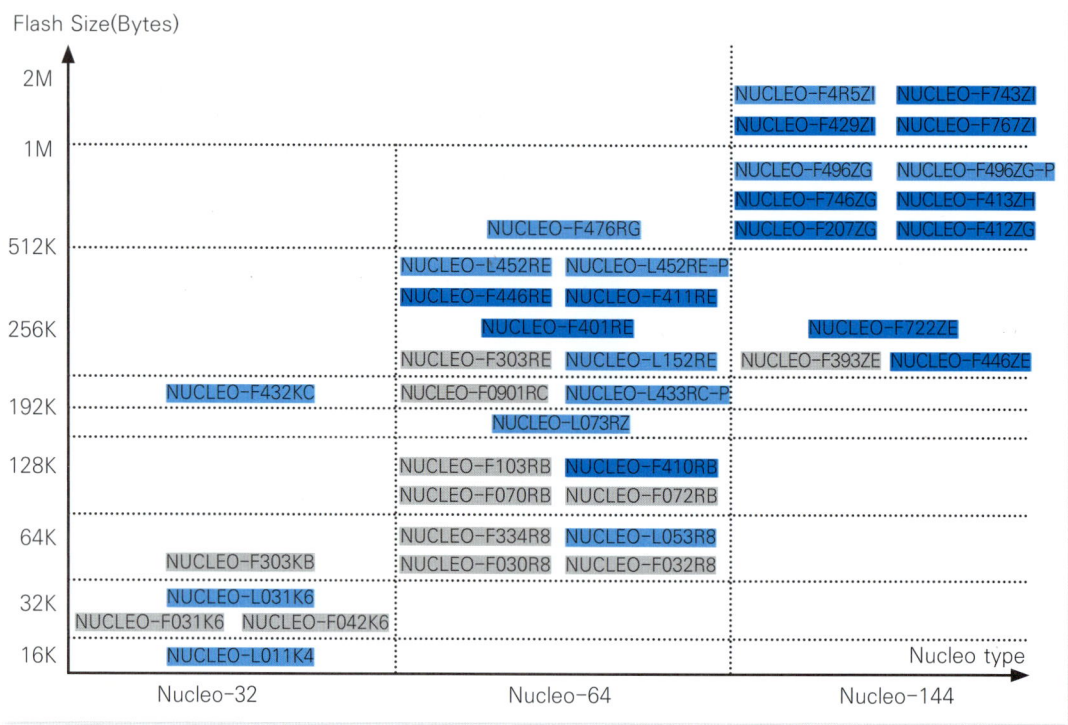

[그림 1-10] NUCLEO 보드 리스트

7) NUCLEO-F429Zi/F439Zi 보드 기능

The STM32 Nucleo-144 boards offer the following features:
- STM32 microcontroller in LQFP144 package
- Ethernet compliant with IEEE-802.3-2002
- USB OTG or full-speed device (depending on STM32 support)
- 3 user LEDs
- 2 push-buttons: USER and RESET
- LSE crystal:
    - 32.768 kHz crystal oscillator
- Board connectors:
    - USB with Micro-AB
    - Ethernet RJ45
- Expansion connectors:
    - ST Zio including Arduino™ Uno V3
    - ST morpho
- Flexible power-supply options: ST-LINK USB VBUS or external sources

- On-board ST-LINK/V2-1 debugger/programmer with SWD connector:
  - ST-LINK/V2-1 standalone kit capability
  - USB re-enumeration capability: virtual COM port, mass storage, debug port
- Comprehensive free software libraries and examples available with the STM32Cube package
- Supported by wide choice of Integrated Development Environments (IDEs) including IAR™, Keil®, GCC-based IDEs, Arm® Mbed™
- ARM® Mbed Enabled™ (see http://mbed.org)

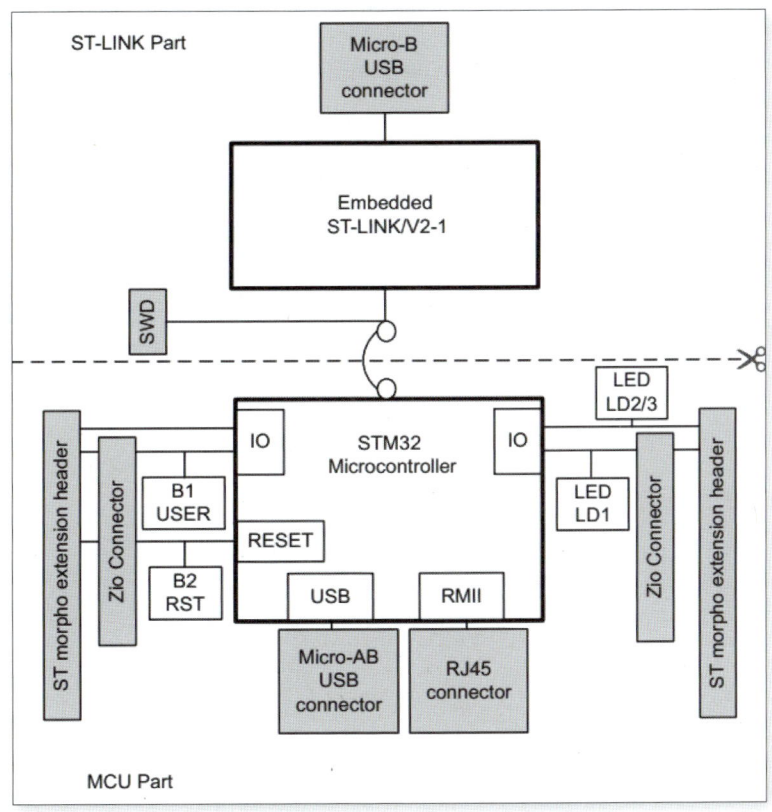

[그림 1-11] NUCLEO-F429Zi 보드 블록다이어그램(출처: www.st.com)

보드 상위에 있는 USB 단자는 PC와 연결하여 사용할 수 있는 ST-LINK 커넥터가 있다. 내부에는 Blue LED와 Red LED, User 푸시 버튼, 리셋 버튼 인터넷 시험용 RJ45 커넥터와 사용자 USB Micro 커넥터가 있다. STM32 MCU의 USART TX/RX 핀이 회로적으로 ST-Link/V2와 연결되어있고, ST-Link/V2를 통해서 USB Virtual Com Port로 PC에 인식된다. 따라서 printf를 re-direction 한 USART TX 출력 및 RX 입력을 외부에 RS232 드라이버와 DB9 커넥터 연결을 하지 않고 ST-Link/V2 USB 연결만으로 USART를 사용할 수 있다. 해당 USART를 사용해서 TX 출력 및 RX 입력받도록 하는 사용자 MCU 코딩 작업은 별도로 해주어야 한다.

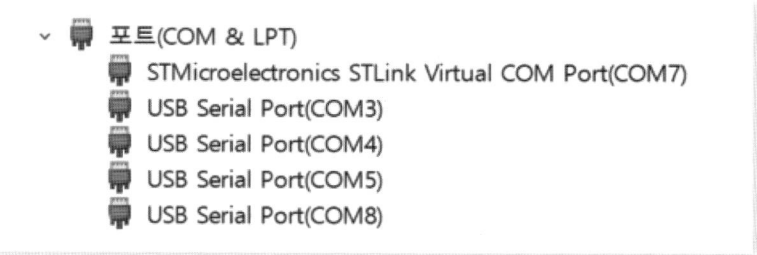

[그림 1-12] STLink Virtual Com

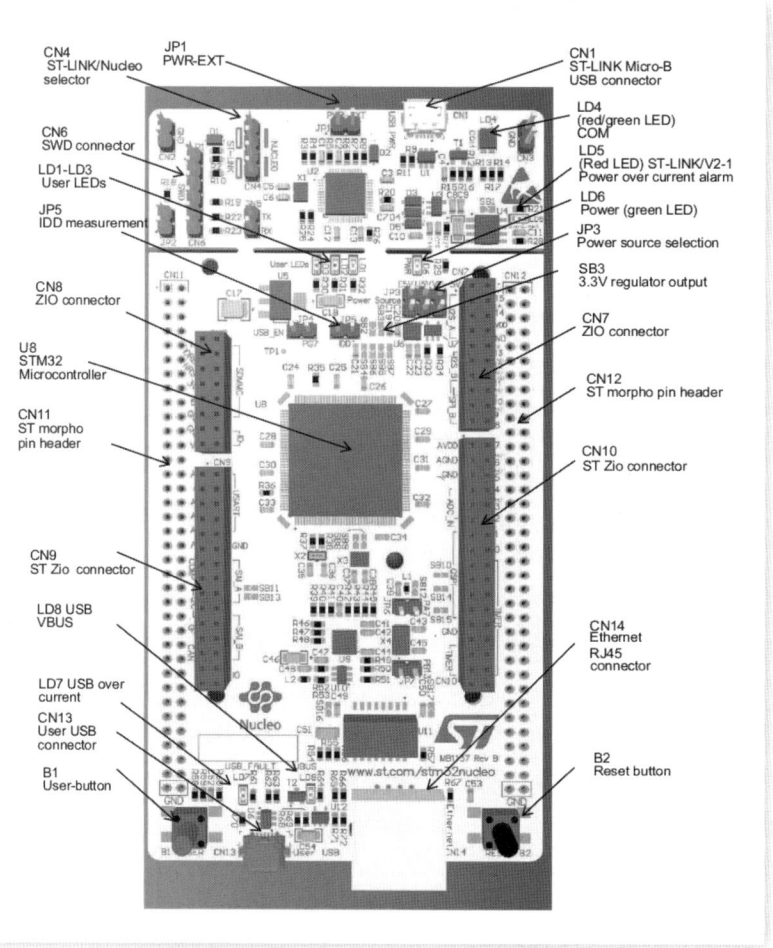

[그림 1-13] NUCLEO-F429Zi 커넥터 설명서(출처: www.st.com)

NUCLEO-F429Zi/F439Zi에 대한 상세한 자료는 ST 홈페이지에서 en_DM00244518 문서에서 찾아볼 수 있다.

연습문제

1. 소프트웨어의 특징은?

2. 소프트웨어 개발 프로세서 6가지는 무엇인가?

3. 소프트웨어 단계적 프로세서의 산출물은?

4. 마이크로프로세서와 마이크로컨트롤러의 차이에 대하여 설명하라.

5. ARM(Advanced RISC Machines)이란?

2장
Cortex ARM IDE 환경구축

필요성	본 소단원의 목표는 STM32CubeMX 프로그램과 STM32CubeIDE 프로그램을 설치하고 사용법을 익힌다.
학습목표	본 소단원을 마치면, 학생들은 다음 사항을 해낼 수 있어야 한다. 1. 지식 - STM32CubeMX 프로그램을 이용하여 Project를 생성하는 방법 - STM32CubeIDE 프로그램을 이용하여 Compiler, Link, Editor 등 프로그램 개발환경을 익힌다. 2. 기술 STM32CubeMX와 STM32CubeIDE 사용법에 대한 전반적인 지식 학습

2.1 선행학습

1) STM32CubeMX 개요

STM32CubeMX는 STM32 마이크로컨트롤러용 그래픽 도구이며 STM32Cube의 일부이다. STM32CubeMX에는 다음과 같은 주요 기능이 있다.

가) 프로젝트 관리

STM32CubeMX를 사용하면 이전에 저장한 프로젝트를 생성, 저장 및 로드할 수 있다.

- STM32CubeMX가 시작되면 사용자는 새 프로젝트를 만들거나 이전에 저장한 프로젝트를 로드한다.
- 프로젝트를 저장하면 프로젝트 내에서 수행된 사용자 설정 및 구성이 저장된다.
  프로젝트가 STM32CubeMX에 로드될 때 사용할 .ioc 파일의 프로젝트를 열면 이전에 저장한 프로젝트를 새 프로젝트로 가져올 수도 있다.

STM32CubeMX 프로젝트는 두 가지 유형으로 제공된다.
- MCU 구성만 해당: .ioc 파일은 전용 프로젝트 폴더에 저장된다.
- C 코드 생성을 사용한 MCU 구성: 이 경우 .ioc 파일은 생성된 소스 C 코드와 함께 전용 프로젝트 폴더가 있을 수 있고, 프로젝트당 하나의 .ioc 파일만 있다.

나) MCU, 보드 또는 예제에서 시작하여 손쉬운 프로젝트 생성

새 프로젝트 창에서 사용자는 마이크로컨트롤러, 보드 또는 STMicroelectronics STM32의 예제 프로젝트 포트폴리오, MCU 및 보드 선택을 쉽게 하기 위해 다양한 필터링 옵션을 사용할 수 있다. Cross selector 탭을 통해 MCU를 선택할 수도 있다. 경쟁사의 특성과 비교 기준을 조정할 수 있다.

다) 쉬운 핀아웃 구성
- 핀아웃 보기에서 사용자는 목록에서 주변 장치를 선택하고 구성할 수 있다.
  응용 프로그램에 필요한 주변 장치 모드를 STM32CubeMX에서 할당하고 그에 따라 핀을 구성한다.
- 고급 사용자의 경우 주변 기능을 직접 매핑할 수도 있다.
  핀아웃 보기를 사용하여 물리적 핀에 연결한다. 신호는 핀에 잠글 수 있다.
  STM32CubeMX 충돌 해결사가 신호를 다른 핀으로 이동하는 것을 방지한다.
- 핀아웃 구성을 .csv 파일로 내보낼 수 있다.

라) 완벽한 프로젝트 생성

프로젝트 생성에는 핀아웃, 펌웨어 및 미들웨어 초기화 C 코드가 포함된다.
IDE 세트용 STM32Cube 임베디드 소프트웨어 라이브러리를 기반으로 한다. 그만큼 다음 작업을 수행할 수 있다.
- 이전에 정의된 핀아웃부터 시작하여 사용자는 미들웨어, 시계 트리, 서비스(RNG, CRC 등) 및 주변 매개 변수, STM32CubeMX는 해당 초기화를 생성한다. C 코드 결과는 생성된 main.c 파일과 C를 포함하는 프로젝트 디렉터리이다. 구성 및 초기화를 위한 헤더 파일과 필요한 HAL 사본 및 미들웨어 라이브러리 및 선택한 IDE에 대한 특정 파일이다.
- 사용자는 사용자 정의 C 코드를 추가하여 생성된 소스 파일을 수정할 수 있다.

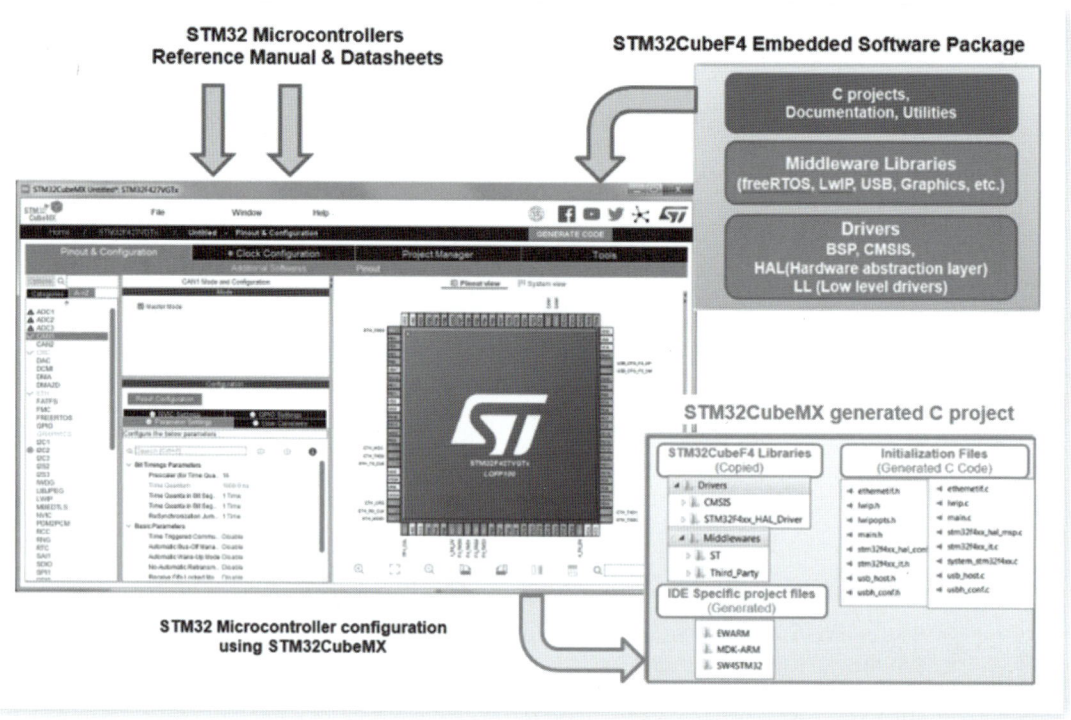

[그림 2-1] STM32CubeMX 구성도(출처: www.st.com)

2) STM32CubeIDE

um2609 Document에 STM32CubeIDE Compiler에 대한 상세한 사용법이 기술되어있다. STM32CubeIDE는 주변 장치 구성, 코드 생성, 코드 컴파일, 링크 및 디버그 기능, Eclipse®/CDT 프레임 워크 및 GCC 툴 체인을 기반으로 한다. 개발 및 디버깅을 위한 GDB와 수백 개의 기존 플러그인을 통합할 수 있다. Eclipse® IDE의 기능을 완성한다. STM32CubeIDE는 ST MCUFinder(ST-MCU-FINDER-PC) 및 STM32CubeMX 기능을 통합하여 올인원 도구로 구성된다. 새로운 STM32 MCU 또는 보드 프로젝트를 쉽게 생성하고 GCC 툴 체인이 포함되어있다. STM32CubeIDE에는 사용자에게 유용한 정보를 제공하는 빌드 분석기 및 정적 스택 분석기가 포함되어있다. 프로젝트 상태 및 메모리 요구사항에 대해 STM32CubeIDE에는 CPU 코어 레지스터 보기를 포함한 표준 및 고급 디버깅 기능도 포함되어있다. 메모리, 주변 레지스터, 라이브 변수 시계 및 직렬 와이어 뷰어 인터페이스 결함 분석기는 디버그 세션 중에 STM32 프로세서에 의해 오류가 트리거 되면 오류 정보를 표시한다.

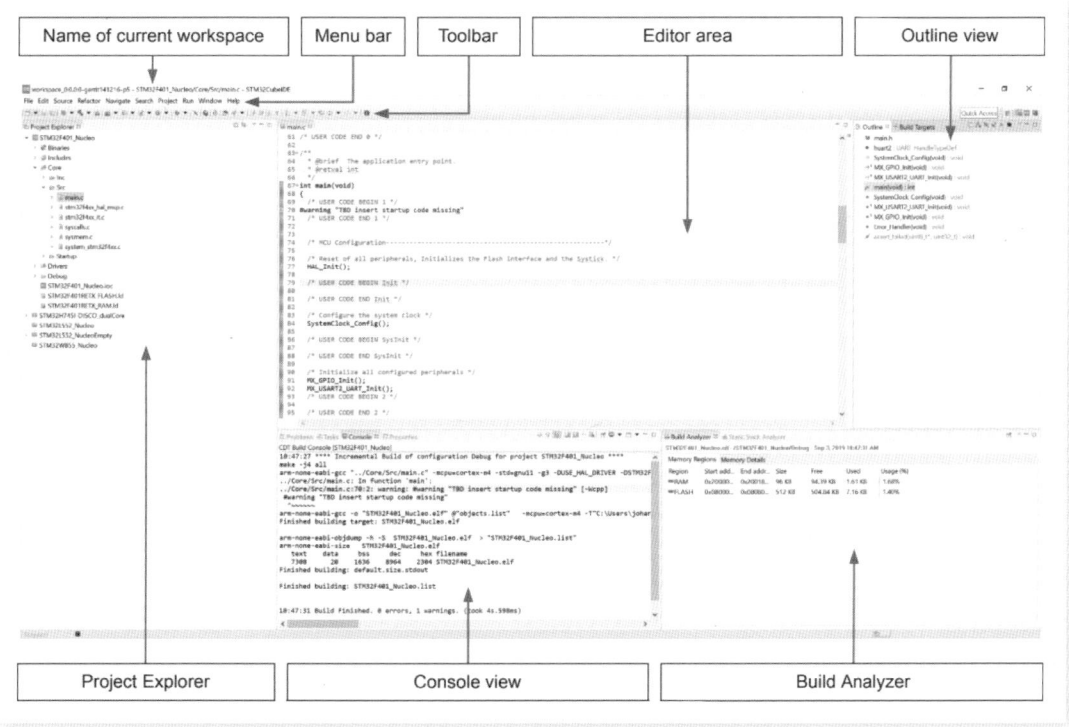

[그림 2-2] CubeIDE 메뉴 구성(출처: www.st.com)

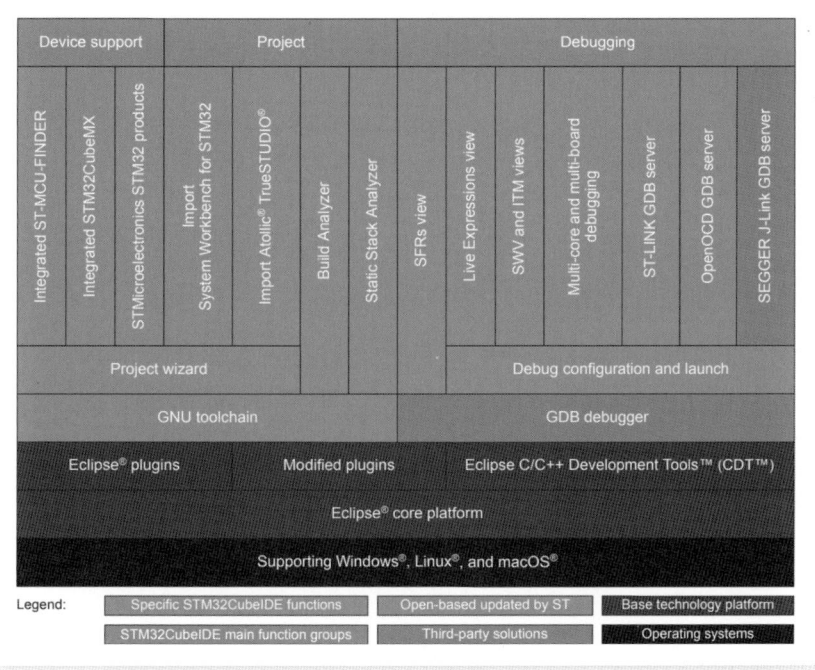

[그림 2-3] STM32CubeIDE 기능들(출처: www.st.com)

Part Ⅰ. SW개발방법 UML과 STM 컴파일러 환경구축

2.2 학습도구 및 기자재

가) Hardware는 NUCLEO-F429ZI 혹은 NUCLEO-F439ZI 보드
나) USB 케이블
다) Cube-MX Program
라) Cube-IDE Program
마) StarUML Program
바) PC

2.3 CubeMX 설치

1) CubeMX 개요

- 전체 STM32 포트폴리오를 포괄하는 간편한 마이크로컨트롤러 선택
- STMicroelectronics 보드 목록에서 보드 선택
- 간편한 마이크로컨트롤러 구성(핀, 클럭 트리, 주변 장치, 미들웨어) 및 해당 초기화 C 코드 생성
- 이전에 저장한 데이터를 가져와서 다른 마이크로컨트롤러로 쉽게 전환, 새로운 MCU 프로젝트에 대한 구성
- 현재 구성을 호환 가능한 MCU로 쉽게 내보내기
- 구성 보고서 생성
- 통합 개발 선택을 위한 임베디드 C 프로젝트 생성
- 환경 도구 체인. STM32CubeMX 프로젝트에는 생성된 초기화 C가 포함
- 사용자 정의 애플리케이션 시퀀스에 대한 전력 소비량 계산
- 사용자가 STM32CubeMX를 최신 상태로 유지할 수 있는 자체 업데이트
- 사용자 애플리케이션에 필요한 STM32Cube 임베디드 소프트웨어 다운로드 및 업데이트

2) CubeMX 설치

www.st.com으로 들어가서 cubemx 키워드를 검색하여 프로그램을 설치한다.

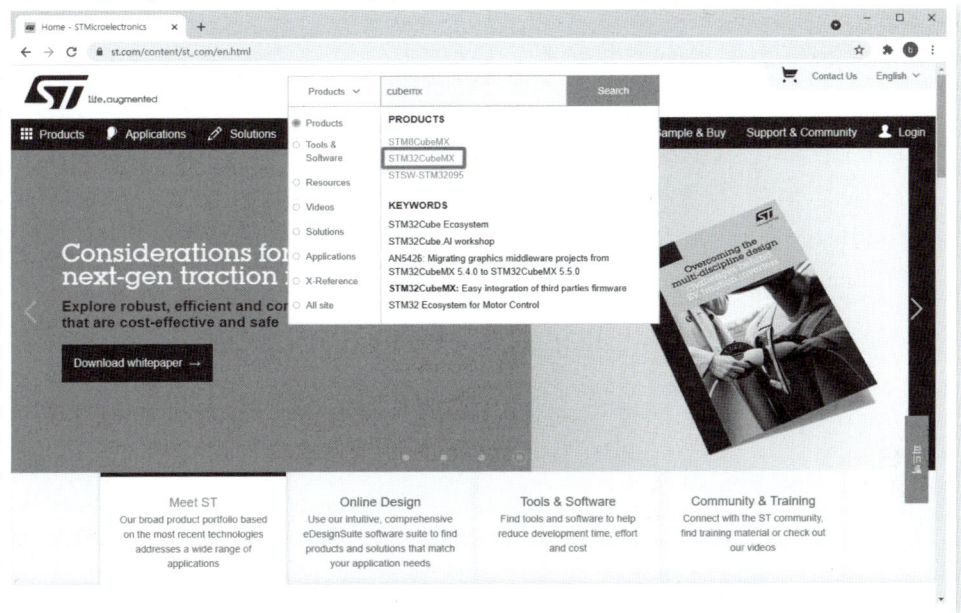

[그림 2-4] www.st.com Home Page

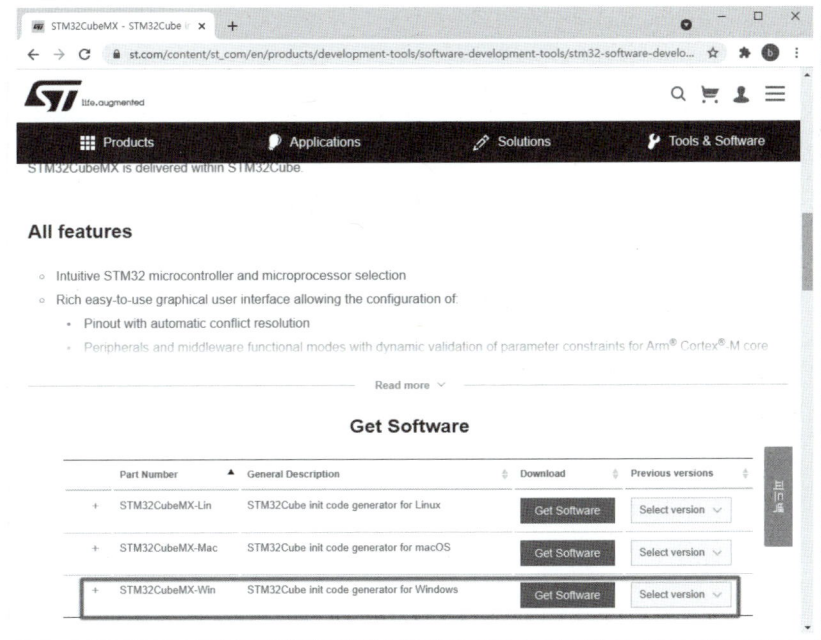

[그림 2-5] STM32CubeMX Software

3) CubeMX를 실행하고 사용법 익히기

CubeMX를 실행하면 [그림 2-6]과 같은 화면을 볼 수 있다. New Project 메뉴에서 MCU Selector는 새로운 MCU 기반으로 프로그래밍을 할 때 사용하는 메뉴이고, Board Selector는 ST사에서 제공하는 각종 보드를 검색하여 자동으로 보드에 맞는 구성으로 프로그래밍을 할 때 사용한다. 마지막으로 Example Seletor는 각종 예제 Source를 기반으로 프로그램할 때 사용하는 메뉴이다. MCU 기반의 Project로 시작할 경우 MCU의 클럭, GPIO, Core 등 세부파라미터를 세팅해주어야 하며, 이것은 MCU 데이터시트를 참고하여 설정을 해주어야 한다.

두 번째 메뉴인 Board Selector는 좀 더 쉽게 Project를 생성할 수 있다. 보드의 특성에 맞게 기본적인 파라미터를 이미 다 세팅해놓아 추가적으로 적용하고 싶은 것만 더 생성하여 사용한다. 이 책에서 사용하는 NUCLEO-F429Zi/NUCLEO-F439Zi 보드는 이 메뉴를 이용하여 실습을 하도록 한다.

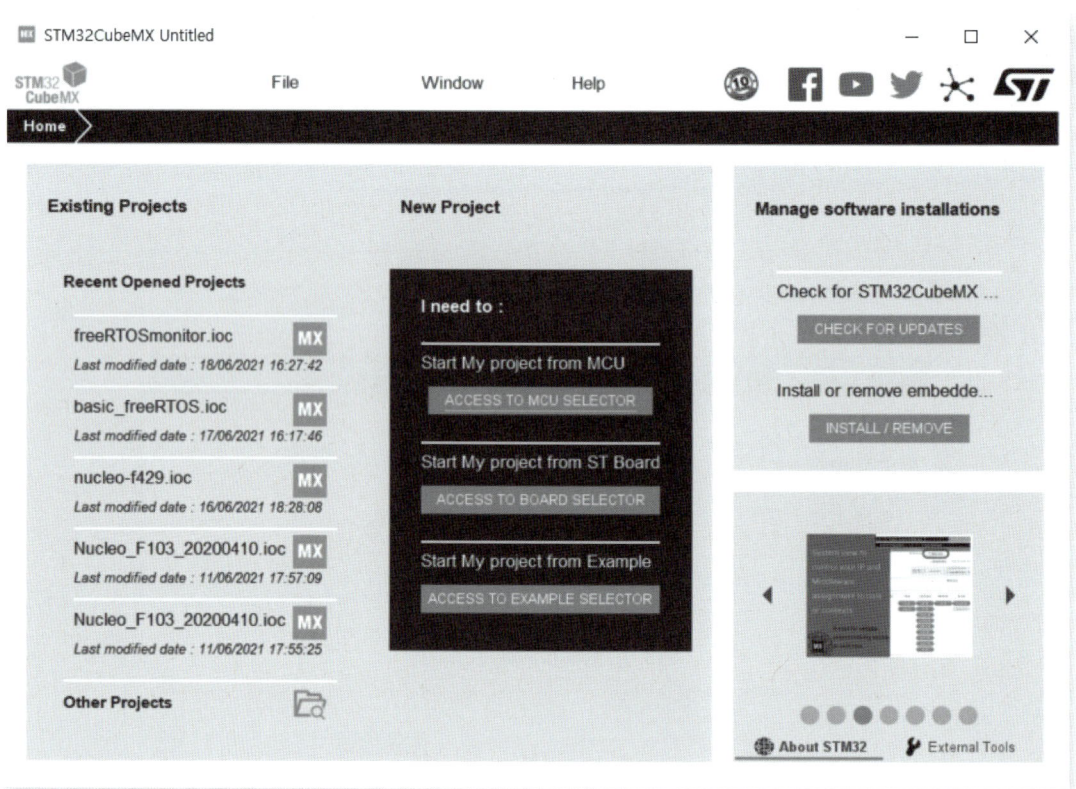

[그림 2-6] CubeMX 초기화면

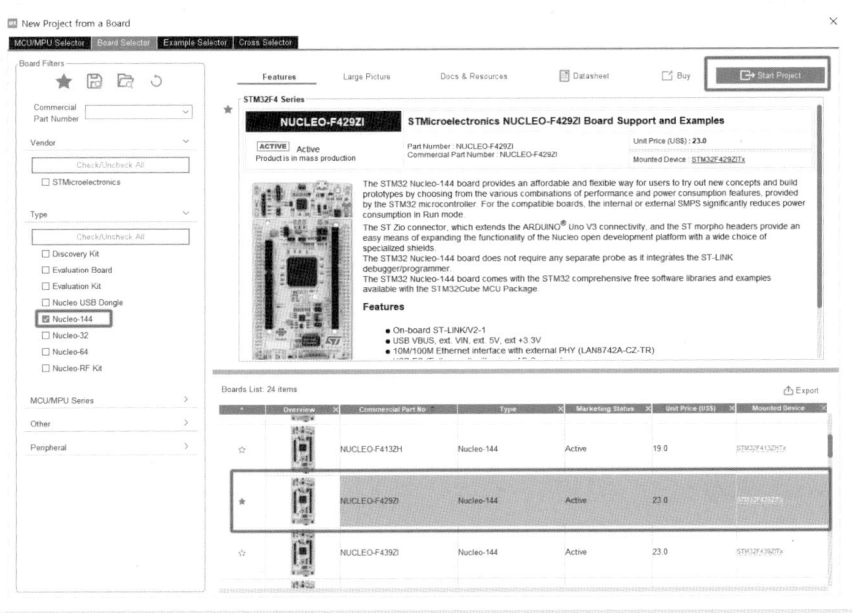

[그림 2-7] NUCLEO-F429Zi 보드 select

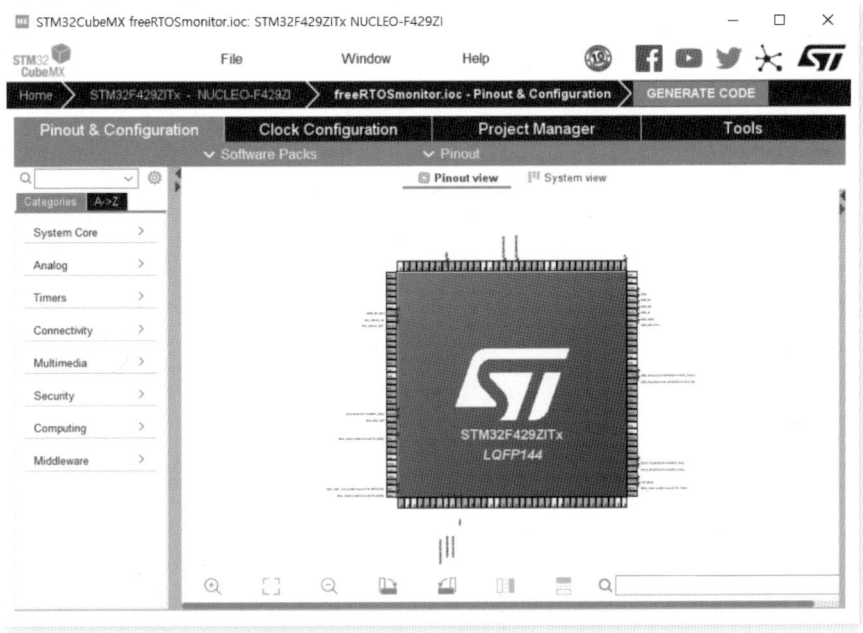

[그림 2-8] MCU Pin Configuration 메뉴

[그림 2-8]에서 Pin Configuration 메뉴에서 GPIO, Timers, Connectivity, Middleware 등의 세부메뉴로 세팅을 한다.

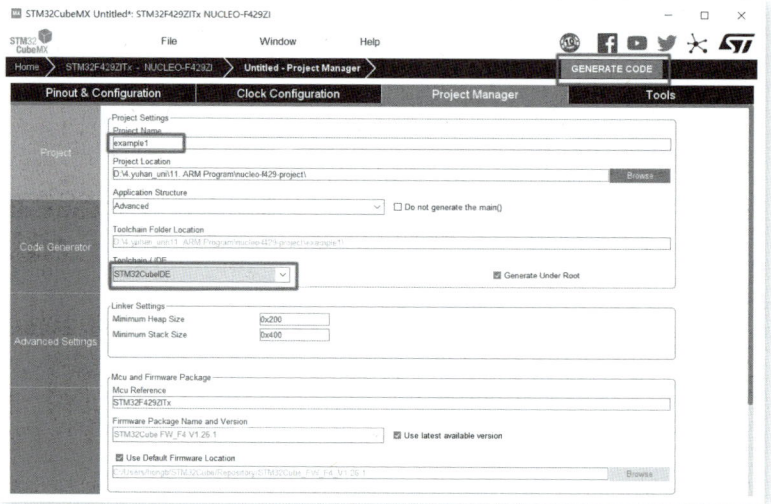

[그림 2-9] Project Manager 메뉴

Project Manager 메뉴에서 Project 이름과 Toolchain은 STM32CubeIDE를 선택하고 Generate Code를 누른다. CubeMX는 구성에 맞는 C언어 Project를 생성하게 된다.

2.4 STM32CubeIDE 설치

www.st.com으로 들어가서 CubeIDE를 검색한 후에 마지막 버전을 내려서 설치한다.

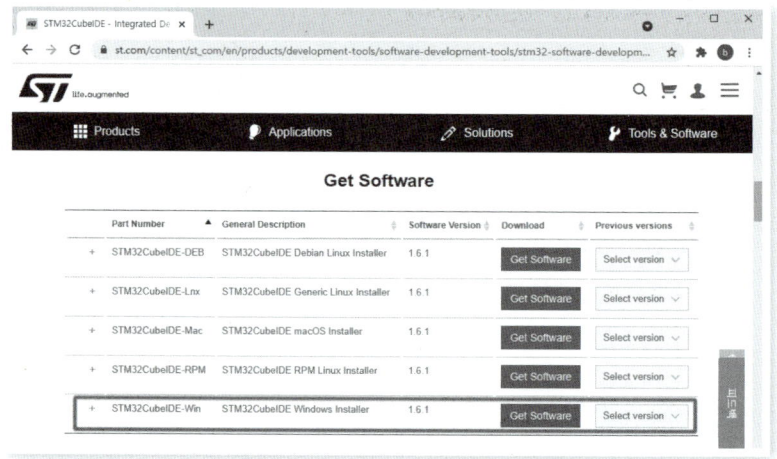

[그림 2-10] STM32CubeIDE 프로그램

CubeMX로 생성해놓은 Project File을 STM32CubeIDE로 열어보자. CubeIDE File 메뉴에 Open Projects from File System으로 Project File을 열 수 있다. 또 한 가지 방법은 File 메뉴에 있는 import 메뉴로 Project를 열 수 있는데, import 메뉴는 압축파일로 저장해놓은 Project file을 가져오는 데 유용하게 사용된다. CubeMX와 CubeIDE 설치가 정상적으로 되었다면 CubeMX에서 Code Generate 한 후에 Project를 바로 열 수도 있다. 만약 열리지 않는다면 Open Projects from File System 메뉴로 열어야 한다.

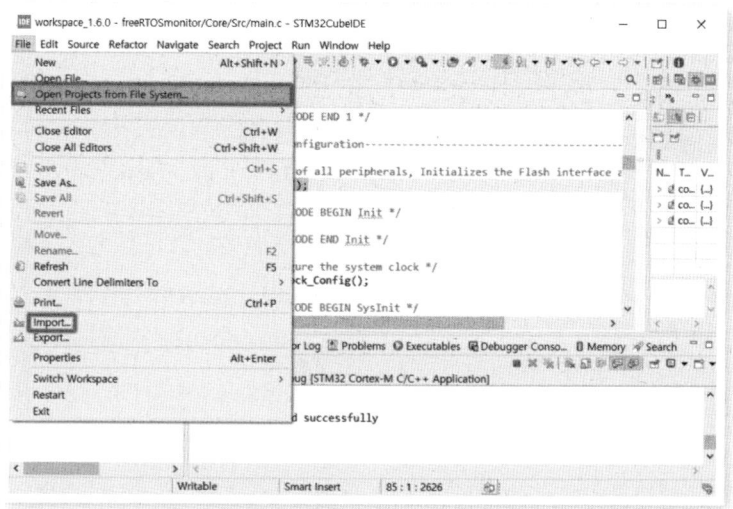

[그림 2-11] Project File Open하기

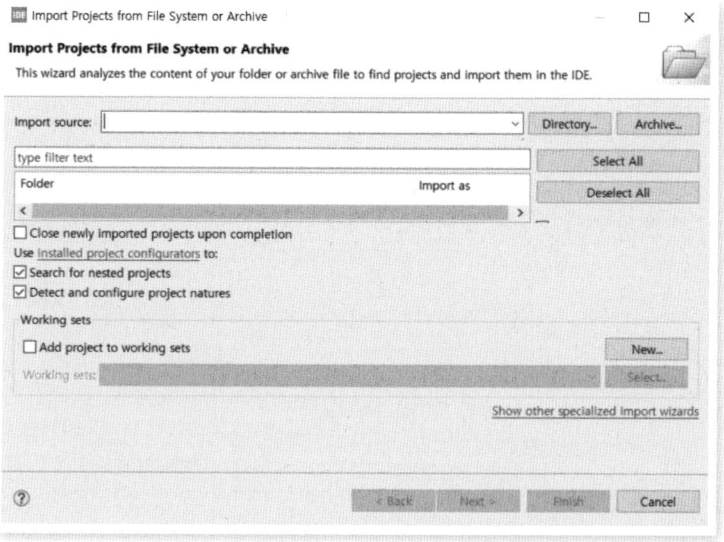

[그림 2-12] Import Project from File System

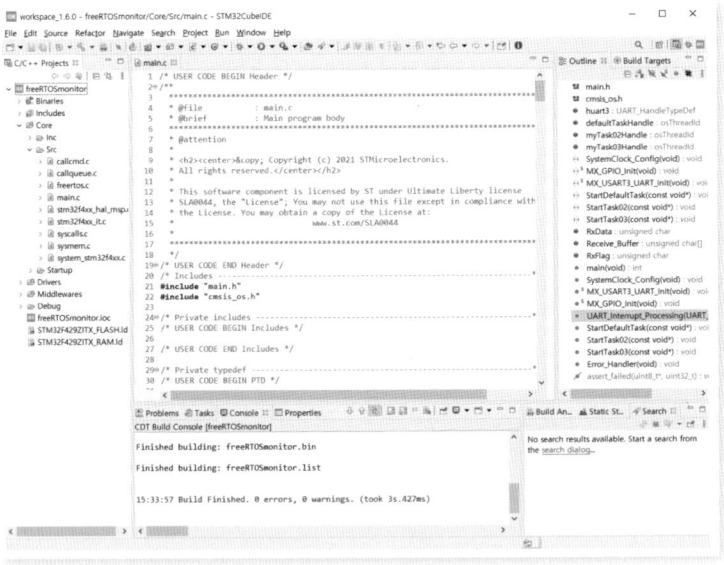

[그림 2-13] Project를 Open한 화면

Project File이 정상적으로 열리면 [그림 2-13]과 같은 화면이 떠야 한다. 왼쪽에 있는 트리구조창은 프로젝트 탐색기이다. 만약 이 Menu가 보이지 않으면 [그림 2-14]에서 Window→Show View→Project Explorer를 선택한다.

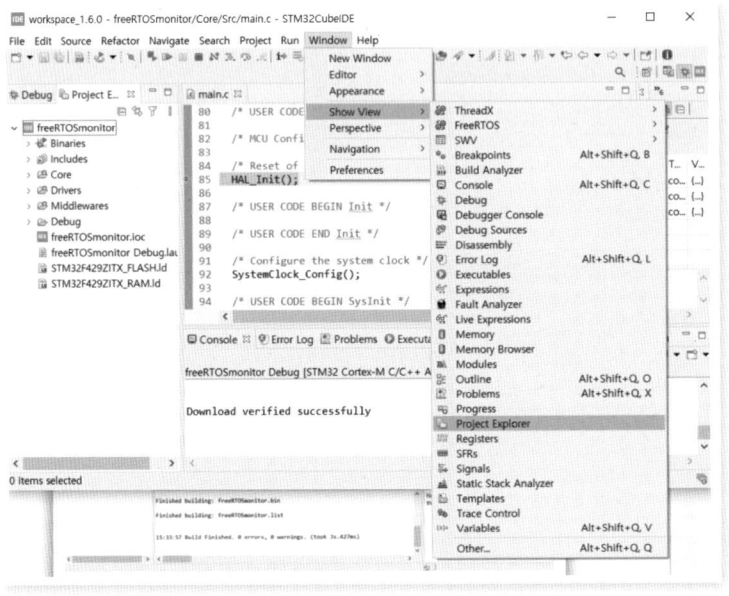

[그림 2-14] Project Explorer 선택 메뉴

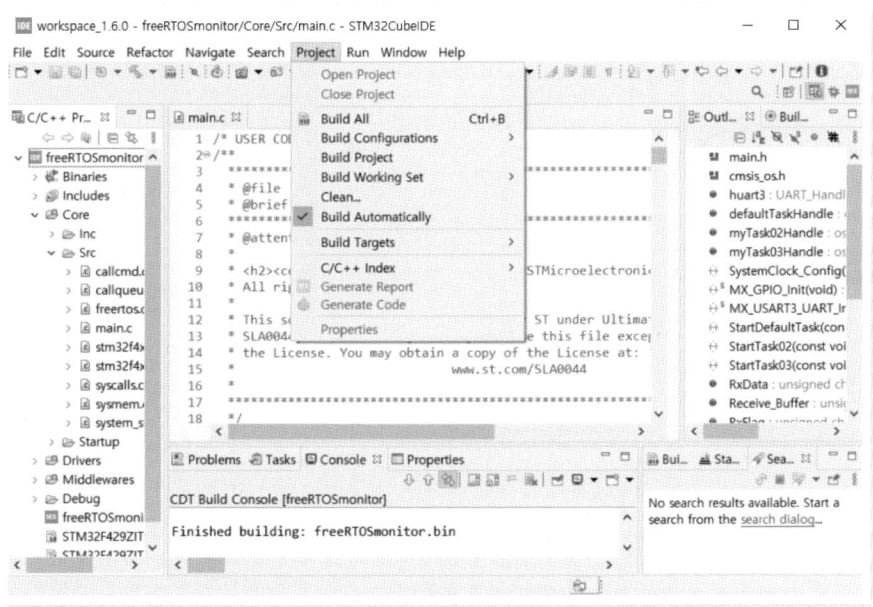

[그림 2-15] Project Build 메뉴

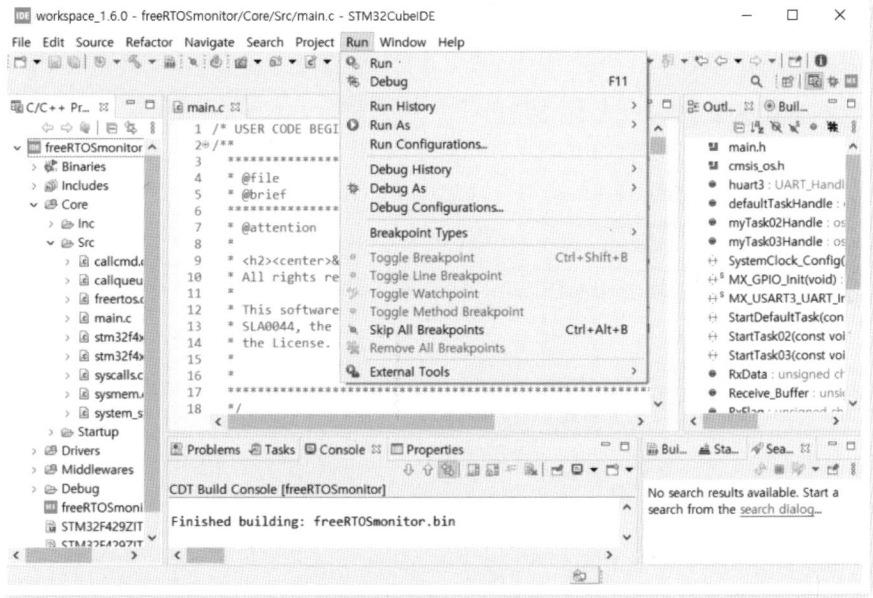

[그림 2-16] Run Menu

만약 현재의 Project를 Compile할 경우는 Project→Build All을 선택한다. 많이 사용하는 메뉴는 Project 메뉴와 Run 메뉴이다.

2.5 Debugging

Build를 하고 나서 NUCLEO Board에 USB를 연결한 다음 Code를 다운로딩하는 과정을 알아본다. USB가 정상적으로 동작하는지 제어판의 장치관리자→포트에서 [그림 2-17]처럼 보이는지 확인해보자. 이제 CubeIDE에서 RUN→Debug Configurations 메뉴에서 [그림 2-18]처럼 세팅한다. 왼쪽 창에서 해당 Project를 선택한 다음 Debugger 메뉴에서 SWD를 선택하고, ST-LINK-S/N을 체크해야 한다. 그리고 나서 Scan 버튼을 누른다. Scan 버튼을 누르면 ST-LINK S/N Number가 보이면 Apply하고 Debug 버튼을 누른다. Confirm Perspective Switch 창이 뜨면 switch 버튼을 눌러 Code를 NUCLEO Board로 다운로딩 시킨다. [그림 2-20]과 같은 창이 뜨면 화살표 실행 버튼을 눌러 Program을 실행한다.

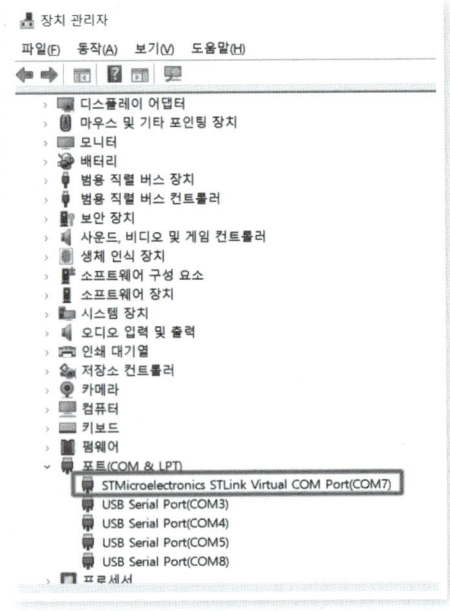

[그림 2-17] 장치관리자 포트

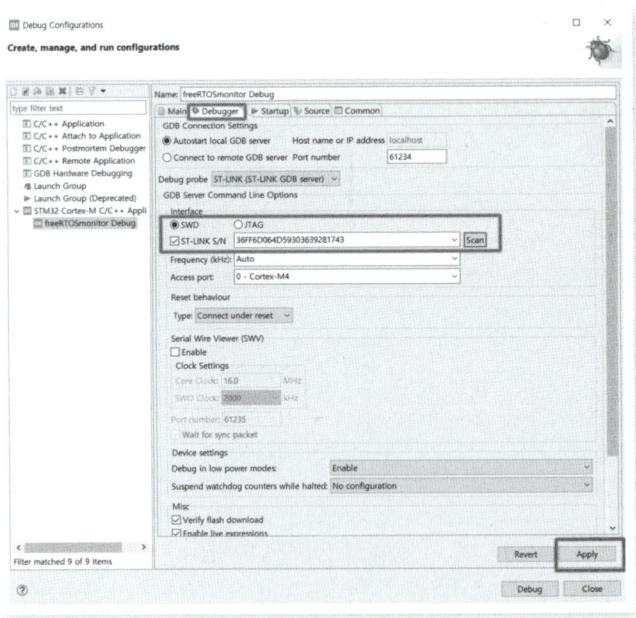

[그림 2-18] ST-LINK 맞어주기

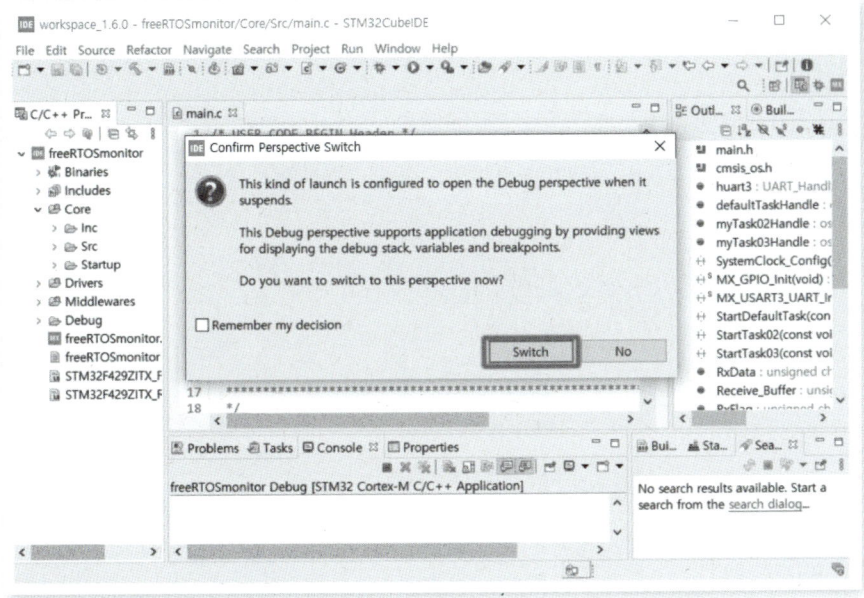

[그림 2-19] Confirm Perspective Switch 창

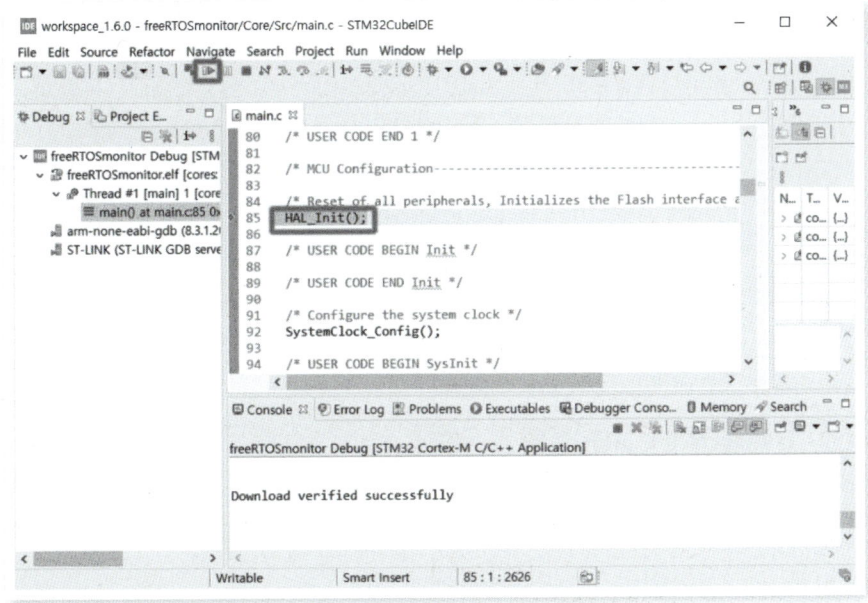

[그림 2-20] Debug Start 창

가) 컨트롤 아이콘

모든 컨트롤 아이콘에는 아이콘 위에 마우스를 올려놓으면 도구 설명이 활성화된다. 주 메뉴 표시 줄에서 활성화할 수 있는 동일한 기능에 대해 이 아이콘은 다음과 같은 특정 기능을 제어한다.

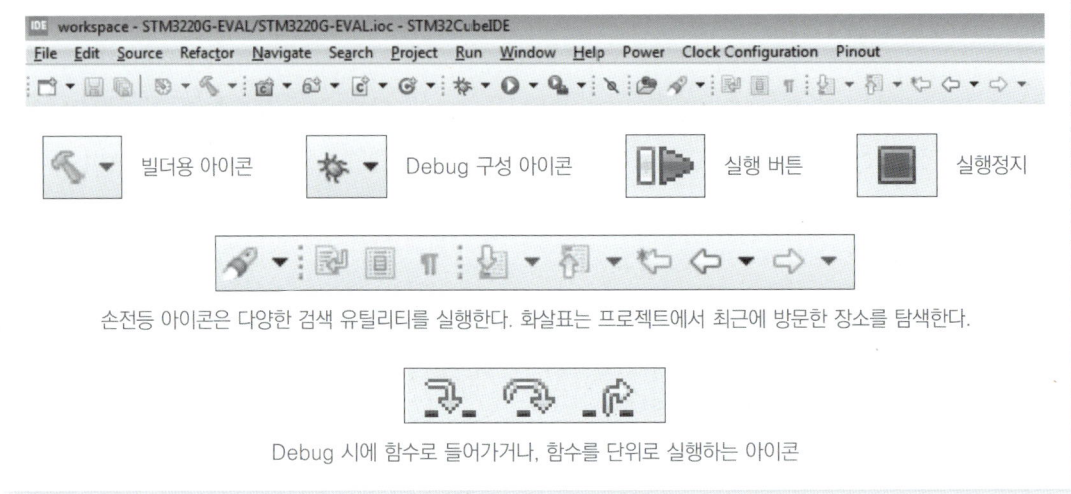

[그림 2-21] 컨트롤 아이콘

2.6 부품 및 사용기기, 프로그램

가) Hardware NUCLEO-F429Zi 혹은 NUCLEO-F439Zi 보드
나) Cube-MX Program
다) Cube-IDE Program
라) PC

2.7 예제 1: Project File 만들기 실습

CubeMX로 NUCLEO-F429Zi 보드를 선택하고 Project File을 만들어보라.
Build를 한 후 NUCLEO-F429Zi 보드에 Code를 Loading 해보라.
Debug를 실행하여 Program을 Run 해보라.

1) CubeMX로 NUCLEO-F429Zi 선택한 후 Project 코드 만들기

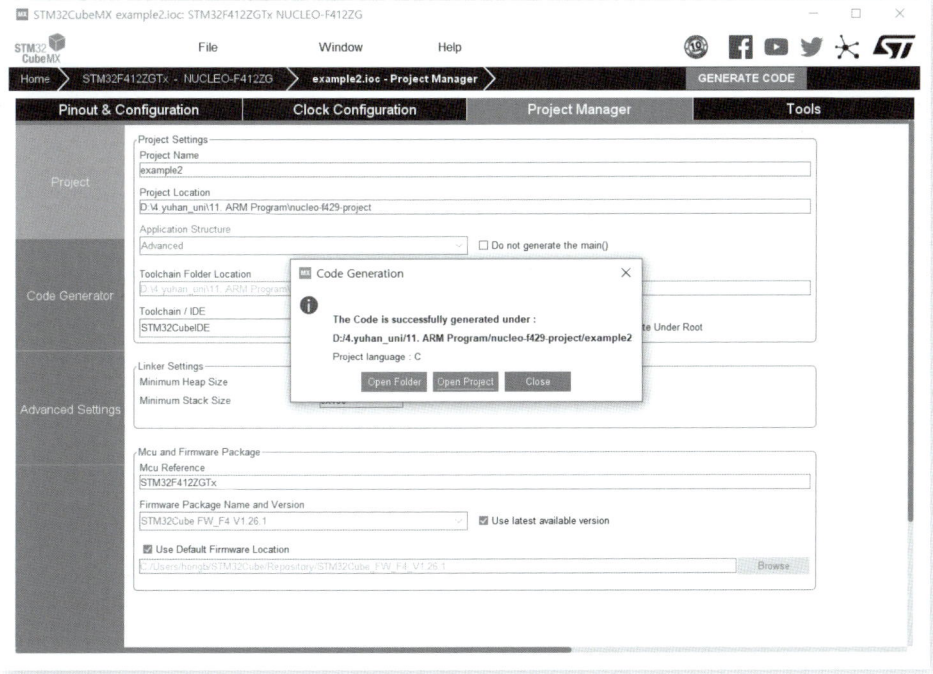

[그림 2-22] Code Generation 완료

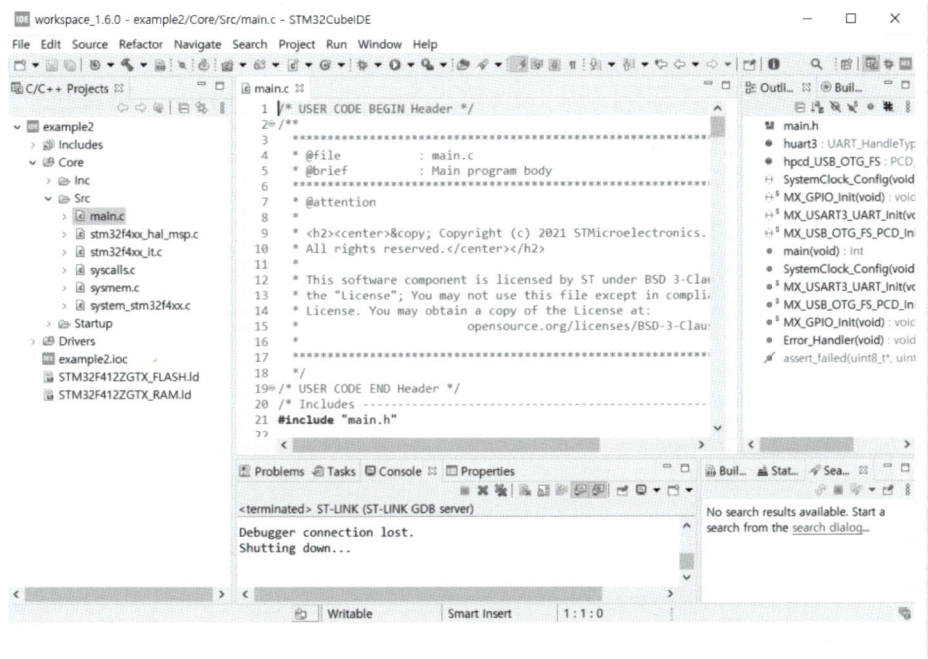

[그림 2-23] Project 창

Part Ⅰ. SW개발방법 UML과 STM 컴파일러 환경구축   47

2) 시험하기

CubeIDE를 Project를 열어 Build All을 하고 나서 USB 케이블을 연결하고 프로그램 로딩 후 실행한다. Debug 구성을 마친 후 [그림 2-24]처럼 HAL_Init()에 녹색 커서가 멈추어있으면 정상이다. 한 단계씩 진행은 F6, 함수 안으로 들어가는 것은 F5, Run은 Run 아이콘을 누르면 된다.

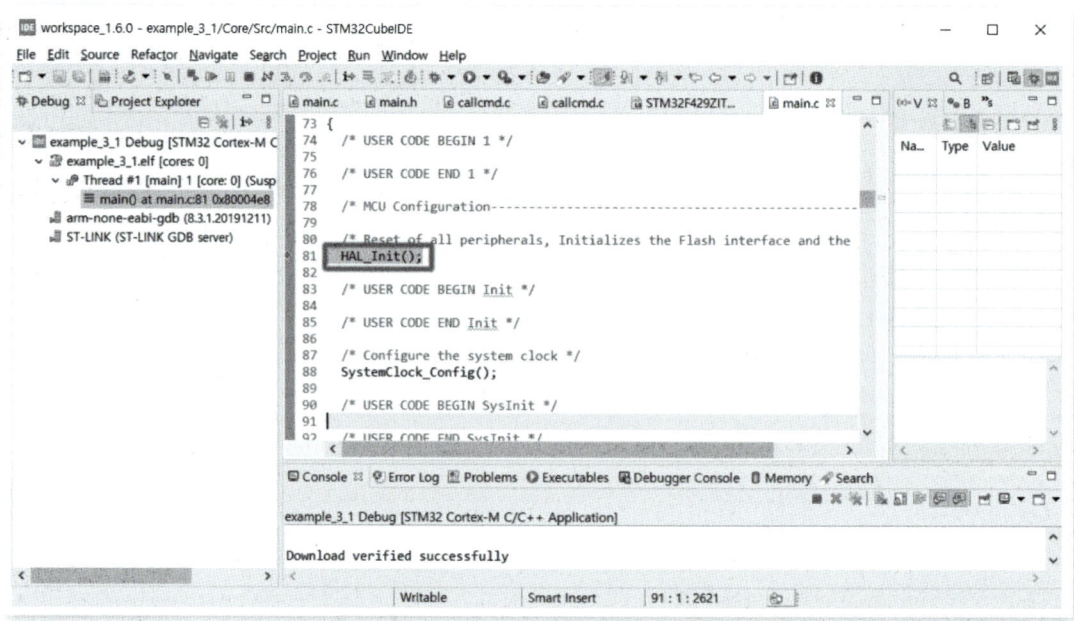

[그림 2-24] 프로그램 로딩 후 HAL_Init()

연습문제

1 STM32CubeMX의 주요 기능은 무엇인가?

2 STM32CubeIDE는 무엇인가?

3 Build All을 한 다음 Debug 하는 과정을 설명하시오.

4 Project를 저장하는 방법과 불러오는 방법을 설명하시오.

5 CubeMX에서 NUCLEO-F429Zi/F439Zi 보드를 이용하여 기본 Project를 만드는 과정을 설명하시오.

3장
UML 소개와 LED Blinking

필요성	본 소단원의 목표는 UML(Unified Modeling Language)에 대하여 이해하며, GPIO 설정 및 Coding을 할 수 있도록 하는 데 있다.
학습목표	본 소단원을 마치면, 학생들은 다음 사항을 해낼 수 있어야 한다. 1. 지식 - UML이란 무엇인가? - Activity Diagram이란 무엇인가? - Sequence Diagram이란 무엇인가? - State Diagram이란 무엇인가? 2. 기술 NUCLEO-F429Zi/NUCLEO-F439Zi 보드의 GPIO를 생성하여 Project를 만들고 LED 제어를 할 수 있다.

3.1 선행학습

1) UML의 개요

UML은 소프트웨어 설계에 사용하는 언어로서 소프트웨어 모델링, 객체지향 소프트웨어를 모델링하는 표준 그래픽 언어이다.
- 시스템의 여러 측면을 그림으로 모델링
- 하드웨어의 회로도 같은 의미

2) UML의 역사와 버전

UML은 OMT(Object Modeling Technique)[Rumbaugh, 1991]와 Booch[Booch, 1994], OOSE(Object-Oriented Software Engineering)[Jackson, 1992] 방법의 통합으로 만들어졌으며 1991년도 Unified Method 0.8로 시작하여 현재는 UML2.0버전을 사용하고 있으며 업체 표준으로 널리 통용하고 있다.

3) UML 다이어그램

시스템의 모델링은 기능적 관점, 구조적 관점, 동적 관점으로 구성되어있다.

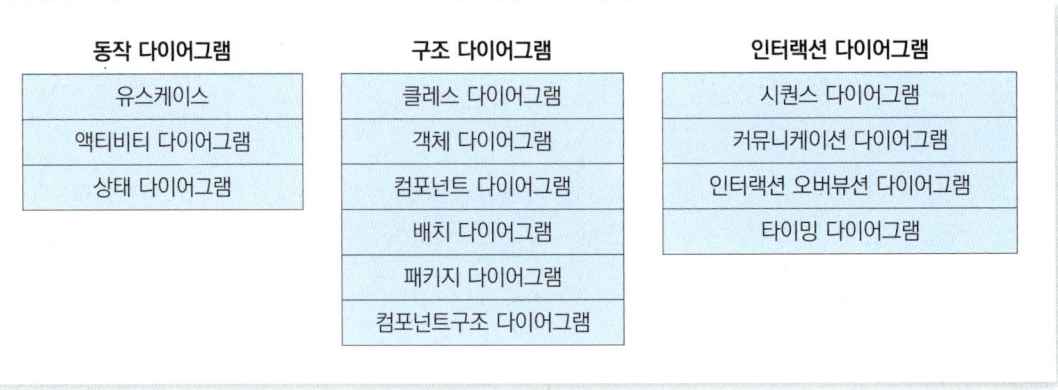

[그림 3-1] UML 다이어그램 종류

4) UML 모델링 절차

- 요구를 사용 사례로 정리하고 사용 사례 다이어그램을 작성
- 클래스 후보를 찾아내고 개념적인 객체 모형을 작성
- 사용 사례를 기초하여 순서 다이어그램을 작성
- 클래스의 속성, 오퍼레이션 및 클래스 사이의 관계를 찾아 객체 모형을 완성
- 상태 다이어그램이나 액티비티 다이어그램 등 다른 다이어그램을 추가하여 UML 모델을 완성
- 서브시스템을 파악하고 전체 시스템 구조를 설계
- 적당한 객체를 찾아내거나 커스텀화 또는 객체를 새로 설계

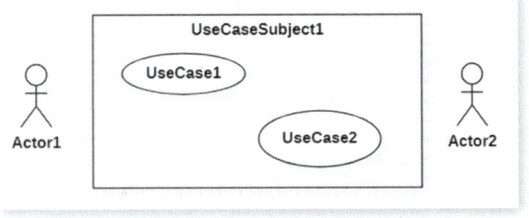

[그림 3-2] Use 케이스 다이어그램

5) USE 케이스

유스케이스 모델에서는 개발할 시스템 외부의 존재를 액터(Acter)라는 개념으로 정의하고 시스템 내부에 해당되는 단위기능을 유스케이스

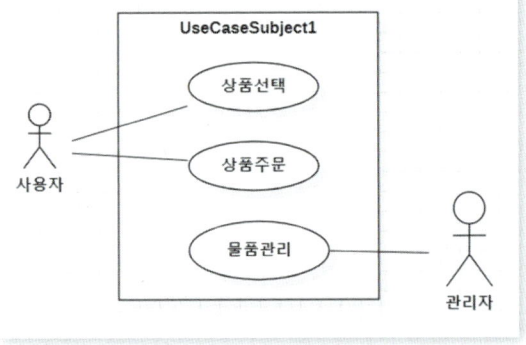

[그림 3-3] 홈쇼핑 유스케이스 예

라는 개념으로 정의한다.
- 누가 시스템을 사용할 것인가?
- 시스템은 사용자를 위해 무엇을 하는가?
- 사용자와 상호작용 하기 위해 시스템이 제공하여야 하는 인터페이스는 무엇인가?

6) 시퀀스 다이어그램

객체 간의 동작 상호작용을 시간개념 중심으로 모델링하는 것이다.

그리는 방법은 다음과 같이 한다.
Step 1. 참여하는 객체를 그린다.
Step 2. 파악한 객체를 X축에 나열하고 라이프라인을 긋는다. "-------"
Step 3. 사용 사례에 기술된 이벤트 순서에 따라 객체의 메시지 호출을 화살표로 나타낸다.

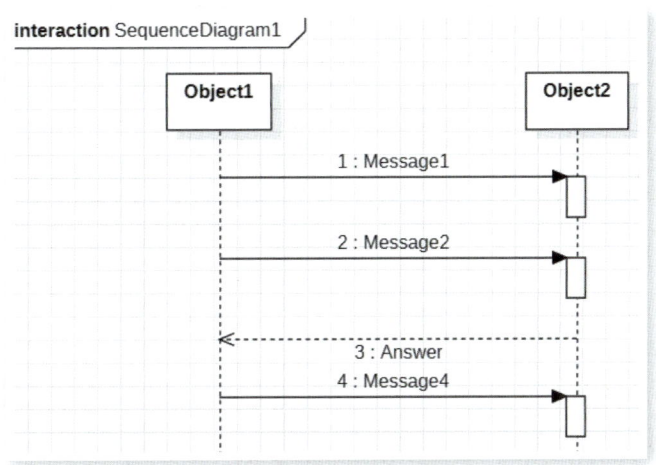

[그림 3-4] 시퀀스 다이어그램

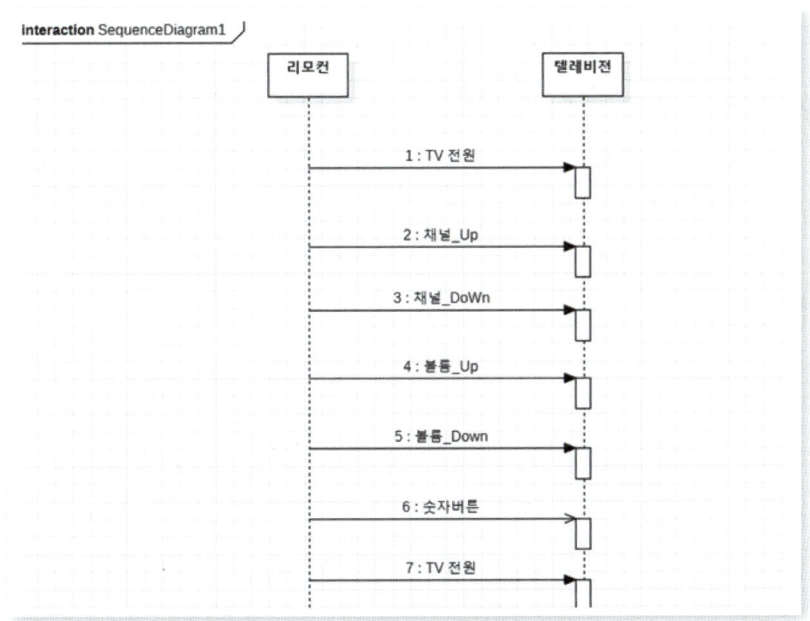

[그림 3-5] TV 리모컨 시퀀스 다이어그램

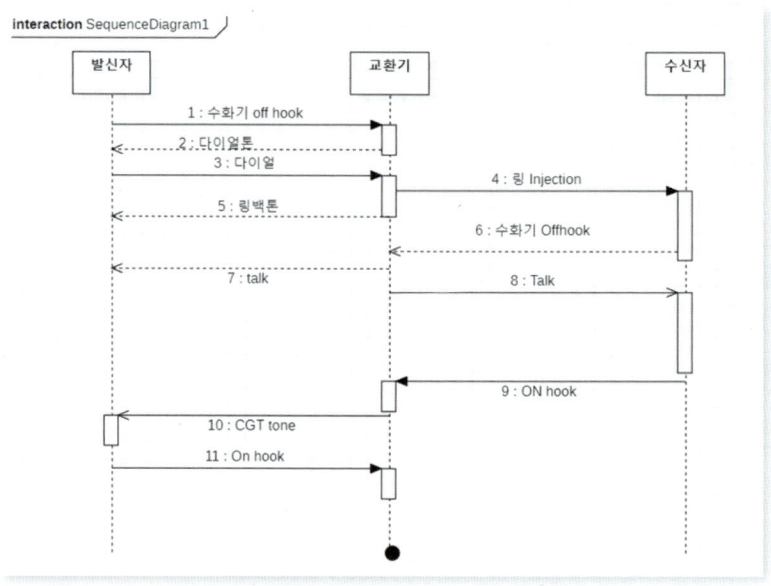

[그림 3-6] 전화교환시스템 시퀀스 다이어그램

7) 상태 다이어그램

상태는 객체가 존재할 수 있는 조건 중 하나로 모서리를 둥근 사각형으로 표시하고 안쪽 상단에 상태 이름을 기술한다. 이벤트는 화살표로 상태 사이를 표현한다.

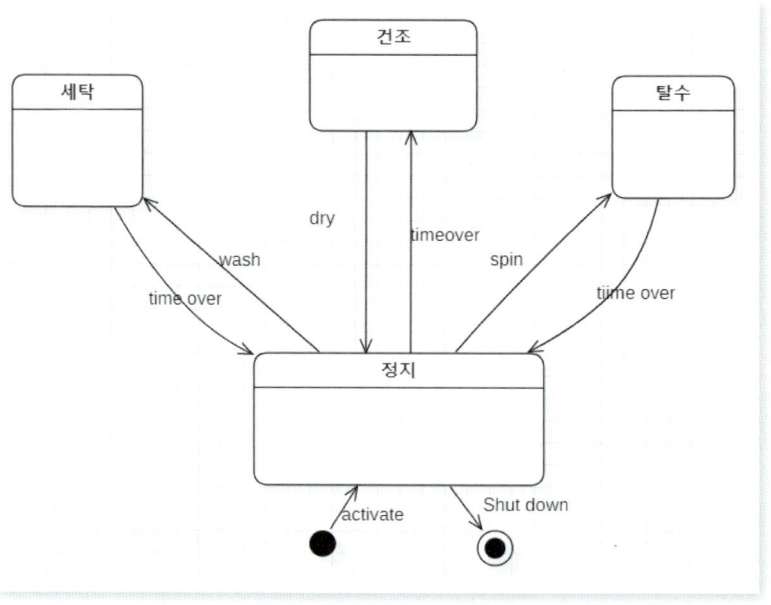

[그림 3-7] 세탁기 상태 다이어그램

8) Activity Diagram

우리가 알고 있는 플로우차트와 유사한 개념으로 처리절차를 한눈에 확인할 수 있는 다이어그램이다. 그리는 방법은 다음과 같이 한다.

- 시작점, 활동, 종료점, 전이로 구성된다.
- 시작점은 검은 점으로 표시한다.
- 활동상태는 둥근 사각으로 어떤 처리와 실행을 의미한다.
- 판단은 다이아몬드로 한다.
- 종료는 처리의 종료를 의미하며 이중 원으로 나타낸다.

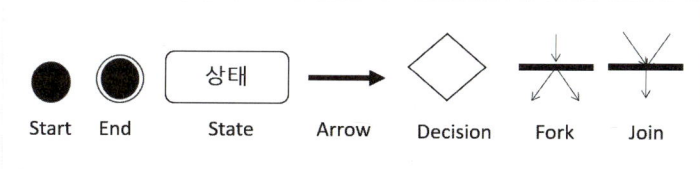

[그림 3-8] Activity Diagram 심볼

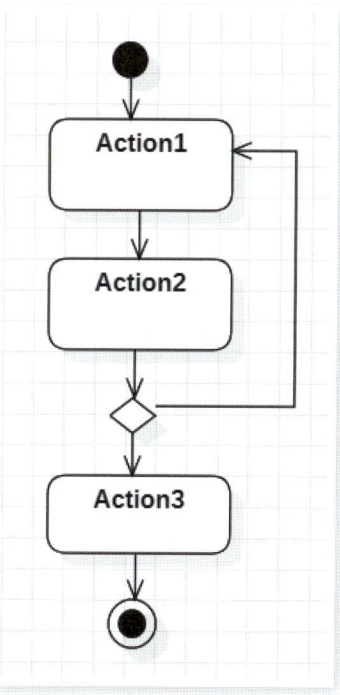

[그림 3-9] Activity Diagram 예

9) StarUML

StarUML은 UML을 그릴 수 있는 프로그램으로 인터넷에서 찾아서 무료로 설치하여 UML을 그릴 수 있다.

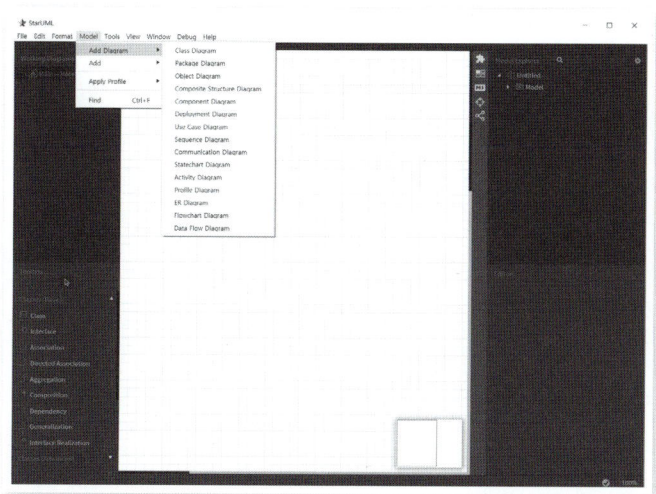

[그림 3-10] StarUML 다이어그램 메뉴

3.2 학습도구 및 기자재

가) Hardware NUCLEO-F429Zi 혹은 NUCLEO-F439Zi 보드
나) USB 케이블
다) Cube-MX Program
라) Cube-IDE Program
마) StarUML Program
바) PC

3.3 예제 1: LED Blinking

NUCLEO-F429Zi/F439Zi 보드에 있는 블루 LED를 0.5초마다 깜빡이는 프로그램을 작성하라.

1) 사용자 요구사항 작성하기

- NUCLEO-F429Zi/439Zi 보드를 사용한다.
- NUCLEO Board Blue LED를 0.5초마다 토글한다.

2) UML Tool을 이용하여 Activity Diagram 작성하기

3) 구현하기

가) CubeMX를 실행하고 Access To Board Selector 메뉴로 들어가서 Type에서 NUCLEO-144를 선택한 후에 Board List 창에서 NUCLEO-F429Zi 혹은 NUCLEO-F439 별표를 선택하고 Start Project 메뉴를 선택한다. Pinout & Configuration 메뉴에서 System Core 메뉴로 들어가서 GPIO를 선택한다. NUCLEO-F429Zi 보드에서 기본적으로 설정되어있는 GPIO는 PB0, PB7, PB14, PC13, PG6, PG7이 설정되어있다. 이제 PB7을 이용하여 LED를 500ms마다 깜빡이게 코딩한다.

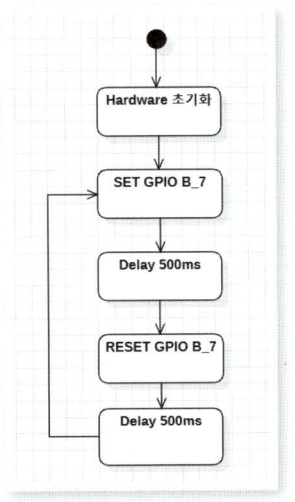

[그림 3-11] LED Toogle

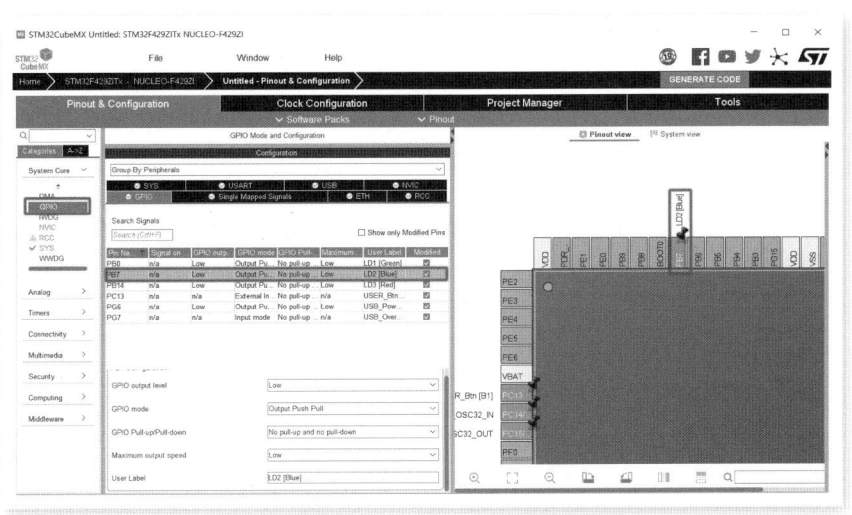

[그림 3-12] CubeMX GPIO 구성

나) Clock Configuration 메뉴는 다음과 같이 되어있는지 확인해본다.

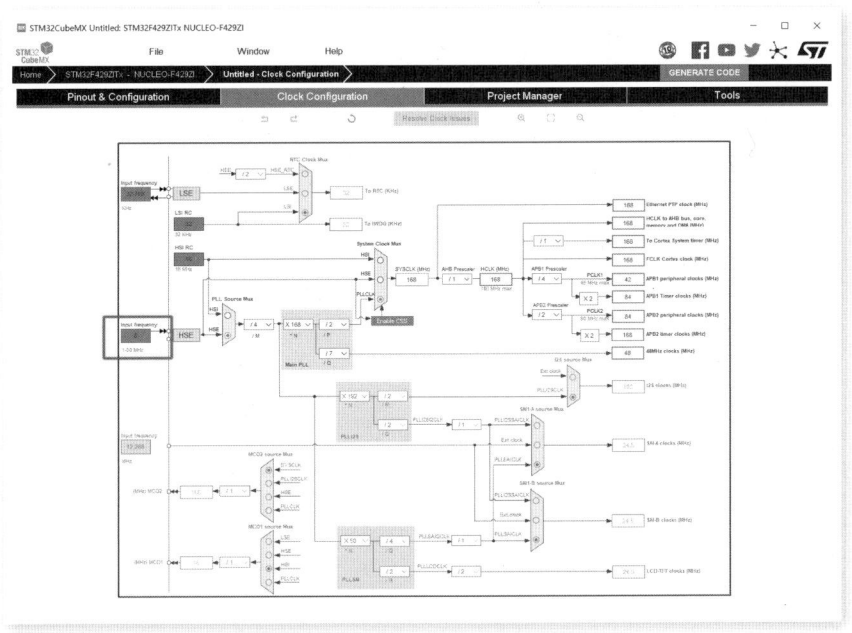

[그림 3-13] Clock Configuration

NUCLEO-F429Zi 보드는 클럭 발생기용 크리스탈이 8MHz로 공급한다. 이것을 채배하여 168MHz로 동작하게 된다. 클럭을 잘못 구성하면 동작이 이상하게 되거나 안 될 수 있다. 만약 클럭을 바꾸려고 한다면 CPU Manual을 잘 읽고서 수정해야 한다. 우리는 NUCLEO-F429Zi 혹은

NUCLEO-F439에 이미 만들어놓은 클럭 세팅을 Default로 사용하면 되고, 이렇게 복잡한 클럭 관련하여 잘 모르더라도 프로그램 작성하는 데 지장이 없다.

다) Project Manager 설정하기

다음으로는 Project Manager 메뉴로 가서 Project임을 적어야 한다. Project 이름은 의미 있는 영문 이름으로 특수문자는 사용하지 말고 작성하자. 이 장에서 중요한 것은 Toolchain/IDE 선택을 반드시 STM32CubeIDE로 해야 한다. 기본적으로 세팅되는 IDE는 EWARM은 IAR 상용 컴파일러로 만약 상용 IDE를 보유하고 있거나 쓰고 싶다면 그것으로 선택하여 진행할 수 있다. 이 책에서는 ST사에서 제공하는 STM32CubeIDE 프로그램 사용을 권장하고 있다.

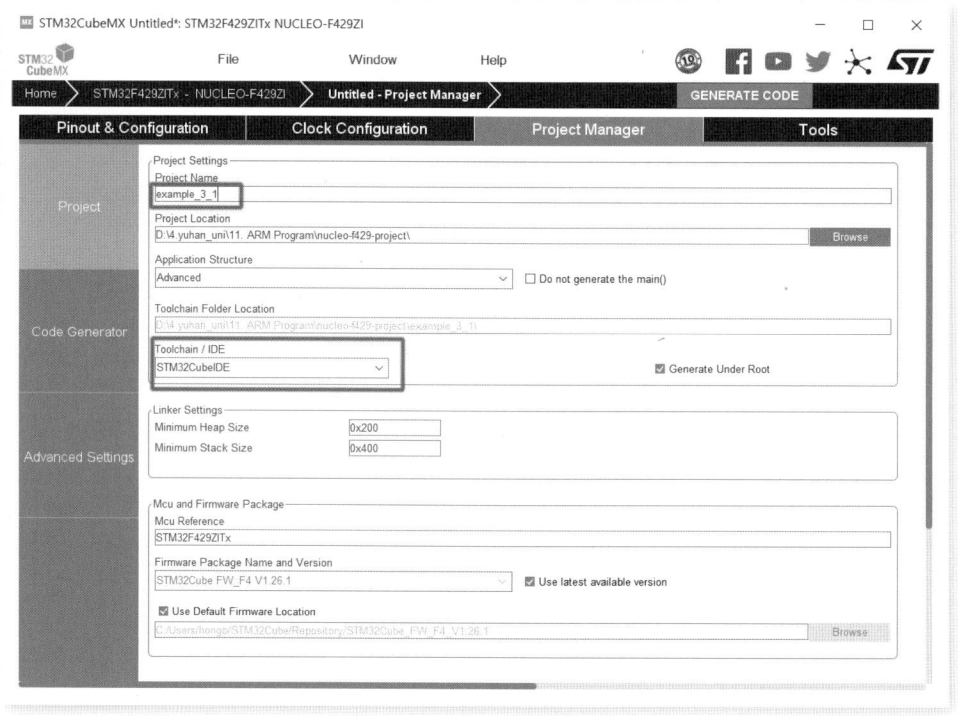

[그림 3-14] Project Manager

우측 상단에 있는 Generate Code를 실행하여 Project를 만든다.

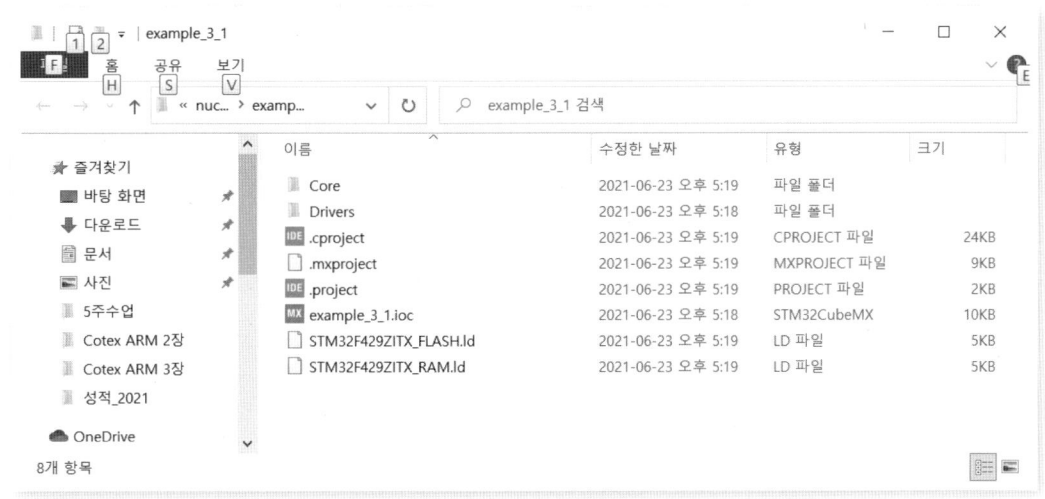

[그림 3-15] Project가 생성되어있는 디렉토리

라) CubeIDE를 실행하여 Activity Diagram처럼 Coding을 하고 Build를 해보라. Errors가 0 이어야 한다.

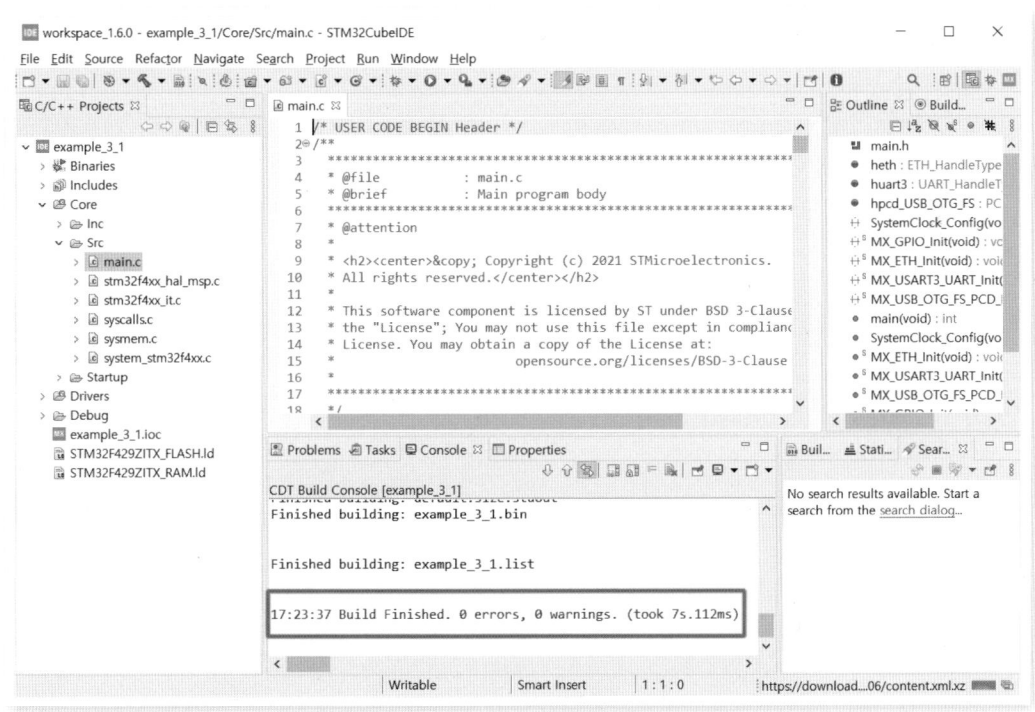

[그림 3-16] CubeIDE Project Build

마) main.c File에 Source Code를 추가하자. //MX_ETH_Init() 하자.

```
int main(void)
{
  /* USER CODE BEGIN 1 */

  /* USER CODE END 1 */

  /* MCU Configuration--------------------------------------------------------*/

  /* Reset of all peripherals, Initializes the Flash interface and the Systick. */
  HAL_Init();

  /* USER CODE BEGIN Init */

  /* USER CODE END Init */

  /* Configure the system clock */
  SystemClock_Config();

  /* USER CODE BEGIN SysInit */

  /* USER CODE END SysInit */

  /* Initialize all configured peripherals */
  MX_GPIO_Init();
  //MX_ETH_Init();  CubeMX에서 Connectivity에서 ETH 부분을 Disable 시키면 없어짐.
  MX_USART3_UART_Init();
  MX_USB_OTG_FS_PCD_Init();
  /* USER CODE BEGIN 2 */

  /* USER CODE END 2 */

  /* Infinite loop */
  /* USER CODE BEGIN WHILE */
  while (1)
  {
```

```
            HAL_Delay(500);
            HAL_GPIO_TogglePin(GPIOB,GPIO_PIN_7);
    /* USER CODE END WHILE */
    /* USER CODE BEGIN 3 */
  }
  /* USER CODE END 3 */
}
```

HAL_Delay() 함수는 STM32CubeIDE HAL Drivers에서 제공되나 __weak void HAL_Delay (uint32_t Delay)로 되어있어 동작하지 않는다. 따라서 다음과 같이 Coding해야 한다. HAL_GPIO_Toggle_Pin 함수는 GPIOB, GPIO_PIN_7이 500ms마다 한 번씩 토글하는 함수이다. Main() 함수의 while(1)에 있는 함수는 main()에서 초기화 모듈 실행 후 여기를 무한루프 하게 된다. 만약 Coding을 추가하려면 while(1) 문 안에 해야 한다.

```
/* USER CODE BEGIN 4 */

void HAL_Delay(uint32_t Delay)
{
  uint32_t tickstart = HAL_GetTick();
  while ((HAL_GetTick() - tickstart) < Delay)
  {
  }
}
/* USER CODE END 4 */
```

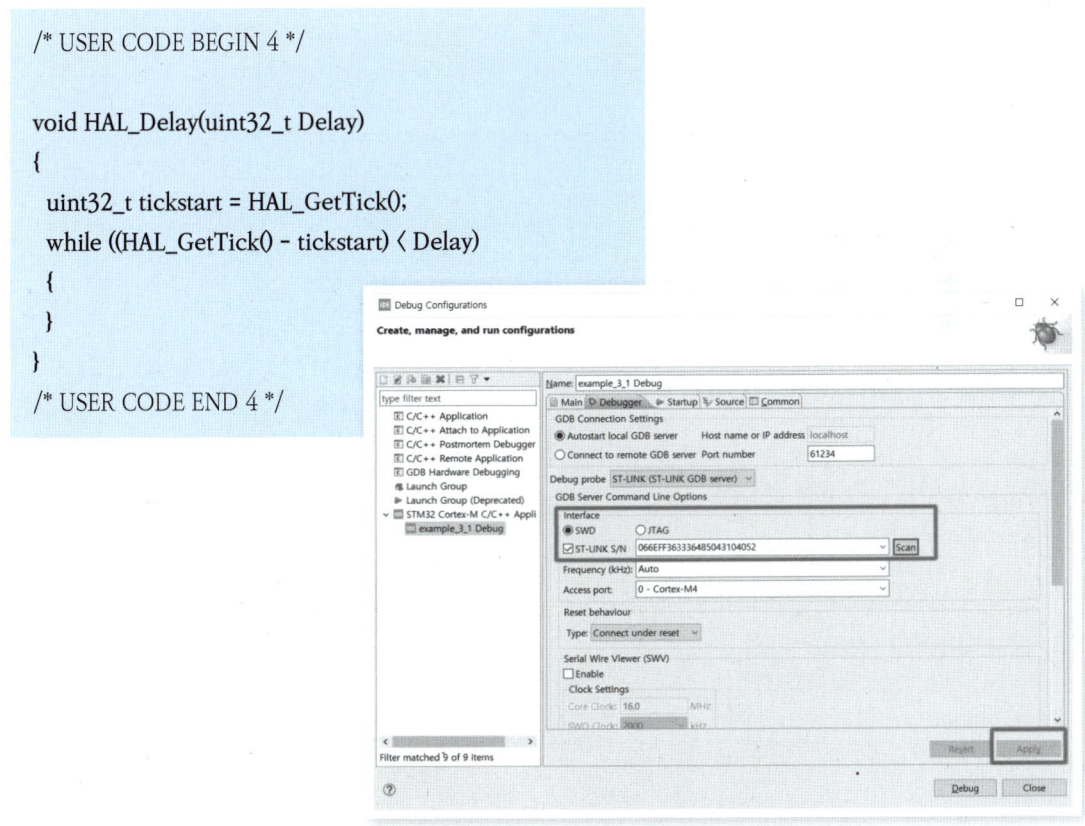

[그림 3-17] ST-LINK 연결하기

바) Build All을 한 후 Error가 없으면 NULEO-F429/439 보드에 USB 케이블을 연결하고 Code를 Downloading 한다.

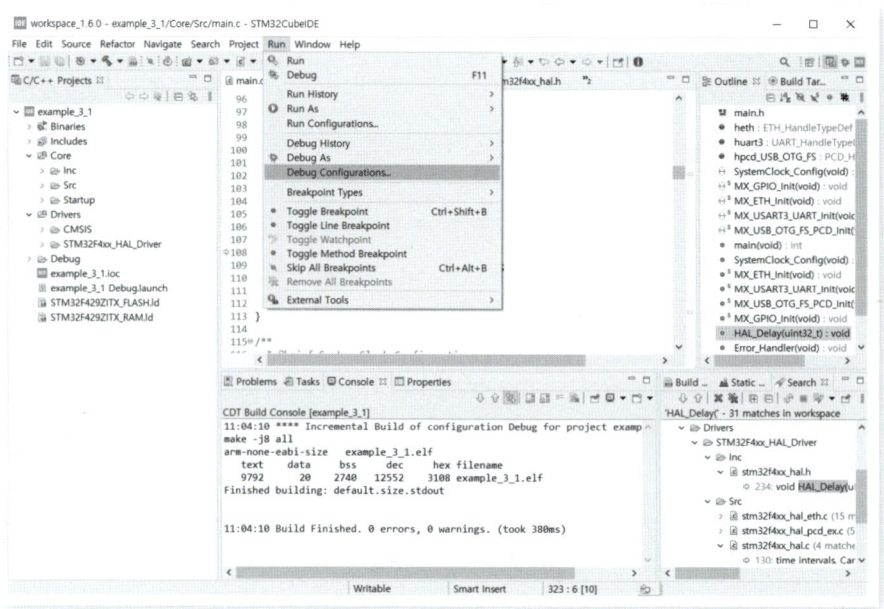

[그림 3-18] Debug Configuration

사) Run을 하여 보드의 Blue LED가 0.5초마다 깜빡이는지 확인해보자.

3.4 예제 2: Digital Input

디지털 포트에서 입력 로직레벨을 읽어서 레벨이 Low면 Blue LED를 Off하고 High면 Blue LED를 On하도록 코딩하라.

1) 사용자 요구사항 작성하기

- NUCLEO-F429Zi/F439Zi 보드를 사용한다.
- NUCLEO-F429Zi/439 보드 Zi USER 입력 스위치를 읽어 스위치가 On되면 Blue LED를 On하고 스위치를 Off하면 Blue LED를 Off한다.

2) UML Tool로 설계하기

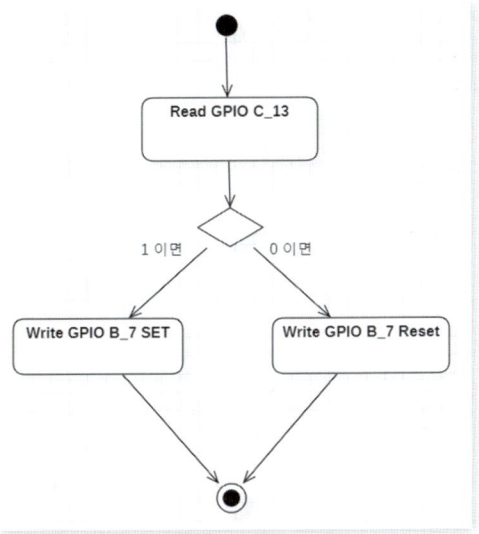

[그림 3-19] LED 제어 Activity Diagram

3) 구현하기

가) CubeMX로 Project를 만들어보라.

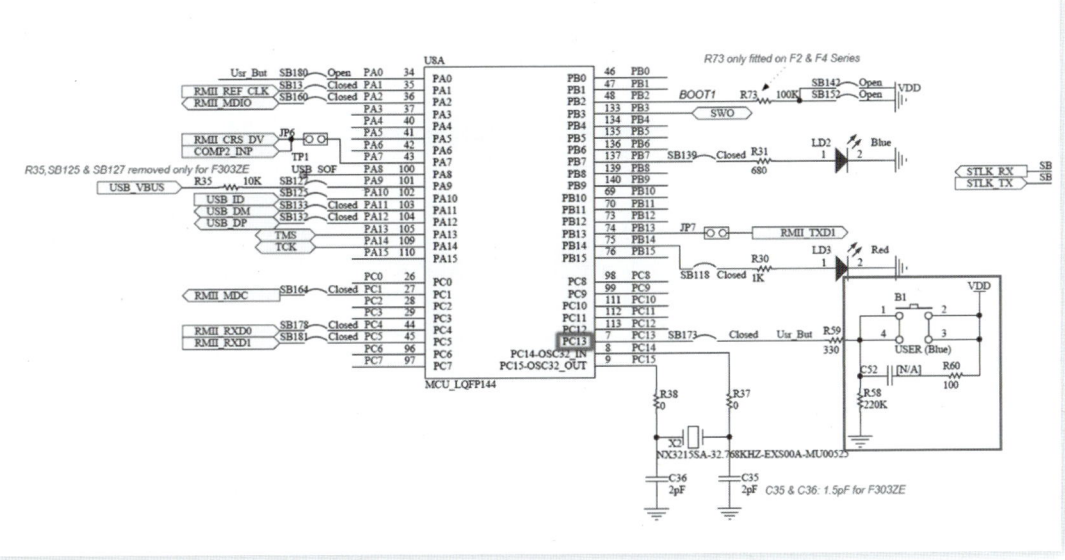

[그림 3-20] 입력 Switch 회로도(출처: www.st.com)

GPIOC GPIO_PIN_13이 입력으로 되어있는지 확인해보아야 한다.

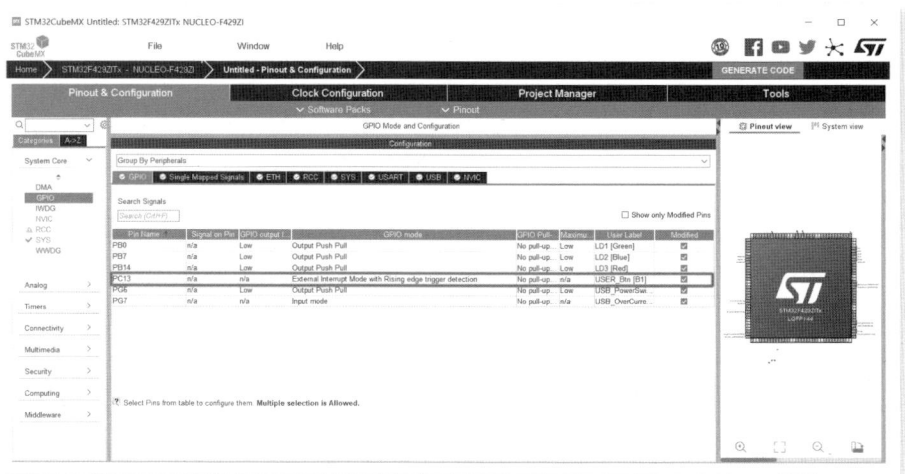

[그림 3-21] CubeMX PC13 입력 구성

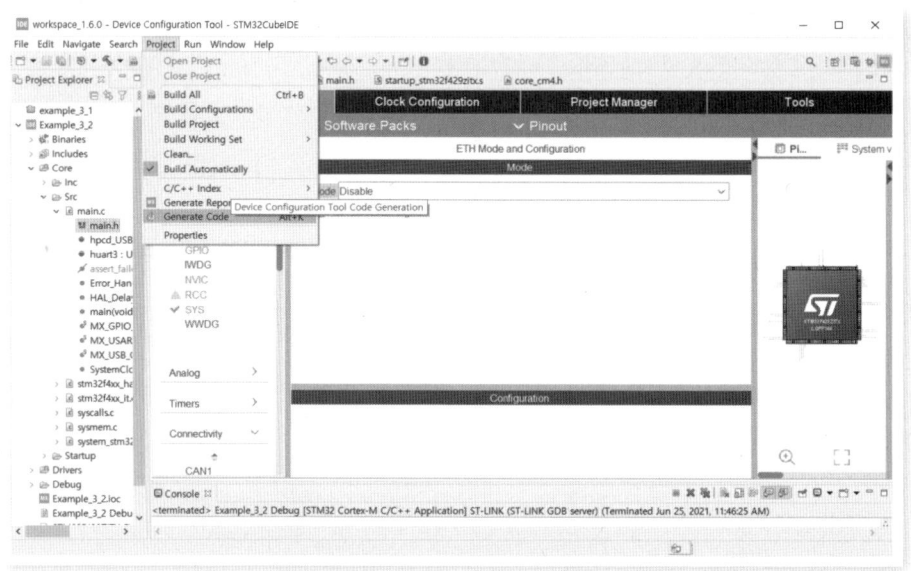

[그림 3-22] CubeIDE 내에서 CubeMX 실행

CubeIDE Project에서 CubeMX Project를 열면 CubeIDE 창에서 구성을 수정할 수 있다. 구성을 수정한 다음 Generate Code를 하면 새로운 Code가 생성된다. CubeMX 메뉴 중 Connectivity의 ETH(Ether LAN)를 Disable하자. 현재 버전에서 Error가 있어 초기화 시 진행이 되지 않는 현상이 있다. 상세한 것은 LAN Coding하는 장에서 언급할 것이다. 중요한 것은 Coding할 경우 /* USER CODE BEGIN WHILE */ /* USER CODE END WHILE */ 사이에 Coding하여야 한다. 다른 데서 할 경우 Code를 Generate 할 경우 지워버리게 되어 다시 입력을

하는 번거로움이 생긴다.

나) main.에 Coding을 해보자.

```c
int main(void)
{
  /* USER CODE BEGIN 1 */

  /* USER CODE END 1 */

  /* MCU Configuration--------------------------------------------------------*/

  /* Reset of all peripherals, Initializes the Flash interface and the Systick. */
  HAL_Init();

  /* USER CODE BEGIN Init */

  /* USER CODE END Init */

  /* Configure the system clock */
  SystemClock_Config();

  /* USER CODE BEGIN SysInit */

  /* USER CODE END SysInit */

  /* Initialize all configured peripherals */
  MX_GPIO_Init();
  MX_USART3_UART_Init();
  MX_USB_OTG_FS_PCD_Init();
  /* USER CODE BEGIN 2 */

  /* USER CODE END 2 */
  /* Infinite loop */
  /* USER CODE BEGIN WHILE */
  while (1)
  {
```

```
            if(HAL_GPIO_ReadPin(USER_Btn_GPIO_Port,USER_Btn_Pin))
            {
                    HAL_GPIO_WritePin(LD2_GPIO_Port, LD2_Pin, GPIO_PIN_SET);
            }
            else
            {
                    HAL_GPIO_WritePin(LD2_GPIO_Port, LD2_Pin, GPIO_PIN_RESET);
            }
    /* USER CODE END WHILE */

    /* USER CODE BEGIN 3 */
  }
  /* USER CODE END 3 */
}
```

USER_Btn_GPIO_Port, USER_Btn_Pin, LD2_GPIO_Port, LD2_Pin의 정의는 main.h에서 자동으로 생성된 것을 사용하자.

4) 시험하기

NUCLEO Board에 로딩하여 실행해보자. USER Switch를 누르면 Blue LED가 켜지고 USER 스위치를 Off하면 Blue LED가 커지는지 확인해보라.

연습문제

1. UML이란 무엇인가?

2. Activity Diagram이란 무엇인가?

3. Sequence Diagram이란 무엇인가?

4. State Diagram이란 무엇인가?

5. 하루 일과를 State 다이어그램으로 그려보아라.

6. STM32CubeMX로 GPIO 구성설정과 Project 파일 만드는 과정을 설명하시오.

4장
GPIO

필요성	본 소단원의 목표는 GPIO 상세 다루기와 UML State Diagram에 대하여 이해한다.
학습목표	본 소단원을 마치면, 학생들은 다음 사항을 해낼 수 있어야 한다. 1. 지식 - STM32F4xx GPIO 관련 기술 - 상태(State) Diagram 설계 기술 2. 기술 NUCLEO-F429Zi/F439Zi 보드의 GPIO를 생성하여 Project를 만들고 상태 천이 다이어그램과 printf문을 이용하여 터미널에 출력하는 방법도 익힌다.

4.1 선행학습

GPIO(General Purpose Input Output)는 펌웨어 시스템 개발에 가장 많이 사용하는 것으로 Level로 입력과 출력을 제어하는 포트이다. 이 장에서 GPIO HAL 함수 사용법에 대하여 익혀놓으면 펌웨어 개발에 많은 도움이 될 것이다.

1) STM32 펌웨어 구성
가) 어플리케이션 레벨의 데모 프로그램(Application level demonstrations)
ST사에서 제공하는 각종 Evaluation 보드, Discovery 보드, NUCLEO 보드 등을 이용한 다양한 데모 프로그램(소스 코드 포함)이 포함되어있다.

나) STM32 미들웨어 레벨(Middleware level)
미들웨어 레벨에서는 TCP/IP, USB, Touch Library, Graphics, FAT file system, RTOS를 지원한다. 따라서 OS의 사용, 파일 관리, 인터넷 접속, USB 사용 등이 미들웨어를 사용하면 쉽게 구현된다.

다) STM32 유틸리티(Utilities)

ARM사의 CMSIS 지원을 위한 소스 코드와 ST사에서 제공하는 CPU, Font, Log, Media 등의 유틸리티 등이 있다.

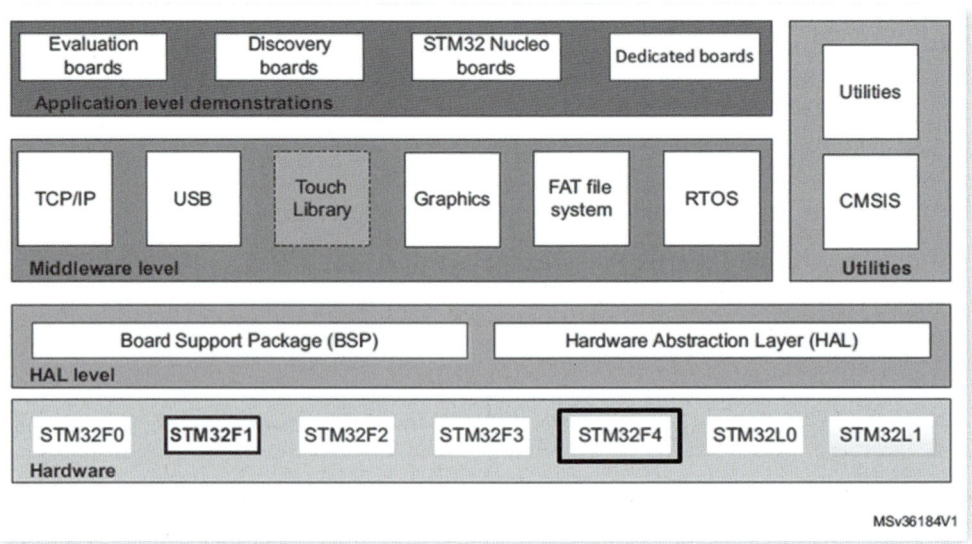

[그림 4-1] STM32 MPU 펌웨어 구성도(출처: www.st.com)

라) STM32 HAL(Hardware Abstraction Layer) 레벨

지원하는 MCU의 하드웨어 구동을 위한 소프트웨어로서 BSP(Board Support Package)와 HAL(Hardware Abstraction Layer)이 있다. 해당 MCU의 레지스터에 직접 값을 써넣거나 주변 장치를 제어하는 등의 동작은 이 레벨에서 이루어진다.

마) 하드웨어(Hardware)

이 부분은 펌웨어가 아니며, 펌웨어가 구동되는 실제 하드웨어(MCU)를 나타낸다.

2) HAL(Hardware Abstraction Layer) 드라이브

MCU의 주변 장치를 제어하는 등의 동작은 HAL 레벨에서 이루어진다. 이를 위하여 HAL 레벨에는 여러 개의 파일들이 있는데, 이 파일의 묶음을 HAL 드라이버라고 한다. HAL 드라이버는 여러 가지 주변 장치의 설정을 위한 데이터 구조체와 주변 장치의 구동을 위한 API 함수가 포함되어있는 여러 개의 파일로 구성되어있다.

3) GPIO(General Purpose Input Output)

가) 구조

각각의 입출력 핀은 다음과 같은 모드로 동작이 가능, 동작 모드는 프로그램에서 소프트웨어적으로 변경이 가능하다.

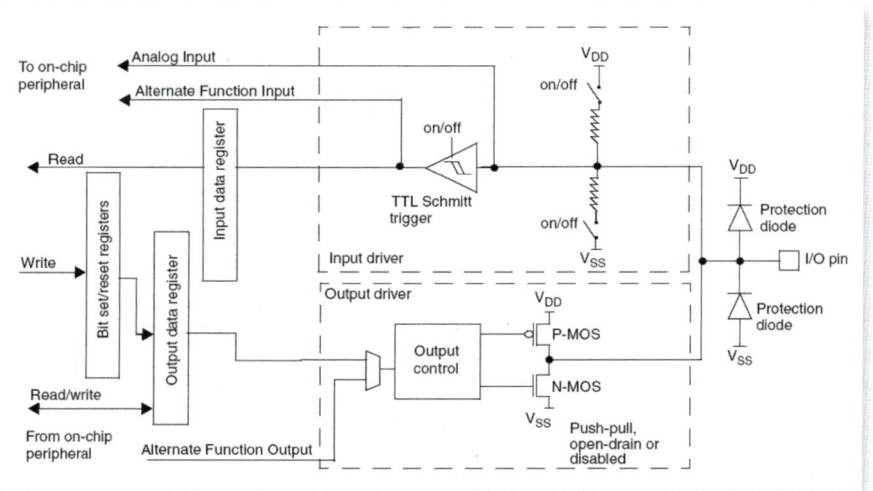

[그림 4-2] GPIO 구조(출처: www.st.com)

나) 입력 모드
- 플로팅(Floating) 방식 입력
- 풀업(Pull-up) 방식 입력
- 풀다운(Pull-down) 방식 입력
- 아날로그 입력

다) 출력 모드
- 오픈 드레인(Open drain) 방식 출력
- 푸시-풀(Push-full) 방식 출력

라) 대체 기능(Alternate function)

마) 외부 인터럽트/이벤트 입력(External interrupt/event lines)

4) GPIO 설정용 구조체

가) GPIO_InitTypeDef

GPIO의 초기 설정을 위한 구조체이며 stm32f1xx_hal_gpio.h에 정의되어있다.

나) 데이터 형

- uint32_t   Pin
- uint32_t   Mode
- uint32_t   Pull
- uint32_t   Speed

다) 데이터 형의 설명

- Pin: 설정할 핀을 지정한다. 이 파라미터가 가질 수 있는 값은 다음과 같다.

  GPIO_PIN_0   GPIO_PIN_1   GPIO_PIN_2
  GPIO_PIN_3   GPIO_PIN_4   GPIO_PIN_5
  GPIO_PIN_6   GPIO_PIN_7   GPIO_PIN_8
  GPIO_PIN_9   GPIO_PIN_10 GPIO_PIN_11
  GPIO_PIN_12 GPIO_PIN_13 GPIO_PIN_14
  GPIO_PIN_15
  GPIO_PIN_All

5) GPIO Mode

핀의 동작 모드를 설정한다. 이 파라미터가 가질 수 있는 값은 다음과 같다.

- GPIO_MODE_INPUT: 입력 플로팅(Input Floating) 모드
- GPIO_MODE_OUTPUT_PP: 출력 푸시 풀(Output Push Pull) 모드
- GPIO_MODE_OUTPUT_OD: 출력 오픈 드레인(Output Open Drain) 모드
- GPIO_MODE_AF_PP: 대체 기능 푸시 풀(Alternate Function Push Pull) 모드
- GPIO_MODE_AF_OD: 대체 기능 오픈 드레인(Alternate Function Open Drain) 모드
- GPIO_MODE_AF_INPUT: 대체 기능 입력(Alternate Function Input) 모드
- GPIO_MODE_ANALOG: 아날로그(Analog) 모드

- GPIO_MODE_IT_RISING: 외부 인터럽트(External Interrupt) 모드, 상승 에지(Rising edge)에 트리거(trigger)됨
- GPIO_MODE_IT_FALLING: 외부 인터럽트(External Interrupt) 모드, 하강 에지(Falling edge)에 트리거(trigger)됨
- GPIO_MODE_IT_RISING_FALLING: 외부 인터럽트(External Interrupt)모드, 상승/하강 에지(Rising/Falling edge)에 트리거(trigger)됨
- GPIO_MODE_EVT_RISING External: 이벤트(Event) 모드, 상승 에지(Rising edge)에 트리거(trigger)됨
- GPIO_MODE_EVT_FALLING External: 이벤트(Event) 모드, 하강 에지(Falling edge)에 트리거(trigger)됨
- GPIO_MODE_EVT_RISING_FALLING: 이벤트(Event) 모드, 상승/하강 에지(Rising/Falling edge)에 트리거(trigger)됨

6) Pull

핀의 Pull-up, Pull-Down 모드를 설정한다. 이 파라미터가 가질 수 있는 값은 다음과 같다.

GPIO_NOPULL: No Pull-up or Pull-down activation

GPIO_PULLUP: Pull-up activation

GPIO_PULLDOWN: Pull-down activation

7) Speed

핀의 동작속도를 설정한다. 이 파라미터가 가질 수 있는 값은 다음과 같다.

GPIO_SPEED_FREQ_LOW: Low speed

GPIO_SPEED_FREQ_MEDIUM: Medium speed

GPIO_SPEED_FREQ_HIGH: High speed

8) GPIO 구동용 함수

- HAL_GPIO_ReadPin()
  - GPIO의 지정된 핀의 값을 읽어온다.
- HAL_GPIO_WritePin()

- GPIO의 지정된 핀을 0, 또는 1로 설정한다.
- HAL_GPIO_TogglePin()
  - GPIO의 지정된 핀의 값을 토글(toggle)시킨다.
- HAL_GPIO_LockPin()
  - GPIO의 지정된 핀의 설정값을 변경 금지(lock)시킨다.

9) 인터럽트 처리용 함수

GPIO에서 발생하는 외부 인터럽트(EXTI)의 처리를 위한 함수이다.

- HAL_GPIO_EXTI_IRQHandler()
  - EXTI 인터럽트의 핸들러 함수
- HAL_GPIO_EXTI_Callback()
  - EXTI 인터럽트를 처리하기 위한 콜백함수. 이 함수는 EXTI 핸들러 함수 (EXTIx_IRQHandler()) 내에서 사용된다.

10) GPIO 관련 함수

가) HAL_GPIO_Init(GPIO_TypeDef * GPIOx, GPIO_InitTypeDef * GPIO_Init)

- 함수 설명
  - GPIOx를 GPIO_Init 구조체 변수의 설정값에 맞추어 초기화한다.
- 파라미터
  - GPIOx: GPIO의 이름(x는 A~K까지의 값을 가질 수 있다.)
  - GPIO_Init: GPIO의 설정값을 가지고 있는 GPIO_InitTypeDef 구조체형의 변수
- 리턴 값
  - 없음

나) HAL_GPIO_DeInit(GPIO_TypeDef * GPIOx, uint32_t GPIO_Pin)

- 함수 설명
  - GPIOx를 리셋 시의 디폴트 값으로 설정(초기화 해제)한다.
- 파라미터
  - GPIOx: GPIO의 이름(x는 A~K까지의 값을 가질 수 있다.)

- GPIO_Pin: GPIO pin을 지정하며, GPIO_PIN_0~GPIO_PIN_15 사이의 값을 가질 수 있다.
• 리턴 값
  - 없음

다) HAL_GPIO_ReadPin(GPIO_TypeDef * GPIOx, uint16_t GPIO_Pin)
• 함수 설명
  - GPIOx의 지정된 핀(GPIO_Pin)에 입력된 값을 읽어온다.
• 파라미터
  - GPIOx: GPIO의 이름(x는 A~K까지의 값을 가질 수 있다.)
  - GPIO_Pin: GPIO pin을 지정하며, GPIO_PIN_0~GPIO_PIN_15 사이의 값을 가질 수 있다.
• 리턴 값
  - 지정된 핀의 입력 값

라) HAL_GPIO_WritePin(GPIO_TypeDef * GPIOx, uint16_t GPIO_Pin, GPIO_PinState PinState)
• 함수 설명
  - GPIOx의 지정된 핀(GPIO_Pin)을 0, 또는 1로 설정한다.
• 파라미터
  - GPIOx: GPIO의 이름(x는 A~K까지의 값을 가질 수 있다.)
  - GPIO_Pin: GPIO pin을 지정하며, GPIO_PIN_0~GPIO_PIN_15 사이의 값을 가질 수 있다.
  - PinState: 핀의 상태를 설정한다. 이 파라미터가 가질 수 있는 값은 다음과 같다.
    GPIO_PIN_RESET: 핀을 리셋(0) 한다.
    GPIO_PIN_SET: 핀을 셋(1) 한다.
• 리턴 값
  - 없음

마) HAL_GPIO_TogglePin(GPIO_TypeDef * GPIOx, uint16_t GPIO_Pin)
• 함수 설명
  - GPIOx의 지정된 핀(GPIO_Pin)의 값을 토글(toggle)시킨다.
• 파라미터

- GPIOx: GPIO의 이름(x는 A~K까지의 값을 가질 수 있다.)
- GPIO_Pin: GPIO pin을 지정하며, GPIO_PIN_0~GPIO_PIN_15 사이의 값을 가질 수 있다.
• 리턴 값
  - 없음

바) HAL_GPIO_LockPin(GPIO_TypeDef * GPIOx, uint16_t GPIO_Pin)
• 함수 설명
  - GPIOx의 지정된 핀(GPIO_Pin)의 값을 록(Lock)시킨다.
• 파라미터
  - GPIOx: GPIO의 이름(x는 A~K까지의 값을 가질 수 있다.)
  - GPIO_Pin: GPIO pin을 지정하며, GPIO_PIN_0~GPIO_PIN_15 사이의 값을 가질 수 있다.
• 리턴 값
  - 없음

  [참고] 핀이 록(Lock)되면 리셋되기 전까지는 그 핀의 값을 변경할 수 없다.

사) HAL_GPIO_EXTI_IRQHandler(uint16_t GPIO_Pin)
• 함수 설명
  - GPIO에서 발생하는 EXTI 인터럽트 처리를 위한 콜백함수이다.
  - 예제에서 이 함수는 stm32f10x_it.c 파일 내의 인터럽트 핸들러 함수(EXTIx_IRQHandler())
    에서 호출되어 사용된다.
• 파라미터
  - GPIO_Pin: GPIO pin을 지정하며, GPIO_PIN_0~GPIO_PIN_15 사이의 값을 가질 수 있다.
• 리턴 값
  - 없음

아) HAL_GPIO_EXTI_Callback(uint16_t GPIO_Pin)
• 함수 설명
  - EXTI 인터럽트를 처리하기 위한 콜백 함수이다.
  - 예제에서 이 함수는 main.c 파일 내에서 구현되어 사용된다.

- 파라미터
  - GPIO_Pin: GPIO pin을 지정하며, GPIO_PIN_0~GPIO_PIN_15 사이의 값을 가질 수 있다.
- 리턴 값
  - 없음

4.2 학습도구 및 기자재

가) Hardware NUCLEO-F429Zi 혹은 NUCLEO-F439Zi 보드
나) USB 케이블
다) Cube-MX Program
라) Cube-IDE Program
마) StarUML Program
바) PC

4.3 예제 1: Switch 입력에 따른 LED 제어

버튼을 한 번 누르면 Blue LED가 켜지고 또 한 번 누르면 Blue LED가 꺼지도록 프로그래밍하라.

1) 사용자 요구사항 작성하기

- NUCLEO-F429Zi/F439Zi 보드를 이용하여 User 버튼을 100ms 이상 누르면 LED가 켜져야 한다.
- LED가 켜진 상태에서 또 한 번 100ms 이상 누르면 LED가 꺼져야 한다.
- USER Switch를 100ms보다 짧게 누르면 무시하여야 한다.

2) UML Tool로 설계하기

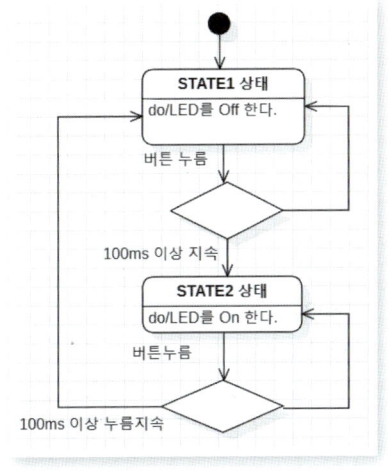

[그림 4-3] 버튼 On/Off State Diagram

3) 구현하기(CubeMX로 Project 만들기)

가) Pinout & Configuration 메뉴→ETH로 가서 Disable시킨 후 Project Manager로 가서 example_4_1로 Code를 생성한다.

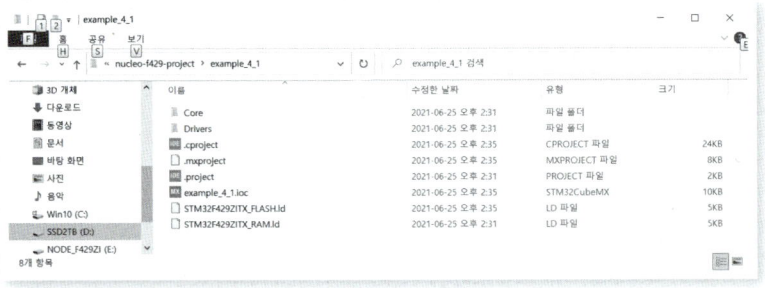

[그림 4-4] Project 생성 Directory를 확인한다.

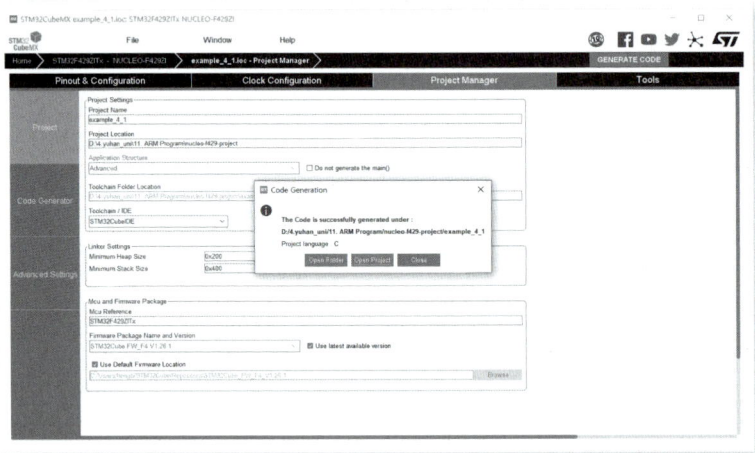

[그림 4-5] example_4_1 Project 생성

나) CubeIDE로 Project를 열어 main.c에 코딩하라.

main.h file Private define에서 LED 상태를 정의한다.

```
/* USER CODE BEGIN Private defines */
#define LED_STATE0 0 // 초기 상태에서 100ms동안 High가 유지되면 LED On으로 하는 상태
#define LED_STATE1 1 // Switch High에서 Low로 떨어지는지 점검하는 상태
#define LED_STATE2 2 // LED On상태에서 Switch 100ms 이상 High 유지되면 LED Off하는 상태
#define LED_STATE3 3 // Switch High에서 Low로 떨어지는지 점검하는 상태
/* USER CODE END Private defines */
```

main.c에서 사용한 변수를 선언한다.

```
/* USER CODE BEGIN 0 */
unsigned char ReadSW, SW_High_Counter, LED_State;
/* USER CODE END 0 */
```

main.c의 main(void) 함수에 다음과 같이 코딩한다.

```
int main(void)
{
  /* USER CODE BEGIN 1 */

  /* USER CODE END 1 */

  /* MCU Configuration--------------------------------------------------------*/

  /* Reset of all peripherals, Initializes the Flash interface and the Systick. */
  HAL_Init();

  /* USER CODE BEGIN Init */

  /* USER CODE END Init */

  /* Configure the system clock */
  SystemClock_Config();

  /* USER CODE BEGIN SysInit */

  /* USER CODE END SysInit */

  /* Initialize all configured peripherals */
  MX_GPIO_Init();
  MX_USART3_UART_Init();
  MX_USB_OTG_FS_PCD_Init();
  /* USER CODE BEGIN 2 */
```

```c
/* USER CODE END 2 */

/* Infinite loop */
/* USER CODE BEGIN WHILE */
while (1)
{
    ReadSW = HAL_GPIO_ReadPin(USER_Btn_GPIO_Port,USER_Btn_Pin);
    switch(LED_State)
    {
        case LED_STATE0:
            if(ReadSW)
            {
                ++SW_High_Counter;
                if(SW_High_Counter > 10)
                {
                    SW_High_Counter = 0x00;
                    LED_State = LED_STATE1;
                    HAL_GPIO_WritePin(LD2_GPIO_Port, LD2_Pin, GPIO_PIN_SET);
                    break;
                }
            }
            else
            {
                SW_High_Counter = 0;
            }
            break;
        case LED_STATE1:
            if(ReadSW) break;
            else
            {
                LED_State = LED_STATE2;
                SW_High_Counter = 0x00;
                break;
            }
            break;
        case LED_STATE2:
            if(ReadSW)
```

```
                {
                    ++SW_High_Counter;
                    if(SW_High_Counter > 10)
                    {
                        SW_High_Counter = 0x00;
                        LED_State = LED_STATE3;
                        HAL_GPIO_WritePin(LD2_GPIO_Port, LD2_Pin, GPIO_PIN_RESET);
                        break;
                    }
                }
                else
                {
                    SW_High_Counter = 0;
                }
                break;
            case LED_STATE3:
                if(ReadSW) break;
                else
                {
                    LED_State = LED_STATE0;
                    SW_High_Counter = 0x00;
                    break;
                }
                break;
            default:
                break;
    }
    HAL_Delay(10);
    /* USER CODE END WHILE */
    /* USER CODE BEGIN 3 */
}
/* USER CODE END 3 */
```

4) 시험하기

Build All을 한 후에 이제 NUCLEO-F429Zi/439Zi 보드에서 실험해본다.
Switch를 짧게 입력하여 무시되는지도 확인해보자.

4.4 예제 2: 프린트문 사용하기

Button 상태마다 printf문을 넣어 변화하는 과정을 TeraTerm 터미널에 표시하라.

1) 사용자 요구사항 작성하기

- STLink Virtual COM Port를 확인하여 Tera Term을 설치하고 Baudrate - 115200, 8bit, 1stopbit 속도로 세팅하라.
- main.c에 printf으로 글자를 출력하여보라.
- switch on/off 상태 예제에 각 상태마다 printf문을 넣어서 출력하여보라.

2) UML Tool로 설계하기

3) CubeMX로 Project를 만들고 code를 generate 한다.

printf문 만드는 방법은 다음과 같이 한다.

가) USART3(NUCLEO F439Zi로 Project를 만들면 이 Port가 기본적으로 할당됨)

나) Code Generation 후에 main.c file에서 stdio.h File을 Include 한다.

다) Write 함수를 만든다.

라) printf 함수를 실험해본다.

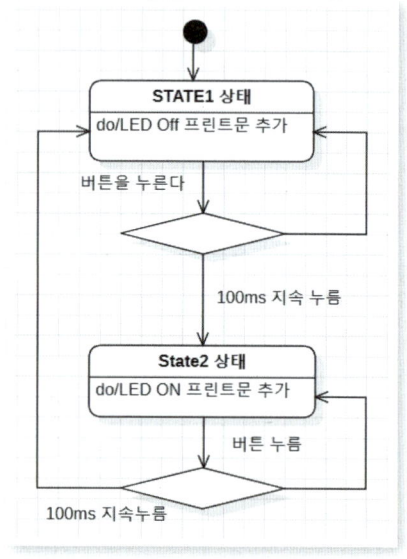

[그림 4-6]
상태에 따라 프린트문 추가 State Diagram

4) 구현하기

main.c에 다음과 같이 코딩한다.

```
/* USER CODE BEGIN 0 */
unsigned char ReadSW,SW_High_Counter,LED_State;
```

```
int _write(int file, unsigned char* p, int len)
{

    HAL_StatusTypeDef status = HAL_UART_Transmit(&huart3, p,len,100);
    return (status == HAL_OK ? len : 0);
}
/* USER CODE END 0 */
```

5) main.c의 main(void) 함수에 다음과 같이 코딩한다.

```
/* USER CODE BEGIN 2 */
printf("Hello World\r\n");
/* USER CODE END 2 */
```

```
while (1)
{
  ReadSW = HAL_GPIO_ReadPin(USER_Btn_GPIO_Port,USER_Btn_Pin);
  switch(LED_State)
  {
        case LED_STATE0:
              if(ReadSW)
              {
                    ++SW_High_Counter;
                    if(SW_High_Counter > 10)
                    {
                      SW_High_Counter = 0x00;
                      LED_State = LED_STATE1;
                      HAL_GPIO_WritePin(LD2_GPIO_Port, LD2_Pin, GPIO_PIN_SET);
                      printf("LED_STATE0->LED_STATE1 LED On\r\n");
                      break;
                    }
              }
              else
              {
                    SW_High_Counter = 0;
              }
```

```
                break;
        case LED_STATE1:
                if(ReadSW) break;
                else
                {
                  LED_State = LED_STATE2;
                  SW_High_Counter = 0x00;
                  printf("LED_STATE2->LED_STATE3 Switch Level High to Low\r\n");
                  break;
                }
                break;
        case LED_STATE2:
                if(ReadSW)
                {
                  ++SW_High_Counter;
                  if(SW_High_Counter > 10)
                  {
                          SW_High_Counter = 0x00;
                          LED_State = LED_STATE3;
                          HAL_GPIO_WritePin(LD2_GPIO_Port, LD2_Pin, GPIO_PIN_RESET);
                          printf("LED_STATE2->LED_STATE3 LED Off\r\n");
                          break;
                  }
                }
                else
                {
                          SW_High_Counter = 0;
                }
                break;
        case LED_STATE3:
                if(ReadSW) break;
                else
                {
                  LED_State = LED_STATE0;
                  SW_High_Counter = 0x00;
                  printf("LED_STATE3->LED_STATE0 Switch Level High to Low\r\n");
                  break;
```

```
                }
                break;
        default:
                break;
    }
    HAL_Delay(10);
    /* USER CODE END WHILE */
    /* USER CODE BEGIN 3 */
}
```

6) 시험하기

teraterm을 설치하고 다음과 같이 세팅한다. 이제 NUCLEO 보드에 컴파일한 코드를 다운로딩하여 실험해보라. SWITCH를 누르면 LED가 켜지고 상태가 변화하는 모습을 직접 확인할 수 있을 것이다. 프로그램을 디버깅하는 경우 이처럼 printf 문을 많이 사용하여 디버깅을 한다.

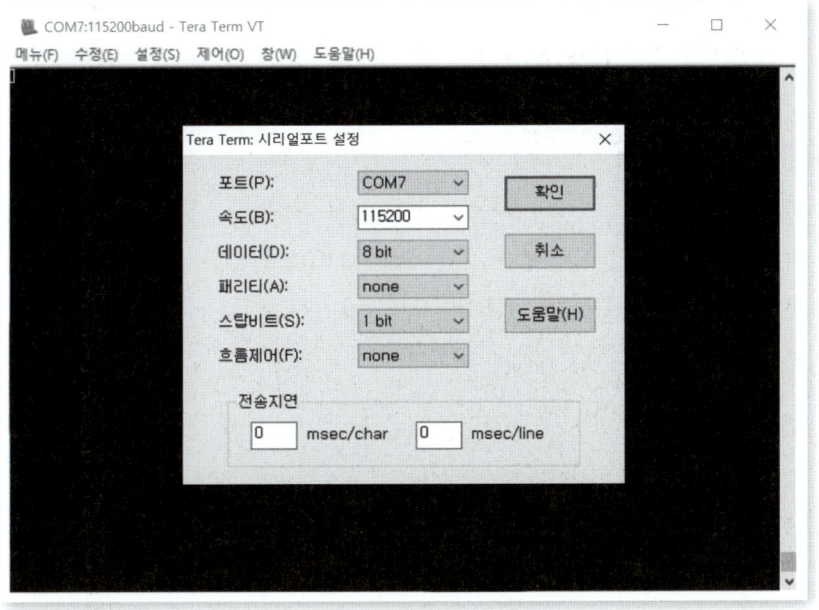

[그림 4-7] teraterm 속도 세팅

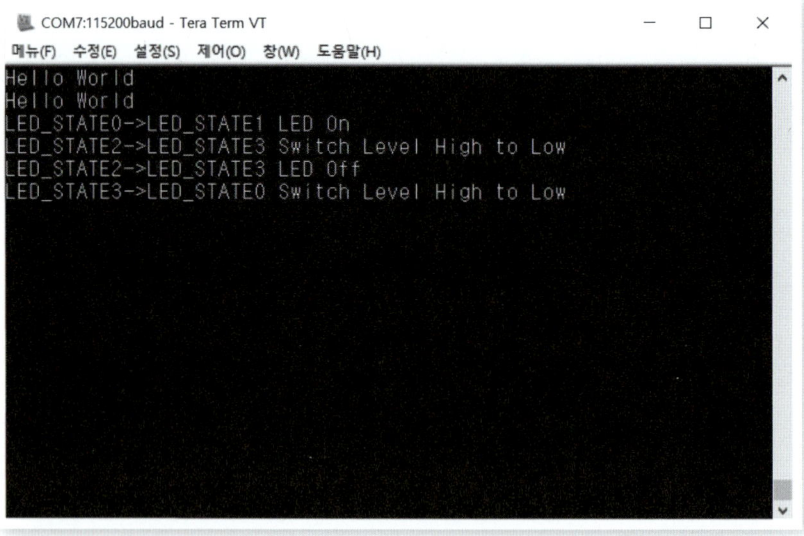

[그림 4-8] Teraterm 터미널 결과 확인 창

연습문제

1. STM32 HAL(Hardware Access Layer) 드라이브는 무엇인가?

2. STM32 GPIO 구조에 대하여 설명하라.

3. HAL_GPIO_TogglePin() 함수에 대하여 설명하라.

4. HAL_GPIO_ReadPin() 함수에 대하여 설명하라.

5. HAL_GPIO_WritePin() 함수에 대하여 설명하라.

5장
Analog 전압측정과 scanf

필요성	본 소단원의 목표는 Analog 전압측정과 teraterm을 통한 명령어를 읽어들이는 scanf문을 실험한다.
학습목표	본 소단원을 마치면, 학생들은 다음 사항을 해낼 수 있어야 한다. 1. 지식 - Analog 전압측정범위와 방법에 대하여 배운다. - scanf 코딩 방법을 배운다. 2. 기술 NUCLEO-F429/NUCLEO-F439 보드의 Analog Input Port를 생성하여 Project를 만들고 teraterm으로 scanf 함수를 통하여 입력되는 값을 받아들이는 방법을 배운다.

5.1 선행학습

ADC에 대한 사용은 아날로그 전압을 읽어 처리하는 경우가 자주 발생한다. 가령 배터리 전압을 실시간으로 체크하여 정전 시 배터리 전압이 일정 이하로 내려갈 경우 출력을 차단하기 위한 목적으로 자주 사용된다. 배터리가 방전을 계속할 경우 배터리가 고장 나기 때문이다.

1) ADC 블록다이어그램

ADC 블록다이어그램을 보면 Analog to digital Convert 블록으로 ADC 입력신호와 VREF 신호를 입력으로 받는다. 최대 4개까지 Injected 채널로 구성하며 최대 16개까지 정규 채널로 구성하여 정규 채널은 16비트로 레지스터에 저장되어 데이터 버스에 연결되어있다. NVIC 인터럽트에 연결된 신호들은 DMA 오버런, End of conversion, End of injected conversion, Analog watch dog event 등이다.

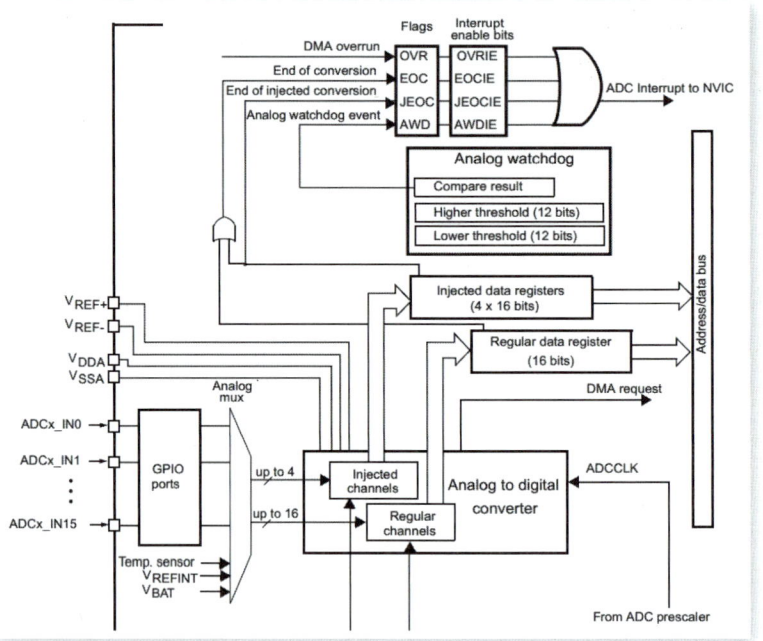

[그림 5-1] STM32F429Zi MCU ADC 블록다이어그램(출처: www.st.com)

2) STM32 ADC 기능

- 채널은 16개이다.
- 12비트, 10비트, 8비트 또는 6비트 resolution(분해능)으로 구성 가능
- 디지털 값으로 변환 후 인터럽트 발생, 변환 종료 이벤트, 아날로그 Watchdog(감시) 오버런 이벤트 등 지원
- 단일 혹은 연속 변환모드 지원
- 채널 0에서 n까지 자동으로 변환하는 스캔모드
- 채널별 프로그램 가능한 샘플링 시간
- 불연속 모드
- ADC 전원은 2.4~3.6V
- ADC 이력범위는 VREF- ≤ VIN ≤ VREF+

3) ADC 클럭

가) 아날로그 회로용 클럭: ADCCLK, 모든 ADC에 공통

이 클럭은 프로그래밍 가능한 프리스케일러로 나눈 APB2 클럭에서 생성된다. ADC가 fPCLK2

/2, /4, /6 또는 /8에서 작동하도록 한다.

나) 디지털 인터페이스용 클럭:
레지스터 읽기/쓰기 액세스에 사용됨
이 클럭은 APB2 클럭과 동일하
다. 디지털 인터페이스 클럭은 RCC
APB2 주변 클럭을 통해 각 ADC에
대해 개별적으로 활성화/비활성화
된다. STM32F429 MCU의 APB2
클럭은 84MHz인 것을 알 수 있다.

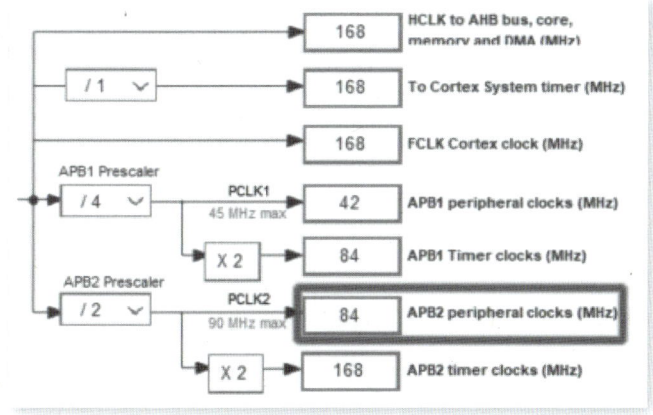

[그림 5-2] APB2 클럭 블록다이어그램

4) 단일변환모드

하나의 ADC 변환을 수행하는 모드로 CONT 비트를 0으로 하면 시작이 된다.

- 일반 채널이 변환된 경우
  - 변환된 데이터는 16비트 ADC_DR 레지스터에 저장된다.
  - EOC(변환 종료) 플래그가 설정된다.
  - EOCIE 비트가 설정되면 인터럽트가 생성된다.
- injected(주입) 채널이 변환된 경우
  - 변환된 데이터는 16비트 ADC_JDR1 레지스터에 저장된다.
  - JEOC(변환 종료) 플래그가 설정된다.
  - JEOCIE 비트가 se이면 인터럽트가 생성된다.

5) 연속변환모드

ADC 변환 완료 후에 즉시 새 변환을 시작하는 모드이다. 이 모드는 외부 트리거 하거나 CONT 비트를 1로 하면 시작이 된다.

- 일반 채널 그룹이 변환된 경우
  - 마지막으로 변환된 데이터는 16비트 ADC_DR 레지스터에 저장된다.
  - EOC(변환 종료) 플래그가 설정된다.
  - EOCIE 비트가 설정되면 인터럽트가 생성된다.

6) STM32CubeMX에서의 ADC 설정

Configuration에서 3개의 ADC 그룹 중 1개를 선택하고 15개의 채널 중 1개를 선택한다.

[그림 5-3] CubeMX에서의 ADC 세팅 메뉴

[그림 5-4] CubeMX ADC Parameter 메뉴

5.2 학습도구 및 기자재

가) Hardware NUCLEO-F429ZI 혹은 NUCLEO-F439ZI 보드
나) USB 케이블
다) Cube-MX Program
라) Cube-IDE Program

마) StarUML Program

바) PC

5.3 예제 1: ADC로 전압 표시하기

NUCLEO-429Zi/439Zi 보드 아날로그 포트에서 전압을 읽어 teraterm terminal에 코덱에서 읽은 값을 전압으로 계산하여 출력하라.

1) 사용자 요구사항 작성하기
- NUCLEO-F429Zi 보드에서 아날로그 포트를 구성한다.
- 아날로그 포트에서 +3.3V를 점퍼 선으로 연결한다.
- +3.3V가 teraterm에 출력하도록 하라.

2) UML Tool로 설계하기

3) CubeMX로 Project 만들기

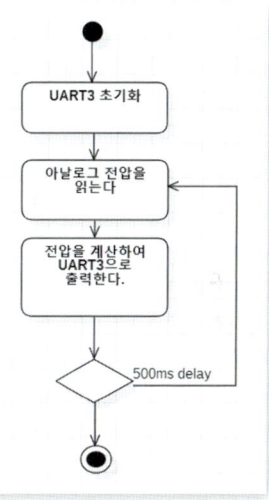

[그림 5-5] 아날로그 전압 읽기 Activity Diagram

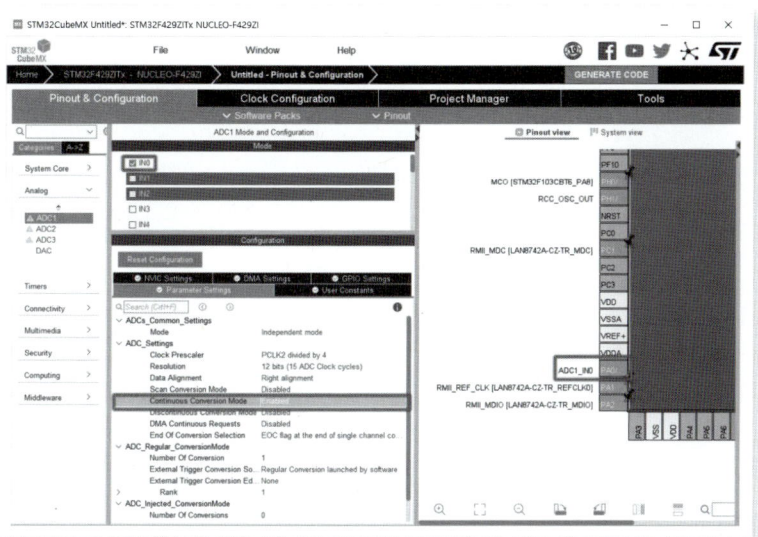

[그림 5-6] ADC 구성 세팅

Part Ⅰ. SW개발방법 UML과 STM 컴파일러 환경구축   87

ADC1의 In0를 체크하고 Para-meters Conversion Mode를 Enable시킨다. ADC1_IN0는 PA0번 핀으로 할당된다.

ADC0 Pin은 CN10 커넥터 29pin에 할당되어있다. 점퍼선으로 +3.3V CN10 1번 핀과 29핀을 연결하라.

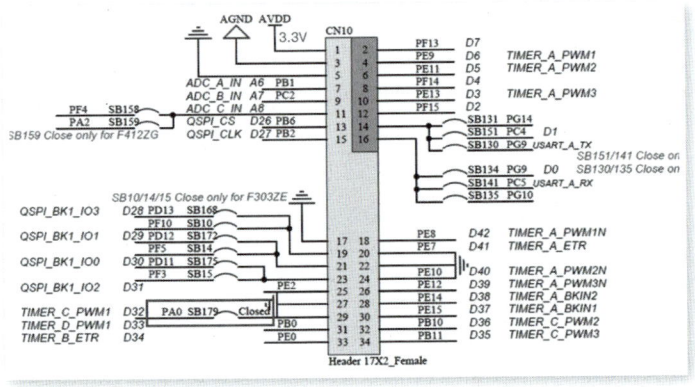

[그림 5-7] NUCLEO-F429Zi ADC0 Pin

4) 구현하기

가) main.c에 printf문 추가하기. (4장 참조)

나) printf문에 %f를 사용하려면 설정을 하여야 한다. Project 우측 마우스→Properties→C/C++ Build→Settings에 들어가서 Use float with printf from newlib-nano(-u _printf_float)를 체크해야 한다.

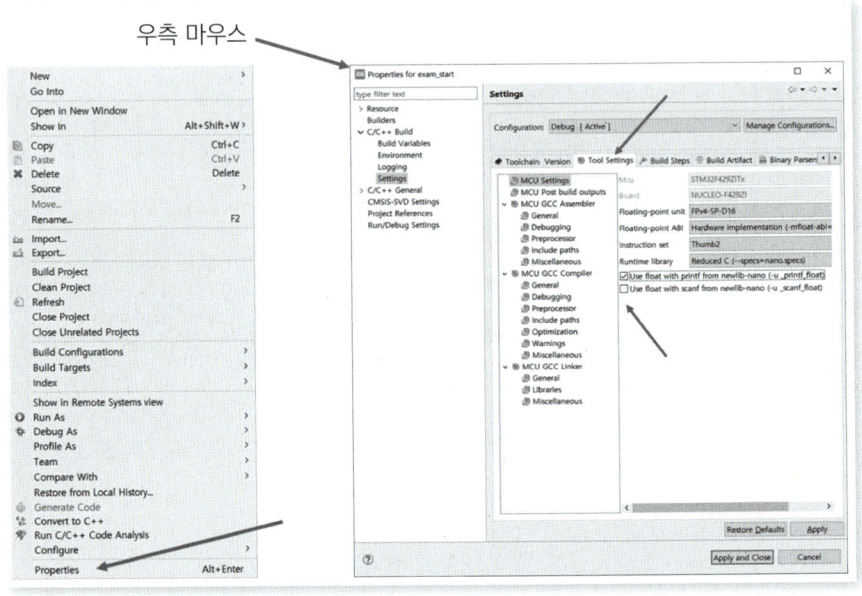

[그림 5-8] Properties→C/C++ Build→Settings 세팅

다) main.c 코딩하기

```
/* USER CODE BEGIN Includes */
#include <stdio.h>
/* USER CODE END Includes */

/* USER CODE BEGIN 0 */
int ADCValue;
float Voltage;

int _write(int file, unsigned char* p, int len)
{

    HAL_StatusTypeDef status = HAL_UART_Transmit(&huart3, p,len,100);
    return (status == HAL_OK ? len : 0);
}
/* USER CODE END 0 */
```

ADCValue와 Voltage 변수를 선언해준다.

```
int main(void)
{
  /* USER CODE BEGIN 1 */

  /* USER CODE END 1 */

  /* MCU Configuration----------------------------------------------------------*/

  /* Reset of all peripherals, Initializes the Flash interface and the Systick. */
  HAL_Init();

  /* USER CODE BEGIN Init */

  /* USER CODE END Init */

  /* Configure the system clock */
```

```c
  SystemClock_Config();

  /* USER CODE BEGIN SysInit */

  /* USER CODE END SysInit */

  /* Initialize all configured peripherals */
  MX_GPIO_Init();
  MX_ADC1_Init();
  MX_USART3_UART_Init();
  MX_USB_OTG_FS_PCD_Init();
  /* USER CODE BEGIN 2 */
  __HAL_UART_ENABLE_IT(&huart3,UART_IT_RXNE);
  __HAL_UART_ENABLE_IT(&huart3,UART_IT_TC);
  printf("ADC Program\n\r");

  /* USER CODE END 2 */

  /* Infinite loop */
  /* USER CODE BEGIN WHILE */
  while (1)
  {
        HAL_ADC_Start(&hadc1);
        if(HAL_ADC_PollForConversion(&hadc1,1000000) == HAL_OK)
        {
              ADCValue = HAL_ADC_GetValue(&hadc1);
        }
        printf("ADC = %d\r\n",ADCValue);
        Voltage = 3.3 *( (float) ADCValue / 4095.0);
        printf("Voltage = %f\r\n",Voltage);
        HAL_Delay(500);

    /* USER CODE END WHILE */

    /* USER CODE BEGIN 3 */
  }
  /* USER CODE END 3 */
}
```

main(void) 함수 내에 Analog을 읽어들이는 함수와 Codec에서 읽은 값을 Voltage로 계산하는 것을 코딩한다. Voltage 계산은 다음과 같은 식으로 한다.

$$Voltage = \frac{3.3 \times (float)ADCValue}{4095.0}$$

5) 시험하기

NUCLEO-F429Zi 보드에 Object Code를 다운로딩하고 실행해보자.

가변전원장치 혹은 가변저항을 이용하여 전압을 변동시켰을 경우 전압이 잘 변환되는지 확인하여보자. 가변저항은 +3.3V와 GND를 연결하고 중간핀은 ADC0 핀에 연결하여 실험하라. 가변전원장치를 연결할 경우 전압은 반드시 0V에서 3.3V까지 사용하도록 한다. +3.6V 이상 전압이 입력되면 입력 핀이 소손될 수 있기 때문에 주의를 해야 한다.

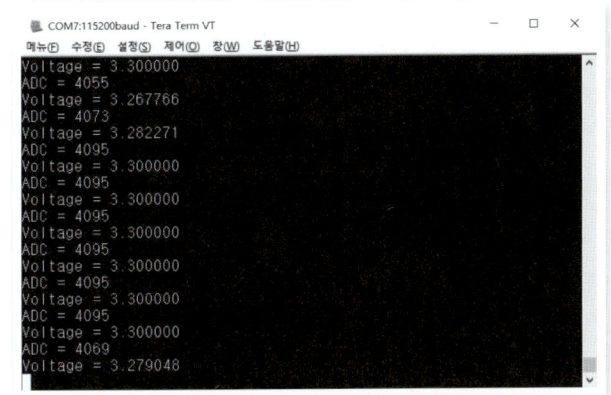

[그림 5-9] Voltage가 3.3인지 확인하는 창

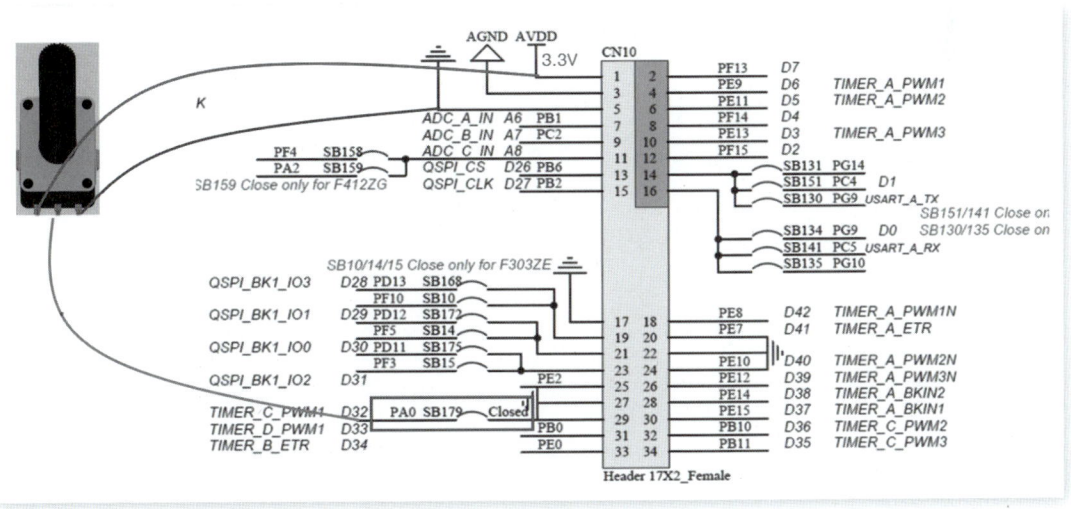

[그림 5-10] ADC에 가변저항 연결도

5.4 예제 2: scanf 기능 사용하기

NUCOEO-F429Zi/F439Zi 보드에서 scanf를 사용하여 이름과 나이를 출력하여보라.

1) 사용자 요구사항 작성하기
- NUCLEO-F429Zi 보드의 Vertual 통신포트를 이용한다.
- scanf문을 이용하여 %s %d를 사용한다.
- teraterm으로 이름과 나이를 입력한다.
- 이름과 나이를 저장한 후 printf문으로 출력하면 정상적으로 출력
  되어야 한다.

2) UML Tool로 설계하기

3) CubeMX로 Project 만들기
NUCLEO-F429Zi 기본 구성으로 Project를 생성한다.

4) 구현하기
main.c에 다음과 같이 코딩한다.

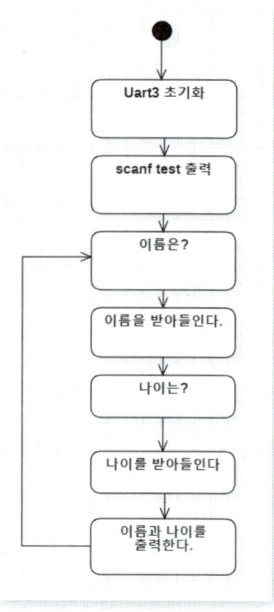

[그림 5-11]
scanf 시험 Activity Diagram

```
/* USER CODE BEGIN Includes */
#include <stdio.h>
/* USER CODE END Includes */
```

```
/* USER CODE BEGIN 0 */
unsigned char MyName[64];
unsigned char printbuff[256];
unsigned int MyAge;
int _write(int file, unsigned char* p, int len)
{
    HAL_StatusTypeDef status = HAL_UART_Transmit(&huart3, p,len,100);
    return (status == HAL_OK ? len : 0);
```

```
}

int _read(int fd, char* ptr, int len)
{
  HAL_StatusTypeDef status;

    __HAL_UART_CLEAR_OREFLAG(&huart3);
    status = HAL_UART_Receive(&huart3, (uint8_t *) ptr, 1, 0xFFFF);
    if (status == HAL_OK)
    {
      HAL_UART_Transmit(&huart3, (uint8_t *) ptr,1,10);
      return 1;
    }
    else
      return -1;
}
/* USER CODE END 0 */
```

main(void) 함수 내에 이같이 코딩한다.

```
/* USER CODE BEGIN WHILE */
printf("\r\nWhat is your name:");
scanf("%s",MyName);
printf("\r\nHow old are you:");
scanf("%d",&MyAge);
printf("\n\n\rMy Name is %s ,My Age is %d",MyName,MyAge);
sprintf(printbuff,"\n\n\rMy Name is %s ,My Age is %d",MyName,MyAge);
printf("%s",printbuff);

while (1)
{
  /* USER CODE END WHILE */

  /* USER CODE BEGIN 3 */
}
/* USER CODE END 3 */

/* USER CODE END 0 */
```

5) 시험하기

Build All을 한 후 NUCLEO-F429/F439 보드에 다운로딩하여 시험하여보자.

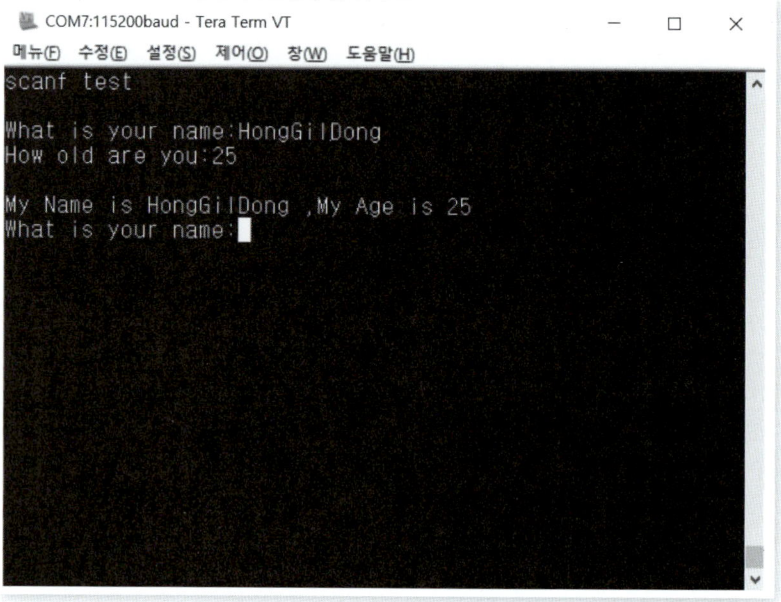

[그림 5-12] scanf 시험 화면

연습문제

1 STM32F429 ADC 기능은 무엇인가?

2 STM32F429 MCU ADC 단일변환에 대하여 설명하시오.

3 STM32F429 MCU ADC 연속변환에 대하여 설명하시오.

4 STM32CubeIDE에서 printf문 %f를 사용하려면 어떤 Option을 활성화하여야 하는가?

5 STM32FCubeIDE에서 scanf문을 사용하려면 main.c file에 추가적으로 어떤 함수가 있어야 하는가?

6 STM32FCubeIDE에서 printf문을 사용하려면 main.c file에 추가적으로 어떤 함수가 있어야 하는가?

6장
인터럽트와 USART

필요성	본 소단원의 목표는 인터럽트에 대한 개념과 USART 시리얼 통신을 인터럽트로 처리하는 방법을 배운다.
학습목표	본 소단원을 마치면, 학생들은 다음 사항을 해낼 수 있어야 한다. 1. 지식 - 인터럽트 개념 - USART Interrupt 처리방법 2. 기술 NUCLEO-F429Zi/NUCLEO-F439Zi 보드의 GPIO를 생성하여 Switch 입력에 대한 인터럽트 처리를 배우고, USART 수신을 인터럽트로 처리하여 프로그래밍을 하는 방법을 배운다.

6.1 선행학습

인터럽트는 프로그래밍에 있어서 가장 많이 사용하는 방법 중 한 가지이다. 특히 멀티 Task OS 같은 환경에서는 인터럽트 없이 수행이 불가능하다. 불규칙하게 들어오는 이벤트 등은 반드시 인터럽트로 처리해야 한다.

1) 인터럽트의 개념

인터럽트는 사람의 행동과 유사한 형태의 개념으로 접근할 수 있다. 직장에서의 예를 들어보면 부하가 일하고 있는 도중에 사장이 갑자기 부르면 일하던 것을 잠시 멈추고 사장에게 가서 업무지시를 받고 다시 돌아와서 하던 일을 계속하게 된다. 만약 부장님하고 업무를 보는 도중에 사장님이 부르면 사장님이 우선순위가 높기 때문에 사장님 일부터 처리해야 한다. 이러한 개념이 우선순위(Priority)이다. 자기보다 높은 우선순위의 인터럽트가 걸리면 인터럽트 처리 도중에 또 인터럽트를 처리해야 한다.

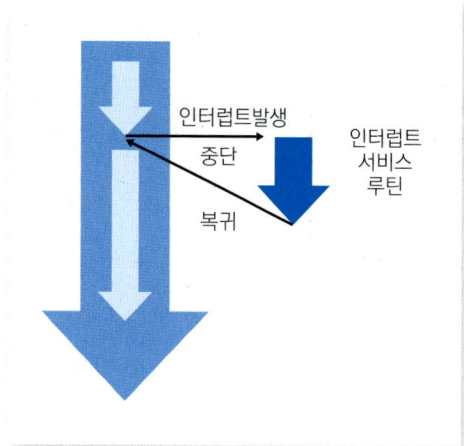

[그림 6-1] 인터럽트 개념

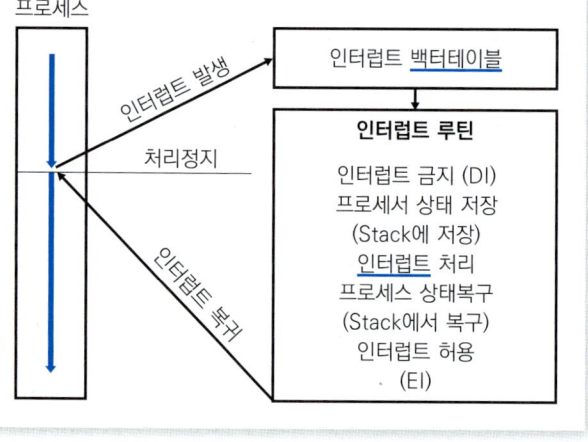

[그림 6-2] 인터럽트 처리과정

인터럽트 처리과정을 보면 프로세스 수행 도중에 인터럽트가 발생하면 하던 일을 멈추어야 한다. 그리고 특정 프로그램 메모리에 저장되어있는 ISR(Interrupt Service Routine)을 호출하게 된다. ISR에서는 가장 먼저 더 이상 인터럽트가 걸리지 않도록 인터럽트를 금지한 이후에 현재의 레지스터 상태를 모두 메모리에 저장해놓고 Interrupt Source를 제거하고 다시 인터럽트가 걸리도록 복구하여야 한다. 그렇지 않으면 나보다 더 높은 인터럽트가 발생할 시에 처리를 못 하게 된다. 인터럽트가 끝나면 메모리에 저장해두었던 레지스터 값을 Restore 한 후에 복구하면 되는데, 가장 실수하기 쉬운 부분은 인터럽트 루틴에 글자를 출력한다든가 인터럽트 처리시간을 고려하지 않아 문제가 발생할 수도 있다. 인터럽트 루틴은 처리시간을 간편하게 하여야 하며, 때로는 시간 때문에 어셈블리언어로 코딩하기도 한다. STM32F429/439 CPU에서는 내부 인터럽트도 있지만 GPIO 외부 인터럽트를 사용할 수 있다. GPIO PAxx부터 GPIO PJxx 각각은 11개씩 묶어서 EXTI0에서 EXTI15까지 사용하도록 구성되어있고, 가령 EXTI0에 인터럽트가 발생했다면 GPIO 어떤 핀에서 발생했는지 GPIO Bit를 보고 판단하여 처리해야 한다.

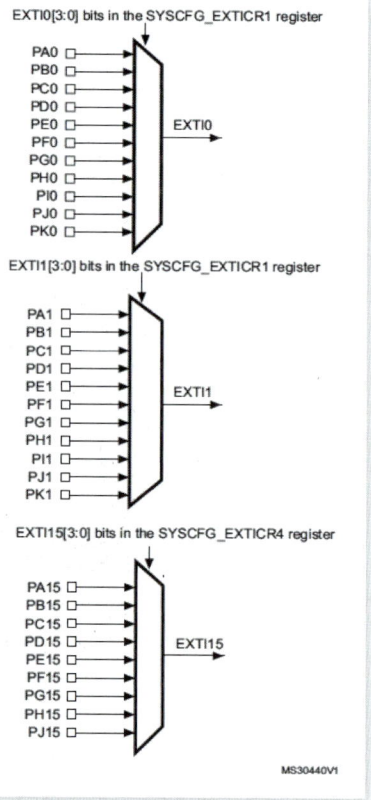

[그림 6-3] STM32 GPIO 외부 인터럽트
(출처: www.st.com)

2) STM32F4xx 인터럽트 Vector Table

STM32F4xx Reference Manual을 보면 인터럽트의 내용이 많이 복잡하다는 것을 알 수 있다. 우리는 스마트폰의 내부 프로그램을 몰라도 사용하는 데는 전혀 지장이 없다. 복잡한 것을 다 알려고 하면 시간, 노력, 이런 것들이 문제가 되기 때문에 우리는 사용법만 배우면 되는 것이다. 많이 사용하는 인터럽트는 타이머 인터럽트 GPIO로부터 입력으로 들어오는 인터럽트 처리방법만 배우면 된다.

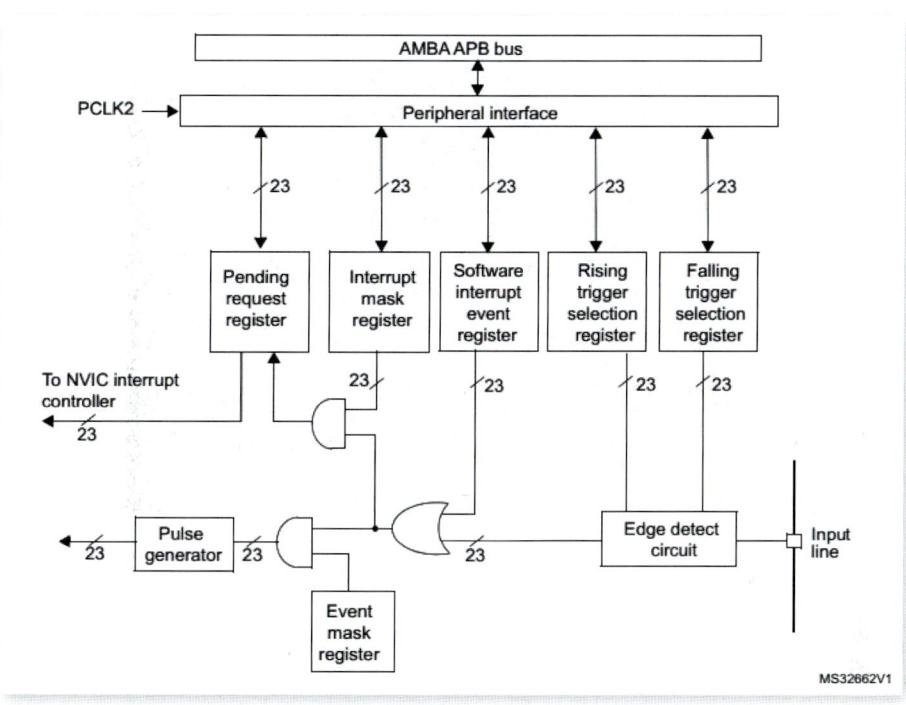

[그림 6-4] 인터럽트의 처리 블록도(출처: www.st.com)

```
g_pfnVectors:
  .word _estack
  .word Reset_Handler
  .word NMI_Handler
  .word HardFault_Handler
  .word MemManage_Handler
  .word BusFault_Handler
  .word UsageFault_Handler
  .word 0
  .word 0
```

```
    .word   0
    .word   0
    .word   SVC_Handler
    .word   DebugMon_Handler
    .word   0
    .word   PendSV_Handler
    .word   SysTick_Handler

/* External Interrupts */
    .word   WWDG_IRQHandler       /* Window WatchDog */
    .word   PVD_IRQHandler        /* PVD through EXTI Line detection
    .word   TAMP_STAMP_IRQHandler
    .word   RTC_WKUP_IRQHandler
    .word   FLASH_IRQHandler    /* FLASH              */
    .word   RCC_IRQHandler      /* RCC                */
    .word   EXTI0_IRQHandler    /* EXTI Line0         */
    .word   EXTI1_IRQHandler    /* EXTI Line1         */
    .word   EXTI2_IRQHandler    /* EXTI Line2         */
    .word   EXTI3_IRQHandler    /* EXTI Line3         */
    .word   EXTI4_IRQHandler    /* EXTI Line4         */
```

startup_stm32f429zitx.s 파일을 보면 인터럽트 벡터테이블이 이렇게 정의되어있는 것을 볼 수 있다. 인터럽트가 걸리면 인터럽트에 할당된 주소로 자동적으로 뛰게 된다. 여기서 정의해놓은 함수는 stm32f4xx.c file로 연결되어 우리는 Vector Table을 몰라도 사용을 쉽게 할 수 있는 것이다. 0x0번지는 Stack 주소가 저장되어있고 0x04번지에는 Reset 시 수행할 주소가 들어가있다. 다음 테이블은 주소별 인터럽트 내용이 들어있는 테이블이다.

[표 6-1] STM32F429 Interrupt Vector Table(출처: www.st.com)

Position	Priority	Type of priority	Acronym	Description	Address
-	-1	fixed	HardFault	All class of fault	0x0000 000C
-	0	settable	MemManage	Memory management	0x0000 0010
-	1	settable	BusFault	Pre-fetch fault, memory access fault	0x0000 0014
-	2	settable	UsageFault	Undefined instruction or illegal state	0x0000 0018
-	-	-	-	Reserved	0x0000 001C - 0x0000 002B
-	3	settable	SVCall	System Service call via SWI instruction	0x0000 002C
-	4	settable	Debug Monitor	Debug Monitor	0x0000 0030
-	-	-	-	Reserved	0x0000 0034
-	5	settable	PendSV	Pendable request for system service	0x0000 0038
-	6	settable	Systick	System tick timer	0x0000 003C
0	7	settable	WWDG	Window Watchdog interrupt	0x0000 0040
1	8	settable	PVD	PVD through EXTI line detection interrupt	0x0000 0044
2	9	settable	TAMP_STAMP	Tamper and TimeStamp interrupts through the EXTI line	0x0000 0048
3	10	settable	RTC_WKUP	RTC Wakeup interrupt through the EXTI line	0x0000 004C
4	11	settable	FLASH	Flash global interrupt	0x0000 0050
5	12	settable	RCC	RCC global interrupt	0x0000 0054
6	13	settable	EXTI0	EXTI Line0 interrupt	0x0000 0058
7	14	settable	EXTI1	EXTI Line1 interrupt	0x0000 005C
8	15	settable	EXTI2	EXTI Line2 interrupt	0x0000 0060
9	16	settable	EXTI3	EXTI Line3 interrupt	0x0000 0064
10	17	settable	EXTI4	EXTI Line4 interrupt	0x0000 0068
11	18	settable	DMA1_Stream0	DMA1 Stream0 global interrupt	0x0000 006C
12	19	settable	DMA1_Stream1	DMA1 Stream1 global interrupt	0x0000 0070
13	20	settable	DMA1_Stream2	DMA1 Stream2 global interrupt	0x0000 0074
14	21	settable	DMA1_Stream3	DMA1 Stream3 global interrupt	0x0000 0078
15	22	settable	DMA1_Stream4	DMA1 Stream4 global interrupt	0x0000 007C
16	23	settable	DMA1_Stream5	DMA1 Stream5 global interrupt	0x0000 0080
17	24	settable	DMA1_Stream6	DMA1 Stream6 global interrupt	0x0000 0084

6.2 학습도구 및 기자재

가) Hardware NUCLEO-F429Zi 혹은 NUCLEO-F439Zi 보드
나) USB 케이블
다) Cube-MX Program
라) Cube-IDE Program
마) StarUML Program
바) PC

6.3 예제 1: Interrupt 방식으로 Switch 처리

NUCLEO-F429Zi/F439Zi 보드에 있는 블루 LED는 0.1초 간격으로 토글하며, 적색 LED는 유저 푸시버튼 스위치로 인터럽트 처리를 하여 스위치를 누르면 LED를 ON하도록 프로그램을 작성하라.

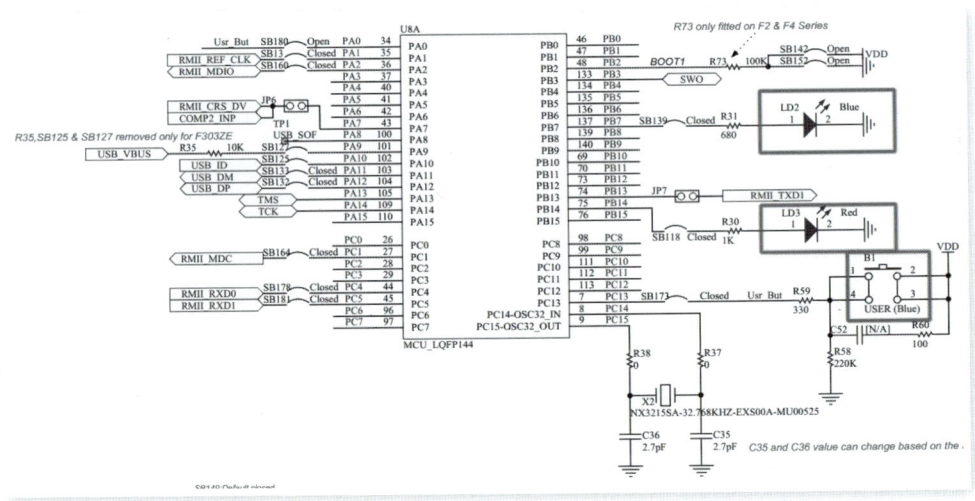

[그림 6-5] 청색 LED, 적색 LED, USER 버튼 회로도(출처: www.st.com)

1) 사용자 요구사항 작성하기

- NUCLEO-F429Zi/F439Zi 보드의 USER 버튼을 이용한다.
- BLUE 버튼은 0.1초 주기로 On/Off를 반복한다.

- USER 버튼이 LOW에서 HIGH로 갈 때 인터럽트를 발생시킨다.
- 인터럽트가 발생되면 적색 LED를 ON한다.

2) UML Tool을 이용하여 Activity Diagram 작성하기

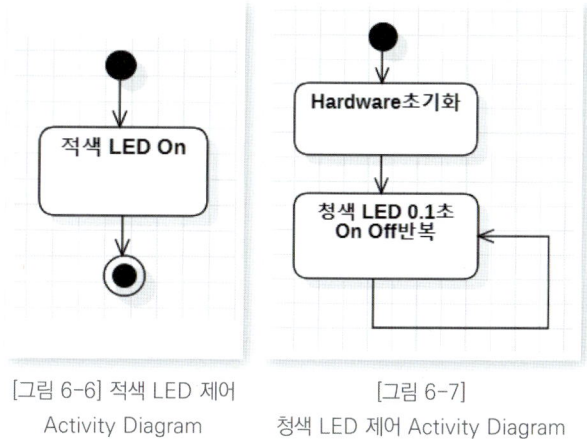

[그림 6-6] 적색 LED 제어 Activity Diagram   [그림 6-7] 청색 LED 제어 Activity Diagram

NUCLEO-F429Zi/F439Zi 보드에 조립되어있는 2개의 LED가 있는데, Blue LED는 GPIO PB7에, Red LED는 PB14에 연결되어있다. USER 푸시버튼 스위치는 PC13에 연결되어있다.

3) CubeMX를 실행하여 Project를 만들어보라.

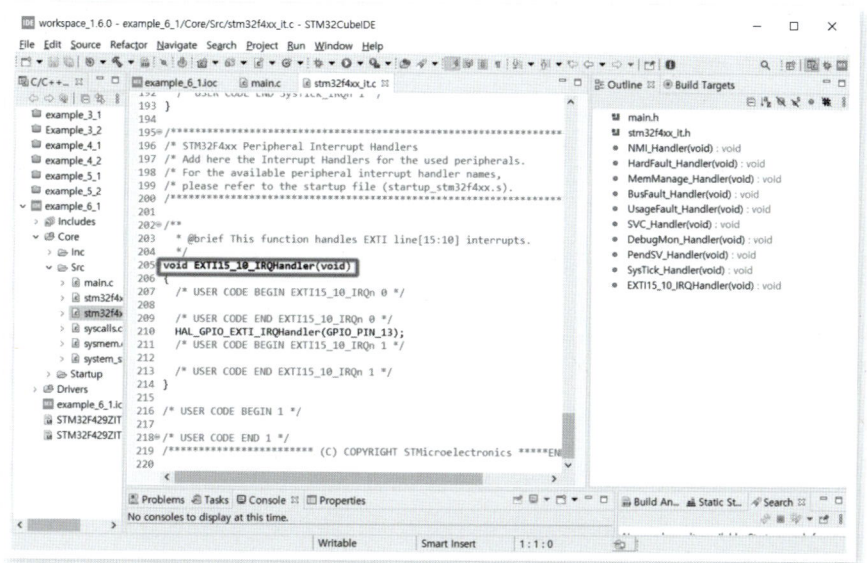

[그림 6-8] Interrupt 함수 확인

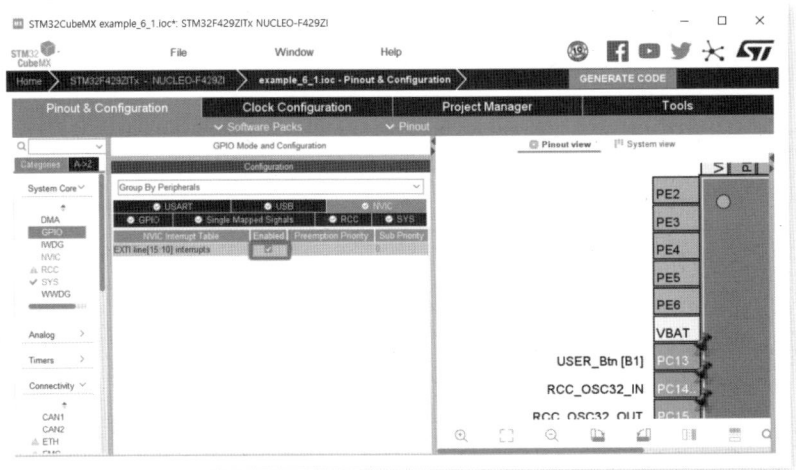

[그림 6-9] NVIC 메뉴로 가서 인터럽트 Enable

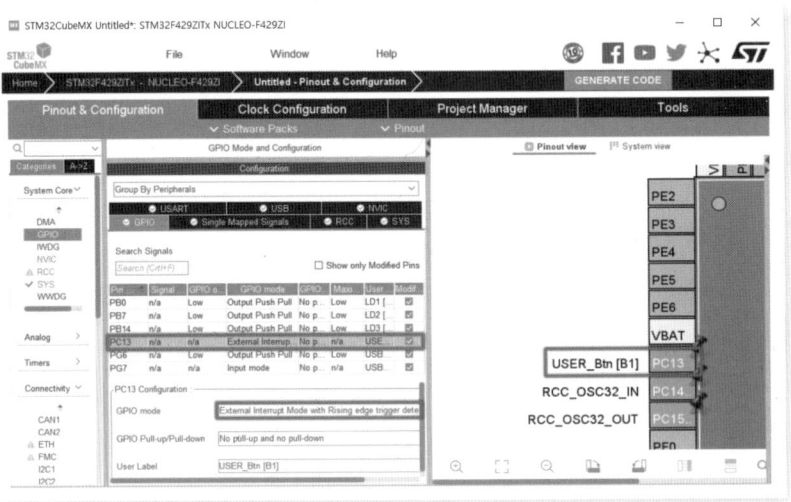

[그림 6-10] CubeMX Pinout & Configuration

PC13은 USER 버튼으로 외부 인터럽트 모드로 설정되어야 하고 GPIO 모드는 Rising Edge 인터럽트 모드로 설정한다. User Label은 USER_Btn으로 디폴트로 세팅한다. [그림 6-9]처럼 NVIC에 가서 인터럽트를 Enable시켜야 Generate Code 시에 인터럽트 함수가 생성된다. Project Explorer에서 stm32f4xx_it.c에 들어가서 EXITI5_10_IRQHandler(void) 함수가 만들어졌는지 확인해야 한다. 인터럽트 구성을 세팅하면 stm32f4xx_it.c에 반드시 관련 함수가 만들어져야 하고 인터럽트가 발생하면 이 함수를 호출하게 된다. 이 함수에서 인터럽트 서비스 루틴을 작성하여야 하며 주의할 것은 인터럽트 함수 내에 프린트문이라든가 scanf문 등을 사용하면 안 된다. 인터럽트가 자주 걸릴 경우는 큐의 개념을 도입하여 프로그램을 하여야 한다. LED 제어와 같은 간단한 처리는 이 함수 내에서 처리해도 되지만 할 일이 많은 경우는 인터럽트 서버루틴으로 구성하여 처리하는 것이 가독성이 좋아진다.

4) 구현하기

stm32f4xx_it.h 파일에 아래와 같이 추가한다.

```
/* USER CODE BEGIN EFP */
void HAL_GPIO_EXIT_Callback(uint16_t GPIO_Pin);
/* USER CODE END EFP */
```

stm32f4xx_it.h 파일에 아래와 같이 코딩한다.

```
/**
 * @brief This function handles EXTI line[15:10] interrupts.
 */
void EXTI15_10_IRQHandler(void)
{
  /* USER CODE BEGIN EXTI15_10_IRQn 0 */

  /* USER CODE END EXTI15_10_IRQn 0 */
  HAL_GPIO_EXTI_IRQHandler(GPIO_PIN_13);
  /* USER CODE BEGIN EXTI15_10_IRQn 1 */
  HAL_GPIO_EXIT_Callback(GPIO_PIN_13);
  /* USER CODE END EXTI15_10_IRQn 1 */
}
```

main.c 파일에 아래와 같이 코딩한다.

```
/* USER CODE BEGIN PV */
unsigned char Led_State;
/* USER CODE END PV */
```

```c
/**
  * @brief  The application entry point.
  * @retval int
  */
int main(void)
{
  /* USER CODE BEGIN 1 */

  /* USER CODE END 1 */

  /* MCU Configuration--------------------------------------------------------*/

  /* Reset of all peripherals, Initializes the Flash interface and the Systick. */
  HAL_Init();

  /* USER CODE BEGIN Init */

  /* USER CODE END Init */

  /* Configure the system clock */
  SystemClock_Config();

  /* USER CODE BEGIN SysInit */

  /* USER CODE END SysInit */

  /* Initialize all configured peripherals */
  MX_GPIO_Init();
  MX_USART3_UART_Init();
  MX_USB_OTG_FS_PCD_Init();
  /* USER CODE BEGIN 2 */

  /* USER CODE END 2 */

  /* Infinite loop */
  /* USER CODE BEGIN WHILE */
  while (1)
```

```c
  {
          HAL_GPIO_TogglePin(LD2_GPIO_Port,LD2_Pin);
          HAL_Delay(100);
    /* USER CODE END WHILE */

    /* USER CODE BEGIN 3 */
  }
  /* USER CODE END 3 */
}
```

```c
/* USER CODE BEGIN 4 */
void HAL_GPIO_EXIT_Callback(uint16_t GPIO_Pin)
{

        if(GPIO_Pin == USER_Btn_Pin)
        {
                if(Led_State == 0x00)
                {
                  HAL_GPIO_WritePin(LD3_GPIO_Port,LD3_Pin,GPIO_PIN_SET);
                  Led_State = 0x01;
                }
                else
                {
                  HAL_GPIO_WritePin(LD3_GPIO_Port,LD3_Pin,GPIO_PIN_RESET);
                  Led_State = 0x00;
                }
        }
}
/* USER CODE END 4 */
```

5) 시험하기

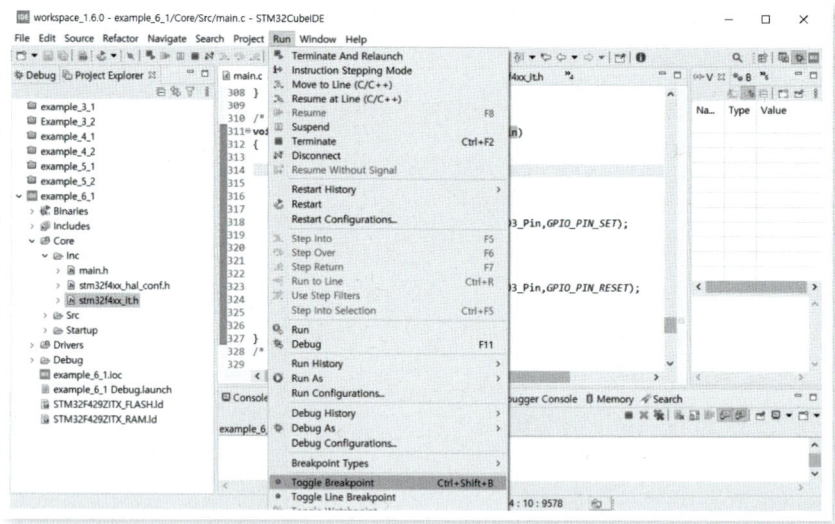

[그림 6-11] 브레이크로 디버깅하기

Run 메뉴에서 Toggle Breakpoint를 누르면 해당 라인에서 정지되는지 확인할 수 있다. 가령 인터럽트 함수 내에서 Toggle Breakpoint를 누르면 해당 라인에 브레이크가 걸려있다는 것이 표시된다. Debug 실행을 하고 나서 USER 버튼을 누르면 [그림 6-12]처럼 해당 라인에서 정지하게 된다. 여기서 F6를 누르면 한 함수씩 실행이 되고 F5를 누르면 함수 안으로 들어간다.

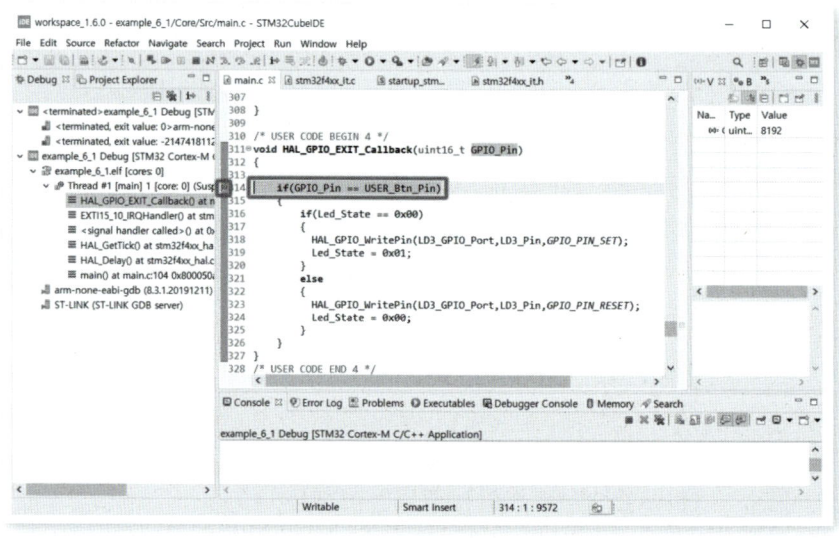

[그림 6-12] 브레이크라인에 정지

Led State가 초기 상태면 인터럽트가 걸리면 Red LED를 On하고 Led State를 1로 만든다. Led_State가 1 상태에서 인터럽트가 걸리면 Red Led를 Off하고 Led_State를 0으로 만든다. 그런데 실습을 해보면 잘 안 되는 경우가 발생한다. 그 원인은 푸시버튼 스위치를 누를 때 인터럽트가 Edge 부분에서 채터링(chattering)이 여러 번 발생할 수 있기 때문이다. 이것을 방지하려면 소프트웨어 방법과 하드웨어 방법이 있는데, 소프트웨어 방법은 채터링 시간을 측정하여 일정시간 이하인 경우 버리는 방법이 있고 하드웨어 방법은 채터링이 발생하지 않도록 저역필터를 사용하는 방법이 있다.

6.4 예제 2: USART를 인터럽트 방식으로 사용

USART 시리얼 포트를 인터럽트로 처리하여 teraterm 터미널에 표시하여보라.

1) 사용자 요구사항 작성하기
- NUCLEO-F429Zi/F439Zi 보드를 사용한다.
- ST-LINK의 가상 시리얼 포트를 사용한다.
- teraterm 통신속도는 115,200bps, 8비트 데이터, None 페리티, 1Stop bit
- 글자를 입력하면 프로그램에서 인터럽트로 받아서 Echo한다.

2) UML Tool로 설계하기

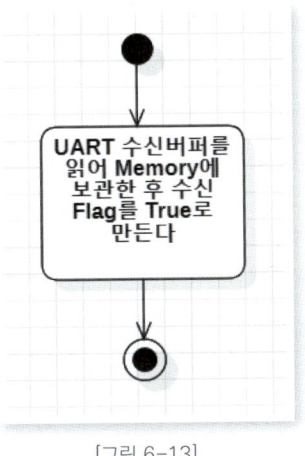

[그림 6-13]
Interrupt Activity Diagram

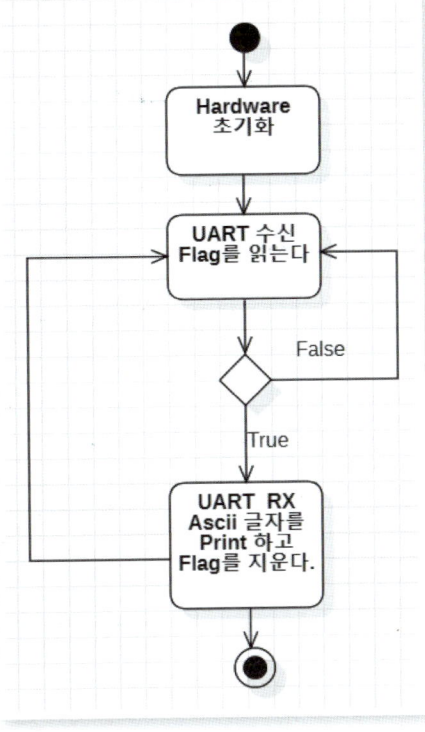

[그림 6-14]
USART Interrupt Activity Diagram

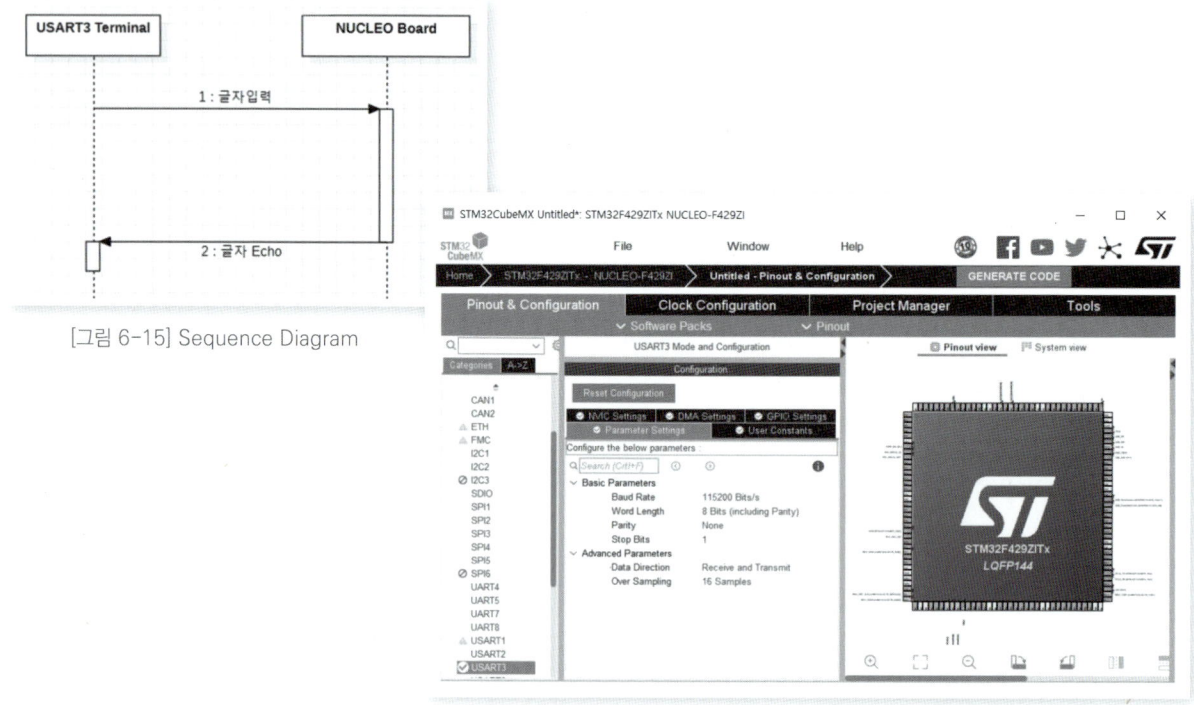

[그림 6-15] Sequence Diagram

[그림 6-16] USART3 통신속도 확인

3) CubeMX로 Project 만들기

USART3은 인터럽트를 Enable해야 하고, 통신속도를 확인해야 한다.

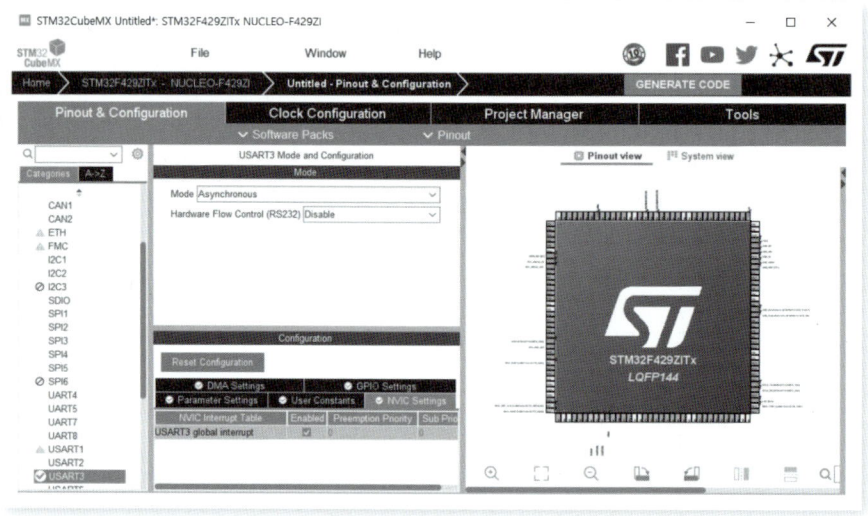

[그림 6-17] USART3 Interrupt Enable

4) 구현하기

stm32f4xx_it.h file에 USART3 Callback함수를 정의한다.

```
/* USER CODE BEGIN EFP */
void UART_Interrupt_Processing(UART_HandleTypeDef *huart);
/* USER CODE END EFP */
```

stm32f4xx_it.c file에 USART3 Callback함수를 추가한다.

```
/**
 * @brief This function handles USART3 global interrupt.
 */
void USART3_IRQHandler(void)
{
  /* USER CODE BEGIN USART3_IRQn 0 */

  /* USER CODE END USART3_IRQn 0 */
  HAL_UART_IRQHandler(&huart3);
  /* USER CODE BEGIN USART3_IRQn 1 */
  UART_Interrupt_Processing(&huart3);
  /* USER CODE END USART3_IRQn 1 */
}
```

main.h file에 다음과 같이 코딩한다.

```
/* USER CODE BEGIN Private defines */
#define TRUE 1
#define FALSE 0
/* USER CODE END Private defines */
```

main.c file에 다음과 같이 코딩한다.

```
/* USER CODE BEGIN Includes */
#include "stdbool.h"
```

```c
#include <stdio.h>
/* USER CODE END Includes */


/* USER CODE BEGIN 0 */
unsigned char Receive_Buffer[1];
bool RxFlag;
int _write(int file, unsigned char* p, int len)
{

    HAL_StatusTypeDef status = HAL_UART_Transmit(&huart3, p,len,100);
    return (status == HAL_OK ? len : 0);
}
/* USER CODE END 0 */


/**
 * @brief  The application entry point.
 * @retval int
 */
int main(void)
{
  /* USER CODE BEGIN 1 */

  /* USER CODE END 1 */

  /* MCU Configuration--------------------------------------------------------*/

  /* Reset of all peripherals, Initializes the Flash interface and the Systick. */
  HAL_Init();

  /* USER CODE BEGIN Init */

  /* USER CODE END Init */

  /* Configure the system clock */
  SystemClock_Config();

  /* USER CODE END SysInit */
```

```c
/* Initialize all configured peripherals */
MX_GPIO_Init();
MX_USART3_UART_Init();
MX_USB_OTG_FS_PCD_Init();
/* USER CODE BEGIN 2 */
__HAL_UART_ENABLE_IT(&huart3,UART_IT_RXNE);
__HAL_UART_ENABLE_IT(&huart3,UART_IT_TC);
printf("Example_6_2 Echo UART\r\n");
/* USER CODE END 2 */

/* Infinite loop */
/* USER CODE BEGIN WHILE */
while (1)
{
        if(RxFlag)
        {
                printf("rx=%d[%c]\r\n",Receive_Buffer[0],Receive_Buffer[0]);
                RxFlag=FALSE;
        }
  /* USER CODE END WHILE */

  /* USER CODE BEGIN 3 */
 }
  /* USER CODE END 3 */
}

/* USER CODE BEGIN 4 */
void UART_Interrupt_Processing(UART_HandleTypeDef *huart)
{

        if(huart->Instance == huart3.Instance)
        {
                if(HAL_UART_Receive_IT(&huart3,Receive_Buffer,1) == HAL_OK)
                {
                    RxFlag = TRUE;
                }
        }
}
/* USER CODE END 4 */
```

5) 시험하기

Build All을 한 후에 프로그램 실행을 하여 teraterm 창에 입력한 글자가 반향되는지 확인해본다. 직접 Hardware를 설계하고 MPU가 동작되는지 확인하려면 가장 먼저 시리얼 포트가 동작이 되는지 확인해보아야 한다. CPU가 동작한 다음 그다음 절차로 진행이 되기 때문에 Serial 통신의 Echo 시험은 아주 중요하다고 생각한다.

[그림 6-18] teraterm 창에서 글자 Echo 확인

연습문제

1. 인터럽트의 개념을 설명하라.

2. GPIO 외부 인터럽트 EXIO0에서 인터럽트가 발생하면 Vector Table 루틴은 어떤 주소로 Jump 하는가?

3. NUCLEO 보드의 푸쉬 버튼 스위치를 이용하여 버튼이 LOW에서 HIGH로 갈 때 인터럽트를 발생시키고자 한다. 이때 CubeMX Pinout & Configuration 메뉴에서 GPIO Mode 선택메뉴는?

4. NUCLEO 보드의 푸쉬버튼 스위치를 이용하여 버튼을 한번 누르면 적색 LED가 On 되고 또 한 번 누르면 LED가 Off 되도록 하는 UMLTool을 이용하여 Activity Diagram을 작성하라.

5. USART를 이용하여 인터럽트 방식으로 Teraterm 터미널 창에 표시하고자 한다. UML Tool을 이용하여 Activity Diagram을 작성하라.

6. ARM Program에서 bool type과 printf문을 사용할 경우 포함하게 되는 Header File은?

Part II

FreeRTOS 환경에서의 실습

Part II contents

- 7장　FreeRTOS
- 8장　FreeRTOS Monitor
- 9장　Monitor Display Memory, Change Memory 실습
- 10장　Timer 실습
- 11장　DHT-11 온습도 센서와 RTC 실험

7장
FreeRTOS

필요성	본 소단원의 목표는 Real Time OS의 개념과 Task의 개념을 이해하고 Project를 만들어 실습한다.
학습목표	본 소단원을 마치면, 학생들은 다음 사항을 해낼 수 있어야 한다. 1. 지식 - RTOS 개념 - RTOS 특징 - MultiTasking 개념 2. 기술 NUCLEO-F429Zi/NUCLEO-F439Zi 보드의 RTOS 환경으로 만들어 Task를 생성하여 프로그래밍하는 방법을 배운다.

7.1 선행학습

우리가 많이 사용하고 있는 PC, 스마트폰 등은 모두 OS 환경하에서 사용한다. 통화 중에 카톡이 온다든가, 워드 작업과 인터넷 등을 동시에 사용하는 것은 모두 멀티태스크 OS 기능을 사용하고 있는 것이다. 이렇듯 펌웨어 개발에 있어서 RTOS 사용은 개발시간을 줄이고 안정적인 제품을 만드는데 많은 도움을 주게 된다.

1) RTOS의 개념

운영 체제(運營 體制, 문화어: 조작 체계) 또는 오퍼레이팅 시스템(Operating System, 약칭: OS)은 시스템 하드웨어를 관리할 뿐 아니라 응용 소프트웨어를 실행하기 위하여 하드웨어 추상화 플랫폼과 공통 시스템 서비스를 제공하는 시스템 소프트웨어이다.

2) FreeRTOS란?

Open Source로 freertos.org에서 제공하는 FreeRTOS는 뛰어난 이식성과 간결한 내장형 Open Source 운영체제로 Multitasking 기능을 제공하고 있다. OS 기능으로는 선점형, 비선점형 중 선택 가능하며, Task 수는 제한이 없고, 동적 Task 생성이 가능하며, Priority로 Task의 Schedule을 관리할 수 있다. 여러 개의 Task 중에 어느 Task를 언제 얼마 동안 실행시킬지를 결정하는 것을 Scheduling이라고 하는데 FreeRTOS는 Non Preemption 방식과 Preemption 방식을 제공한다. C Code로 제공되어있으며 4,000Line을 넘지 않고 AVR, 8051, ARM Cortex-M3, ARM7, ARM9, X86 등 다양한 8Bit, 16bit, 32bit 마이크로프로세서에 Porting 할 수 있으며 다음과 같은 기능을 제공한다.

3) RTOS의 특징

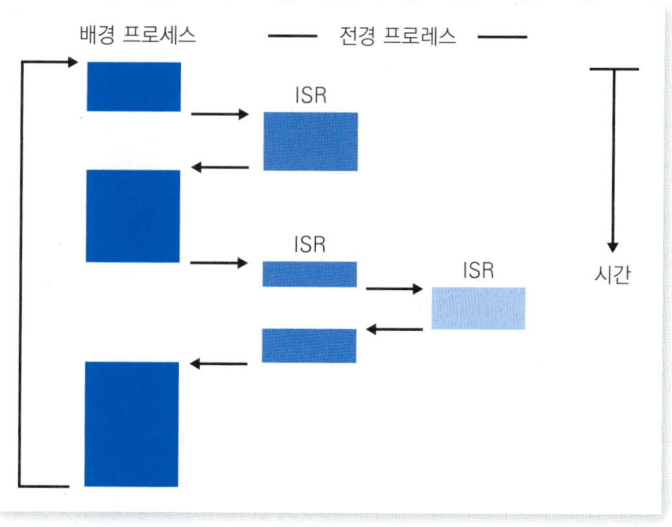

[그림 7-1] OS 프로세스 개념

- Portable: 다양한 시스템에 적용이 가능하다.
- ROMable: ROM에 전체 커널을 다 올릴 수 있다.
- Preemptive: 선점형 커널을 가지고 있다.
- Multitasking: 멀티태스킹을 지원한다.
- Deterministic: 실행시간을 예측할 수 있다.
- Robust & Reliable: 신뢰성이 있다.

4) Multitasking

Multitasking 기능은 선점형, 비선점형을 지원하고, Task 수는 무제한이며 동적 Task 생성 및 라운드로빈 Scheduling 기능을 제공한다. 제공하는 API(Application Programming Interface)는 Task를 생성시키는 xTaskCreate(), Task를 삭제하는 vTaskDelete(), 주어진 Clock tick 동안 지연시키는 vTaskDelay(), Task의 우선순위를 돌려주는 uxTaskPriorityGet(), Task의 우선순위를 지정하는 vTaskProoritySet(), Task를 중지시키는 vTaskSuspend(), 중지된 Task를 다시 시작시키는 vTaskResume(), Suspend된 task를 다시 시작시키는 vTaskResumeFromISR() 등이 있다.

5) Message Queue

Message를 Queue 형태로 서로 주고받을 수 있는 API를 제공한다. 이와 관련된 API는 새로운 Queue를 생성하는 xQueueCreate, Queue를 삭제하는 xQueueDelete(), Message를 Queue에 넣는 xQueueSend Queue로부터 Message를 꺼내오는 xQueueReceive(), Queue에 저장된 Message의 수를 돌려주는 uxQueueMessageWaiting(), Interrupt상에서 Queue에 Message를 넣는 xQueueSendFromISR(), Interrupt상에서 Message를 가져오는 xQueueReceiveFromISR(), 그 외에 Coroutine과의 Queue 함수는 Coroutine에서 Queue로 Message를 보내는 crQUEUE_SEND(), Coroutine에서 Queue Message를 받는 crQUEUE RECEIVE(), Interrupt상에서 Coroutine으로 Message를 보낼 때 사용하는 crQUEUE_SEND_FROM_ISR(), Interrupt상에서 Coroutine으로부터 Message를 받을 때 사용하는 crQUEUE_RECEIVE_FROM_ISR() 등이 있다.

Memory Management는 주어진 Data Size만큼 동적으로 메모리를 할당하는 pvPortMalloc(), 할당받은 Memory를 해제하는 vPortFree() 등의 API가 있다.

6) 상용 OS와 FreeRTOS

VxWorks, Wind River, IOS 등은 상용 OS로 많은 기능이 포함되어있고 안정화되어있다. FreeRTOS로는 Linux, 안드로이드 OS 등이 있으나 Linux와 안드로이드 OS는 큰 용량의 메모리가 필요하여 작은 용량의 메모리 사용 시에는 FreeRTOS가 유용하다. IOS는 애플사에서 만든 애플 스마트폰 OS이며, 안드로이드 OS는 삼성 등 기타 많은 나라의 스마트폰에 사용되는 OS로 무료로 공급되고 있다.

7.2 학습도구 및 기자재

가) Hardware NUCLEO-F429Zi 혹은 NUCLEO-F439Zi 보드
나) USB 케이블
다) Cube-MX Program
라) Cube-IDE Program
마) StarUML Program
바) PC

7.3 예제 1: FreeRTOS Task로 LED Blinking

NUCLEO-F429Zi/F439Zi 보드를 이용하여 FreeRTOS 환경을 만들고 Task에서 200ms 주기로 LED를 On/Off하는 프로그램을 작성하라.

1) 사용자 요구사항 작성하기
- 하드웨어 보드는 NUCLEO-F429Zi/F439Zi 보드를 사용한다.
- FreeRTOS 환경으로 Project를 만든다.
- Task는 기본 태스크와 추가 태스크 1개를 더 만든다.
- 두 번째 Task1에서 200ms 주기로 LED On/Off 기능을 수행한다.

2) UML Tool로 설계하기

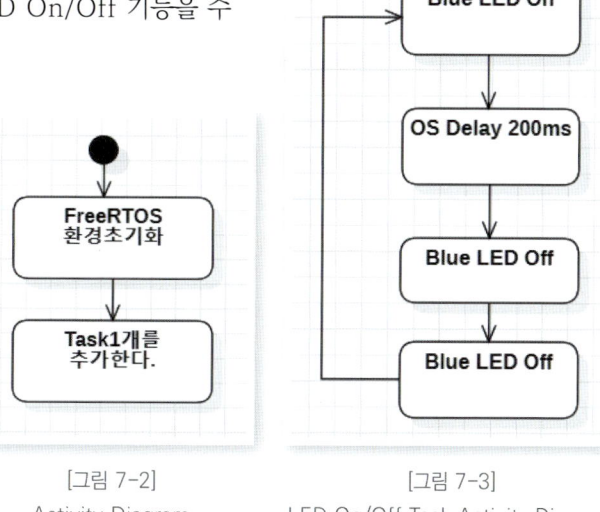

[그림 7-2]
Activity Diagram

[그림 7-3]
LED On/Off Task Activity Diagram

[그림 7-4] Middleware FreeRTOS 설정

3) CubeMX 구성하기

Middleware 메뉴에서 FreeRTOS를 선택하고 CMSIS_V1을 선택한다. Task & Queue 메뉴로 가서 Add를 누르고 Task 1개를 더 생성한다. 이때 Task1의 Stack Size는 256Byte로 하자.

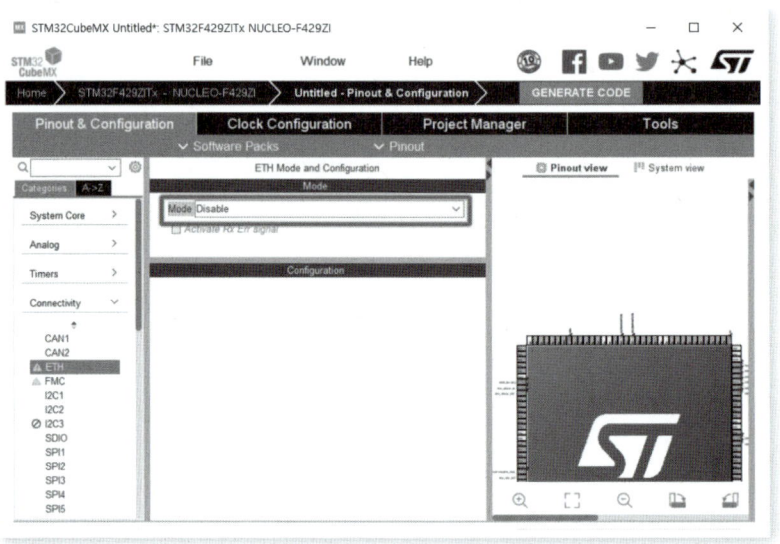

[그림 7-5] ETH는 Disable

[그림 7-6] Task 추가하기

Generate Code를 하여 Project를 생성시킨다.

4) 구현하기

main.c의 Main 함수에 보면 아래와 같이 코딩되어있는 것을 확인할 수 있다.

```
/* definition and creation of defaultTask */
osThreadDef(defaultTask, StartDefaultTask, osPriorityNormal, 0, 128);
defaultTaskHandle = osThreadCreate(osThread(defaultTask), NULL);

/* definition and creation of myTask02 */
osThreadDef(myTask02, StartTask02, osPriorityIdle, 0, 256);
myTask02Handle = osThreadCreate(osThread(myTask02), NULL);
```

여기서 osThreadDef함수는 Task 생성 함수이고, myTask02는 Task 함수 Task handle, osPriorityIdle는 우선순위, 256은 스택사이즈이다.

조금 내려가면 StartTask02 함수가 보일 것이다.

```c
/* USER CODE BEGIN Header_StartTask02 */
/**
* @brief Function implementing the myTask02 thread.
* @param argument: Not used
* @retval None
*/
/* USER CODE END Header_StartTask02 */
void StartTask02(void const * argument)
{
  /* USER CODE BEGIN StartTask02 */
  /* Infinite loop */
  for(;;)
  {
    HAL_GPIO_TogglePin(LD2_GPIO_Port,LD2_Pin);
    osDelay(200);
  }
  /* USER CODE END StartTask02 */
}
```

OS Task는 for(;;)으로 되어있다. 각각의 Task는 무한루프로 구성되어있고 지연 함수는 HAL_Delay 함수 대신 osDelay() 함수를 사용한다. for(;;)문 안에 HAL_GPIO_TogglePin(LD2_GPIO_Port,LD2_Pin);를 추가하면 간단하게 코딩을 완료할 수 있다. 만약 여러 개의 LED를 제어하려면 Task를 추가하여 이처럼 수정하면 가능하다. 이처럼 TASK를 이용하게 되면 동시에 여러 개의 프로그램을 실행할 수 있기 때문에 여러 가지가 편해진다. 가령 LCD에 글자를 입력하면서 동시에 시계를 Update한다든가 인터넷을 연결해놓고 PC처럼 동시에 다른 일을 수행할 수 있다.

5) 시험하기

Blue LED가 200ms 주기로 On/Off하는지 확인하자.

7.4 예제 2: FreeRTOS상에서 2개의 LED On/Off

NUCLEO-F429Zi/F439i 보드를 이용하여 FreeRTOS 환경을 만들고 Task1에서 100ms 주기로 LED를 On/Off하고 Task2에서 "Yuhan University 자기 이름"을 teraterm에 출력하고 Task3에서 USER 버튼 입력에 따라 Led LED를 On/Off하는 프로그램을 작성하라.

1) 사용자 요구사항 작성하기

- NUCLEO-F429Zi/F439Zi 보드를 사용한다.
- FreeRTOS 환경에서 프로그램한다.
- 첫 번째 Task에서는 100ms 단위로 Blue LED를 On/Off한다.
- 두 번째 Task에서는 "Yuhan University 자기 이름"을 Teraterm에 1초마다 출력한다.
- 세 번째 Task에서는 USER 버튼을 읽어 누르면 적색 LED On, 손을 떼면 적색 LED Off

2) UML 작성하기

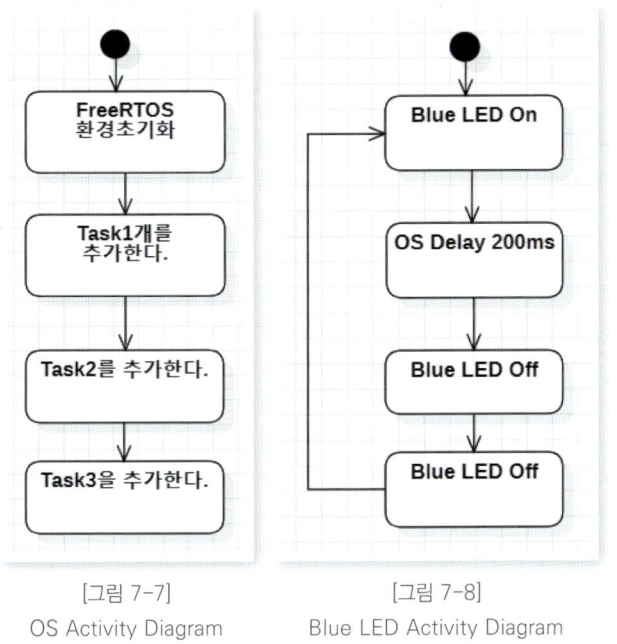

[그림 7-7] OS Activity Diagram

[그림 7-8] Blue LED Activity Diagram

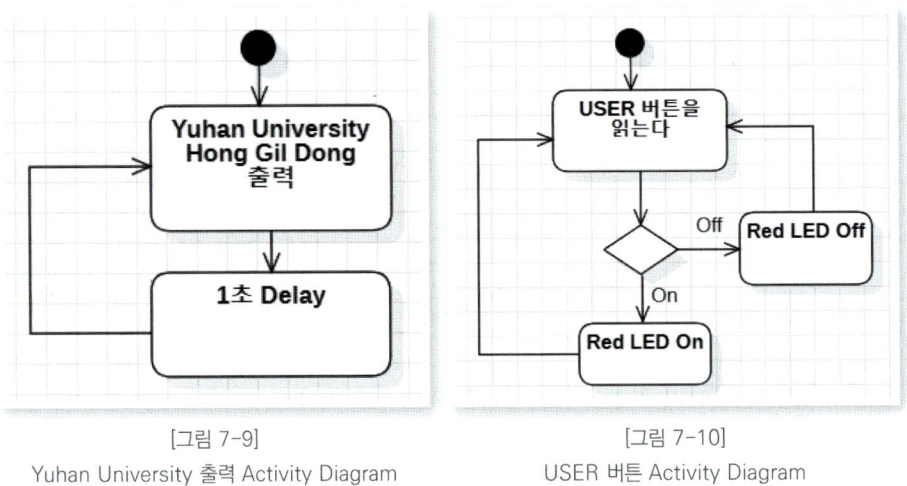

[그림 7-9]
Yuhan University 출력 Activity Diagram

[그림 7-10]
USER 버튼 Activity Diagram

3) 구현하기

main.c에 다음과 같이 코딩한다.

```
/* USER CODE BEGIN Includes */
#include <stdio.h>
/* USER CODE END Includes */

/* USER CODE BEGIN 0 */
int _write(int file, unsigned char* p, int len)
{

    HAL_StatusTypeDef status = HAL_UART_Transmit(&huart3, p,len,100);
    return (status == HAL_OK ? len : 0);
}
/* USER CODE END 0 */

main(void)
{

  /* USER CODE BEGIN 2 */
  __HAL_UART_ENABLE_IT(&huart3,UART_IT_RXNE);
  __HAL_UART_ENABLE_IT(&huart3,UART_IT_TC);
  printf("Example_7_2 FreeRTOS\r\n");
  /* USER CODE END 2 */
```

}

/* USER CODE BEGIN Header_StartDefaultTask */
/**
 * @brief Function implementing the defaultTask thread.
 * @param argument: Not used
 * @retval None
 */
/* USER CODE END Header_StartDefaultTask */
void StartDefaultTask(void const * argument)
{
  /* USER CODE BEGIN 5 */
  /* Infinite loop */
        for(;;)
        {
            HAL_GPIO_TogglePin(LD2_GPIO_Port,LD2_Pin);
            osDelay(100);
        }
  /* USER CODE END 5 */
}

/* USER CODE BEGIN Header_StartTask02 */
/**
* @brief Function implementing the myTask02 thread.
* @param argument: Not used
* @retval None
*/
/* USER CODE END Header_StartTask02 */
void StartTask02(void const * argument)
{
  /* USER CODE BEGIN StartTask02 */
  /* Infinite loop */
  for(;;)
  {
    printf("Yuhan University HongGilDong\r\n");
    osDelay(1000);

```
  }
  /* USER CODE END StartTask02 */
}
/* USER CODE BEGIN Header_StartTask03 */
/**
* @brief Function implementing the myTask03 thread.
* @param argument: Not used
* @retval None
*/
/* USER CODE END Header_StartTask03 */
void StartTask03(void const * argument)
{
  /* USER CODE BEGIN StartTask03 */
  /* Infinite loop */
  for(;;)
  {
    if(HAL_GPIO_ReadPin(USER_Btn_GPIO_Port,USER_Btn_Pin))
    {
            HAL_GPIO_WritePin(LD3_GPIO_Port,LD3_Pin,GPIO_PIN_SET);
    }
    else
    {
            HAL_GPIO_WritePin(LD3_GPIO_Port,LD3_Pin,GPIO_PIN_RESET);
    }
    osDelay(10);
  }
  /* USER CODE END StartTask03 */
}
```

4) 시험하기

3개의 Task 동작을 확인해보자. 첫 번째 Task는 Blue LED 0.1초 간격으로 On/Off하고, 두 번째 Task는 Teraterm에 글자를 출력하고, 세 번째 Task는 USER 버튼을 누르면 Red LED의 불이 켜지고 손을 떼면 불이 꺼져야 한다.

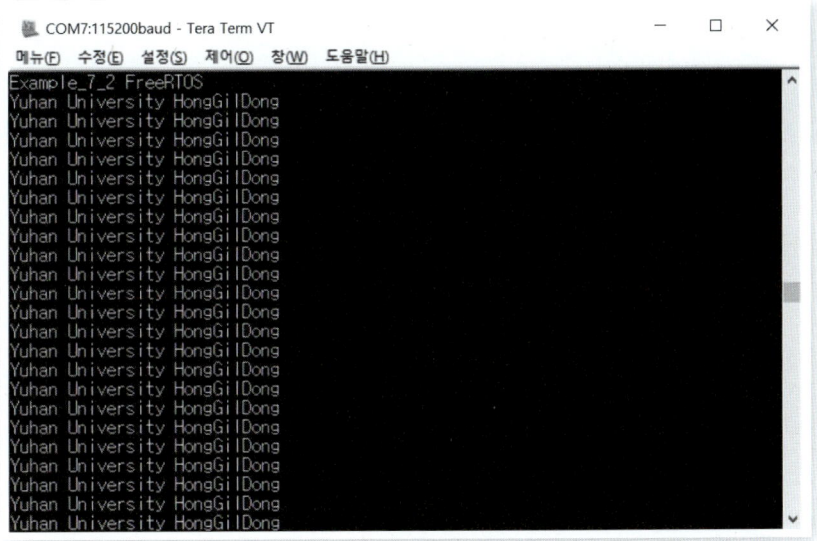

[그림 7-11] 1초에 한 번씩 프린트 확인

연습문제

1. OS란 무엇인가?

2. FreeRTOS란 무엇인가?

3. RTOS의 특징은 무엇인가?

4. CubeMX에서 FreeRTOS 설정방법을 설명하라.

5. FreeRTOS에서 Delay함수는 어떻게 사용하는가?

8장
FreeRTOS Monitor

필요성	본 소단원의 목표는 USART 시리얼 통신을 이용한 Monitor 프로그램 큐 프로그래밍을 공부한다.
학습목표	본 소단원을 마치면, 학생들은 다음 사항을 해낼 수 있어야 한다. 1. 지식 - 모니터에 대한 개념 - 큐의 개념을 학습한다. 2. 기술 NUCLEO-F429Zi/NUCLEO-F439Zi 보드의 시리얼 포트를 이용하여 큐 다루는 기술과 모니터 명령어를 생성하고 명령어 처리방법에 대한 기술을 습득한다.

8.1 선행학습

1) Monitor에 대한 개념

PC의 Windows 시스템메뉴에 있는 명령 프롬프트는 우리가 많이 사용하고 있다. 명령 프롬프트에서 help 명령어를 입력하면 DOS 환경에서 사용하던 명령어를 콘솔 창으로 이용할 수 있다. Unix나 Linux 콘솔 창도 비슷한 개념으로 많은 명령어를 제공하고 있다. PC 프로그램 초기에는 DOS OS 환경에서 이처럼 글자 명령어를 주로 사용하였으나 Windows 프로그램이 발달하여 현재는 마우스로 편리하게 이용할 수 있도록 되어있다. 모니터 만드는 방법은 NUCLEO-F429Zi/F439Zi 보드에서 FreeRTOS 환경으로 Project를 만들고 Monitor Task 1개를 생성하여야 한다. 모니터 Task는 USART Serial Rx인터럽트에서 받아온 글자를 Queue를 이용하여 Monitor Task로 보내게 된다. Monitor Task에서 Queue에 글자가 입력되었는지 조사하여 글자가 입력되었다면 글자 처리 Processor로 들어간다. 명령어는 명령어 테이블에서 검색하여 명령어가 테이블에 있으면 명령어 Shell Command함수를 호출한다. Shell Command함수에서 입력되어온 글자를 스페이스 단위로 몇 개가 들어왔는지 입력된 글자의 String은 포인터로 넘겨주어 Shell Command에서 처리하게 된다.

명령어 Table은 Struct로 정의되어있다.

```
typedef struct
{
    char  *str;              // 명령어
    int   (* func)(int,char **); // 명령어 서버루틴
    char  *usage;            // 사용법
} Cmd_tbl;

const Cmd_tbl  cmd_ctbl[] = {
    {"help",         monitor_chelp,    "monitor help"},
    {"ls",           monitor_lshelp,   "Command List"},
    {0,0,0}
};
```

여기서 "help"는 입력 시 받아들일 명령어이고 monitor_chelp는 명령어가 일치할 경우 처리할 서버루틴, "monitor help"는 사용법에 대한 정의를 한다. 이렇게 되면 새로운 명령어를 추가하려면 "name", NameRoutine, "name, 이렇게 추가해주고 아래처럼 코딩해주면 된다.

```
int NameRoutine(int argc,char *argv[])
{
    argc // 명령어 개수
    argv[1] // 입력 String 주소
    여기에 코딩한다.
    return YES;
}
```

NameRoutine의 입력변수 argc는 Space로 구분된 입력이 몇 개인지 가르쳐준다.
name honggildong로 입력하였다면 argc는 2가 되고 argv[1]에는 honggildong String이 저장되어있는 주소가 전달된다.

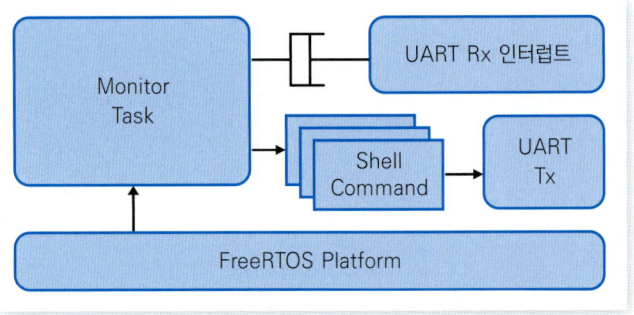

[그림 8-1] FreeRTOS Monitor Block Diagram

2) 큐(Queue)의 개념

큐는 먼저 들어온 데이터가 먼저 나가는 자료 구조 FIFO(First in First Out)라고도 한다. 큐의 개념은 에스컬레이터나 영화 매표소를 예로 들면 이해하기 쉽다. 에스컬레이터에 먼저 탄 사람이 먼저 내리는 개념 혹은 매표소에서 긴 줄을 서고 한 사람씩 표를 끊는 구조라고 보면 이해하기 쉽다. 이와 유사한 자료구조는 스택(Stack)이 있는데 스택은 나중에 들어온 데이터가 먼저 나오는 구조로 MCU에서 함수 호출을 할 경우 현재의 프로그램 어드레스를 스택에 넣고 호출하게 된다. 함수에서 리턴(Return) 할 경우 스택에서 POP 하여 호출한 다음 주소로 가서 계속 수행하는 자료구조이다. 큐는 입구는 Front, 출구는 Rear 인덱스로 관리하여 큐에 자료가 있는지, 꽉 차있는지 아니면 비어 있는지를 처리하게 된다.

[그림 8-2] 큐의 개념

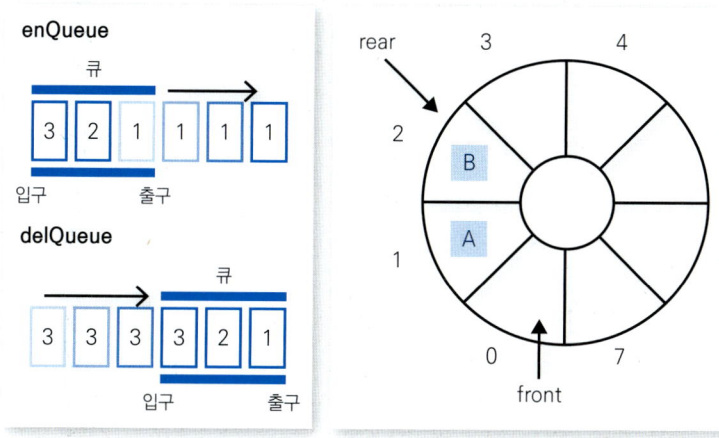

[그림 8-3] 큐의 개념 도식화   [그림 8-4] Queue 테이블 도식화

[그림 8-4]에서 Queue의 크기는 8개이며 Index는 0에서 7까지이다. Front 0은 첫 번째 요소 하나 앞의 인덱스로 관리하며 rear는 마지막 요소의 인덱스이다. A와 B는 큐의 저장된 내용으로 볼 수 있다.

가) 큐가 비어있는지 확인

Front는 "rx_point_head"와 Rear "rx_point_tail" 값이 같으면 비어있다고 판단한다.

나) Insert Queue(큐에 입력)

현재의 Rx_Point를 가르치고 있는 Index에 데이터를 넣고 Rx Head Point를 증가시킨다.

```
void Uart3_EnQueue(uint16_t data)
{
    u3_rx_buffer[u3_rx_point_head] = data;
    u3_increase_point_value(&u3_rx_point_head);
}
```

다) Delete Queue(큐에서 빼내기)

현재의 rx_point_tail index에 있는 내용을 읽어내고 난 후 rx_point_tail 인덱스를 증가시킨다.

```
uint16_t Uart3_DeQueue(void)
{
    uint16_t retVal = u3_rx_buffer[u3_rx_point_tail];
    u3_increase_point_value(&u3_rx_point_tail);
    return retVal;
}
```

8.2 학습도구 및 기자재

가) Hardware NUCLEO-F429Zi 혹은 NUCLEO-F439Zi 보드
나) USB 케이블
다) Cube-MX Program
라) Cube-IDE Program
마) StarUML Program
바) PC

8.3 예제 1: FreeRTOS 환경에서 모니터 만들기

FreeRTOS 환경에서 Task 2개를 만들고 Monitor Program을 만들어보라. 명령어는 help와 ls 두 가지이고 help를 입력하면 사용법이 출력되어야 한다. Backspace를 입력하면 글자가 한 자씩 지워져야 한다. 프롬프트는 ARM 글자를 출력한다.

1) 사용자 요구사항 작성하기
- FreeRTOS 환경을 구축한다.
- OS Task 2개를 만든다.
- USART3 수신부는 Interrupt로 처리한다.
- Interrupt에서 받은 Rx Char를 Task1에서 Monitor Task 처리를 한다.
- Monitor Command는 Help, ls, rd 명령어 처리를 만든다.

- Delete Key를 처리해야 한다.
- Monitor Command는 삽입이 가능하도록 Structure 형태로 만든다.

2) UML Tool로 설계하기

teraterm과 통신하는 Sequence Diagram, Activity Diagram을 작성한다.

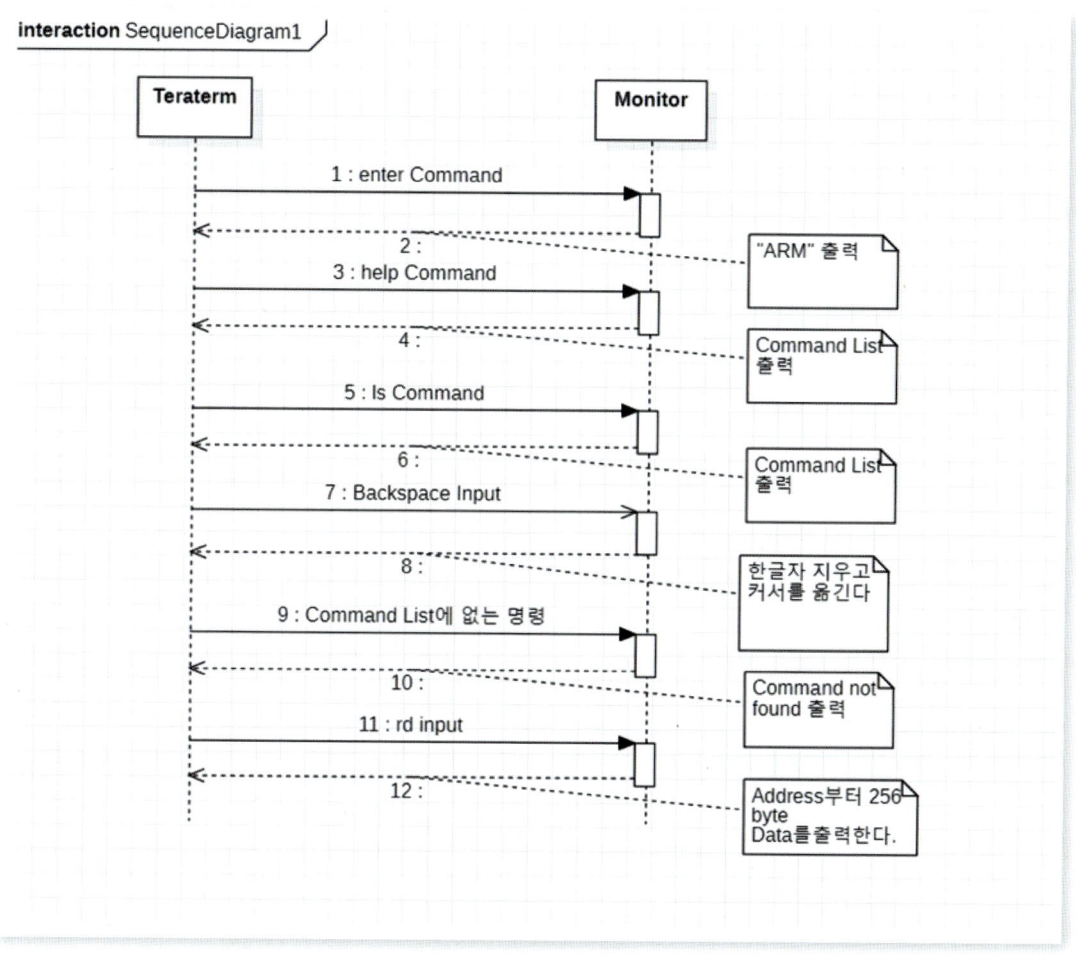

[그림 8-5] Sequence Diagram

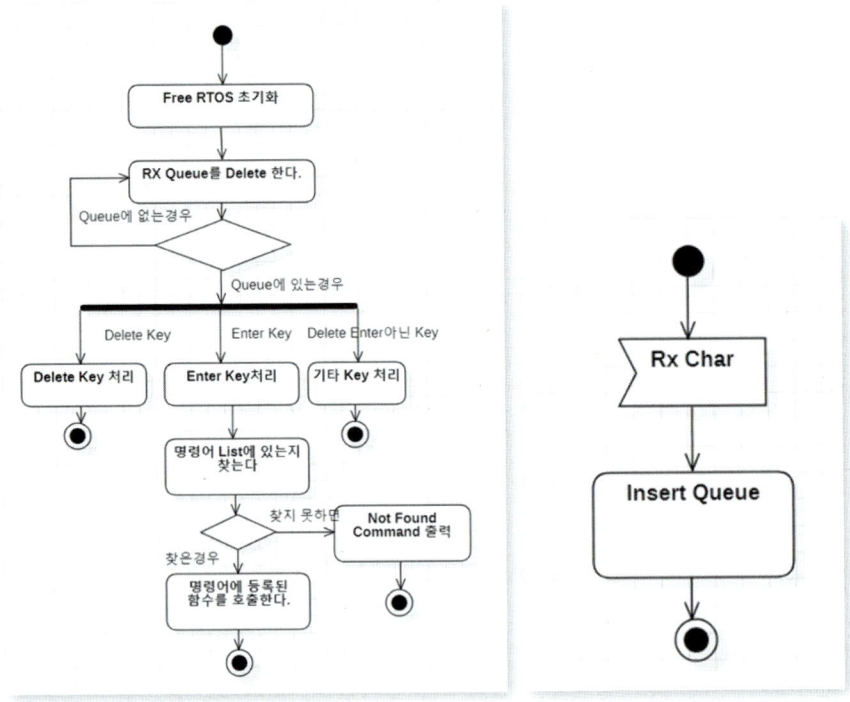

[그림 8-6] Monitor Activity Diagram   [그림 8-7] Activity Diagram

3) 구현하기

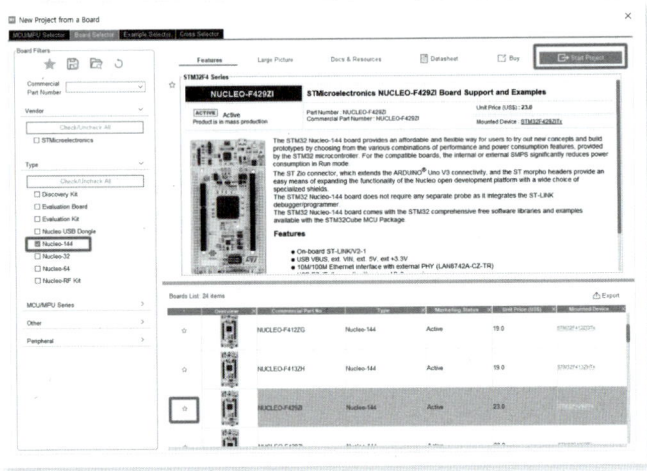

[그림 8-8] Board를 선택

가) CubeMX로 Project를 생성해본다. Type에서 NUCLEO-144를 선택하고 NUCLEU-F429 혹은 NUCLEO-F439를 선택한 다음 Start Project를 선택한다.

나) USART3을 Asynchronous 모드를 선택한다.

다) Middleware에서 FreeRTOS를 선택하고 Interface는 CMSIS_V1을 선택한다. Configuration에서 Tasks ans Queue를 선택하고 Task를 2개 더 만든다. stack size는 256으로 한다. 그다음 Project Manager 메뉴로 간다.

[그림 8-9] USART3을 선택, Interrupt Enable

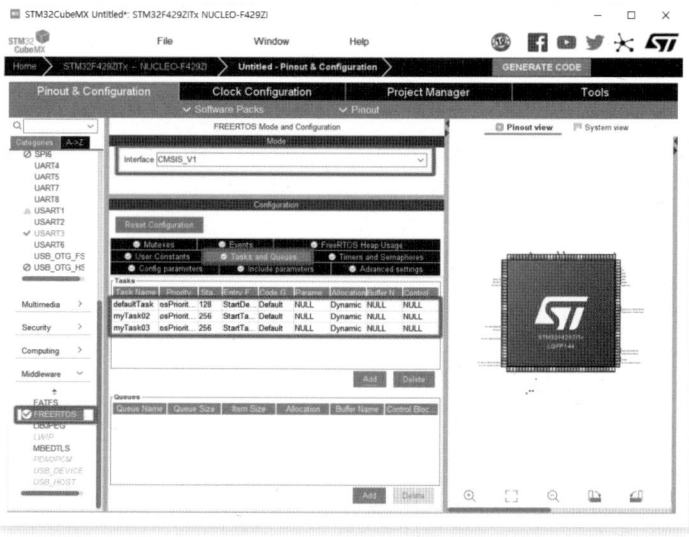

[그림 8-10] Task ans Queue 설정

라) project manager로 가서 project directory와 이름을 적고 code generate를 한다. Tool chain은 반드시 STMCubeIDE를 선택하도록 한다.

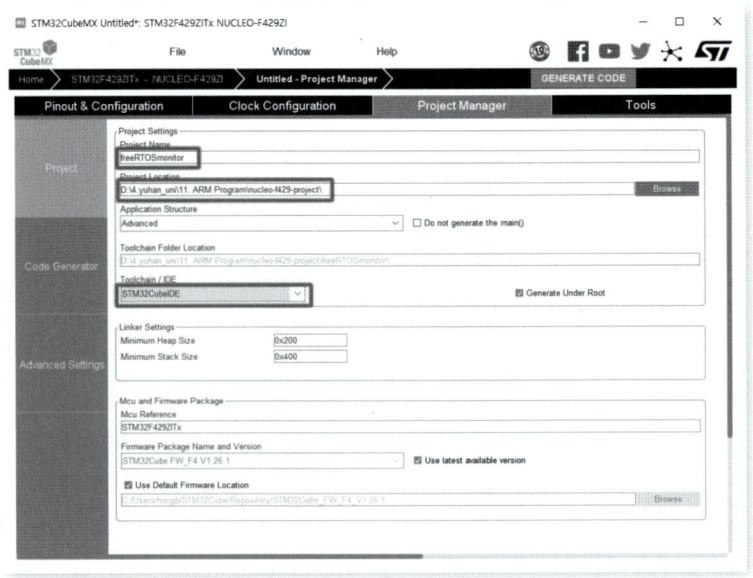

[그림 8-11] Project Manager setting

4) Code Generate가 다 끝나면 Open Folder로 들어가보자.

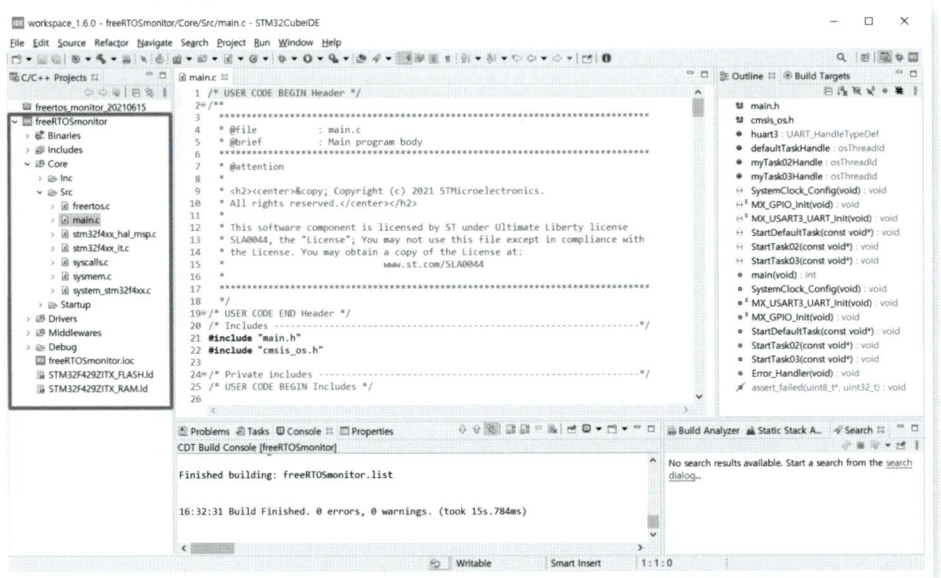

[그림 8-12] Project 내용 보기

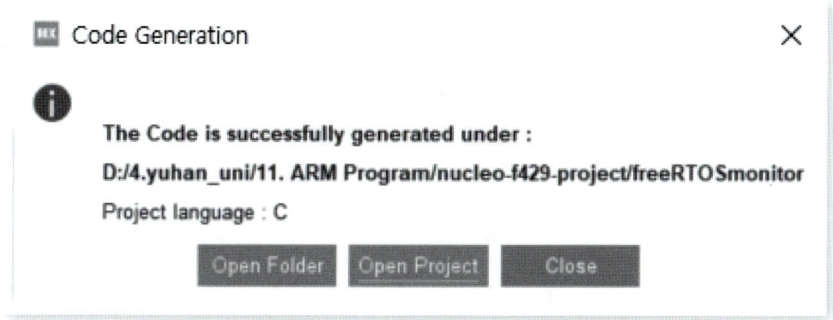

[그림 8-13] Open Folder 혹은 Open Project

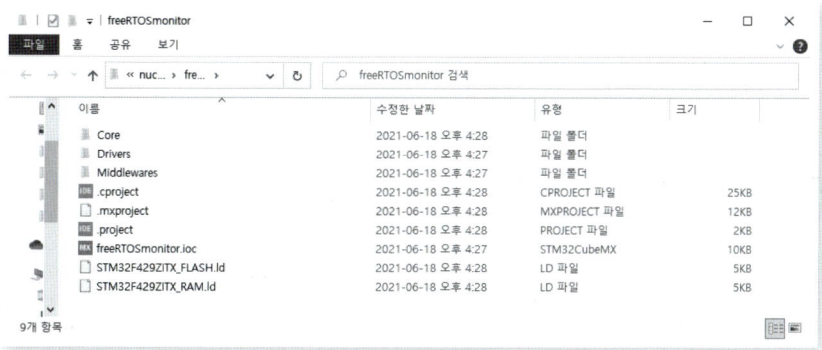

[그림 8-14] Project Directory 내용

가) 디렉토리 내용이 이와 같이 보이는지 확인해보자.

나) CubeIDE로 Project를 열어 File을 살펴보자.

다) main.h file을 수정한다.

```
#include <stdbool.h>
/* USER CODE BEGIN EFP */
#define printf SMprintf
extern void SMprintf(const char * format, ...);
extern uint16_t Uart3_DeQueue(void);
extern bool Uart3_Is_Empty(void);
extern void Uart3_EnQueue(uint16_t data);
extern void onl_monitor(unsigned char c);
/* USER CODE END EFP */
```

라) main.c file을 수정해보자.

main(void) 함수에 다음과 같이 추가한다.

```
/* USER CODE BEGIN 2 */
__HAL_UART_ENABLE_IT(&huart3,UART_IT_RXNE);
__HAL_UART_ENABLE_IT(&huart3,UART_IT_TC);
/* USER CODE END 2 */
```

StartTask02(void const * argument) 함수를 coding한다.

```
/* USER CODE END Header_StartTask02 */
void StartTask02(void const * argument)
{
  /* USER CODE BEGIN StartTask02 */
  /* Infinite loop */
  printf("\n\rATM Monitor\n\n\r");
  printf("\n\rARM> ");

  for(;;)
  {
    if(!Uart3_Is_Empty())
        {
            RxData = Uart3_DeQueue();
            if(RxData != 0x00)
              onl_monitor(RxData);
        }
    osDelay(10);
  }
```

UART_Interrupt_Processor 함수를 Coding한다.

```
/* USER CODE BEGIN 4 */
void UART_Interrupt_Processing(UART_HandleTypeDef *huart)
{
        if(huart->Instance == huart3.Instance)
        {
                if(HAL_UART_Receive_IT(&huart3,Receive_Buffer,1) == HAL_OK)
                {
                   RxFlag = 1;
                   Uart3_EnQueue(Receive_Buffer[0]);
                }
        }
}
/* USER CODE END 4 */
```

stm32f4xx_it.c Interrupt 루틴을 추가해보자.

```
void USART3_IRQHandler(void)
{
  /* USER CODE BEGIN USART3_IRQn 0 */

  /* USER CODE END USART3_IRQn 0 */
  HAL_UART_IRQHandler(&huart3);
  /* USER CODE BEGIN USART3_IRQn 1 */
  UART_Interrupt_Processing(&huart3);
  /* USER CODE END USART3_IRQn 1 */
}
```

callqueue.h file에 다음과 같은 내용을 coding한다.

```
/*
 * queue.h
 *
 *  Created on: 2021. 6. 18.
 *      Author: hongb
 */
```

```c
#ifndef QUEUE_H_
#define QUEUE_H_
#include <stdio.h>
#include <stdlib.h>
#include <stdbool.h>
#define  U3_BUFFER_SIZE  100
#define TRUE 1
#define FALSE 0
void Uart3_EnQueue(uint16_t data);
void u3_increase_point_value(uint32_t * data_p);
uint16_t Uart3_DeQueue(void);
bool Uart3_Is_Empty(void);

#endif /* QUEUE_H_ */
```

callqueue.c file을 생성하고 다음과 같이 coding한다.

```c
#include "callqueue.h"

uint16_t  u3_rx_buffer[U3_BUFFER_SIZE];
uint32_t  u3_rx_point_head = 0;
uint32_t  u3_rx_point_tail = 0;

void Uart3_EnQueue(uint16_t data)
{
    u3_rx_buffer[u3_rx_point_head] = data;
    u3_increase_point_value(&u3_rx_point_head);
}


void u3_increase_point_value(uint32_t * data_p)
{
    (* data_p) ++;
    if(U3_BUFFER_SIZE == (* data_p))
    {
        (* data_p) = 0;
```

```
    }
}

uint16_t Uart3_DeQueue(void)
{
    uint16_t retVal = u3_rx_buffer[u3_rx_point_tail];
    u3_increase_point_value(&u3_rx_point_tail);
    return retVal;
}

bool Uart3_Is_Empty(void)
{
    if(u3_rx_point_head == u3_rx_point_tail)
    {
        return TRUE;
    }
    return FALSE;
}
```

callcmd.h file을 생성하고 다음과 같이 코딩한다.

```
/***********************************************************
 * @file    callcmd.h
 * @brief   callcmd.c에서 사용하는 변수 및 함수정의
 ***********************************************************/

/* Define to prevent recursive inclusion ---------------*/
#ifndef _CALLCMD_H
#define _CALLCMD_H

/* Includes --------------------------------------------*/

#include <stdio.h>
#include "string.h"
#include "stm32f4xx_hal.h"
```

```c
#include "cmsis_os.h"
#include "FreeRTOS.h"
#include "task.h"
#include "cmsis_os.h"
#include <stdbool.h>

#define  byte  unsigned char
#define  uint8 unsigned char
#define  word  unsigned short
#define  lword unsigned int
#define  int8u unsigned char
#define  u8    unsigned char
#define  u16   unsigned short
#define  u32   unsigned int
#define  DD_SUCCESS        YES
#define  FALSE  -1
#define  YES 1
#define  NO 0
/* The Rx task will block on the Rx queue for a long period. */

#define COM1_DEBUG 0x00
#define printf SMprintf
uint16_t Uart3_DeQueue(void);
bool Uart3_Is_Empty(void);
extern UART_HandleTypeDef huart3; // access huart3 instance

void prt_hexbnb(int n, int8u *hex);
int8u ktolower(int8u c);
void cpybuf(int8u *src, int8u *des,int cnt);
int get_nstring(char buf[]);
char get_io_number(unsigned int *retval);
int dsp_mem(int argc,char *argv[]);
int chg_mem(int argc,char *argv[]);
int mem_read(int argc,char *argv[]);
int fill(int8u *sp, int8u c, int n);
int parse_string(unsigned char *s, char *argv[]);
int wrd_mon(int argc,char *argv[]);
```

```
int bfm_msg_mon(int argc,char *argv[]);
void onl_monitor(unsigned char c);
int monitor_chelp(int argc,char *argv[]);
int wl_mon(int argc,char *argv[]);
int wr_loop(int argc,char *argv[]);

#endif /* _COMMON_H */
```

모니터 프로그램 callcmd.c file을 생성하고 다음과 같이 코딩한다.

```
#include "callcmd.h"
#include "freeRTOS.h"
#include "queue.h"
#include <stdarg.h>
#include <errno.h>
#include <sys/unistd.h> // STDOUT_FILENO, STDERR_FILENO

typedef struct
{
    char *str;
    int  (* func)(int,char **);
    char *usage;
} Cmd_tbl;


extern const Cmd_tbl cmd_ctbl[];
char str_buff[512];
void SMprintf(const char * format, ...)
{
    va_list args;
    char *str;

    str = str_buff;
    va_start(args, format);
    vsprintf(str, format, args);
    va_end(args);
```

```
        HAL_UART_Transmit(&huart3, (unsigned char*)str, strlen(str),10);
}

int8u ktolower(int8u c)
{
        if(c >= 'A' && c <= 'Z')
                c -= 'A' - 'a';
        return(c);
}

void cpybuf(int8u *src, int8u *des,int cnt)
{
        while (--cnt >= 0)
                *src++ = *des++;
}

/*
 * Discription : compare strings with length
 * Output : 1) s1 != s2 : 1
 *          2) s1==s2   : 0
 */
int kstrncmp(char *s1,char *s2,int len)
{

    if(s1 == s2) return(0);
    while(len--) {
      if(*s1++ != *s2++) {
            return(1);
      }
      if (*s1 == '\0' && *s2 == '\0') {
            break;
      }
    }
    return(0);
}
/*
 * Discription : translate ascii to hex
```

```
 *  Output : return(hexadecimal value)
 *          return(-1) : input error
 */
int atoh(char *s)
{
    register int i, n;

    for (n = i = 0; s[i] != '\0'; i++) {
        if (s[i] >= '0' && s[i] <= '9')
            n = 16 * n + s[i] - '0';
        else if (s[i] >= 'a' && s[i] <= 'f')
            n = 16 * n + s[i] - 'a' + 10;
        else if (s[i] >= 'A' && s[i] <= 'F')
            n = 16 * n + s[i] - 'A' + 10;
        else
            return (-1);
    }
    return (n);
}
//
//      함수: USART에서 1개의 char를 읽어 오는 함수
//      Input: Uart3 Queue
//      output:: c[0] Uart3에서 읽은 char
//
char get_char_os(char c[])
{

    for(;;)
    {
      if(!Uart3_Is_Empty())
      {
            c[0] = Uart3_DeQueue();
        return YES;
      }
      else
      {
        osDelay(50);
```

```
        continue;
     }


   }

        return (1);
}
char     tbuf[5],omon_buf[80];
int               onch_no=0;

int bfm_msg_mon(int argc,char *argv[])
{

        printf("bfmok");
        return(1);
}

int uart_data_test(int argc, char *argv[])
{
   int8u    addr;
   int8u    data;

   if(argc > 2) {
        addr = atoh(argv[1]);
        data = atoh(argv[2]);
      printf("\n\rInput 1 = %x, Input 2 = %x \n\r",addr,data);
   }
   else{
        printf("\n\r INPUT ERROR !!!!  \n\r");
        printf(" Ex) tst ### ###  \n\r");
   }

   return(1);
}

int get_nstring(char buf[])
{
```

```c
        int             i;
        int8u           c;
char    rxchar[1];
        int8u           tbuf[2];

        tbuf[1] = '\0';

        for (i = 0; i < 20; i++) {
                buf[i] = '\0';
        }
        for (i = 0; i < 20;) {

          while (get_char_os(rxchar) == 0);
          c=rxchar[0];
                if ((c == '\n') || (c == '\r')) {
                        break;
                }
                if (c == 0x8) {
                        if (i > 0) {
                                tbuf[0] = 0x8; printf((char *)tbuf);
                                tbuf[0] = ' '; printf((char *)tbuf);
                                tbuf[0] = 0x8; printf((char *)tbuf);
                                i--; buf[i] = '\0';
                        }
                }
                else {
                        tbuf[0] = c; printf((char *)tbuf);
                        buf[i] = c;
                        i++;
                }
        }
        for (i =0; i < 20; i++) {
                if (buf[i] == '\0') {
                        return(i);
                }
                buf[i] = ktolower(buf[i]);
        }
```

```
            return(i);
}

char get_io_number(unsigned int *retval)
{
        byte    c;
        char    tmp[20];
        char    flag;
        int     no, i;

        *retval = 0; flag = 0; no = 0;

        if (get_nstring(tmp) != 0) {
          for (i = 0; i < 32; i++) {
            c = tmp[i];
            if (c == '\0') {
                    flag = '\n';
                    break;
            }
            if ((c == '/') || (c == '.') || (c == ']') || (c == 0x1a) || (c == 'y') || (c == 'n')) {
                    flag = c;
                    break;
            }
            if ((c >= '0') && (c <= '9')) {
                    *retval = *retval * 0x10 + c - '0';
                    no++;
            }
            else if ((c >= 'a') && (c <= 'f')) {
                    *retval = *retval * 0x10 + c - 'a' + 0xa;
                    no++;
            }
            else {
                    flag = ' ';
                    break;
            }
          }
        }
```

```c
            if (no == 0) {
                    *retval = 0xffffffff;
            }
            return(flag);
}

void cmdcpy(char *s1, char *s2)
{
            while (1) {
                    if (*s2 == 0) {
                            break;
                    }
                    *s1++ = *s2++;
            }
}
int fill(int8u *sp, int8u c, int n)
{
            while (--n >= 0) {
                    *sp++ = c;
            }
            return (YES);
}

int kstrlen(char *s)
{
      register int cnt;

      cnt = 0;
      while(*s++) {
         cnt++;
      }
      return(cnt);
}

int parse_string(unsigned char *s, char *argv[])
{
   struct {
```

```c
        int start;
        int end;
    } arg_tok[32];

    unsigned char *cptr;
    register int i;
    int argc = 0;

    cptr = s;

    for (i = 0, cptr = s; i < kstrlen((char *)s); i++, cptr++) {
        if (*cptr != ' ' && *cptr != '\t') {

            if (i == 0 || *(cptr-1) == ' ' || *(cptr-1) == '\t') {
                arg_tok[argc].start = i;
            }

            if (*(cptr+1) == ' ' || i == (kstrlen((char *)s) -1) ||
                *(cptr+1) == '\t') {
                arg_tok[argc].end = i;
                argc++;
            }
        }
    }

    if (!argv) return(argc);

    for (i = 0; i < argc; i++) {
        argv[i] = (char *)s + arg_tok[i].start;
        *(s + arg_tok[i].end + 1) = 0;
    }
    return(argc);
}

void onl_monitor(unsigned char c)
{
    Cmd_tbl        *cmd_tblp;
```

```c
    int         i, argcl;
    char        *argvl[20]={0};
    char    tbuf[5];

    tbuf[1] = '\0';
    if(c == '\r' || c == '\a') {
                    if (onch_no == 0)
                    {
                            printf("\n\rARM> ");
                    }
                    else {
                      for (i =0; i < 20; i++) {
                            if (omon_buf[i] == '\0') {
                              break;
                            }
                            omon_buf[i] = ktolower(omon_buf[i]);
                      }
                      argcl = parse_string((int8u *)omon_buf, argvl);
                      cmd_tblp = (Cmd_tbl *) cmd_ctbl;
                      while (cmd_tblp->str)
                      {
                            if (!kstrncmp(argvl[0],cmd_tblp->str,10))
                            {
                              printf("\n\r");
                              (cmd_tblp->func)(argcl,argvl);
                              if(cmd_tblp->func == bfm_msg_mon){
                                    printf("\r\nBF loading...");
                              }
                              else
                              {
                                    printf("\n\rARM> ");
                              }
                              break;
                            }
                            cmd_tblp++;
                      }
                      if(!cmd_tblp->str)
```

```c
                        {
                                printf("\n\rARM> Command not found !!\n\r");
                        }
                        fill((int8u *)omon_buf,0,80);
                        onch_no = 0;
                }
        }
        else {
            if (c == 0x8) {
                if (onch_no > 0) {
                    tbuf[0] = 0x8;
                    tbuf[1] = ' ';
                    tbuf[2] = 0x8;
                    tbuf[3] = '\0';
                    printf((char *)tbuf);
                    onch_no--;
                    omon_buf[onch_no] = '\0';
                }
            }
            else {
                tbuf[0] = c;
                tbuf[1] = 0;
                printf((char *)tbuf);
                omon_buf[onch_no] = c;
                onch_no++;
            }
        }
}

int monitor_chelp(int argc,char *argv[])
{
    Cmd_tbl  *cmd_tblp;
    char     help_buf[80];

    printf("        [ COMMAND HELP LIST ] \n\r");
    printf(" ------------------------------------------------\n\r");
```

```c
    cmd_tblp = (Cmd_tbl *)cmd_ctbl;

    while (cmd_tblp->str) {
            strcpy(help_buf,"                :                              \n\r");
            cmdcpy((char *)&help_buf[1],(char *)cmd_tblp->str);
            cmdcpy((char *)&help_buf[17],(char *)cmd_tblp->usage);
            printf((char *)help_buf);
            cmd_tblp++;

    }
    printf((char *)" ----------------------------------------------\n\r");
    return(YES);
}

int monitor_lshelp(int argc,char *argv[])
{
    Cmd_tbl  *cmd_tblp;
    char    help_buf[80], i = 0;

    printf("        [ MONITOR COMMAND LIST ] \n\r");
    printf(" ----------------------------------------------\n\r");
    cmd_tblp = (Cmd_tbl *)cmd_ctbl;

    while (cmd_tblp->str) {
            strcpy(help_buf,"           ");
            cmdcpy((char *)&help_buf[1],(char *)cmd_tblp->str);
            printf((char *)help_buf);
            i++, cmd_tblp++;
            if((i % 0x5) == 0) {
                    printf("\r\n");
            }
    }
    printf((char *)"\r\n ----------------------------------------------\n\r");
    return(YES);
}

void prt_hexbnb(int n, int8u *hex)
```

```c
{
        byte    buf[50], c, i;

        i = 0;
        while(n--) {
                c = *hex / 16;
                if (c > 9) {
                        c += 7;
                }
                buf[i++] = c + '0';
                c = (*hex & 0xf);
                if (c > 9) {
                        c += 7;
                }
                buf[i++] = c + '0';
                buf[i++] = ' ';
                hex++;
        }
        buf[i++] = ' ';
        buf[i] = '\0';
        printf((char *)buf);
}

void os_delay(int delay_value)
{
    portTickType xTestRate;

    xTestRate = ( portTickType ) delay_value;
    vTaskDelay(xTestRate );
}

const Cmd_tbl  cmd_ctbl[] = {
    {"help",        monitor_chelp, "monitor help"},
    {"ls",    monitor_lshelp, "Command List"},
    {0,0,0}
};
```

5) 시험하기

teraterm을 실행하여 다음과 같이 표시되는지 확인해본다.

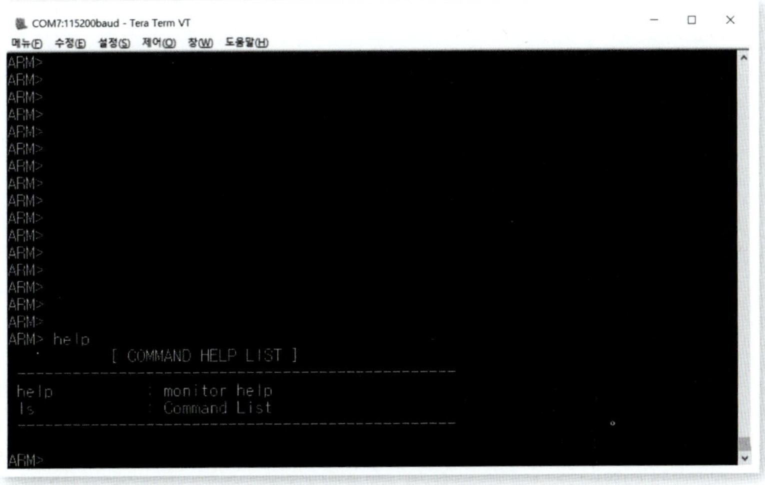

[그림 8-15] 모니터 동작 화면

연습문제

1. 큐의 개념을 설명하라.

2. FreeRTOS Monitor 블록다이어그램을 작성하시오.

3. Monitor Shell 서버루틴에서 argc와 argv의 입력파라미터는 어떻게 전달되는가?

4. 명령어 테이블 Struct에서 "int   (* func)(int,char **); " 이것은 무엇을 의미하는가?

5. StartTask02에서 다음과 같이 코딩되어있다. 처리과정을 설명하라.

   ```
   for(;;)
   {
     if(!Uart3_Is_Empty())
      {
         RxData = Uart3_DeQueue();
         onl_monitor(RxData);
      }
      osDelay(10);
   }
   ```

6 Usart3 Queue는 어떤 함수에서 Insert가 되는가?

7 Monitor UML Activity Diagram을 작성하여보라.

8 Monitor UML Sequence Diagram을 작성하여보라.

9장
Monitor Display Memory, Change Memory 실습

필요성	본 소단원의 목표는 FreeRTOS Monitor 프로그램에서 Display Memory, Change Memory 다루는 방법을 익힌다.
학습목표	본 소단원을 마치면, 학생들은 다음 사항을 해낼 수 있어야 한다. 1. 지식 - Monitor Display Memory 프로그램 - Monitor Change Memory 프로그램 2. 기술 NUCLEO-F429/NUCLEO-F439 보드의 OS 환경에서 Monitor Command를 이용하여 Disaply Memory, Change Memory 코딩 관련 기술을 익힌다.

9.1 선행학습

펌웨어 개발과정에서 모니터상에서 메모리 내용을 변경한다든가 메모리 내용을 확인하는 기능을 자주 사용하게 된다. 메모리란 하드웨어로 구성한 메모리, SRAM 메모리, DRAM 메모리, 플래시 메모리 등과 같은 것을 많이 사용하는데 MCU에서 읽고 쓰는 과정이 문제가 없는지 반드시 확인하는 과정이 필요하다.

1) STM32F429Zi Memory Map

CPU에 프로그래밍을 할 경우 가장 중요한 정보가 Memory Address 정보이다. 프로그램 크기에 따라 Flash Memory 크기를 결정해야 되고 RAM의 크기도 결정해야 한다. CPU에서 제공하고 있는 SRAM은 용량이 크지 않기 때문에 외부에 Memory를 설계하는 경우도 있다. 이런 경우는 CPU에서 제공하고 있는 Address Bus나 Data Bus, Control Bus를 이용하여 외부에 Memory를 설치하거나, 특정 하드웨어도 같은 방법으로 디자인한다. Memory Map을 살펴보면 전체 번지가

0x00000000~0xffffffff까지 사용할 수 있고, 512megabyte씩 Back0에서 Bank7까지 있는 것을 볼 수 있다. Bank0에 Flash Memory 주소를 보면 0x8000000~0x81FFFFF까지이고, SRAM은 112kbyte로 0x20000000~0x2001FFFF, 64Kbyte SRAM은 0x20020000~0x2002FFFF까지 할당되어있는 것을 볼 수 있다. 그리고 0x40000000~0x5FFFFFFF까지는 APB1, APB2, AHB1, AHB2에 할당되어있고, 0x60000000~0xDfffffff까지는 AHB3에 할당된 것을 볼 수 있다. STM32F429ZiTX_FLASH.ld 파일을 보면 아래의 내용을 볼 수 있는데 CCMRAM은 0x10000000번지에, RAM은 0x20000000번지에, FLASH는 0x8000000번지에 할당되어있는 것을 볼 수 있다.

```
/* Entry Point */
ENTRY(Reset_Handler)

/* Highest address of the user mode stack */
_estack = ORIGIN(RAM) + LENGTH(RAM);    /* end of "RAM" Ram type memory */

_Min_Heap_Size = 0x200 ;  /* required amount of heap  */
_Min_Stack_Size = 0x400 ; /* required amount of stack */

/* Memories definition */
MEMORY
{
  CCMRAM   (xrw)  : ORIGIN = 0x10000000,  LENGTH = 64K
  RAM    (xrw)   : ORIGIN = 0x20000000,  LENGTH = 192K
  FLASH   (rx)   : ORIGIN = 0x8000000,  LENGTH = 2048K
}

/* Sections */
SECTIONS
{
  /* The startup code into "FLASH" Rom type memory */
  .isr_vector :
  {
    . = ALIGN(4);
    KEEP(*(.isr_vector)) /* Startup code */
    . = ALIGN(4);
  } >FLASH
```

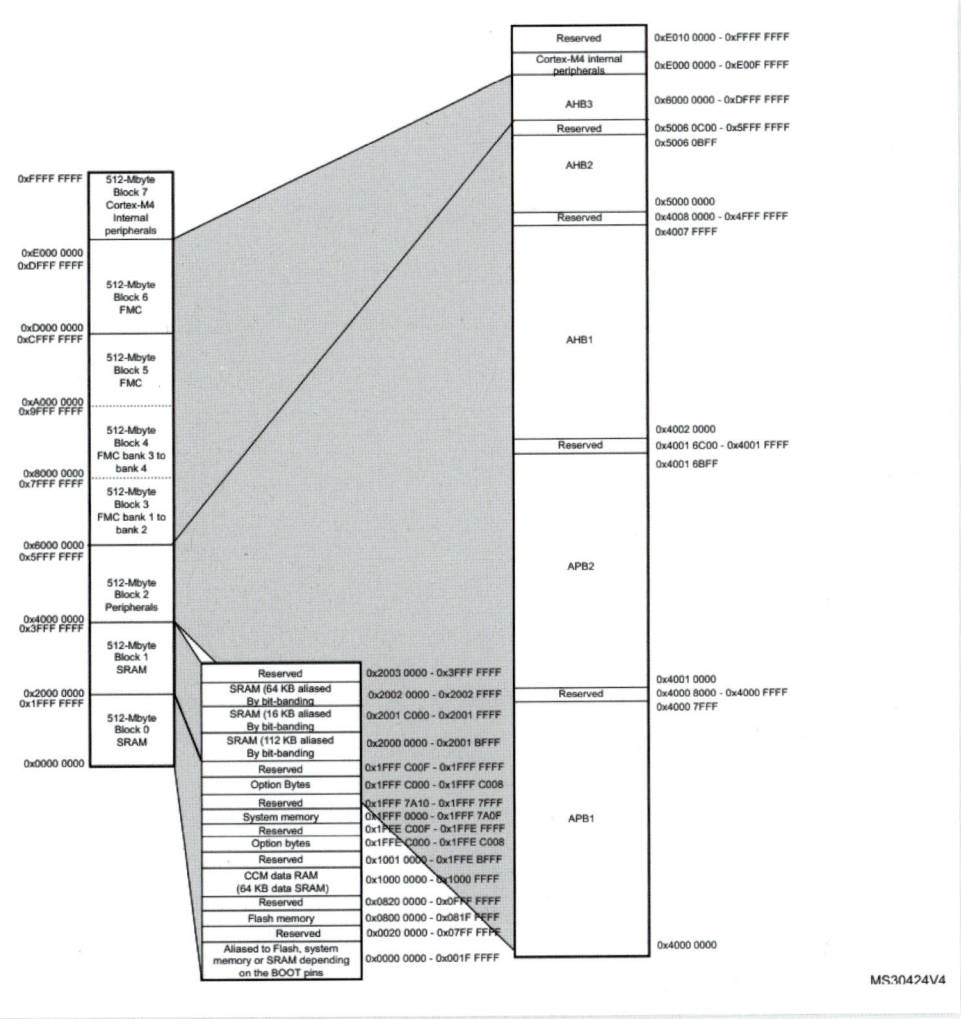

[그림 9-1] STM32F4xx Memory Map(출처: www.st.com)

9.2 학습도구 및 기자재

가) NUCLEO-F429ZI 혹은 NUCLEO-F439ZI 보드
나) USB 케이블
다) Cube-MX Program
라) Cube-IDE Program

마) StarUML Program

바) PC

9.3 예제 1: 모니터 Display Memory 만들기

NUCLEO-F429Zi/F439i 보드를 이용하여 FreeRTOS 환경을 만들고 Monitor 환경에서 Display Memory, Change Memory Program을 작성하라.

1) 사용자 요구사항 작성하기

- FreeRTOS 환경을 구축한 후 Monitor 환경을 만든다.
- dm Command를 추가한다.
- dm 주소를 입력하면 해당 주소로부터 256Byte를 Monitor에 표시한다.

2) UML Tool로 설계하기

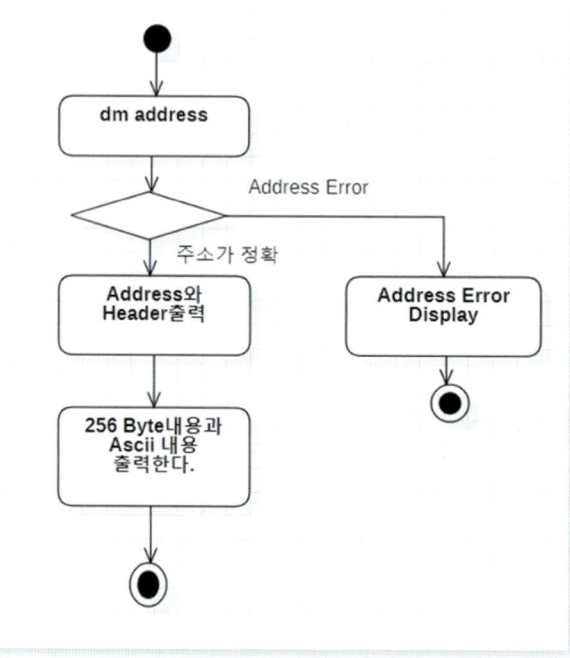

[그림 9-2] Display Memory Activity Diagram

3) Display Memory Program 구현하기

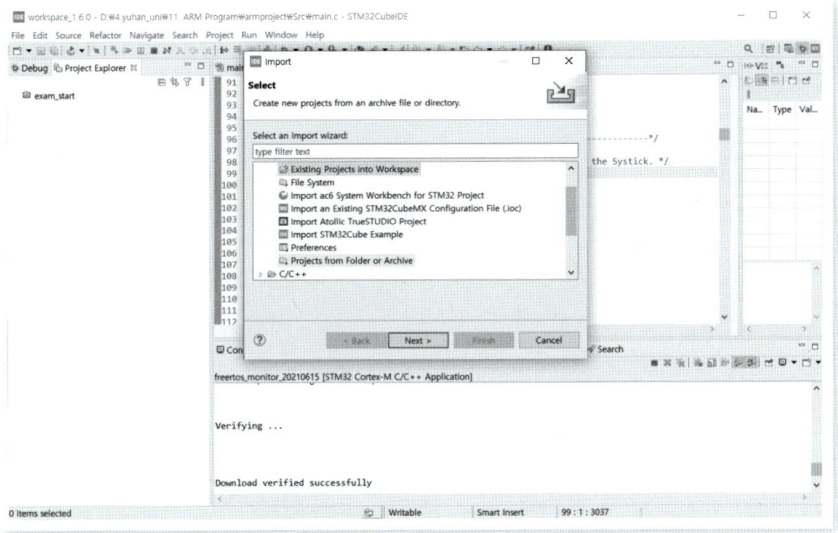

[그림 9-3] Monitor Project를 import

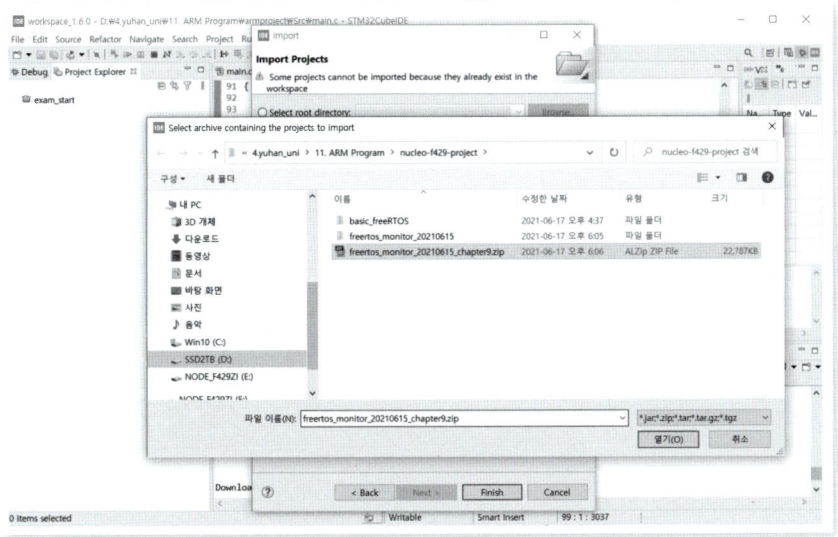

[그림 9-4] Project 압축파일 선택

가) 지난 시간에 만들었던 Monitor 기본 Project를 불러온다. File→import 메뉴로 들어가서 Existing Projects into workspace를 선택한다.

나) 보관해두었던 압축파일을 선택한다.

다) next를 눌러 Project 창에서 생성한다.

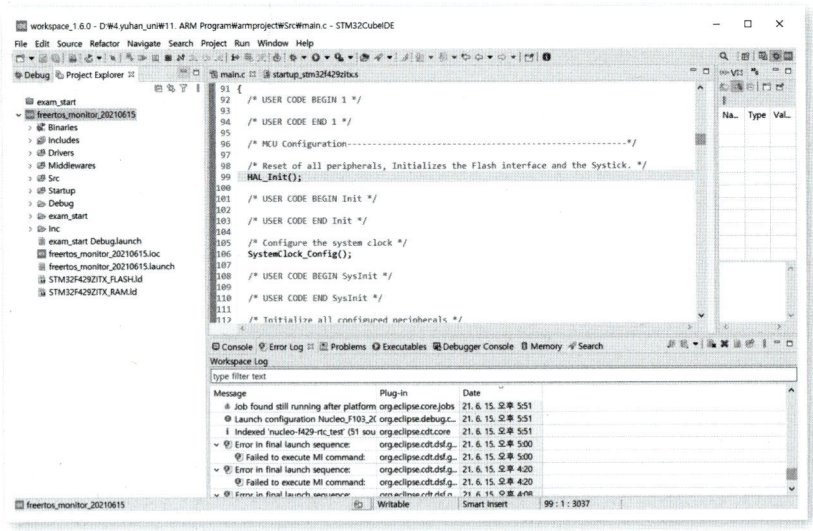

[그림 9-5] Project 생성

라) callcmd.c file에 dm 명령어와 함수, Help Menu를 추가한다.

```
const Cmd_tbl  cmd_ctbl[] = {
        {"help",   monitor_chelp,    "monitor help"},
        {"ls",     monitor_lshelp,   "Command List"},
        {"dm",     dsp_mem,          "Display Memory"},
```

마) dsp_mem(int argc,char *argv[])함수를 coding한다.

```
int dsp_mem(int argc,char *argv[])
{
        int8u              tbuf[17];
        int8u              *ST, *AT;
        char               flag;
        int                i,j;
        unsigned int       start;
```

```
        flag = 1;
        if (argc == 1)
{
                printf("address error!\r\n");
                flag = 0;
        }
        if (flag == 1)
{
        start = atoh(argv[1]);
        if (start > 0x30000000) {
                printf("address error!\r\n");
                return(1);
        }
        tbuf[16] = '\0';
printf("\r\n\n");
printf("Address  00 01 02 03 04 05 06 07   08 09 0A 0B 0C 0D 0E 0F\r\n");
printf("======== =======================   =======================\r");
  AT = ST = (int8u *)start;
  for (j = 0; j < 16; j++) {
                        printf("\r\n%08x ",start);
                        prt_hexbnb(8,ST);
                        printf("- ");
                        ST += 8;
                        prt_hexbnb(8,ST);
                        ST += 8;
                        for (i = 0; i < 16; i++) {
                                if (*AT >= 0x20 && *AT < 0x7f) {
                                        tbuf[i] = *AT;
                                }
                                else {
                                        tbuf[i] = '.';
                                }
                                AT++;
                        }
                        printf(" |");
                        printf((char *)tbuf);
                start += 16;
```

```
            }
        }
        printf("\r\n\n*");
        return(1);
}
```

바) Build All을 하고 NUCLEO-F429/439 Board에 로딩하여 동작실험을 해보자.

4) 시험하기

termview를 실행하여 monitor 명령어로 dm 20010000을 입력하여 [그림 9-6]처럼 출력되는지 확인해보자.

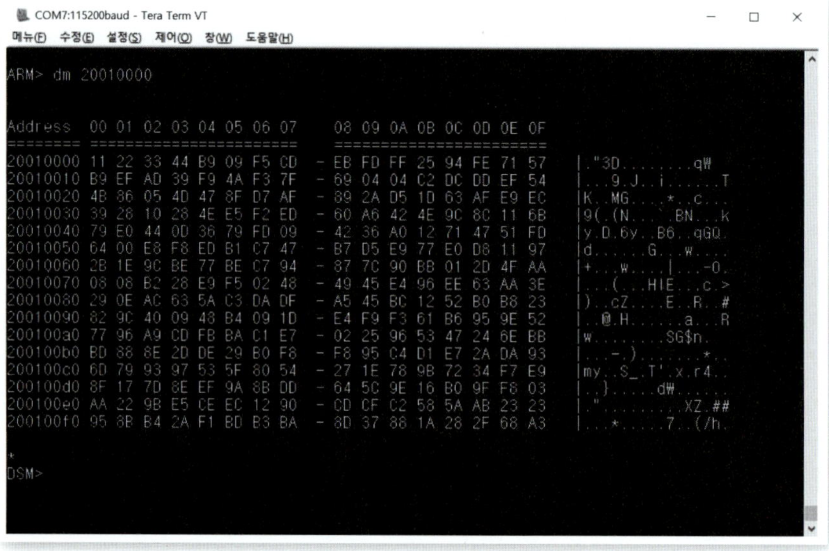

[그림 9-6] dm 명령어 실행창.

9.4 예제 2: 모니터 Change Memory 만들기

NUCLEO-F429Zi/F439i 보드를 이용하여 FreeRTOS 환경을 만들고 Monitor 환경에서 Change Memory Program을 작성하라.

1) 사용자 요구사항 작성하기

- FreeRTOS 환경을 구축한 후 Monitor 환경을 만든다.
- cm Command를 추가한다.
- cm 주소를 입력하면 입력한 주소의 데이터를 표시하며 수정할 수 있도록 한다.
- cm 데이터 수정모드에서 Enter Key를 입력하면 다음 주소로 수정모드를 진행한다.
- Delete Key를 처리해야 한다.
- cm에서 '[', ESC를 입력하면 주소를 한 바이트 감소 후 변경모드로 진입한다.
- cm에서 Enter를 입력하면 주소를 한 바이트 증가 후 변경모드로 진입한다.

2) UML Tool로 설계하기

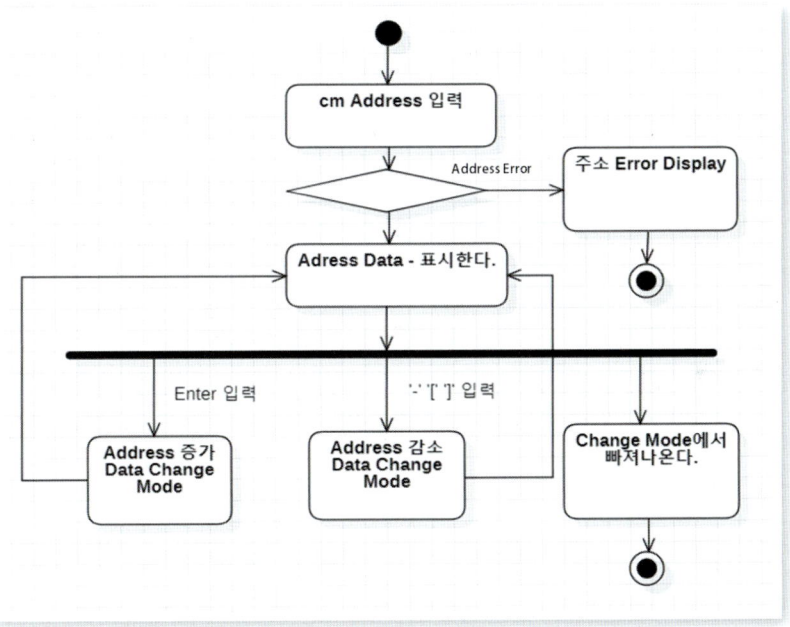

[그림 9-7] Change Memory Activity Diagram

3) 구현하기

펌웨어에서는 CPU 혹은 외장 하드웨어 RAM 메모리의 내용을 변경시키는 경우가 많이 사용된다. 그럴 경우 change memory 명령어로 동작을 확인할 수 있다.

가) callcmd.c에 "cm", chg_mem, "Change Memory"를 추가한다.

```
const Cmd_tbl  cmd_ctbl[] = {
        {"help",         monitor_chelp,    "monitor help"},
        {"ls",           monitor_lshelp,   "Command List"},
        {"dm",           dsp_mem,          "Display Memory"},
        {"cm",           chg_mem,          "Change Memory"},
```

나) chg_mem(int argc,char *argv[])함수를 코딩한다.

```
int chg_mem(int argc,char *argv[])
{
        int8u   *ST;
        char    flag, ret;
        u32             start;
        unsigned int    data;

        flag = 1;
        if (argc == 1) {
                printf(" Address : ");
                start = atoh(argv[1]);
                ret = get_io_number(&start);
                if ((ret != '\n') || (start == 0xffffffff)) {
                        printf("address error!\r\n");
                        flag = 0;
                }
        }
        else {
                start = atoh(argv[1]);
                if (!(((start >= 0x20010000) && (start <= 0x200bffff)))
                {
                        printf("address error!\r\n");
                        return YES;
                }
        }
        if (flag == 1) {
                ST = (int8u *)start;
                printf("\r");
```

```c
            while(1) {
        printf("\r\n%08x %02x - ",start,*ST);

                    ret = get_io_number(&data);
                    if (ret == '/') {
                            printf("\r\n\n");
                            break;
                    }
                    else if ((ret == ']') || (ret == 0x1a)) {
                            start--;
                            ST--;
                            continue;
                    }
                    else if (ret == '.') {
                            continue;
                    }
                    else if (ret == 0) {
                            start++;
                            ST++;
                    }
                    else if (ret == '\n') {
                            *ST = data;
                            start++;
                            ST++;
                    }
                    else if (data > 0xff) {
                            printf("\r\nDATA Input error!\r\n");
                    }
                    else {
                            start++;
                            ST++;
                    }

            }
    }
    return(1);
}
```

get_io_number(&data) 함수에서 get_nstring(tmp) 함수를 호출하고 거기서 get_char_os(rxchar) 함수를 호출한다. callcmd shell 함수(chg_mem) 내에서 입력을 받을 경우 get_char_os 함수를 이용해야 된다. get_char_os(rxchar) 함수는 main.c에 있으며 인터럽트로 수신된 uart 글자를 uart3 queue에 넣어 전달한다.

```c
//
//       함수: USART에서 1개의 char를 읽어 오는 함수
//       Input: Uart3 Queue
//       output:: c[0] Uart3에서 읽은 char
//
char get_char_os(char c[])
{
    for(;;)
    {
      if(!Uart3_Is_Empty())
      {
          c[0] = Uart3_DeQueue();
        return YES;
      }
      else
      {
        osDelay(50);
        continue;
      }
    }
    return (1);
}
```

다) callcmd.h file에 다음 사항을 Coding한다.

```c
uint16_t Uart3_DeQueue(void);
bool Uart3_Is_Empty(void);
extern UART_HandleTypeDef huart3; // access huart3 instance
```

4) 시험하기

Build All을 한 후 정상적으로 동작되는지 확인해보자. cm 20010000 입력한 후 변경할 내용을 입력해본다.

- cm 명령으로 변경한 것이 반영되었는지 확인해본다. 20010000번지부터 11, 22, 33, 44, 55, 66, 77, 88, 99가 표시되는 것을 확인할 수 있다.
- cm 명령 중에 ']'을 입력하여 주소가 -1 하는지 확인해보자.

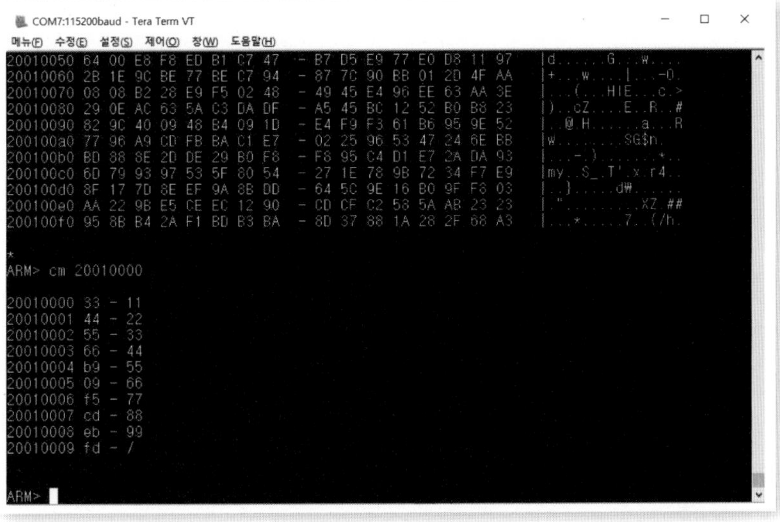

[그림 9-8] cm 실행화면

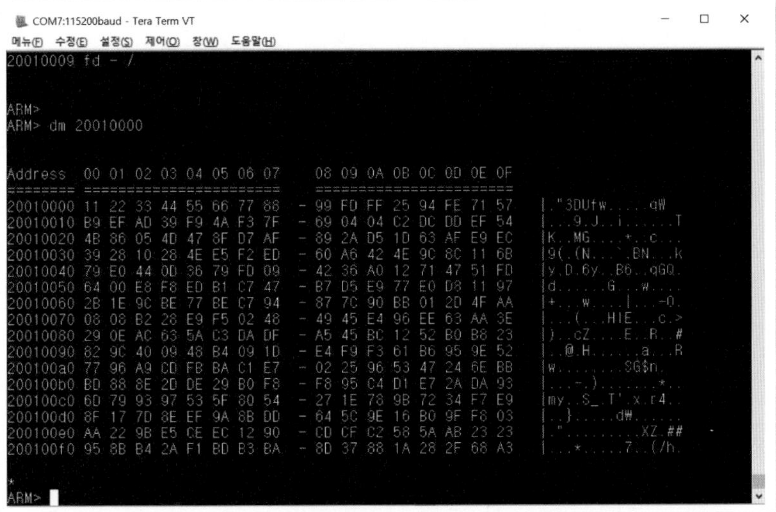

[그림 9-9] dm으로 변경된 memory 확인

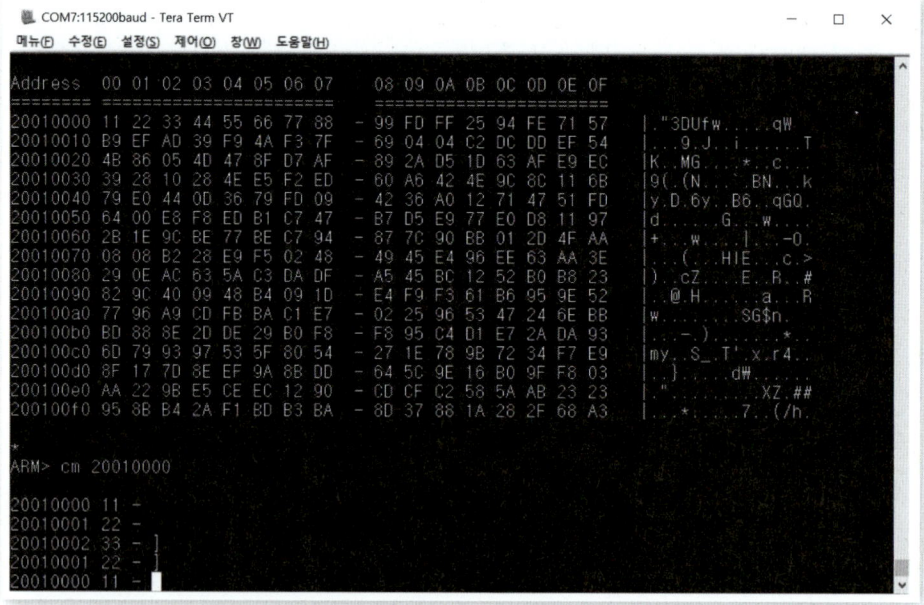

[그림 9-10] ']' 입력으로 주소가 -1씩 감소되는지 확인

연습문제

1. STM32F429 CPU의 FlashMemory Address는?

2. STM32F429 CPU의 192k RAM Address는?

3. Change Memory 명령은 어떻게 사용하는가?

4. dm ⟨enter⟩ 입력할 경우 0x20010000에서 256byte 출력하는 프로그램을 작성하시오.

5. 압축으로 보관하고 있는 Project를 Open할 경우 어떤 방법으로 하는지 설명하여라.

10장
Timer 실습

필요성	본 소단원의 목표는 우리가 프로젝터를 하다 보면 MCU에서 특정 주기의 인터럽트 함수를 만들어야 되고, 특정 주파수의 특정 Duty를 갖는 파형이 필요하게 된다. 이 장에서 타이머를 이용하여 이러한 주파수와 PWM 기능 사용을 익히도록 한다.
학습목표	본 소단원을 마치면, 학생들은 다음 사항을 해낼 수 있어야 한다. 1. 지식 - STM32F429Zi MCU Timer에 대한 지식 2. 기술 NUCLEO-F429/NUCLEO-F439 보드에서 Interrupt 방식으로 특정 주파수를 만드는 방법과 PWM 다루는 방법을 학습한다.

10.1 선행학습

펌웨어 개발에 있어서 타이머 사용은 매우 중요하다. 프로그램상에서 10ms, 100ms마다 실행하는 프로그램이 있다면 타이머를 이용해야 한다. 또한 특정 주파수의 클럭이 필요하다면 하드웨어로 구성할 수도 있지만 소프트웨어로 구성하는 것이 원가적으로 싸고 편리하다.

1) STM32F429Zi CPU Timer

STM32F4xx MCU는 최대 14개의 타이머: 최대 12개의 16비트 및 2개의 32비트 최대 180MHz의 타이머, 각각 최대 4개의 IC/OC/PWM 또는 펄스 카운터 및 Quadrature(직교) Incremental(증분) 인코더 입력을 지원한다.

2) STM32F429Zi CPU Timer 관련 블록다이어그램

[그림 10-1] Timer 블록다이어그램에 보면 Timer 1, 8, 9, 10, 11은 APB2에, Timer 2, 3, 4, 5, 6, 7, 12, 13, 14는 APB1 Clock에 연결되어있다.

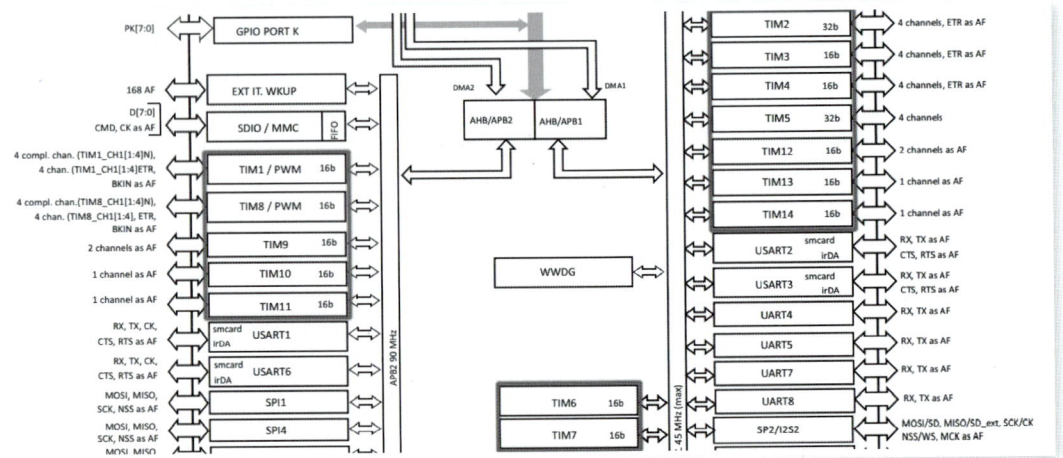

[그림 10-1] STM32F429Zi Timer 관련 블록

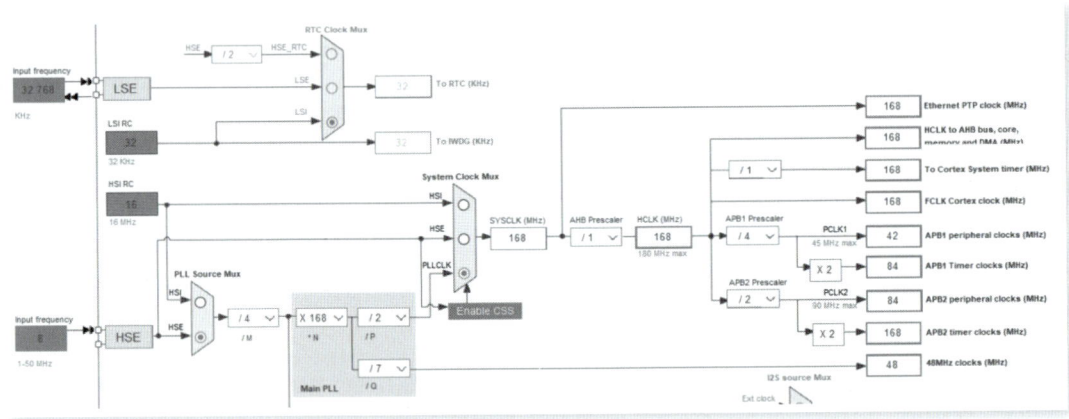

[그림 10-2] CubeMX에 설정된 Timer Clock

CumeMX Clock 설정에서 보면 Timer에 설정된 클럭은 APB1에 84MHz, APB2에는 168MHz 가 연결되어있다.

3) Advanced-control Timer(Timer 1, Timer 8)의 기능

- 16비트 업, 다운, 업/다운 자동 Auto Reload(재장전) 카운터
- 16비트 프로그래밍 가능 프리스케일러로 카운터 클럭을 분할
- 카운터 값은 1에서 65536까지 설정된다.
- 최대 4개의 독립 채널별 기능
- 입력 캡처

- 출력 비교
- PWM 생성(에지 및 중앙 정렬 모드)
- 원 펄스 모드 출력

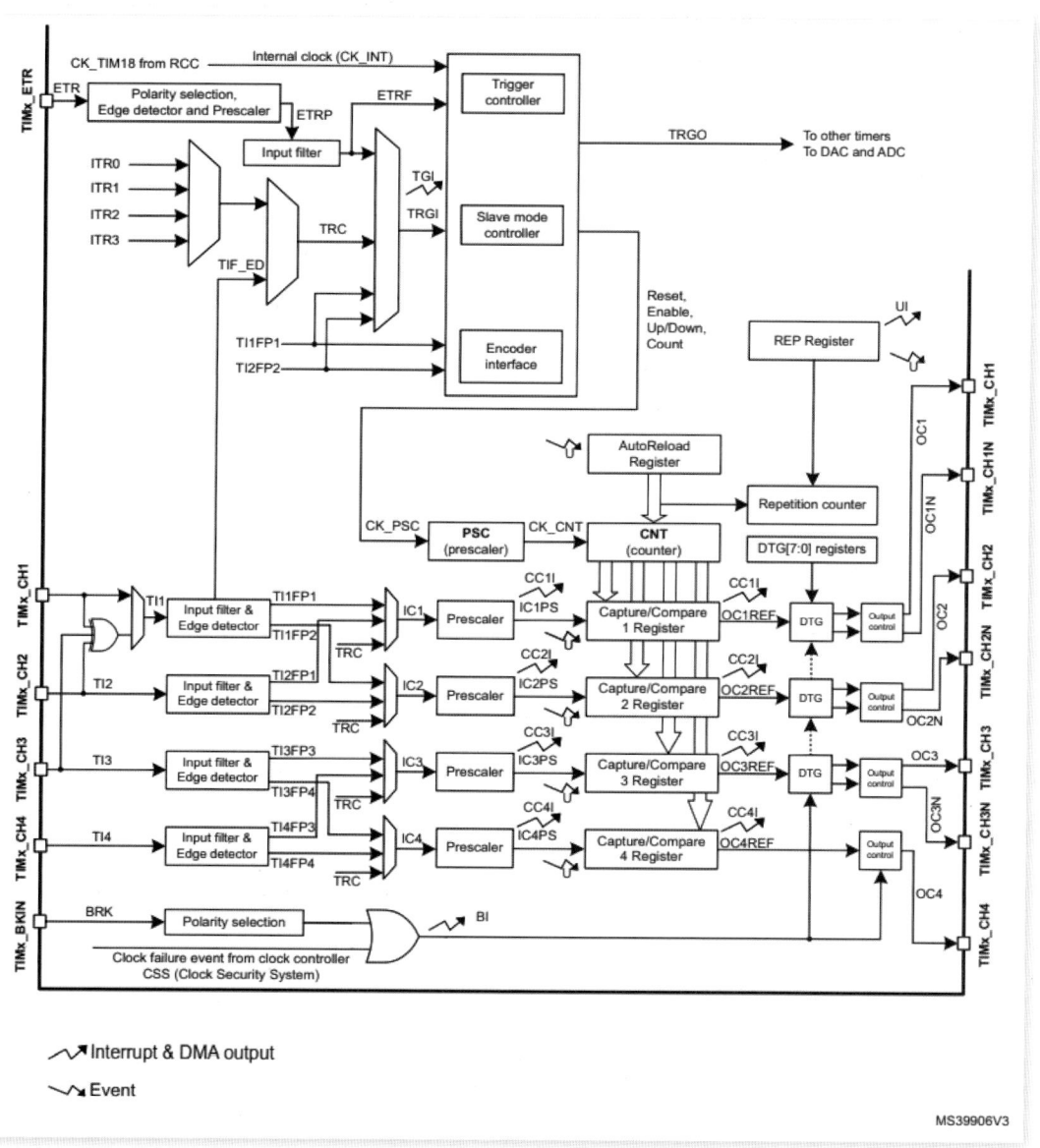

[그림 10-3] Advanced-Control Timer Block Diagram

[그림 10-3]에서 x의 값은 타이머 번호이고, CH별 x는 채널 번호이다. TIMx는 모두 3개의

TIMx_CH1에서 4까지의 채널이 있다. 각 채널별로 입력 모드와 출력 모드로 동작할 수 있다. Input 모드는 Input Capture(포착) 기능을 제공하고 출력 모드에서는 PWM 생성 기능을 사용할 수 있다.

4) CubeMX Timer 설정

Timer 기능은 복잡하기 때문에 CubeMX로 들어가서 사용법만 익히도록 한다. Configuration으로 들어가서 메뉴를 보면 TIM 1에서 TIM 14까지 사용할 수 있고 TIM 1을 선택하면 Clock Source와 Channel 1에서 4까지 설정하는 메뉴가 보인다. Clock Source에서 TIM 1에서 4까지 Internal Clock을 사용할 것인지 외부클럭(ETR)을 사용할 것인지를 선택할 수 있다. Channel 1에서 4까지의 메뉴를 보면 Input Capture Direct Mode, Output Compare CH1, CH1N, CH1 CH1N, PWM Generation CH1, CH1N, CH1 CH1N, Forced Output CH1, CH1N, CH1 CH1N으로 선택할 수 있다. 우리가 많이 사용하는 것은 외부 핀으로 특정 주파수의 클럭을 출력하는 기능인 PWM 기능을 많이 사용한다.

[그림 10-4] CubeMX의 Timer 구성 창

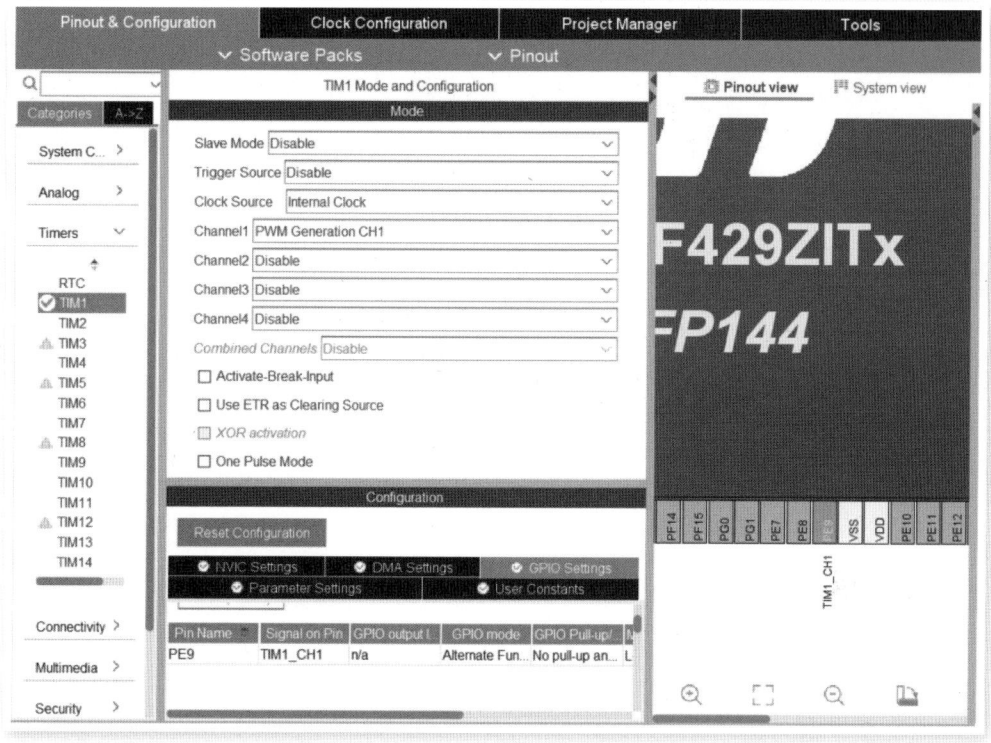

[그림 10-5] Timer PWM 구성

[그림 10-5]에서 보면 Channel 1을 PWM Generation CH1으로 선택하면 Output 출력이 PE9 Pin으로 설정됨을 알 수 있다.

타이머 이벤트가 발생하는 주기 계산식은

$$Update\ Event = \frac{Timer\ Clock}{(Prescaler+1)(Period+1)}$$

100ms 클럭을 만들 경우 ioc 파일을 열어 TIM2를 Activated 시키고 Prescaler는 839, Counter Period는 9999로 입력한다.

$$Timer\ 주파수 = \frac{84000000}{(839+1)(9999+1)} = 10Hz$$

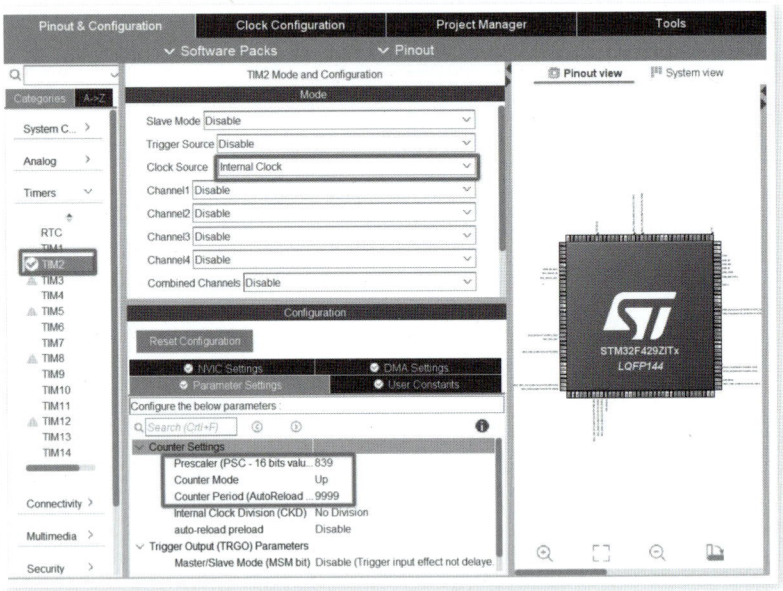

[그림 10-6] Timer 세팅 예

10.2 학습도구 및 기자재

가) Harware NUCLEO-F429Zi 혹은 NUCLEO-F439Zi 보드
나) USB 케이블
다) Cube-MX Program
라) Cube-IDE Program
마) StarUML Program
바) PC
사) 오실로스코프

10.3 예제 1: 100ms Timer 만들기

Timer Polling 모드로 100ms 클럭을 만들어 NUCLEO-F429Zi/ NUCLEO-F439Zi 보드 GPIOB PIN7 파란색 LED에 표시해보자.

1) 사용자 요구사항 작성하기

- Board는 NUCLEO-F429Zi/F439Zi 보드를 사용한다.
- Timer는 6번을 사용한다.
- 100ms마다 Blue LED를 토글시킨다.

2) UML Tool로 구현하기

3) 구현하기

가) ioc 파일을 열어 TIM6를 Activated시키고 Prescaler는 839, Counter Period는 9999로 입력한다.

$$Timer\ 주파수 = \frac{84000000}{(839+1)(9999+1)} = 10Hz$$

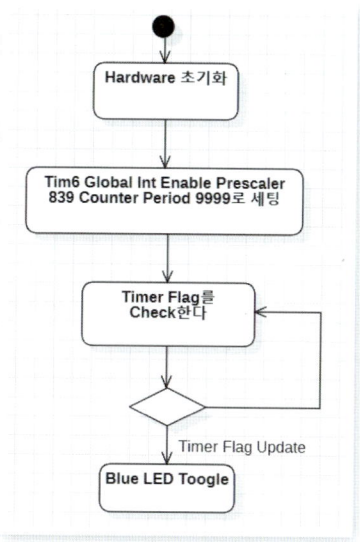

[그림 10-7] 예제 1 Activity Diagram

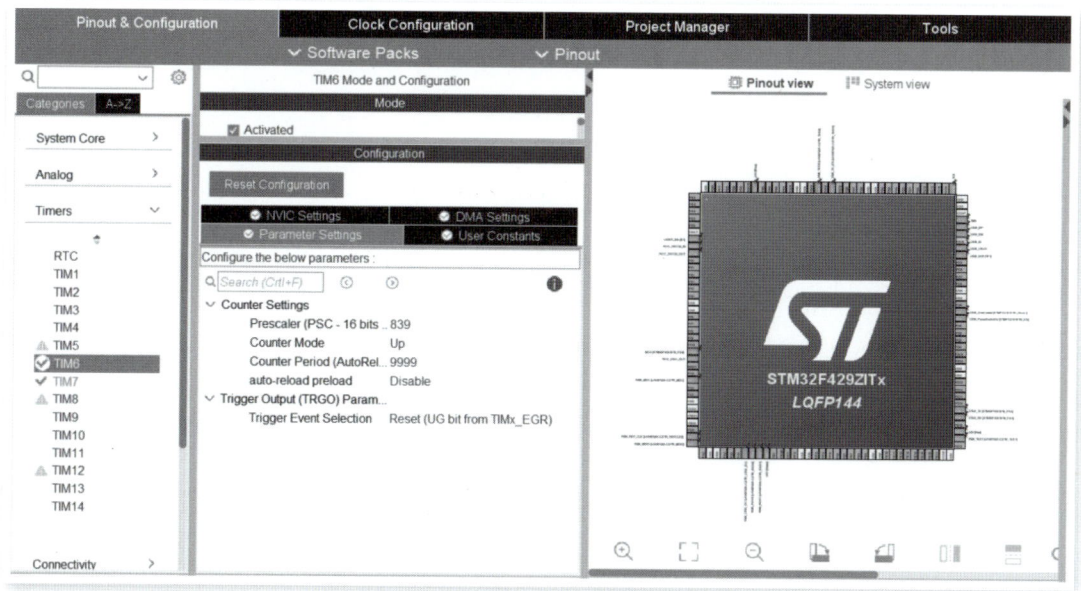

[그림 10-8] TIM6 설정

NVIC Settings 메뉴에서 TIM6 Global interrupt DAC1 and DAC2를 Enable시킨다.

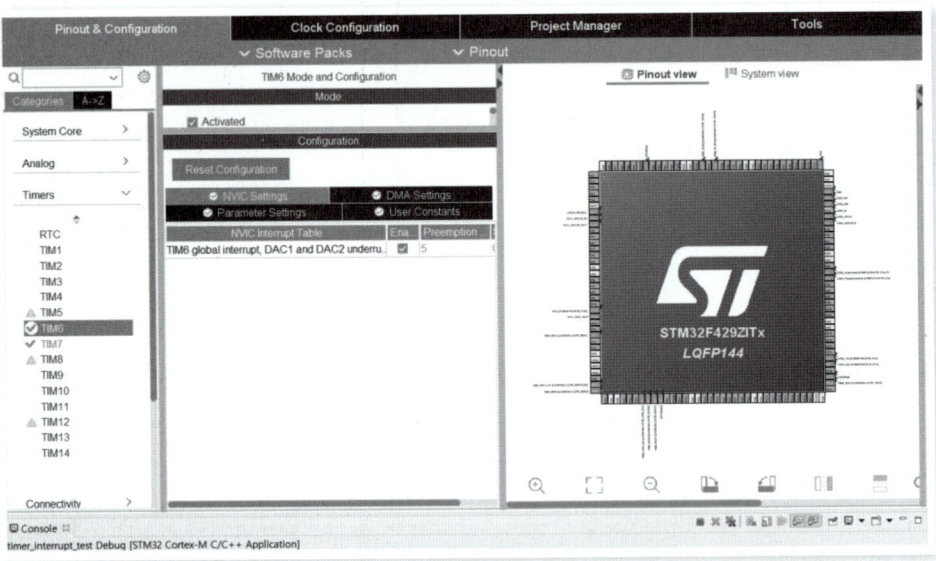

[그림 10-9] DAC1, DAC2 underrun Interrupt 설정

나) Generate Code를 하여 Source File을 생성한 후 main.c file에서 다음 내용이 포함되어있는지 확인해보자.

```
TIM_HandleTypeDef htim6;
static void MX_TIM6_Init(void);

/**
 * @brief TIM6 Initialization Function
 * @param None
 * @retval None
 */
static void MX_TIM6_Init(void)
{
  /* USER CODE BEGIN TIM6_Init 0 */

  /* USER CODE END TIM6_Init 0 */

  TIM_MasterConfigTypeDef sMasterConfig = {0};

  /* USER CODE BEGIN TIM6_Init 1 */
```

```
  /* USER CODE END TIM6_Init 1 */
  htim6.Instance = TIM6;
  htim6.Init.Prescaler = 839;
  htim6.Init.CounterMode = TIM_COUNTERMODE_UP;
  htim6.Init.Period = 9999;
  htim6.Init.AutoReloadPreload = TIM_AUTORELOAD_PRELOAD_DISABLE;
  if (HAL_TIM_Base_Init(&htim6) != HAL_OK)
  {
    Error_Handler();
  }
  sMasterConfig.MasterOutputTrigger = TIM_TRGO_RESET;
  sMasterConfig.MasterSlaveMode = TIM_MASTERSLAVEMODE_DISABLE;
  if (HAL_TIMEx_MasterConfigSynchronization(&htim6, &sMasterConfig) != HAL_OK)
  {
    Error_Handler();
  }
  /* USER CODE BEGIN TIM6_Init 2 */

  /* USER CODE END TIM6_Init 2 */
}
```

main(void) 함수 내에 다음 코드를 추가한다.

HAL_TIM_Base_Start(&htim6); 추가한다.

다) FreeRTOS3를 추가하여 STartTask3에 아래 내용을 추가한다.

```
/* USER CODE END Header_StartTask03 */
void StartTask03(void const * argument)
{
  /* USER CODE BEGIN StartTask03 */
  /* Infinite loop */
  for(;;)
  {
```

```
    if(__HAL_TIM_GET_FLAG(&htim6, TIM_FLAG_UPDATE))
    {
      __HAL_TIM_CLEAR_IT(&htim6, TIM_IT_UPDATE );
      HAL_GPIO_TogglePin(GPIOB, GPIO_PIN_7);
    }
  }
  /* USER CODE END StartTask03 */
}
```

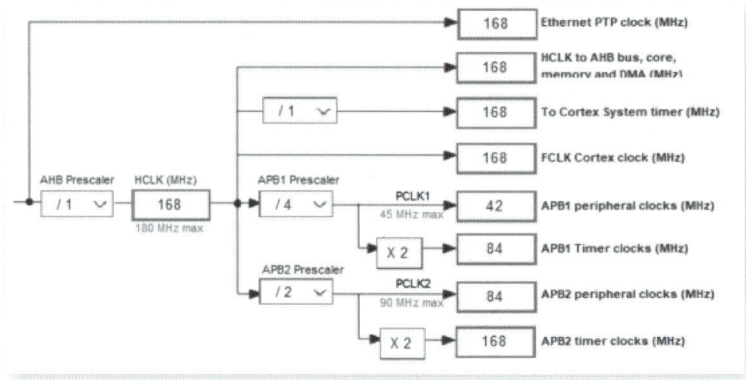

[그림 10-10] APB1 Timer Clock

4) 시험하기

100ms마다 LED가 On/Off 되는지 확인해보자.

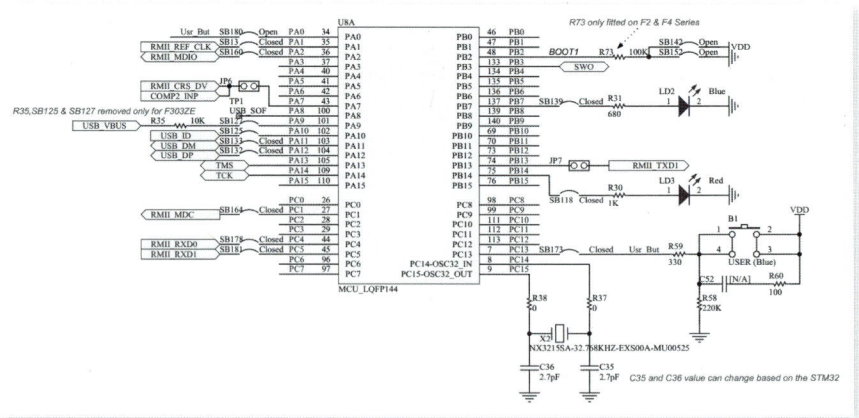

[그림 10-11] NUCLEO-F429/NUCLEO-F439 보드 LED Assign(출처: www.st.com)

10.4 예제 2: Interrupt 모드로 타이머 사용

인터럽트 방식을 이용하여 Timer를 이용하여 1초 주기로 NUCLEO-F429Zi 보드 Blue LED를 토글하도록 프로그램하라.

1) 사용자 요구사항 작성하기

- NUCLEO-F429Zi/-F439Zi 보드를 사용한다.
- Timer 인터럽트를 사용한다.
- 1초 주기로 설정하여 1초 주기로 Blue LED를 토글한다.

2) UML Tool로 구현하기

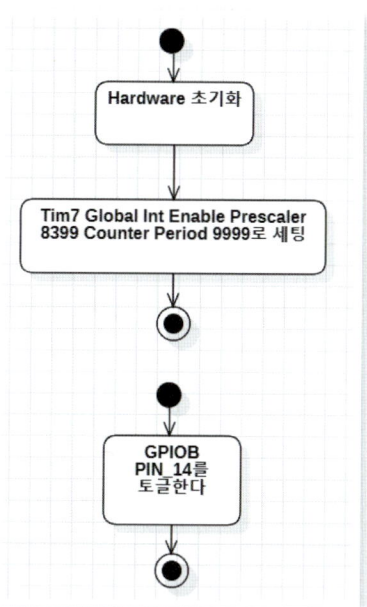

[그림 10-12] 인터럽트 모드 Timer Activity Diagram

3) 구현하기

ioc 파일을 열어 TIM7을 Activated시키고 Prescaler는 8399로, Counter Period는 9999로 하여 주기를 1초로 만들어본다.

$$Timer\ 주파수 = \frac{84000000}{(8399+1)(9999+1)} = 1Hz$$

Interrupt를 사용하기 위하여 NVIC Settings 메뉴에 가서 TIM7 global interrupt를 Enabled 시킨다.

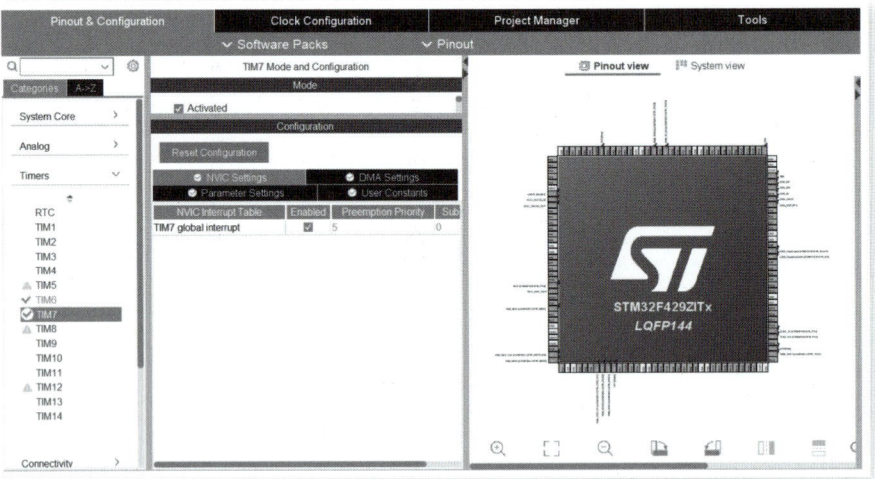

[그림 10-13] TIM7 Interrupt 모드 설정

4) 시험하기

generate code를 실행한 다음 main.c에 다음 사항이 코딩되어있는지 확인해보자.

```
TIM_HandleTypeDef htim7;
static void MX_TIM7_Init(void);

/**
 * @brief TIM7 Initialization Function
 * @param None
 * @retval None
 */
static void MX_TIM7_Init(void)
{

  /* USER CODE BEGIN TIM7_Init 0 */

  /* USER CODE END TIM7_Init 0 */
```

```
  TIM_MasterConfigTypeDef sMasterConfig = {0};

  /* USER CODE BEGIN TIM7_Init 1 */

  /* USER CODE END TIM7_Init 1 */
  htim7.Instance = TIM7;
  htim7.Init.Prescaler = 8399;
  htim7.Init.CounterMode = TIM_COUNTERMODE_UP;
  htim7.Init.Period = 9999;
  htim7.Init.AutoReloadPreload = TIM_AUTORELOAD_PRELOAD_DISABLE;
  if (HAL_TIM_Base_Init(&htim7) != HAL_OK)
  {
    Error_Handler();
  }
  sMasterConfig.MasterOutputTrigger = TIM_TRGO_RESET;
  sMasterConfig.MasterSlaveMode = TIM_MASTERSLAVEMODE_DISABLE;
  if (HAL_TIMEx_MasterConfigSynchronization(&htim7, &sMasterConfig) != HAL_OK)
  {
    Error_Handler();
  }
  /* USER CODE BEGIN TIM7_Init 2 */

  /* USER CODE END TIM7_Init 2 */
}
```

이제 main.c 파일과 stm32f4x_it.c 파일에 다음과 같은 코드를 추가하여 Build All을 한다.

```
main(void)
{
        :
        :
  HAL_TIM_Base_Start_IT(&htim7);
}
```

stm32f4x_it.c 파일에 추가한다.

```
/**
 * @brief This function handles TIM7 global interrupt.
 */
void TIM7_IRQHandler(void)
{
  /* USER CODE BEGIN TIM7_IRQn 0 */

  /* USER CODE END TIM7_IRQn 0 */
  HAL_TIM_IRQHandler(&htim7);
  /* USER CODE BEGIN TIM7_IRQn 1 */
  HAL_GPIO_TogglePin(GPIOB, GPIO_PIN_14);
  /* USER CODE END TIM7_IRQn 1 */
}
```

인터럽트가 발생하면 void TIM7_IRQHandler(void) 함수가 실행된다. 그 함수 내에서 **HAL_GPIO_TogglePin(GPIOB, GPIO_PIN_14);**를 실행하여 적색 LED를 Toggle하면 성공이다.

10.5 예제 3: PWM 모드로 Timer 사용

TIM9 Channel 1과 Channel 2를 PWM 모드 10ms Duty 50% 클럭과 Duty 20% Pulse를 PE5와 PE6에 각각 출력하도록 프로그램을 작성하라.

1) 사용자 요구사항 작성하기

- NUCLEO-F429Zi/F439Zi 보드를 사용한다.
- PWM 2개의 채널을 이용한다.
- 클럭은 10ms로 한다.
- Channel1은 50% Duty, Channel2는 20% Duty로 한다.
- 오실로스코프로 파형을 측정한다.

2) UML 작성하기

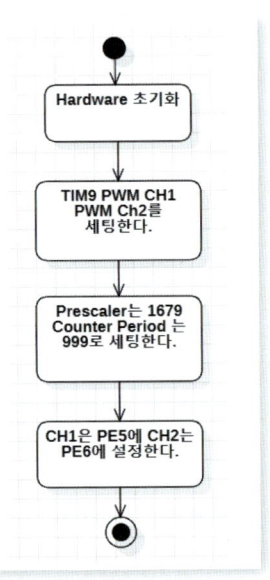

[그림 10-14] Activity Diagram

3) 구현하기

PWM 모드로 [그림 10-15]처럼 세팅해보자. TIM 9를 선택하고 Channel 1과 Channel 2를 PWM 모드로 선택하고, Parameter Settings에서 Counter Prescaler를 1679로, Counter Perioid를 999로 세팅한다.

Clock Configuration을 보면 APB2 Timer Clock은 168MHz이다.

STM32f439 CPU Block diagram을 보면 Timer9는 APB2를 사용하고 있다.

Timer 9의 주기 계산은 다음과 같이 한다.

$$Timer\ Freq = \frac{Internal\ Clock\ Freq}{Prescler + 1}$$

// Internal을 입력하면 이렇게 표시된다.

$$10\mu sec = \frac{168000000}{(1679+1)}$$

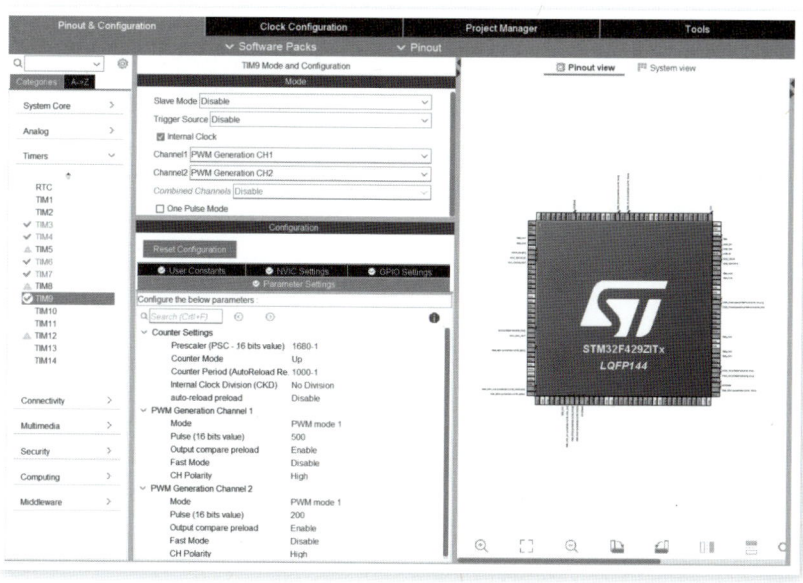

[그림 10-15] PWM Tim9 설정하기

Counter Period를 999로 세팅한다.

10 μsec * (999+1) = 10ms가 10ms 주기의 Pulse가 만들어진다.

PWM Pulse Duty는

$$Duty(\%) = \frac{Pulse \times 100}{Counter\ Perioid}$$

$$50\% = \frac{500 \times 100}{1000}$$

$$20\% = \frac{200 \times 100}{1000}$$

그다음 PWM Generation Channel 1에서 Mode를 PWM mode 1로, Pulse를 500으로 세팅하고, PWM Generation Channel 2에서 Mode를 PWM mode 1로, Pulse를 200으로 세팅하고 GPIO Settings에서 TIM9_CH1을 PE5로, TIM9_CH2를 PE6로 세팅한다. Pulse 출력이 PE5와 PE6로 출력된다.

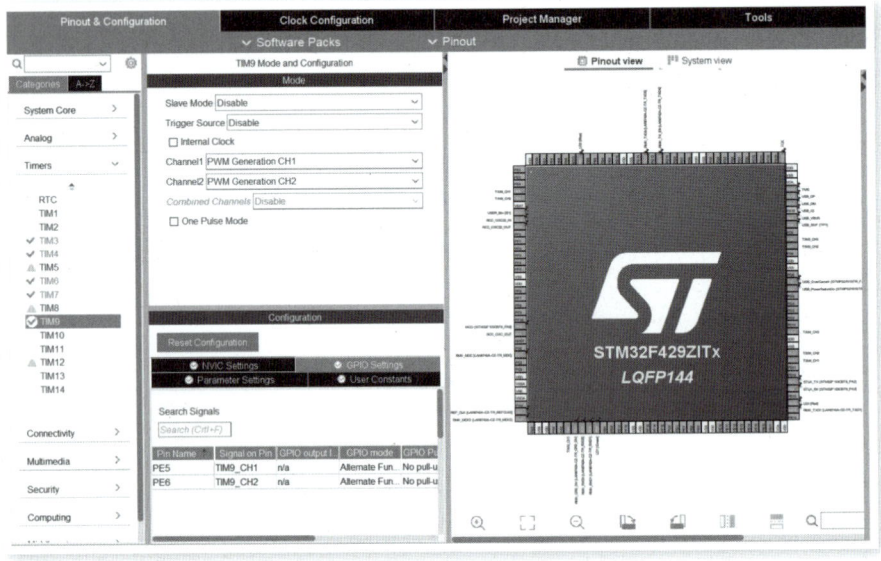

[그림 10-16] PWM GPIO 포트 설정

Main.c 파일에 다음 사항이 포함되어 Code가 generate되었는지 확인해보자.

```
static void MX_TIM9_Init(void);

main(void)
{
```

```c
  MX_TIM9_Init();
}

/**
 * @brief TIM9 Initialization Function
 * @param None
 * @retval None
 */
static void MX_TIM9_Init(void)
{

  /* USER CODE BEGIN TIM9_Init 0 */

  /* USER CODE END TIM9_Init 0 */

  TIM_ClockConfigTypeDef sClockSourceConfig = {0};
  TIM_OC_InitTypeDef sConfigOC = {0};

  /* USER CODE BEGIN TIM9_Init 1 */

  /* USER CODE END TIM9_Init 1 */
  htim9.Instance = TIM9;
  htim9.Init.Prescaler = 1680-1;
  htim9.Init.CounterMode = TIM_COUNTERMODE_UP;
  htim9.Init.Period = 1000-1;
  /* USER CODE END TIM9_Init 1 */
  htim9.Instance = TIM9;
  htim9.Init.Prescaler = 1680-1;
  htim9.Init.CounterMode = TIM_COUNTERMODE_UP;
  htim9.Init.Period = 1000-1;
  htim9.Init.ClockDivision = TIM_CLOCKDIVISION_DIV1;
  htim9.Init.AutoReloadPreload = TIM_AUTORELOAD_PRELOAD_ENABLE;
  if (HAL_TIM_Base_Init(&htim9) != HAL_OK)
  {
    Error_Handler();
  }
  sClockSourceConfig.ClockSource = TIM_CLOCKSOURCE_INTERNAL;
```

```
    if (HAL_TIM_ConfigClockSource(&htim9, &sClockSourceConfig) != HAL_OK)
    {
      Error_Handler();
    }
    if (HAL_TIM_PWM_Init(&htim9) != HAL_OK)
    {
      Error_Handler();
    }
    sConfigOC.OCMode = TIM_OCMODE_PWM1;
    sConfigOC.Pulse = 500;
    sConfigOC.OCPolarity = TIM_OCPOLARITY_HIGH;
    sConfigOC.OCFastMode = TIM_OCFAST_DISABLE;
    if (HAL_TIM_PWM_ConfigChannel(&htim9, &sConfigOC, TIM_CHANNEL_1) != HAL_OK)
    {
      Error_Handler();
    }
    __HAL_TIM_DISABLE_OCxPRELOAD(&htim9, TIM_CHANNEL_1);
    sConfigOC.Pulse = 200;
    if (HAL_TIM_PWM_ConfigChannel(&htim9, &sConfigOC, TIM_CHANNEL_2) != HAL_OK)
    {
      Error_Handler();
    }
    __HAL_TIM_DISABLE_OCxPRELOAD(&htim9, TIM_CHANNEL_2);
    /* USER CODE BEGIN TIM9_Init 2 */

    /* USER CODE END TIM9_Init 2 */
    HAL_TIM_MspPostInit(&htim9);

}
```

main(void) 함수에 다음 사항을 추가해보자.

```
  /* USER CODE BEGIN RTOS_THREADS */
  HAL_TIM_PWM_Start(&htim9,TIM_CHANNEL_1);
  HAL_TIM_PWM_Start(&htim9,TIM_CHANNEL_2);
  /* USER CODE END RTOS_THREADS */
```

4) 시험하기

Build All을 하고 NUCLEO-F429/NUCLEO-F439 보드에 로딩하여 실행한 후 오실로스코프로 파형을 측정해보자.

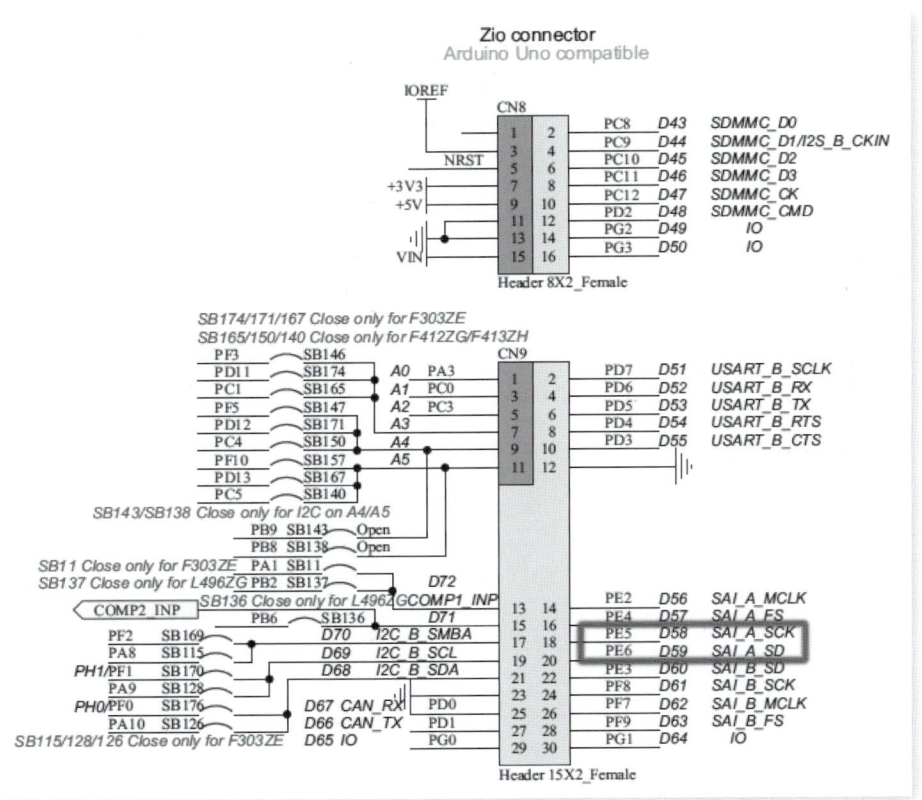

[그림 10-17] 측정 커넥터 위치

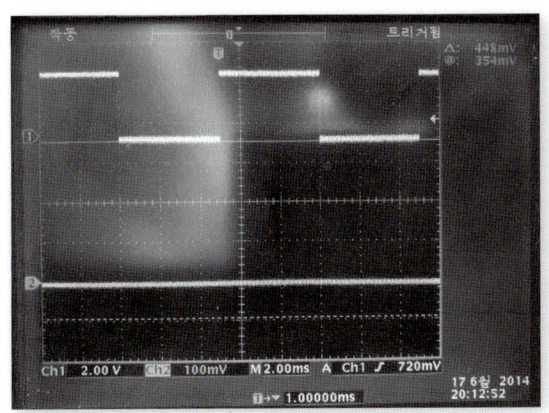

[그림 10-18] PWM1 측정 파형

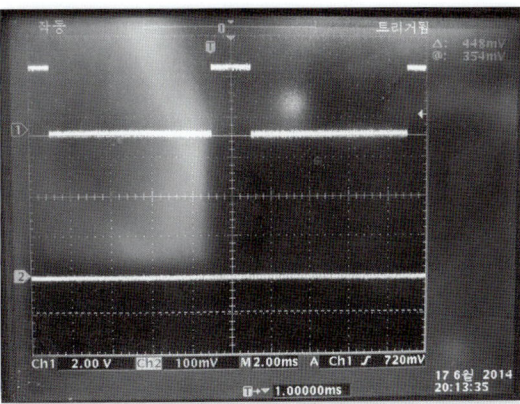

[그림 10-19] PWM2 측정 파형

연습문제

1. Timer APB1, APB2 각각의 클럭 주파수는?

2. STM32F429Zi MCU의 사용할 수 있는 Timer 개수는?

3. Tim2로 100ms(10Hz) Timer를 만들 때 프리스케일을 839로 한다면 Counter Period는 얼마로 하여야 하는가?

4. Timer 이벤트 계산식은?

5. Timer 인트럽트 서비스 루틴은 파일 이름과 함수 이름은?

6. PWM 모드에서 Duty를 50%로 하려면 Tim Parameter의 어떤 파라미터에 Duty 값을 세팅하면 되는가?

7. PWM Duty 계산식은?

11장
DHT-11 온습도 센서와 RTC 실험

필요성	본 소단원의 목표는 Real Time OS상에서 DHT-11 온습도 센서를 읽어서 teraterm에 출력하는 것과 RTC(Real Time Clock) 관련하여 프로그램하는 방법에 대하여 실습한다.
학습목표	본 소단원을 마치면, 학생들은 다음 사항을 해낼 수 있어야 한다. 1. 지식 - DHT-11 온습도 센서 프로토콜 - RTC 개념 2. 기술 NUCLEO-F429/NUCLEO-F439 보드의 RTOS 환경으로 만들어 Task를 생성하여 DHT-11 센서 출력과 RTC 및 Alarm 프로그래밍하는 방법을 배운다.

11.1 선행학습

펌웨어 시스템에서 시간정보를 요구하는 제품이 많다. MCU 안에 있는 RTC는 배터리가 없기 때문에 전원이 Off되면 시간을 처리할 수는 없다. 이런 경우는 전용 RTC 칩과 충전용 배터리를 사용하여 해결해야 된다. 온습도를 실시간으로 점검하는 요구사항도 많이 발생한다. DHT-11은 1개의 신호로 온습도를 받도록 개발되었으나 주기가 Micro Second 단위이기 때문에 간단하지 않다. 이런 경우는 I2C 혹은 SPI 인터페이스가 있는 부품을 사용하는 것이 더 편리할 수 있다.

1) DHT-11 프로토콜

[그림 11-1]은 DHT-11로 온습도를 간단하게 받을 수 있는 센서이다. 이 센서는 +5V 전원 단자와 GND 핀, 온습도 데이터 선으로 구성되어있다.

[그림 11-1] DHT-11 부품 사진

[그림 11-2]는 아두이노 보드와 DHT-11 연결에 대한 그림으로 데이터 선은 Pull Up용 5Kohm 저항을 사용한다. 사진에 있는 모듈은 Pull Up용 저항이 이미 모듈 안에 있어서 외부에서 별도로 Pull Up 저항을 연결하지 않아도 된다. 센서 모듈에 따라 Pull Up 저항을 달아야 하는 제품도 있으니 잘 살펴보아야 한다.

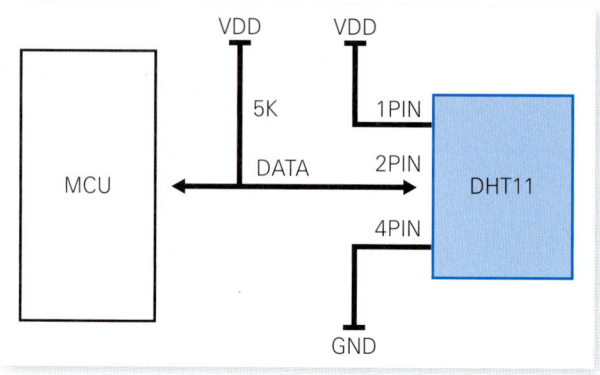

[그림 11-2] DHT-11과 MCU 연결

[그림 11-3]은 센서와 주고받는 데이터 선 Timing을 표시한 그림이다. MCU 즉 아두이노에서 시작을 알리는 Pulse를 주면 센서 모듈에서 온도와 습도 데이터를 데이터 선을 통하여 Bit 정보로 보내주고 다 받은 다음 MCU에서 데이터 선을 High로 만든다.

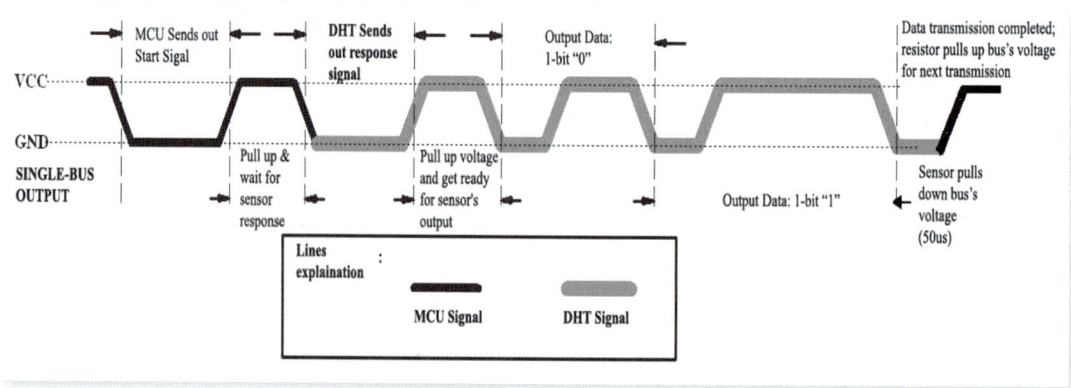

[그림 11-3] MCU와 DHT-11 Timing

[그림 11-4]처럼 MCU에서 신호 시작을 알리려면 High에 있다가 18ms Low 신호를 주었다가 20~40μs High 신호를 준다. 그러면 응답 신호로 80μs 정도 Low 신호와 80μs High 신호를 모듈에서 보내준다.

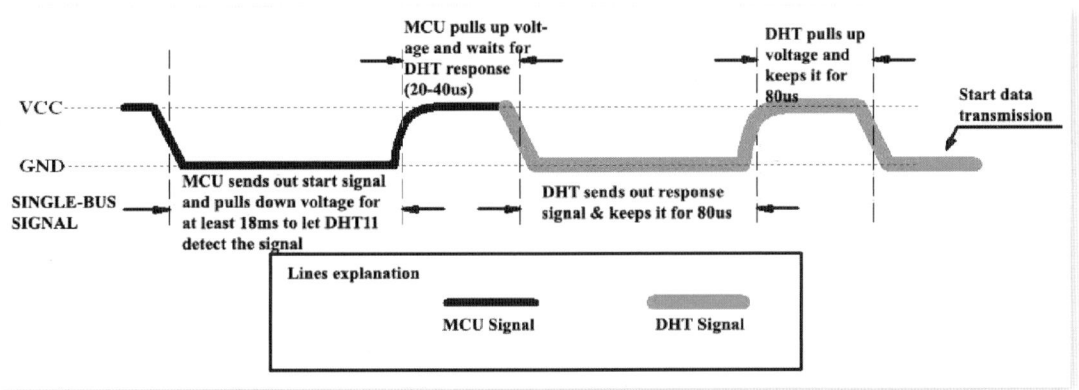

[그림 11-4] DHT-11 온습도 신호 받기 시작 명령

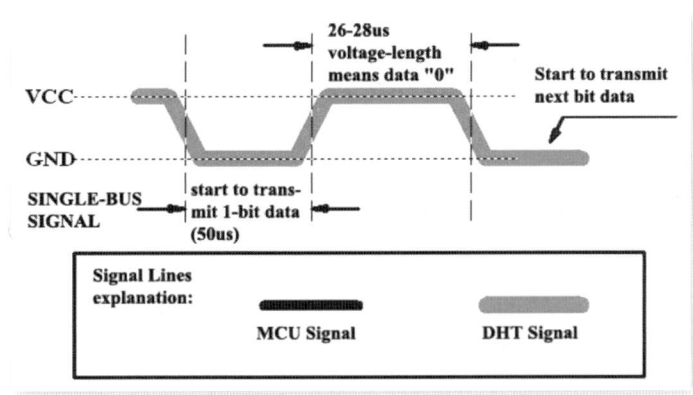

[그림 11-5] DHT-11 온습도 정보 "0" (정보)

[그림 11-5]처럼 센서 모듈에서 시작이 감지되면 Low가 50μs, High가 26~28μs면 "0" Bit로 전송한 것이다.

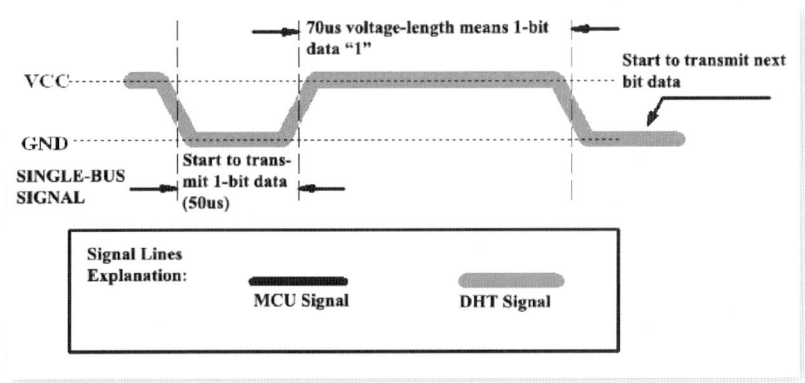

[그림 11-6] 온습도 정보 "1" 전송

[그림 11-6]은 Low가 50μs, High가 70μs Pulse이면 Bit "1"을 보내온 것이다.

11.2 부품 및 사용기기, 프로그램

가) Hardware NUCLEO-F429Zi 혹은 NUCLEO-F439Zi 보드
나) DHT-11 1개
다) Cube-MX Program
라) Cube-IDE Program
마) Jump Cable 약간
바) 브레드보드
사) PC
아) 오실로스코프

11.3 예제 1: DHT-11 실험

NUCLEO-F429Zi/F439Zi 보드와 DHT11 온습도 센서를 연결하여 Monitor Command로 DHT11을 입력하면 1초 주기로 터미널에 온도와 습도를 표시하는 프로그램을 만들어라.

1) 사용자 요구사항 작성하기

- Board는 NUCLEO-F429Zi/F439Zi 보드를 이용한다.
- 온습도 센서는 DHT11을 이용한다.
- FreeRTOS 환경에서 모니터 커맨드 DHT11을 만든다.
- 입력 포트는 PC8을 이용한다.
- 모니터 쉘 프로그램으로 DHT11 Read하여 Teraterm에 출력하는 프로그램을 작성한다.

2) UML Tool로 설계하기

3) Project 만들기

이 Project는 FreeRTOS에서 하지 않는다. CubeMX로 FreeRTOS를 선택하지 않고 Project를 만든다. NUCLEO-F429Zi/F439Zi 보드에서 반드시 ETH를 Disable하여야 실험이 된다. CPU Pin에서 PC8번을 INPUT으로 선택하고 User Label을 DHT11로 한다.

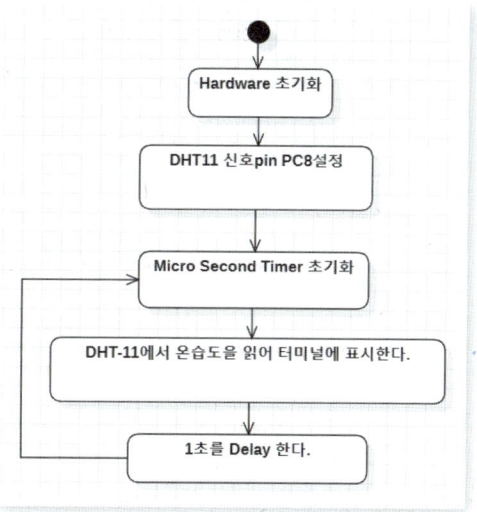

[그림 11-7] DHT-11 Activity Diagram

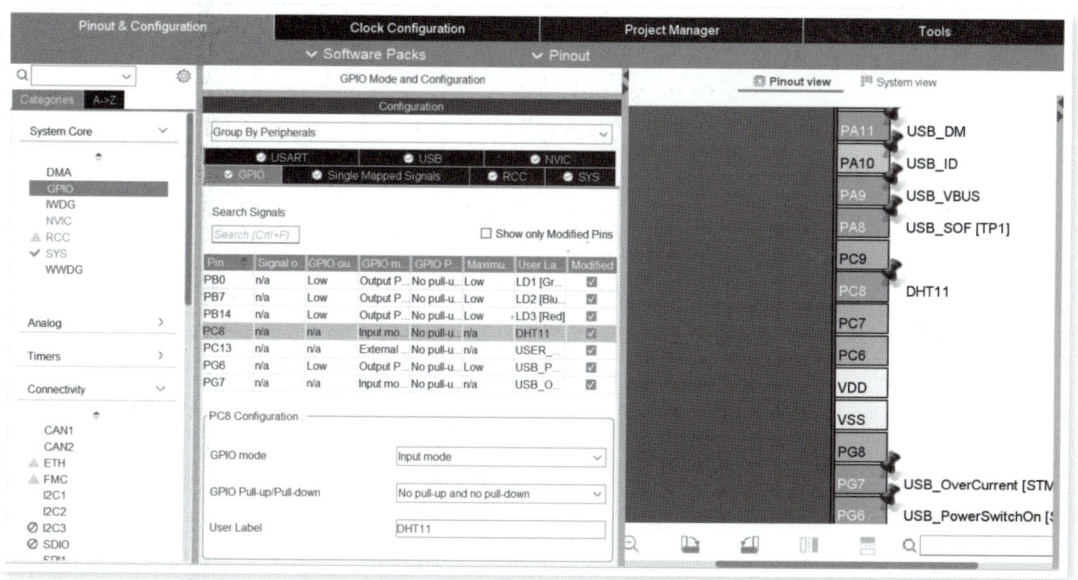

[그림 11-8] CubeMX 구성 PC8 Pin을 추가한다.

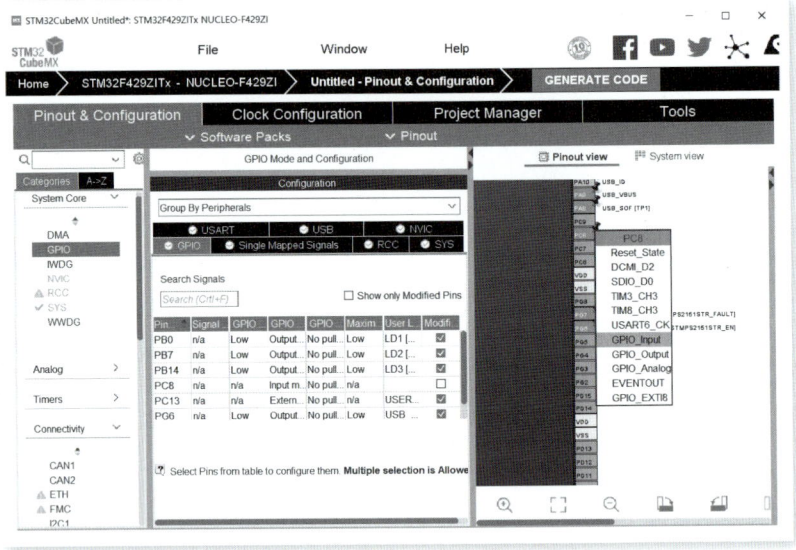

[그림 11-9] CPU 핀 PC8을 Input 모드로 만든다.

4) 코딩하기

FreeRTOS Monitor Project를 가지고 와서 dht11.h file을 다음과 같이 코딩한다.

```
/*
 * dht11.h
 *
 * Created on: Aug 6, 2021
 *     Author: hong bong jo
 */

#ifndef INC_DHT11_H_
#define INC_DHT11_H_

#include <stdlib.h>
#include <stdint.h>
#include "stm32f4xx.h"
#include "cmsis_os.h"
#include "FreeRTOS.h"
#include "task.h"
#include "cmsis_os.h"
```

```
#include "stdbool.h"

#define printf  SMprintf
#define MAXTIMINGS 83
#define DHTPIN GPIO_PIN_8
#define HIGH 1
#define LOW 0
#define INPUT_MODE 0
#define OUTPUT_MODE 1
void Change_GPIOMode(int mode);
extern void delayMicroseconds(int time);

#endif /* INC_DHT11_H_ */
```

dht11.c file을 다음과 같이 코딩한다.

```
#include "dht11.h"

int dht11_dat[5] = {0, } ;
unsigned char temp_data[4];
bool temp_flag;

void read_dht11_dat()
{
        unsigned char laststate = HIGH ;
        unsigned char counter = 0 ;
        unsigned char j = 0, i ;
        unsigned char flag = HIGH ;
        unsigned char state = 0 ;
        float f ;
        dht11_dat[0] = dht11_dat[1] = dht11_dat[2] = dht11_dat[3] = dht11_dat[4] = 0 ;

        Change_GPIOMode(OUTPUT_MODE);
        HAL_GPIO_WritePin(GPIOB, DHTPIN,LOW);
        osDelay(18) ;
```

```c
HAL_GPIO_WritePin(GPIOB, DHTPIN,HIGH);
delayMicroseconds(40) ;
Change_GPIOMode(INPUT_MODE);
for (i = 0; i < MAXTIMINGS; i++)
{
        counter = 0 ;
        while ( HAL_GPIO_ReadPin(GPIOB, DHTPIN) == laststate)
        {
                counter++ ;
                delayMicroseconds(1) ;
                if (counter == 200)
                   break ;
        }
        laststate = HAL_GPIO_ReadPin(GPIOB, DHTPIN) ;
        if (counter == 200)
                break ; // if while breaked by timer, break for
        if ((i >= 4) && (i % 2 == 0))
        {
                dht11_dat[j / 8] <<= 1 ;
                if (counter > 20) dht11_dat[j / 8] |= 1 ;
                j++ ;
        }
}
if ((j >= 40) && (dht11_dat[4] == ((dht11_dat[0] + dht11_dat[1] + dht11_dat[2] +
   dht11_dat[3]) & 0xff)))
{
        printf("humidity = %d.%d %% Temperature = %d.%d *C \n\r", dht11_dat[0],
        dht11_dat[1], dht11_dat[2], dht11_dat[3]) ;
        for(i=0; i<4; i++)
        {
                temp_data[i] = dht11_dat[i];
                temp_flag = HIGH;
        }
}
else
{
        printf("Data get failed\n\r") ;
```

```
        }
}

void Change_GPIOMode(int mode)
{
        GPIO_InitTypeDef GPIO_InitStruct = {0};

        if(mode == INPUT_MODE)
        {
                GPIO_InitStruct.Pin = DHTPIN;
                GPIO_InitStruct.Mode = GPIO_MODE_INPUT;
                GPIO_InitStruct.Pull = GPIO_NOPULL;
                GPIO_InitStruct.Speed = GPIO_SPEED_FREQ_LOW;
                HAL_GPIO_Init(GPIOB, &GPIO_InitStruct);
        }
        else
        {
                GPIO_InitStruct.Pin = DHTPIN;
                GPIO_InitStruct.Mode = GPIO_MODE_OUTPUT_PP;
                GPIO_InitStruct.Pull = GPIO_NOPULL;
                GPIO_InitStruct.Speed = GPIO_SPEED_FREQ_LOW;
                HAL_GPIO_Init(GPIOB, &GPIO_InitStruct);
        }
}
```

callcmd.c 파일을 열고 다음과 같이 코딩한다.

```
int DHT11(int argc,char *argv[])
{
        printf("dht11 humidity & temperature\r\n") ;
        DWT_Delay_Init();
        while (1)
        {
                read_dht11_dat() ;
                osDelay(1000) ;
        }
```

```
        return 0 ;
}
void delayMicroseconds(int time)
{
        DWT_Delay_us(time);
}

void Delay_us(uint32_t us){  // 72MHz
   uint32_t count=us*12;
   while(count--);
}
const Cmd_tbl  cmd_ctbl[] = {
   {"help",              monitor_chelp,   "monitor help"},
   {"ls",            monitor_lshelp,  "Command List"},
   {"dht11",DHT11},
     {0,0,0}
};
```

5) 시험하기

DHT-11 센서와 NUCLEO-F429Zi/439Zi 보드 +3.3V, GND, DHT-11 출력을 연결한다. 센서의 신호는 앞면에서 왼쪽부터 DHT-11 출력, +3.3V, GND순이고 CN8 PC8에 DHT11 출력 선을 연결한다. teraterm을 실행하여 3초에 한 번씩 온도와 습도가 표시되는지 확인해본다.

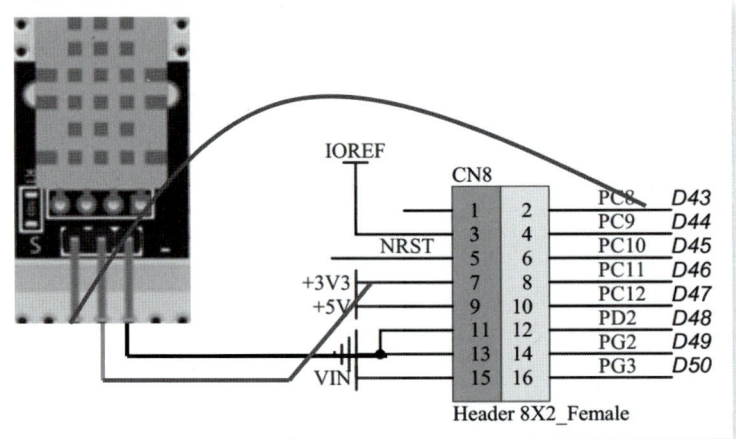

[그림 11-10] Hardware 연결도

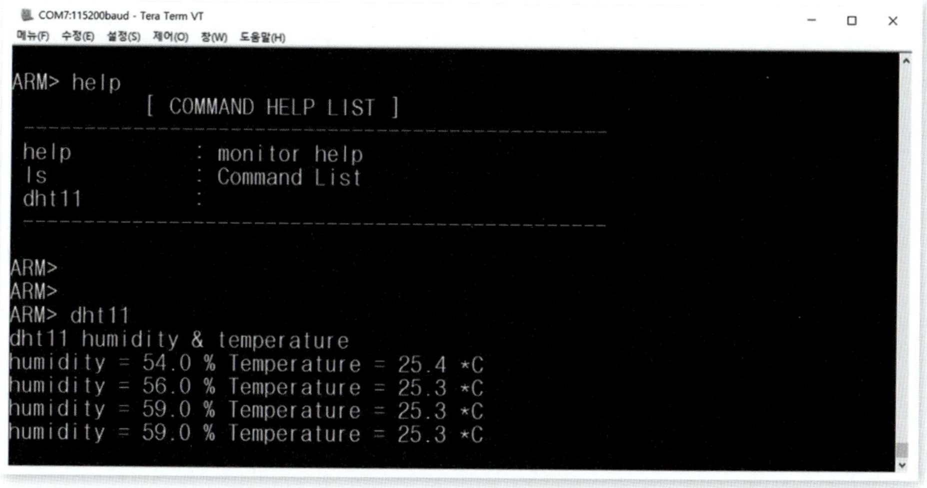

[그림 11-11] 온습도 출력 창

11.4 예제 2: RTC 실험

NUCLEO F429Zi/F439Zi 보드를 이용하여 NUCLEO 보드 내의 RTC 기능을 활성화하고 시간이 teraterm에 표시되도록 코딩하라.

1) 사용자 요구사항 작성하기
- NUCLEO-F429Zi/F439Zi 보드를 사용한다.
- RTC는 NUCLEO 보드 내의 MCU RTC 기능을 사용한다.
- 모니터 프로그램을 구성한다.
- settime hh mm ss 하면 현재의 시간을 세팅한다.
- distime 입력하면 1초마다 현재의 시간이 표시된다.
- alarmset hh mm ss 하면 알람 시간이 등록된다.
- rtc 입력하면 알람 시간 세팅값을 표시한다.
- 설정한 Alarm 시간이 되면 블루 LED를 On하고 터미널에 표시한다.

2) UML Tool로 설계하기

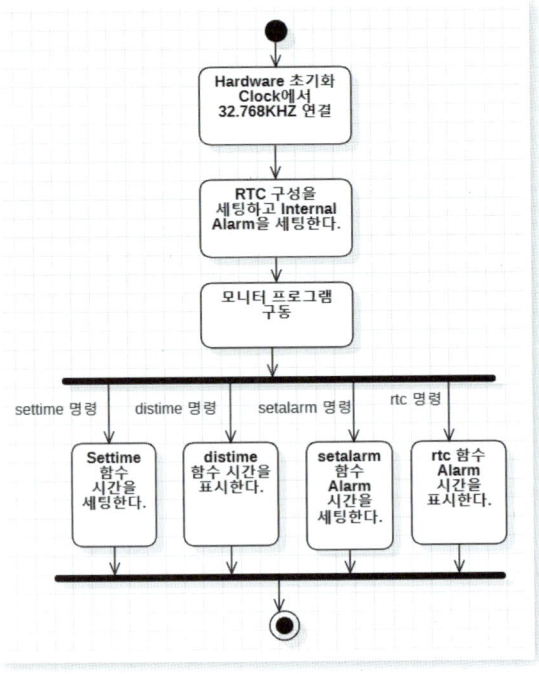

[그림 11-12] Alarm Activity Diagram

3) RTC, Alarm 구현하기

NUCLEO-F429/NUCLEO-F439 보드에는 RTC 클럭 발생용 32.768KHz 크리스탈이 [그림 11-13]처럼 조립되어있다.

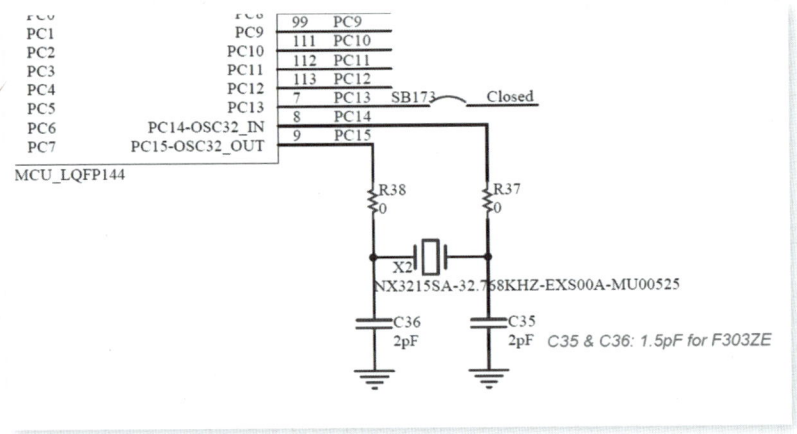

[그림 11-13] RTC용 크리스탈

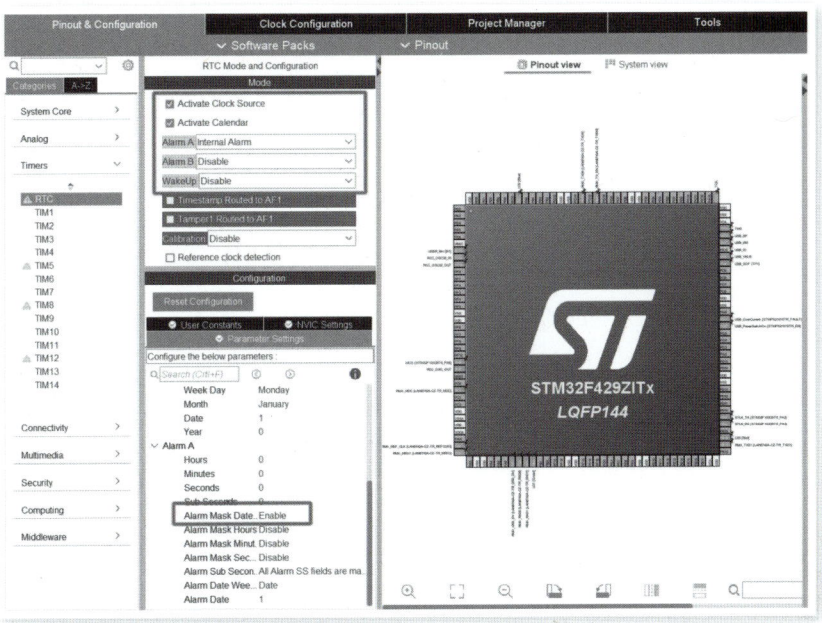

[그림 11-14] RTC 파라미터 설정

가) 모니터용 Project를 열고 [그림 11-14]처럼 RTC 파라미터를 설정한 후 NVIC Settings 메뉴로 가서 NVIC 인터럽트를 Enable한다.

나) RTC는 Activate Clock Source와 Activate Calender를 체크하고 Alarm Mask Date Week Day를 Enable한다. Generate Code를 하여 아래 내용이 main.c 파일에 코딩되어있는지 확인해보자.

```
static void MX_RTC_Init(void);

main(void)
{
        :
    MX_RTC_Init();  // 확인한다.
        :
}

/**
```

```c
  * @brief RTC Initialization Function
  * @param None
  * @retval None
  */
static void MX_RTC_Init(void)
{

  /* USER CODE BEGIN RTC_Init 0 */

  /* USER CODE END RTC_Init 0 */

  RTC_TimeTypeDef sTime = {0};
  RTC_DateTypeDef sDate = {0};
  RTC_AlarmTypeDef sAlarm = {0};

  /* USER CODE BEGIN RTC_Init 1 */

  /* USER CODE END RTC_Init 1 */
  /** Initialize RTC Only
  */
  hrtc.Instance = RTC;
  hrtc.Init.HourFormat = RTC_HOURFORMAT_24;
  hrtc.Init.AsynchPrediv = 127;
  hrtc.Init.SynchPrediv = 255;
  hrtc.Init.OutPut = RTC_OUTPUT_DISABLE;
  hrtc.Init.OutPutPolarity = RTC_OUTPUT_POLARITY_HIGH;
  hrtc.Init.OutPutType = RTC_OUTPUT_TYPE_OPENDRAIN;
  if (HAL_RTC_Init(&hrtc) != HAL_OK)
  {
    Error_Handler();
  }

  /* USER CODE BEGIN Check_RTC_BKUP */

  /* USER CODE END Check_RTC_BKUP */

  /** Initialize RTC and set the Time and Date
```

```c
 */
  sTime.Hours = 0x0;
  sTime.Minutes = 0x0;
  sTime.Seconds = 0x0;
  sTime.DayLightSaving = RTC_DAYLIGHTSAVING_NONE;
  sTime.StoreOperation = RTC_STOREOPERATION_RESET;
  if (HAL_RTC_SetTime(&hrtc, &sTime, RTC_FORMAT_BCD) != HAL_OK)
  {
    Error_Handler();
  }
  sDate.WeekDay = RTC_WEEKDAY_MONDAY;
  sDate.Month = RTC_MONTH_JANUARY;
  sDate.Date = 0x1;
  sDate.Year = 0x0;

  if (HAL_RTC_SetDate(&hrtc, &sDate, RTC_FORMAT_BCD) != HAL_OK)
  {
    Error_Handler();
  }
  /** Enable the Alarm A
  */
  sAlarm.AlarmTime.Hours = 0x0;
  sAlarm.AlarmTime.Minutes = 0x0;
  sAlarm.AlarmTime.Seconds = 0x0;
  sAlarm.AlarmTime.SubSeconds = 0x0;
  sAlarm.AlarmTime.DayLightSaving = RTC_DAYLIGHTSAVING_NONE;
  sAlarm.AlarmTime.StoreOperation = RTC_STOREOPERATION_RESET;
  sAlarm.AlarmMask = RTC_ALARMMASK_DATEWEEKDAY;
  sAlarm.AlarmSubSecondMask = RTC_ALARMSUBSECONDMASK_ALL;
  sAlarm.AlarmDateWeekDaySel = RTC_ALARMDATEWEEKDAYSEL_DATE;
  sAlarm.AlarmDateWeekDay = 0x1;
  sAlarm.Alarm = RTC_ALARM_A;
  if (HAL_RTC_SetAlarm(&hrtc, &sAlarm, RTC_FORMAT_BCD) != HAL_OK)
  {
    Error_Handler();
  }
```

```
/* USER CODE BEGIN RTC_Init 2 */

/* USER CODE END RTC_Init 2 */
}
```

다) ioc file을 열어 Clock Configuration을 확인하라.

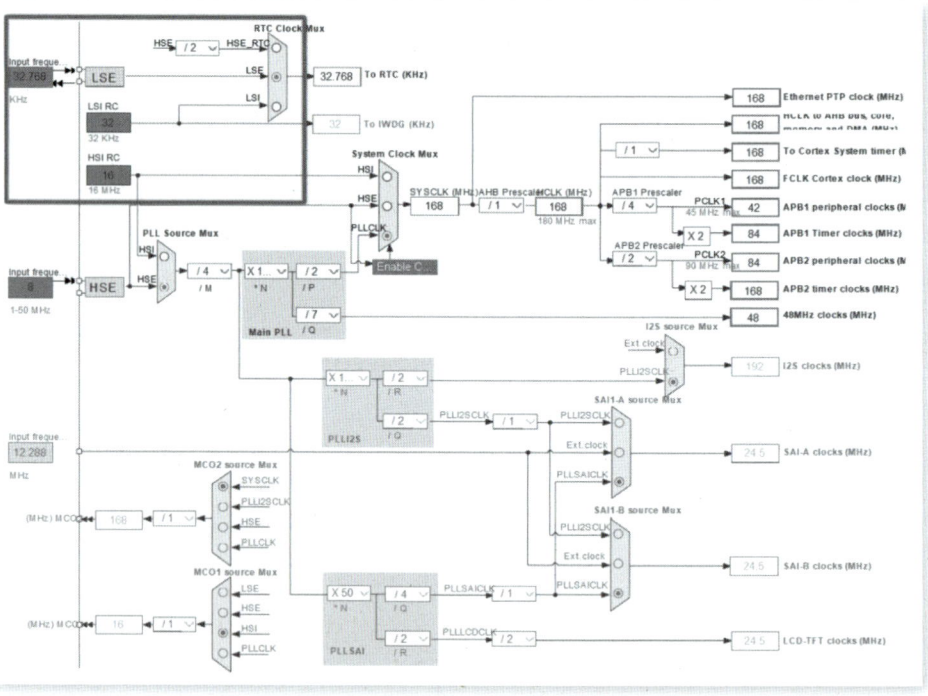

[그림 11-15] RTC용 클럭 주파수와 연결상태 확인

라) rtc.h file을 생성하여 다음과 같이 코딩한다.

```
/**
  ******************************************************
  * @file      : rtc.h
  * @brief     : Header for main.c file.
  *              This file contains the common defines of the application.
  ******************************************************
```

```
/* Define to prevent recursive inclusion ------------------------------------*/
#ifndef __RTC_H__
#define __RTC_H__
#include "stdbool.h"

#define printf  SMprintf
#define NO 0
#ifdef __cplusplus
 extern "C" {
#endif
//void _Error_Handler(char *, int);
extern bool temp_flag;
extern unsigned char temp_data[4];

#define Error_Handler() _Error_Handler(__FILE__, __LINE__)
#ifdef __cplusplus
}
#endif

#endif /* __RTC_H__ */

/********************** (C) COPYRIGHT STMicroelectronics *****END OF FILE****/
```

rtc.c file을 생성하고 다음과 같이 코딩한다.

```
#include "main.h"
#include "rtc.h"
#include "stm32f4xx_hal.h"

extern RTC_HandleTypeDef hrtc;
/* USER CODE BEGIN PV */
/* Private variables ---------------------------------------------------------*/

char time[16];
char date[16];
```

```c
unsigned char AlarmFlag =0;
extern RTC_AlarmTypeDef sAlarm;

/* USER CODE BEGIN 0 */

void set_time (void)
{
  RTC_TimeTypeDef sTime;
  RTC_DateTypeDef sDate;
  /**Initialize RTC and set the Time and Date    */
  sTime.Hours = 0x10;
  sTime.Minutes = 0x44;
  sTime.Seconds = 0x30;
  sTime.DayLightSaving = RTC_DAYLIGHTSAVING_NONE;
  sTime.StoreOperation = RTC_STOREOPERATION_RESET;
  if (HAL_RTC_SetTime(&hrtc, &sTime, RTC_FORMAT_BCD) != HAL_OK)
  {
    printf("Error RTC Settime\n\r");
  }
  /* USER CODE BEGIN RTC_Init 3 */

  /* USER CODE END RTC_Init 3 */

  sDate.WeekDay = RTC_WEEKDAY_TUESDAY;
  sDate.Month = RTC_MONTH_AUGUST;
  sDate.Date = 0x23;
  sDate.Year = 0x21;

  if (HAL_RTC_SetDate(&hrtc, &sDate, RTC_FORMAT_BCD) != HAL_OK)
  {
          printf("Error RTC Settime\n\r");
  }
  /* USER CODE BEGIN RTC_Init 4 */

  HAL_RTCEx_BKUPWrite(&hrtc, RTC_BKP_DR1, 0x32F2);  // backup register

  /* USER CODE END RTC_Init 4 */
```

}

/* USER CODE BEGIN 0 */
void set_time_only (unsigned char hour, unsigned char minute, unsigned char second)
{
  RTC_TimeTypeDef sTime;
  RTC_DateTypeDef sDate;
  /**Initialize RTC and set the Time and Date   */
  sTime.Hours = hour;
  sTime.Minutes = minute;
  sTime.Seconds = second;
  sTime.DayLightSaving = RTC_DAYLIGHTSAVING_NONE;
  sTime.StoreOperation = RTC_STOREOPERATION_RESET;
  if (HAL_RTC_SetTime(&hrtc, &sTime, RTC_FORMAT_BCD) != HAL_OK)
  {
    printf("Error RTC Settime\n\r");
  }
}

/* USER CODE BEGIN 0 */
void set_time_date (void)
{
  RTC_TimeTypeDef sTime;
  RTC_DateTypeDef sDate;
  /**Initialize RTC and set the Time and Date   */
  sTime.Hours = 0x10;
  sTime.Minutes = 0x44;
  sTime.Seconds = 0x30;
  sTime.DayLightSaving = RTC_DAYLIGHTSAVING_NONE;
  sTime.StoreOperation = RTC_STOREOPERATION_RESET;
  if (HAL_RTC_SetTime(&hrtc, &sTime, RTC_FORMAT_BCD) != HAL_OK)
  {
    printf("Error RTC Settime\n\r");
  }
  sDate.WeekDay = RTC_WEEKDAY_TUESDAY;
  sDate.Month = RTC_MONTH_AUGUST;
  sDate.Date = 0x23;

```
    sDate.Year = 0x21;
    if (HAL_RTC_SetDate(&hrtc, &sDate, RTC_FORMAT_BCD) != HAL_OK)
    {
            printf("Error RTC SetDate\n\r");
    }
}
void set_alarm (unsigned char hour, unsigned char minite, unsigned char second)
{
    //RTC_AlarmTypeDef sAlarm;

    /**Enable the Alarm A   */
    sAlarm.AlarmTime.Hours = hour;
    sAlarm.AlarmTime.Minutes = minite;
    sAlarm.AlarmTime.Seconds = second;
    sAlarm.AlarmTime.SubSeconds = 0x0;
    sAlarm.AlarmTime.DayLightSaving = RTC_DAYLIGHTSAVING_NONE;
    sAlarm.AlarmTime.StoreOperation = RTC_STOREOPERATION_RESET;
    sAlarm.AlarmMask = RTC_ALARMMASK_DATEWEEKDAY; // | RTC_ALARMMASK_HOURS|RTC_ALARMMASK_MINUTES;
    sAlarm.AlarmSubSecondMask = RTC_ALARMSUBSECONDMASK_ALL;
    sAlarm.AlarmDateWeekDaySel = RTC_ALARMDATEWEEKDAYSEL_DATE;
    sAlarm.AlarmDateWeekDay = 0x1;
    sAlarm.Alarm = RTC_ALARM_A;
    if (HAL_RTC_SetAlarm_IT(&hrtc, &sAlarm, RTC_FORMAT_BCD) != HAL_OK)
    {
            printf("Error RTC Settime\n\r");
    }
    /* USER CODE BEGIN RTC_Init 5 */

    /* USER CODE END RTC_Init 5 */
}

void get_time(void)
{
    RTC_DateTypeDef gDate;
    RTC_TimeTypeDef gTime;
```

```c
    /* Get the RTC current Time */
    HAL_RTC_GetTime(&hrtc, &gTime, RTC_FORMAT_BIN);
    /* Get the RTC current Date */
    HAL_RTC_GetDate(&hrtc, &gDate, RTC_FORMAT_BIN);
    /* Display time Format: hh:mm:ss */
    printf("20%02d-%02d-%02d  ",gDate.Year,gDate.Month,gDate.Date);  // I like the date first
    printf("%02d:%02d:%02d\r",gTime.Hours, gTime.Minutes, gTime.Seconds);
}

//Let's display the time and date on lcd

void display_time (void)
{

}

void HAL_RTC_AlarmAEventCallback(RTC_HandleTypeDef *hrtc)
{
        AlarmFlag = 1;
}

void rtc_test(void)
{
   int retval;

   retval = HAL_RTCEx_BKUPRead(&hrtc, RTC_BKP_DR1);
   printf("RTCEx_BKUPRead = %x\r\n",retval);
   if(retval != 0x32F2)
   {
     set_time();
   }
   printf("Alarm Time %02x-%02x-%02x\r\n",
       sAlarm.AlarmTime.Hours,sAlarm.AlarmTime.Minutes,sAlarm.AlarmTime.Seconds);
   /* USER CODE END 2 */
   /* Infinite loop */
   /* USER CODE BEGIN WHILE */
   while (1)
```

```
    {
        /* USER CODE END WHILE */
        /* USER CODE BEGIN 3 */
        get_time();
        //display_time();
        osDelay(1000);
        if (AlarmFlag)
        {
          HAL_GPIO_WritePin(LD2_GPIO_Port, LD2_Pin, GPIO_PIN_SET);
          printf("Alarm Time %02x-%02x-%02x\r\n",
     sAlarm.AlarmTime.Hours,sAlarm.AlarmTime.Minutes,sAlarm.AlarmTime.Seconds);
          AlarmFlag = NO;
          break;
        }
    }
}
/* USER CODE END 0 */
```

callcmd.c에 다음 함수를 추가한다.

```
int AlarmSet(int argc,char *argv[])
{
        unsigned int hour, minute, second;

        if(argc == 4)
        {
                //sscanf(argv[1], argv[2], argv[3],"%x %x %x",&hour, &minute, &second);
                sscanf(argv[1],"%x",&hour);
                sscanf(argv[2],"%x",&minute);
                sscanf(argv[3],"%x",&second);
                if(!((hour >= 0) && (hour <=0x23)))
                {
                        printf("Invalid Hour = %x\r\n",hour);
                    return 0;
                }
```

```c
            else if(!((minute >= 0) && (minute <=0x59)))
            {
                    printf("Invalid Minute = %x\r\n",minute);
                return 0;
            }
            else if(!((second >= 0) && (second <=0x59)))
            {
                    printf("Invalid Minute = %x\r\n",second);
                return 0;
            }
            set_alarm(hour, minute, second);
            printf("set Alarm %x:%x:%x\r\n",hour,minute,second);
            AlarmFlag = 0x00;
    }
    else
    {
            printf("useage: setalarm hour minute second\r\n");
            return 0;
    }
    return 0;
}

int SETTime(int argc,char *argv[])
{
        unsigned int hour, minute, second;
        if(argc == 4)
        {
                sscanf(argv[1],"%x",&hour);
                sscanf(argv[2],"%x",&minute);
                sscanf(argv[3],"%x",&second);
                if(!((hour >= 0) && (hour <=0x23)))
                {
                        printf("Invalid Hour = %x\r\n",hour);
                        return 0;
                }
                else if(!((minute >= 0) && (minute <=0x59)))
```

```
                {
                        printf("Invalid Minute = %x\r\n",minute);
                        return 0;
                }
                else if(!((second )= 0) && (second <=0x59)))
                {
                        printf("Invalid Minute = %x\r\n",second);
                        return 0;
                }
                set_time_only(hour, minute, second);
                printf("set Time %x:%x:%x\r\n",hour,minute,second);
        }
        else
        {
                printf("useage: settime hour minute second\r\n");
                return 0;
        }
        return 0;
}

int DisTime(int argc,char *argv[])
{
        int i;
        for(i=0; i<10; i++)
        {
          get_time();
          osDelay(1000);
        }
        return 0;
}
```

```
int RTCTest(int argc,char *argv[])
{
        rtc_test();
        return 0;
}
```

```
const Cmd_tbl  cmd_ctbl[] = {
        {"rtc",RTCTest},
        {"settime",SETTime},
        {"distime",DisTime},
        {"setalarm",AlarmSet},
    {"rtcalarm", RTCTest},
        {0,0,0}
}
```

4) 시험하기

[그림 11-16]처럼 Program을 실행시키고 settime으로 시간을 맞춘다. 시간이 정상적으로 동작하는지 distime으로 확인해본다. setalarm 명령으로 알람 시간을 입력한다. 알람 시간이 되면 터미널이 알람 시간이 표시되면서 종료한다.

[그림 11-16] RTC Time과 Alarm Test

연습문제

1. DHT-11 센서 통신 방식에 대하여 설명하라.

2. STM32CubeMX에서 CPU 핀에서 입출력 추가하는 방법을 설명하라.

3. STM32CubeMX에서 RTC 구성방법을 설명하라.

4. STM32CubeMX에서 RTC Alarm 설정방법을 설명하라.

5. HAL 함수 중에서 시간을 읽어 오는 함수는 무엇인가?

6. HAL 함수 중에서 날짜를 읽어 오는 함수는 무엇인가?

Part III

데이터 통신 관련된 실습

Part III contents

12장 I2C, SPI 통신과 I2C LCD
13장 USART통신
14장 CAN Bus 통신 실습
15장 TCP/IP Server와 Client 구현하기

12장
I2C, SPI 통신과 I2C LCD

필요성	본 소단원의 목표는 I2C 통신의 개념과 SPI 통신, I2C 통신을 이용한 16*2 LCD에 글자를 출력하는 프로그래밍을 학습한다.
학습목표	본 소단원을 마치면, 학생들은 다음 사항을 해낼 수 있어야 한다. 1. 지식 - I2C 통신의 개념 - SPI 통신의 개념 - STM32xx CPU에서 I2C LCD 사용방법 2. 기술 NUCLEO-F429Zi/NUCLEO-F439Zi 보드의 RTOS 환경으로 만들어 Monitor상에서 I2C 통신을 시험하고 I2C LCD에 글자를 출력하는 기술을 익힌다. I2C LCD 제어 함수를 직접 코딩하여 I2C LCD 초기화 및 커서 세팅, 글자 출력 함수를 만들어본다. 두 번째로 두 개의 SPI 통신포트를 생성하여 데이터 전송하는 기술을 습득한다.

12.1 선행학습

사용자 요구사항이 실시간으로 제품의 상태를 LCD 혹은 LED 표시로 요구하는 경우가 많다. LED는 숫자를 표시하는 것은 쉬우나 문자까지 표시하기는 어렵다. 이 경우 LCD를 사용하게 되는데 LCD는 I2C로 제어할 경우 전원과 2개의 신호선만 있으면 되기 때문에 편리하다.

1) I2C LCD
LCD(Liquid Crystal Display)는 7 세그먼트 표시장치보다 더 많은 글자를 표시할 수 있는 디바이스이다. LCD는 16*2줄용 LCD가 많이 사용된다. 디스플레이 장치 중 텔레비전 패널로는 LCD와 OLED가 많이 사용되는데 LCD는 Back Light가 있고 OLED는 Back Light가 없는 것이 특징이다.

가) LCD 특징

- 액정의 좁은 시야각
- TFT 특성과 계조 표현의 상관관계 적음
- Backlight 상대적으로 두꺼운 모듈 구조
- 느린 응답 속도
- 완벽한 빛 차단 불가능, 제한된 명암비, 색 재현율 감소

나) OLED 특징

- 광학적 이방성 없음
- 방향과 무관한 명암비
- 고성능 TFT 필요
- Backlight 불필요, 얇은 모듈 구현
- 전자의 이동으로 휘도 결정, 고속응답
- 완벽한 검은색 표현 가능, 높은 명암비, 일정한 색 재현

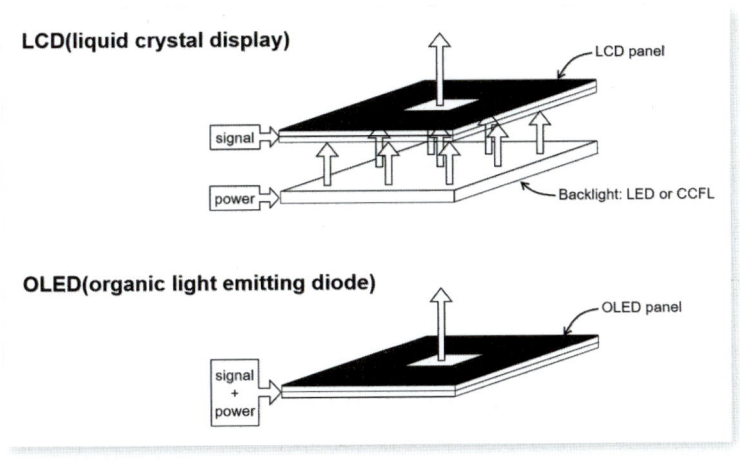

[그림 12-1] LCD와 OLED

LCD 1602는 16글자 두 줄짜리로 Back Light가 있는 부품으로 I2C가 있는 형태와 I2C가 없는 형태 2가지 타입이 있다. I2C가 없는 형태는 16Pin 헤더 핀을 사용하여야 한다. I2C 타입의 LCD는 VCC, GND, SDA, SCL Pin으로 전원과 SDA, SCL 핀만 연결하기 때문에 연결이 단순한 것이 특징이다. [그림 12-2]는 LCD 모듈 블록다이어그램이고 [그림 12-3]은 LCD 내부 블록다이어그램,

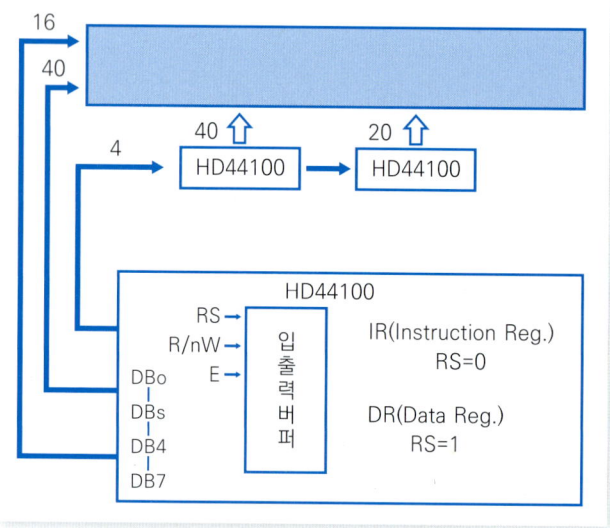

[그림 12-2]의 LCD Logic Diagram 에서 보면 LCD 패널에는 R/S, R/nW, E 신호와 DB0에서 DB7, 전원선이 있고 DB는 초기화 과정에서 4Bit 모드로 사용할 것인지 8Bit 모드로 사용할 것인지를 선택하여 사용한다.

LCD 제어를 하기 위한 Instruction 테이블에서 4비트로 통신할 것인지 8비트로 통신할 것인지를 LCD 초기화 시에 결정하여야 한다. 4비트 모드에서는 DB0에서 DB3까지 연결하면 되

[그림 12-2] LCD 블록다이어그램

고 8비트 모드에서는 DB0에서 DB7까지 연결해야 한다. 제어 명령에서 RS를 LOW로 하면 컨트롤 관련 Instruction 모드로 동작하며 HIGH로 할 경우 데이터 모드로 동작하기 때문에 문자를 출력할 경우는 RS를 HIGH로 해놓고 데이터를 써야 한다.

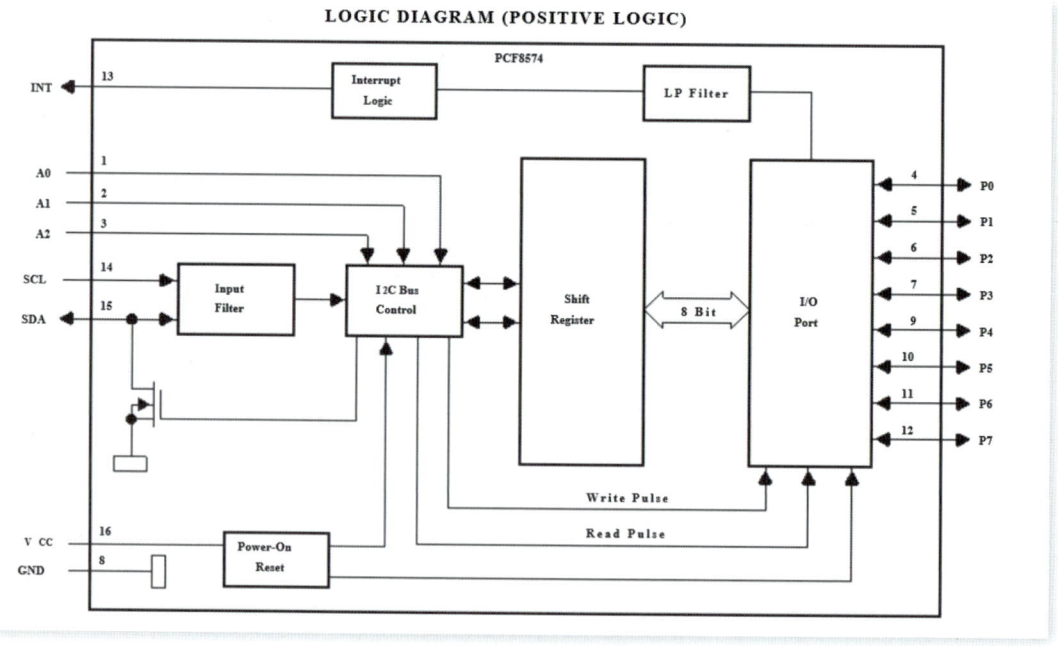

[그림 12-3] I2C LCD 블록다이어그램

LCD 초기화 방법은 여러 가지 방법이 있지만 0x30, 0x30, 0x30, 0x20, 0x28, 0x08, 0x01, 0x06, 0x0c를 차례대로 명령을 보내도록 한다. 지연시간은 0x30을 보내고 5ms, 0x30을 보내고 1ms, 0x30을 보내고 10ms, 0x20을 보내고 10ms, 그 이후 계속 1ms Delay를 해주도록 한다. 명령을 보내려면 하위 4비트는 0x0c, 0x08을 보내야 한다. EN Bit을 High로 주었다가 다시 Low로 주기 위한 것이다.

2) I2C 통신방법

가) I2C(Inter-Integrated Circuit) 통신은 1980년대 필립스에서 제안한 통신 방식으로 2개의 입출력 선을 이용하여 통신을 할 수 있기 때문에 TWI(Two Wire Interface)라고도 한다. I2C 통신은 [그림 12-4]처럼 마스터 슬레이브로 나누어 하나의 마스터에 다수의 슬레이브로 연결이 가능하다. I2C 통신의 장점은 2개의 입출력 핀을 이용하기 때문에 하드웨어 구성이 간단하고, SCL 신호에 맞추어 동기방식으로 데이터를 전송하기 때문에 정확한 데이터 송수신이 가능한 것이 특징이다.

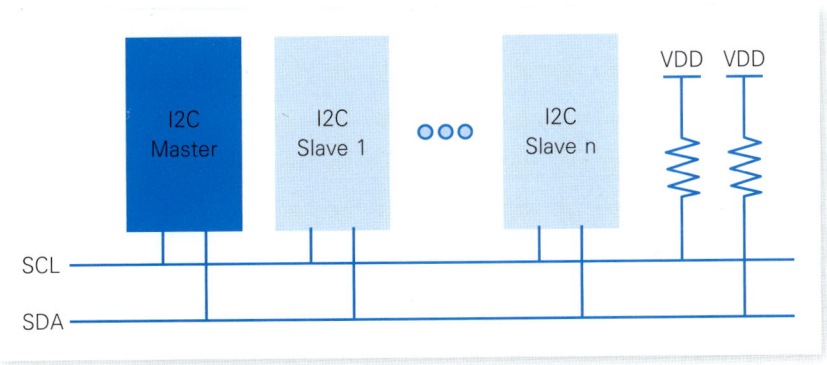

[그림 12-4] I2C 통신

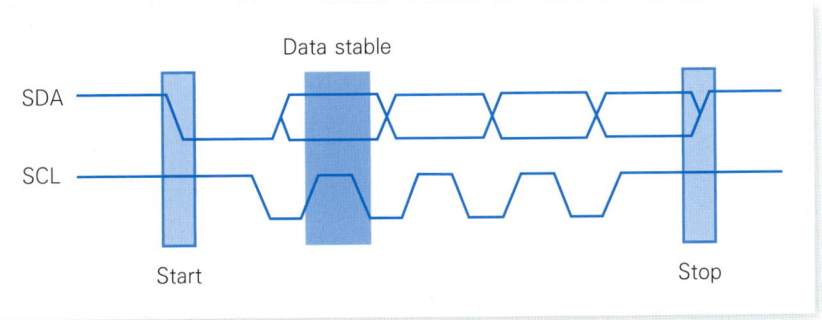

[그림 12-5] I2C SDA, SCL Timing Diagram

전송 순서는 [그림 12-5]처럼 SDA, SCL 선이 모두 High에서 Low로 바뀌고 마스터가 슬레이브로 전송 시작을 알린다. 처음에는 슬레이브 주소를 보내고 그다음 주소 데이터 입출력 데이터를 보내고 SCL이 High 상태에서 SDA가 High가 되면 송신 종료된다.

나) I2C LCD Slave Address 설정

I2C Slave Address는 [그림 12-6]처럼 A0, A1, A1이 오픈되어있으면 PCF8754AT IC인 경우 "0x3F", PCF8574 IC인 경우 0x27이다. 이 Address가 맞지 않으면 LCD의 I2C로 Data를 보낼 수 없다. I2C 모듈에 있는 가변저항은 LCD 글자의 밝기를 조절하는 가변저항이다. 글자가 안 보이면 볼륨을 돌려서 잘 나오도록 조정해야 하며, LED 2 Pin 헤더 커넥터는 백라이트 On/Off 커넥터이다. 단락캡(Short Circuit Cap)이 꽂혀있어야 백라이트가 켜지고 글자가 보인다.

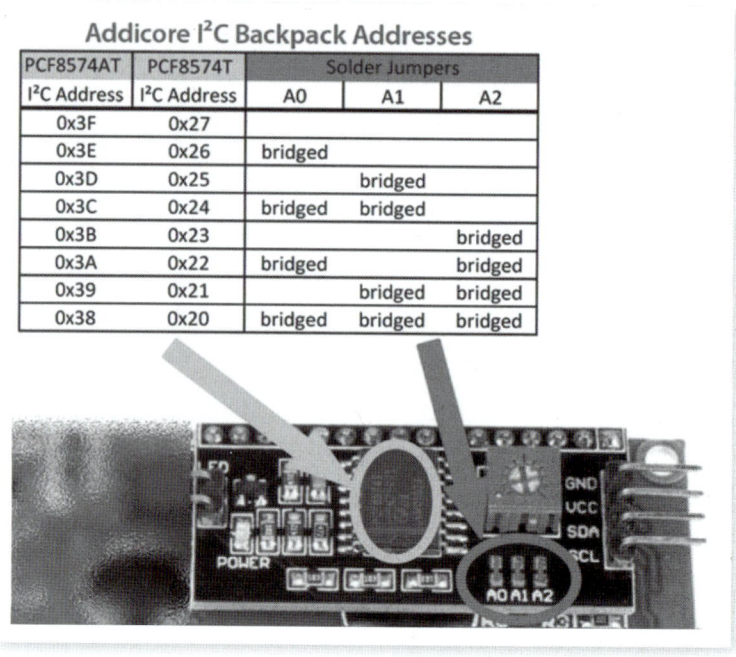

[그림 12-6] I2C Address

3) SPI 통신

가) SPI 통신의 개념

SPI 통신이란? Serial Peripheral Interface의 약어로 동기식 통신 방식이다. 전이중 통신 모드로 동작하며, 마스터 슬레이브 모드로 동작하며 마스터가 데이터 초기화를 할 수 있고, Chip select 라인을 통해 여러 슬레이브를 선택할 수 있다.

SPI는 [그림 12-8]처럼 Master 모드와 Slave 모드가 있고 SCLK은 동기식 클럭, MOSI는 Master에서 출력 Slave에서 입력, MISO는 Master에서는 입력 Slave에서는 출력으로 사용한다. SS는 LOW일 때 Slave를 선택하여 여러 개의 슬레이브를 연결할 수 있다.

- SCLK: Serial Clock. 마스터가 출력하는 동기용 클럭
- MOSI: Master Output Slave Input. 마스터의 출력이며 슬레이브에게는 입력
- MISO: Master Input Slave Output. 슬레이브의 출력이며 마스터에게는 입력
- SS: Slave Select. 마스터의 출력으로 슬레이브를 선택하기 위한 신호, 입력이 '0'인 동안에만 활성화

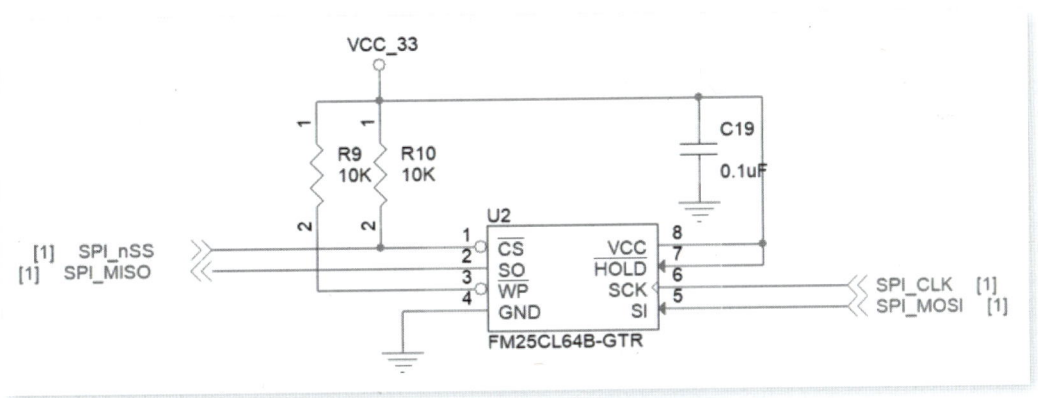

[그림 12-7] 64Kbyte 비휘발성 RAM 회로도

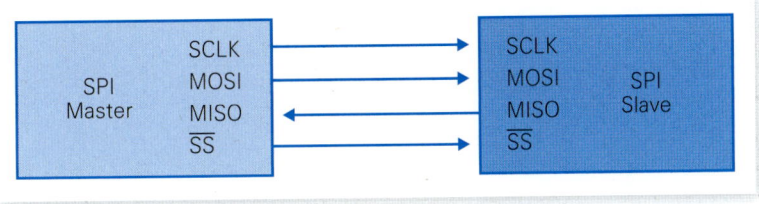

[그림 12-8] SPI Master와 SLave 연결도

나) SPI 사용의 예

SRAM은 전원이 꺼지면 데이터가 모두 지워지는 것에 반해 비휘발성 RAM은 전원이 꺼져도 데이터를 보관할 수 있는 IC로 [그림 12-7] FM25CL64B IC는 64K Byte 용량의 SPI로 연결됨을 알수 있다.

다) STM32F429 SPI 기능과 블록다이어그램

- 3개 라인의 전이중 동기 전송
- 양방향 데이터 라인이 있거나 없는 두 라인에서 단방향 동기 전송
- 8비트 또는 16비트 전송 프레임 형식 선택
- 마스터 또는 슬레이브 작동
- 멀티 마스터 모드 기능
- 8개의 마스터 모드 전송 속도 프리스케일러(최대 fPCLK/2)
- 슬레이브 모드 주파수(fPCLK/2 최대)
- 마스터와 슬레이브 모두 더 빠른 통신
- 마스터와 슬레이브 모두에 대한 하드웨어 또는 소프트웨어에 의한 NSS 관리: dynamic change(동적 변경) 마스터/슬레이브 오퍼레이션
- MSB 우선 또는 LSB 우선 시프팅으로 프로그래밍 가능한 데이터 순서
- 인터럽트 기능이 있는 전용 송수신 플래그
- SPI 버스 사용 중 상태 플래그
- SPI TI 모드 MIDO

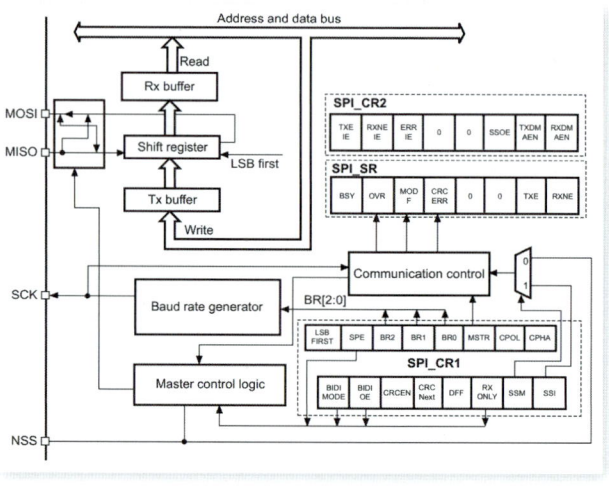

[그림 12-9] SPI 블록다이어그램

MISO와 MOSI에는 Shift Register에 연결되어 1bit씩 전달되는 것을 알 수 있고 Baudrate Generator에서 통신속도를 조절할 수 있다. SPI_CR1, CR2 레지스트에서 SPI 관련 상태를 확인

할 수 있다.

라) Polarity Phase

모토로라 SSP 호환 인터페이스는 Polarity와 Phase로 신호를 서로 송신하는 프로토콜을 조절할 수 있다. Polarity와 Phase를 조합하면 4가지 방식이 가능하다.

Motorola SSP Format with SPO=0, SPH=0
Motorola SSP Format with SPO=0, SPH=1
Motorola SSP Format with SPO=1, SPH=0
Motorola SSP Format with SPO=1, SPH=1

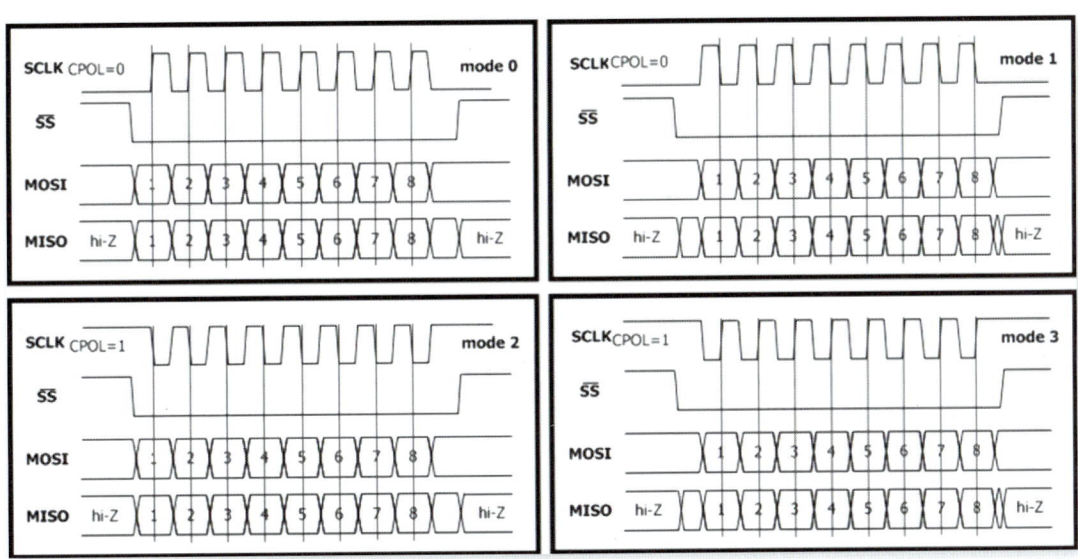

[그림 12-10] SPI Polarity Phase

12.2 학습도구 및 기자재

가) NUCLEO-F429Zi 혹은 NUCLEO-F439Zi 보드
나) USB 케이블
다) I2C LCD1602 1개

라) Cube-MX Program
마) Cube-IDE Program
바) Jump Cable 약간
사) 브레드보드
아) PC

12.3 예제 1: I2C Loop 시험

Master I2C와 Slave I2C를 구성하여 NUCLEO-F429Zi/F439Zi 보드에서 I2C끼리 연결하고 Master에서 Slave로 Monitor 명령어로 통신이 되도록 프로그램하라.

1) 사용자 요구사항 작성하기
- Hardware는 NUCLEO-F429Zi/F439Zi 보드를 사용한다.
- I2C2 Channel을 만든다.
- I2C2 port를 서로 연결한다.
- I2C1에서 I2C2로 Data를 전송한다.
- I2C2에서 받은 Data를 Monitor에 표시한다.

2) UML Tool로 설계하기

3) I2C Loop 구현하기
가) I2C Project 만들기
I2C 구성을 하기 위하여 [그림 12-12]처럼 Monitor용 Project를 열고 FreeRTOSMonitor.ioc를 연다. 그다음 [그림 12-13] 처럼 I2C 사용을 위하여 첫 번째 I2C 포트와 두 번째 I2C 포트를 선택하고 Mode를 I2C로 선택한다.

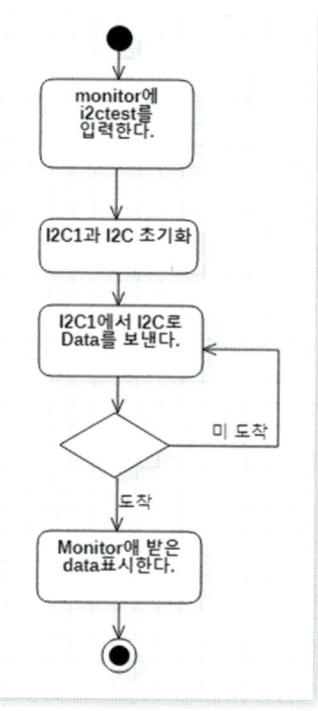

[그림 12-11]
I2C Loop Activity Diagram

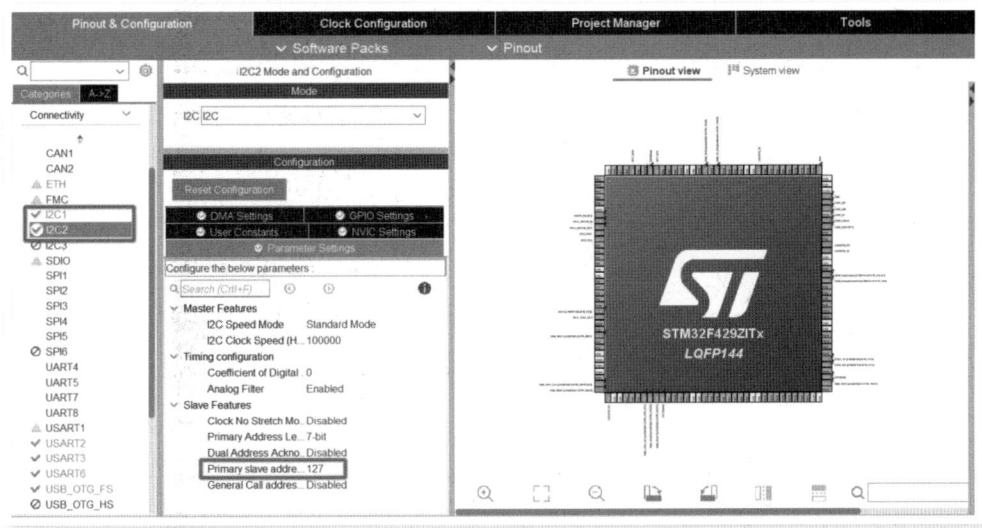

[그림 12-12] FreeRTOSMonitor.ioc File을 Open한다.

[그림 12-13] I2C 2번 Port를 사용한다고 설정

나) [그림 12-14]처럼 두 개의 I2C 포트를 I2C 모드로 하고 난 후 Primary Slave Address를 127로 한다. I2C1과 I2C2를 Loop하고 I2C2를 Slave 모드로 하여 시험하기 위한 목적이다. 그 후에 Generate Code를 선택하여 Code를 생성한다.

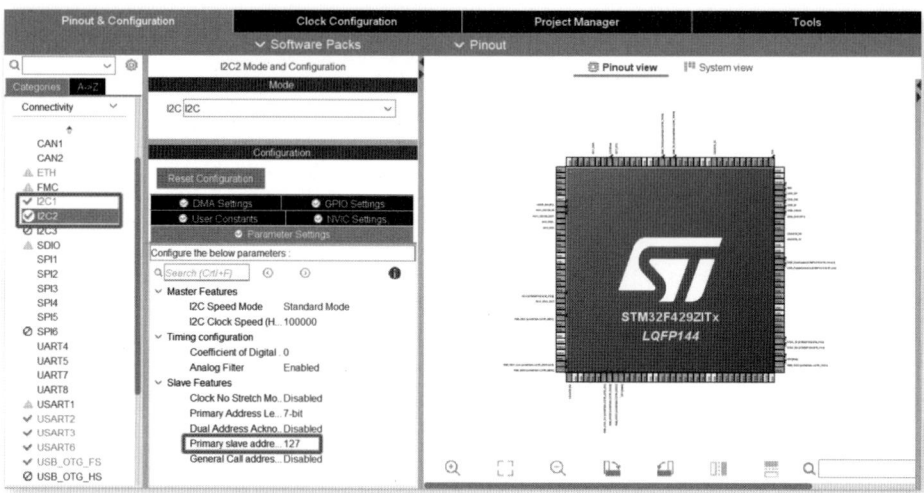

[그림 12-14] I2C2 Slave Address 127로 설정

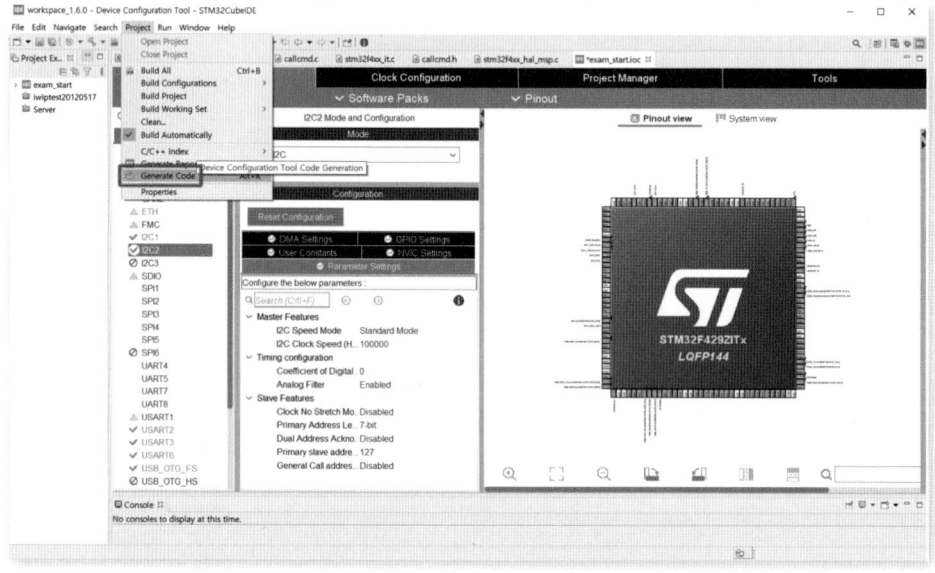

[그림 12-15] Generate Code를 실행하여 Code를 만든다.

main.c File에 다음과 같은 Source Code가 생성된 것을 알 수 있다. hi2c1은 I2C 첫 번째 것의 Handle이고 hi2c2는 두 번째 것의 Handle이다, MX_I2C1_Init(void); 는 첫 번째 I2C 초기화 함수이고, MX_I2C2_Init(void);는 두 번째 I2C 초기화 함수이다. 두 번째 I2C 초기화 함수에 보면 "hi2c2.Init.OwnAddress1 = 254;"로 Slave Address가 설정된 것을 알 수 있다.

```c
I2C_HandleTypeDef hi2c1;
I2C_HandleTypeDef hi2c2;

static void MX_I2C1_Init(void);
static void MX_I2C2_Init(void);

int main(void)
{
  ...
  MX_I2C1_Init();
  MX_I2C2_Init();
  ...
}

/**
 * @brief I2C1 Initialization Function
 * @param None
 * @retval None
 */
static void MX_I2C1_Init(void)
{

  /* USER CODE BEGIN I2C1_Init 0 */

  /* USER CODE END I2C1_Init 0 */

  /* USER CODE BEGIN I2C1_Init 1 */

  /* USER CODE END I2C1_Init 1 */
  hi2c1.Instance = I2C1;
  hi2c1.Init.ClockSpeed = 100000;
  hi2c1.Init.DutyCycle = I2C_DUTYCYCLE_2;
  hi2c1.Init.OwnAddress1 = 0;
  hi2c1.Init.AddressingMode = I2C_ADDRESSINGMODE_7BIT;
  hi2c1.Init.DualAddressMode = I2C_DUALADDRESS_DISABLE;
  hi2c1.Init.OwnAddress2 = 0;
  hi2c1.Init.GeneralCallMode = I2C_GENERALCALL_DISABLE;
```

```c
  hi2c1.Init.NoStretchMode = I2C_NOSTRETCH_DISABLE;
  if (HAL_I2C_Init(&hi2c1) != HAL_OK)
  {
    Error_Handler();
  }
  /** Configure Analogue filter
  */
  if (HAL_I2CEx_ConfigAnalogFilter(&hi2c1, I2C_ANALOGFILTER_ENABLE) != HAL_OK)
  {
    Error_Handler();
  }
  /** Configure Digital filter
  */
  if (HAL_I2CEx_ConfigDigitalFilter(&hi2c1, 0) != HAL_OK)
  {
    Error_Handler();
  }
  /* USER CODE BEGIN I2C1_Init 2 */

  /* USER CODE END I2C1_Init 2 */

}

/**
  * @brief I2C2 Initialization Function
  * @param None
  * @retval None
  */
static void MX_I2C2_Init(void)
{

  /* USER CODE BEGIN I2C2_Init 0 */

  /* USER CODE END I2C2_Init 0 */

  /* USER CODE BEGIN I2C2_Init 1 */
```

```
/* USER CODE END I2C2_Init 1 */
hi2c2.Instance = I2C2;
hi2c2.Init.ClockSpeed = 100000;
hi2c2.Init.DutyCycle = I2C_DUTYCYCLE_2;
hi2c2.Init.OwnAddress1 = 254;
hi2c2.Init.AddressingMode = I2C_ADDRESSINGMODE_7BIT;
hi2c2.Init.DualAddressMode = I2C_DUALADDRESS_DISABLE;
hi2c2.Init.OwnAddress2 = 0;
hi2c2.Init.GeneralCallMode = I2C_GENERALCALL_DISABLE;
hi2c2.Init.NoStretchMode = I2C_NOSTRETCH_DISABLE;
if (HAL_I2C_Init(&hi2c2) != HAL_OK)
{
  Error_Handler();
}
/** Configure Analogue filter
*/
if (HAL_I2CEx_ConfigAnalogFilter(&hi2c2, I2C_ANALOGFILTER_ENABLE) != HAL_OK)
{
  Error_Handler();
}
/** Configure Digital filter
*/
if (HAL_I2CEx_ConfigDigitalFilter(&hi2c2, 0) != HAL_OK)
{
  Error_Handler();
}
/* USER CODE BEGIN I2C2_Init 2 */

/* USER CODE END I2C2_Init 2 */

}
```

다) Monitor Command 추가하기

callcmd.h File에 추가한다.

```
#define SLAVE2_ADDRESS 254    // I2C2 Slave Address를 설정한다.
extern I2C_HandleTypeDef hi2c1;
extern I2C_HandleTypeDef hi2c2;
```

callcmd.c에 다음과 같이 추가한다.

```c
int I2CTest(int argc,char *argv[])
{
  unsigned char senddata[4]={0};
  unsigned char rcvdata[4],i,j;

  HAL_I2C_Slave_Receive_IT (&hi2c2,rcvdata, 1);
  for(i=0; i<4; i++)
  {
    senddata[i] = i;
    if(HAL_I2C_Master_Transmit_IT (&hi2c1, SLAVE2_ADDRESS,&senddata[i], 1) != HAL_OK)
       printf("I2C1 Send Error\r\n");
    osDelay(1);
    if(HAL_I2C_Slave_Receive_IT (&hi2c2,rcvdata, 1) == HAL_OK)
         printf("Send data = %02x Seceived Data=%02x \r\n",senddata[i],rcvdata[0]);
    for(j=0; j<10; j++)
    {
         if(HAL_I2C_GetState(&hi2c2) == HAL_I2C_STATE_READY)
           break;
         else
           osDelay(1);
    }
  }
  return 0;
}

const Cmd_tbl  cmd_ctbl[] = {
{"help",     monitor_chelp,   "monitor help"},
{"ls",              monitor_lshelp, "Command List"},
{"i2ctest",    I2CTest,     "I2C Loop Test"},
{0,0,0}
};
```

4) 시험하기

가) NUCLEO-F429 보드에서 I2C1과 I2C2를 Loop를 시킨다. CN9의 19핀과 CN10의 13번 핀, CN7의 4번 핀과 CN9의 21핀을 연결시킨다. I2C1의 SDA는 PB6, I2C1의 SDA는 PB9번 핀, I2C2의 SCL은 PF1, I2C2의 SDA는 PF0이다.

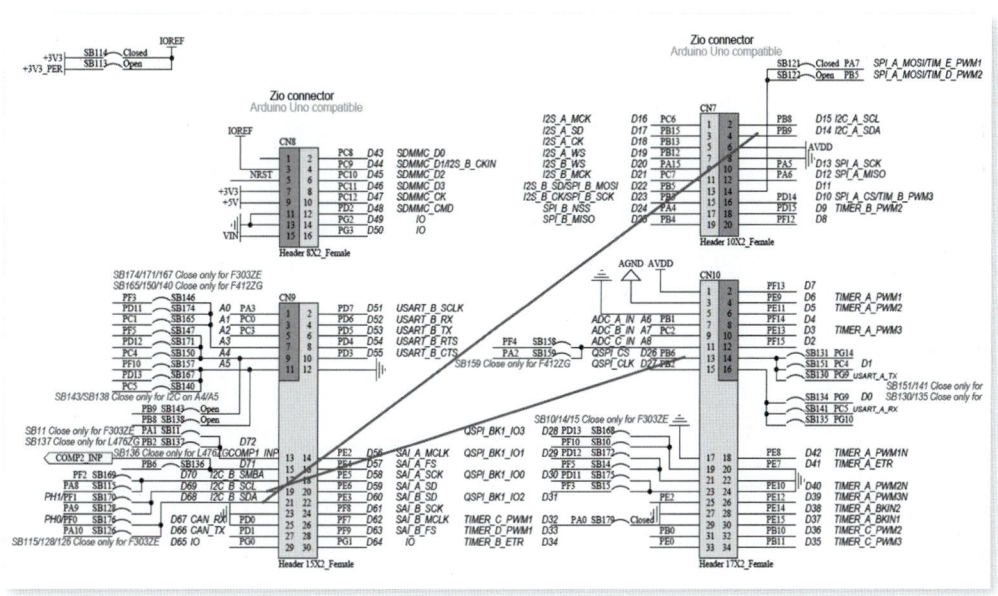

[그림 12-16] NUCLEO Board I2C1 I2C2 Loop(출처: www.st.com)

나) 모니터 Program을 완성한 후 I2Ctest 명령을 입력하여 [그림 12-17]처럼 출력되는지 확인해 보라.

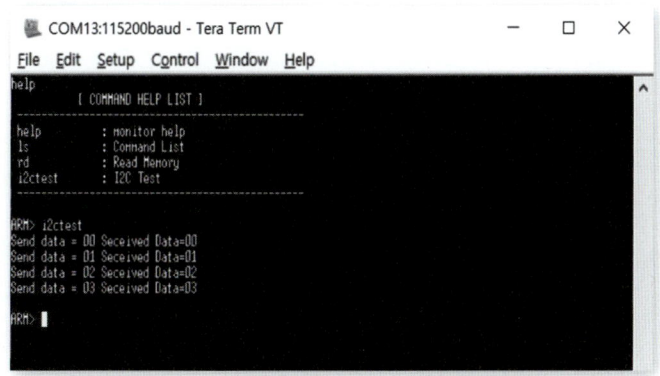

[그림 12-17] I2Ctest 시험 결과

다) 오실로스코프를 이용하
여 I2C SCL, SDA 파형을
측정하여 다음과 유사한 파
형이 나오는지 확인해보라.

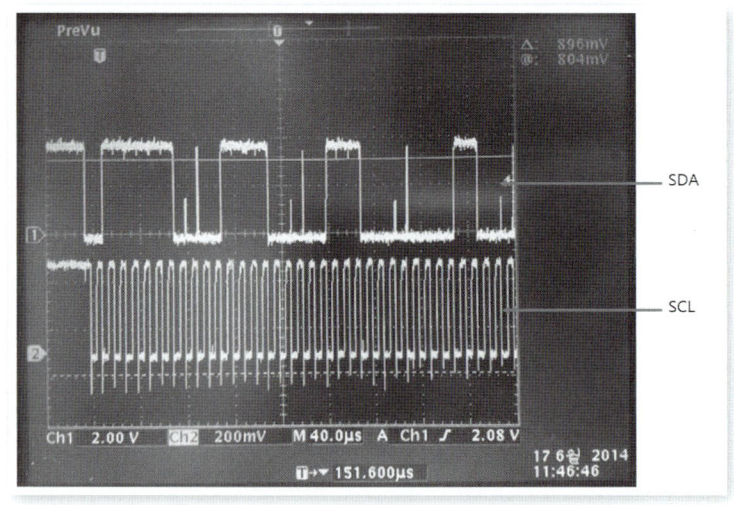

[그림 12-18] 오실로스코프 I2C 측정화면

12.4 예제 2: I2C LCD 실험

NUCLEO-F429ZI/F439Zi 보드와 I2C LCD를 연결하여 글자를 출력하는 프로그램을 작성하라.

1) 사용자 요구사항 작성하기
- NUCLEO-F429Zi/F439Zi 보드를 사용한다.
- I2C LCD1602를 사용한다.
- FreeRTOS 환경과 모니터 환경을 만든다.
- 모니터 명령으로 lcd 명령을 입력하면 "HELLO WORLD"를 출력한다.
- I2C 포트 1을 사용한다.

2) UML Tool로 설계하기

3) I2C LCD 구현하기
가) FreeRTOS Project에서 CubeMX 파일을 Open하고 I2C1을 Enable시킨 후 code generate시킨다.

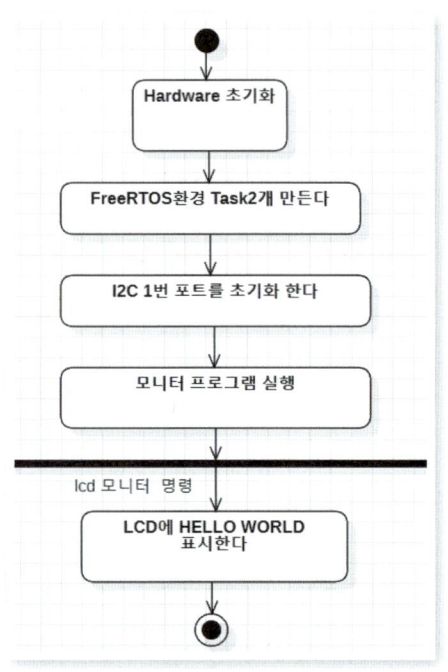

[그림 12-19] I2C LCD Activity Diagram

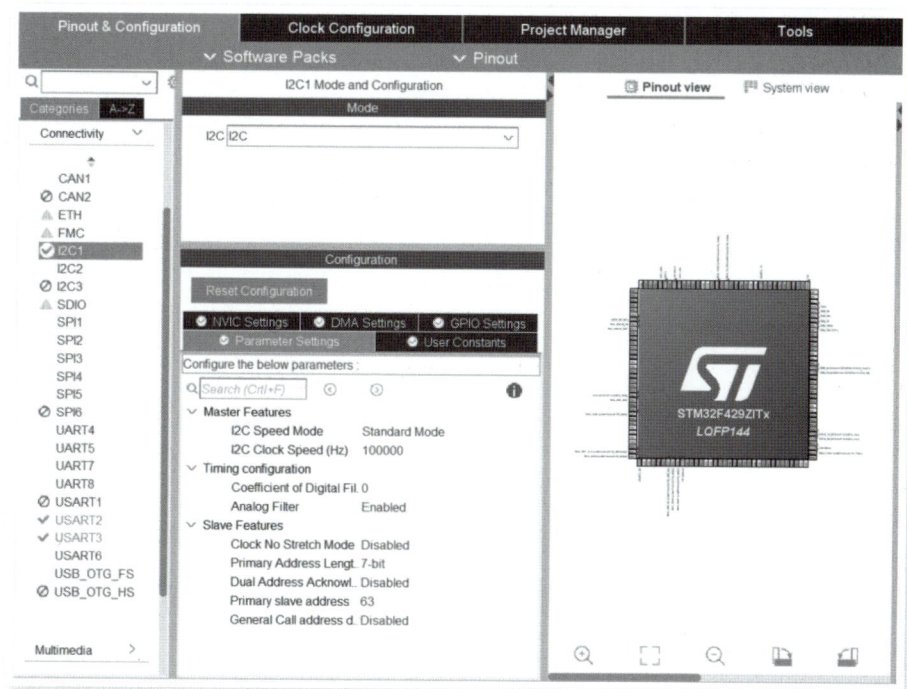

[그림 12-20] I2C CubeMX로 설정하기

나) main.c 파일에 I2C1 초기화 함수가 있는지 확인한다.

```
/**
 * @brief I2C1 Initialization Function
 * @param None
 * @retval None
 */
static void MX_I2C1_Init(void)
{

  /* USER CODE BEGIN I2C1_Init 0 */

  /* USER CODE END I2C1_Init 0 */

  /* USER CODE BEGIN I2C1_Init 1 */

  /* USER CODE END I2C1_Init 1 */
```

Part Ⅲ. 데이터 통신 관련된 실습   233

```
hi2c1.Instance = I2C1;
hi2c1.Init.ClockSpeed = 100000;
hi2c1.Init.DutyCycle = I2C_DUTYCYCLE_2;
hi2c1.Init.OwnAddress1 = 126;
hi2c1.Init.AddressingMode = I2C_ADDRESSINGMODE_7BIT;
hi2c1.Init.DualAddressMode = I2C_DUALADDRESS_DISABLE;
hi2c1.Init.OwnAddress2 = 0;
hi2c1.Init.GeneralCallMode = I2C_GENERALCALL_DISABLE;
hi2c1.Init.NoStretchMode = I2C_NOSTRETCH_DISABLE;
if (HAL_I2C_Init(&hi2c1) != HAL_OK)
{
  Error_Handler();
}
/** Configure Analogue filter
*/
if (HAL_I2CEx_ConfigAnalogFilter(&hi2c1, I2C_ANALOGFILTER_ENABLE) != HAL_OK)
{
  Error_Handler();
}
/** Configure Digital filter
*/
if (HAL_I2CEx_ConfigDigitalFilter(&hi2c1, 0) != HAL_OK)
{
  Error_Handler();
}
/* USER CODE BEGIN I2C1_Init 2 */
/* USER CODE END I2C1_Init 2 */
}
```

다) I2c-lcd.h 파일을 생성하고 다음과 같이 코딩한다.

```
#ifndef _I2CLCD_H
#define _I2CLCD_H

#include "stm32f4xx.h"
void lcd_init (void);   // initialize lcd
```

```
void lcd_send_cmd (char cmd); // send command to the lcd
void lcd_send_data (char data); // send data to the lcd
void lcd_send_string (char *str); // send string to the lcd
void lcd_put_cur(int row, int col); // put cursor at the entered position row (0 or 1), col (0-15);
void lcd_clear (void);
#define printf  SMprintf
extern I2C_HandleTypeDef hi2c1; // change your handler here accordingly
extern I2C_HandleTypeDef hi2c2; // change your handler here accordingly
#define SLAVE_ADDRESS_LCD 0x3f << 1 // change this according to ur setup

#endif
```

라) i2c-lcd.c file을 생성하여 다음과 같이 코딩한다.

```
/** Put this in the src folder **/

#include "i2c-lcd.h"
#include "cmsis_os.h"
#include "FreeRTOS.h"
#include "task.h"
#include "cmsis_os.h"

#define printf  SMprintf
extern I2C_HandleTypeDef hi2c1; // change your handler here accordingly
#define SLAVE_ADDRESS_LCD 0x3f << 1 // change this according to ur setup
void lcd_send_cmd (char cmd)
{
  char data_u, data_l;
        uint8_t data_t[4];
        data_u = (cmd&0xf0);
        data_l = ((cmd<<4)&0xf0);
        data_t[0] = data_u|0x0C;  //en=1, rs=0
        data_t[1] = data_u|0x08;  //en=0, rs=0
        data_t[2] = data_l|0x0C;  //en=1, rs=0
        data_t[3] = data_l|0x08;  //en=0, rs=0
        //printf("%02x %02x %02x %02x\r\n",data_t[0],data_t[1],data_t[2],data_t[3]);
```

```c
        HAL_I2C_Master_Transmit (&hi2c1, SLAVE_ADDRESS_LCD,(uint8_t *) data_t, 4, 100);
}

void lcd_send_data (char data)
{
        char data_u, data_l;
        uint8_t data_t[4];
        data_u = (data&0xf0);
        data_l = ((data<<4)&0xf0);
        data_t[0] = data_u|0x0D;  //en=1, rs=0
        data_t[1] = data_u|0x09;  //en=0, rs=0
        data_t[2] = data_l|0x0D;  //en=1, rs=0
        data_t[3] = data_l|0x09;  //en=0, rs=0
        HAL_I2C_Master_Transmit (&hi2c1, SLAVE_ADDRESS_LCD,(uint8_t *) data_t, 4, 100);
}

void lcd_clear (void)
{
        lcd_send_cmd (0x80);
        for (int i=0; i<70; i++)
        {
                lcd_send_data (' ');
        }
}

void lcd_put_cur(int row, int col)
{
   switch (row)
   {
     case 0:
        col |= 0x80;
        break;
     case 1:
        col |= 0xC0;
        break;
   }
   lcd_send_cmd (col);
```

}

```c
void lcd_init (void)
{
        // 4 bit initialisation
        osDelay(50);  // wait for > 40ms
        lcd_send_cmd (0x30);
        osDelay(5);   // wait for > 4.1ms
        lcd_send_cmd (0x30);
        osDelay(1);   // wait for >100us
        lcd_send_cmd (0x30);
        osDelay(10);
        lcd_send_cmd (0x20);  // 4bit mode
        osDelay(10);

    // dislay initialisation
        lcd_send_cmd (0x28); // Function set --> DL=0 (4 bit mode), N=1 (2 line display)
        osDelay(1);
        lcd_send_cmd (0x08); //Display on/off control --> D=0,C=0, B=0  ---> display off
        osDelay(1);
        lcd_send_cmd (0x01);  // clear display
        osDelay(1);
        osDelay(1);
        lcd_send_cmd (0x06); //Entry mode set --> I/D=1 (increment cursor) & S=0(no shift)
        osDelay(1);
        lcd_send_cmd (0x0C); //Display on/off control --> D=1, C and B = 0
}

void lcd_send_string (char *str)
{
        while (*str) lcd_send_data (*str++);
}

int I2C_Init(void)
{
        HAL_I2C_Init(&hi2c1);
}
```

callcmd.c file을 열고 다음과 같이 코딩한다.

```c
int LCDTest(int argc,char *argv[])
{
        unsigned char i;
        int returnval;


        returnval = I2C_Init();
        printf("I2C Init Return = %d\n",returnval);
        lcd_init();
        lcd_send_string ("HELLO WORLD");
        return 0;
}

const Cmd_tbl  cmd_ctbl[] = {
   {"help", monitor_chelp, "monitor help"},
   {"ls", monitor_lshelp, "Command List"},
   {"lcd", LCDTest, "LCD Test"},
   {0,0,0}
};
```

4) 시험하기

LCD 모듈과 연결하여 글자가 출력되는지 확인하자. [표 12-1]을 참조하여 NUCLEO 보드와 LCD I2C 핀을 연결한다. teraterm 터미널이 LCD를 입력하여 LCD 창에 글자가 표시되는지 확인해보자. 만약 글자가 안 보이면 LCD 모듈에 밝기 조정 볼륨을 돌려서 확인해본다.

[표 12-1] LCD와 I2C LCD 핀

NUCLEO-F429Zi	I2C LCD
+5V	VCC
GND	GND
PB9(CN7, 4Pin)	SDA
PB6(CN10, 13Pin)	SCL

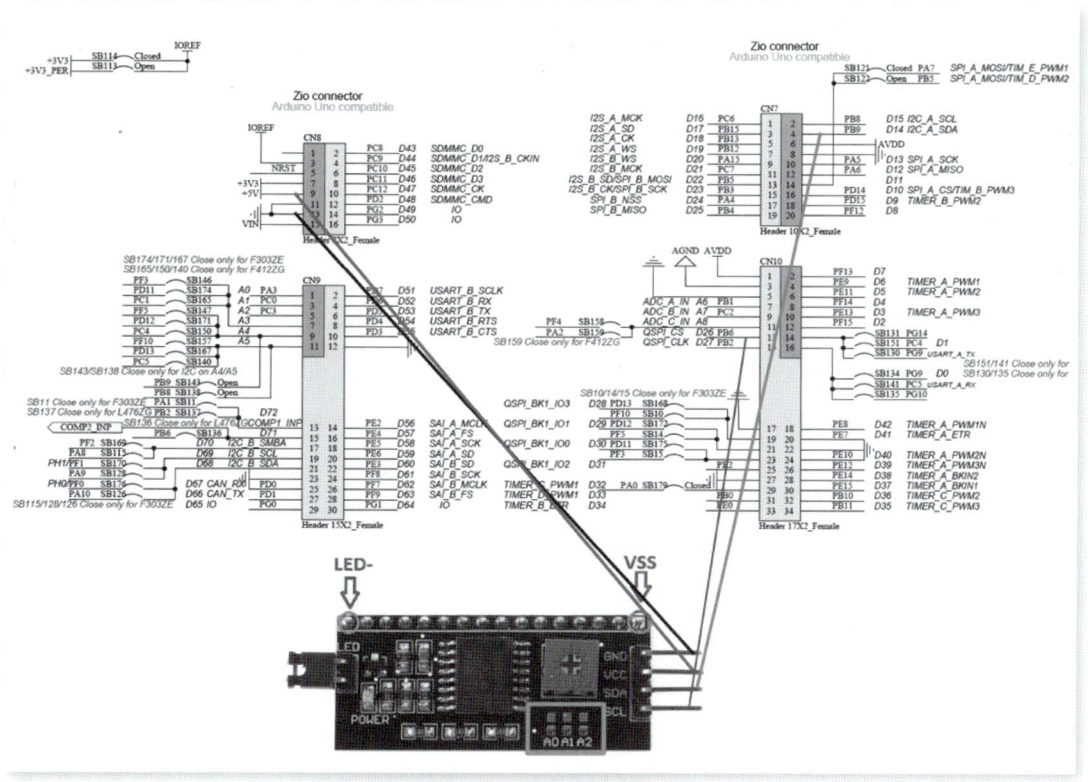

[그림 12-21] LCD 모듈과 연결도

[그림 12-22] LCD 표시

12.5 예제 3: SPI Loop 시험

NUCLEO-F429Zi/F439Zi 보드 SPI 2개의 포트를 이용하여 SPI2는 SPI Master, SPI1은 Slave 모드로 하고 인터럽트 방식을 이용하여 SPI2에서 SPI1으로 데이터가 전달되도록 프로그램을 작성하라.

1) 사용자 요구사항 작성하기

- Hardware는 NULEO-F429Zi/F439Zi 보드를 사용한다.
- SPI2는 Master 8bit로 선택한다.
- SPI1은 Slave 모드로 선택한다.
- 데이터 비트는 8비트로 한다.
- 데이터 속도는 2.0 Mbps 이상으로 한다.
- SPI 모드는 SPI1은 Master로, SPI2는 Slave로 한다.

2) UML 작성하기

3) SPI Loop 구현하기

가) FreeRTOSOS Monitor Project에서 ioc file을 연다. SPI2를 Full Duplex Master 모드로 선택하고 NSS Signal은 Disable한다. PB12를 System Core 메뉴에서 Output Mode로 선택하고 User Label을 SPI2_NSS

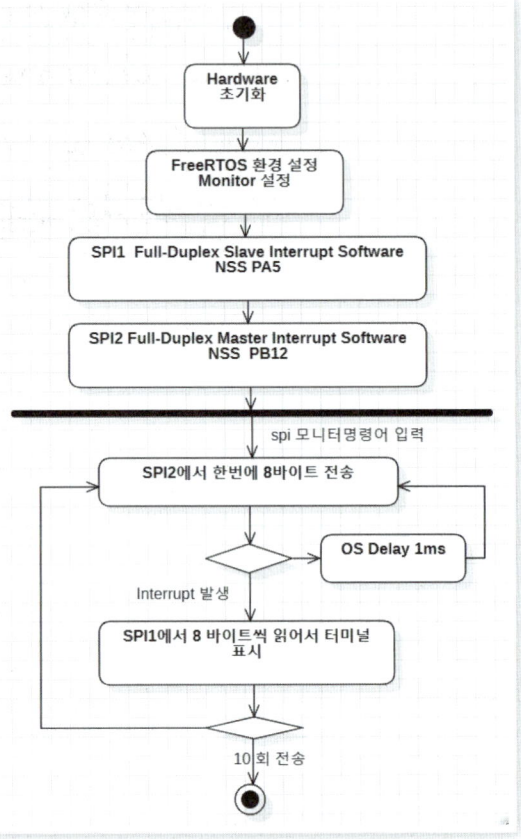

[그림 12-23] SPI Loop 시험 Activity Diagram

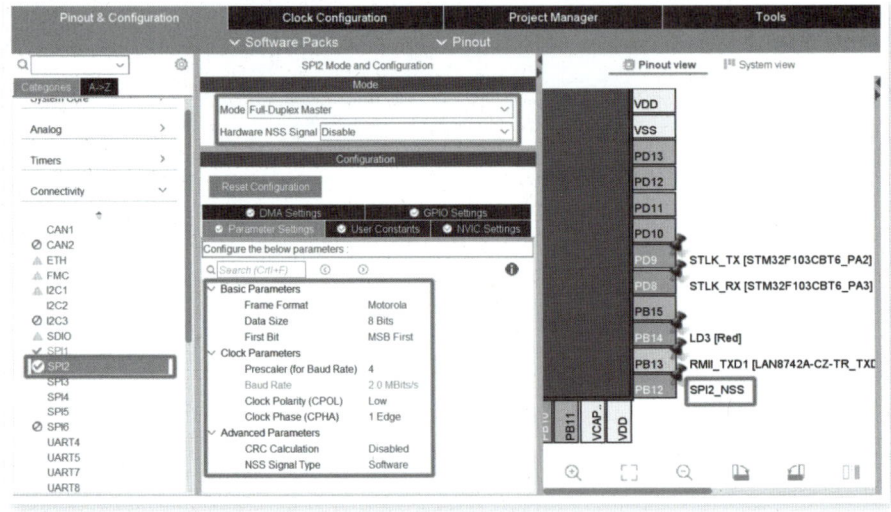

[그림 12-24] SPI2 구성

로 쓴다. Parameter Settings 메뉴에서 Data Size는 8bit, First Bit는 MSB, First Prescaler는 4로 2.0 Mbps로 세팅한다. NVIC 메뉴에서 Interrupt를 Enable시키자.

나) SPI1을 Full Duplex Slave 모드로 하고 NSS Signal을 Disable시킨다. SPI1_SCK 핀은 PA5, SPI1 MISO는 PA6, SPI1 MOSI는 PB5로 자동 세팅된다. SPI1_NSS는 PA4로 세팅하면 되는데 System Core GPIO 메뉴에서 User Label을 SPI1_NSS로 세팅하고 NVIC 메뉴로 가서 인터럽트를 Enable시킨다. Clock Parameter는 CPOL은 Low로, CPHA는 1 Edge로 선택한다.

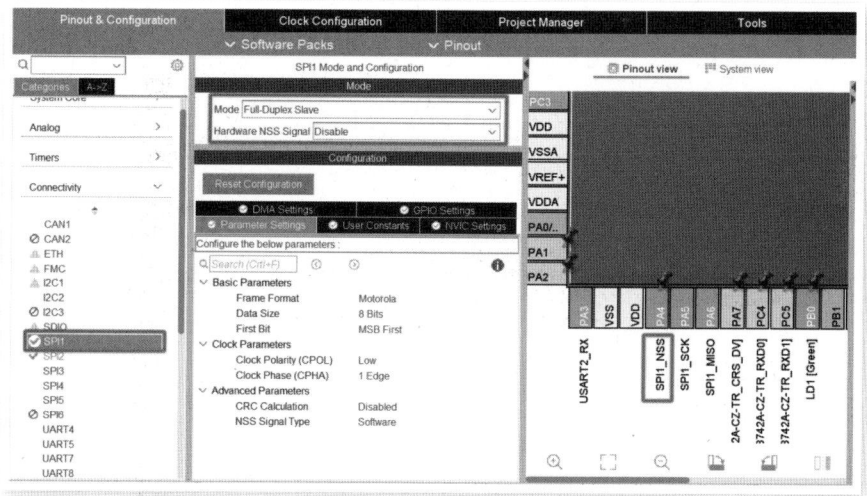

[그림 12-25] SPI1 구성하기

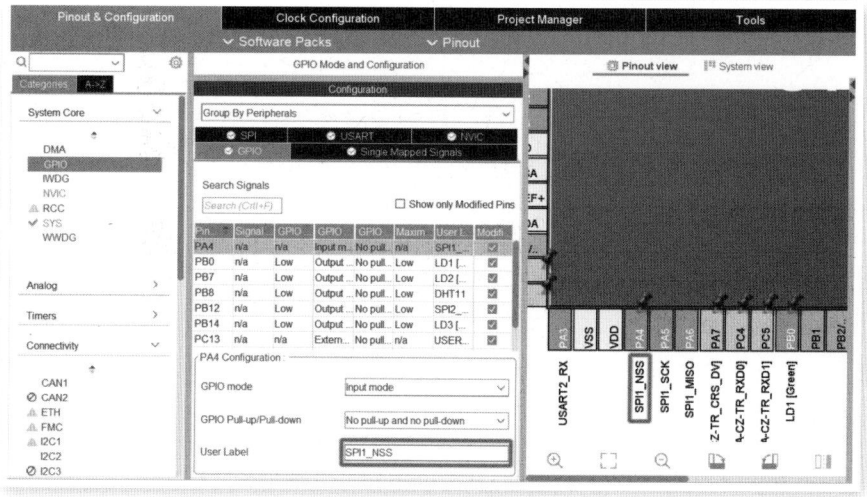

[그림 12-26] SPI1_NSS User Label

다) CubeMX에서 Generate Code를 한 다음 다음과 같이 코딩하자.

stm32f4xx_it.h file을 열어 다음과 같이 추가하자. SPI_Rx_Flag은 SPI1에서 인터럽트가 발생했을 때 알려주는 Flag이다.

```
/* USER CODE BEGIN Includes */
#include <stdbool.h>
extern bool SPI_Rx_Flag;
void UART_Interrupt_Processing(UART_HandleTypeDef *huart);
void UART2_Interrupt_Processing(UART_HandleTypeDef *huart);
/* USER CODE END Includes */
```

stm32f4xx_itl.c 파일을 열어 SPI1_IRQHandler(void) 함수에 **SPI_Rx_Flag = 1;**을 **추가한다**.

```
/**
 * @brief This function handles SPI1 global interrupt.
 */
void SPI1_IRQHandler(void)
{
  /* USER CODE BEGIN SPI1_IRQn 0 */

  /* USER CODE END SPI1_IRQn 0 */
  HAL_SPI_IRQHandler(&hspi1);
  /* USER CODE BEGIN SPI1_IRQn 1 */
  SPI_Rx_Flag = 1;
  /* USER CODE END SPI1_IRQn 1 */
}
```

Main.c file을 열어 다음과 같이 수정한다.

```
/* USER CODE BEGIN 0 */
bool SPI_Rx_Flag;
/* USER CODE END 0 */
```

```
/* USER CODE BEGIN PFP */
unsigned char TxBuffer1[16],RxBuffer1[16];
unsigned char TxBuffer2[16],RxBuffer2[16];
/* USER CODE END PFP */
```

```
main(void)
{

 /* USER CODE BEGIN 2 */
   __HAL_SPI_ENABLE(&hspi1);
   __HAL_SPI_ENABLE(&hspi2);

  printf("Chapter 12 SPI Loop Test\r\n");
/* USER CODE END 2 */
}
```

```
/* USER CODE BEGIN 4 */
void HAL_SPI_TxRxCpltCallback(SPI_HandleTypeDef *hspi)
{
        HAL_SPI_TransmitReceive_IT(&hspi1, (uint8_t*)TxBuffer1,(uint8_t*)RxBuffer1, 16);

}
/* USER CODE END 4 */
```

callcmd.c 모니터 file에 명령어와 관련 함수를 추가해보자.

```
int SPITest(int argc,char *argv[])
{
   int i,j;

   if(HAL_SPI_Init(&hspi1) != HAL_OK) // SPI1 initialization
   {
      HAL_GPIO_WritePin(SPI2_NSS_GPIO_Port, SPI2_NSS_Pin, GPIO_PIN_SET);
   }
```

```c
    if(HAL_SPI_Init(&hspi2) != HAL_OK) // SPI1 initialization
    {
        HAL_GPIO_WritePin(SPI1_NSS_GPIO_Port, SPI1_NSS_Pin, GPIO_PIN_SET);
    }
    HAL_SPI_TransmitReceive(&hspi1, (uint8_t*)TxBuffer1,(uint8_t*)RxBuffer1, 16, 500);
    for(i=0; i<10; i++)
    {
        for(j=0; j<16; j++)
            TxBuffer2[j] = i;
        SPI_Rx_Flag=NO;
        HAL_GPIO_WritePin(SPI2_NSS_GPIO_Port, SPI2_NSS_Pin, GPIO_PIN_RESET);
        if(HAL_SPI_TransmitReceive_IT(&hspi2,(uint8_t*)TxBuffer2,(uint8_t*)RxBuffer2,16) != HAL_OK)
        {
            Error_Handler();
        }
        HAL_GPIO_WritePin(SPI2_NSS_GPIO_Port, SPI2_NSS_Pin, GPIO_PIN_SET);
        osDelay(1);
        if(HAL_SPI_TransmitReceive_IT(&hspi1,(uint8_t*)TxBuffer1,(uint8_t*)RxBuffer1,16) != HAL_OK)
        {
            Error_Handler();
        }
        for(j=0; j<500; j++)
            if(SPI_Rx_Flag) break;
        if(j == 500) printf("SPI1 RX Interrupt Error\r\n");
        SPI_Rx_Flag = NO;
        printf("SPI_RX:");
        for(j=0; j<16; j++)
        {
            printf("%02x ",RxBuffer1[j]);
        }
        printf("\r\n");

    }
        return(YES);
}

const Cmd_tbl  cmd_ctbl[] = {
```

```
                {"help",   monitor_chelp,   "monitor help"},
                {"ls",     monitor_lshelp,  "Command List"},
                {"spi",    SPITest, "SPI Test"},
        {0,0,0}
};
```

callcmd.h file에 다른 파일에 정의되어있는 변수를 extern하자.

```
extern SPI_HandleTypeDef hspi1;
extern SPI_HandleTypeDef hspi2;
extern bool SPI_Rx_Flag;
extern unsigned char TxBuffer1[8],RxBuffer1[8];
extern unsigned char TxBuffer2[8],RxBuffer2[8];
```

4) 시험하기

이제 SPI1 SPI2의 SCK, MISO, MOSI, NSS 핀을 서로 연결하여 동작 시험을 해본다. MISO 신호는 Master가 Input, Slave가 Output, MOSI는 Master가 Output, Slave가 Input으로, MOSI는 MOSI 신호끼리, MISO는 MISO 신호끼리 연결해야 한다. teraterm 터미널에서 spi 명령을 입력하여 전송한 데이터가 수신되는지 확인해본다.

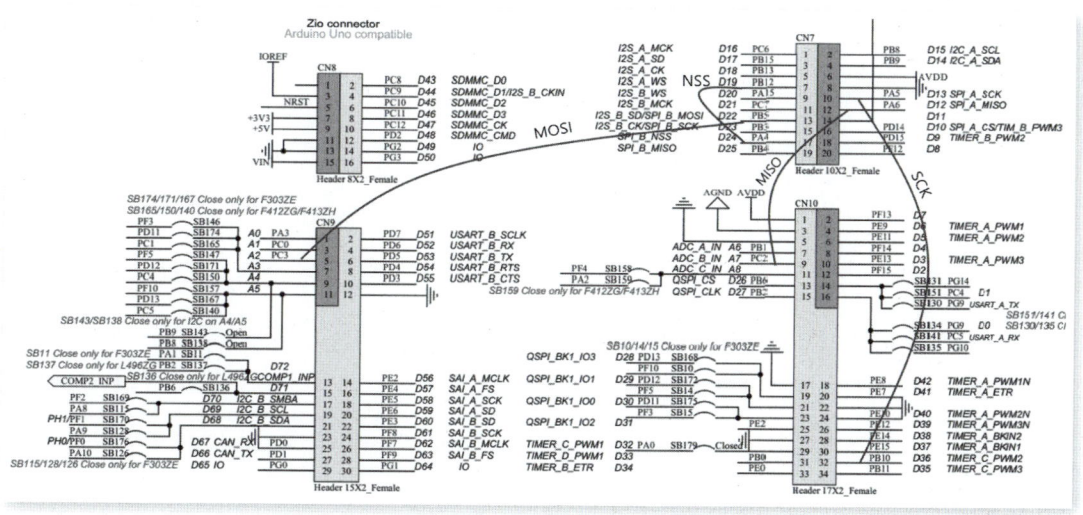

[그림 12-27] SPI Loop 연결도(출처: www.st.com)

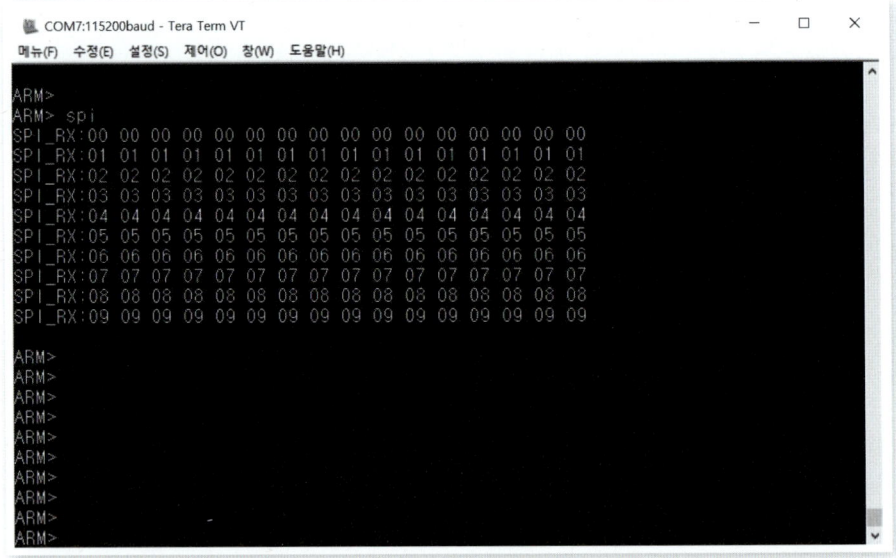

[그림 12-28] teraterm 창에서 SPI Loop 확인

연습문제

1. I2C 통신에 대하여 설명하시오.

2. I2C LCD A0, A1, A2가 Open되어있을 때 I2C Slave 주소는?

3. LCD 디스플레이와 OLED 디스플레이의 차이점은 무엇인가?

4. I2C 송신에 사용하는 HAL 함수는 무엇인가?

5. I2C 수신에 사용하는 HAL 함수는 무엇인가?

13장
USART통신

필요성	본 소단원의 목표는 Real Time OS상에서 USART통신 프로그램하는 방법에 대하여 실습한다.
학습목표	본 소단원을 마치면, 학생들은 다음 사항을 해낼 수 있어야 한다. 1. 지식 - USART통신 2. 기술 NUCLEO-F429/NUCLEO-F439 보드의 RTOS 환경으로 만들어 Task를 생성하여 프로그래밍하는 방법을 배운다.

13.1 선행학습

시리얼 통신은 펌웨어 시스템 개발에 있어서 가장 많이 사용하는 통신 방식 중의 하나로 RS-485, RS-422은 1km가 넘는 먼 거리 통신에 사용한다. 가까운 시스템 사이의 통신은 USART로 하는 것이 편리하다.

1) 시리얼 통신 개념
인류는 이 세상에 존재한 그 순간부터 각자가 알고 있는 지식을 서로 교류하기 위해서 언어를 만들어냈다. 이렇듯이 인류는 내가 아닌 다른 존재들과 끊임없이 교류하기를 원했다. 수천 년이 흐른 지금 인류의 이런 특성은 인류의 문명이 만들어낸 다양한 물건들에 반영이 되었다. 그중에서 대표적인 것이 바로 디지털 통신 기능을 내장한 다양한 제품들이다. 이렇게 디지털 통신을 이용하여 다른 장치들과 정보를 교환하며 이를 바탕으로 편리한 기능을 사용자에게 제공한다. 그럼 본격적으로 시리얼 통신에 대해서 알아보도록 하겠다. 직렬(Serial) 통신은 대개 하나의 신호선을 이용하여 데이터를 주고받는 통신을 일컬어 지칭한다. 하나의 신호선을 이용하기 때문에 데이터 전송은 일정한 시간 간격으로 전송하게 된다. 즉 한 시간 간격 동안에 하나의 논리적인 데이터인 0과 1(High 혹은

Low)을 보내며, 일정한 길이의 데이터를 모두 전송하기 위해서는 다소 시간이 소요된다.

[그림 13-1] 시리얼 통신 개념

그렇지만 시리얼 통신은 적은 수의 신호선을 사용하기 때문에 저렴하게 통신을 할 수 있다. 이런 장점 때문에 최근에 대부분의 통신은 직렬 통신으로 데이터를 전송한다. 시리얼 통신의 적용 예는 USB, PC COM Port 등이 있다. [그림 13-2]에서와 같이 동기 시리얼 통신은 데이터를 주고받을 때 동기 클럭을 사용하여 전송되는 2진 데이터 신호 정보를 파악하는 통신을 일컫는다. 동기 시리얼 통신에서는 데이터 송수신과 별도의 제어 신호선 이외에 통신을 수행하는 노드상에 연결된 각 장치에 동기 통신만을 위한 동기화 클럭 선이 별도로 존재한다. 이런 동기 시리얼 통신은 오류가 적으며, 빠른 데이터 통신을 할 수 있도록 한다. 그러나 별도의 클럭 선을 사용해야 해 통신비용이 증가하고, 데이터 통신을 위한 주변 전자회로가 다소 복잡해지는 결과를 가져온다. 비동기 시리얼 통신은 데이터를 주고받는 통신선과 제어선으로만 구성된 통신을 일컫는다. 비동기 시리얼 통

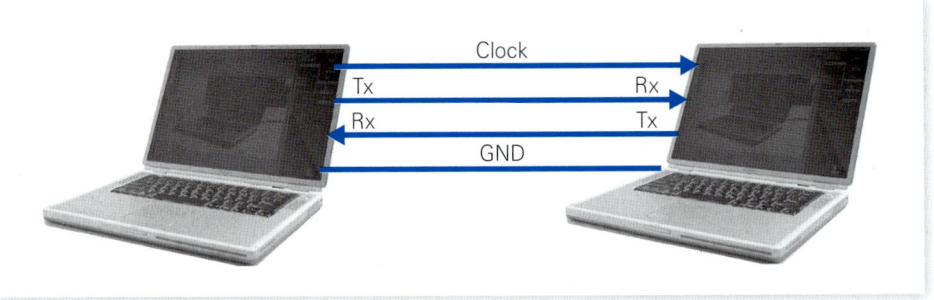

[그림 13-2] 동기방식 시리얼 통신 개념

신은 별도의 클럭 선을 사용하지 않아도 되며, 도선 몇 가닥으로 손쉽게 통신 회선을 구축할 수 있는 장점이 있으며, 통신을 위한 주변 전자회로 장치가 매우 간단한 것이 특징이다. 그러나 비동기

시리얼 통신은 2진 데이터 신호가 통신 회선을 통해서 이동하는 과정 중 원본 데이터에 대한 2진 데이터 신호가 사라지거나 동기 시리얼 통신에 비해서 전송할 데이터의 처음과 끝에 각종 통신 제어 관련 정보를 함께 실어 보내야 한다는 단점이 있다. 이 때문에 동기 시리얼 통신보다 그 속도가 더 빠를 수는 없는 구조이다. 하지만 비동기 시리얼 통신은 매우 저렴한 통신을 할 수 있기 때문에 동기 시리얼 통신과 더불어 여러 산업 분야에서 많이 사용되고 있다. 비동기 통신에서는 통신속도(Baudrate), 데이터 비트(Data Bit), 스톱 비트(Stop Bit), 페리티체크 여부(Parity Check) 등의 통신조건을 맞추어야 통신이 될 수 있다.

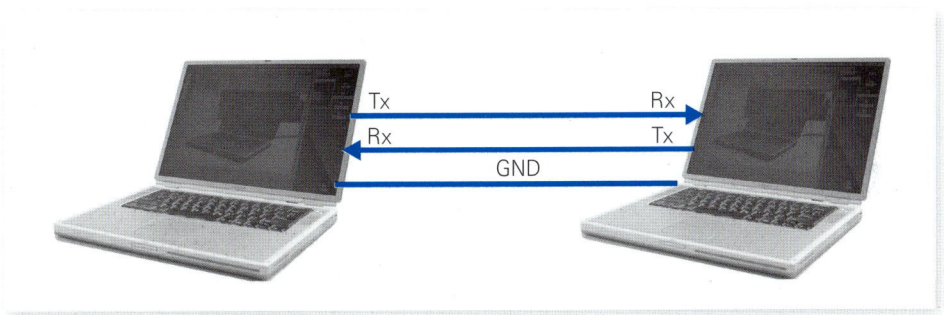

[그림 13-3] 비동기 시리얼 통신

2) RS-232 통신

원래는 터미널 단말기와 모뎀의 접속용으로 쓰였다. CCITT(현재 ITU-T)가 V.24, V.28을 권고로 하고 있던 것을 미국 EIA(The Electronic Industries Alliance)가 통신용으로 규격화한 것으로, 텔레타이프 라이터, PC 등의 DTE(Data Terminal Equipment: 데이터 단말장치), 모뎀 등의 데이터 회선 종단 장치(DCE: Data Circuit-Terminating Equipment)를 접속해 데이터를 전송하기 위한 전기적, 기계적인 특성을 정의한 것이다. 25핀의 단자 규격은 단말 쪽은 아니고 모뎀 쪽의 연결기 규격으로 정해져있기 때문에 PC에서 케이블 본체는 아니고 모뎀 등에 붙어있는 것이 많다. 현재 많이 이용되고 있는 규격으로는 IBM사가 만든 9핀 단자(직렬 포트)가 있으며 널리 보급되어있다. 이로써 새롭게 규격에 더해져서 ANSI/TIA/EIA-574-90으로 정해졌다. 현재는 그 규격이 오래된 인터페이스로 분류되었고, 주변기기의 접속 용도에는 USB, IEEE1394 등과 통신 용도로는 이더넷(ethernet) 등에 그 역할이 대체되고 있다. 그러나 노이즈에 큰 영향을 받지 않고 먼 곳까지 신호를 전달하고, 단순하게 사용하기 위해서는 아직까지도 유용하다. 일반적으로 한 케이블에 10m

정도까지는 정상적으로 데이터를 통신할 수 있게 되어있다. 대부분의 RS-232C 시리얼 통신 방식은 ±12V 전원을 사용하기 때문에 5V 시스템에서 사용할 경우 주의가 필요하다. 또한 접지선을 서로 연결해야 하기 때문에 접지선 연결로 인한 드라이브 IC소자의 소손이 발생할 수도 있다.

3) RS-422 통신

EIA-422(RS-422의 공식적인 명칭, 지금은 TIA-422로 되어있음)는 '평형 디지털 인터페이스 회로의 전기적 특성'을 규정하는 기술 규격이다. 이 규격은 양방향 데이터 전송(Full Duplex)을 위한 평형 전송 내지 차동신호의 채용, 단방향/무반전, 전송로의 터미네이트의 유무, 포인트 투 포인트(point-to-point), 멀티 드롭 등을 규정한다. RS-485와 비교해서 EIA-422는 복수 드라이버가 아닌 복수 리시버만을 허용하고 있다. 평형형 리시버나 평형형 드라이버, 12미터(40피트), 10M메가보의 데이터 속도 등이 이 표준의 이점이다. EIA-422은 비평형, 평형 신호로의 전기적 신호 특성만을 규정하고 있다. 프로토콜이나 핀 할당은 정의되고 있지 않다. 이 인터페이스의 접속은 EIA-530(DB-25 커넥터)이나 EIA-449(DC-37 커넥터)로 정해져있다. 최대 케이블 길이는 1200m이며, 최대 데이터 속도는 1.2m에서 10Mbps, 1.2km에서 100kbps이다. EIA-422는 하나의 드라이버에 10개까지 리시버를 접속할 수 있지만, EIA-485와 같은 진정한 멀티 포인트 접속형 통신 네트워크를 구축할 수 없다.

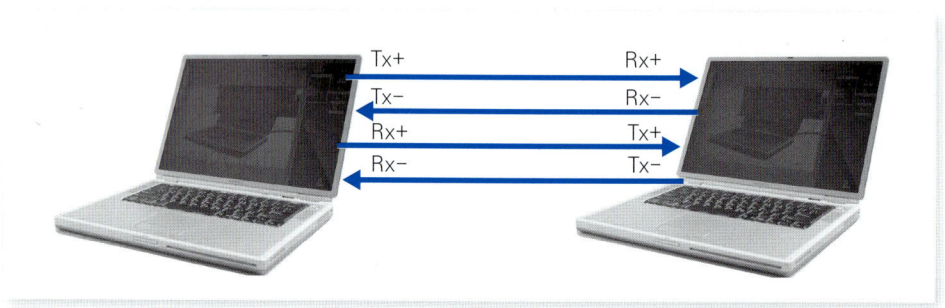

[그림 13-4] RS-422 통신 개념

4) RS-485 통신

EIA-485(이전에는 TIA/EIA-485 또는 RS-485)는 2선식 반이중 다중점 직렬 연결(Half Duplex)에 대한 OSI 모델의 물리 계층 명세이다. EIA-485 표준은 차분 신호를 정의하는데, 두 선 사이의 전압차로 데이터를 표현한다. 전압의 한쪽이 「1」레벨이면, 다른 한쪽은 「0」레벨을 나타낸다. 올바른 신호로 인식하려면 적어도 전압의 차이가 0.2V 이상이어야 한다. 수신 측은 +12V으로부터 -7V까지의 전압이면 올바른 것이라고 인식한다. EIA-485는 드라이버와 리시버의 전기적 특성만을 정한 것이다. 데이터 프로토콜에 대해서는 가이드라인이 존재하지 않는다. EIA-485를 사용하면 저가의 로컬 네트워크나 멀티 드롭 통신망을 구축할 수 있다. 이 규격은 고속 데이터 통신속도를 낼 수 있는데 10m까지는 35Mbit/s, 1200m에서는 100kbit/s이다. EIA-485는 EIA-422과 같이 트위스트 페어(twisted pair)를 이용한 평형형 전송로를 채택하고 있기 때문에 비교적 먼 거리(4000피트, 1200m 이상)까지 늘리는 것이 가능하다.

EIA-485는 2선식으로, EIA-422는 4선식으로 알려져있어 많은 엔지니어들이 그라운드(Ground) 연결을 하지 않아 시스템의 문제를 일으키는 경우가 있다. EIA-485와 EIA-422 네트워크 연결 시에 반드시 그라운드를 연결하여야 하며 만일 연결하지 않는 경우에는 연결된 각 장비 사이의 그라운드 전위가 발생하여 잡음이 발생하거나 드라이버가 파손될 수 있으니 주의가 필요하다. RS-485 구현 시에는 동시에 송수신이 안 되기 때문에 Master와 Slave로 나누어야 하며 Slave는 항상 대기 상태로 있어야 하고 Master에서 데이터가 들어오면 수신이 끝난 다음에 Slave에서 Master로 데이터를 전송할 수 있다.

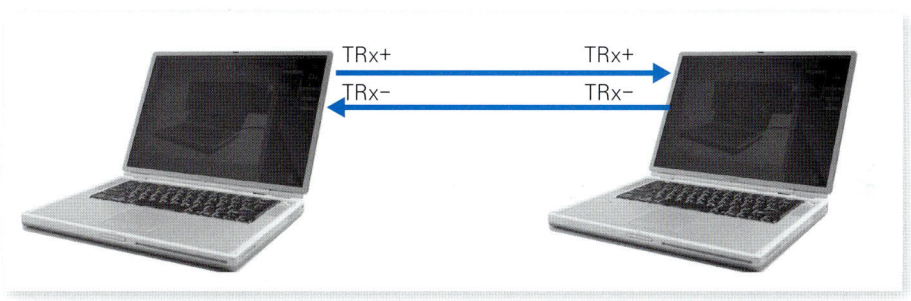

[그림 13-5] RS-485 통신 개념도

13.2 학습도구 및 기자재

가) NICLEO-F429Zi 혹은 NUCLEO-F439Zi Board
나) teraterm Program
다) Cube-MX Program
라) Cube-IDE Program

마) 브레드보드
바) 점퍼케이블
사) PC

13.3 예제 1: 시리얼 통신 Loop 실험

NUCLEO-F29Zi/F439Zi 보드를 이용하여 USART 포트 두 개를 활성화하고 두 개의 USART 시리얼 통신선을 Loop 시켜 송수신이 가능하도록 프로그램하여라. 통신은 Teraterm 프로그램을 이용하고 115200bps, 8bit, 1 stop bit, no Parity로 하라.

1) 사용자 요구사항 작성하기

가) USART Monitor를 구성한다.
나) CubeMX로 USART2와 USART6을 활성화시킨다.
다) NUCLEO-F429 혹은 NUCLEO-F439 보드에서 USART2 TX를 USART6의 RX로, USART6의 TX는 USART2의 RX로 연결한다.
라) Monitor Command로 USART Test Code를 Coding한다.
마) 옆 사람과 USART2의 통신 포트를 연결한다. TX→RX RX→TX
바) Monitor Command로 chatting 창을 만들어 통신해본다.
사) Ymodem으로 File을 전송해 본다.

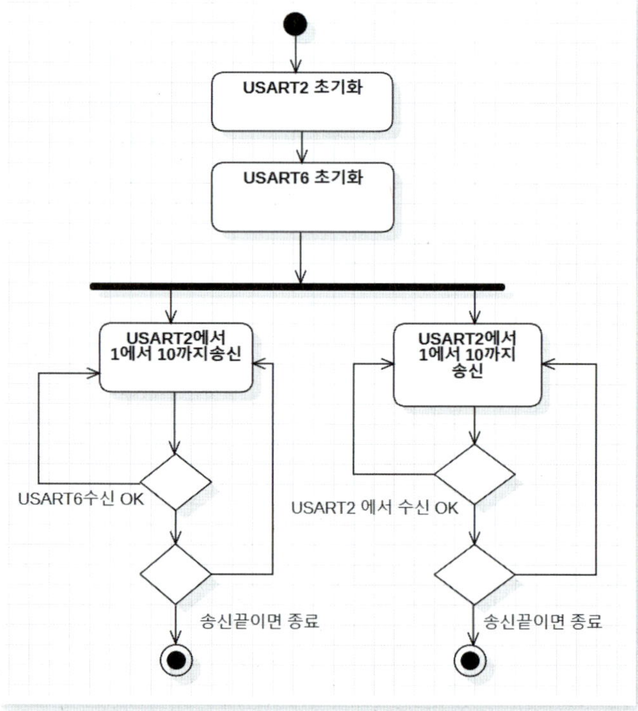

2) UML Tool로 설계하기

[그림 13-6] USART통신 UML Activity Diagram

3) CubeMX로 USART 환경 구성하여 구현하기

먼저 [그림 13-7]과 같이 Monitor Program을 완성시킨다. 모니터 프로그램을 컴파일하여 TeraTerm 창에 [그림 13-8]처럼 나타나는지 확인하여야 한다.

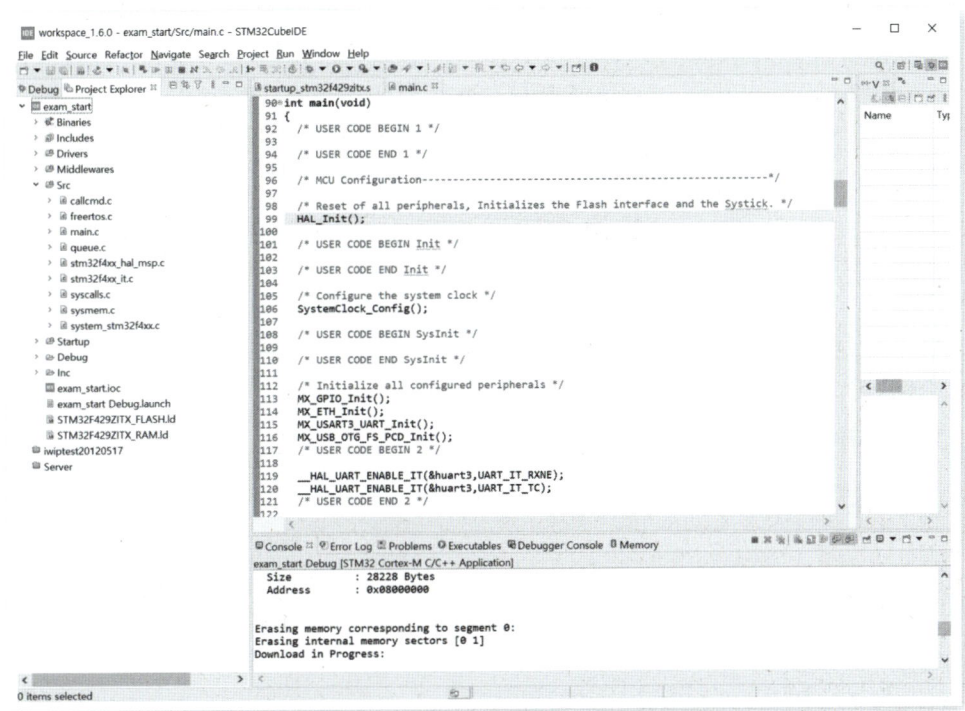

[그림 13-7] Monitor Program 설치하기

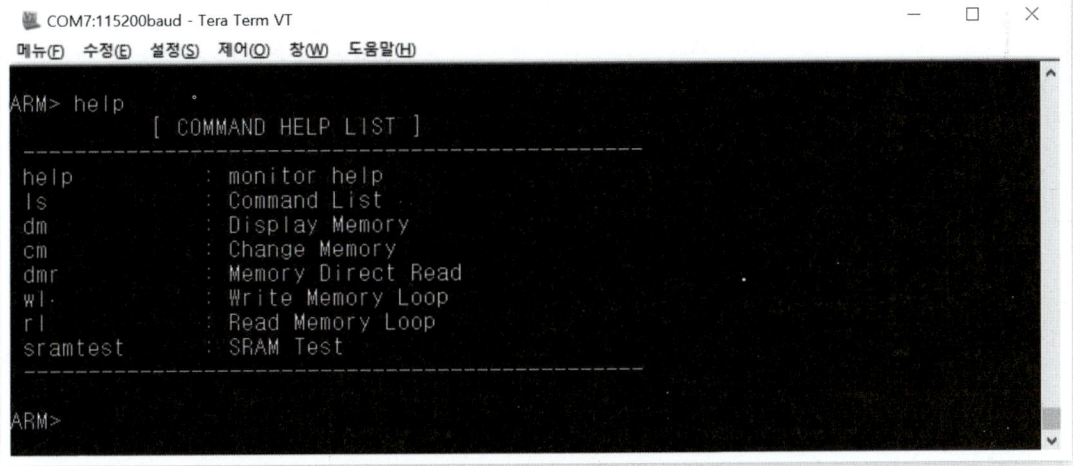

[그림 13-8] Teraterm Monitor Command

통신포트2와 통신포트6을 사용해보자.

USART2를 활성화시키고 NVIC Interrupt를 Enable시킨다.

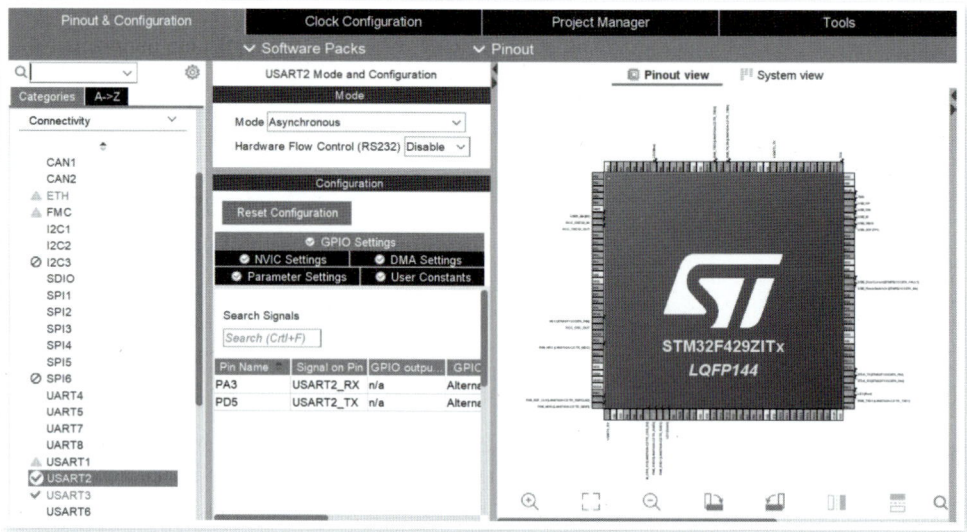

[그림 13-9] USART2 포트 활성화하기

USART6를 활성화시키고 NVIC Interrupt를 Enable시킨다.

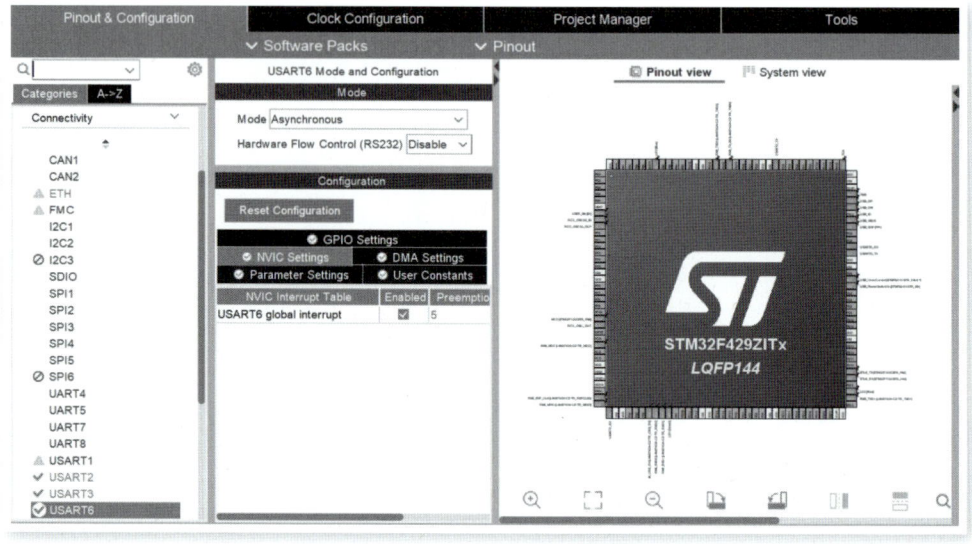

[그림 13-10] USART6 포트 활성화하기

CubeIDE에서 Project→Generate Code 한 후 Build All을 하여 Error가 없는지 확인한다. Error가 있으면 Error 원인을 찾아서 제거하여야 한다.

"command.h" file에서 다음 라인을 추가한다.

```
extern UART_HandleTypeDef huart2;
extern UART_HandleTypeDef huart3;
extern UART_HandleTypeDef huart6;
```

"callcmd.c" Source file에서 다음 함수를 추가한다.

```
int USARTTest(int argc,char *argv[])
{
    int i;
    unsigned char SendData[10]={1,2,3,4,5,6,7,8,9,10};
    unsigned char ReceiveData[1];

    HAL_UART_Receive(&huart6,ReceiveData,1,100);
    for(i=0; i<10; i++)
    {
      HAL_UART_Transmit(&huart2,&SendData[i],1,100);
      HAL_UART_Receive(&huart6,ReceiveData,1,100);
      printf("USART2 TX Send=%02x Receive=%02x\r\n",SendData[i],ReceiveData[0]);
      HAL_UART_Transmit(&huart6,&SendData[i],1,100);
      HAL_UART_Receive(&huart2,ReceiveData,1,100);
      printf("USART6 Tx Send=%02x Receive=%02x\r\n",SendData[i],ReceiveData[0]);
    }
    return 0;
}
```

callcmd.c Source File에서 명령어를 추가한다.

```
const Cmd_tbl  cmd_ctbl[] = {
        {"help",        monitor_chelp,   "monitor help"},
        {"ls",          monitor_lshelp,  "Command List"},
        {"usarttest",   USARTTest,       " USART Test"},
        {0,0,0}
};
```

4) 시험하기

NUCLEO-F429 혹은 NUCLEO-F439 보드에서 다음과 같이 Jump선을 이용하여 USART2의 Tx와 USART6의 Rx, USART6의 Tx와 USART2의 Rx를 연결한다. 이제부터 통신포트2에서 보낸 것을 통신포트6에서 받는지, 통신포트6에서 보낸 데이터가 통신포트2에서 받는지 확인해보자.

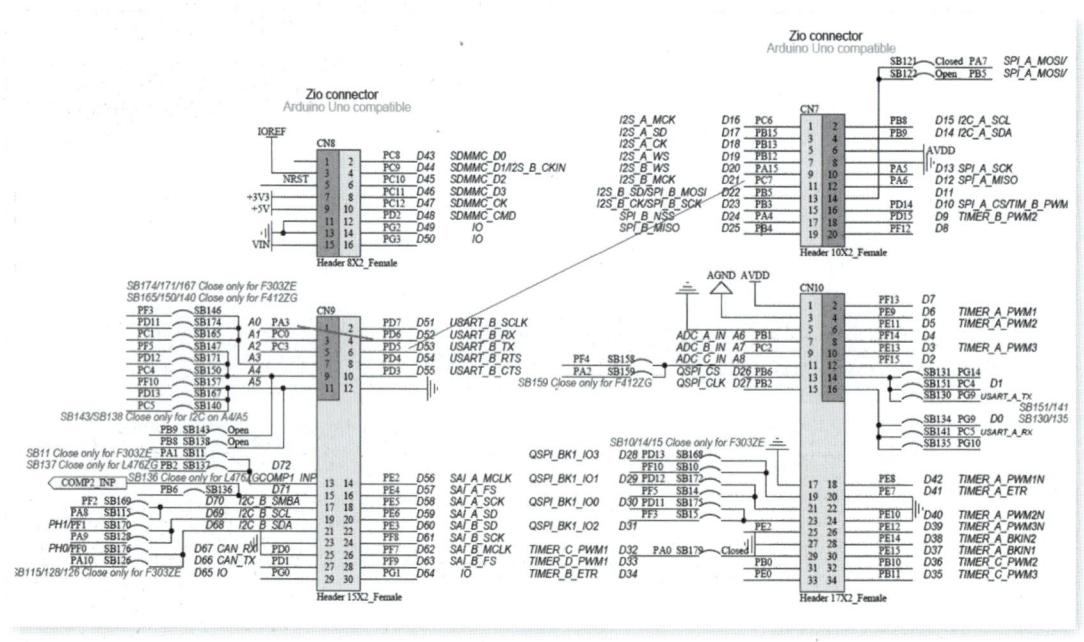

[그림 13-11] USART2와 USART6 서로 연결하기(출처: www.st.com)

[그림 13-12] usarttest 결과 창

help 명령을 입력하여 usarttest 명령어가 들어있는지 확인해보라.

[그림 13-13] usarttest 명령어 확인해보기

usarttest 명령어를 입력한 후 글자를 입력해 본다. Usart6에서 받은 글자가 출력되어야 한다.

13.4 예제 2: 시리얼과 스마트폰 블루투스 통신

HC-05 블루투스 모듈을 이용하여 안드로이드 스마트폰 블루투스와 연결하고 데이터 통신이 가능하도록 구성하여 프로그램하라.

1) 사용자 요구사항 작성하기
- USART2 통신을 구성하고 115200, 8bit, 1 stop, no parity로 설정한다.
- NUCLEO-F429Zi/F439Zi 보드와 HC-05 블루투스 모듈을 연결한다.
- 스마트폰에서 블루투스를 검색하여 연결하고 블루투스 터미널 앱을 연다.
- FreeRTOS 모니터에서 bluetooth 명령어를 입력하여 양방 통신이 되도록 프로그램한다.
- Bluetooth 프로그램에서 〈ESC〉 키를 누르면 통신을 종료한다.

2) UML Tool로 설계하기

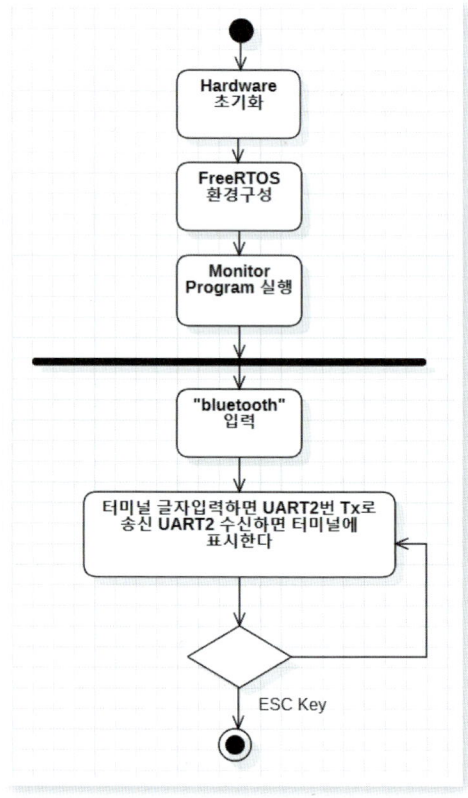

[그림 13-14] 블루투스 통신

3) 구현하기

가) HC-05 블루투스 모듈과 [그림 13-15]처럼 연결한다.

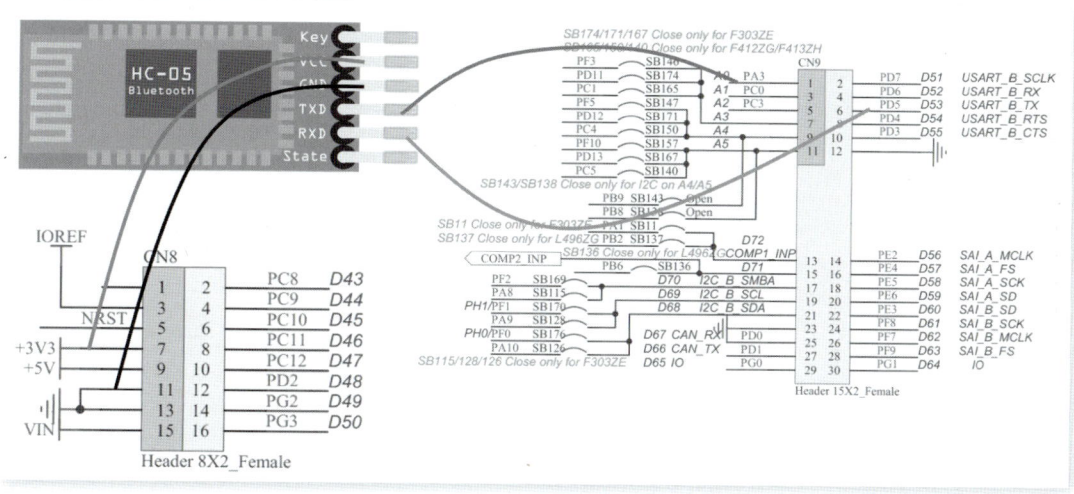

[그림 13-15] HC-05와 NUCLEO-F429Zi/F439Zi와 연결

나) CubeMX에 USART2를 추가하고 Project를 만든다.

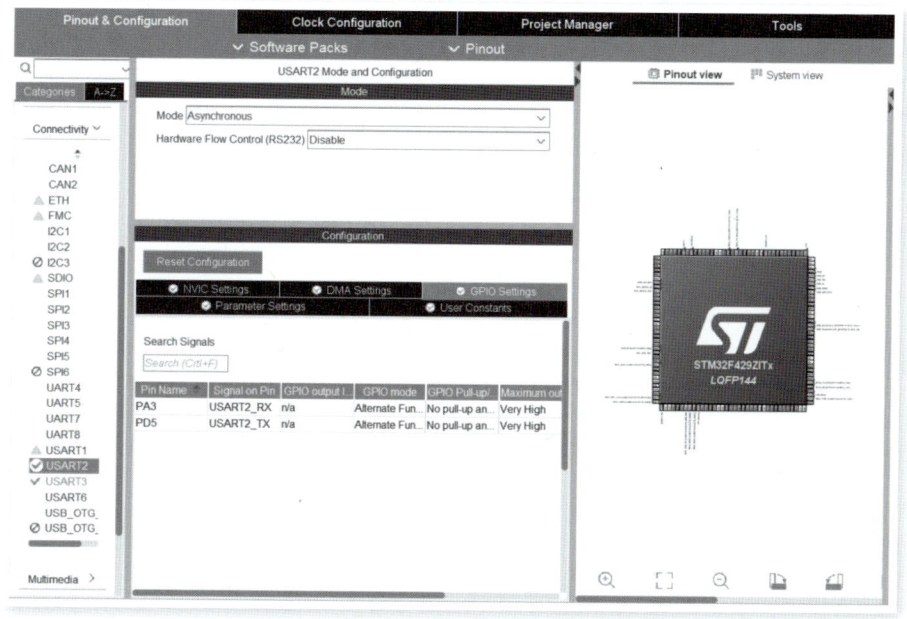

[그림 13-16] CubeMX로 USART2를 구성한다.

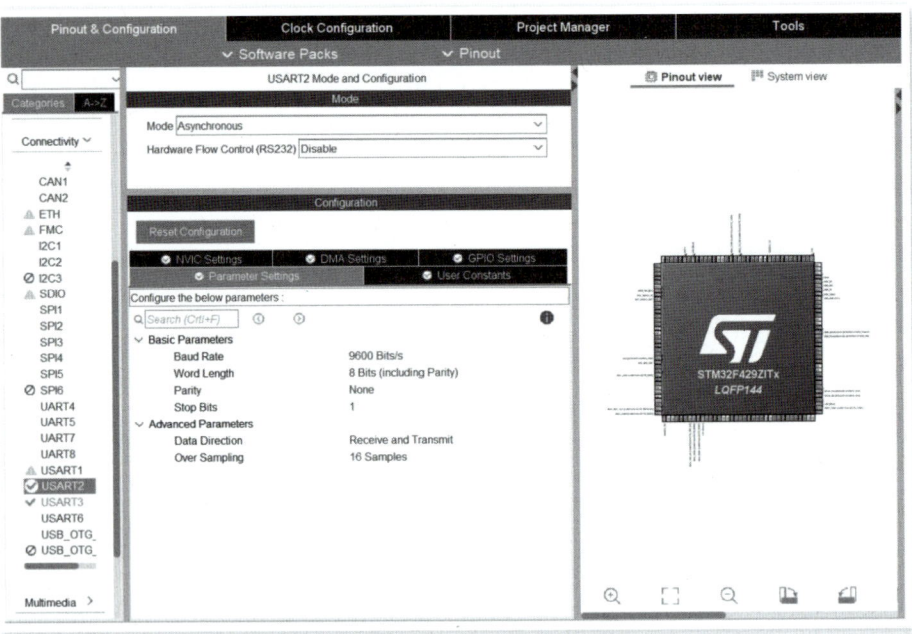

[그림 13-17] 통신속도를 9600bps로 한다.

다) callcmd.c에 bluetooth shell 명령어를 추가하고 관련 함수를 코딩한다.

callcmd.h에 다음을 추가한다.

```
extern UART_HandleTypeDef huart2;
bool Uart2_Is_Empty(void);
uint16_t Uart2_DeQueue(void);
void put_uart2(unsigned char data);
```

callcmd.c에 다음과 같이 코딩한다.

```
void put_uart2(unsigned char data)
{
        unsigned char Temp[1];

        Temp[0] = data;
```

```c
            HAL_UART_Transmit(&huart2, (unsigned char*)Temp, 1, 10);
}

int BlueTooth(int argc,char *argv[])
{
        unsigned char RxData;

    for(;;)
    {

            if(!Uart2_Is_Empty())
            {
               RxData = Uart2_DeQueue();
               printf("%c",RxData);
            }
                if(!Uart3_Is_Empty())
                    {
                        RxData = Uart3_DeQueue();
                        printf("Tx=%c\r\n",RxData);
                        put_uart2(RxData);
                        if(RxData == '~')
                        {
                                printf("Test Stop Bluetooth\r\n");
                                break;
                        }
                    }
            osDelay(1);

    }
        return(YES);
}

const Cmd_tbl  cmd_ctbl[] = {
    {"help",          monitor_chelp, "monitor help"},
    {"ls",    monitor_lshelp, "Command List"},
    {"bluetooth", BlueTooth,   "BlueTooth"},
```

stm32f4xx_it.c file에 USART2를 처리할 Interrupt 함수를 작성한다.

```c
/**
 * @brief This function handles USART2 global interrupt.
 */
void USART2_IRQHandler(void)
{
  /* USER CODE BEGIN USART2_IRQn 0 */

  /* USER CODE END USART2_IRQn 0 */
  HAL_UART_IRQHandler(&huart2);
  /* USER CODE BEGIN USART2_IRQn 1 */
  UART2_Interrupt_Processing(&huart2);
  /* USER CODE END USART2_IRQn 1 */
}
```

main.c file에 다음과 같이 코딩한다.

```c
/**
 * @brief  The application entry point.
 * @retval int
 */
int main(void)
{

  __HAL_UART_ENABLE_IT(&huart2,UART_IT_RXNE);
  __HAL_UART_ENABLE_IT(&huart2,UART_IT_TC);
  printf("Chapter 13 bluetooth Example\r\n");

void UART2_Interrupt_Processing(UART_HandleTypeDef *huart)
{

        if(huart->Instance == huart2.Instance)
        {
                if(HAL_UART_Receive_IT(&huart2,Receive_Buffer2,1) == HAL_OK)
                {
```

```
                    Uart2_EnQueue(Receive_Buffer2[0]);
            }
        }
}
```

callqueue.c file에 Uart2에 관련된 Queue를 추가한다.

```
void Uart2_EnQueue(uint16_t data)
{
    u2_rx_buffer[u2_rx_point_head] = data;
    u2_increase_point_value(&u2_rx_point_head);
}


void u2_increase_point_value(uint32_t * data_p)
{
    (* data_p) ++;
    if(U3_BUFFER_SIZE == (* data_p))
    {
        (* data_p) = 0;
    }
}


uint16_t Uart2_DeQueue(void)
{
    uint16_t retVal = u2_rx_buffer[u2_rx_point_tail];
    u2_increase_point_value(&u2_rx_point_tail);
    return retVal;
}

bool Uart2_Is_Empty(void)
{
    if(u2_rx_point_head == u2_rx_point_tail)
    {
        return TRUE;
    }
```

```
    return FALSE;
}
```

4) 시험하기

안드로이드 스마트폰 Play Store에서 bt terminal로 검색하여 앱을 설치한다. 스마트폰 설정에 들어가서 연결을 누르고 블루투스 메뉴로 들어가서 검색한다. HC-05가 찾아지면 디바이스를 등록한다.

HC-05 블루투스 등록 시 비밀번호는 1234로 하면 되고 CONNECT가 되면 블루투스에 있는 LED 깜빡임이 깜빡깜빡하는 모습으로 다르게 표시된다. 그 상태에서 Tx 창에 글자를 입력하면 teraterm 모니터 터미널에 글자가 보여야 된다. teraterm에서 글자를 입력하면 스마트폰에 글자가 보이면 성공이다.

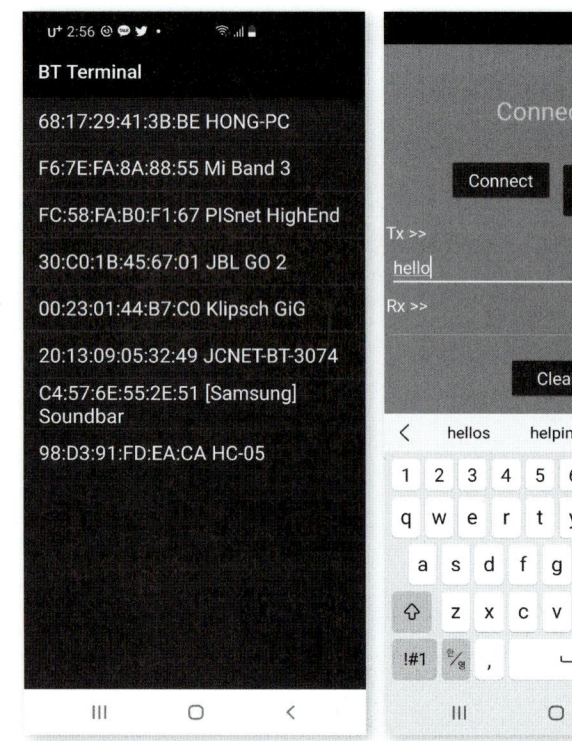
[그림 13-18]
블루투스 디바이스 연결

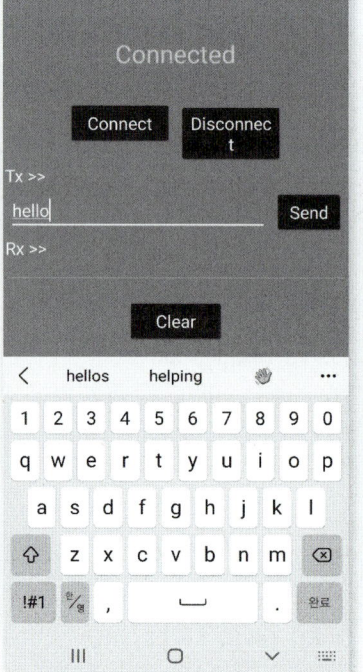
[그림 13-19]
tx에 글자를 쓰고 send를 누른다.

[그림 13-20]
스마트폰 글자 수신화면

[그림 13-21] PC의 bluetooth 명령을 치고 글자가 보이는지 확인한다.

연습문제

1 동기식 비동기식 시리얼 통신의 차이점은?

2 RS-422 통신 방식은 무엇인가?

3 RS-485 통신 방식은 무엇인가?

4 블루투스 모듈과 NUCLEO-F429Zi/F439Zi 보드와의 연결방법을 설명하시오.

5 HAL함수 중에서 USART로 데이터를 송신할 때 사용하는 함수는?

14장
CAN Bus 통신 실습

필요성	본 소단원의 목표는 Real Time OS상에서 CAN Bus 통신 프로그램하는 방법에 대하여 실습한다.
학습목표	본 소단원을 마치면, 학생들은 다음 사항을 해낼 수 있어야 한다. 1. 지식 - CAN Bus 통신 기본지식 2. 기술 NUCLEO-F429/NUCLEO-F439 보드의 RTOS 환경으로 만들어 Task를 생성하여 CAN Bus 통신 프로그래밍하는 기술을 습득한다.

14.1 선행학습

1) 개요

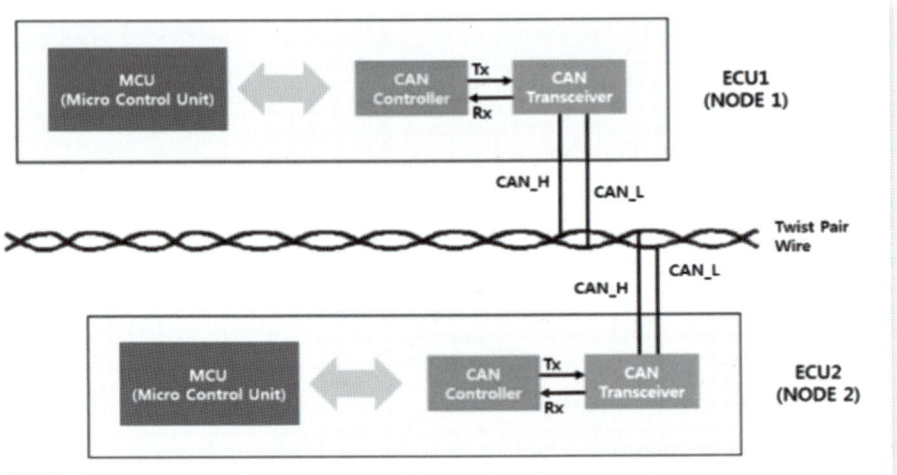

[그림 14-1] MCU에 CAN Controller가 내장되지 않은 경우

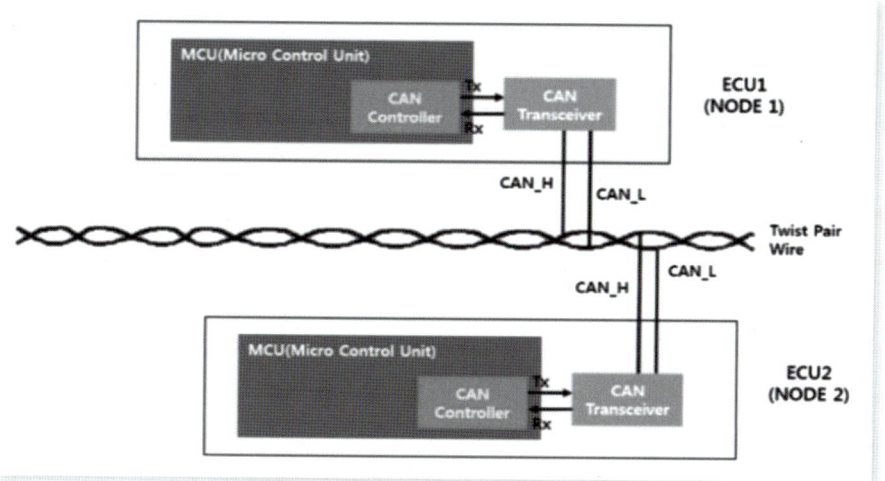

[그림 14-2] MCU에 CAN Controller가 내장된 경우

CAN(Controller Area Network)이란, 차량 내에서 호스트 컴퓨터 없이 마이크로컨트롤러나 장치들이 서로 통신하기 위해 설계된 표준 통신 규격이다. 차량 내 *ECU(Electronic control unit)들은 CAN 프로토콜을 사용하여 통신한다. 초기에는 차량 네트워크용으로 개발되었으나 최근에는 차량뿐만 아니라 산업 전 분야에 폭넓게 적용되고 있으며, 기본적인 시스템 구성은 아래와 같다. 크게 CPU에 CAN 컨트롤러가 내장된 경우와 별도의 컨트롤러를 외부에 두어 SPI 통신으로 CPU와 데이터 처리를 하는 형태 2가지로 나눌 수 있다.

2) CAN Bus 특징

가) 메시지 지향성 프로토콜(Message-Oriented Protocol)
CAN은 노드의 주소에 의해 데이터가 교환되는 것이 아니라 메시지의 우선순위에 따라 ID(IDentifier)를 할당하고, 이 ID를 이용해 메시지를 구별하는 방식을 사용한다. 즉, 임의의 한 노드 A가 메시지를 전송했다면, A를 제외한 나머지 노드들은 A가 전송한 메시지가 자신에게 필요한 메시지인지를 판단(ID 기반 판단)한다. 자신에게 필요하다면 받아들이고, 아니라면 무시한다.

나) 보완적인 에러 감지 메커니즘
CAN은 다양한 에러 감지 메커니즘이 상호 보완적으로 에러를 감지하기 때문에 높은 안정성을 보장한다. 또한 메시지 전송 시, 에러가 감지되면 자동적으로 해당 메시지를 즉시 재전송하는 기능이 있기 때문에 다른 프로토콜에 비해 에러 회복 시간이 짧다.

다) 멀티 마스터 능력

CAN을 기반으로 한 네트워크에는 버스를 점유하기 위한 감독자 노드(Bus Master)의 필요가 없다. 즉 모든 노드가 버스 마스터가 되어 버스가 비어있을 때(idle)라면 언제든지 메시지 전송이 가능하다. 모든 노드는 버스가 비워지는 즉시 메시지 전송을 시작한다. 만약 CAN 버스에서 두 개의 노드에서 메시지를 동시에 전송하려고 하더라도, 우선순위(식별자, ID)에 따라 각각 전송이 된다. 즉 우선순위가 높은 메시지(이때, 더 낮은 ID 번호가 더 높은 우선순위를 가짐)가 먼저 전송이 된다.

라) 결점 있는 노드의 감지와 비활성화

CAN은 버스의 상태를 항상 모니터링하기 때문에 실시간으로 결함이 있는 노드를 감지해 해당 노드를 비활성화함으로써 네트워크의 신뢰성을 보장한다.

마) 전기적 노이즈에 강함

꼬인 2선(Twist Pair Wire, *CAN_H, CAN_L)을 이용하여 전기적으로 차별되는 통신을 하여 전기적 노이즈에 매우 강하다.

바) 저렴한 가격 및 구성의 용이성

현재 수십 개의 반도체 제조업체가 다양한 CAN 컨트롤러와 트랜시버를 개발 및 판매하고 있어 가격이 저렴하고 조달이 용이하다.

3) CAN Bus 등장 배경

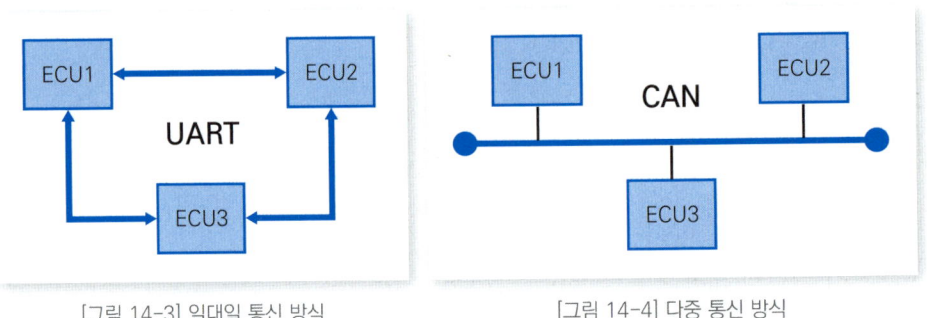

[그림 14-3] 일대일 통신 방식   [그림 14-4] 다중 통신 방식

초기에는 자동차 안에 모듈이 많지 않았기 때문에 USART 방식, 즉 일대일(Point-To-Point) 방식으로 ECU를 연결했다. 하지만 이런 방식이라면 서로 다른 모듈 간 통신을 위해서는 많은 선(line)

이 필요한 것이 문제가 된다. 이는 배선의 증가로 인한 유지보수 문제, 그리고 배선 증가로 인한 무게 증가, 연비 하락과도 연결이 되었으며 기술의 발전으로 차량 내부에 모듈 수가 점점 증가하고 있는 만큼 이와 같은 문제의 해결이 필요했다. 이러한 문제를 해결한 것이 바로 CAN이다.

CAN은 여러 개의 CAN 디바이스가 서로 통신할 수 있는 안정적인 네트워크(다중 통신 방식, Multi Master 방식)를 제공한다. 이와 같은 네트워크의 장점은 ECU가 시스템 내 각 디바이스마다 아날로그 및 디지털 입력을 갖는 것이 아니라 단일의 CAN 인터페이스만 보유한다는 점이다. 따라서 자동차의 전체 비용과 중량도 줄일 수 있다.

4) CAN BUS 네트워크 동작 원리

CAN은 다중통신망(Multi Master Network)이며 CSMA/CD+AMP(Carrier Sense Multiple Access/Collision Detection with Arbitration on Message Priority) 방식을 이용한다. 먼저 CAN 노드에 메시지를 보내기 전에 CAN 버스라인이 사용 중인지를 파악한다. 또한 메시지 간 충돌 검출을 수행한다. 이때 어떠한 노드로부터 보내진 메시지는 송신 측이나 수신 측의 주소를 포함하지 않는다. 즉 주소지정방식으로 통신하지 않는다. 대신 메시지의 처음 부분에 CAN 네트워크상에서 각각의 노드를 식별할 수 있도록 각 노드마다 유일한 식별자(ID-11bits 또는 29bits)를 가지고 있다.

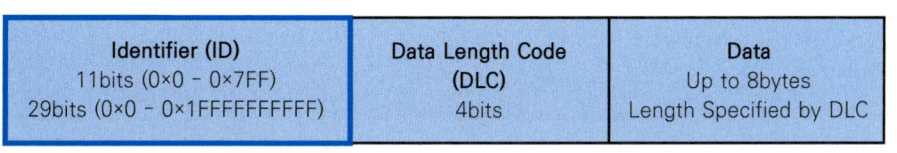

[그림 14-5] CAN Bus 통신 ID와 DLC, Data 구조

네트워크상에 연결된 모든 노드는 네트워크상에 있는 메시지를 수신한 후 자신이 필요로 하는 식별자의 메시지인 경우에만 받아들이고, 그렇지 않은 경우의 메시지는 무시한다. 네트워크상(CAN 통신 라인)에 흘러 다니는 여러 노드의 데이터들이 동시에 사용자가 필요로 하는 노드로 유입되는 경우에는 식별자의 숫자를 비교하여 먼저 받아들일 메시지의 우선순위를 정하는데, 식별자의 숫자가 낮을수록 우선순위가 높다. 우선순위가 높은 메시지가 CAN 버스의 사용 권한을 보장받으며 이때 낮은 순위의 메시지는 자동적으로 다음 버스 사이클에 재전송이 되도록 한다. 각 CAN 메시지는

11비트의 식별자(CAN 2.0A), 또는 29비트의 식별자(CAN 2.0B)를 가지며, CAN 메시지의 맨 처음 시작 부분에 위치[그림 14-5 참조]한다. 이러한 식별자는 메시지의 형태를 식별시켜주는 역할과 메시지에 우선순위를 부여하는 역할을 한다.

5) CAN 통신 프로토콜

가) CAN 프로토콜 규격

CAN 메시지에 있는 식별자(ID)의 길이에 따라 두 가지 모드로 구분된다.

표준 CAN(버전 2.0A): 11비트 식별자

확장 CAN(버전 2.0B): 29비트 식별자

ISO 규격에 따라 두 가지로 구분되며 통신속도에서 차이가 있다.

ISO 11898: 1Mbps 이상의 고속 통신 가능

ISO 11519: 125Kbps까지의 통신 가능

대부분의 CAN 2.0A 컨트롤러는 오직 표준 CAN 포맷의 메시지만 전송 및 수신이 가능하며, 확장 CAN 포맷(CAN 2.0B)의 메시지를 수신하더라도 그 메시지를 무시해버린다. 즉, CAN 2.0A 컨트롤러에서 보내온 메시지 데이터만 유효하다. 그러나 CAN 2.0B 컨트롤러는 양쪽 메시지 포맷(CAN 2.0A, CAN 2.0B)에 대해 모두 송수신이 가능하다.

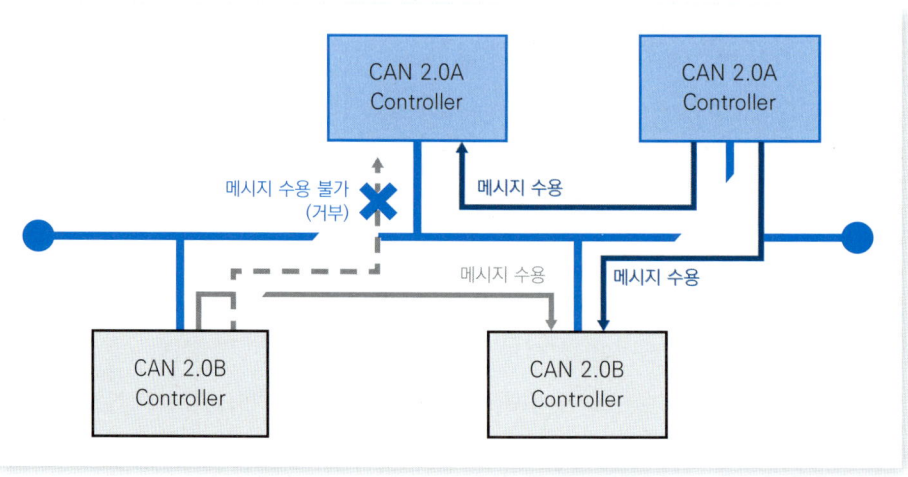

[그림 14-6] CAN 2.0A와 CAN 2.0B 통신

나) CAN 메시지 포맷(구조)

CAN에서는 데이터 프레임(data frame), 리모트 프레임(remote frame), 에러 프레임(error frame), 오버로드 프레임(overload frame)의 4가지 프레임 타입을 정의하고 있다. 데이터 프레임은 일반적으로 데이터 전송에 사용되며, 리모트 프레임은 수신할 노드에서 원하는 메시지를 전송할 수 있는 송신 노드에게 전송을 요청할 때 사용된다. 에러 프레임은 메시지의 에러가 감지되었을 때 시스템에 알릴 목적으로 사용된다. 마지막으로 오버로드 프레임은 메시지의 동기화를 목적으로 사용된다. CAN 통신에서 데이터 송수신은 메시지 프레임을 사용하여 이루어진다. 메시지 프레임의 구조는 다음과 같다.

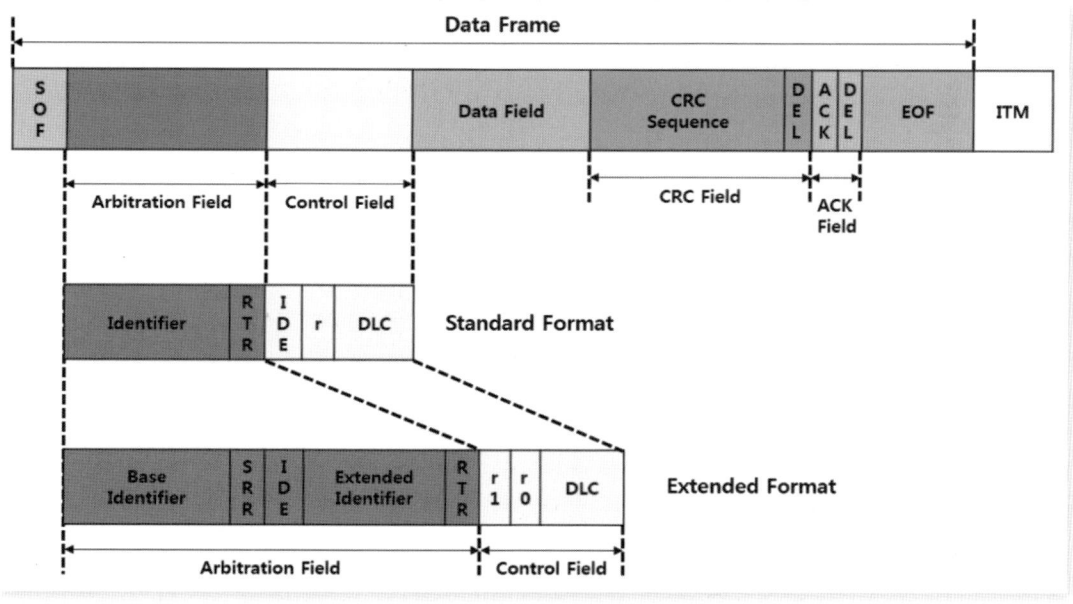

[그림 14-7] CAN Bus 메시지 포맷

다) 필드 설명

- SOF(Start Of Frame)

한 개의 dominant 비트로 구성되어있으며, 메시지의 처음을 지시하고 모든 노드의 동기화를 위해 사용된다.

- Arbitration Field(중재 필드)

11비트 또는 29비트의 크기를 갖는 ID와 1비트의 RTR(Remote Transmission Request) 비

트로 구성된다. 이 영역은 둘 이상의 노드에서 메시지의 전송이 동시에 일어날 경우 발생하는 메시지 간의 충돌을 조정하는 데 사용된다. RTR 비트의 값은 데이터 프레임인지('d') 리모트 프레임인지('r')를 결정하는 데 사용된다.

- Control Field(제어 필드)
2비트의 IDE(IDentifier Extension) 비트, 4비트의 데이터 길이 코드(DLC, Data Length Code)로 구성된다. R0는 Reserved 비트(Extended CAN 2.0B R0, R1)이다.

- Data Field(데이터 필드)
8bytes까지 사용 가능하며, 데이터를 저장하는 데 사용된다(특정한 노드에서 다른 노드로 전송하는 데이터를 포함).

- CRC(Cyclic Redundancy Check) 필드
SOF에서부터 데이터 필드까지의 비트열을 이용해 생성한 15비트의 CRC 시퀀스와 하나의 'r'비트의 CRC 델리미터로 구성되어있다. 이것은 메시지상의 에러 유무를 검사하는 데 사용된다.

- ACK(ACKnowledge) 필드
한 비트의 ACK 슬롯과 하나의 ACK 델리미터('d')로 구성되어있다. 임의의 노드에서 올바른 메시지를 수신하게 되면 ACK 필드를 받는 순간 ACK 슬롯의 값을 'd'로 설정해 버스상에서 계속 전송하게 된다.

- EOF(End Of Frame, 프레임종료)
7개의 'r'비트로 구성되어 메시지의 끝을 알리는 목적으로 사용된다.

- CAN_H, CAN_L
전기적으로 신호를 전송하는 역할을 하는 물리 계층에서, CAN은 광섬유나 꼬인 2선(Twist Pair Wire)과 같은 다양한 종류의 매체를 사용하여 통신할 수 있다. 꼬인 2선 시그널링은 각 전선에 서로 다른 전압을 사용하여 버스상에서의 노이즈를 줄인다. 이때의 꼬인 2선을 각각 CAN_H(or CAN High)와 CAN_L(or CAN Low)이라고 부른다.

14.2 학습도구 및 기자재

가) NICLEO-F429Zi 혹은 NUCLEO-F439Zi Board
나) CAN 통신 모듈 2개
다) Cube-MX Program
라) Cube-IDE Program
마) 브레드보드
바) 점퍼케이블
사) PC

14.3 예제 1: CAN 통신 루프실험

NUCLEO-F429Zi/F439Zi 보드를 이용하여 CAN 통신포트 2개를 만들고 CAN 드라이브 모듈을 연결하여 CAN 버스1에서 CAN 버스2로 데이터가 전달되도록 프로그램하라.

1) 사용자 요구사항 작성하기

가) Hardware는 NUCLEO-F429Zi/F439Zi를 사용한다.
나) CAN 통신 모듈 2개를 사용하여 서로 연결한다.
다) CAN1은 Master로, CAN2는 Slave로 초기화한다.
라) Prescaler는 21;
　　TimeSeg1 = CAN_BS1_12TQ;
　　TimeSeg2 = CAN_BS2_4TQ; 초기화한다.
마) CAN1에서 CAN2로 50개의 Message를 송신한다.
바) CAN2에 수신이 되면 Queue에 넣는다.
사) Queue에 Data가 있으면 CAN1에서 보낸 데이터를 출력한다.

2) UML Tool로 Activity Diagram 설계하기

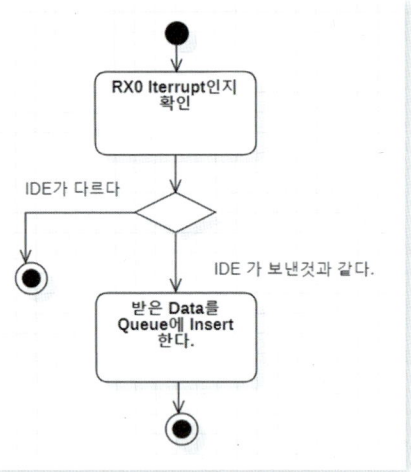
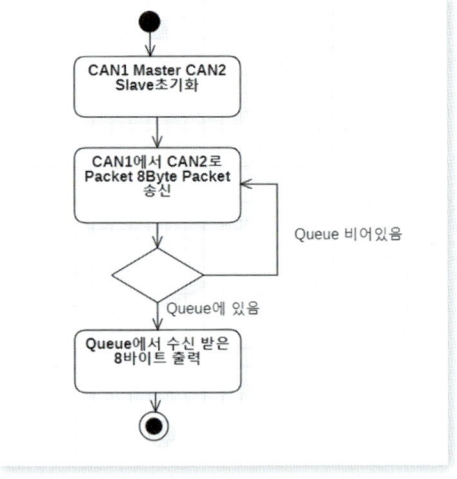

[그림 14-8] RX0 Interrupt 처리   [그림 14-9] CAN 통신 실험 UML Activity Diagram

3) CAN 통신속도 250kbps 설정하기

- 초당 250k bit이므로 1bit당 4μs 소요됨.

- prescaler를 9로 설정 → $\dfrac{36\text{Mhz}}{9}$ = 4MHz → 0.25μs

  → 0.25μs가 1타임퀀텀의 시간 단위가 됨.

- 0.25μs × 타임퀀텀 개수 = 4μs(bit time)

  → 총 16개의 타임퀀텀이 필요함.

- sample point = $\dfrac{\text{sync\_seg} + \text{BS1}}{\text{전체 타임퀀텀}}$ = 75%

  → (1 + 11) / 16 = 75%

  → BS1은 11퀀텀이 된다.

  → sync_seg + BS1 + BS2 = 16퀀텀

4) 구현하기

가) CAN1 Bus 설정

STM32CubeMX로 FreeRTOS를 선택하고 Task를 2개 만든다. 그다음 CAN1 통신을 선택한다.

Connectivity에서 CAN1은 Master Mode로 선택하고 Parameter Settings에서 Bit Timings Parameter 메뉴에서 Prescaler는 16, Time Quanta in Bit Segment 1은 5 times로, Time Quanta in Bit Segment 2는 3 times, ReSynchonization Jump Width는 1 Times로 선택한다.

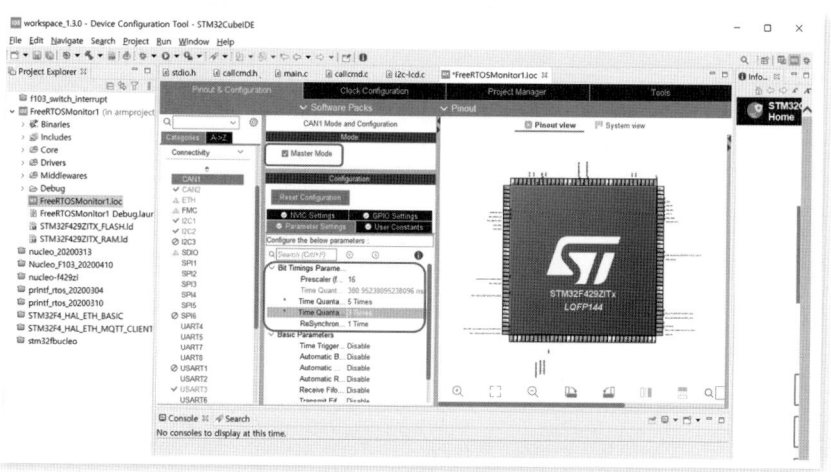

[그림 14-10] CAN1 Bus Setting

나) CAN2 Bus 설정

CAN2는 Slave Mode로 선택한다. Parameter Settings에서 Bit Timings Parameter 메뉴에서 Prescaler는 16, Time Quanta in Bit Segment 1은 5 times로, Time Quanta in Bit Segment 2는 3 times, ReSynchonization Jump Width는 1 Times로 선택한다.

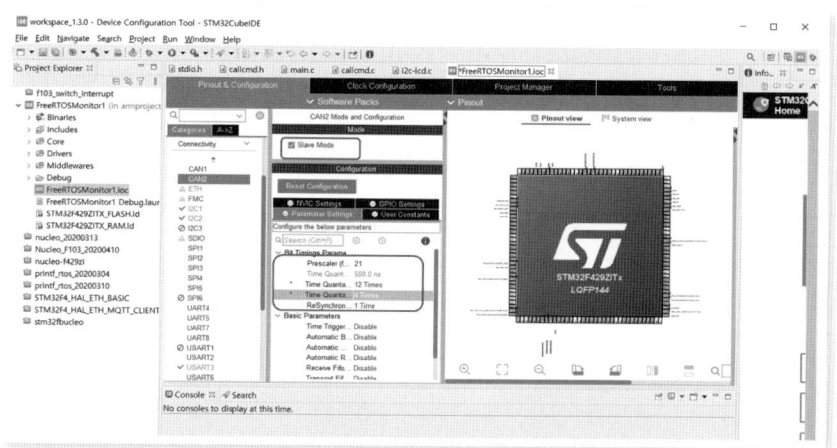

[그림 14-11] CAN2 Setting

다) CAN2 RX0 Interrupt Mode 설정

CAN1 Master Mode에서는 Polling으로 CAN Message를 송신하고 CAN2 Slave Mode에서 수신된 Data는 Interrupt에서 받도록 하기 위해 CAN2 Rx0 Interrupt를 세팅하여야 한다.

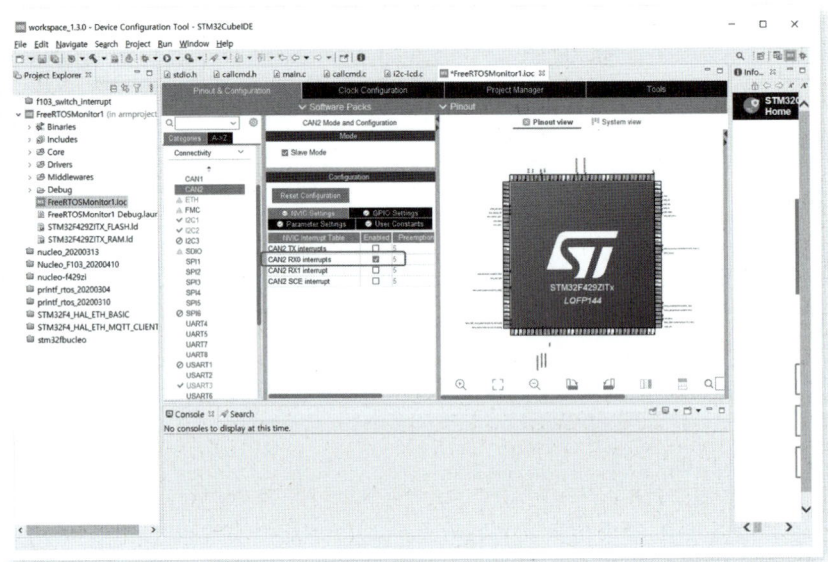

[그림 14-12] CAN2 RX0 Enable

라) CAN2 Bus TX와 RxPin재 설정

CAN2에 Pin을 PB12에는 CAN2_RX선으로, PB13은 CAN2_TX선으로 설정한다.

마) Monitor Program 설정

Definition.h, qdef.h, userlib.h, queue_util.c, uartqueue.c, usrlib.c File을 Project에 추가시킨다.

5) 코딩하기

main.c에서 TX_CAN_Example(unsigned char KeyNumber) Coding

```
void TX_CAN_Example(unsigned char KeyNumber)
{
    int i;
```

```
        TxHeader.StdId = 0x11;
        TxHeader.ExtId = 0x01;
        TxHeader.RTR = CAN_RTR_DATA;
        TxHeader.IDE = CAN_ID_STD;
        TxHeader.DLC = 8;
        TxHeader.TransmitGlobalTime = DISABLE;

        for(i=0; i<8; i++)
            TxData[i]=KeyNumber*0x10+KeyNumber;
        printf("TxData = ");
        for(i=0 ;i <8; i++)
            printf("%02x ",TxData[i]);
        printf("\n\r");
        if (HAL_CAN_AddTxMessage(&hcan1, &TxHeader, TxData, &TxMailbox) != HAL_OK)
        {
            Error_Handler(); /* Transmission request Error */
        }
}

void TX_CAN_Example1(unsigned char KeyNumber)
{
        int i;

        TxHeader.StdId = 0x11;
        TxHeader.ExtId = 0x01;
        TxHeader.RTR = CAN_RTR_DATA;
        TxHeader.IDE = CAN_ID_STD;
        TxHeader.DLC = 8;
        TxHeader.TransmitGlobalTime = DISABLE;

        for(i=0; i<8; i++)
                TxData[i]=KeyNumber*0x10+KeyNumber;

        /* Start the Transmission process */
        printf("TxData = ");
        for(i=0 ;i <8; i++)
            printf("%02x ",TxData[i]);
```

```c
        printf("\n\r");
        if (HAL_CAN_AddTxMessage(&hcan2, &TxHeader, TxData, &TxMailbox) != HAL_OK)
        {
           Error_Handler(); /* Transmission request Error */
        }
}

int CANTest1(int argc,char *argv[])
{
        int i,j;
        unsigned char RcvBuff[8];

        init_que();
        CAN_Config0();
        CAN_Config1();
        osDelay(500);
        for(i=0; i<20; i++)
        {
                TX_CAN_Example(i);
                for(i=0; i<20; i++)
                {
                        TX_CAN_Example1(i);
                        if(gentry(QID_CAN1,RcvBuff) == 0x01)
                        {
                                printf("RxData = ");
                                for(j=0; j<8; j++)
                                        printf("%02x ",RcvBuff[j]);
                                printf("\r\n");
                        }
                }
        }
}

int CANTest2(int argc,char *argv[])
{
        int i, j;
        unsigned char RcvBuff[8];
```

```
init_que();
CAN_Config0();
CAN_Config1();
osDelay(500);
for(i=0; i<20; i++)
{
        TX_CAN_Example1(i);
        if(gentry(QID_CAN0,RcvBuff) == 0x01)
        {
                printf("RxData = ");
                for(j=0; j<8; j++)
                        printf("%02x ",RcvBuff[j]);
                printf("\r\n");
        }
}
```

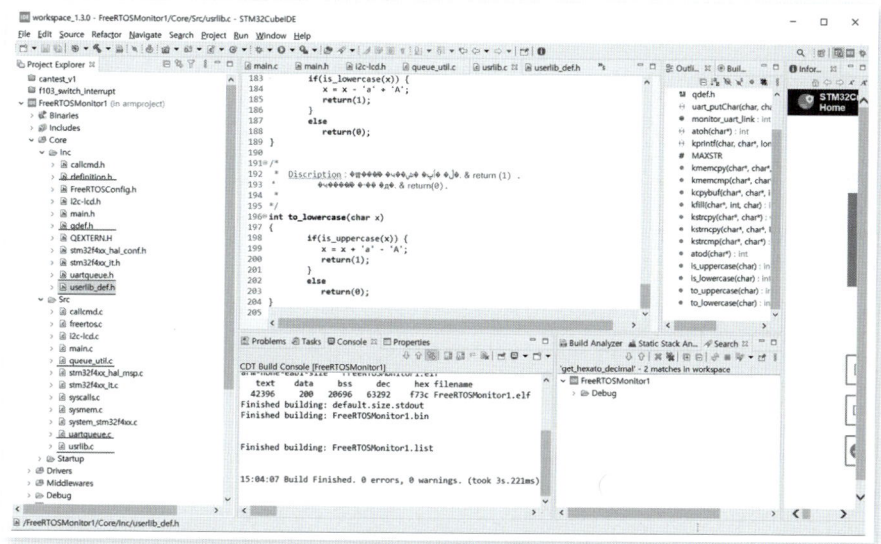

[그림 14-13] Build All

callcmd.c file에서 Test를 하기 위해 CANTest1, CANTest2 2가지 함수를 coding한다. CANTest1 함수는 CAN1에서 CAN2로 Data를 전송하기 위한 Program이다. CANTest2 함수는 CAN2 Bus에서 CAN1으로 Data를 전송하기 위한 Program이다.

```c
int CANTest1(int argc,char *argv[])
{
        int i,j;
        unsigned char RcvBuff[8];

        init_que();
        CAN_Config0();
        CAN_Config1();
        osDelay(500);

        for(i=0; i<50; i++)
        {
                TX_CAN_Example1(i);
                if(gentry(QID_CAN1,RcvBuff) == 0x01)
                {
                        printf("RxData = ");
                        for(j=0; j<8; j++)
                                printf("%02x ",RcvBuff[j]);
                        printf("\r\n");
                }
        }
}

int CANTest2(int argc,char *argv[])
{
        int i, j;
        unsigned char RcvBuff[8];

        init_que();
        CAN_Config0();
        CAN_Config1();
        osDelay(500);
        for(i=0; i<50; i++)
        {
                TX_CAN_Example1(i);
                if(gentry(QID_CAN0,RcvBuff) == 0x01)
                {
```

```
                    printf("RxData = ");
                    for(j=0; j<8; j++)
                            printf("%02x ",RcvBuff[j]);
                    printf("\r\n");
                }
        }
}

callcmd.c에서 명령어를 추가한다.
const Cmd_tbl  cmd_ctbl[] = {
  {"can1",CANTest1},
  {"can2",CANTest2},
    {0,0,0}
};
```

6) 시험하기

NUCLEO-F429ZI Board와 CAN 통신 모듈을 [그림 14-14]와 같이 연결한다.

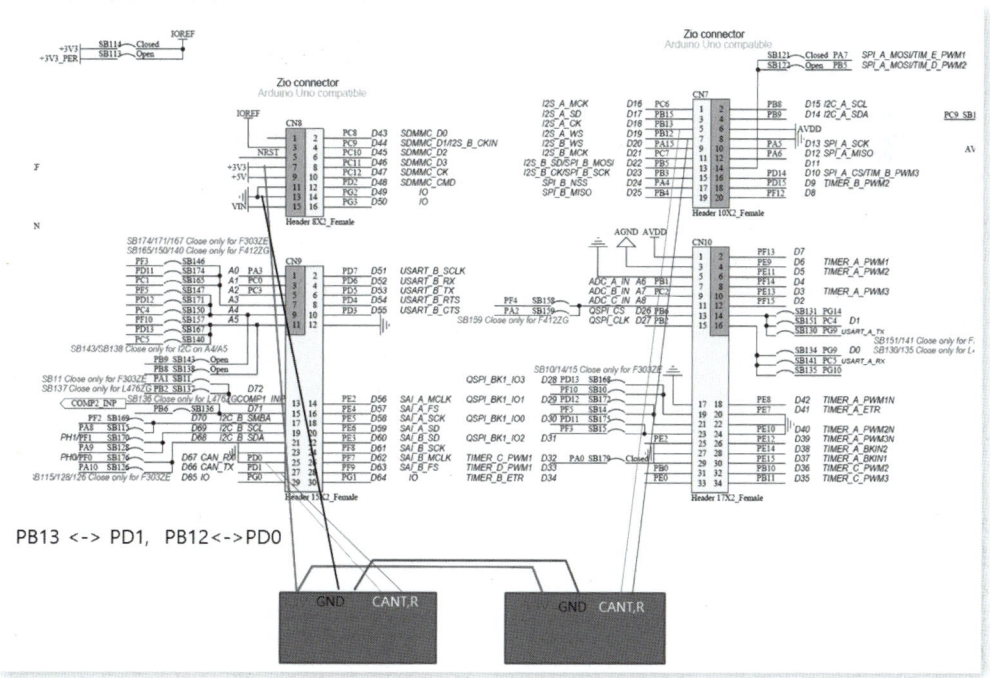

[그림 14-14] NUCLEO-F429ZI Board CAN Module 연결도(출처: www.st.com)

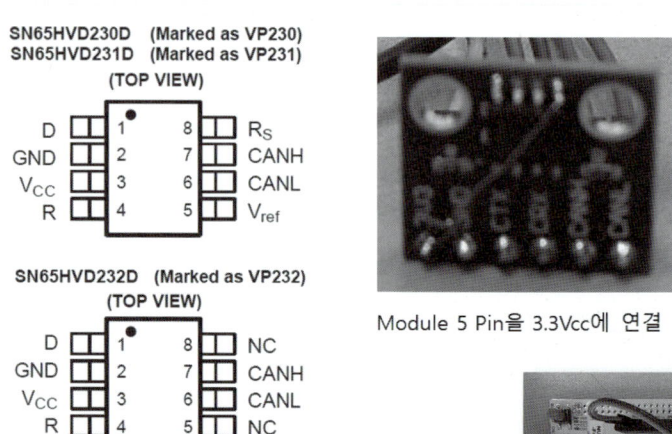

Module 5 Pin을 3.3Vcc에 연결

[그림 14-15] CAN 통신 모듈에서 Pin5를 3.3Vcc에 연결한다.

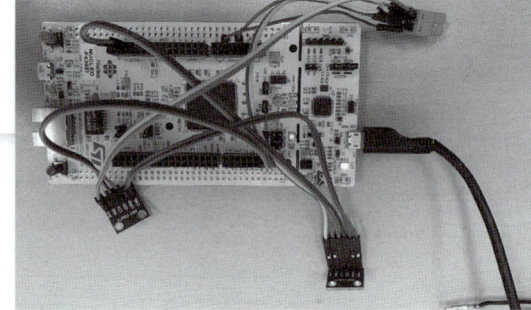

[그림 14-16] NUCLEO Board와 CAN Module 연결도

[표 14-1] SN65HVD232D Pin Description

PIN NAME	PIN NO.	TYPE	DESCRIPTION
D	1	I	CAN transmit data input (LOW for dominant and HIGH for recessive bus states), also called TXD, driver input
GND	2	GND	Ground connection
Vcc	3	Supply	Transceiver 3.3V supply voltage
R	4	O	CAN receive data output (LOW for dominant and HIGH for recessive bus states), also called RXD, receiver output
Vref	5	O	SN65HVD230 and SN65HVD231: $V_{cc}/2$ reference output pin
NC	5	NC	SN65HVD232: No Connect
CANL	6	I/O	Low level CAN bus line
CANH	7	I/O	High level CAN bus line
Rs	8	I	SN65HVD230 and SN65HVD231: Mode select pin: strong pull down to GND = high speed mode, strong pull up to Vcc = low power mode, 10kΩ to 100kΩ pull down to GND = slope control mode
NC	8	I	SN65HVD232: No Connect

[그림 14-14]처럼 CAN 통신 모듈을 연결하여야 한다. [그림 14-17]처럼 teraterm 창에서 cantest1을 입력하면 송신데이터와 수신데이터가 보이면 정상이다.

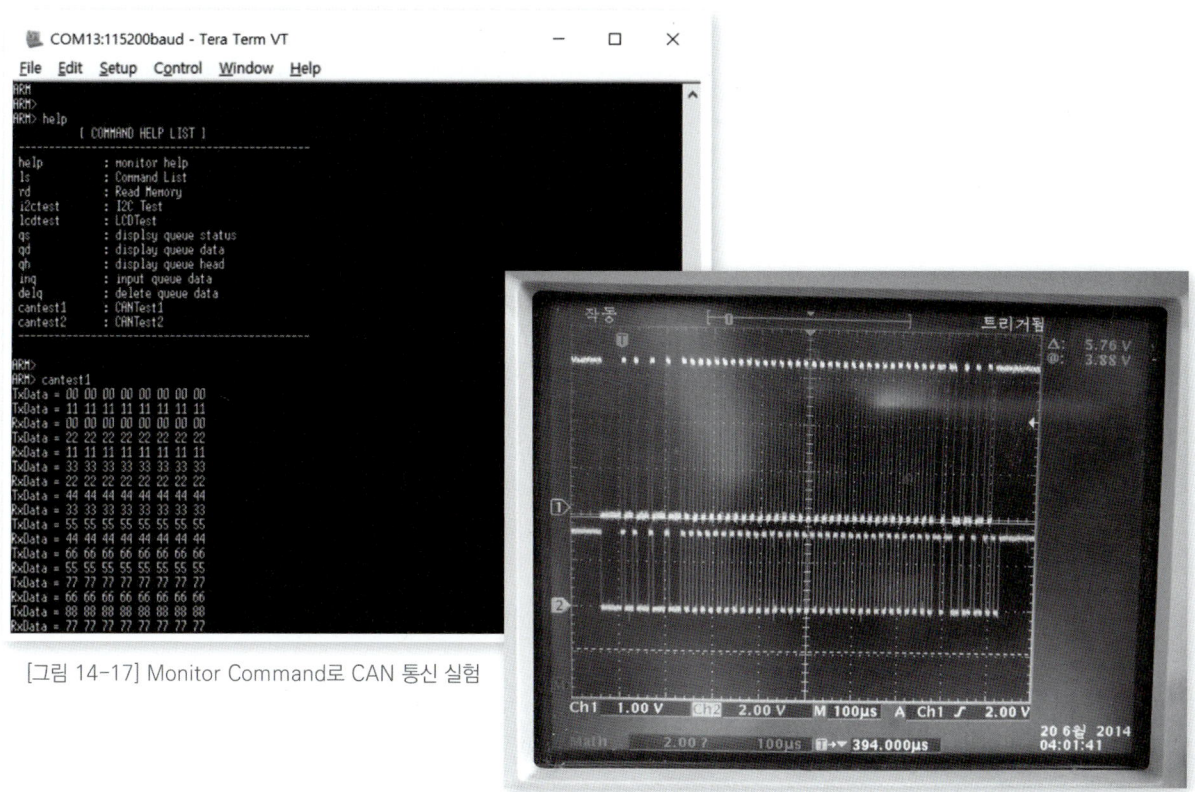

[그림 14-17] Monitor Command로 CAN 통신 실험

[그림 14-18] CAN1과 CAN2 오실로스코프로 CAN Data 파형

연습문제

1. CAN 버스 통신 방식의 특징은 무엇인가?

2. CAN 버스 통신의 규격에서 표준형은 식별자가 몇 Bit인가?

3. CAN 버스 통신의 규격에서 확장형은 식별자가 몇 Bit인가?

4. CAN 버스 통신 2.0A와 2.0B는 한 번에 보낼 수 있는 데이터는 몇 바이트인가?

5. HAL 함수에서 CAN 데이터 송신함수는 무엇인가?

15장
TCP/IP Server와 Client 구현하기

필요성	본 소단원의 목표는 NUCLEO-F429Zi 혹은 NUCLEO-F439Zi ST보드를 이용하여 TCP-IP 서버와 클라이언트 프로그램을 실습한다.
학습목표	본 소단원을 마치면, 학생들은 다음 사항을 해낼 수 있어야 한다. 1. 지식 - TCP Server와 TCP Client에 대한 지식을 공부한다. 2. 기술 LwIP의 TCP 서버와 클라이언트 함수를 알아본다. FreeRTOS상에서 LwIP 기능과 Monitor Task를 만들고 Monitor 명령어로 Server와 Client 실험을 해본다.

15.1 선행학습

1) TCP Protocol

프로토콜은 시스템과 애플리케이션 프로그램에서 정보를 교환할 수 있도록 하는 메시지 형식 및 프로시저에 대한 규칙 세트이다. 수신 호스트가 메시지를 이해하려면 통신에 관련된 각 시스템이 이러한 규칙을 준수해야 한다. TCP/IP 프로토콜 스위트는 계층(또는 레벨)이라는 관점에서 이해할 수 있다. [그림 15-1]은 TCP/IP 프로토콜의 계층을 보여준다. 맨 위에서부터 애플리케이션 계층, 전송 계층, 네트워크 계층, 네트워크 인터페이스 계층, 하드웨어이다. TCP/IP는 정보가 발신자에서 수신자로 이동하는 방법을 조심스럽게 정의한다. 우선 애플리케이션 프로그램은 메시지나 데이터 스트림을 인터넷 전송 계층 프로토콜인 UDP(User Datagram Protocol) 또는 TCP(Transmission Control Protocol) 중 하나로 전송한다. 해당 프로토콜은 애플리케이션으로부터 데이터를 수신하고 이를 패킷이라 부르는 보다 작은 조각으로 나누어 대상 주소를 추가한 후 다음 프로토콜 계층인 인터넷 네트워크 계층을 따라 패킷을 패스한다. 인터넷 네트워크 계층은 패킷을 IP(인터넷 프로토콜) 데이터그램에 포함한 후 데이터그램 헤더 및 트레일러에 넣고 데이터그램 전송 위치(대상에 직접 또는 게이트웨이에)를 결정한 후 네트워크 인터페이스 계층으로 데이터 그램을 패스한다. 네트워크 인터페이스 계층은 IP 데이터그램을 승인하고 이더넷이나 토큰 링 네트워크와 같은 특정 네트워크 하드웨어를 통해 이들을 프레임으로 전송한다. 프레임은 네트워크 인터페이스 계층(이 경우에는 이더넷 어댑터)에서 수신한다. 네트워크 인터페이스 계층은 이더넷 헤더를 스트립하여 데이터그램을 네트워크 계층으로 전송한다. 네트워크 계층에서는 인터넷 프로토콜이 IP 헤더를 스트립하고 전송 계층으로 패킷을 전송한다. 전송 계층에서는 TCP(이 경우)가 TCP 헤더를 스트립하여 애플리케이션 계층으로 데이터를 전송한다.

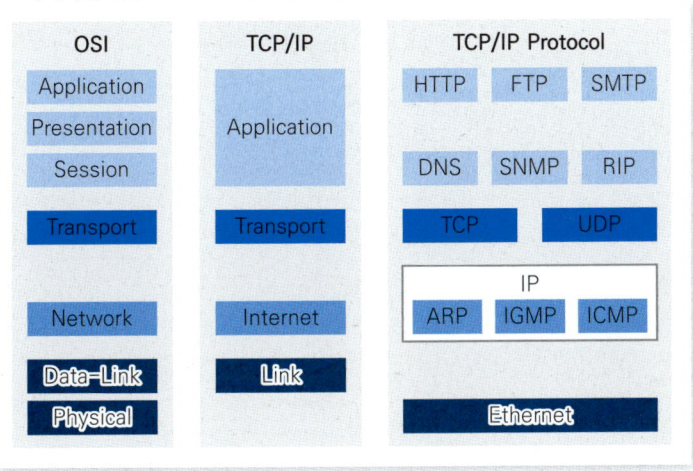

[그림 15-1] TCP/IP 프로토콜 스택

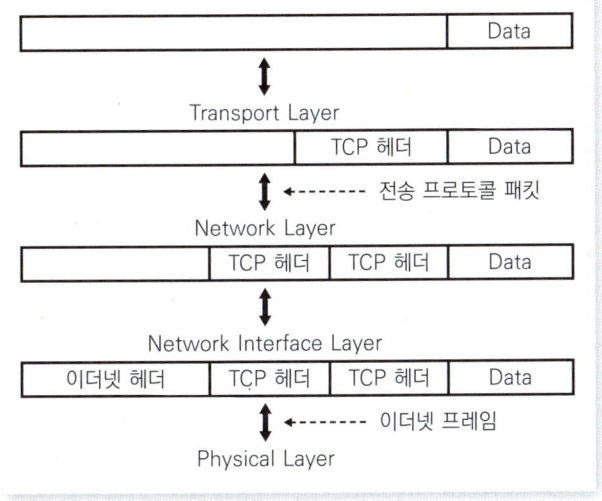

[그림 15-2] 호스트 데이터 송수신

2) TCP Server와 Client

[그림 15-3]은 TCP 서버와 클라이언트의 모듈과 메시지를 표시한 그림이다. 서버는 socket을 할당한 다음 listen() 함수에서 클라이언트의 접속을 기다리면 Connect가 되면 클라이언트와 연결한다. 그 후에 서버와 클라이언트 통신은 send() 함수와 recv() 함수로 서로 주고받게 된다. 서버나 클라이언트에서 Socket Close()가 되면 소켓을 닫는다. 서버는 IP 주소를 가지지 않지만, 클라이언트는 반드시 서버의 IP 주소를 알아야 접속할 수 있다.

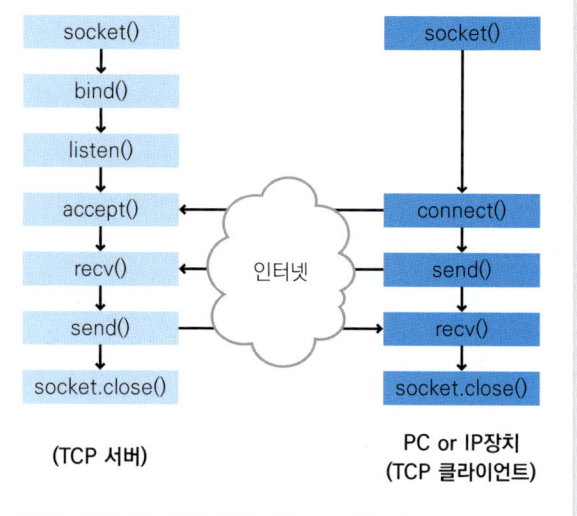

[그림 15-3] TCP 서버와 클라이언트

TCP Server는 Socket()을 연 다음 lesten() 함수로 Client에서 접속하기를 기다리는 상태로 대기한다. Client에서 Connect() 접속 요청이 오면 Accesp()를 하고 TCP가 서로 연결이 된다. 만약 서버에서 Client로 데이터를 전송하고 싶을 때는 Send() 하면 되고 Client에서는 Receive() 하면 된다. 반대로 Client에서 데이터를 전송하고 싶을 때는 Client에서 Send()하고 Server에서 Receive()하면 데이터 전송이 가능하다. 서버를 시험할 경우 TCP 시험 Program으로 Client()를 열어 서버 IP 주소를 입력한 다음 연결 요청을 하면 되고, Client를 시험할 때는 시험용 Server를 시킨 다음 Client 프로그램으로 Server IP 주소에 접속시켜서 데이터 주고받는 것을 시험하면 된다.

15.2 학습도구 및 기자재

가) Hardware는 NICLEO-F429Zi 혹은 NUCLEO-F439Zi Board
나) LAN Cable 1개
다) Mini HUB 1개
라) Cube-MX Program
마) Cube-IDE Program

바) TCP Server Program
사) TCP Client Program
아) PC

15.3 예제 1: TCP-IP Lwip Ping 실습하기

NUCLEO-F429Zi/F439Zi 보드를 이용하여 LAN을 연결하고 Server 프로그램을 작성한 다음 Client 시험 프로그램을 이용하여 데이터 송수신이 가능하도록 프로그램하여라.

1) 사용자 요구사항 작성하기

- NUCLEO-F429Zi/F439Zi 보드를 사용한다.
- NUCLEO 보드에 있는 LAN포트와 Hub를 연결한다.
- PC의 LAN포트를 Hub에 연결한다.
- FreeRTOS와 Lwip로 구성한다.
- NUCLEO 보드의 IP Address를 192.168.0.81로 세팅한다.
- NetMask Address는 255.255.255.0, Gateway Address 는 192.168.0.254로 세팅한다.
- PC에서 NUCLEO Board의 IP로 Ping이 되어야 한다.

2) UML Tool로 설계하기

3) 구현하기

가) STM32CUBE-MX로 FreeRTOS와 Lwip 구성하기

[그림 15-5] Cube-MX를 실행하고 Type에서 NUCLEO-144 선택 후 Boards List에서 NUCLEU-F429Zi나 NUCLEO-F439Zi 보드를 선택한 후 Start Project를 선택한다.

[그림 15-6]처럼 STM32F429ZiTx LQFP144 CPU 그림이 보이며 Connectivity에서 ETH를 선택하고 RMII Mode로 되어 있는지 확인한다.

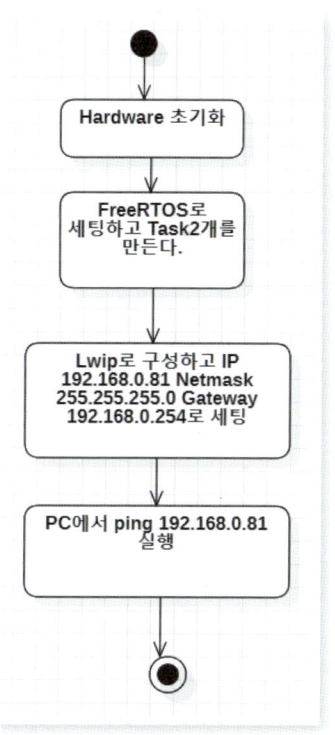

[그림 15-4] Ping Activity Diagram

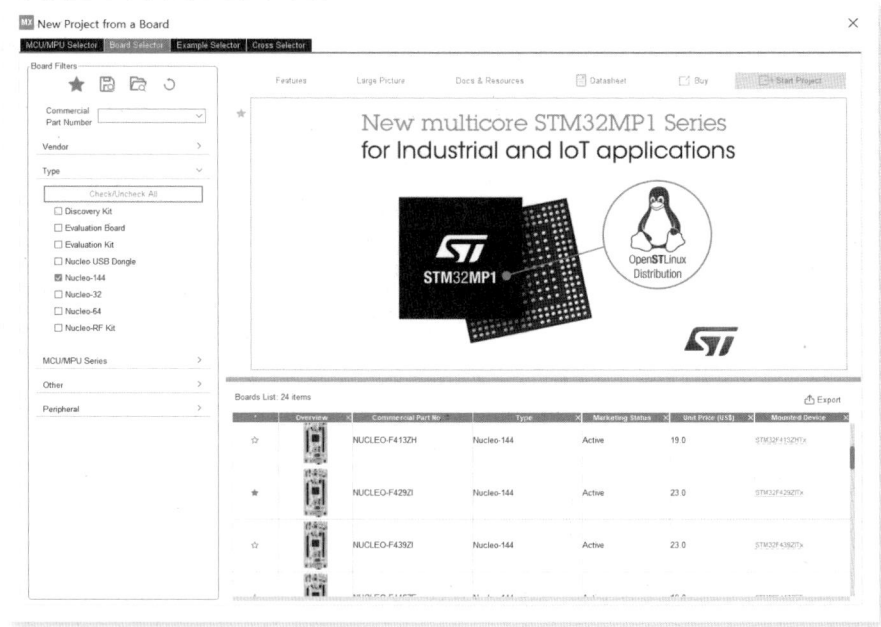

[그림 15-5] 보드 선택하기

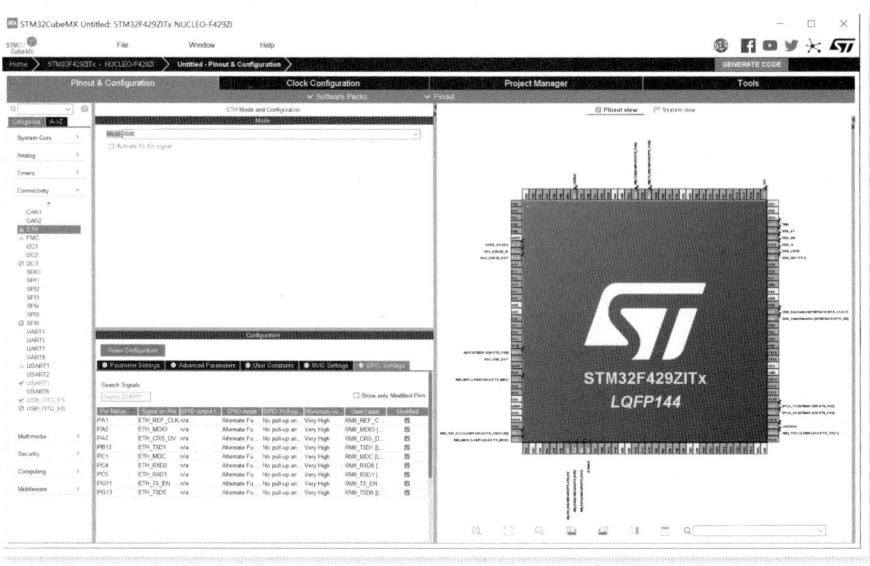

[그림 15-6] Connectivity에서 ETH 구성

[그림 15-7] Connectivity에서 USART3을 선택하고 NVIC Settings 메뉴에서 USART3 Global Interrupt Option에서 Enabled를 체크한다. Serial 입력 시 Interrupt를 사용하기 위함이다.

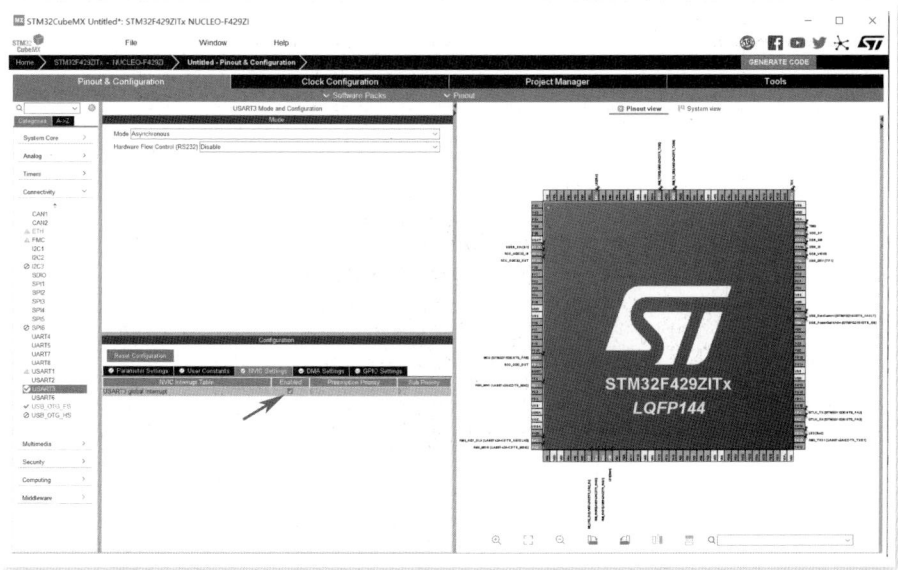

[그림 15-7] USART Interrupt Check

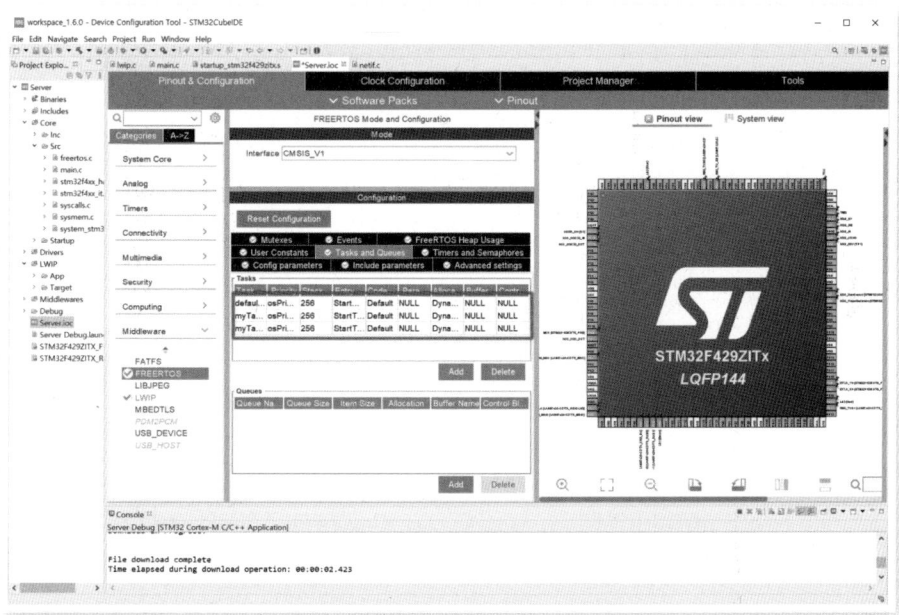

[그림 15-8] FreeRTOS Task 생성하기

[그림 15-8] Moddleware 메뉴에서 FreeRTOS를 선택한 다음 CMSIS_V1을 선택하고 Tasks and Queues에서 Add를 눌러 myTask2와 myTask3을 생성한다. 이때 Stack Size는 256을 입력한다. 반드시 default Task Track도 256 이상으로 하여야 한다.

Part Ⅲ. 데이터 통신 관련된 실습   289

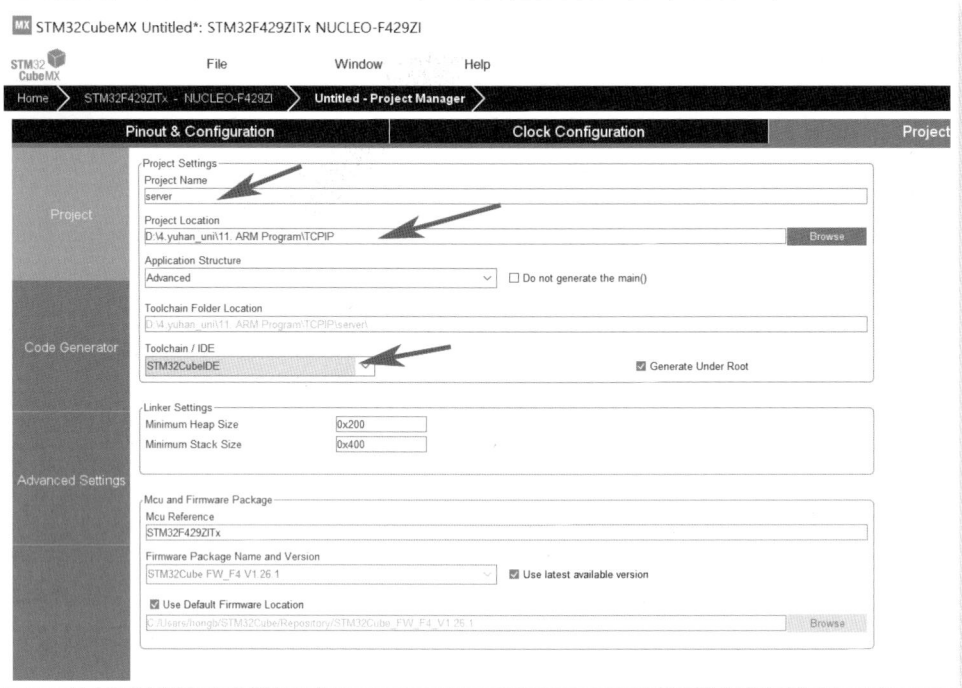

[그림 15-9] Code를 Generate한다.

[그림15-8] Middleware에서 LWIP를 선택하고 Mode를 Enable한 다음 LWIP_DHCP를 Disable하고 IP Address를 192.168.0.81, NetMask Address는 255.255.255.0, Gateway Address는 192.168.0.254로 설정한다.

[그림 15-9] User Constants 메뉴를 선택하고 add 메뉴로 LWIP_TIMEVAL_PRIVATE 0을 입력한다. Project Manager 메뉴에서 Project Name, Project Location, Toolchan/IDE는 STM32CubeIDE를 선택하고 GENERATE CODE를 누른다.

[그림 15-10] STM32CUBE IDE를 Open하고 LWIP에 lwip.c, lwip.h가 생성되어있는지 확인해 본다. lwip.c에서 MX_LWIP_Init(void), Module에서 IP Address가 맞게 Generate 되었는지 확인한다.

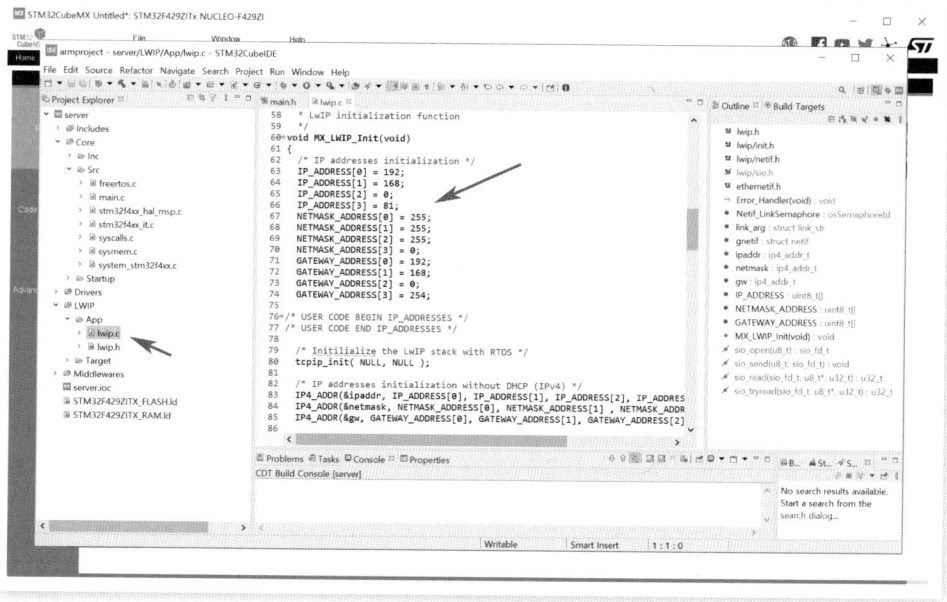

[그림 15-10] IP 확인하기

Build All을 한다. 이때 Error가 0으로 되는지 확인해본다. Error가 있다면 Error의 원인을 제거하여야 한다.

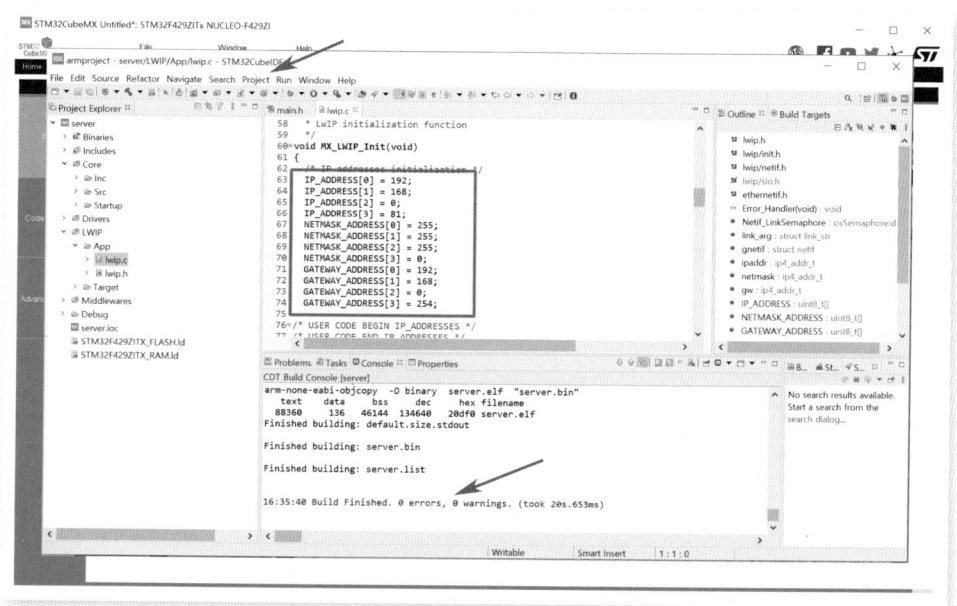

[그림 15-11] Build 하기

Part Ⅲ. 데이터 통신 관련된 실습 291

[그림 15-12]에서 Run→Debug Configuration 메뉴에서 NUCLEO-F429ZI Board에 Debugger를 선택하고 ST-LINK를 Check한 다음 Scan을 하고 Apply를 한다. 그다음 debug를 선택하여 Program을 Loading한다.

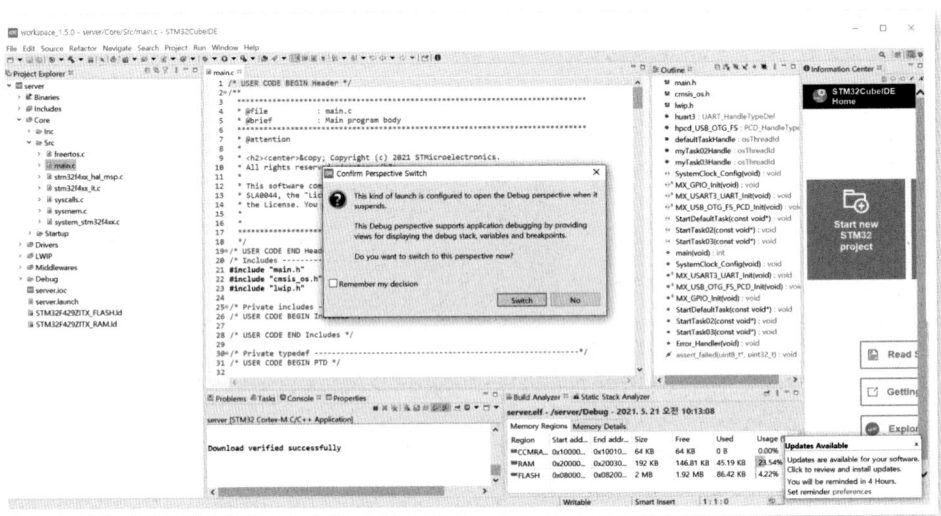

[그림 15-12] Program Loading하기

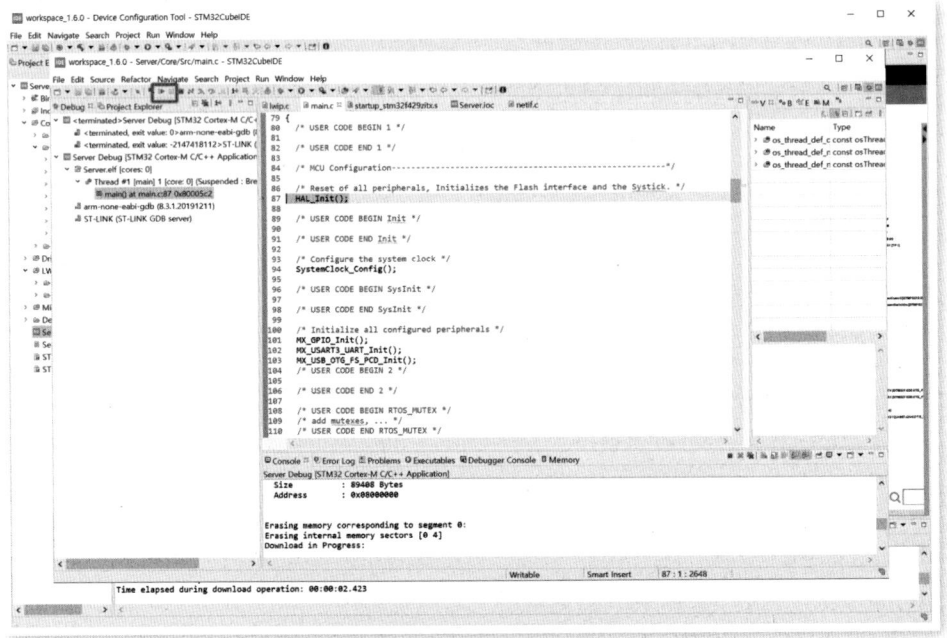

[그림 15-13] 실행하기

4) 시험하기

명령 프롬프트를 열어서 설정한 IP "ping 192.168.0.81"를 실행하여 응답이 되는지 확인해본다. 응답이 되면 IP 연결과 LwIP가 정상적으로 동작하고 있다는 것이다.

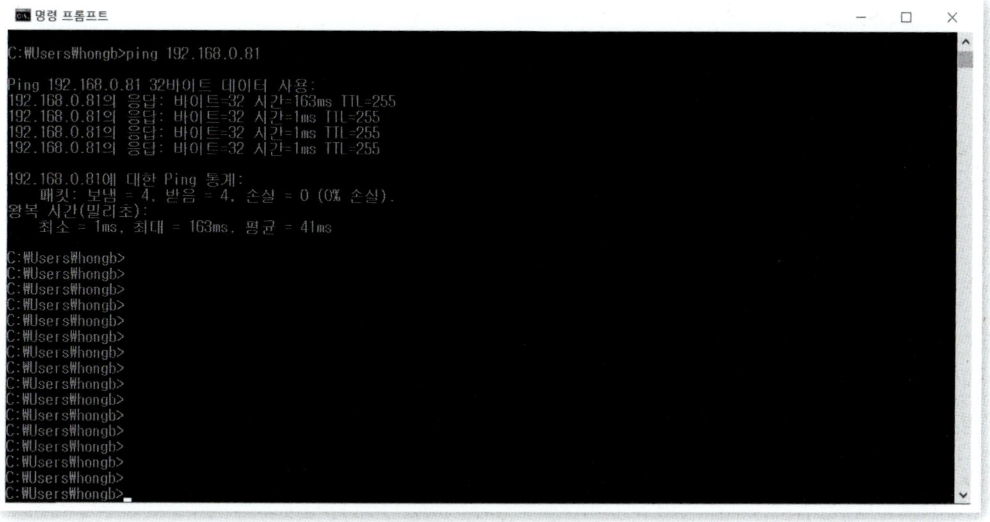

[그림 15-14] Ping 시험

15.4 예제 2: TCP-IP Server 실습하기

FreeRTOS 환경과 LwIP 환경에서 TCP/IP Server를 만들고 TCP/IP Client PC 프로그램을 이용하여 데이터 전송이 되는지 실험하라.

1) 사용자 요구사항 작성하기

- 보드는 NUCLEO-F429Zi 혹은 NUCLEO-F439Zi를 사용한다.
- FreeRTOS 환경과 LwIP를 이용하여 TCP IP Server를 구현한다.
- 서버 IP Port를 9000으로 하고 Server IP "192.168.0.81"로 한다.
- PC용 Client 프로그램을 이용하여 서버와 연결되고 글자가 전송되는지 실험한다.
- PC용 Client 프로그램에서 연결을 종료하면 서버에서 연결이 종료되는지 실험한다.

2) UML 설계하기

LwIP Server Activity Diagram과 Sequence Diagram을 설계한다.

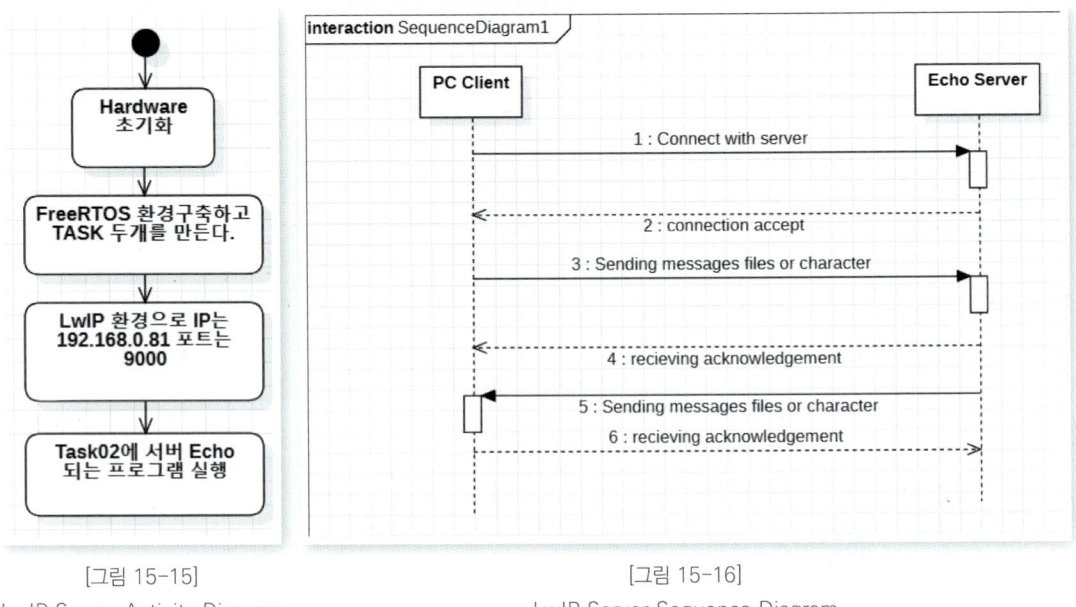

[그림 15-15]
LwIP Server Activity Diagram

[그림 15-16]
LwIP Server Sequence Diagram

3) 구현하기

가) Project Explorer 메뉴에서 Src 디렉토리로 마우스 우측 클릭하여 New→Source File을 선택한 후 tcpserver.c 파일을 생성하고 다음과 같이 코딩한다.

```
/*
 * tcpserver.c
 *
 * Created on: May 21, 2021
 *     Author: hongbj
 */

/* Includes ------------------------------------------------------------*/
#include "FreeRTOS.h"
#include "task.h"
#include "main.h"
#include "cmsis_os.h"
```

```c
/* Private includes ----------------------------------------------------------*/
/* USER CODE BEGIN Includes */
#include "lwip.h"
#include "lwip/api.h"

#define TCPPort 9000
/* USER CODE END Includes */
void StartEchoTask(void const *argument);
/* Private application code --------------------------------------------------*/
/* USER CODE BEGIN Application */
void StartEchoTask(void const *argument)
{
  struct netconn *conn, *newconn;
  err_t err, accept_err;
  struct netbuf *buf;
  void *data;
  u16_t len,i;

  LWIP_UNUSED_ARG(argument);

  conn = netconn_new(NETCONN_TCP); //new tcp netconn

  if (conn != NULL)
  {
    err = netconn_bind(conn, NULL, TCPPort); //bind to port 7

    if (err == ERR_OK)
    {
      netconn_listen(conn); //listen at port 7

      while (1)
      {
        accept_err = netconn_accept(conn, &newconn); //accept new connection

        if (accept_err == ERR_OK) //accept ok
        {
          while (netconn_recv(newconn, &buf) == ERR_OK) //receive data
```

```
      {
        do
        {
          netbuf_data(buf, &data, &len); //receive data pointer & length
          netconn_write(newconn, data, len, NETCONN_COPY); //echo back to the client
          HAL_GPIO_TogglePin(GPIOB,GPIO_PIN_7); //toggle data led
        }
        while (netbuf_next(buf) >= 0); //check buffer empty
        netbuf_delete(buf); //clear buffer
      }
      netconn_close(newconn); //close session
      netconn_delete(newconn); //free memory
    }
   }
  }
  else
  {
    netconn_delete(newconn); //free memory
  }
 }
}
/* USER CODE END Application */
```

그 다음 main.c StartTask02 함수에서 StartEchoTask((Data);를 추가해 준다.

```
/* USER CODE BEGIN Header_StartTask02 */
/**
* @brief Function implementing the myTask02 thread.
* @param argument: Not used
* @retval None
*/
/* USER CODE END Header_StartTask02 */
void StartTask02(void const * argument)
{
  /* USER CODE BEGIN StartTask02 */
  /* Infinite loop */
        StartEchoTask((Data);
```

```
  for(;;)
  {
    osDelay(1);
  }
  /* USER CODE END StartTask02 */
}
```

4) 시험하기

작성이 완료되면 Build All을 하고 NUCLEO Board에 Program을 Loading한다.
[그림 15-17]처럼 IP Port를 9000으로 하고 Server IP "192.168.0.81" 입력한 다음 Connect를 눌러 연결되는지 확인한다. Client Program을 실행시켜 보낸 데이터가 돌아오는지 확인해본다. 수신 창에 보낸 데이터가 돌아오면 정상적으로 동작하는 것이다.

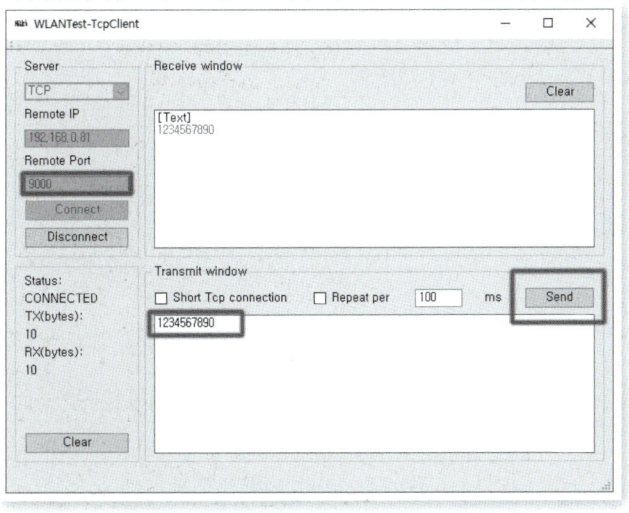

[그림 15-17] Server 시험용 PC Client 화면

15.5 예제 3: TCP-IP Client 실습하기

FreeRTOS 환경과 LwIP 환경에서 TCP/IP Client를 만들고 TCP/IP Server PC 프로그램을 이용하여 데이터 전송이 되는지 실험하라.

1) 사용자 요구사항 작성하기

- 보드는 NUCLEO-F429Zi 혹은 NUCLEO-F439Zi를 사용한다.
- FreeRTOS 환경과 LwIP를 이용하여 TCP IP Client를 구현한다.
- Client IP Port를 9000으로 하고 IP는 "192.168.0.81"로 한다.
- PC용 Server 프로그램을 이용하여 서버와 연결되고 글자가 전송되는지 실험한다.
- PC용 Server 프로그램에서 연결을 종료하면 서버에서 연결이 종료되는지 실험한다.

2) UML Tool로 설계하기

가) LwIP Client Activity Diagram
나) LwIP Client Sequence Diagram

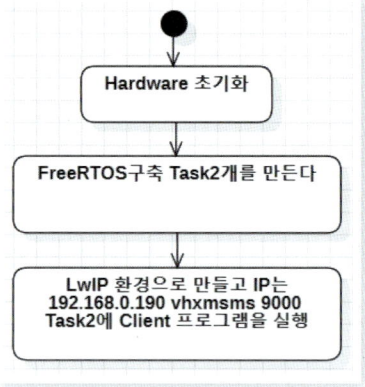

[그림 15-18]
LwIP Client Activity Diagram

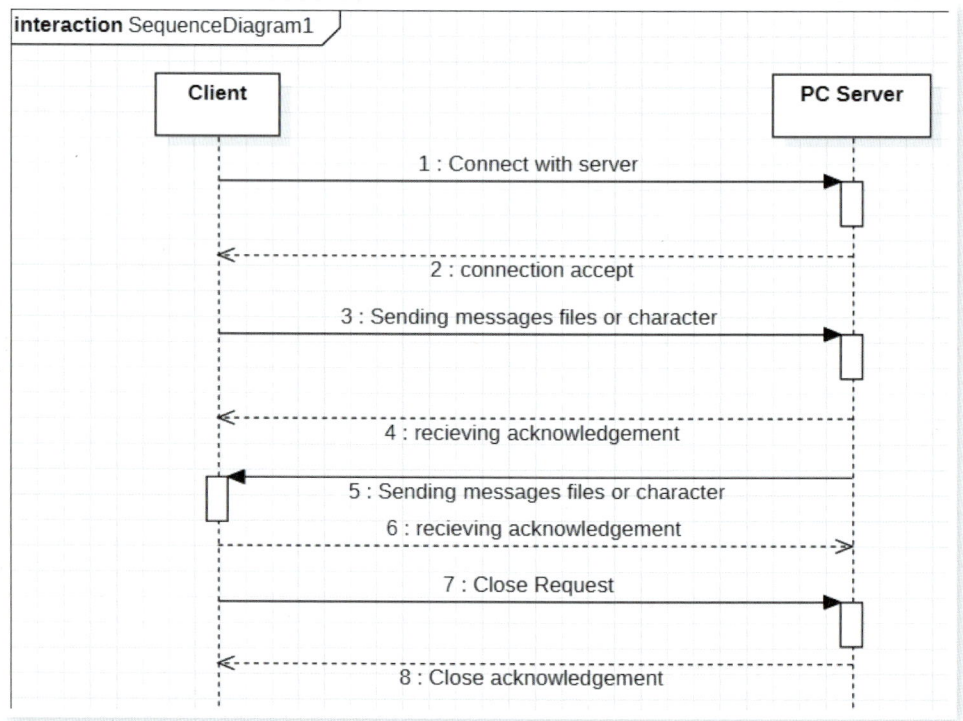

[그림 15-19] LwIP Client Sequence Diagram

3) 구현하기

Project Explorer 메뉴에서 Inc 디렉토리에서 우측 마우스 클릭하여 tcpclient.h file을 만들고 아래와 같이 코딩한다.

```c
/*
 * tcpclient.h
 *
 * Created on: May 21, 2021
 *     Author: hongbj
 */

#ifndef INC_TCPCLIENT_H_
#define INC_TCPCLIENT_H_

#define SERVER_IP1   192 //server ip address
#define SERVER_IP2   168
#define SERVER_IP3   0
#define SERVER_IP4   190
#define SERVER_PORT      9000 //server listen port
#define printf SMprintf
/* USER CODE BEGIN PTD */
typedef enum
{
  REQ = 0,
  RESP = 1
} packet_type;


extern struct netif gnetif; //extern gnetif
ip_addr_t server_addr; //server address
/* USER CODE END PD */

#endif /* INC_TCPCLIENT_H_ */
```

그다음 Src 디렉토리에서 우측 마우스 클릭하여 tcpclient.c file을 만들고 아래와 같이 코딩한다.

```c
/*
 * tcpclient.c
 *
 *  Created on: May 18, 2021
 *      Author: hongbongjo
 */

/* Private application code ---------------------------------------------*/
/* USER CODE BEGIN Application */
/* Includes -------------------------------------------------------------*/
#include "FreeRTOS.h"
#include "task.h"
#include "main.h"
#include "cmsis_os.h"
#include "lwip.h"
#include "lwip/api.h"
#include "tcpclient.h"
/* Private includes -----------------------------------------------------*/
/* USER CODE BEGIN Includes */
/* USER CODE BEGIN PD */

void StartTcpClientTask(void const *argument)
{
    err_t err;
    struct netconn *conn;
    struct netbuf *buf;
    void *data;

    u16_t len; //buffer length
    u16_t nRead; //read buffer index
    //u16_t nWritten; //write buffer index

    LWIP_UNUSED_ARG(argument);

    while (1)
    {
        //system has no valid ip address
```

```c
if (gnetif.ip_addr.addr == 0 || gnetif.netmask.addr == 0 || gnetif.gw.addr == 0)
{
  osDelay(1000);
  continue;
}
else //valid ip address
{
  osDelay(100); //request interval
}

conn = netconn_new(NETCONN_TCP); //new tcp netconn
if (conn != NULL)
{
 //server ip
 IP4_ADDR(&server_addr, SERVER_IP1, SERVER_IP2, SERVER_IP3, SERVER_IP4);
 err = netconn_connect(conn, &server_addr, SERVER_PORT); //connect to the server
 if (err != ERR_OK)
 {
   netconn_delete(conn); //free memory
   continue;
 }
 printf("TCP Client Connected\r\n");
 while (netconn_recv(conn, &buf) == ERR_OK) //receive data
 {
   do
   {
     netbuf_data(buf, &data, &len); //receive data pointer & length
     netconn_write(conn, data, len, NETCONN_COPY); //echo back to the client
     //HAL_GPIO_TogglePin(LED_BLUE_GPIO_Port, LED_BLUE_Pin); //toggle data led
     HAL_GPIO_TogglePin(GPIOB,GPIO_PIN_7); //toggle data led
   }
   while (netbuf_next(buf) >= 0); //check buffer empty

   netbuf_delete(buf); //clear buffer
 }
 netconn_close(conn); //close session
 netconn_delete(conn); //free memory
```

```
    }
  }
}
/* USER CODE END Application */

그 다음 main.c StartTask02 함수에서 StartTcpClientTask(Data);를 추가해 준다.
/* USER CODE BEGIN Header_StartTask02 */
/**
* @brief Function implementing the myTask02 thread.
* @param argument: Not used
* @retval None
*/
/* USER CODE END Header_StartTask02 */
void StartTask02(void const * argument)
{
  /* USER CODE BEGIN StartTask02 */
  /* Infinite loop */
  StartTcpClientTask(Data);
  for(;;)
  {
    osDelay(1);
  }
  /* USER CODE END StartTask02 */
}
```

Build All을 하여 Error가 없으면 NUCLEO Board에 Loading하여 Client 시험을 해본다. PC가 할당된 IP을 Command 창에서 ipconfig로 확인한 다음 tcpclient.h file에서 수정해주어야 한다.

```
#define SERVER_IP1  192 //server ip address
#define SERVER_IP2  168
#define SERVER_IP3  0
#define SERVER_IP4  190
```

4) 시험하기

그다음 TCP Server Program을 PC에서 port를 9000으로 수정하고 실행한 다음 Loading된 프로그램을 실행한다. [그림 15-20]처럼 "1234567890" Send TXT를 하면 수신 창에 그대로 돌아오면 성공이다.

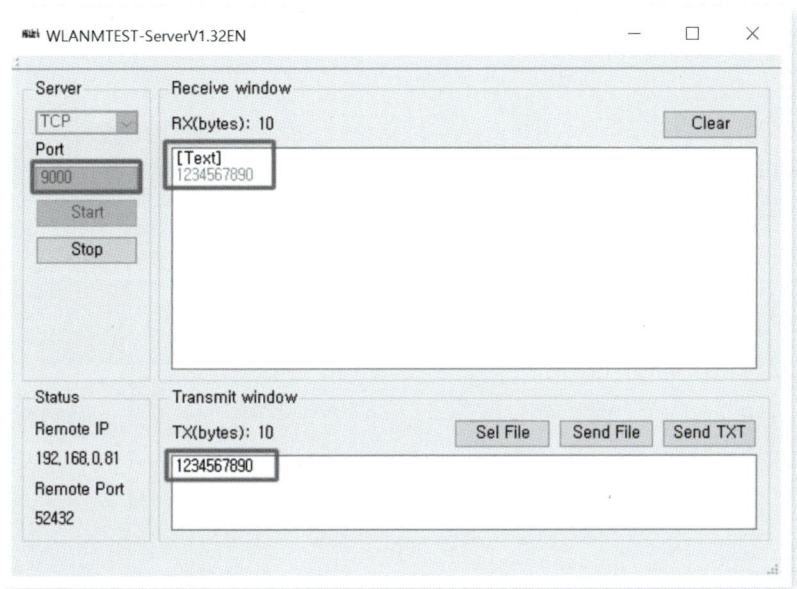

[그림 15-20] Client 시험용 PC Server 화면

연습문제

1. TCP-IP 프로토콜 스택을 설명하라.

2. TCP Server와 Client를 블록다이어그램을 이용하여 설명하라.

3. PC에서 LwIP 프로그램이 잘 동작하는지 어떤 방법으로 실험하는가?

4. Server Program에서 netconn_accept(conn, &newconn); 함수의 역할은 무엇인가?

5. netconn_write(conn, data, len, NETCONN_COPY); 함수에 대하여 설명하라.

영어로 문장 만들기 훈련

3차 임계점

유은하

영어교육 전문가라는 타이틀이 어색하지 않을 만큼
방송, 강의, 저술 등 다양한 분야에서 그녀의 영어교육에 대한 사랑은 각별하다.
대학에서 영어교육학과 테솔을, 대학원에서 교육학을 전공한 그녀는
교육방송에서 수백 편의 프로그램에 직접 출연, 강의했으며,
인기 연예인의 영어 선생님으로, 영어 강사들의 강사로,
교육 콘텐츠 기획자로 활발하게 활동 중이다.
"영어로 문장 만들기는 ChatGPT 시대에 가장 필요한 교육이다" 그녀의 단호한 이 한마디가
AI 시대에 우리가 영어를 공부해야 하는 진짜 목적과 목표를 말하고 있다.

영어로 문장 만들기 훈련 - 3차 임계점

초판 1쇄 발행 | 2025년 9월 1일
초판 2쇄 발행 | 2025년 12월 8일

지은이 | 유은하

발행인 | 박효상
편집장 | 김현
기획·편집 진행 | 김현

디자인 | 고희선

마케팅 | 이태호, 이전희
관리 | 김태옥

종이 | 월드페이퍼   인쇄·제본 | 예림인쇄·바인딩

발행처 | 사람in   출판등록 | 제10-1835호

주소 | 04034 서울시 마포구 양화로 11길 14-10 (서교동) 3F
전화 | 02) 338-3555(代)   팩스 | 02) 338-3545
E-mail | saramin@netsgo.com   Website | www.saramin.com
인스타그램 | www.instagram.com/saramin_books   블로그 | blog.naver.com/saramcom

ⓒ 유은하 2025
ISBN | 979-11-7101-182-7 14740   979-11-7101-086-8 (세트)

책값은 뒤표지에 있습니다.
파본은 바꾸어 드립니다.

영어로 문장 만들기 훈련

3차 임계점

유은하 지음

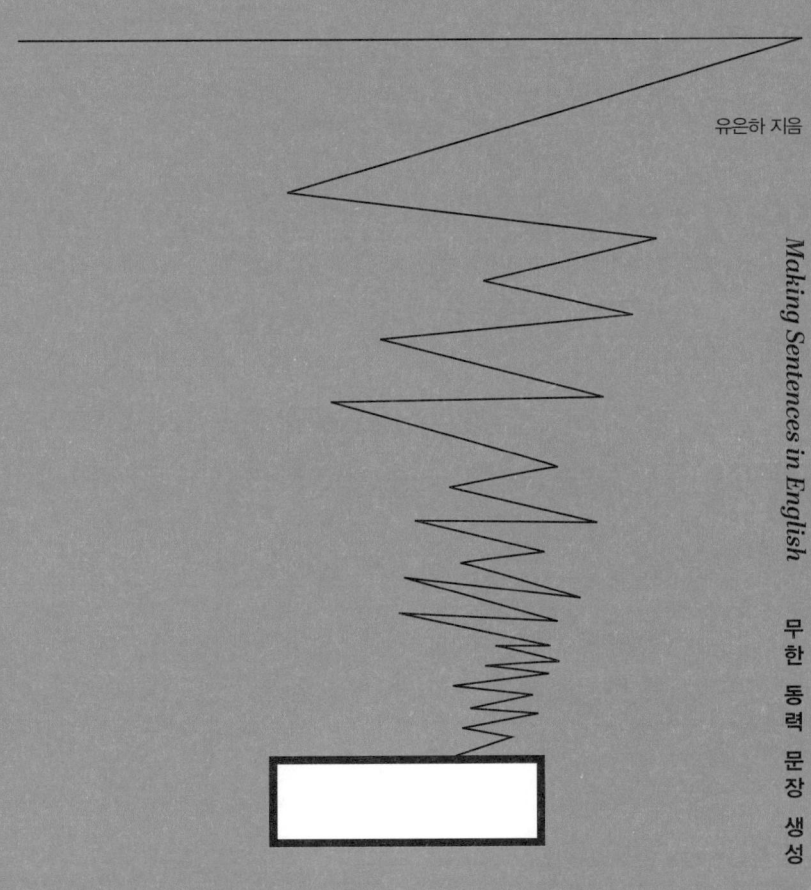

Making Sentences in English

무한 동력 문장 생성

사람in

영어로 문장 만들기: 이제는 표현력이 실력입니다

"이제 영어는 AI가 다 해 주잖아요."
"굳이 내가 직접 영어 문장을 만들 필요가 있을까요?"

요즘 자주 듣는 말입니다. 솔직히, 틀린 말은 아니에요. 번역기와 ChatGPT 덕분에 누구나 영어 이메일을 쓰고, 복잡한 문서 요약도 가능한 시대가 되었으니까요. 하지만 정말 이걸로 충분할까요?
AI가 문장은 대신 써 줄 수 있어도, 감정과 의도, 말투까지 담아내게 해야 하는 건 여전히 나의 몫입니다. 좋은 결과물을 얻으려면, 내가 하고 싶은 말을 먼저 내 언어로 정리하고, 그걸 영어로 표현할 수 있어야 합니다. 이게 진정한 AI의 활용이죠. 그냥 맡기는 게 다가 아닙니다. 그래서 지금 우리에게 필요한 영어 실력은 단순한 번역 능력이 아니라, 내 생각을 영어 문장으로 표현할 수 있는 힘입니다.

우리는 지금, AI보다 더 '생각해야 하는' 시대에 살고 있습니다

영어 문장을 만든다는 건 단순히 문법에 맞게 단어를 나열하는 일이 아닙니다. 그 안에 담긴 뉘앙스를 조율하고, 맥락에 맞게 표현하고, 어조와 논리를 다듬는 일입니다.
[영어로 문장 만들기 훈련-3차 임계점]에서는 바로 이런 세밀한 표현력을 훈련하고 다듬습니다.

- 같은 말이라도 'I used to'와 'I would'는 뉘앙스가 전혀 다르다는 것을
- 'Should have p.p.'와 'might have p.p.'는 표현하는 감정 자체가 다르다는 것을

- 관계사절, 분사구문, 복합관계사… 눈으로는 이해할 수 있어도 막상 써 보려 하면 생각과 다르다는 것을
- 정중한 요청도 표현을 잘못 쓰면 어색하거나 과하게 딱딱해 보일 수 있다는 것을

이제는 단순히 문장을 '만드는' 수준을 넘어, 더 정교하게, 더 세련되게, 더 나답게 표현하는 단계로 가야 할 때입니다. 여러분 머릿속에 떠오른 표현을 실제로 쓰이고 말해지는 '살아 있는 영어'로 바꾸는 힘. 여러분의 생각을 영어로 설득력 있게 풀어낼 수 있는 힘. 그 힘을 기르는 여정이 바로 이 책입니다.

영어 실력, 결국 쓰는 힘에서 나옵니다

영어를 '이해'하는 것과, 영어로 '직접 문장을 만들어 내는 것'은 전혀 다릅니다. 머릿속에는 문장이 떠오르는데, 막상 손을 움직여서 쓰려면 "이걸 어떻게 써야 하지?" 하고 멈추게 되죠. 그렇기 때문에 바로 직접 써 보는 훈련이 꼭 필요합니다.

손으로 쓰는 동안 머릿속에만 있는 흐릿했던 영어 어순이 또렷해지고, 영어식 사고가 자리를 잡습니다. 말하는 순간 답을 내는 AI처럼 빠르진 않지만, 우리 학습자에게 가장 효과적인 언어 학습은 여전히 '쓰기'입니다. 우리 조상들이 붓으로 쓰는 것을 강조했던 것이 다양한 학습법을 몰랐기 때문이 아닙니다. 쓰기의 효용을 꿰뚫어 보고 있었기 때문이지요.

무엇보다, 직접 문장을 써 보는 과정은 단순한 연습이 아닙니다. 스스로 만든 문장이 완성될 때 느끼는 성취감이 영어 학습을 계속하게 하는 가장 강력한 동기가 되어 줄 거예요. 늘 발목을 잡던 쉽지 않던 영어 구조도 이 책이 안내하는 대로 쓰다 보면, 어느 순간 훨씬 가볍게 풀릴 겁니다. 홀리듯이 썼을 뿐인데, "내가 이 문장을 썼다고?" 하는 놀라움, 이 책이 선물하는 즐거운 경험입니다.

[영어로 문장 만들기 훈련 – 3차 임계점]에서는 이렇게 훈련합니다

이번 책의 목표는 '응용력'과 '표현력' 차원으로의 확장입니다.

- 뉘앙스를 조절하는 조동사 사용
- 더 다채로운 비교급과 최상급
- 정중하게 묻고 요청하는 간접의문문
- 문장을 풍성하게 만드는 관계사절과 복합관계사
- 간결하면서도 세련된 분사구문
- 현실과 상상을 넘나드는 조건절과 가정법
- 강조, 반전, 구조 전환 등 다양한 문장 재구성 기법

문법을 배우는 것이 아니라, 문장을 다루는 능력을 키우는 것입니다. 하나하나 써 내려가다 보면, 문장의 골격이 보이고, 영어 어순이 익숙해지고, 무엇보다 생각을 영어 문장으로 자연스럽게 전환하는 감각이 자라납니다.

손으로 쓰는 순간, 영어는 진짜 내 것이 됩니다

[영어로 문장 만들기 훈련 – 1차/2차 임계점]을 끝까지 해 보신 분들은 아실 거예요. 영어는 듣고 보는 것만으로는 내 것이 되지 않는다는 것을요. 직접 손으로 써 보는 것, 그게 진짜 영어 실력을 만들어 줍니다.

손은 제2의 뇌라고 하지요. 손으로 문장을 만드는 동안 기억력, 사고력, 표현력이 동시에 활성화됩니다. 그렇게 완성된 문장은 훨씬 오래 기억되고, 실전에서 더 쉽게 떠오릅니다. 그렇기에 '쓰기(writing)'는 곧 '생각하기(thinking)'입니다. 생각을 정리하고, 감정을 표현하고, 논리를 세우는 모든 과정이 영작 훈련에 들어 있습니다.

이 책을 끝까지 완주하는 여러분은, 영어를 단순히 아는 것을 넘어 스스로 표현할 수 있는 사람으로 성장해 있을 것입니다. 단어와 문법을 넘어서, 나만의 문장을 구성할 수 있는 힘을 갖게 될 거예요.

지금 이 순간이 여러분의 3차 임계점입니다

이 책은 읽고, 쓰고, 생각하며 '만들어 가는 책'입니다. 매일 한 유닛씩, 꾸준히 써 보세요. 그 작은 습관이 어느 날 여러분을 깜짝 놀라게 할 겁니다. 책의 마지막 페이지까지 여러분의 문장으로 가득 채워 보세요. 내가 직접 만든 영어 문장은 곧 나의 말, 나의 힘입니다. AI 시대에 더 빛나는, 사람다운 언어의 힘을 이 책과 함께 길러 보세요. 성실한 한 줄 한 줄이 쌓여, 여러분의 영어 실력을 분명히 바꿔놓을 것입니다.

이 책을 기다려 주시고 아껴 주신 독자 여러분, 진심으로 감사드립니다. 여러분의 3차 임계점 돌파를 힘껏 응원합니다! 책 한 권 한 권에 정성과 품격을 더해 주시는 사람in 임직원분들, 특히 제 책에 아낌없는 조언과 번뜩이는 아이디어를 주시는 김현 편집장님께 깊은 감사의 마음을 전합니다.

저자 유은하

이 책의 특징과 구성

〈영어로 문장 만들기 훈련 – 3차 임계점〉은 문장 만들기를 넘어 뉘앙스와 의도를 전하게 하는 훈련서입니다.

1 자신도 모르게 입력되는 영어 문장 구조
책에 나온 모든 한국어 문장이 영어 문장 구조로 전환되는 것을 보여 주어 문장을 쓸 때 [주어 + 서술어]부터 시작하도록 체화시킵니다.

2 실력이 쌓이는 기분 좋은 반복
기본 문장만큼은 여러 번 반복해 써서 손에 익게 합니다.

3 포기하지 않게 도와주는 친절한 힌트
표현만 해결되면 앞으로 나아갈 수 있는 독자들을 위해 힌트 표현을 곳곳에 두었습니다.

4 할 만하다 여겨지는 점진적 구성
기본 문장 쓰기 → 유제 문장 쓰기(기본 문장에서 표현만 바꾼 문장들) → 유제 응용 문장 쓰기(유제 문장에 나온 표현을 섞은 문장) → 응용하여 쓰기(힌트 표현들로 다양하게 써 보는 응용 문장들) 구성으로 차근차근 해 나갈 수 있습니다.

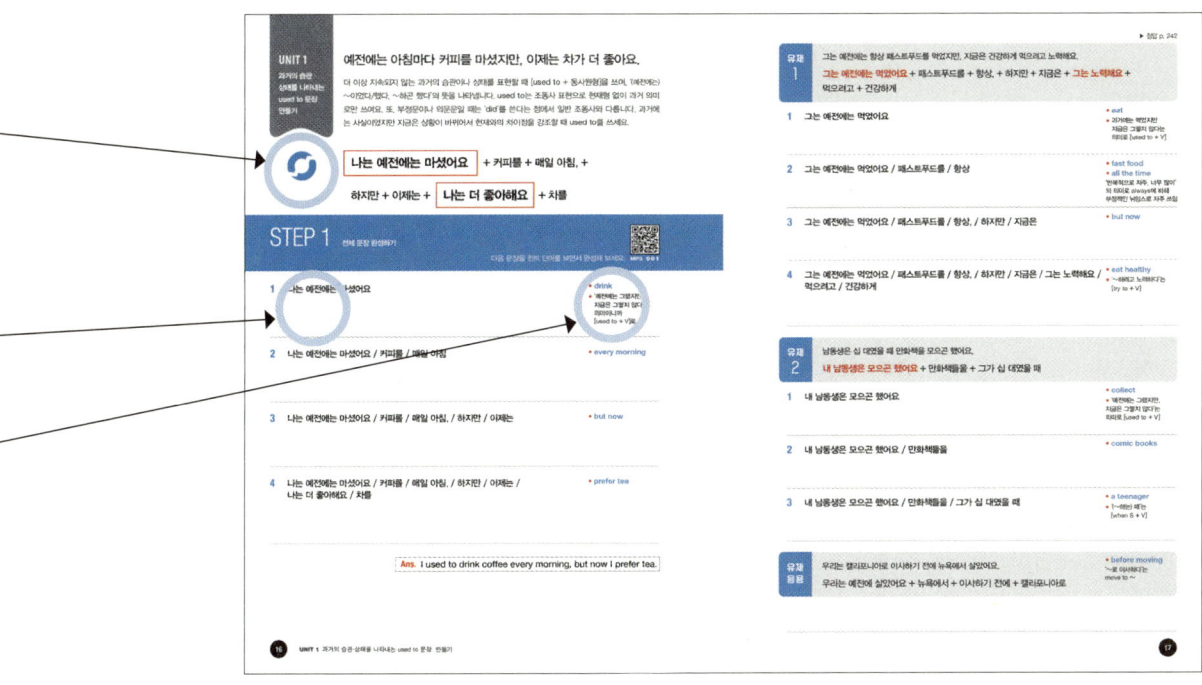
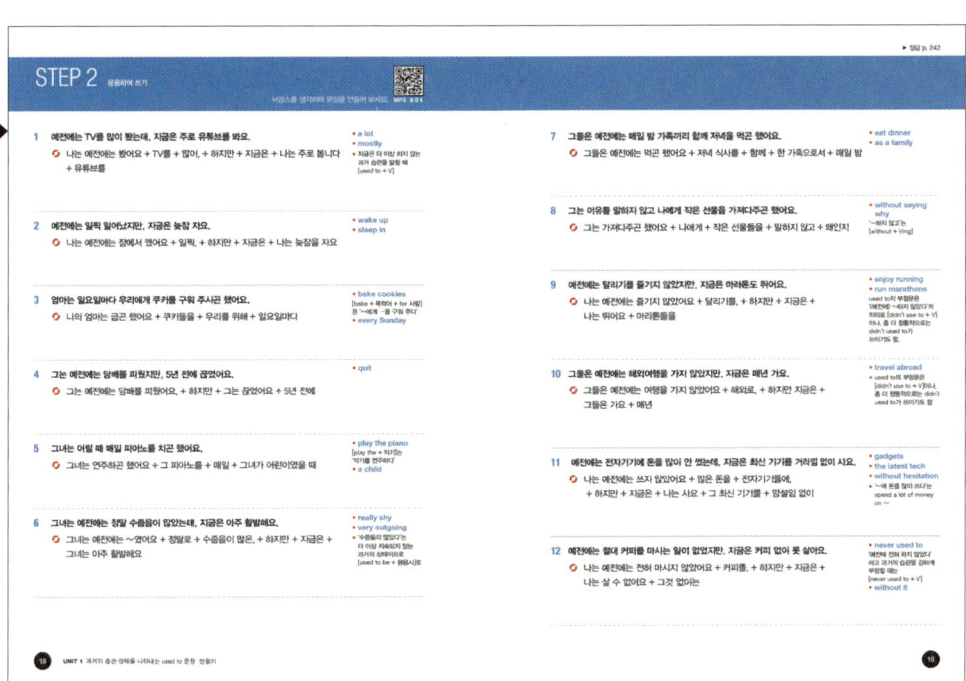

차례

영어로 문장 만들기 훈련
3차 임계점

영어로 문장 만들기
: 이제는 표현력이 실력입니다   4

이 책의 특징과 구성   8

WARM-UP
어떤 영어 문장도 만들기 쉬워지는
2가지 원칙   12

CHAPTER 1
조동사로 표현하는 한 끗 차이 뉘앙스

UNIT 1	과거의 습관·상태를 나타내는 used to 문장 만들기	16
UNIT 2	공손한 뉘앙스의 would 문장 만들기	20
UNIT 3	'추측'과 '예상'의 would 문장 만들기	24
UNIT 4	'후회'를 나타내는 should have p.p. 문장 만들기	28
UNIT 5	은근히 까다로운 might/could/must have p.p. 문장 만들기	32
UNIT 6	뜻이 다른 be able to, will be able to 문장 만들기	36

STEP UP YOUR WRITING   40

CHAPTER 2
비교급·최상급으로 문장을 더 풍부하게

UNIT 1	비교 문장 만들기 1	44
UNIT 2	비교 문장 만들기 2	48
UNIT 3	비교 문장 만들기 3	52
UNIT 4	비교 문장 만들기 4	56
UNIT 5	비교 문장 만들기 5	60
UNIT 6	비교 문장 만들기 6	64

STEP UP YOUR WRITING   68

CHAPTER 3
예의 있게 질문/요청하기

UNIT 1	정중한 직접의문문 만들기	72
UNIT 2	정중한 간접의문문 만들기 1	76
UNIT 3	정중한 간접의문문 만들기 2	80
UNIT 4	정중한 간접의문문 만들기 3	84
UNIT 5	정중한 간접의문문 만들기 4	88
UNIT 6	부가의문문 만들기	92

STEP UP YOUR WRITING   96

CHAPTER 4
관계사절로 문장 확장하기

UNIT 1	관계사절 1 (관계대명사 주격·목적격)	100
UNIT 2	관계사절 2 (관계대명사 that만 써야 하는 경우)	104
UNIT 3	관계사절 3 (관계대명사의 소유격)	108
UNIT 4	관계사절 4 (계속적 용법)	112
UNIT 5	관계사절 5 (문장 전체를 받는 which)	116
STEP UP YOUR WRITING		120

CHAPTER 5
복합관계사로 문장 확장하기

UNIT 1	복합관계사 1 (whoever, whatever, whichever로 명사절 만들기)	124
UNIT 2	복합관계사 2 (whoever, whatever, whichever로 부사절 만들기)	128
UNIT 3	복합관계사 3 (wherever, whenever, however로 부사절 만들기)	132
UNIT 4	복합관계사 4 (동사를 생략하는 경우)	136
STEP UP YOUR WRITING		140

CHAPTER 6
분사구문으로 더 간결하고 세련된 문장으로

UNIT 1	분사구문 1 (다양한 분사구문 만들기)	144
UNIT 2	분사구문 2 (독립분사구문)	148
UNIT 3	분사구문 3 (with + 명사 + 분사)	152
STEP UP YOUR WRITING		156

CHAPTER 7
조건절과 가정법 문장 만들기

UNIT 1	조건절 만들기	160
UNIT 2	가정법 문장 만들기 1 (현재 사실에 반대되는 가정)	164
UNIT 3	가정법 문장 만들기 2 (과거 사실에 반대되는 가정)	168
UNIT 4	가정법 문장 만들기 3 (혼합 가정법)	172
UNIT 5	I wish 가정법, as if 가정법 문장 만들기	176
UNIT 6	if only 가정법 문장 만들기	180
UNIT 7	if it were not for 가정법 문장 만들기	184
UNIT 8	if절 없는 가정법 문장 만들기	188
WRAP IT UP		193
STEP UP YOUR WRITING		194

CHAPTER 8
문장의 재구성

UNIT 1	감탄문 만들기	198
UNIT 2	전치(Fronting)를 활용한 문장 만들기	202
UNIT 3	도치(Inversion)를 활용한 문장 만들기	206
UNIT 4	분열문(Cleft sentence)으로 강조하는 문장 만들기	210
UNIT 5	반복(Repetition)을 통한 강조 문장 만들기	214
UNIT 6	병렬(Parallelism)을 통한 강조 문장 만들기	218
UNIT 7	생략으로 더 간결하고 자연스러운 문장 만들기	222
UNIT 8	추가 정보(Insertion)를 넣어 풍부한 문장 만들기	226
UNIT 9	동격(Apposition) 구조로 간결하고 리듬감 있는 문장 만들기	230
UNIT 10	반전의 영어 문장 만들기	234
STEP UP YOUR WRITING		238

영어로 문장 만들기 훈련 3차 임계점
ANSWERS 242

WARM-UP 어떤 영어 문장도 만들기 쉬워지는 2가지 원칙

한국어 문장을 보거나 떠올리고 영어 문장을 쓰려다 보면 만족스럽게 전환되지 않을 때가 많습니다. 이를 위해서는 먼저 한국어와 영어의 가장 큰 차이점을 이해하는 것이 중요합니다. 가장 큰 차이점은 '어순(word order)'이며, 이것이 영어로 문장 만들기의 처음이자 끝이라고 해도 과언이 아닙니다. 정확한 어휘와 표현을 영어 어순에 맞게 배열하는 것이 기본 중의 기본입니다. 그리고 의도와 뉘앙스에 맞게 여러 요소를 조율하는 것입니다.

첫째, 영어는 아무리 긴 문장도 거의 무조건 [주어 + 서술어]부터

우리말은 주어 뒤에 다양한 목적어 및 수식어구가 나오고 문장의 결론을 말해 주는 서술어가 맨 마지막에 옵니다. 반면에 영어는 문장이 아무리 길고 복잡해도 [주어 + 서술어] 형태가 기본 뼈대입니다.

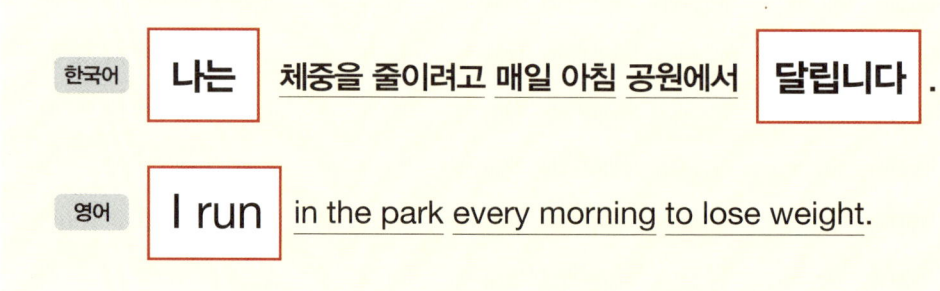

영어 문장이 아무리 길어도 기본 뼈대인 [주어 + 서술어]부터 쓰고 나면 그 뒤에 수식어구는 쉽게 만들어집니다. 서술어에 쓰인 동사가 그 다음에 어떤 표현이 올지를 결정하므로 뼈대 문장부터 세우는 것이 빠르고 정확한 영작을 도와줍니다.

둘째, 문장의 주어와 목적어, 소유대명사를 반드시 명확히 밝혀 쓸 것

우리말은 주어를 빈번하게 생략합니다. 주어뿐 아니라 목적어, 소유격 대명사 등의 표현이 정확하지 않아도 이로 인한 의사소통의 불편함이 없습니다. 우리말이고, 맥락으로 다 이해할 수 있으니까요. 하지만 영어는 문장에서 주어는 거의 100%, 목적어는 동사에 따라, 소유격 대명사도 의미상 꼭 있어야 합니다.

| 한국어 | 그 소식을 듣게 되어 **유감입니다**. (생략된 주어는?)

| 영어 | **I am sorry** to hear that.

우리말은 '제가 유감입니다'에서 주어 '제가'를 생략합니다.

| 한국어 | 그 책은 **가져가도 됩니다**. ('그 책은'이 주어?)

이 문장은 영어식 사고로 전환해 줘야 합니다.
→ **당신은/우리는 그 책을 가져가도 됩니다.**
주어-'당신은/우리는', 대상어-'그 책을'

| 영어 | **You can take** that book with you.

| 한국어 | **우리 남편은** 요리하는 것 **무척 좋아해**. (남편을 공유한다고?)

| 영어 | **My husband loves** cooking.

영어 문장에는 주어가 반드시 있어야 하며, 우리말처럼 주어나 대상어의 어순이 바뀌면 안됩니다. 영어 문장에서 단어들의 순서가 바뀌면 의사소통에 혼란이 생깁니다.

이 두 가지 원칙을 정확히 알고 이 책을 훈련해 가면 긴 문장도 쉽게, 나의 원래 의도를 정확히 표현할 수 있습니다. 이제 영어로 문장 만들기가 더 이상 어렵지 않습니다.

CHAPTER 1

조동사로 표현하는 한 끗 차이 뉘앙스

 QR코드를 스캔하시고 '바로듣기'를 탭하세요. 해당 도서의 음원을 바로 들으실 수 있습니다. 반복 재생과 속도 조절도 가능합니다.

UNIT 1
과거의 습관·상태를 나타내는 used to 문장 만들기

예전에는 아침마다 커피를 마셨지만, 이제는 차가 더 좋아요.

더 이상 지속되지 않는 과거의 습관이나 상태를 표현할 때 [used to + 동사원형]을 쓰며, '(예전에는) ~이었다/했다, ~하곤 했다'의 뜻을 나타냅니다. used to는 조동사 표현으로 현재형 없이 과거 의미로만 쓰여요. 또, 부정문이나 의문문일 때는 'did'를 쓴다는 점에서 일반 조동사와 다릅니다. 과거에는 사실이었지만 지금은 상황이 바뀌어서 현재와의 차이점을 강조할 때 used to를 쓰세요.

| 나는 예전에는 마셨어요 | + 커피를 + 매일 아침, +

하지만 + 이제는 + | 나는 더 좋아해요 | + 차를

STEP 1 전체 문장 완성하기

다음 문장을 힌트 단어를 보면서 완성해 보세요.

1 나는 예전에는 마셨어요
- drink
- '예전에는 그랬지만, 지금은 그렇지 않다'는 의미이니까 [used to + V]로

2 나는 예전에는 마셨어요 / 커피를 / 매일 아침
- every morning

3 나는 예전에는 마셨어요 / 커피를 / 매일 아침, / 하지만 / 이제는
- but now

4 나는 예전에는 마셨어요 / 커피를 / 매일 아침, / 하지만 / 이제는 / 나는 더 좋아해요 / 차를
- prefer tea

Ans. I used to drink coffee every morning, but now I prefer tea.

▶ 정답 p. 242

유제 1

그는 예전에는 항상 패스트푸드를 먹었지만, 지금은 건강하게 먹으려고 노력해요.

그는 예전에는 먹었어요 + 패스트푸드를 + 항상, + 하지만 + 지금은 + **그는 노력해요** + 먹으려고 + 건강하게

1 그는 예전에는 먹었어요

- eat
- 과거에는 먹었지만 지금은 그렇지 않다는 의미로 [used to + V]

2 그는 예전에는 먹었어요 / 패스트푸드를 / 항상

- fast food
- all the time
- '반복적으로 자주, 너무 많이'의 의미로 always에 비해 부정적인 뉘앙스로 자주 쓰임

3 그는 예전에는 먹었어요 / 패스트푸드를 / 항상, / 하지만 / 지금은

- but now

4 그는 예전에는 먹었어요 / 패스트푸드를 / 항상, / 하지만 / 지금은 / 그는 노력해요 / 먹으려고 / 건강하게

- eat healthy
- '~하려고 노력하다'는 [try to + V]

유제 2

남동생은 십 대였을 때 만화책을 모으곤 했어요.

내 남동생은 모으곤 했어요 + 만화책들을 + 그가 십 대였을 때

1 내 남동생은 모으곤 했어요

- collect
- '예전에는 그랬지만, 지금은 그렇지 않다'는 의미로 [used to + V]

2 내 남동생은 모으곤 했어요 / 만화책들을

- comic books

3 내 남동생은 모으곤 했어요 / 만화책들을 / 그가 십 대였을 때

- a teenager
- '(~하는) 때'는 [when S + V]

유제 응용

우리는 캘리포니아로 이사하기 전에 뉴욕에서 살았어요.

우리는 예전에 살았어요 + 뉴욕에서 + 이사하기 전에 + 캘리포니아로

- before moving
- '~로 이사하다'는 move to ~

STEP 2 응용하여 쓰기

뉘앙스를 생각하며 문장을 만들어 보세요. MP3 001

1. **예전에는 TV를 많이 봤는데, 지금은 주로 유튜브를 봐요.**
   나는 예전에는 봤어요 + TV를 + 많이, + 하지만 + 지금은 + 나는 주로 봅니다 + 유튜브를
   - a lot
   - mostly
   - 지금은 더 이상 하지 않는 과거 습관을 말할 때 [used to + V]

2. **예전에는 일찍 일어났지만, 지금은 늦잠 자요.**
   나는 예전에는 잠에서 깼어요 + 일찍, + 하지만 + 지금은 + 나는 늦잠을 자요
   - wake up
   - sleep in

3. **엄마는 일요일마다 우리에게 쿠키를 구워 주시곤 했어요.**
   나의 엄마는 굽곤 했어요 + 쿠키들을 + 우리를 위해 + 일요일마다
   - bake cookies
   - [bake + 목적어 + for 사람]은 '~에게 …을 구워 주다'
   - every Sunday

4. **그는 예전에는 담배를 피웠지만, 5년 전에 끊었어요.**
   그는 예전에는 담배를 피웠어요, + 하지만 + 그는 끊었어요 + 5년 전에
   - quit

5. **그녀는 어릴 때 매일 피아노를 치곤 했어요.**
   그녀는 연주하곤 했어요 + 그 피아노를 + 매일 + 그녀가 어린이였을 때
   - play the piano
   - [play the + 악기]는 '악기를 연주하다'
   - a child

6. **그녀는 예전에는 정말 수줍음이 많았는데, 지금은 아주 활발해요.**
   그녀는 예전에는 ~였어요 + 정말로 + 수줍음이 많은, + 하지만 + 지금은 + 그녀는 아주 활발해요
   - really shy
   - very outgoing
   - '수줍음이 많았다'는 더 이상 지속되지 않는 과거의 상태이므로 [used to be + 형용사]로

7 그들은 예전에는 매일 밤 가족끼리 함께 저녁을 먹곤 했어요.

　○　그들은 예전에는 먹곤 했어요 + 저녁 식사를 + 함께 + 한 가족으로서 + 매일 밤

- **eat dinner**
- **as a family**

---

8 그는 이유를 말하지 않고 나에게 작은 선물을 가져다주곤 했어요.

　○　그는 가져다주곤 했어요 + 나에게 + 작은 선물들을 + 말하지 않고 + 왜인지

- **without saying why**

'~하지 않고'는 [without + Ving]

---

9 예전에는 달리기를 즐기지 않았지만, 지금은 마라톤도 뛰어요.

　○　나는 예전에는 즐기지 않았어요 + 달리기를, + 하지만 + 지금은 + 나는 뛰어요 + 마라톤들을

- **enjoy running**
- **run marathons**

used to의 부정문은 '(예전에) ~하지 않았다'의 의미로 [didn't use to + V]이나, 좀 더 정통적으로는 didn't used to가 쓰이기도 함.

---

10 그들은 예전에는 해외여행을 가지 않았지만, 지금은 매년 가요.

　○　그들은 예전에는 여행을 가지 않았어요 + 해외로, + 하지만 지금은 + 그들은 가요 + 매년

- **travel abroad**
- used to의 부정문은 [didn't use to + V]이나, 좀 더 정통적으로는 didn't used to가 쓰이기도 함

---

11 예전에는 전자기기에 돈을 많이 안 썼는데, 지금은 최신 기기를 거리낌 없이 사요.

　○　나는 예전에는 쓰지 않았어요 + 많은 돈을 + 전자기기들에, + 하지만 + 지금은 + 나는 사요 + 그 최신 기기를 + 망설임 없이

- **gadgets**
- **the latest tech**
- **without hesitation**
- '~에 돈을 많이 쓰다'는 spend a lot of money on ~

---

12 예전에는 절대 커피를 마시는 일이 없었지만, 지금은 커피 없이 못 살아요.

　○　나는 예전에는 전혀 마시지 않았어요 + 커피를, + 하지만 + 지금은 + 나는 살 수 없어요 + 그것 없이는

- **never used to**

'예전에 전혀 하지 않았다'라고 과거의 습관을 강하게 부정할 때는 [never used to + V]

- **without it**

UNIT 2
공손한 뉘앙스의 would 문장 만들기

내년에 더 큰 아파트로 이사하고 싶습니다.

would는 will의 과거형이기는 하지만, 실제 문장에서는 과거의 뜻이 아닌 경우가 훨씬 많아요. 위 문장의 뼈대인 [주어 + 서술어]는 '나는 이사하고 싶습니다'입니다. '~하고 싶다'라고 표현할 때 가장 편하게 자주 쓰는 표현은 [want to + 동사원형]이지만, 원하는 것을 공손하고 정중하게 표현할 때, 원어민들은 want 대신 would like를 씁니다. 조동사 would는 문장의 톤에 거리감을 줘서 부드럽고 정중한 뉘앙스를 만들어 주기 때문이죠. 사용 빈도가 가장 높은 공손한 표현의 would를 영어 문장 만들기로 익혀 보세요.

나는 이사하고 싶습니다 + 더 큰 아파트로 + 내년에

STEP 1   전체 문장 완성하기

다음 문장을 힌트 단어를 보면서 완성해 보세요.

1 나는 이사하고 싶습니다
- move
- 공손하게 나의 바람을 표현할 때는 [I would like to + V]

2 나는 이사하고 싶습니다 / 더 큰 아파트로
- into a bigger apartment
- '구체적인 장소, 공간 안으로 이사하다'는 move into ~ '도시, 나라, 지역 등의 목적지로 이사하다'는 move to ~

3 나는 이사하고 싶습니다 / 더 큰 아파트로 / 내년에
- next year

> **Ans.** I would like to move into a bigger apartment next year.
> (would를 주어와 축약하여 I'd ~로도 자주 씁니다.)

▶ 정답 p. 242

| 유제 1 | 오후 7시로 2인 테이블 예약하고 싶습니다.
나는 예약하고 싶습니다 + 테이블 하나를 + 두 사람을 위한 + 오후 7시로 |

| 1 | 나는 예약하고 싶습니다 | • **book**
• '~하고 싶습니다'라고 공손하게 요청할 때는 [would like to + V] |

| 2 | 나는 예약하고 싶습니다 / 테이블 하나를 | • **a table** |

| 3 | 나는 예약하고 싶습니다 / 테이블 하나를 / 두 사람을 위한 | • **for two**
a table for two는 식당에서 하는 말로, '두 사람이 앉을 테이블(자리)'이라는 뜻 |

| 4 | 나는 예약하고 싶습니다 / 테이블 하나를 / 두 사람을 위한 / 오후 7시로 | • **for 7 p.m.**
'7시로'처럼 '몇 시로'는 전치사 for를 쓰는 게 자연스러움 |

| 유제 2 | 내일 점심 식사에 정말 함께하고 싶습니다.
나는 정말 함께하고 싶습니다 + 당신과 + 점심 식사에 + 내일 |

| 1 | 나는 정말 함께하고 싶습니다 | • **would love to join**
would love는 would like 보다 더 감정적, 적극적인 뉘앙스로 공손함은 유지하면서 더 간절한 느낌을 전달 |

| 2 | 나는 정말 함께하고 싶습니다 / 당신과 | • **you**
• '~와 함께하다'의 join은 뒤에 전치사 없이 바로 대상어가 오는 동사 |

| 3 | 나는 정말 함께하고 싶습니다 / 당신과 / 점심 식사에 / 내일 | • **for lunch** |

| 유제 응용 | 정말 가고 싶은데, 선약이 있어서요.
저는 정말 가고 싶습니다, + 하지만 + 저는 가지고 있습니다 + 선약을 | • **would love**
• **a prior commitment** |

21

STEP 2 응용하여 쓰기

뉘앙스를 생각하며 문장을 만들어 보세요.

1. 귀하의 여행에 대해 정말 더 듣고 싶습니다.
   - 저는 정말 듣고 싶습니다 + 더 많이 + 당신의 여행에 대해

   - **hear more**
   - 공손함은 유지하면서 간절하게 원하는 느낌을 줄 때는 [would love to + V]

2. 저희의 주말 숙박을 위해 바다 전망이 있는 조용한 방을 원합니다.
   - 나는 원합니다 + 조용한 방 하나를 + 바다 전망이 있는 + 우리의 주말 숙박을 위해

   - **with an ocean view**
   - **weekend stay**
   - '~을 원하다'는 [would like + 명사] 구조로

3. 귀하의 프로그램을 더 배우는 데 관심이 있습니다.
   - 저는 관심이 있습니다 + 배우는 것에 + 더 많이 + 귀하의 프로그램에 대해

   - **I'd be = I would be**
   - '저는 ~하게 될 것 같아요'의 의미로, 부드럽고 공손한 뉘앙스
   - **interested in learning**

4. 이 보고서를 한번 봐 주실 수 있으면 감사하겠습니다.
   - 저는 감사하겠습니다 + 당신이 봐 주실 수 있다면 + 이 보고서를

   - **would be grateful**
   - **if you could**
   - '~을 한번 보다/살펴보다'는 take a look at ~

5. 오늘 밤까지 파일을 보내 주시면 정말 감사하겠습니다.
   - 저는 정말 감사할 것입니다 + 그것을 + 당신이 보내 줄 수 있다면 + 나에게 + 그 파일을 + 오늘 밤까지

   - **really appreciate it**
   - appreciate은 '감사하게 여기다'의 뜻으로 뒤에 대상어(목적어)가 꼭 필요함

* appreciate it: 파일을 보내 주면 그것(it)을 감사히 여길 것이라는 의미

6. 괜찮으시다면 전 창가에 앉는 것이 더 좋겠어요.
   - 저는 더 좋겠어요 + 앉는 것이 + 그 창가에 + 그것이 괜찮다면

   - **I would prefer**
   - would prefer는 prefer만 쓰는 것보다 더 공손하고 부드러운 느낌
   - **if that's alright**

7 내일 아침에 저를 만나 주실 수 있을까요?

↻ 당신은 가능하실까요 + 만나는 것이 + 저를 + 내일 아침에

- **Would you be able to ~?**
- '~해 주시겠어요?'는 Would you ~?
- '할 수 있다'는 [be able to + V]

8 우리 회의 일정을 변경할 수 있을까요?

↻ 가능할까요 + 다시 일정을 잡는 것이 + 우리 회의를

- **Would it be possible to ~?**
'혹시 ~하는 것이 가능할까요?'는 완곡한 표현으로 정중하게 요청하는 뉘앙스
- **reschedule**

* 정중하게 일정 변경을 요청하는 표현으로 비즈니스 이메일이나 격식을 차려야 하는 상황에서 특히 많이 쓰입니다.

9 언제 시간이 되는지 알려 주시겠어요?

↻ 당신은 해 주시겠어요 + 내가 + 알도록 + 언제 당신이 시간이 되는지

- **Would you please let ~?**
- **available**
- when이 이끄는 명사절 [when S + V]가 know의 목적어

10 저희 북 클럽 가입에 관심이 있으신가요?

↻ 당신은 관심이 있으신가요 + 가입하는 것에 + 우리의 북 클럽에

- **Would you be interested ~?**
Are you interested ~? 라고 직접적으로 묻는 것보다 부드럽고 예의 바른 표현

11 제가 전화해서 예약을 확인해 드릴까요?

↻ 당신은 원하시나요 + 제가 + 전화해서 확인하는 것을 + 그 예약을

- **Would you like me to V?**
'제가 ~해 드릴까요?'라고 공손하게 제안할 때 활용
- **call and confirm**

12 제가 자세한 내용을 이메일로 보내 드릴까요?

↻ 당신은 원하시나요 + 제가 + 보내 드리는 것을 + 당신에게 + 그 자세한 내용을 + 이메일로

- **Would you like me to V?**
- **the details**
- **by email**

* [Would you like me to + V ~?]는 원어민이 이메일, 일상 대화, 서비스 응대에서 매우 자주 사용합니다.

UNIT 3
'추측'과 '예상'의 would 문장 만들기

제 생각에 이게 올해 최고의 영화인 것 같아요.

조동사 would는 일상 대화나 비즈니스 상황에서 조심스럽고 부드러운 어조를 만들 때 자주 쓰입니다. 위의 문장에서 '내 생각에 ~인 것 같아요'처럼 부드러운 의견 제시, 완곡한 추측을 할 때 I would say ~로 표현합니다. 'This is the best movie'만 쓰면 직설적인 느낌인데, I would say를 붙여 조심스럽게 의견을 제시하는 뉘앙스로 만드는 거죠. 다양한 would 문장을 직접 만들어 보면서 그 의미와 뉘앙스를 확실히 익혀 보세요.

제 생각에 ~인 것 같아요 + 이것은 최고의 영화예요 + 올해의

STEP 1 전체 문장 완성하기

다음 문장을 힌트 단어를 보면서 완성해 보세요.

MP3 003

1 제 생각에 ~인 것 같아요

• **I would say**
조심스럽고 부드럽게 의견을 제시할 때, '저는 ~인 것 같아요, ~라고 말씀드리죠'의 의미로 I would say ~

2 제 생각에 ~인 것 같아요 / 이것은 최고의 영화예요

• **the best movie**

3 제 생각에 ~인 것 같아요 / 이것은 최고의 영화예요 / 올해의

• **of the year**
the year는 '금년', the month는 '이번 달', the day는 '오늘'

Ans. I would say this is the best movie of the year.

유제 1	시험이 아주 어렵진 않았던 것 같은데 결과를 기다려 봅시다. **제 생각에 ~인 것 같아요** + 그 시험은 너무 어렵진 않았어요, + 하지만 + 기다립시다 + 그 결과들을

1	제 생각에 ~인 것 같아요	• **I would say** 부드럽게 의견을 제시하는 완곡한 어조의 would
2	제 생각에 ~인 것 같아요 / 그 시험은 너무 어렵진 않았어요	• **too hard**
3	제 생각에 ~인 것 같아요 / 그 시험은 너무 어렵진 않았어요, / 하지만 / 기다립시다	• **let's wait**
4	제 생각에 ~인 것 같아요 / 그 시험은 너무 어렵진 않았어요, / 하지만 / 기다립시다 / 그 결과들을	• **for the results**

유제 2	그게 그녀가 아까 그렇게 속상해 보였던 이유겠네요. **그게 설명해 주겠네요** + 왜 그녀가 보였는지 + 그렇게 속상한 (상태로) + 아까

1	그게 설명해 주겠네요	• **That would explain** 어떤 정보를 기반으로 추론해 부드러운 어조로 표현할 때는 That would explain ~
2	그게 설명해 주겠네요 / 왜 그녀가 보였는지 / 그렇게 속상한 (상태로)	• **so upset** • '~한 상태로 보이다'는 [look + 형용사]
3	그게 설명해 주겠네요 / 왜 그녀가 보였는지 / 그렇게 속상한 (상태로) / 아까	• **earlier**

유제 응용	그럼 그가 온종일 내 전화 안 받은 이유가 설명되네요. 그게 설명해 주겠네요 + 왜 그가 대답하지 않았는지 + 내 전화들을 + 온종일	• **why he didn't answer** • **all day**

STEP 2 응용하여 쓰기

뉘앙스를 생각하며 문장을 만들어 보세요. MP3 003

1 회의가 9시면, 우리 계획을 바꿔야 한다는 뜻이겠네요.
   그 회의가 있다면 + 9시에, + 그건 ~라는 뜻이겠네요 + 우리는 바꿔야 한다는 + 우리의 계획들을

- If the meeting is
- need to change
- '그렇다면 ~라는 뜻이겠네요'라고 조심스럽게 추론할 때는 that would mean ~

2 전화 안 받는 걸 보니 그들이 아마 저녁 먹는 중인가 봐요.
   저는 ~라고 추측해요 + 그들이 먹고 있다고 + 저녁 식사를 + 그들이 전화를 받지 않기 때문에

- I would guess
  단정하지 않고 부드럽게 추측할 때, I would guess ~
- since they're not picking up
  이미 알고 있는 이유는 접속사 since(~이므로, ~이니까)로 문장 연결

3 제 생각에는 그가 그 상황을 꽤 잘 처리한 것 같아요.
   제 생각에는 ~인 것 같아요 + 그가 처리했어요 + 그 상황을 + 꽤 잘

- handle the situation
- pretty well
- 조심스럽고 부드럽게 의견을 제시할 때, '저는 ~인 것 같아요, ~라고 말씀드리죠'의 의미로 I would say ~

4 이곳이 소풍 장소로 딱일 것 같아요.
   이곳은 ~일 것입니다 + 그 완벽한 장소 + 소풍을 위한

- This would be
  This is ~라고 하면 직접적, 단정적인데 would를 써서 조심스러운 의견, 공손한 제안을 표현
- spot
- for a picnic

5 이건 당신이 뭔가 새로운 걸 배울 훌륭한 기회가 될 거예요.
   이것은 ~일 거예요 + 훌륭한 기회 + 당신이 + 배울 + 뭔가 새로운 것을

- a great opportunity
- for you to learn
- This would be ~는 '~일 것 같아요'라고 공손하고 부드럽게 의견 제시

6 상황을 고려하면 그게 타당한 설명이 될 수도 있겠네요.
   그건 ~일 거예요 + 타당한 설명, + 고려하면 + 그 상황을

- That would be
  추측의 would로 부드럽게 의견 제시
- given the situation
- '합리적인, 타당한'은 reasonable

▶ 정답 p. 242

7 그녀에 대해 말하는 식으로 미루어 볼 때, 그건 그녀의 오빠일 거예요.

🔄 그건 ~일 거예요 + 그녀의 오빠, + 미루어 보아 + 그 방식으로 + (그가 말하는 + 그녀에 대해)

- **That would be**
  추측의 would로 부드럽게 의견 제시
- **judging by the way**

8 그게 이것보다 더 쉬울 줄 알았어요.

🔄 나는 생각했어요 + 그것이 더 쉬울 것이라고 + 이것보다

- **it would be**
  I thought it would ~는 과거 시점에서의 미래, 실망 또는 예측과 다른 결과를 표현

9 그가 혼자서 문제를 처리할 줄 알았죠.

🔄 나는 생각했어요 + 그가 처리할 거라고 + 그 문제를 + 그 혼자서

- **take care of the issue**
- **on his own**
- I thought he would ~는 과거에 예상, 기대했지만 실제로는 그렇지 않았을 가능성을 표현

10 그녀가 저녁 식사에 우리랑 함께할 줄 알았는데, 결국 안 왔어요.

🔄 나는 생각했어요 + 그녀가 함께할 거라고 + 우리와 + 저녁 식사에, + 하지만 + 그녀는 절대 나타나지 않았어요

- **for dinner**
- **showed up**
- I thought she would ~는 기대, 추측을 나타내고 but 뒤에 실제 결과를 표현함

11 어렸을 때 우리는 해 질 녘까지 밖에서 몇 시간이고 놀곤 했어요.

🔄 우리가 아이였을 때, + 우리는 보내곤 했어요 + 몇 시간을 + 노는 데 + 밖에서 + 해 질 녘까지

- **kids**
- **would spend hours playing**
  여기서 would는 '~하곤 했다'로 과거의 습관을 나타내며, 과거의 반복적 행동을 회상할 때 사용

12 그는 매일 저녁 그냥 잘 자라고 말하려고 전화하곤 했어요.

🔄 그는 전화를 하곤 했어요 + 나에게 + 매일 저녁에 + 그냥 말하려고 + 잘 자라고

- **just to say goodnight**
- 과거의 습관을 회상하는 뉘앙스의 would

UNIT 4 '후회'를 나타내는 should have p.p. 문장 만들기

교통 체증을 피하려면 더 일찍 떠났어야 했어요.

'아, 그때 ~해야 했는데...'라고 과거에 하지 않은 일에 후회나 아쉬움을 표현할 때 조동사 표현 [should have p.p.]를 씁니다. 위 문장은 더 일찍 출발하지 않아서 후회하는 것을 뜻합니다. should have p.p.를 이용해 과거에 대한 후회나 비판, 조언을 표현하는 문장을 만들어 보세요.

나는 떠났어야 했어요 + 더 일찍 + 피하려고 + 그 교통 체증을

STEP 1 전체 문장 완성하기

다음 문장을 힌트 단어를 보면서 완성해 보세요.

1 나는 떠났어야 했어요
- leave
- 과거에 하지 않은 것을 후회할 때 [should have p.p.]로 표현

2 나는 떠났어야 했어요 / 더 일찍
- earlier

3 나는 떠났어야 했어요 / 더 일찍 / 피하려고
- to avoid

4 나는 떠났어야 했어요 / 더 일찍 / 피하려고 / 그 교통 체증을
- the traffic

Ans. I should have left earlier to avoid the traffic.

▶ 정답 p. 243

유제 1	특히 토요일 밤에는 우리가 식당에 예약을 해야 했어요. **우리는 해야 했어요** + 예약을 + 그 식당에, + 특히 + 토요일 밤에는

1	우리는 해야 했어요 / 예약을	• make a reservation • 과거에 했어야 하지만 하지 않은 일에 대한 후회나 아쉬움은 [should have p.p.]로 표현
2	우리는 해야 했어요 / 예약을 / 그 식당에	• at the restaurant
3	우리는 해야 했어요 / 예약을 / 그 식당에, / 특히	• especially
4	우리는 해야 했어요 / 예약을 / 그 식당에, / 특히 / 토요일 밤에는	• on a Saturday night night이라도 요일과 함께 쓰이면 'on'이 옴

유제 2	나가기 전에 날씨를 확인했어야 했는데. **나는 확인했어야 했어요** + 그 날씨를 + 나가기 전에

1	나는 확인했어야 했어요	• check • 확인했어야 했는데 그러지 않음을 후회함
2	나는 확인했어야 했어요 / 그 날씨를	• the weather
3	나는 확인했어야 했어요 / 그 날씨를 / 나가기 전에	• before going out

유제 응용	컴퓨터 소프트웨어 업데이트하기 전에 모든 파일을 백업해 뒀어야 했어요. 나는 백업했어야 했어요 + 모든 내 파일들을 + 업데이트하기 전에 + 그 소프트웨어를 + 내 컴퓨터에서	• back up • on my computer

STEP 2 응용하여 쓰기

뉘앙스를 생각하며 문장을 만들어 보세요.  MP3 004

1 기회가 있었을 때 내가 그 회사에 투자했어야 했어요.
　↻ 나는 투자했어야 했어요 + 그 회사에 + 내가 가지고 있었을 때 + 그 기회를

- that company
- had the chance
- '~에 투자하다'는 invest in ~

2 내가 역으로 가기 전에 기차 시간표를 온라인으로 확인했어야 했어요.
　↻ 나는 확인했어야 했어요 + 그 기차 시간표를 + 온라인으로 + 가기 전에 + 그 역으로

- the train schedule
- before heading
- '~로 가다/향하다'는 head to ~

3 도움이 필요하면 나한테 전화했어야죠.
　↻ 당신은 전화했어야 했어요 + 나에게 + 당신이 필요했다면 + 도움이

- if you needed help
- 상대방의 과거 행동에 대한 비판, 조언의 뉘앙스는 [You should have p.p.]

4 우유 유통기한을 확인했어야죠.
　↻ 당신은 확인했어야 했어요 + 그 유통기한을 + 그 우유에 (적힌)

- the expiration date
- 유통기한이 우유팩 표면에 적혀 있으므로 on the milk로 표현

5 이런 비상 상황에 대비해 당신이 지난 월급에서 돈을 좀 저축해 뒀어야죠.
　↻ 당신은 저축했어야 했어요 + 약간의 돈을 + 당신의 지난 월급에서 + 비상 상황에 대비해 + 이와 같은

- from your last paycheck
- in case of an emergency
- '~에 대비해서, ~의 경우에'는 in case of ~

6 프로젝트가 걱정됐으면 당신이 회의 중에 목소리를 높였어야죠.
　↻ 당신은 목소리를 높였어야 했어요 + 그 회의 중에 + 당신이 갖고 있었다면 + 걱정거리들을 + 그 프로젝트에 대해

- '의견을 분명하게 말하다/목소리를 높이다'는 speak up
- '~에 대해 걱정하다, 우려하다'는 have concerns about

▶ 정답 p. 243

7 말다툼 직후에 그가 그녀에게 사과했어야 했어요.

↻ 그는 사과했어야 했어요 + 그녀에게 + 직후에 + 그 말다툼

- apologize
- the argument
- '~ 직후에, ~ 후 곧바로'는 right after ~

---

8 비 오는데 그렇게 빨리 운전하지 말았어야죠.

↻ 당신은 운전하지 말았어야 했어요 + 그렇게 빨리 + 빗속에서

- shouldn't have driven
- '(과거에) ~하지 말았어야 했다'는 [should not (= shouldn't) have p.p.]로
- in the rain

* 'in the rain'은 직역하면 '빗속에서'의 뜻이지만, '비 오는 중에, 비 오는 날에'라는 뜻으로 자주 쓰입니다.

9 당신, 회의 중에 그 얘기는 꺼내지 말았어야 했어요.

↻ 당신은 꺼내지 말았어야 했어요 + 그것을 + 그 회의 중에

- '(화제를) 꺼내다'는 bring up

---

10 그가 상사에게 그런 말을 하지 말았어야 했어요.

↻ 그는 말하지 말았어야 했어요 + 그것을 + 그의 상사에게

- shouldn't have said
- '그가 했던 말, 그 말 자체'를 대명사 that으로 지칭

---

11 그녀가 내 비밀을 모두에게 말하지 말았어야 했어요.

↻ 그녀는 공유하지 말았어야 했어요 + 내 비밀을 + 모든 사람과

- share my secret
- '~에게 비밀을 털어놓다/말하다'는 share a secret with ~

---

12 우리가 사실 확인도 없이 그를 그렇게 쉽게 믿지 말았어야 했어요.

↻ 우리는 믿지 말았어야 했어요 + 그를 + 그렇게 쉽게 + 확인하지 않고 + 그 사실들을

- trust
- without checking

UNIT 5
은근히 까다로운 might/could/must have p.p. 문장 만들기

내가 그를 다른 사람으로 착각했을지도 몰라요.

과거에 어떤 일이 발생했을 가능성에 대해 표현할 때, [might/could/must have p.p.]를 씁니다. 각 조동사에 따라 과거 일에 대한 가능성의 정도, 추측 또는 확신의 뉘앙스가 다릅니다.
- might have p.p.(~했을지도 모른다): 낮은 가능성, 확신은 없고 조심스럽게 추측
- could have p.p.(~할 수도 있었다): 할 수도 있었는데 하지 않음에 대한 후회, 아쉬움, 또는 과거의 가능성이 있었던 상황을 표현 (might have p.p.보다 조금 높은 가능성)
- must have p.p.(~했음이 틀림없다, 분명히 ~했을 거다): 어떤 증거나 상황 등을 보고 확실하다고 추론 또는 단정하는 강한 확신의 표현

 내가 착각했을지도 몰라요 + 그를 + 다른 사람으로

STEP 1 전체 문장 완성하기

다음 문장을 힌트 단어를 보면서 완성해 보세요.  MP3 005

1 내가 착각했을지도 몰라요
- might have mistaken
  과거 일에 대해 낮은 가능성으로 조심스럽게 추측하는 뉘앙스인 '~했을지도 모른다'는 [might have p.p.]

2 내가 착각했을지도 몰라요 / 그를
- him

3 내가 착각했을지도 몰라요 / 그를 / 다른 사람으로
- for someone else

Ans. I might have mistaken him for someone else.

* 일상 대화에서 발음의 편의를 위해 조동사와 have를 축약하기도 합니다.
might have p.p. = might've p.p.
could have p.p. = could've p.p.
must have p.p. = must've p.p.

▶ 정답 p. 243

유제 1	그 영화를 예전에 봤을지도 모르죠. 그런데 기억이 안 나요. **내가 봤을지도 몰라요** + 그 영화를 + 전에, + 그런데 + **나는 기억나지 않아요**

1 내가 봤을지도 몰라요
- see
- 과거에 그 일이 실제로 일어났는지는 모르지만, 낮은 가능성으로 추측할 때는 [might have p.p.]로

2 내가 봤을지도 몰라요 / 그 영화를
- that movie

3 내가 봤을지도 몰라요 / 그 영화를 / 전에
- before

4 내가 봤을지도 몰라요 / 그 영화를 / 전에, / 그런데 / 나는 기억나지 않아요
- can't remember

유제 2	당신, 그 얘기 사라한테서 들었을지도 몰라요. 그녀는 모르는 게 없으니까요. **당신은 들었을지도 몰라요** + 그것을 + 사라한테서; + **그녀는 알고 있어요** + 모든 것을

1 당신은 들었을지도 몰라요.
- hear

2 당신은 들었을지도 몰라요 / 그것을 / 사라한테서
- from Sarah

3 당신은 들었을지도 몰라요 / 그것을 / 사라한테서; / 그녀는 알고 있어요 / 모든 것을
- know everything
- 의미상 밀접하게 관련된 두 문장을 세미콜론(;)으로 연결하면 마침표보다는 약하게 분리하는 기능

유제 응용	그가 우리 기념일을 잊었을지도 몰라요. 그래서 그가 선물을 안 챙긴 거예요. 그는 잊었을지도 몰라요 + 우리의 기념일을; + 그게 ~한 이유예요 + 그가 사지 않았어요 + 선물을

- get a gift
- '그것이 ~한 이유이다/ 그래서 ~한 것이다'는 [that's why S + V]

STEP 2   응용하여 쓰기

뉘앙스를 생각하며 문장을 만들어 보세요.

---

1 당신이 문 잠그는 걸 깜빡했을지도 모르잖아요.

↻ 당신은 잊어버렸을지도 몰라요 + 잠그는 것을 + 그 문을

- lock the door
- 과거 일에 대한 약한 추측은 [might have p.p.]로
- '~할 것을 잊다'는 [forget to + V]

---

2 그들이 아무에게도 말하지 않고 일정을 바꿨을지도 모르죠.

↻ 그들이 바꿨을지도 몰라요 + 그 일정을 + 말하지 않고 + 아무에게도

- without telling anyone

---

3 더 일찍 말할 수도 있었는데, 서프라이즈를 망치고 싶지 않았어요.

↻ 나는 말할 수도 있었어요 + 당신에게 + 더 일찍, + 하지만 + 나는 원하지 않았어요 + 망치는 것을 + 그 서프라이즈를

- could have told
  가능성이 있었지만 실제로는 일어나지 않은 일, '~할 수 있었는데 (하지 않았음)'은 [could have p.p.]로 표현
- ruin the surprise

---

4 공항에 도착했을 때 당신이 나한테 전화할 수도 있었잖아요.

↻ 당신이 전화할 수도 있었잖아요 + 나에게 + 당신이 도착했을 때 + 그 공항에

- could have called
  상대방이 과거에 할 수 있었는데 하지 않은 일에 대한 유감, 아쉬움을 표현

---

5 힘들었으면 도움을 청할 수도 있었잖아요.

↻ 당신은 요청할 수도 있었잖아요 + 도움을 + 당신이 힘들어하고 있었다면

- ask for
- struggling

---

6 그들이 우리에게 프로젝트 마무리할 시간을 좀 더 줄 수도 있었는데 말이죠.

↻ 그들이 줄 수도 있었어요 + 우리에게 + 더 많은 시간을 + 마무리할 + 그 프로젝트를

- give us more time

7 계획 변경에 대해 나에게 경고해 줄 수도 있었잖아요.
- 당신이 경고해 줄 수도 있었잖아요 + 나에게 + 그 변경에 대해 + 계획들에서

- warn
- in plans
- could have p.p.는 '과거에 할 수 있었는데 안 했다'의 의미로 비판, 유감의 뉘앙스를 표현

8 우리가 고속도로에서 잘못된 출구로 나간 게 분명해요.
- 우리가 택했던 게 분명해요 + 그 잘못된 출구를 + 그 고속도로에서

- must have taken
- '~했음에 틀림없다, 분명히 ~했을 거다'라고 과거를 강한 확신으로 추측할 때는 [must have p.p.]

9 긴 비행 끝이라 당신 정말 피곤했겠어요.
- 당신은 분명히 ~이었을 거예요 + 아주 피곤한 + 그 긴 비행 후에

- after the long flight
- '아주 피곤한, 기진맥진한'은 exhausted(형용사)

* 10~12번까지 의미상 밀접하게 관련된 두 문장을 세미콜론(;)으로 연결합니다.

10 충전기를 사무실에 두고 온 게 분명해요. 가방에 없어요.
- 나는 두고 온 게 분명해요 + 나의 충전기를 + 그 사무실에; 그것은 없어요 + 내 가방 안에

- charger
- '~을 두고 오다' leave의 p.p.는 left

11 그가 회의에 대해 알고 있었던 게 틀림없어요. 준비가 잘 되어 있었거든요.
- 그는 알고 있었던 게 틀림없어요 + 그 회의에 대해; 그는 ~였어요 + 잘 준비된 (상태)

- well-prepared

12 그들이 휴가 중에 즐겁게 지낸 게 분명해요. 쉬지 않고 사진을 올리더라고요.
- 그들은 가졌던 게 분명해요 + 즐거운 시간을 + 휴가 중에; 그들은 (사진을) 올리고 있었어요 + 쉬지 않고

- on vacation
- '(웹에 정보·사진을) 올리다/게시하다'는 post
- '연속으로, 휴식 없이'는 nonstop

UNIT 6
뜻이 다른 be able to, will be able to 문장 만들기

드디어 혼자서 간단한 요리를 할 수 있게 되었어요.

'~할 수 있다'라고 능력이나 가능성을 표현할 때 조동사 can을 주로 씁니다. can은 can과 could, 2가지 형태만 있어서 다양한 시제를 말하는 데는 한계가 있어요. 그래서 같은 의미인 be able to를 이용해 과거, 현재, 미래의 능력이나 가능성을 표현합니다. 문장의 기본 구조는 [주어 + be able to + 동사원형]입니다. 미래를 나타내는 will과 결합하여 [will be able to + 동사원형]이 되면 '~할 수 있을 것이다'의 의미가 되지요. 문장 만들기를 통해 더 다양한 뉘앙스를 익혀 보세요.

나는 드디어 요리할 수 있어요 + 간단한 식사들을 + 나 혼자서

STEP 1 전체 문장 완성하기

다음 문장을 힌트 단어를 보면서 완성해 보세요. MP3 006

1 나는 드디어 요리할 수 있어요
- I'm able to cook
- '드디어' finally는 be동사 뒤에 위치

2 나는 드디어 요리할 수 있어요 / 간단한 식사들을
- simple meals

3 나는 드디어 요리할 수 있어요 / 간단한 식사들을 / 나 혼자서
- on my own

Ans. I'm finally able to cook simple meals on my own.

---

* **can vs. be able to 사용과 뉘앙스 차이**

— **can** 일상적이고 일반적인 능력을 나타낼 때 자주 쓰입니다.
　He can speak three languages. 그는 3개 국어를 할 수 있어요.

— **be able to** 어떤 상황에서 그 능력을 발휘할 수 있는 상태임을 강조합니다.
　He's able to speak clearly even under pressure. 그는 압박을 받을 때도 명확히 말할 수 있어요.

▶ 정답 p. 244

유제 1	그녀는 여러 프로젝트를 동시에 처리할 수 있어요. **그녀는 처리할 수 있어요** + 여러 프로젝트들을 + 동시에

1 그녀는 처리할 수 있어요

- handle
- '~할 수 있다'라고 어떤 상황에 대한 능력을 강조할 때 [be able to + V]

2 그녀는 처리할 수 있어요 / 여러 프로젝트들을

- multiple projects

3 그녀는 처리할 수 있어요 / 여러 프로젝트들을 / 동시에

- at once

유제 2	그녀는 때마침 막차를 탈 수 있었어요. **그녀는 잡아탈 수 있었어요** + 그 마지막 기차를 + 때마침

1 그녀는 잡아탈 수 있었어요

- catch
- 과거 상황에 대한 능력 '~할 수 있었다'는 [was/were able to + V]

2 그녀는 잡아탈 수 있었어요 / 그 마지막 기차를

- the last train
- '기차를 잡아타다'는 catch the train

3 그녀는 잡아탈 수 있었어요 / 그 마지막 기차를 / 때마침

- just in time

유제 응용	어제는 집중을 못 했지만, 오늘은 훨씬 잘 집중할 수 있어요. 나는 집중을 못 했어요 + 어제, + 하지만 + 오늘은 + 나는 집중할 수 있어요 + 훨씬 잘

- concentrate
- focus
- much better
- '어제 집중을 못했다'는 과거 상황이므로 [I wasn't able to + V]로

37

STEP 2 응용하여 쓰기

뉘앙스를 생각하며 문장을 만들어 보세요.

1 오늘 저녁 식사에 올 수 있어요?

> 당신은 올 수 있나요 + 그 저녁 식사에 + 오늘 밤에

- 의문문이므로 be동사를 주어 앞에 위치해 [Are you able to + V ~?]
- '(모임 등에) 가다, 참석하다'는 make it

2 오늘 아침에 그 사람과 연락할 수 있었어요?

> 당신은 연락할 수 있었나요 + 그에게 + 오늘 아침에

- reach
- 과거 상황의 가능성을 묻는 문장이므로 [Were you able to + V ~?]

3 시스템을 재시작한 후에 문제를 해결할 수 있었어요.

> 나는 해결할 수 있었어요 + 그 문제를 + 재시작한 후에 + 그 시스템을

- fix the issue
- restarting
- 과거 상황에 대한 능력 '~할 수 있었다'는 [was/were able to + V]

4 그는 마침내 모든 것을 명확하게 설명할 수 있었어요.

> 그는 마침내 설명할 수 있었어요 + 모든 것을 + 명확하게

- finally
- clearly

5 그는 일정이 겹쳐서 참석하지 못했어요.

> 그는 참석하지 못했어요 + 일정 충돌로 인해

- due to
- '일정 충돌, 겹치는 일정'은 a scheduling conflict

6 내일까지 예산을 확정할 수 있을 거예요.

> 나는 확정할 수 있을 거예요 + 그 예산을 + 내일까지

- finalize
- '~할 수 있을 것이다'라고 미래의 가능, 능력을 말할 때 [will be able to + V]

* 미래를 나타내는 will, 가능과 능력을 나타내는 can이 두 조동사를 겹쳐서 쓸 수 없으므로 will be able to(~할 수 있을 것이다)로 표현합니다.

▶ 정답 p. 244

7 일단 우리가 데이터를 더 확보하면 이것을 해결할 수 있을 거예요.

○ 우리가 해결할 수 있을 거예요 + 이것을 + 일단 우리가 얻으면 + 더 많은 데이터를

- solve
- once we get

'일단 ~하면/~하자마자'는 [once S + V]

---

8 더 연습하면 더 잘 이해할 수 있을 거예요.

○ 당신은 이해할 수 있을 거예요 + 그것을 + 더 잘 + 더 많은 연습으로

- better
- with more practice
- '~할 수 있을 것이다'라고 미래의 가능·능력을 말할 때 [will be able to + V]

---

9 우리는 다음 달에 신제품을 출시할 수 있을 거예요.

○ 우리는 출시할 수 있을 거예요 + 그 신제품을 + 다음 달에

- launch

---

10 모든 일이 잘되면 우리가 마감일을 맞출 수 있겠죠.

○ 모든 일이 진행된다면 + 잘, + 우리는 맞출 수 있을 거예요 + 그 마감일을

- If all goes well
- meet

---

11 그녀는 다음 주 회의에 참석할 수 없을 거예요.

○ 그녀는 참석할 수 없을 거예요 + 그 회의에 + 다음 주에

- won't be able to

'~할 수 없을 것이다'는 [will not (= won't) be able to + V]

---

12 더 많은 도움 없이는 우리가 이 프로젝트를 끝낼 수 없을 거예요.

○ 우리는 끝낼 수 없을 거예요 + 이 프로젝트를 + 더 많은 도움 없이는

- without more help

STEP UP YOUR WRITING

A Mistake I Made While Traveling

내가 처음 파리로 여행 갔을 때,
　　• for the first time

모든 중요한 서류들을 가방 하나에 넣고 다니곤 했어요.
　　• used to carry

난 내가 충분히 조심할 거로 생각했지만,
　　• I thought I would

사실 그렇지 않았던 것 같아요.

어느 날 오후, 나도 모르게 배낭을 카페에 두고 나왔어요.
　　• without realizing it

창밖의 풍경에 너무 정신이 팔렸던 게 분명해요.
　　• too distracted

내가 다시 돌아왔을 때는 가방이 없어졌어요.
　　• By the time
　　• return

어디에서도 찾을 수가 없어서, 나는 당황하기 시작했어요.
　　• wasn't able to
　　• panic

테이블 자리를 떠나기 전에 내가 한 번 더 확인했어야 했어요.
　　• double-check

내가 좀 더 신경 썼더라면 이런 문제는 피할 수 있었을 텐데요.

너무 답답해서 최악의 상황이 떠오르기 시작했어요—여권을 잃어버리거나,
　　• feel so frustrated

여행을 취소하거나, 심지어 대사관에 가야 한다든지.
　　• imagining the worst

다행히도, 누군가 카페 직원에게 가방을 맡겨 뒀어요.
　　• had returned
　　• to the café staff

나는 여권, 돈, 심지어 카메라까지 모두 되찾을 수 있었어요.
　　• was able to
　　• recover everything

그날 이후로 나는 떠나기 전에 항상 주변을 확인하곤 했어요.
　　• would
　　• my surroundings

또 예전엔 모든 것을 한곳에 보관했지만,
　　• also
　　• used to keep

지금은 귀중품을 따로 보관해요.
　　• separate my valuables

그 실수는 특히 혼자 여행할 때, 경계심을 유지해야 한다는 것을
　　• I would say

나에게 가르쳐준 것 같아요.
　　• to stay alert

다음번에는, 더 침착하게 대처할 수 있을 거예요.
　　• handle things
　　• more calmly

▶ 정답 p. 244

밑줄 친 우리말을 영작해서 다음 글을 완성하세요.

A Mistake I Made While Traveling

_____
_____
_____, but I guess I wasn't.

One afternoon, _____
_____ by the view outside the window.
_____, it was gone.
_____
_____
_____ if I had been more alert.

— losing my passport, _____, or even going to the embassy.

Thankfully, _____
_____ — my passport,
_____

After that day, _____
_____
_____
especially when traveling alone.

Next time, _____

* 대시(dash, —)는 단어, 구, 문장 뒤에 모두 올 수 있으며, 보충 설명, 끊어 읽기, 생각 전환, 강조 등에 두루 쓰입니다.

CHAPTER 2
비교급·최상급으로 문장을 더 풍부하게

 QR코드를 스캔하시고 '바로듣기'를 탭하세요. 해당 도서의 음원을 바로 들으실 수 있습니다. 반복 재생과 속도 조절도 가능합니다.

UNIT 1
비교 문장 만들기 1

기대했던 만큼 좋아요.

[as + 형용사/부사 + as]는 '...만큼 ~한'의 뜻으로 두 가지를 비교할 때 사용하는 기본 구조입니다. 이때 as ~ as 사이에 오는 형용사/부사는 원급(사전에 나오는 형태)을 사용해야 합니다. 따라서 'A는 B만큼 ~하다'라고 표현할 때 영어 문장의 구조는 [주어 + be동사/일반동사 + as 형용사/부사 as + 비교 대상]을 기억하세요. 비교 문장의 기본 구조를 익히고 문장 만들기에서 조금씩 표현을 추가해 더 풍부한 문장을 만들어 보세요.

 그것은 ~입니다 + (그만큼) 좋은 + 내가 기대했던 만큼

STEP 1 전체 문장 완성하기

다음 문장을 힌트 단어를 보면서 완성해 보세요.

1 그것은 ~입니다
- **It is**
  일반적으로 상태나 평가를 말할 때는 [It is + 형용사 (또는 비교 구문)]을 기본 뼈대로 구성

2 그것은 ~입니다 / (그만큼) 좋은
- **as good**

3 그것은 ~입니다 / (그만큼) 좋은 / 내가 기대했던 만큼
- **as I expected**
- '...만큼 ~한'은 [as 형용사 as …]

Ans. It is as good as I expected.

▶ 정답 p. 244

유제 1	그녀는 언니만큼이나 정말 재능이 있어요. **그녀는 ~입니다** + 정말 (그만큼) 재능이 있는 + 그녀의 언니만큼

1   그녀는 ~입니다   • She's

2   그녀는 ~입니다 / 정말 (그만큼) 재능이 있는   • just as talented
'정말로/정확히 …만큼 ~한'은 [just as ~ as…]처럼 just를 활용해 비교 구문을 강조

3   그녀는 ~입니다 / 정말 (그만큼) 재능이 있는 / 그녀의 언니만큼   • as her sister

유제 2	최대한 빨리 갈게요. **나는 있을 거예요** + 거기에 + (그만큼) 빨리 + 내가 할 수 있는 만큼

1   나는 있을 거예요 / 거기에   • I'll be there
'어떤 장소에 도착해서 거기에 있을게요' → '내가 갈게요'는 의미

2   나는 있을 거예요 / 거기에 / (그만큼) 빨리   • as soon

3   나는 있을 거예요 / 거기에 / (그만큼) 빨리 / 내가 할 수 있는 만큼   • as I can

* [as 원급 as + possible], [as 원급 as + 주어 + can]은 '가능한 한 ~하게'의 뜻입니다.

유제 응용	필요한 만큼 가져가도 돼요. 당신은 가져가도 됩니다 + (그만큼) 많이 + 당신이 필요한 만큼	• can take • as many as

STEP 2   응용하여 쓰기

뉘앙스를 생각하며 문장을 만들어 보세요.

---

1   이게 보기만큼 간단하지 않아요.

↻ 이것은 ~ 아니에요 + (그만큼) 간단한 + 그것이 보이는 것만큼

- as it looks
- '~만큼 간단한'은 [as simple as ~]

---

2   오늘은 그가 평소만큼 빨리 뛰지 않았어요.

↻ 그는 뛰지 않았어요 + (그만큼) 빨리 + 평소만큼 + 오늘

- as fast as usual

---

3   이번 버전이 예전 것만큼 사용자 친화적이지가 않습니다.

↻ 이번 버전은 ~ 아닙니다 + (그만큼) 사용자 친화적인 + 예전 것만큼

- not as user-friendly
- the old one

---

4   그녀는 대중 연설에서는 언니만큼 자신감이 있지는 않아요.

↻ 그녀는 ~ 아니에요 + (그만큼) 자신감이 있는 + 그녀의 언니만큼 + 대중 연설에 있어서

- not as confident
- in public speaking

---

5   우리 가능한 한 빨리 이것을 끝내야 해요.

↻ 우리는 끝내야 해요 + 이것을 + (그만큼) 빨리 + 가능한 한

- need to
- as soon as possible

---

6   원하는 만큼 친구들 많이 데려와도 돼요.

↻ 당신은 데려와도 돼요 + (그만큼) 많은 친구들을 + 당신이 원하는 만큼

- bring
- as you like
- 셀 수 있는 명사는 [as many ~ as ...] 구조로

7 그녀는 정오 전까지 할 수 있는 한 전화를 많이 했어요.

    그녀는 했어요 + (그만큼) 많은 전화들을 + 그녀가 할 수 있었던 만큼 + 정오 전에

- as many calls
- as she could
- '전화를 하다/걸다'는 make calls

---

8 그는 들 수 있을 만큼 책을 많이 샀어요.

    그는 샀어요 + (그만큼) 많은 책들을 + 그가 들 수 있었던 만큼

- as he could carry

---

9 최대한 돈을 많이 저축하려고 하고 있어요.

    나는 노력하고 있어요 + 저축하려고 + (그만큼) 많은 돈을 + 내가 할 수 있는 만큼

- try to save
- as much money

셀 수 없는 명사는 [as much ~ as ...] 구조로

---

10 낮 동안에는 가능한 한 물을 많이 마시는 게 좋아요.

    당신은 마시는 게 좋아요 + (그만큼) 많은 물을 + 당신이 가능한 만큼 + 낮 동안에는

- should drink
- as you can
- during the day

---

11 우리는 지원서를 무려 300장이나 받았어요.

    우리는 받았어요 + 무려 300개의 지원서들을

- receive
- as many as 300 applications

숫자 앞에 [as much/many as...]가 오면 '무려 ...나 되는, ...만큼이나'의 의미로 수량이 많음을 강조

---

12 그녀는 그 가방에 무려 500달러나 썼어요.

    그녀는 썼어요 + 무려 500달러나 + 그 가방에

- as much as $500
- '~에 (돈을) 쓰다'는 spend (money) on ~

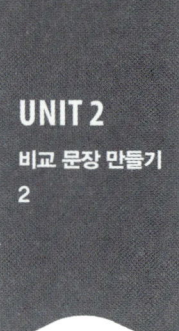

UNIT 2
비교 문장 만들기 2

당신 재킷이 내 것과 완전히 똑같네요.

비교 대상이 똑같다고 표현해야 할 때가 있는데 이때는 [the same as ~]를 씁니다. 식당이나 카페에서 메뉴를 고를 때, '너랑 같은 걸로 할게'의 의미로 I'll have the same as you. 이 문장을 자주 쓰죠. 그리고 [the same + 명사 as ~] 구조의 문장도 가능합니다. '저랑 취향이 같네요'라고 할 때는 You have the same taste as me.가 되는 거죠. the same as ~로 만드는 비교 문장과 일상생활에서 자주 쓰는 as ~ as의 관용적 표현을 문장 만들기로 연습해 보세요.

  　당신의 재킷은 ~입니다　+ 완전히 + 똑같은 + 나의 것과

STEP 1 전체 문장 완성하기

다음 문장을 힌트 단어를 보면서 완성해 보세요.   MP3 008

1　당신의 재킷은 ~입니다
　　　　　　　　　　　　　　　　　　　　　　　• **Your jacket is**

2　당신의 재킷은 ~입니다 / 완전히
　　　　　　　　　　　　　　　　　　　　　　　• **exactly**
　　　　　　　　　　　　　　　　　　　　　　　'정확히, 꼭, 틀림없이'의 의미로, the same을 강조

3　당신의 재킷은 ~입니다 / 완전히 / 똑같은
　　　　　　　　　　　　　　　　　　　　　　　• **the same**
　　　　　　　　　　　　　　　　　　　　　　　same은 항상 특정한 것과 '같음'을 나타내므로 'the'를 써서 명확하게 표현

4　당신의 재킷은 ~입니다 / 완전히 / 똑같은 / 나의 것과
　　　　　　　　　　　　　　　　　　　　　　　• **as mine**

Ans. Your jacket is exactly the same as mine.

▶ 정답 p. 245

유제 1	이거 우리가 어제 먹은 것과 맛이 똑같아요.
	이것은 맛이 납니다 + 똑같은 + 우리가 먹은 것과 + 어제

1 이것은 맛이 납니다
- taste
  '~한 맛이 난다/맛이 ~하다'는 [taste + 형용사]

2 이것은 맛이 납니다 / 똑같은
- the same

3 이것은 맛이 납니다 / 똑같은 / 우리가 먹은 것과
- what we had
  명사절 [what S + V]는 'S가 V한 것'의 의미로 the same as 뒤에 위치

4 이것은 맛이 납니다 / 똑같은 / 우리가 먹은 것과 / 어제
- yesterday

유제 2	저도 당신과 같은 메뉴로 할게요.
	저는 갈게요 + 같은 메뉴로 + 당신과

1 저는 갈게요
- I'll go
  go with ~는 음식, 메뉴, 스타일 등을 고를 때 자주 쓰는 표현으로 '선택하다, 결정하다, 고르다'의 의미

2 저는 갈게요 / 같은 메뉴로
- with the same menu

3 저는 갈게요 / 같은 메뉴로 / 당신과
- as you

유제 응용	그는 결국 나랑 같은 것을 주문했어요.
	그는 결국 ~했어요 + 주문하는 것을 + 같은 것을 + 나와

- the same thing
- '결국 ~하다/~하게 되다'는 [end up Ving]

STEP 2 응용하여 쓰기

뉘앙스를 생각하며 문장을 만들어 보세요.

---

1 여기 임대료는 시내의 절반밖에 안 됩니다.

○ 그 임대료는 여기에서 ~입니다 + 절반만큼 비싼 + 그것(임대료)이 시내에서 만큼의

- rent
- as it is downtown
- '~의 절반만큼 ...한/하게'는 [half as 형용사/부사 as ~]

---

2 이 프로젝트는 지난번 것보다 두 배나 복잡합니다.

○ 이 프로젝트는 ~입니다 + 두 배 복잡한 + 지난번만큼의

- twice as complex as
- 앞에 언급된 명사(project)의 반복을 피해 대명사로 → the last one

---

* as ~ as의 기본 의미는 '...만큼 ~한'이지만 배수 표현(twice, three times 등)이 들어가는 경우 '비교 대상보다 몇 배 더 ~한'이라고 해석하는 것이 자연스럽습니다.

3 당신 방이 제 방보다 세 배 더 커요.

○ 당신의 방은 ~예요 + 세 배 큰 + 내 것만큼의

- three times
- as mine
- '~보다 세 배 ...한/...하게'는 [three times as 형용사/부사 as ~]

---

4 우리 팀이 작년보다 세 배는 더 열심히 일하고 있어요.

○ 우리 팀이 일하고 있어요 + 세 배 더 열심히 + 우리가 했던 것만큼의 + 작년에

- as hard as

---

* 5번~12번까지 문장은 as ~ as 비유적 관용 표현입니다.

5 그녀의 손은 한여름인데도 얼음처럼 차가웠어요.

○ 그녀의 손들은 ~였어요 + 얼음처럼 차가운 + 한여름에도

- as cold as ice
- even in midsummer

---

6 그 커피는 지독히도 뜨거워서 거의 마실 수 없을 정도예요.

○ 그 커피는 ~예요 + 지옥만큼 뜨거운, + 거의 너무 뜨거워요 + 마시기에

- as hot as hell
- '지옥만큼 ~한'은 [as ~ as hell]로 그만큼 지독하다는 비유적 표현
- almost too hot
- [콤마(,) + 부사구]로 앞 문장을 보충 설명

---

* 원어민들이 자주 사용하는 자연스러운 문장입니다.

7 그 생각, 정말 바보 같아요, 솔직히.

○ 그 생각은 ~예요 + 바위처럼 멍청한, + 솔직히

- as dumb as a rock
- honestly를 문장 끝에 붙여, 그 말이 진심임을 강조하면서 부드럽게 마무리하는 효과

8 그는 아주 불안해 보였어요.

○ 그는 보였어요 + 고양이처럼 불안한 + 방 안에 있는 + 흔들의자들로 가득 찬

- as nervous as a cat
- full of rocking chairs

유머러스하고 생생한 비유이며, 극도로 긴장하고 초조한 상태를 과장되게 표현

9 당신, 오늘따라 정말 다정하네요.

○ 당신은 ~예요 + 꿀처럼 달콤한 + 오늘

- as sweet as honey

10 그의 설명은 하나도 이해가 안 됐어요.

○ 그의 설명은 ~였어요 + 진흙처럼 분명한

- as clear as mud

역설적인 표현으로 아주 불분명함을 뜻함

11 그녀가 요즘 눈코 뜰 새 없이 바빠서, 항상 뛰어다니고 있어요.

○ 그녀는 ~예요 + 벌처럼 바쁜 + 요즘, + 항상 뛰어다니고 있어요

- as busy as a bee
- running around

주절 뒤에 분사구문으로 앞 문장을 간결하게 보충 설명

12 오후 4시밖에 안 됐는데 하늘이 밤처럼 어두웠어요.

○ 하늘은 ~였어요 + 밤처럼 어두운 + 겨우 오후 4시였는데도 불구하고

- as dark as night
- even though

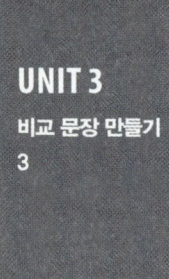

UNIT 3
비교 문장 만들기 3

그 설명이 지난번 것보다 더 명확했어요.

'~보다 더 ...한/더 ...하게'라고 두 대상을 놓고 우위를 비교할 때, 형용사/부사의 비교급을 사용합니다. 기본 형태는 [형용사/부사 -er + than ~]이고, 2음절 이상의 형용사/부사의 경우 [more + 형용사/부사 + than ~]으로 씁니다. 물론 good/well – better, bad – worse, many/much – more, little – less처럼 불규칙 비교급도 있습니다. 주어와의 비교 대상은 than 뒤에 위치하며, 이때 명사, 대명사, 절 등이 올 수 있어요. 참고로 You did better than I (did). 이 문장처럼 than 뒤에 반복되는 말은 생략할 수 있습니다.

 | 그 설명은 ~였어요 | + 더 명확한 + 지난번 것보다

STEP 1 전체 문장 완성하기

다음 문장을 힌트 단어를 보면서 완성해 보세요.

1 그 설명은 ~였어요
- **That explanation was**

2 그 설명은 ~였어요 / 더 명확한
- **clearer**
  1음절 형용사이므로, clear – clearer

3 그 설명은 ~였어요 / 더 명확한 / 지난번 것보다
- **than the last one**
  비교 대상은 the last explanation인데, 반복되는 명사 대신 대명사 one으로 표현

Ans. That explanation was clearer than the last one.

▶ 정답 p. 245

유제 1	그녀의 글씨가 제 것보다 더 깔끔해요. **그녀의 필체는 ~예요** + 더 깔끔한 + 제 것보다

1   그녀의 필체는 ~예요
- handwriting

2   그녀의 필체는 ~예요 / 더 깔끔한
- neater
  1음절 형용사이므로
  neat – neater

3   그녀의 필체는 ~예요 / 더 깔끔한 / 제 것보다
- than mine
  비교 대상 my handwriting
  은 명사가 반복되므로,
  대명사 mine으로

유제 2	이 과제가 보기보다 더 복잡해요. **이 과제는 ~예요** + 더 복잡한 + 그것이 보이는 것보다

1   이 과제는 ~예요
- task

2   이 과제는 ~예요 / 더 복잡한
- more complicated
  2음절 이상의
  긴 형용사이므로, 앞에
  more를 붙여 비교급으로

3   이 과제는 ~예요 / 더 복잡한 / 그것이 보이는 것보다
- than it looks
  '그것(과제)이 겉으로 보이는
  것보다'의 의미로 than 뒤에
  생략 없이 완전한 문장이 옴

유제 응용	이 소파가 어제 본 것보다 더 편해요. 이 소파는 ~예요 + 더 편안한 + 그것보다 + (우리가 본 + 어제)

- comfortable
- the one we saw yesterday
  we saw yesterday가 the
  one(소파)을 수식

STEP 2 응용하여 쓰기

뉘앙스를 생각하며 문장을 만들어 보세요.

1 오늘은 예상한 것보다 훨씬 더 추워요.
  ↻ 오늘은 ~예요 + 훨씬 더 추운 + 내가 예상했던 것보다

- **much colder**
  비교급 앞에 오는 부사 much, a lot, far는 '훨씬'의 의미로 비교급을 강조
- **than I expected**

2 이 커피, 제가 평소에 마시는 것보다 조금 더 진한데요.
  ↻ 이 커피는 ~예요 + 약간 더 진한 + 내가 평소에 마시는 것보다

- **a little stronger**
- **what I usually drink**
  [what S + V]는 'S가 V한 것'

3 새 휴대폰이 이전 모델보다 더 얇고 가벼워요.
  ↻ 그 새 휴대폰은 ~예요 + 더 얇고 가벼운 + 그 이전 모델보다

- **thinner and lighter**
- **previous model**

4 두 번째 에피소드가 첫 번째 것보다 더 재미있었어요.
  ↻ 그 두 번째 에피소드가 ~였어요 + 더 재미있는 + 그 첫 번째 것보다

- **interesting**
- **the first one**

5 그녀가 계획보다 더 일찍 도착했어요.
  ↻ 그녀는 도착했어요 + 더 일찍 + 계획된 것보다

- **than planned**

* than planned는 than we planned 또는 than it was planned의 생략된 형태로, 반복되거나 명백한 내용은 생략해서 문장을 더 간결하게 만듭니다. than expected(예상보다), than recommended(권장된 것보다)처럼 생략된 형태가 자연스럽게 더 자주 쓰입니다.

6 그는 동료보다 말을 더 또렷하게 해요.
  ↻ 그는 말해요 + 더 또렷하게 + 그의 동료보다

- **speak**
- **colleague**
- clearly의 비교급은 more clearly

7	이 앱은 구버전보다 더 빨리 로딩됩니다. ◐ 이 앱은 로딩됩니다 + 더 빠르게 + 구버전보다	• load • the old version • quickly의 비교급은 more quickly
8	당신, 지난번보다 훨씬 더 잘했어요. ◐ 당신은 행했어요 + 훨씬 더 잘 + 지난번보다	• perform • last time • 부사 well(잘)의 비교급은 better • 비교급 앞에 강조 부사 much
9	그들이 이전보다 더 철저하게 설명했어요. ◐ 그들은 설명했어요 + 그것을 + 더 철저하게 + 이전보다	• more thoroughly • before
10	난 밤보다 아침에 더 창의적으로 생각할 수 있어요. ◐ 나는 생각할 수 있어요 + 더 창의적으로 + 아침에 + 밤보다	• more creatively • than at night '밤에' 생각하는 것이므로 night가 아니라 at night인 것에 주의
11	당신이 그 상황을 나보다 더 전문적으로 처리했네요. ◐ 당신은 처리했어요 + 그 상황을 + 더 전문적으로 + 내가 했던 것보다	• that situation • more professionally • than I did
12	두 번째 그룹이 첫 번째 그룹보다 더 정확하게 과제를 완수했어요. ◐ 그 두 번째 그룹이 완수했어요 + 그 과제를 + 더 정확하게 + 그 첫 번째 (그룹)보다	• complete • more accurately • than the first (group did)에서 중복되는 부분을 생략

UNIT 4
비교 문장 만들기 4

사람들이 AI에 점점 더 많은 관심을 두고 있어요.

영어 형용사와 부사의 비교급을 통해 문장의 의미를 강조하거나 점진적인 변화를 효과적으로 전달할 수 있어요. 위 문장에서 '관심이 계속 증가'하고 있음을 [비교급 and 비교급]의 구조로 표현하면 됩니다. 또 'The sooner the better(빠르면 빠를수록 좋다), The more the merrier(다다익선) 등의 표현처럼 [The + 비교급, the + 비교급]의 형태는 두 가지가 동시에 변하는 양상이나 인과 관계를 표현할 때 자주 쓰입니다. 더 넓은 비교급 활용을 이해하고 다양한 문장 만들기에 적용해 보세요.

  | 사람들은 ~되고 있어요 | + 점점 더 관심을 두는 (상태로) + AI에

STEP 1 전체 문장 완성하기

다음 문장을 힌트 단어를 보면서 완성해 보세요.

1 사람들은 ~되고 있어요

- **People are getting**
  '~한 상태가 되다'는 [get + 형용사]

2 사람들은 ~되고 있어요 / 점점 더 관심을 두는 (상태로)

- **more and more interested**
  '점점 더 ~한'은 [형용사의 비교급 and 비교급]

3 사람들은 ~되고 있어요 / 점점 더 관심을 두는 (상태로) / 인공지능에

- **in AI**
  – '~에 관심이 있는/~에 흥미를 가진'은 interested in ~
  – '인공지능' artificial intelligence의 약어는 AI

Ans. People are getting more and more interested in AI.

▶ 정답 p. 246

유제 1	그가 대중 연설을 점점 더 잘하고 있어요.
	그는 ~되고 있어요 + 점점 더 잘하는 (상태로) + 대중 연설을

1 그는 ~되고 있어요
- He's getting

2 그는 ~되고 있어요 / 점점 더 잘하는 (상태로)
- better and better
  good의 비교급은 better

3 그는 ~되고 있어요 / 점점 더 잘하는 (상태로) / 대중 연설을
- at public speaking
- '~을 잘하는'은 good at ~

유제 2	매년 점점 더 많은 관광객이 이 섬을 찾고 있어요.
	점점 더 많은 관광객들이 방문하고 있어요 + 이 섬을 + 매년

1 점점 더 많은 관광객들이 방문하고 있어요
- More and more tourists
  many의 비교급은 more

2 점점 더 많은 관광객들이 방문하고 있어요 / 이 섬을
- this island

3 점점 더 많은 관광객들이 방문하고 있어요 / 이 섬을 / 매년
- every year

유제 응용	점점 더 많은 이들이 정신 건강 문제를 인식하고 있어요.
	점점 더 많은 사람들이 ~되고 있어요 + 인식하는 (상태로) + 정신 건강 문제들을

- More and more people
- mental health issues
- '~을 알다/알게 되다'는 become aware of ~

STEP 2 응용하여 쓰기

뉘앙스를 생각하며 문장을 만들어 보세요.

1. **치료를 하는데도 그녀의 건강이 점점 더 악화하고 있어요.**
   - 그녀의 건강은 ~되고 있어요 + 점점 더 악화하는 (상태로) + 그 치료에도 불구하고
   - • worse and worse
   - • despite the treatment

2. **이걸 고치려고 하면 할수록, 더 혼란스러워져요.**
   - 더 많이 + 내가 노력할수록 + 이것을 고치려고, + 더 혼란스러운 (상태로) + 나는 돼요
   - • the more confused I get
   - '~하면 할수록 더욱 …하다'는 [the 비교급 + S + V, the 비교급 + S + V] 구조로

3. **정직할수록, 사람들이 당신을 더 신뢰하죠.**
   - 더 정직한 상태로 + 당신이 있을수록, + 더 많이 + 사람들이 신뢰해요 + 당신을
   - • The more honest you are
   - • trust

4. **휴대폰 확인을 덜 할수록, 더 집중할 수 있어요.**
   - 더 적게 + 당신이 확인할수록 + 당신의 휴대폰을, + 더 많이 + 당신은 집중할 수 있어요.
   - • The less
   - • the more you can focus

5. **말하는 대신 더 많이 들을수록, 사람들이 당신을 더 존중할 거예요.**
   - 더 많이 + 당신이 들을수록 + 말하는 것 대신, + 더 많이 + 사람들이 존중할 거예요 + 당신을
   - • instead of talking
   - • will respect

6. **돈을 많이 벌수록, 그는 쓸모없는 물건을 계속 더 많이 삽니다.**
   - 더 많은 돈을 + 그가 벌수록, + 더 많은 쓸모없는 물건들을 + 그는 계속 삽니다
   - • the more useless items
   - more 뒤에 명사가 올 수도 있음
   - • keep buying

7 이 노트북은 내 예전 것보다 더 빠른데, 더 무겁지도 않아요.

⟲ 이 노트북은 ~예요 + 더 빠른 + 내 예전 것보다, + 그런데 + 그것은 ~예요 + 조금도 더 무겁지 않은

- than my old one
- it's no heavier

비교급 앞에 no가 오면 '조금도 더 ~하지 않은'의 의미로 강조 효과

- 이 문장에서 접속사 and는 '그런데, 게다가'의 의미로 사용

8 이 아파트는 우리가 예전에 살던 곳보다 더 큰데, 가격도 더 안 비싸요.

⟲ 이 아파트는 ~예요 + 더 큰 + 우리의 예전 집보다, + 그런데 + 그것은 ~예요 + 조금도 더 비싸지 않은

- than our old place
- no more expensive

9 그 영화는 예상했던 것보다 더 재미있었고, 한 시간을 넘기지도 않았어요.

⟲ 그 영화는 ~였어요 + 더 재미있는 + 제가 예상했던 것보다, + 그리고 + 그것은 ~ 아니었어요 + 조금도 더 긴 + 한 시간보다

- more enjoyable
- it wasn't any longer

[not any + 비교급]은 '조금도 더 ~하지 않은'의 의미로 [no + 비교급]과 같은 뜻

10 이번 버전은 이전 것보다 약간 덜 복잡해요.

⟲ 이번 버전은 ~예요 + 약간 덜 복잡한 + 그 이전 것보다

- a little less complicated
- the previous one

11 그녀는 지금 예전보다 훨씬 더 자신감이 있어요.

⟲ 그녀는 ~예요 + 훨씬 더 자신감이 있는 + 지금 + 예전의 그녀보다

- a lot

비교급 앞에 오는 부사 much, a lot, far는 '훨씬'의 의미로 비교급을 강조

- she used to be

12 그 여행은 결국 우리가 상상했던 것보다 훨씬 더 편안했어요.

⟲ 그 여행은 ~인 것으로 드러났어요 + 훨씬 더 편안한 + 우리가 상상했던 것보다

- far more relaxing
- than we imagined

'~인 것으로 드러나다/밝혀지다'는 turn out to be ~

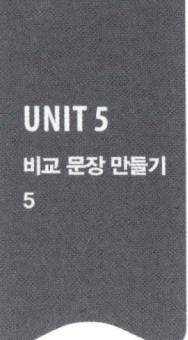

UNIT 5 비교 문장 만들기 5

그 일을 끝내는 데 고작 10분밖에 안 걸렸어요.

no more than ~, no less than ~ 등의 비교 구문은 의미를 강조하고 문장의 뉘앙스를 살리는 데 자주 쓰입니다. 위의 문장에서 '고작/겨우 10분밖에'를 영어로 no more than 10 minutes로 표현할 수 있어요. 이때 just나 only를 써도 되지만, [no more than ~]을 쓰면 '겨우 이 정도다'라는 의미가 강조되며, 더 격식을 차린 문어체의 느낌이 납니다. 이런 표현은 신문 기사, 에세이, 논리적 주장에 많이 나옵니다.

  시간이 걸렸어요 + 나에게 + 겨우 10분만 + 끝내는 데 + 그 일을

STEP 1 전체 문장 완성하기

다음 문장을 힌트 단어를 보면서 완성해 보세요.  MP3 011

1 시간이 걸렸어요 / 나에게
- **It took me**
'(얼마의 시간이) 걸리다'는 it takes ~

2 시간이 걸렸어요 / 나에게 / 겨우 10분만
- **no more than ten minutes**
[no more than ~]은 '겨우 ~에 불과한, 단지 ~일 뿐'의 의미로 예상보다 적거나 작음을 강조

3 시간이 걸렸어요 / 나에게 / 겨우 10분만 / 끝내는 데 / 그 일을
- **to finish the task**

Ans. It took me no more than ten minutes to finish the task.

- **no more than ~**: '겨우 ~에 불과한, 단지 ~일 뿐'의 의미로 생각보다 적음을 강조
 It costs no more than 10 dollars. 그건 10달러밖에 안 해.
- **no less than ~**: '무려 ~나, 자그마치 ~나'의 의미로 생각보다 많음을 강조
 He spent no less than $1,000 on shoes. 그가 신발에 자그마치 1000달러나 썼어.
- **not more than ~**: '많아야 ~ 정도, 최대 ~까지'의 의미로 상한선을 나타냄 (수량이 이보다 많지 않다)
 There were not more than 10 people at the party. 파티에 많아 봐야 10명 정도 있었어.
- **not less than ~**: '적어도 ~, 최소 ~'의 의미로 하한선을 나타냄 (수량이 이보다 적지 않다)
 The job pays not less than $3,000 a month. 그 일은 월급이 최소 3천 달러는 돼.

▶ 정답 p. 246

| 유제 1 | 그가 회의 중에 몇 마디밖에 말하지 않았어요.
그는 말했어요 + 고작 몇 마디만 + 그 회의 중에 |

1 그는 말했어요
- He said

2 그는 말했어요 / 고작 몇 마디만
- no more than a few words
  기대보다 적을 때 '겨우, 고작'의 의미는 [no more than ~]으로

3 그는 말했어요 / 고작 몇 마디만 / 그 회의 중에
- during

| 유제 2 | 그 콘서트 티켓에 내가 무려 200달러나 썼어요.
나는 지불했어요 + 무려 200달러나 + 그 콘서트 티켓들에 |

1 나는 지불했어요
- pay
  과거형은 paid

2 나는 지불했어요 / 무려 200달러나
- no less than $200
  '무려/자그만치 ~이나'는 [no less than ~]로 수량, 비용, 기간 등이 예상보다 많음을 강조

3 나는 지불했어요 / 무려 200달러나 / 그 콘서트 티켓들에
- for those concert tickets

| 유제
응용 | 수리비는 고작 30달러밖에 안 들었는데, 배송비는 무려 70달러였어요.
그 수리비는 비용이 들었어요 + 고작 30달러만, + 하지만 +
그 배송비는 ~였어요 + 무려 70달러나 되는 |

- The repair cost
- the delivery fee

STEP 2 응용하여 쓰기

뉘앙스를 생각하며 문장을 만들어 보세요.

1 이거, 커피 한 잔 값밖에 안 해요.
   ↻ 이것은 비용이 들어요 + 고작 커피 한 잔에 불과한

- cost
- a cup of coffee
- '겨우 ~에 불과한, 고작 ~일 뿐'은 [no more than ~]으로 수량, 가격, 시간 등이 기대보다는 적음을 강조

2 그녀는 차가운 눈빛만 한 번 주고는 그냥 가 버렸어요.
   ↻ 그녀는 주었어요 + 나에게 + 단지 차가운 눈빛만 + 그리고 + 걸어가 버렸어요.

- give
- walk away
- '차가운 눈빛/시선'은 a cold look

3 회의에 고작 다섯 명만 참석했어요.
   ↻ 고작 다섯 명의 사람들이 나타났어요 + 그 회의에

- No more than five people
- '(예정된 곳/자리에) 나타나다, 나오다'는 show up

4 무려 일곱 명이나 되는 자원봉사자들이 행사 준비를 도와줬어요.
   ↻ 무려 일곱 명의 자원봉사자들이 도와줬어요 + 준비하는 것을 + 그 행사를

- No less than seven volunteers
- '무려/자그만치 ~이나'는 [no less than ~]으로 수량, 비용, 기간 등이 예상보다 많음을 강조
- set up

5 그는 이번 주에 무려 세 곳에서 입사 제안을 받았어요.
   ↻ 그는 받았어요 + 무려 세 개의 입사 제안들을 + 이번 주에

- receive
- three job offers

6 도시 생활에 익숙해지는 데 무려 1년이나 걸렸어요.
   ↻ 익숙해지는 것이 (도시 생활에) 걸렸어요 + 나에게 + 무려 1년이나

- Getting used to city life
- '~에 익숙해지다'는 get used to ~

7	한 사람당 기내 반입 가방은 하나까지만 허용됩니다.	• one carry-on bag • per person • '많아야 ~ 정도, 최대 ~' 는 [not more than ~] 으로 제한이나 허용 범위를 제시
	🔴 그들은 허용합니다 + 최대 한 개의 기내 반입 가방을 + 한 사람당	

* 이 문장의 주어 they는 항공사 또는 공항 운영 당국으로, 영어에서는 they를 특정 인물이 아닌, 일반적인 기관을 나타내는 데 종종 사용합니다.

8	지원서와 함께 사진은 최대 다섯 장만 보내 주세요.	• Please send • application • [not more than ~]은 규정, 조건, 안내문 등에 자주 쓰이며, '많아도 ~, 최대 ~'의 의미로 상한선을 제시
	🔴 보내 주세요 + 최대 다섯 장의 사진만을 + 당신의 지원서와 함께	
9	한 사람당 쿠키는 세 개까지만 허용됩니다.	• Not more than three cookies • '허용하다/허락하다'가 allow이므로 '허용되다'는 be allowed의 형태로
	🔴 최대 세 개의 쿠키만 허용됩니다 + 한 사람당	
10	각 주문에는 최소 다섯 개의 물품이 포함됩니다.	• not less than five items • '적어도 ~, 최소 ~'는 [not less than ~]으로 기준, 요구 조건의 하한선을 제시 • '~이 함께 딸려오다/포함되어 있다'는 come with ~
	🔴 각 주문은 딸려 옵니다 + 최소 다섯 개의 물품들과 함께	
11	그는 한 달에 최소 3,000달러는 벌어요.	• earn • a month
	🔴 그는 벌어요 + 최소 3,000달러를 + 한 달에	
12	유권자의 최소 80%가 그 정책을 지지했어요.	• Not less than 80% of voters • policy
	🔴 최소 80%의 유권자들이 지지했어요 + 그 정책을	

UNIT 6
비교 문장 만들기 6

그녀는 내가 지금까지 만난 사람 중에 가장 친절한 사람이에요.

형용사/부사의 최상급은 '가장 ~한, 가장 ~하게'의 의미를 나타내며 3명(개) 이상의 대상 중 최고 또는 최저를 말할 때 쓰입니다. 또 화자/필자의 경험 중 최고나 최악을 표현할 때도 자주 사용합니다. 문장의 기본 구조는 [주어 + 서술어 + the 최상급(형용사) + 명사], [주어 + 서술어 + the 최상급(부사) ~], 또는 [That is/was + the 최상급 + 명사 + (관계절)]입니다. 형용사/부사의 의미가 '가장 ~한, 최고로 ~한, 최악의 ~'처럼 최상급으로 한정되므로 최상급 표현 앞에 항상 정관사 'the'를 붙입니다.

 그녀는 ~예요 + 가장 친절한 사람 + (내가 지금까지 만나 본)

STEP 1 전체 문장 완성하기

다음 문장을 힌트 단어를 보면서 완성해 보세요.

1 그녀는 ~예요
- She's (= She is)

2 그녀는 ~예요 / 가장 친절한 사람
- the kindest person
  kind는 1음절 형용사로 최상급은 kindest

3 그녀는 ~예요 / 가장 친절한 사람 / (내가 지금까지 만나 본)
- I've ever met
  관계절 (that) I've ever met 이 앞에 있는 명사(person)를 수식

Ans. She's the kindest person I've ever met.

▶ 정답 p. 246

유제 1	그건 제가 올해 본 영화 중 가장 재미있는 영화였어요. **그것은 ~였어요** + 가장 재미있는 영화 + (내가 본 + 올해)

1   그것은 ~였어요
- That was

2   그것은 ~였어요 / 가장 재미있는 영화
- the funniest movie
'-y'로 끝나는 형용사의 비교급, 최상급 변화:
funny – funnier – funniest

3   그것은 ~였어요 / 가장 재미있는 영화 / (내가 본 / 올해)
- I've seen all year
all year는 '일 년 내내'라는 뜻이지만, 현재완료와 함께 쓰면 '올해 중에, 올 한 해 동안'의 의미

유제 2	이게 책에서 가장 흥미진진한 부분입니다. **이것이 ~입니다** + 가장 흥미진진한 부분 + 그 책의

1   이것이 ~입니다
- This is

2   이것이 ~입니다 / 가장 흥미진진한 부분
- the most exciting part
exciting은 3음절 이상의 형용사로 앞에 more – most 를 붙여 비교급, 최상급으로 변화

3   이것이 ~입니다 / 가장 흥미진진한 부분 / 그 책의
- of the book

유제 응용	제가 가 본 여행 중 가장 길고 가장 흥미진진한 여행이었어요. 그것은 ~였어요 + 가장 길고 가장 흥미진진한 여행 + (내가 지금까지 가 본)

- the longest
- I've ever been on

* '여행을 간 적 있다'는 I've been on a trip, '내가 지금까지 가 본 여행'은 the trip (that) I've ever been on으로 관계사절이 trip을 수식합니다. 전치사의 목적어 trip이 앞으로 빠지고 전치사 on만 문장 끝에 남은 형태입니다.

STEP 2 응용하여 쓰기

뉘앙스를 생각하며 문장을 만들어 보세요. MP3 012

1 그게 내 인생에서 가장 어려운 결정이었어요.
   그것은 ~였어요 + 가장 어려운 결정 + 내 인생에서
   - difficult decision
   - of my life

2 그가 모든 손님 중에서 가장 일찍 도착했어요.
   그는 도착했어요 + 가장 일찍 + 그 모든 손님들 중에
   - the earliest
   - among all the guests
   (셋 이상의 사람/사물) 사이에서, '~ 중에'는 among

3 그녀는 내가 아는 가장 창의적인 사람 중 하나예요.
   그녀는 ~예요 + 한 사람 + 가장 창의적인 사람들 중 + (내가 아는)
   - the most creative people
   - '~ 중 하나'는 one of ~

4 몇 달 만에 가져본 가장 편안한 주말이었어요.
   그건 ~였어요 + 가장 편안한 주말 + (내가 가져본 + 몇 달 만에)
   - the most relaxing
   - I've had in months
   현재완료와 쓰인 [in months/in years]는 '최근 그 기간 중에서'의 의미로 '몇 달/몇 년 만에'로 해석

5 몇 주 만에 먹어 본 최고의 식사였지만, 서비스는 최악이었어요.
   그건 ~였어요 + 최고의 식사 + (내가 먹어 본 + 몇 주 만에), + 하지만 + 최악의 서비스 + 지금까지 중
   - the best meal
   - I've had in weeks
   - '지금까지 받아 본 중 최악의 서비스'라는 것을 ever를 붙여 강조

6 이번 여름은 우리가 몇 년 만에 겪은 가장 더운 여름이에요.
   이것은 ~예요 + 가장 더운 여름 + (우리가 가져 본 + 몇 년 만에)
   - we've had
   - in years

7 그건 제가 들어 본 중에서 가장 도움이 안 되는 댓글입니다.

◎ 그건 ~입니다 + 가장 도움이 안 되는 댓글 + (내가 지금까지 들어 본)

- **the least helpful comment**
helpful의 최상급을 the least helpful로 써서 '최소한으로 도움이 되는', 즉 '가장 도움이 되지 않는'의 의미로 표현

8 그는 지금 절대 보고 싶지 않은 사람이에요. 내 신뢰를 완전히 저버렸거든요.

◎ 그는 ~예요 + 마지막 사람 + (내가 보고 싶어 하는 + 지금 당장)
— 그는 완전히 배신했어요 + 내 신뢰를

- **the last person**
'절대 ~하고 싶지 않은 사람'을 the last person I want to ~로 표현해 강한 거부감, 싫은 감정을 전달
- **totally betray**

9 직장을 잃는 게 지금 이 순간 내가 절대 원하지 않는 일이었어요.

◎ 내 직장을 잃는 것은 ~였어요 + 마지막 일 + (내가 필요했던 + 지금 이 순간에)

- **the last thing I needed**
'절대 원하지도, 필요하지도 않던 일'을 the last thing I needed로 표현
- **right now**

10 당신의 감정을 상하게 하는 일은 절대 하고 싶지 않아요.

◎ 그 마지막 일은 (내가 하고 싶은) ~예요 + 상하게 하는 것 + 당신의 감정을

- **hurt your feelings**
- The last thing I want to do ~: 절대 하고 싶지 않은 일을 표현

* The last thing I want to do is ~에서 be동사 뒤에 보어로 to부정사 또는 to를 생략한 동사원형이 올 수 있어요.
  to부정사의 'to'가 생략된 형태로 쓰일 때가 많습니다.

11 이게 메뉴에서 제일 저렴한 옵션인데, 양이 푸짐하고 맛도 좋아요.

◎ 이것은 ~예요 + 가장 저렴한 옵션 + 그 메뉴에서, + 하지만 +
그것은 여전히 나와요 + 푸짐한 양과 좋은 맛이 함께

- **the most affordable**
- **a generous portion**
- **good flavor**
- '~이 함께 제공되다/딸려 나오다'는 come with ~

12 그는 내가 아는 가장 신뢰할 수 있는 사람이라서, 직장에서 중요한 일은 항상 그에게 맡겨요.

◎ 그는 ~예요 + 가장 신뢰할 수 있는 사람 + (내가 아는), + 그래서 +
~한 이유예요 + 내가 항상 맡겨요 + 그에게 + 중요한 일들을 + 직장에서

- **reliable**
- **and that's why**
- **important tasks**
- '~에게 ...을 맡기다'는 trust ~ with ...

STEP UP YOUR WRITING

A New City, A Better Me

나는 최근에 새로운 도시로 이사했는데,	• recently
예전 동네만큼 조용하진 않아요.	• not as quiet
여기 아파트는 내가 전에 살던 곳보다 훨씬 더 현대적이고 넓어요.	• modern and spacious • my previous one
그래도 집이 기대한 만큼 아늑해서, 마음에 들기 시작했어요.	• my place • just as cozy as
거리도 예전 동네보다 훨씬 더 깨끗하고 넓어요.	• much cleaner
출퇴근 시간은 좀 더 길지만,	• The commute • a little longer
대중교통은 훨씬 더 믿을 만합니다.	• far more reliable
도시를 더 많이 돌아다닐수록 사람들이 점점 더 마음을 열고	• explore
친절해 보이는 것 같아요.	• the more open and friendly
벌써 다섯 군데나 되는 박물관을 방문했는데,	• as many as five museums
매번 지난번보다 더 인상 깊었어요.	
지난 주말에는, 지금까지 맛본 중에 가장 맛있는 커피를 마셨어요	• I've ever tasted
—고향에서 마신 어떤 커피보다 더 맛있었어요.	
내가 발견한 그 카페는 다른 곳보다 절반 정도만 붐비고,	• half as crowded as the others
직원들은 정말 꿀처럼 친절해요.	• the staff is
놀랍게도, 집세는 전에 냈던 것만큼밖에 안 돼요,	• no more than • what I paid before
동네는 더 좋은데도 말이죠.	
또 지금까지 함께 일해 본 누구보다도	
창의적이고 열정적인 지역 사람을 만나기도 했어요.	• a local • as creative and driven as
그녀는 내가 오랜만에 본 가장 열정적인 자원봉사자입니다.	• passionate volunteer
새로운 삶의 속도에 적응하는 것이 처음에는 힘들었지만,	
지금은 하루하루 기분이 점점 더 좋아지고 있어요.	• feel better and better • each day
솔직히 말해서, 이번 이사는 내가 올해 한 가장 잘한 결정일지도 몰라요.	• this move might be

* as ~ as anyone은 '누구보다도 ~한'의 의미로 최상급 표현
He is as smart as anyone I've ever met. (내가 만나 본 사람 누구와 비교해도 그만큼 똑똑하다 → 즉, '그는 내가 만나 본 그 누구보다도 똑똑하다'의 의미)

A New City, A Better Me

_____ as my old neighborhood.

Still, _____, and I've started to like it.

_____ than those in my old town.

_____ people seem.

_____,
and each was more impressive than the last.

— better than any I had back home.

_____,
even though the area is nicer.

anyone I've ever worked with.

_____ in a long time.

Adjusting to the new pace of life was difficult at first,
but _____

Honestly, _____

CHAPTER 3
예의 있게 질문/요청하기

 QR코드를 스캔하시고 '바로듣기'를 탭하세요. 해당 도서의 음원을 바로 들으실 수 있습니다. 반복 재생과 속도 조절도 가능합니다.

UNIT 1
정중한 직접의문문 만들기

내일 회의에 대해 다시 한번 알려 주시겠어요?

직접의문문은 대놓고 물어본다는 특징 때문에 정중한 느낌이 없다고 생각할 수도 있지만, Could you ~? 또는 Would you ~?를 활용하면 직접의문문임에도 상대방에게 '~해 주시겠어요?'라고 정중하고 예의 있게 요청할 수 있습니다. [Could you + 동사원형 ~?]은 상대방이 할 수 있는 능력이 있다고 가정하고, 정중하게 부탁할 때 자주 써요. Can you ~?보다 더 부드럽고 예의 바른 뉘앙스를 줍니다. [Would you + 동사원형 ~?]은 '~해 주시겠어요?/하시겠어요?'의 의미로 상대방의 의지나 선택을 고려한 제안으로 정중하면서 자연스럽게 요청할 때 씁니다. 조동사의 뉘앙스 차이를 익히고 정중한 직접의문문을 만들어 보세요.

 당신이 다시 한번 알려 주시겠어요 + 나에게 + 그 회의에 대해 + 내일

STEP 1 전체 문장 완성하기

다음 문장을 힌트 단어를 보면서 완성해 보세요. MP3 013

1 당신이 다시 한번 알려 주시겠어요

- **Could you remind**
  – '~해 주시겠어요?'라고 상대방의 능력을 전제로 정중하게 부탁할 때, [Could you + V ~?]
  – '상기시키다, 다시 한번 알려주다'는 remind

2 당신이 다시 한번 알려 주시겠어요 / 나에게

- **me**

3 당신이 다시 한번 알려 주시겠어요 / 나에게 / 그 회의에 대해 / 내일

- **about the meeting**

Ans. Could you remind me about the meeting tomorrow?

예의 있게 질문하기: 조동사마다 조금씩 다른 뉘앙스

– **Could you:** '~해 주시겠어요?' 부탁을 들어줄 능력, 가능성이 있다고 전제한 정중한 부탁으로 일상적이고 공손한 요청
– **Would you:** '~해 주시겠어요/하시겠어요?' 상대방의 의향, 의지를 고려한 정중하면서도 자연스러운 제안이나 요청
– **May I:** '제가 ~해도 될까요?' 권한 있는 사람에게 격식 있고 정중하게 허락을 구할 때 자주 사용
– **Could I:** '제가 ~해도 될까요?' 정중하게 허락을 요청 (예의의 정도는 May I가 더 강함). 일상적 상황에서 허락을 요청할 때 사용

▶ 정답 p. 247

유제 1	이 가방들 2층까지 옮기는 것 도와주시겠어요?
	당신이 도와주시겠어요 + 내가 + 옮기는 것을 + 이 가방들을 + 2층까지

1 당신이 도와주시겠어요
- **Could you**
- '~가 ...하는 것을 도와주다'는 [help + 대상어(목적어) + V]

2 당신이 도와주시겠어요 / 내가 / 옮기는 것을 / 이 가방들을
- **carry**

3 당신이 도와주시겠어요 / 내가 / 옮기는 것을 / 이 가방들을 / 2층까지
- **up to the second floor**
- '(특정한 위치·지점)까지'는 up to

유제 2	새로 생긴 그 이탈리안 식당에서 오늘 밤에 저녁 식사 같이하실래요?
	당신은 함께하시겠어요 + 우리와 + 저녁 식사에 + 그 새로운 이탈리안 식당에서 + 오늘 밤에

1 당신은 함께하시겠어요 / 우리와
- **Would you like to join us**
- '~하고 싶으세요/하시겠어요?' 라고 공손하게 제안할 때는 [Would you like to + V ~?]

2 당신은 함께하시겠어요 / 우리와 / 저녁 식사에
- **for dinner**

3 당신은 함께하시겠어요 / 우리와 / 저녁 식사에 / 그 새로운 이탈리안 식당에서
- **at that new Italian place**

4 당신은 함께하시겠어요 / 우리와 / 저녁 식사에 / 그 새로운 이탈리안 식당에서 / 오늘 밤에
- **tonight**

유제 응용	일에 집중하게 음악 소리 조금만 줄여 주시겠어요?
	당신이 줄여 주시겠어요 + 그 음악을 + 조금 + 내가 집중할 수 있도록 + 내 일에

- **Would you turn down**
- **a little**
- **focus on my work**
- 목적의 부사절 '~할 수 있도록'은 [so + S + can + V]

STEP 2 응용하여 쓰기

뉘앙스를 생각하며 문장을 만들어 보세요. MP3 013

1 비 오기 전에 창문 좀 닫아 주시겠어요?
- 당신이 닫아 주실 수 있나요 + 그 창문을 + 시작하기 전에 + 비 오는 것이

- before it starts raining
- please를 넣어 더 부드럽고 공손한 뉘앙스와 정중함을 강조

2 여기서 고속도로를 타지 않고 역까지 가는 방법을 알려 주시겠어요?
- 당신이 말해 주시겠어요 + 나에게 + 도착하는 법을 + 그 역까지 + 여기에서 + 이용하지 않고 + 그 고속도로를

- Could you tell me
- how to get to
- highway

3 일찍 출발해서 교통 체증을 피하고 싶으세요, 아니면 좀 더 계시고 싶으세요?
- 당신은 더 원하시나요 + 떠나는 것을 + 일찍 + 그래서 + 피하는 것을 + 그 교통 체증을, + 아니면 + 머물고 싶으세요 + 조금 더 오래

- a little longer
- '~하길 더 원하세요/선호하세요?'라고 정중하게 질문할 때 [Would you prefer to ~?]
- '교통 체증을 피하다'는 beat the traffic

4 데이터 작업을 도와드리면 이 보고서를 내일 아침까지 끝내실 수 있으세요?
- 당신은 끝내실 수 있을까요 + 이 보고서를 + 내일 아침까지 + 제가 도와준다면 + 당신을 + 그 데이터에 관해

- Would you be able to
- – '~해 주시겠어요/하시겠어요?'는 Would you ~?
- – '할 수 있다'는 be able to
- help you with the data

5 발표에 관해 간단히 질문 하나 드려도 될까요?
- 제가 물어봐도 될까요 + 당신에게 + 간단한 질문 하나를 + 그 발표에 대해

- a quick question
- '제가 ~해도 될까요?'는 [May I + V~?]로, 공식적이고 격식 있는 자리에서 허락을 요청할 때 자주 사용

6 매니저에게 제출하기 전에 당신 보고서를 한번 봐도 될까요?
- 제가 한번 봐도 될까요 + 당신의 보고서를 + 당신이 제출하기 전에 + 그것을 + 그 매니저에게

- take a look at
- submit

7	오늘 아이를 학교에서 데리고 와야 해서 제가 몇 분 일찍 퇴근해도 될까요?	• a few minutes early • to pick up
	🔴 제가 떠나도 될까요 + 몇 분 일찍 + 오늘 + 데리러 가게 + 제 아이를 + 학교로부터	

8	잠깐 충전기 좀 빌릴 수 있을까요? 제 것이 방금 방전됐는데, 곧 중요한 전화가 올 거라서요.	• your charger • for a bit • Mine just died
	🔴 제가 빌려도 될까요 + 당신의 충전기를 + 잠깐? 제 것이 방금 죽었어요 (방전됐어요), + 그리고 + 저는 가지고 있어요 + 중요한 전화 하나를 + 곧	

9	급한 문서 몇 장 출력하려고 하는데, 프린터 좀 써도 될까요?	• Could I '제가 ~해도 될까요'라고 정중하게 허락을 구할 때는 [Could I + V ~?]로 May I ~?보다 좀 더 부드럽고 일상적인 표현 • to print out • a few urgent documents
	🔴 제가 사용해도 될까요 + 당신의 프린터를 + 출력하기 위해 + 몇 장의 급한 문서들을	

10	중요한 것 좀 잠깐 논의하게 시간 좀 낼 수 있어요?	• a moment of your time • something important
	🔴 제가 가질 수 있을까요 + 잠깐을 + 당신 시간의 + 논의하기 위해 + 중요한 것을	

11	아직 아무도 신청하지 않았으면 제가 당신 프로젝트 그룹에 들어가도 될까요?	• if no one else has signed up 조건절(if절)은 현재완료 시제를 써서 과거부터 지금까지의 상황을 표현
	🔴 제가 합류해도 될까요 + 당신의 그룹에 + 그 프로젝트를 위한 + 다른 사람 아무도 신청하지 않았다면 + 아직	

12	새 아파트를 찾는 동안 주말에 당신 집에서 지내도 될까요?	• at your place • over the weekend
	🔴 내가 머물러도 될까요 + 당신의 집에 + 주말 동안 + 내가 찾는 동안 + 새 아파트를	

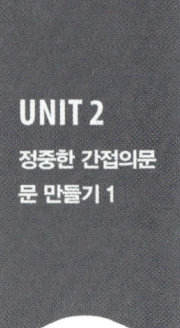

UNIT 2 정중한 간접의문문 만들기 1

차를 어디에 주차할 수 있는지 알려 주실 수 있나요?

Where can I park my car?(제 차를 어디에 주차할 수 있죠?)는 직접적이고 간단하지만 정중하다고 보긴 어려워요. 하지만 문장을 Could you tell me로 시작하고, 그 뒤에 명사절인 의문사절 where I can park my car를 붙여 주면 정중한 간접의문이 됩니다. 이때 의문사절의 어순은 [의문사 + 주어 + 동사]임에 주의하세요. 정중한 요청의 뉘앙스인 Could you tell me/Would you tell me 뒤에 어순과 의미에 맞는 의문사절을 연결해 다양한 간접의문을 만들어 보세요.

 당신이 말해 주실 수 있나요 + 저에게 + 어디에 제가 주차할 수 있는지 + 제 차를

STEP 1 전체 문장 완성하기

다음 문장을 힌트 단어를 보면서 완성해 보세요. MP3 **014**

1 당신이 말해 주실 수 있나요 / 저에게
- **Could you tell me**
  '알려 주시겠어요'라고 정중하게 요청할 때는 [Could you tell me ~?]

2 당신이 말해 주실 수 있나요 / 저에게 / 어디에 제가 주차할 수 있는지
- **where I can park**
  간접의문에 놓이는 의문사절의 어순은 [의문사 + S + V]

3 당신이 말해 주실 수 있나요 / 저에게 / 어디에 제가 주차할 수 있는지 / 제 차를
- **my car**

Ans. Could you tell me where I can park my car?

* 약간의 뉘앙스 차이가 있어요

– **Could you tell me ~?** '말해 주실 수 있나요/알려 주실 수 있나요?'로 상대가 도와줄 능력이 있는지에 초점을 두며, 일상 회화에 자주 쓰이는 부드럽고 자연스러운 표현

– **Would you tell me ~?** '말해 주시겠어요/알려 주시겠어요?'로 상대가 그렇게 해 줄 의사/의향이 있는지에 초점을 두며, 조금 더 격식 있는 느낌의 글쓰기나 비즈니스 이메일 등에 활용하기 좋은 표현

▶ 정답 p. 248

유제 1

가장 가까운 ATM이 어디 있는지 알려 주실 수 있나요?

당신은 말해 주실 수 있나요 + 저에게 + 어디서 제가 찾을 수 있는지 + 가장 가까운 ATM을

1 당신은 말해 주실 수 있나요 / 저에게
- Could you tell me

2 당신은 말해 주실 수 있나요 / 저에게 / 어디서 제가 찾을 수 있는지
- where I can find
  간접의문문에서 의문사절의 어순은 [의문사 + 주어 + 동사]로

3 당신은 말해 주실 수 있나요 / 저에게 / 어디서 제가 찾을 수 있는지 / 가장 가까운 ATM을
- the nearest ATM

유제 2

다음 쉬는 시간이 언제로 예정되어 있는지 알려 주시겠어요?

당신이 말해 주시겠어요 + 저에게 + 언제 그다음 쉬는 시간이 예정되어 있는지

1 당신이 말해 주시겠어요 / 저에게
- Would you tell me
  더 격식 있는 뉘앙스로 정중하게 부탁할 때는 [Would you tell me ~?]

2 당신이 말해 주시겠어요 / 저에게 / 언제 그다음 쉬는 시간이
- when the next break

3 당신이 말해 주시겠어요 / 저에게 / 언제 그다음 쉬는 시간이 / 예정되어 있는지
- is scheduled
  동사 schedule(일정을 잡다, 예정하다)은 주로 수동태로 쓰임 → be scheduled(예정되어 있다)

유제 응용

다음 주에 언제 시간이 되는지 말씀해 주시겠어요?

당신이 말해 주시겠어요 + 저에게 + 언제 당신이 시간이 되는지 + 다음 주에

- available

STEP 2 응용하여 쓰기

뉘앙스를 생각하며 문장을 만들어 보세요. MP3 014

1 이 역에서 막차가 몇 시에 출발하는지 알려 주실 수 있나요?
- 당신은 말해 주실 수 있나요 + 저에게 + 몇 시에 그 마지막 열차가 출발하는지 + 이 역으로부터

- the last train departs
- 의문사절은 [what time + S + V] 어순으로

---

2 이 호텔에서 숙박하는 고객용 와이파이 비밀번호가 무엇인지 알려 주실 수 있나요?
- 당신은 말해 주실 수 있나요 + 저에게 + 무엇인지 그 와이파이 비밀번호가 + 손님들을 위한 + (머무는 + 이 호텔에)

- what the Wi-Fi password is
- staying in this hotel이 앞에 있는 명사 guests를 수식

---

3 등록하는 데 정확히 어떤 서류가 필요한지 알려 주시겠어요?
- 당신이 말해 주시겠어요 + 저에게 + 정확히 + 어떤 서류들이 제가 필요한지 + 등록을 위해

- exactly
- what documents
- registration
- 상대의 의지, 의향을 존중하면서 정중하게 요청할 때는 [Would you tell me ~?]

---

4 공항까지 환승 없이 바로 가는 버스 노선이 어떤 건지 알려 주실 수 있나요?
- 당신은 말해 주실 수 있나요 + 저에게 + 어느 버스 노선이 가는지 + 바로 + 그 공항까지 + 어떠한 환승들도 없이

- without any transfers
- which bus lines goes: which bus line이 의문사절의 주어로 뒤에 바로 동사가 옴

---

5 제 입사 지원 상태에 관해 누구에게 연락해야 하는지 말씀해 주시겠어요?
- 당신이 말씀해 주시겠어요 + 저에게 + 누구에게 제가 연락해야 하는지 + 저의 입사 지원 상태에 관하여

- should contact
- regarding my job application status

---

6 이 브로슈어 레이아웃 누가 디자인했는지 알려 주실 수 있나요?
- 당신은 말해 주실 수 있나요 + 저에게 + 누가 디자인했는지 + 그 레이아웃을 + 이 브로슈어를 위한

- brochure
- who designed: who가 의문사절의 주어이므로 [who + 동사]의 구조로

▶ 정답 p. 248

7 제 결제가 왜 처리되지 않았는지 알려 주실 수 있나요?

↻ 당신은 말해 주실 수 있나요 + 저에게 + 왜 제 결제가 처리되지 않았는지

- why my payment
- '(결제가) 되다, 처리되다' 는 go through

---

8 회의가 왜 막판에 취소됐는지 말씀해 주시겠어요?

↻ 당신이 말씀해 주시겠어요 + 저에게 + 왜 그 회의가 취소되었는지 + 마지막 순간에

- canceled
- at the last minute
- 상대의 의지, 의향을 존중하면서, 정중하게 요청할 때는 [Would you tell me ~?]

---

9 혹시 모르니까 오늘 밤 가게가 몇 시까지 여는지 알려 주실 수 있나요?

↻ 당신은 말해 주실 수 있나요 + 저에게 + 얼마나 늦게까지 그 가게가 문을 여는지 + 오늘 밤에, + 혹시 모르니까

- how late the store is open
- 직역하면 '확실히 하기 위해'이지만 '혹시나 해서/혹시 모르니까'의 의미로 just to be sure를 문장 끝에 위치

---

10 세금 포함해서 이게 얼마인지 알려 주실 수 있나요?

↻ 당신은 말해 주실 수 있나요 + 저에게 + 얼마나 많이 이것이 비용이 드는지 + 세금이 포함된 상태로

- this costs
- with tax included
- '~한 채로, ~한 상태로'는 [with + 명사 + p.p.] 구조로 표현

---

11 비밀번호를 어떻게 재설정할 수 있는지 알려 주실 수 있나요?

↻ 당신은 말해 주실 수 있나요 + 저에게 + 어떻게 제가 재설정할 수 있는지 + 제 비밀번호를

- how I can reset

---

12 그렇게 짧은 시간에 어떻게 그런 인상적인 결과를 낼 수 있었는지 알려 주시겠어요?

↻ 당신은 말해 주시겠어요 + 저에게 + 어떻게 당신이 얻었는지 + 그렇게 인상적인 결과들을 + 그렇게 짧은 시간 안에

- such impressive results
- in such a short time

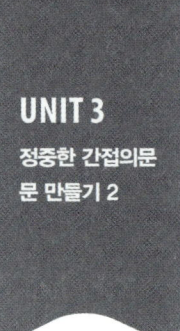

UNIT 3
정중한 간접의문문 만들기 2

이 휴대폰 모델에는 어떤 종류의 충전기가 필요한지 아세요?

정중한 간접의문문은 질문을 직접적으로 던지기보다 완곡하고 공손하게 묻는 방식입니다. [Do you know + 의문사절] 구조의 간접의문문은 '의문사로 시작하는 직접의문문'이 Do you know 뒤에 의문사절로 들어가면서 예의 있는 질문이 되는 거죠. 또 상대의 생각, 판단, 의견이 듣고 싶을 때 [Do you think + that절]을 자주 쓰는데, 직접 단정하기보다 '당신은 어떻게 생각해요?'의 뉘앙스로 부드럽고 공손한 인상을 줍니다.

  |당신은 아세요| + 어떤 종류의 충전기가 + 나는 필요한지 + 이 휴대폰 모델에

STEP 1 전체 문장 완성하기

다음 문장을 힌트 단어를 보면서 완성해 보세요.   MP3 015

1 당신은 아세요

- **Do you know**
[Do you know + 의문사절] 구조의 정중한 간접의문문으로 표현

2 당신은 아세요 / 어떤 종류의 충전기가 / 나는 필요한지

- **what kind of charger**
[what + 명사]를 하나의 의미 단위로 보고 그 뒤에 [S + V]를 연결

3 당신은 아세요 / 어떤 종류의 충전기가 / 나는 필요한지 / 이 휴대폰 모델에

- **for this phone model**
'휴대폰'은 간단하게 phone이라고 표현

Ans. Do you know what kind of charger I need for this phone model?

▶ 정답 p. 248

유제 1

영화 한 편 스트리밍하는 데 데이터가 보통 얼마나 소모되는지 알아요?

당신은 알아요 + 얼마나 많은 데이터를 + 스트리밍하는 것이 + 영화 한 편을 + 보통 소비하는지

1 당신은 알아요
- Do you know

2 당신은 아세요 / 얼마나 많은 데이터를
- how much data
- [의문사 + 명사] 구조인 how much data가 의문사절의 목적어

3 당신은 아세요 / 얼마나 많은 데이터를 / 스트리밍하는 것이 / 영화 한 편을 / 보통 소비하는지
- streaming
- consumes
- [how much data]를 한 단위로 보고 그 뒤에 [S + V] 어순으로

유제 2

온라인으로 미리 티켓을 예매하는 게 좋을 것 같아요?

당신은 생각해요 + 우리가 예매하는 게 좋겠다고 + 우리의 티켓들을 + 온라인으로 + 미리

1 당신은 생각해요
- Do you think
- 상대의 생각이나 의견을 요청할 때 [Do you think (that) S + V ~?]

2 당신은 생각해요 / 우리가 예매하는 게 좋겠다고 / 우리의 티켓들을
- we should book

3 당신은 생각해요 / 우리가 예매하는 게 좋겠다고 / 우리의 티켓들을 / 온라인으로 / 미리
- online
- '미리, 사전에'는 in advance

유제 응용

우리가 마감일 전에 모든 일을 끝낼 수 있을 것 같아요?

당신은 생각해요 + 우리가 끝낼 수 있을 거라고 + 모든 것을 + 그 마감일 전에

- we'll be able to

---

* 원어민은 일상 대화에서 보통 that을 생략한 [Do you think S + V ~?]의 형태를 더 자주 씁니다. that을 포함하거나 생략하는 것이 모두 가능한데, 복잡한 문장에 명료함을 줄 때와 공식 문서, 리포트 등 격식 있는 글쓰기에는 that을 넣는 것이 좋습니다.

STEP 2 응용하여 쓰기

뉘앙스를 생각하며 문장을 만들어 보세요. MP3 015

1 이 근처에서 글루텐 프리 간식을 어디서 구할 수 있는지 아세요?

↻ 당신은 아세요 + 어디에서 내가 찾을 수 있는지 + 글루텐 프리 간식들을 + 이 근처에서

- **gluten-free snacks**
  gluten-free는 형용사로, 기본 의미는 '글루텐이 없는, 글루텐이 들어 있지 않은'
- 의문사절은 [where + S + V]의 어순으로

2 이 지역에서 왜 와이파이 연결이 계속 끊기는지 알아요?

↻ 당신은 알아요 + 왜 그 와이파이 연결이 계속하는지 + 끊어지기를 + 이 지역에서

- **the Wi-Fi connection**
- **dropping**
- '~을 계속하다/반복하다'는 keep Ving

3 아래층 커피숍이 보통 언제 붐비는지 아세요?

↻ 당신은 아세요 + 언제 그 커피숍이 (아래층에 있는) 보통 되는지 + 붐비는 (상태로)

- **downstairs**
- **get crowded**
- [Do you know + 의문사절] 구조의 정중한 간접의문문으로 표현

4 남은 음식을 냉장고에 넣으면 얼마 동안 신선하게 유지되는지 아세요?

↻ 당신은 아세요 + 얼마나 오래 남은 음식들이 있는지 + 신선한 (상태로) + 그 냉장고 안에서

- **how long**
- **stay fresh**
- '(식사 후에) 남은 음식'은 leftovers (주로 복수형으로 표현)

5 이 발표가 청중의 관심을 더 끌 수 있게 만드는 방법을 아세요?

↻ 당신은 아세요 + 어떻게 내가 만들 수 있는지 + 이 발표를 + 더 호감이 가는 (상태로) + 그 청중에게

- **more engaging**
- **for the audience**

6 주차 허가증을 갱신하려면 누구한테 연락해야 하는지 아세요?

↻ 당신은 아세요 + 누구에게 내가 연락해야 하는지 + 갱신하는 것에 대해 + 나의 주차 허가증을

- **I should contact**
- **renew my parking permit**

▶ 정답 p. 248

7 교통 체증인데도 그가 여기 제시간에 도착할 수 있을 것 같아요?

🔄 당신은 생각해요 + 그가 도착할 수 있을 거라고 + 여기에 + 제시간에 + 그 교통 체증에도 불구하고

- make it
- despite the traffic
- [Do you think (that) S + V ~?] 공손한 간접의문문으로
- '~할 수 있을 것이다'는 [will be able to + V]

8 이 옷, 오늘 밤 행사에 적절해 보일 것 같아요?

🔄 당신은 생각해요 + 이 옷이 보인다고 + 적절한 (상태로) + 그 행사에 + 오늘 밤

- this outfit
- appropriate

9 서류 외에 다른 것도 챙겨 가야 할까요?

🔄 당신은 생각해요 + 우리가 가져가야 한다고 + 그 밖의 다른 것을 + 그 서류들 외에

- we need to bring
- anything else
- '~ 외에'는 besides ~

10 확인차 그에게 짧게 전화해 보는 게 좋을 것 같아요?

🔄 당신은 생각해요 + 제가 주는 것이 좋다고 + 그에게 + 짧은 전화 한 통을 + 다시 한번 확인하기 위해

- I should
- to double-check
- '~에게 짧게/간단하게 전화 한 번 하다'는 give ~ a quick call

11 이 노트북, 가격 대비 성능이 괜찮은 것 같아요?

🔄 당신은 생각해요 + 이 노트북이 제공한다고 + 좋은 가치를 + 그 가격에 비해

- this laptop
- '가격 대비 좋은 선택/만족스러운 품질'은 good value for the price

12 네 설명이 모두가 이해할 만큼 충분히 명확했다고 생각해?

🔄 너는 생각하니 + 너의 설명이 명확했다고 + 충분히 + 모두가 + 이해할 만큼

- clear enough
- for everyone
- [for + (대)명사 + to부정사]에서 [for + (대)명사]가 to부정사의 주어 역할을 담당

83

UNIT 4
정중한 간접의문문 만들기 3

전화 받으러 잠시 나갔다 와도 괜찮을까요?

동사 mind는 '신경 쓰다, 싫어하다'의 의미로, 의문문에서 허락을 구하거나 정중히 부탁할 때 자주 쓰입니다. Do you mind ~?는 '(미안하지만/실례가 안 된다면) ~ 괜찮으세요?'의 뉘앙스로 상대방에게 직접 어떤 행동을 해달라고 부탁할 때 씁니다. [Do you mind if I ~?]는 '제가 ~해도 괜찮을까요?' 하고 내가 하려는 행동을 허락해 달라고 요청할 때 쓰는 간접의문문입니다. 이보다 더 격식 있게, 매우 정중하게 허락을 구하거나 요청할 때는 [Would you mind if I ~?], [Would you mind Ving?]를 쓰세요.

당신은 괜찮으세요 + 제가 나가도 + 잠깐 + 전화를 받기 위해

STEP 1 전체 문장 완성하기

다음 문장을 힌트 단어를 보면서 완성해 보세요.

1 당신은 괜찮으세요

- **Do you mind**
  '제가 ~해도 괜찮으세요?'라고 정중하게 허락을 구할 때는
  [Do you mind if I ~?]

2 당신은 괜찮으세요 / 제가 나가도

- **if I step out**
  '나가다, 잠시 자리를 떠나다'는 step out

3 당신은 괜찮으세요 / 제가 나가도 / 잠깐

- **for a minute**

4 당신은 괜찮으세요 / 제가 나가도 / 잠깐 / 전화를 받기 위해

- **to take a phone call**

Ans. Do you mind if I step out for a minute to take a phone call?

▶ 정답 p. 248

유제 1

이 서류에 서명하게 잠깐 펜을 빌려도 될까요?

당신은 괜찮으세요 + 제가 빌려도 + 당신의 펜을 + 잠깐 + 서명하기 위해 + 이 서류에

1	당신은 괜찮으세요	• **Do you mind** 예의 있게 정중히 허락을 구할 때 [Do you mind ~?]
2	당신은 괜찮으세요 / 제가 빌려도 / 당신의 펜을 / 잠깐	• **if I borrow** 구체적으로 어떤 행동을 해도 괜찮은지 [if S + V]로 질문 • **for a second**
3	당신은 괜찮으세요 / 제가 빌려도 / 당신의 펜을 / 잠깐 / 서명하기 위해 / 이 서류에	• **this form** •'(서류·편지 등에) 서명하다'는 sign

유제 2

업데이트된 수치가 반영된 그 파일, 다시 보내 주실 수 있으세요?

당신은 괜찮으세요 + 보내 주는 것이 + 나에게 + 그 파일을 + 다시 + 그 업데이트된 수치들이 들어간

1	당신은 괜찮으세요	• **Do you mind** 상대방에게 어떤 행동을 정중하게 부탁할 때는 [Do you mind Ving ~?]
2	당신은 괜찮으세요 / 보내 주는 것이 / 나에게	• **sending me**
3	당신은 괜찮으세요 / 보내 주는 것이 / 나에게 / 그 파일을 / 다시	• **that file**
4	당신은 괜찮으세요 / 보내 주는 것이 / 나에게 / 그 파일을 / 다시 / 그 업데이트된 수치들이 들어간	• **with the updated figures** 업데이트된 수치가 들어간, 즉 '업데이트된 수치가 반영된 파일'을 의미

유제 응용

퇴근길에 우유랑 빵 좀 사다 주실래요?

당신은 괜찮으세요 + 사 오는 것이 + 약간의 우유와 빵을 + 당신이 오는 길에 + 집에 + 직장에서

• **picking up**
pick up은 '(가볍게) 들러 사 오다/가져오다'의 의미
• **on your way home**

STEP 2 응용하여 쓰기

뉘앙스를 생각하며 문장을 만들어 보세요.

---

1 프로젝트에 대해 몇 가지 간단한 질문을 드려도 괜찮을까요?

○ 당신은 괜찮으세요 + 제가 물어봐도 + 당신에게 + 몇 가지 간단한 질문들을 + 그 프로젝트에 대해

- **a couple of quick questions**
- '제가 ~해도 괜찮으세요?'라고 허락을 구할 때는 [Do you mind if I ~?]

---

2 예정된 시간보다 10분 일찍 회의 시작해도 괜찮을까요?

○ 당신은 괜찮으세요 + 우리가 시작해도 + 그 회의를 + 10분 더 일찍 + 계획된 것보다

- **ten minutes earlier**
- **than planned**

---

3 퇴근할 때 뒤의 문 좀 닫아 주실 수 있을까요?

○ 당신은 괜찮으세요 + 닫는 것이 + 그 문을 + 당신 뒤에 있는 + 당신이 떠날 때 + 그 사무실을

- **behind you**
- 상대방에게 어떤 행동을 해달라고 정중하게 부탁할 때는 [Do you mind Ving ~?]
- '사무실을 떠나다', 즉 '퇴근하다'는 leave the office

---

4 행사 후에 기차역까지 저 좀 태워다 주시겠어요?

○ 당신은 괜찮으세요 + 주는 것이 + 저에게 + 태워다 주는 것을 + 그 기차역까지 + 그 행사 후에

- **after the event**
- '~를 태워다 주다'는 give ~ a ride

---

5 메모하게 노트북을 회의장에 가져와도 괜찮을까요?

○ 당신은 괜찮으시겠어요 + 제가 가져와도 + 제 노트북을 + 그 회의장 안으로 + 메모하기 위해

- **Would you mind**
매우 정중하고 부드럽게 요청할 때는 [Would you mind if 주어 + 과거형 동사 ~?]처럼 내용은 현재이지만 과거 시제를 써서 거리감을 주어 정중함 표현
- **into the meeting**

---

6 저희 커피 미팅, 다음 주로 변경해도 괜찮으시겠어요?

○ 당신은 괜찮으시겠어요 + 우리가 변경해도 + 우리의 커피 미팅을 + 다음 주로

- **reschedule**
- [Would you mind + if절]에서 if절에 동사의 과거형이 오지만, 과거 의미가 아니라 '만약 ~한다면 괜찮겠습니까?'라는 뜻의 매우 공손한 요청

7 귀하의 경력에 대해 개인적인 질문 몇 가지 드려도 괜찮을까요?

⊙ 당신은 괜찮으시겠어요 + 제가 물어봐도 + 당신에게 + 몇 가지 개인적인 질문들을 + 당신의 경력에 대해

- personal questions
- career path
- 매우 정중한 허락 요청은 [Would you mind + if 주어 + 과거형 동사?]

8 가족 행사에 참석하게 이번 주 금요일 오후에 휴가를 내도 괜찮을까요?

⊙ 당신은 괜찮으시겠어요 + 제가 얻어도 + 금요일 오후 휴가를 + 참석하기 위해 + 가족 행사에

- took Friday afternoon off

9 이 이메일 대화 내용을 저 대신 팀 전체에 전달해 주실 수 있을까요?

⊙ 당신은 괜찮으시겠어요 + 전달하는 것이 + 이 이메일 대화 내용을 + 팀 전체에 + 저를 위해

- forwarding
- to the entire team
- 상대방에게 매우 정중하게 부탁할 때는 [Would you mind Ving ~?]
- 서로 주고 받아서 이어진 '이메일 대화 기록'은 email chain

10 정오 전에 이 보고서를 2부 더 인쇄해 주실 수 있을까요?

⊙ 당신은 괜찮으시겠어요 + 출력하는 것이 + 2부의 추가 복사본을 + 이 보고서의 + 정오 전에

- printing
- two additional copies of this report

11 오늘 오후 세미나를 위해 테이블 재배치하는 것 좀 도와주실 수 있을까요?

⊙ 당신은 괜찮으시겠어요 + 도와주는 것이 + 제가 + 재배치하는 것을 + 그 테이블들을 + 그 세미나를 위해 + 오늘 오후

- helping me
- rearrange

12 다음 주 금요일 회의실 일정을 확인해 주실 수 있을까요?

⊙ 당신은 괜찮으시겠어요 + 확인하는 것이 + 그 회의실 일정을 + 다음 주 금요일에 대한

- the conference room schedule
- for next Friday

UNIT 5
정중한 간접의문문 만들기 4

마케팅 전략 관련해 잠시 논의할 시간을 내주실 수 있는지 궁금합니다.

물음표가 없는 평서문이 오히려 공손하게 물어보는 간접의문문이 될 수 있어요. Could you help me?로 직접 묻는 대신 I wonder if you could help me.(저를 도와주실 수 있는지 궁금합니다)라고 말하면 질문이나 요청이 I wonder(궁금해요)로 부드럽게 감싸져, 공손한 어조가 됩니다. I wonder 뒤에 if절 또는 의문사절이 오는 것이 직접 질문하는 것보다 훨씬 부드러워서 정보나 의견, 허락을 효과적으로 얻을 수 있어요.

저는 궁금합니다 + 당신이 내주실 수 있을지 + 잠깐의 시간을 + 논의할 + 우리의 마케팅 전략을

STEP 1 전체 문장 완성하기

다음 문장을 힌트 단어를 보면서 완성해 보세요.

1 저는 궁금합니다
- **I wonder**
  '(정중한 부탁이나 질문에서) ~일지 모르겠다/일까 생각하다, 궁금하다'는 [I wonder ~]

2 저는 궁금합니다 / 당신이 내주실 수 있을지
- **if you could spare**
  – can, could 모두 가능하지만 could를 쓰면 더 공손하고 부드러운 요청
  – '(시간·돈 등을) 내다, 내어 주다'는 spare

3 저는 궁금합니다 / 당신이 내주실 수 있을지 / 잠깐의 시간을
- **a moment**

4 저는 궁금합니다 / 당신이 내주실 수 있을지 / 잠깐의 시간을 / 논의할 / 우리의 마케팅 전략을
- **our marketing strategy**
- '논의하다'의 discuss는 전치사 없이 목적어가 바로 오는 동사

Ans. I wonder if you could spare a moment to discuss our marketing strategy.

▶ 정답 p. 249

유제 1	컨퍼런스를 위한 숙소를 이미 예약하셨는지 궁금합니다. **저는 궁금합니다** + 당신이 이미 예약하셨는지 + 숙박 시설들을 + 그 컨퍼런스를 위한

1 저는 궁금합니다
- **I wonder**
  '~인지 궁금해서요'라고 정중하게 질문할 때는 [I wonder if ~]

2 저는 궁금합니다 / 당신이 이미 예약하셨는지
- **already book**
  예약했는지 완료 여부를 묻는 질문이므로 현재완료 시제로

3 저는 궁금합니다 / 당신이 이미 예약하셨는지 / 숙박 시설들을
- **accommodations**
  '숙소, 숙박 시설'은 accommodations이며, 미국 영어에서 주로 복수형으로 씀

4 저는 궁금합니다 / 당신이 이미 예약하셨는지 / 숙박 시설들을 / 그 컨퍼런스를 위한
- **for the conference**

유제 2	다음 주 월요일에 분기별 실적을 누가 발표할지 궁금하네요. **저는 궁금해요** + 누가 발표하고 있을지 + 그 분기별 실적들을 + 다음 주 월요일에

1 저는 궁금해요
- **I wonder**

2 저는 궁금해요 / 누가 발표하고 있을지
- **who will be presenting**
  – [I wonder + 의문사절]은 구체적 정보를 부드럽게 물어볼 때 사용
  – 미래진행형 [will be Ving]로 미래의 특정 시점에 진행하고 있을 일을 표현

3 저는 궁금해요 / 누가 발표하고 있을지 / 그 분기별 실적들을
- **the quarterly results**

4 저는 궁금해요 / 누가 발표하고 있을지 / 그 분기별 실적들을 / 다음 주 월요일에
- **next Monday**

유제 응용	대용량 파일을 올리려고 할 때마다 모바일 앱이 왜 멈추는지 모르겠어요. 저는 궁금해요 + 왜 그 모바일 앱이 멈추는지 + 제가 업로드하려고 할 때마다 + 대용량 파일들을

- **crash**
- **try to upload large files**
- '~할 때마다'는 [whenever S + V]

STEP 2 응용하여 쓰기

뉘앙스를 생각하며 문장을 만들어 보세요.

---

1 점심 식사 관련해서 케이터링 업체에서 확인받으셨는지 궁금해요.

↻ 저는 궁금해요 + 당신이 받았는지 + 확인을 + 그 케이터링 업체로부터 + 점심 식사에 관해

- receive confirmation
  받았는지 완료 여부를 묻는 거니까 현재완료 시제로
- from the caterer

---

2 그 새 소프트웨어 플랫폼에 투자할 가치가 있는지 궁금합니다.

↻ 저는 궁금합니다 + 가치가 있는지 + 투자할 + 그 새로운 소프트웨어 플랫폼에

- it's worth investing
  – '~할 가치가 있는'은 [worth + 명사/동명사]
  – '~에 투자하다'는 invest in ~

---

3 보고서에 추가 사례 연구를 포함해야 하는지 궁금합니다.

↻ 저는 궁금합니다 + 우리가 포함해야 하는지 + 추가적인 사례 연구들을 + 그 보고서에

- include
- additional case studies

---

4 유지보수팀이 로비 냉방 기능을 수리했는지 궁금하네요.

↻ 저는 궁금하네요 + 그 유지보수팀이 수리했는지 + 그 냉방 기능을 + 그 로비에 있는

- the maintenance crew has fixed
- '냉방 기능, 냉방 시스템'을 말할 땐 air conditioning, '에어컨' 기기 자체를 말할 때는 air conditioner

---

5 여기서 보안 허가를 받는 데 보통 얼마나 걸리는지 궁금합니다.

↻ 저는 궁금합니다 + 얼마나 오래 + (시간이) 일반적으로 걸리는지 + 받는 데 + 보안 허가를 + 여기서

- how long it typically takes
- '보안 허가를 받다'는 get security clearance

---

6 이런 수리는 보통 비용이 얼마나 드는지 궁금해요.

↻ 저는 궁금해요 + 얼마나 많이 + 이런 종류의 수리는 보통 비용이 드는지

- how much
- this kind of repair

▶ 정답 p. 249

7 도대체 언제쯤이면 제대로 된 휴가를 갈 시간이 생길지 궁금해요.

↻ 저는 궁금해요 + 언제 내가 마침내 가질지 + 시간을 + (취할 + 제대로 된 휴가를)

- take a proper vacation

8 정오 전에 프로젝트 일정을 팀과 공유해 주실 수 있는지 여쭤보고 싶습니다.

↻ 저는 궁금해하고 있었어요 + 당신이 공유해 주실 수 있을지 +
그 프로젝트 일정을 + 그 팀과 + 정오 전에

- I was wondering if you could
  I wonder 대신 I was wondering을 쓰면 더 부드럽고 완곡한 뉘앙스를 풍기는데, 과거진행형 시제지만 과거의 의미가 아님에 유의
- timeline

9 어제 수업 노트를 빌려주실 수 있을지 여쭤보고 싶어요.

↻ 저는 궁금해하고 있었어요 + 당신이 빌려주실 수 있을지 + 저에게 +
당신의 노트들을 + 어제 수업으로부터의

- notes from yesterday's class
- 아주 공손한 뉘앙스의 간접의문문은
  [I was wondering if you could ~]

10 마감일을 연장해 주실 수 있을지 여쭤보고 싶습니다.

↻ 저는 궁금해하고 있었어요 + 제가 받을 수 있을지 + 연장을 + 그 마감일에 대해

- get an extension
- on the deadline
- [I was wondering if ~]를 활용한 매우 공손한 요청의 간접의문문으로

11 러시아워 교통 체증을 피하는 가장 좋은 경로가 무엇인지 여쭤보고 싶네요.

↻ 저는 궁금해하고 있었어요 + 무엇이 가장 좋은 경로인지 + 피하기 위한 +
교통 체증을 + 러시아워 동안에

- what the best route is
- '출퇴근 혼잡 시간대, 러시아워'는 rush hour

12 팀의 연말 축하 행사를 어디에서 열면 좋을지 여쭤보고 싶어요.

↻ 저는 궁금해하고 있었어요 + 어디에서 우리가 개최하면 좋을지 +
그 팀의 연말 축하 행사를

- should host
- the team's year-end celebration

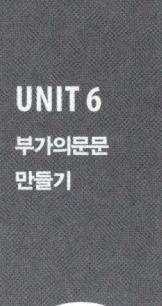

UNIT 6
부가의문문 만들기

그들이 다음 달에 팀을 확장할 계획이었잖아요, 그렇지 않아요?

부가의문문은 일상 회화에서 문장 끝에 덧붙이는 짧은 질문으로 앞에 말한 문장에 대한 사실 확인, 동의 요청, 공감 요청 등의 목적으로 쓰입니다. 긍정문 뒤에는 부정 부가의문문을, 부정문 뒤에는 긍정 부가의문문을 쓰는 것이 특징이죠.

It's cold today, isn't it? 오늘 날씨가 춥네, 안 그래?
You didn't tell her yet, did you? 너 그녀에게 아직 말 안 했구나, 그렇지?
You like cheese, don't you? 너 치즈 좋아하잖아, 아니야?

주절에 조동사나 be동사가 있는 경우에는 부가의문문에도 그대로 쓰고, 그 외 일반동사가 있는 경우에는 부가의문문에 시제와 인칭에 맞게 do를 씁니다. 부가의문문은 공식 문서보다는 구어체에 가까운 에세이, 블로그, 칼럼 등에 쓰여 자연스럽게 독자의 동의나 공감을 유도합니다.

 그들은 계획하고 있었어요 + 확장하기를 + 그 팀을 + 다음 달에, + 그렇지 않아요?

STEP 1 전체 문장 완성하기

다음 문장을 힌트 단어를 보면서 완성해 보세요.  MP3 018

1 그들은 계획하고 있었어요
- They were planning

2 그들은 계획하고 있었어요 / 확장하기를 / 그 팀을
- to expand the team
- '~하기를/하려고 계획하다'는 [plan to + 동사원형]으로

3 그들은 계획하고 있었어요 / 확장하기를 / 그 팀을 / 다음 달에
- next month

4 그들은 계획하고 있었어요 / 확장하기를 / 그 팀을 / 다음 달에, / 그렇지 않아요?
- weren't they?
- 긍정문 뒤에는 부정 부가의문문

Ans. They were planning to expand the team next month, weren't they?

▶ 정답 p. 249

유제 1

매니저가 예산 증액을 승인했잖아요, 그렇지 않아요?

그 매니저가 승인했어요 + 그 예산 증액을, + 그렇지 않아요?

1	그 매니저가 승인했어요	• approve 과거형으로
2	그 매니저가 승인했어요 / 그 예산 증액을	• the budget increase
3	그 매니저가 승인했어요 / 그 예산 증액을, / 그렇지 않아요?	• didn't he? 부가의문문의 주어는 대명사로 쓰며, 대화 상황에 맞게 성, 수를 일치

유제 2

어제 있었던 일로 그녀가 아직도 화나 있지는 않아요, 그렇죠?

그녀는 ~ 아니에요 + 아직도 화난 (상태인) + 있었던 일에 대해 + 어제, + 그렇죠?

1	그녀는 ~ 아니에요	• She's not
2	그녀는 ~ 아니에요 / 아직도 화난 (상태인)	• still mad '~에 대해/~ 때문에 화난'은 mad[angry] about ~
3	그녀는 ~아니에요 / 아직도 화난 (상태인) / 있었던 일에 대해 / 어제,	• about what happened [what + V]는 'V한 것'으로 해석해서 what happened는 '일어난 일/있었던 일'
4	그녀는 ~아니에요 / 아직도 화난 (상태인) / 있었던 일에 대해 / 어제, / 그렇죠?	• is she? 부정문 뒤에는 긍정 부가의문문

유제 응용

그 사람들, 약속 다시 잡는 거 싫어하진 않을 거예요, 그렇겠죠?

그들은 꺼리지 않을 거예요 + 다시 정하는 것을 + 그 약속을, + 그렇겠죠?

• wouldn't mind
조심스러운 추측의 would (~일/할 것이다)

• '일정을 변경하다'는 reschedule

STEP 2 응용하여 쓰기

뉘앙스를 생각하며 문장을 만들어 보세요.

---

1 회의 전까지 아직 시간이 좀 남아 있잖아요, 안 그래요?

🔴 있어요 + 아직 약간의 시간이 + 남은 상태로 + 그 회의 전에, + 안 그래요?

- There's
- left
- isn't there

---

2 허가 없이는 데이터베이스에 접근 못해요, 그렇죠?

🔴 당신은 접근할 수 없어요 + 그 데이터베이스에 + 허가 없이, + 그렇죠?

- can't access
- without permission
- 부정문 뒤에는 긍정 부가 의문문이 오며, 주절에 조동사가 있으면 부가의문문에도 그대로 씀

---

3 우리는 사소한 것들을 당연하게 여기는 경향이 있어요, 안 그래요?

🔴 우리는 경향이 있어요 + 받아들이는 + 그 사소한 것들을 + 당연하게, + 안 그래요?

- tend to
- the little things
- '~을 당연시하다, ~을 당연한 일로 여기다/생각하다'는 take ~ for granted

---

4 제 가방 좀 잠깐 봐 주세요, 네?

🔴 계속 지켜봐 주세요 + 제 가방을 + 잠깐, + 그래 줄래요?

- will you
- 명령문 뒤의 부가의문문은 will/would/can/could you? 모두 가능하며 부탁/지시에 쓰임
- '~을 계속 지켜보다'는 keep an eye on ~

* 조동사에 따라 정중한 정도와 뉘앙스에 차이가 있어요. can you/will you?는 비교적 편한 사이끼리 부탁할 때, would you/could you?는 더 부드럽고 공손하게 요청할 때 씁니다.

---

5 금요일까지 보고서 제출하는 것 잊지 마세요, 알겠죠?

🔴 잊지 마세요 + 제출하는 것을 + 그 보고서를 + 금요일까지, + 알겠죠?

- to submit
- will you
- 부정명령문 뒤에는 will you?를 씀

---

6 뭔가 변경 사항이 생기면 제게 알려 주세요, 그래 주실 거죠?

🔴 해 주세요 + 내가 + 알도록 + 뭔가 바뀌면, + 그래 주실래요?

- if anything changes
- could you
- Let me ~도 명령문이므로, 뒤에 부가의문문 could you?가 가능하며, could you?는 정중하고 부드러운 표현

7	온라인에 뭔가 글을 올리기 전에 생각 좀 하세요, 알겠어요? 🔄 생각하세요 + 당신이 올리기 전에 + 뭔가를 + 온라인에, + 못하겠어요?	• post • can't you 명령문 뒤에 부가의문문 can't you?를 쓰면 강한 어감으로 불만, 질책을 나타내어 '뭔가 올리기 전에 생각 좀 못하겠니?'의 의미
8	그는 자기 실수에 대해 절대 책임지지 않아요, 그렇죠? 🔄 그는 절대 맡지 않아요 + 책임을 + 그의 실수들에 대해, + 그렇죠?	• never takes • does he? • '~에 대해 책임을 지다'는 take responsibility for ~

* 주절에 부정어(never, no, nobody, hardly, little 등)가 있으면 부가의문문은 긍정으로 씁니다.

9	모든 사람이 이미 그 공지 봤어요, 안 그래요? 🔄 모든 사람이 이미 봤어요 + 그 공지를, + 그렇지 않나요?	• Everyone • announcement • 주절은 현재완료 시제로 '현재까지 이미 다 봤음'을 강조

* 주절의 주어가 everyone, somebody, no one, nobody 등이면, 부가의문문의 주어는 they로 받습니다.

10	계획대로 되는 일이 하나도 없는 것 같아요, 그렇죠? 🔄 아무것도 전혀 ~ 보이지 않아요 + 되는 것처럼 + 계획된 대로 + 그렇죠?	• Nothing ever seems to go – '(일의 진행이 어떻게) 되다/되어 가다'는 go – 주절에 부정어 nothing이 있으므로 긍정 부가의문문으로

* 주절의 주어가 nothing, everything이면, 부가의문문의 주어는 it으로 받습니다.

11	우리 이거 월요일이 아니라 금요일까지 제출해야 하는 거잖아요, 맞죠? 🔄 우리는 제출하기로 되어 있어요 + 이것을 + 금요일까지, + 월요일이 아니라, + 맞죠?	• We're supposed to • right? 구어체에서는 더 간단한 부가의문문 right?을 사용해 정보 확인 또는 동의를 구함
12	그가 당신 발표 도와준 사람이잖아요, 맞죠? 🔄 그는 ~예요 + 그 사람 + (도와줬던 + 당신을 + 그 발표에 대해), + 맞죠?	• the one who helped • right?

STEP UP YOUR WRITING

Sounds Polite, Works Great

엠마: 오늘 발표한 슬라이드, 저에게 보내줄 수 있으세요?

제인: 물론이죠. 점심 먹고 바로 이메일로 보낼게요. 수정된 일정표도 포함해 드릴까요?

엠마: 네, 부탁드려요. 그리고 5번 슬라이드에 있는 수치도 확인해 주실 수 있을까요? 오타가 있는 것 같아요.

제인: 물론이죠. 혹시 고객과 논의 중에 작성한 노트를 공유해 주실 수 있을지 여쭤어요.

엠마: 그럼요. PDF 대신 구글 문서로 보내도 괜찮을까요?

제인: 괜찮아요. 어, 그런데, 혹시 업데이트된 예산 파일이 어디 있는지 아세요?

엠마: 공유 폴더에 있어요. 혹시 접근이 안 되면 저한테 알려 주세요, 알겠죠?

제인: 그럴게요. 한 가지 더—최종 보고서의 디자인은 누가 맡고 있는지 알려 주실 수 있을까요?

엠마: 올리비아인 것 같아요. 그녀에게 직접 확인해 보시겠어요?

제인: 알겠습니다. 올리비아에게 전화해 볼게요. 아직 휴가 중은 아니겠죠, 그렇죠?

엠마: 아니요, 어제 복귀했어요. 우리가 빨리 마무리할수록 더 좋잖아요, 그렇죠?

제인: 그럼요. 그리고 갑작스러운 요청일 수도 있지만, 오늘 조금 일찍 퇴근해도 될까요? 치과 예약이 있어서요.

엠마: 그럼요, 괜찮아요. 대신 본인 파트는 내일 아침까지 꼭 마무리해 주세요, 알겠죠?

- Could you
- email them to you
- Would you like me
- would you be able to
- figures
- I was wondering if
- during the client discussion
- Do you mind if
- as a Google Doc
- where I can find
- updated
- can't access it
- could you tell me
- handle the design part
- Would you mind Ving
- directly
- get back
- the sooner
- finalize things
- may I
- a bit early
- your part is done
- could you?

Sounds Polite, Works Great

Emma: _____ you presented today?

Jane: Sure, _____
_____

Emma: Yes, please. Also, _____
I think there might be a typo.

Jane: Of course. _____
_____

Emma: Absolutely. _____

Jane: Not at all. Oh, by the way, _____
_____

Emma: It's in the shared folder, but _____ ,
will you?

Jane: Will do. One more thing — _____
_____

Emma: I think Olivia is. _____

Jane: No problem. I'll give her a call. She's not still out on vacation, _____ ?

Emma: _____
_____ , right?

Jane: Definitely. And this might be a bit last-minute, but _____
_____

Emma: Sure, that's fine. Just make sure _____
_____

CHAPTER 4
관계사절로 문장 확장하기

 QR코드를 스캔하시고 '바로듣기'를 탭하세요. 해당 도서의 음원을 바로 들으실 수 있습니다. 반복 재생과 속도 조절도 가능합니다.

UNIT 1
관계사절 1
(관계대명사
주격 · 목적격)

그녀는 늘 모든 이들의 생일을 기억하는 사람이에요.

앞에 나온 명사(선행사)를 수식/설명해 주는 관계사절은 딱 2가지 원리만 기억하면 문장을 쉽게 확장할 수 있어요. 첫째, 수식받는 명사가 사람이면 관계대명사 who/that, 사람이 아니면 which/that으로 연결합니다. 둘째, 관계대명사가 관계사절 안에서 어떤 역할을 하는지 파악하세요. 관계대명사가 주격이면 [who/which/that + V]의 구조로 '~하는'의 의미이고, 목적격이면 [who/whom/which/that + S + V]의 구조로 'OO가 ~하는'의 뜻이 됩니다. 목적격 관계대명사는 자주 생략되는데, 그 이유는 관계대명사가 없어도 수식하는 명사 뒤에 바로 [S(주어) + V(동사)]의 문장이 연결되어 의미 전달이 되기 때문입니다. 이처럼 형용사 역할을 하는 관계사절을 활용해 더 풍부하고 세련된 문장을 만들어 보세요.

그녀는 ~이에요 + 그 사람 + (늘 기억하는 + 모든 사람의 생일을)

STEP 1 전체 문장 완성하기

다음 문장을 힌트 단어를 보면서 완성해 보세요. MP3 019

1 그녀는 ~이에요 / 그 사람
   • She's the one

2 그녀는 ~이에요 / 그 사람 / (늘 기억하는)
   • who always remembers
   수식받는 명사가 사람이므로 관계대명사
   [who + V(V하는)]

3 그녀는 ~이에요 / 그 사람 / (늘 기억하는 / 모든 사람의 생일을)
   • everyone's birthday

Ans. She's the one who always remembers everyone's birthday.

▶ 정답 p. 250

| 유제 1 | 그들은 미니멀 스타일 인테리어를 전문으로 하는 디자이너를 고용했어요.
그들은 고용했어요 + 디자이너를 + (전문적으로 다루는 + 미니멀 스타일 인테리어를) |

1 그들은 고용했어요
- **They hired**

2 그들은 고용했어요 / 디자이너를
- **a designer**

3 그들은 고용했어요 / 디자이너를 / (전문적으로 다루는)
- **who specializes in**
  - 수식받는 명사가 사람이므로 관계대명사 [who + V(V하는)]
  - '(~을) 전공하다, 전문적으로 다루다'는 specialize in ~

4 그들은 고용했어요 / 디자이너를 / (전문적으로 다루는 / 미니멀 스타일 인테리어를)
- **minimalist interiors**
  - 여기서 minimalist는 '미니멀리즘 스타일의'라는 뜻의 형용사로 쓰임

| 유제 2 | 어제 만난 여성이 알고 보니 제 새로운 상사였더라고요.
그 여성이 (제가 만났던 + 어제) **알고 보니 드러났어요** + ~인 것으로 + 제 새로운 상사 |

1 그 여성이 (제가 만났던 / 어제)
- **who I met**
  - 앞에 있는 명사를 꾸며 주는 문장의 어순이 [S + V (OO가 ~하는)]
  - 관계대명사 who, whom, that 모두 가능하며 생략도 가능

2 그 여성이 (제가 만났던 / 어제) 알고 보니 드러났어요
- **turn out**

3 그 여성이 (제가 만났던 / 어제) 알고 보니 드러났어요 / ~인 것으로 / 제 새로운 상사
- **to be**
  - '~인 것으로 드러나다/밝혀지다'는 turn out to be ~

| 유제 응용 | 지난주에 빌려준 책에 당신을 정말 많이 떠올리게 하는 인물이 나와요.
그 책은 (당신이 빌려준 + 나에게 + 지난주에) 가지고 있어요 + 한 인물을 + (떠올리게 하는 + 나에게 + 아주 많이 + 당신을) |

- **who reminds me so much of you**
  - 'A에게 B을 생각나게 하다, 떠올리게 하다'는 [remind A of B]

* 전체 문장의 구조는 The book [that ~] has a character [who ~]

STEP 2 응용하여 쓰기

뉘앙스를 생각하며 문장을 만들어 보세요.

1 그는 항상 상황에 맞는 말을 잘하는 사람이에요.
  ↻ 그는 ~이에요 + 그런 사람 + (항상 알고 있는 + 그 딱 맞는 것을 + 말해야 할)

- someone
- '(그 상황에서) 해야 할 적절한 말, 딱 맞는 말'은 the right thing to say로 원어민이 자주 쓰는 표현

2 그녀는 팀에 긍정적인 에너지를 불어넣는 동료입니다.
  ↻ 그녀는 ~입니다 + 동료 + (가져오는 + 긍정적인 에너지를 + 그 팀에)

- colleague
- positive energy

3 그녀는 업계 판도를 바꿀 수도 있는 한 프로젝트를 진행 중입니다.
  ↻ 그녀는 진행하고 있어요 + 한 프로젝트를 + (뒤흔들 수도 있는 + 그 업계를)

- work on
- could disrupt the industry
- 업계 판도를 바꾸는 것은 기존 질서를 파괴하고 재편하는 거라서 disrupt the industry라고 표현

4 내 배낭에 쏙 들어가는 재사용 가능한 물병 덕분에 종일 물을 충분히 마실 수 있어요.
  ↻ 그 재사용 가능한 물병은 (맞는 + 완벽하게 + 내 배낭 안에) 도와줍니다 + 내가 + 유지하도록 + 수분이 공급된 상태로 + 온종일

- reusable bottle
- fit perfectly
- stay hydrated
- '물을 충분히 마시다'를 원어민들은 stay hydrated로 표현함

5 바쁜 평일 저녁마다 늘 나를 구해 주는 그 조리법은 만드는 데 15분밖에 안 걸려요.
  ↻ 그 조리법은 (항상 구해 주는 + 나를 + 바쁜 평일 저녁마다) 걸려요 + 겨우 15분 + 만드는 데

- on busy weeknights
- 하루 단위(날짜, 요일) 또는 특정 요일/날의 시간대를 나타낼 때는 on을 사용 (on Sunday morning)
- take just fifteen minutes

* weeknight는 '평일 저녁'을 뜻하며 '하루 단위(day-like)'로 취급해 [on + 복수형]이 자연스럽습니다.
 (on weeknights, on weekends, on Friday evenings)

6 우리에게는 문제의 근본 원인을 다룰 해결책이 필요해요.
  ↻ 우리는 필요해요 + 해결책이 + (다루는 + 그 근본 원인을 + 그 문제의)

- a solution
- the root cause
- '(문제를) 해결하다, 다루다, 대응하다'는 address (a problem)로, solve보다 포괄적 의미

▶ 정답 p. 250

7 퇴근 후 머리를 맑게 해 주는 짧은 산책은 바로 길 아래 공원에서 시작됩니다.

⟳ 그 짧은 산책은 (도와주는 + 내가 + 맑게 하도록 + 내 머리를 + 퇴근 후) 시작됩니다 + 그 공원에서 + 바로 그 길 아래

- clear my head
- just down the street

8 그녀가 계속 반복 재생하는 그 노래 때문에 사무실 사람 모두가 미쳐요.

⟳ 그 노래가 (그녀가 계속 재생하는 + 반복해서) 몰아가고 있어요 + 모두를 + 그 사무실에 있는 + 미친 (상태로)

- keep playing
- '(노래·영상 등을) 반복 재생하다'는 play on repeat
- '~를 미치게 만들다'는 drive ~ crazy

9 아침 내내 찾았던 이메일을 드디어 찾아냈어요.

⟳ 나는 드디어 찾았어요 + 그 이메일을 + (내가 찾고 있었던 + 아침 내내)

- finally found
- I had been looking for
  과거의 한 시점까지 계속 진행되던 일은 [had been Ving] 과거완료진행으로

10 그녀가 우리한테 해 준 그 이야기에 나 눈물 났잖아요.

⟳ 그 이야기는 (그녀가 말해 준 + 우리에게) 가져왔어요 + 눈물을 + 나의 눈에

- brought tears
  '~의 눈물을 자아내게 하다'는 bring tears to one's eyes
- 이야기를 주어로 하여 더 자연스러운 문장

11 당신이 어제 올린 사진이 '좋아요'를 많이 받았더군요.

⟳ 그 사진 (당신이 올린 + 어제) 받았어요 + 많은 '좋아요'를

- post
- get a lot of likes
- 지나간 과거 일이므로 동사는 과거형으로

12 우리가 어젯밤에 본 다큐멘터리는 꿈을 이루려고 믿기 힘든 어려움을 극복한 한 여성에 관한 것이었어요.

⟳ 그 다큐멘터리는 (우리가 봤던 + 어젯밤에) ~였어요 + 한 여성에 관한 + (극복했던 + 믿기 힘든 어려움들을 + 이루기 위해 + 그녀의 꿈들을)

- overcome incredible obstacles
- achieve

UNIT 2
관계사절 2 (관계대명사 that만 써야 하는 경우)

그는 내가 받아본 피드백 중 가장 솔직한 피드백을 줬어요.

관계대명사절로 명사를 수식할 때, 관계대명사 that만 써야 하는 경우가 있습니다. 앞에 나온 명사(선행사)가 다음의 내용을 포함할 때는 관계대명사를 that만 사용합니다.

*최상급 표현 (the best, the most 등)
This is the best movie that I've ever seen. 이건 내가 지금까지 본 중에 최고의 영화야.

*순서 표현 (the first, the second 등)
She was the first person that helped me. 그녀는 날 도와준 첫 번째 사람이었어.

*불특정 대명사 (something, anything, nothing, everything 등)
Is there something that I can do for you? 내가 해 줄 게 있어요?

*제한된 유일성 (the only, the same, the very 등)
You're the only one that understands me. 네가 나를 이해하는 유일한 사람이야.

 그는 주었어요 + 가장 솔직한 피드백을 + (내가 이제까지 받아 본)

STEP 1 전체 문장 완성하기

다음 문장을 힌트 단어를 보면서 완성해 보세요.  MP3 020

1 그는 주었어요
- give

2 그는 주었어요 / 가장 솔직한 피드백을 /
- the most honest feedback
  최상급으로 그 의미가 한정되므로 [the + 최상급]으로

3 그는 주었어요 / 가장 솔직한 피드백을 / (내가 이제까지 받아 본)
- that I've ever received
  앞에 온 명사가 최상급 표현일 때 관계대명사 that으로만 연결 가능하며, 목적격이므로 생략도 가능

Ans. He gave the most honest feedback that I've ever received.

▶ 정답 p. 250

| 유제 1 | 이것이 예산과 일정 문제 둘 다를 해결하는 최고의 솔루션입니다.
이것이 ~입니다 + 최고의 솔루션 + (해결하는 + 그 예산과 일정 문제들 둘 다를) |

1   이것이 ~입니다 / 최고의 솔루션
- the best solution

2   이것이 ~입니다 / 최고의 솔루션 / (해결하는)
- that addresses
  - 앞의 명사가 최상급 표현이므로 관계대명사 that만 연결 가능
  - '(문제나 우려 사항을) 다루다, 해결하다, 대응하다'는 address

3   이것이 ~입니다 / 최고의 솔루션 / (해결하는 / 그 예산과 일정 문제들 둘 다를)
- both the budget and timeline concerns
  - 'A와 B 둘 다'의 표현은 [both A and B]

| 유제 2 | 당신한테 그런 변명은 정말 듣고 싶지 않아요.
그것은 ~이에요 + 그 마지막 변명 + (내가 듣고 싶은 + 당신으로부터) |

1   그것은 ~이에요 / 그 마지막 변명
- the last excuse
  - [the last + 명사 that S + V]는 '절대 ~하고 싶지 않은 것'을 표현할 때 자주 쓰임

2   그것은 ~이에요 / 그 마지막 변명 / (내가 듣고 싶은)
- that I want to hear
  - 앞의 명사가 the first, the last 등 순서 표현일 때 관계대명사 that만 가능

3   그것은 ~이에요 / 그 마지막 변명 / (내가 듣고 싶은 / 당신으로부터)
- from you
  - 실제 의미: 그런 변명은 절대 듣고 싶지 않다

| 유제 응용 | 그게 내일 회의에서 우리가 가장 먼저 물어봐야 할 질문이에요.
그것은 ~이에요 + 첫 번째 질문 + (우리가 물어봐야 할 + 내일 회의에서) |

- the first question
  - 앞의 명사가 the first, the last 등 순서 표현일 때 관계대명사 that만 가능
- should ask

STEP 2 응용하여 쓰기

뉘앙스를 생각하며 문장을 만들어 보세요.

1 이건 초보자도 개념을 이해하게 도와주는 가장 명확한 설명입니다.

↻ 이것은 ~입니다 + 가장 명확한 설명 + (도와주는 + 초보자들도 + 이해하도록 + 그 개념을)

- the clearest explanation
- even beginners
- 앞의 명사가 최상급 표현이므로 관계대명사 that만 연결 가능

---

2 그녀가 정규직 제안을 받은 두 번째 인턴입니다.

↻ 그녀는 ~입니다 + 두 번째 인턴 + (제안받은 + 정규직을)

- that has been offered
- 지금까지의 누적된 경험, 횟수를 나타내기 위해 관계사절은 현재완료로
- a full-time job

---

3 그의 설명에 뭔가 앞뒤가 안 맞는 게 있어요.

↻ 있어요 + 무엇인가 + (뭔가 앞뒤가 안 맞는 + 그의 설명에는)

- something
- quite add up
- add up은 (특히 부정문에서) '말이 되다, 앞뒤가 맞다'의 의미
- quite는 부정어와 함께 '완전히는 ~ 아닌'의 의미로 부드럽게 의심을 표현

---

* 앞의 명사가 something, anything, nothing, everything 등의 대명사일 때, 관계대명사 that만 가능해요.

4 다음 단계로 넘어가기 전에 명확히 하고 싶은 부분이 있나요?

↻ 있나요 + 어떤 것이 + (당신이 명확하게 하고 싶어 하는 + 우리가 다음 단계로 넘어가기 전에)

- anything
- you'd like to clarify
- '(새로운 일·주제로) 넘어가다'는 move on

---

5 민감한 데이터를 포함하는 건 무엇이든 반드시 암호화되어야 합니다.

↻ 무엇이든 (포함하는 + 민감한 데이터를) + 반드시 암호화되어야 합니다

- involves
- must
- '(접근을 차단하기 위해 정보를) 암호화하다'는 encrypt

---

6 그녀가 제안한 건 단 하나도 실행할 만큼 충분히 실용적이지 않았어요.

↻ 단 하나도 (그녀가 제안했던) ~ 않았어요 + 실용적인 + 충분히 + 실행할 만큼

- '아무것도/단 하나도 ~ 아니다, 없다'는 nothing
- practical enough
- implement
- 'V할 만큼 충분히 ~한'은 [형용사 + enough to + V]

7 아침에 갓 내린 커피 향만큼 나를 빨리 깨우는 건 없어요.

    ○ 아무것도 없어요 + (나를 깨우는 것은 + 더 빨리 + 그 향보다 + 갓 내린 커피의 + 아침에)

- There's nothing
  앞의 명사가 nothing일 때 관계대명사는 that만 가능
- freshly brewed coffee

8 이건 지난 분기 보고서에서 문제를 일으켰던 것과 똑같은 이슈입니다.

    ○ 이것은 ~입니다 + 그 똑같은 이슈 + (일으켰던 + 문제들을 + 지난 분기의 보고서에서)

- cause problems
- in last quarter's report

---

* 앞의 명사가 the only ~, the same ~, the very ~ 등의 표현일 때는 관계대명사 that만 가능해요.

9 그는 기술력과 리더십 기준을 둘 다 충족하는 유일한 후보자입니다.

    ○ 그는 ~입니다 + 그 유일한 후보자 + (충족하는 + 그 기술과 리더십 기준들을 둘 다)

- the only candidate
- both the technical and leadership criteria
- '(판단·평가 등의) 표준, 기준'은 criterion, 복수형은 criteria

10 그들이 제게 완전한 창작의 자유를 제안했어요. 그게 바로 그 일을 맡기로 한 이유입니다.

    ○ 그들은 제안했어요 + 저에게 + 완전한 창작의 자유를. 그것이 ~입니다 + 바로 그 이유 + (내가 결정한 + 맡기로 + 그 일을)

- complete creative freedom
- the very reason
  앞의 명사가 the very ~일 때 관계대명사는 that만 가능

11 마케팅을 더 잘 이해하는 데 도움이 된 최고의 책은 뭐예요?

    ○ 무엇인가요 + 최고의 책은 + (도와줬던 + 당신이 + 이해하도록 + 마케팅을 + 더 잘)

- What's the best book
  최상급 표현이 들어간 the best book을 수식하는 문장은 관계대명사 that으로 연결

12 이 채용 공고에 대해 당신에게 알려 준 사람이 누구예요?

    ○ 누구인가요 + 그 사람이 (말해 준 + 당신에게 + 이 채용 공고에 대해)

- Who is the person
- job opening

---

* 의문사 의문문 안에 관계사절이 들어갈 경우, that을 써야 의미 중복을 방지하고 문장 구조가 명료해집니다.
  the person 뒤에 또 who가 나오면 의미 전달에 혼란을 줄 수 있어요.

UNIT 3
관계사절 3 (관계대명사 소유격)

그는 청중에게 늘 동기부여 하는 말을 하는 연설가예요.

관계대명사 whose는 '소유'의 의미와 함께 앞에 나온 명사(사람 또는 사물)를 수식하는 형용사절을 이끌 때 쓰입니다. my, your, his, her 뒤에 명사가 오듯이 소유격 whose 뒤에는 반드시 명사가 와야 합니다. 관계사절에서 [whose + 명사]는 주어 또는 목적어가 될 수 있어요.

- **a teacher whose passion is inspiring:** (그분의) 열정이 감동적인 선생님
- **a man whose name I forgot:** 내가 (그의) 이름을 잊어버린 사람

whose는 선행사가 사람뿐 아니라 사물이나 추상적인 개념일 때도 사용할 수 있습니다.

그는 ~입니다 + 연설가 + (그의 말들이 늘 동기를 부여하는 + 그 청중에게)

STEP 1   전체 문장 완성하기

다음 문장을 힌트 단어를 보면서 완성해 보세요. MP3 021

1   그는 ~입니다 / 연설가
- a speaker

2   그는 ~입니다 / 연설가 / (그의 말들이 늘 동기를 부여하는)
- whose words always motivate

'연설가의 말들'이 관계사절의 주어이므로 [whose words + V]

3   그는 ~입니다 / 연설가 / (그의 말들이 늘 동기를 부여하는 / 그 청중에게)
- the audience
- motivate

motivate는 뒤에 전치사 없이 목적어를 취하는 동사

Ans. He's a speaker whose words always motivate the audience.

* 앞에 나온 명사의 소유관계를 나타내는 whose는 일반 명사를 받을 때 정확한 성별(his or her)을 알 수 없습니다. (문맥이나 상황을 통해 파악해야 함)

▶ 정답 p. 251

유제 1	그들은 태도가 팀 모두에게 깊은 인상을 준 인턴을 채용했어요. **그들은 채용했어요** + 한 인턴을 + (그의 태도가 깊은 인상을 준 + 모두에게 + 그 팀에 있는)

1 그들은 채용했어요
- hire

2 그들은 채용했어요 / 한 인턴을
- an intern

3 그들은 채용했어요 / 한 인턴을 / (그의 태도가 깊은 인상을 준)
- whose attitude impressed

4 그들은 채용했어요 / 한 인턴을 / (그의 태도가 깊은 인상을 준 / 모두에게 / 그 팀에 있는)
- everyone on the team
  조직, 팀, 위원회 등 '그룹의 소속이나 구성원'일 때는 on으로 표현

유제 2	그는 절대 잊지 못할 교훈이 담긴 이야기를 내게 해 주었어요. **그는 말해 줬어요** + 나에게 + 한 이야기를 + (그것의 교훈을 + 내가 결코 잊지 못할)

1 그는 말해 줬어요
- tell
  과거형으로

2 그는 말해 줬어요 / 나에게 / 한 이야기를
- a story

3 그는 말해 줬어요 / 나에게 / 한 이야기를 / (그것의 교훈을)
- whose lesson
  앞에 나온 명사 story의 교훈이므로 whose lesson

4 그는 말해줬어요 / 나에게 / 한 이야기를 / (그것의 교훈을 / 내가 결코 잊지 못할)
- I'll never forget
  관계사절은 [whose + 명사 + S + V]의 구조로

유제 응용	그녀는 많은 직원이 협력적인 문화라고 말하는 회사에 입사했어요. 그녀는 입사했어요 + 한 회사에 + (그곳의 문화를 + 많은 직원들이 묘사하는 + 협력적이라고)

- describe
- as supportive
  '…을 ~라고 말하다, 묘사하다'는 [describe … as ~]

STEP 2 응용하여 쓰기

뉘앙스를 생각하며 문장을 만들어 보세요.

---

1 저는 이야기를 듣고 새로운 곳을 방문하고 싶게 만든 여행자를 만났어요.

↻ 저는 만났어요 + 한 여행자를 + (그의 이야기들이 만든 + 내가 + 방문하고 싶도록 + 새로운 곳들을)

- a traveler
- whose stories made me
- 'OO가 ~하도록 만들다'는 [make + 대상어(목적어) + 동사원형]
- 영어식 구조로 전환이 필요한 대표적인 문장

---

2 우리는 코딩 실력이 기대를 뛰어넘는 개발자를 고용했어요.

↻ 우리는 고용했어요 + 한 개발자를 + (그의 코딩 실력이 뛰어넘었던 + 우리의 기대들을)

- a developer
- coding skills exceeded

---

3 그녀에게는 창의력이 항상 팀에 신선한 아이디어를 가져오는 동료가 있어요.

↻ 그녀는 가지고 있어요 + 한 동료를 + (그의 창의력이 항상 가져오는 + 신선한 아이디어들을 + 그 팀에)

- a colleague
- whose creativity

---

4 그녀는 자신의 책이 15개 언어로 번역된 작가입니다.

↻ 그녀는 ~입니다 + 작가 + (그녀의 책들이 번역된 + 15개 언어들로)

- an author
- into 15 languages
- '과거부터 현재까지 번역되었다'는 의미로 [have been p.p.] 현재완료 수동태로 표현

---

5 그는 자신의 개인적 가치관과 일치하는 사명을 가진 회사에 입사했어요.

↻ 그는 합류했어요 + 한 회사에 + (그곳의 사명이 일치했던 + 그의 개인적 가치관과)

- whose mission
- personal values
- '~와 일치하다/부합하다'는 align with ~이며, 회사의 사명은 여전히 같으므로 현재 시제로 표현

---

6 그 회사는 디자인으로 다수의 상을 받은 제품을 출시했어요.

↻ 그 회사는 출시했어요 + 한 제품을 + (그것의 디자인이 수상한 + 여러 상들을)

- launch
- win multiple awards
- '제품의 디자인'이 관계사절의 주어이므로 [whose design + V]

7 그건 결말이 완전히 말문이 막히게 한 책이었어요.

↪ 그것은 ~였어요 + 책 + (그것의 결말이 두었던 + 나를 + 완전히 말문이 막힌 (상태로))

- **completely speechless**
- '~을 (어떤 상태로) 있게 만들다/그대로 두다'는 [leave + 명사(대상어) + 형용사]

---

8 그건 우리가 한 번도 동의한 적이 없는 조건이 담긴 계약이었어요.

↪ 그것은 ~였어요 + 계약 + (그것의 조건들에 + 우리가 한 번도 동의한 적 없었던)

- **a contract**
- **terms**
- **had never agreed to**

* 계약을 인식 또는 언급한 시점이 과거(It was a contract), '동의한 적이 없었던'은 더 먼저 일어난 일임을 분명히 하기 위해 과거완료 시제로 쓰세요.

---

9 그녀는 평론가들이 한결같이 작품을 칭찬하는 예술가입니다.

↪ 그녀는 ~입니다 + 예술가 + (그녀의 작품을 + 평론가들이 한결같이 칭찬하는)

- **whose work**
- whose work가 관계사절의 목적어이므로 [whose work + S + V]
- **critics consistently praise**

---

10 그녀는 회사 전체가 그 성공에 의존하고 있는 프로젝트를 이끌고 있어요.

↪ 그녀는 이끌어요 + 한 프로젝트를 + (그것의 성공에 + 그 전체 회사가 의존하는)

- **the whole company depends on**

---

11 그들은 학부모들의 강력 추천을 받는 학교가 있는 동네에 살고 있어요.

↪ 그들은 살아요 + 한 동네에 + (그곳의 학교들이 강력히 추천되는 + 학부모들에 의해)

- **in a neighborhood**
- **highly recommended**
- whose schools가 관계사절의 주어이므로 [whose schools + V]

---

12 저는 열정으로 교육에 대한 제 사고방식을 바꿔 버린 한 선생님과 이야기를 나눴어요.

↪ 저는 이야기를 나눴어요 + 한 선생님과 + (그분의 열정이 바꾼 + 어떻게 제가 생각하는지를 + 교육에 대해)

- **speak with**
- **how I think**

UNIT 4
관계사절 4 (계속적 용법)

우리 매니저가 예전에 구글에서 일했는데, 아주 잘 도와줘요.

관계사절에는 두 가지 유형이 있어요. 앞에서 배운, 선행사인 명사를 수식해서 의미를 한정하고 구분하는 한정적 용법과 이미 알고 있는 대상에 추가 정보를 덧붙이는 계속적 용법이 있어요.

> The boy who lives next door is friendly. 옆집에 사는 그 소년은 친절해요.
> Liam, who lives next door, is friendly. 리암이라고 옆집에 사는 아이인데, 친절해요.

첫 번째 문장은 옆집에 사는 내용이 중요하고, 두 번째 문장은 주어인 Liam이 더 중요합니다. 이런 계속적 용법의 관계사절은 콤마로 분리하고, 문장 중간에 오면 앞뒤로 콤마를 써야 합니다. 또 계속적 용법의 관계사절에서는 관계대명사 that을 사용하지 않으며, 목적격이라고 해도 관계대명사를 생략할 수 없어요.

우리 매니저는, + (일했는데 + 구글에서), + 아주 잘 도와줘요

STEP 1 전체 문장 완성하기

다음 문장을 힌트 단어를 보면서 완성해 보세요. MP3 022

1 우리 매니저는
• Our manager

2 우리 매니저는, / 일했는데
• who used to work
– 계속적 용법에서 관계대명사 who는 [and + 대명사] 의미로 앞의 명사에 대해 추가 정보를 연결
– 계속적 용법의 관계사절이 문장 중간에 오면 앞뒤로 콤마를 써야 함

3 우리 매니저는, / (일했는데 / 구글에서)
• at Google

4 우리 매니저는, / (일했는데 / 구글에서), / 아주 잘 도와줘요
• very supportive
• 주어 Our manager에 일치하는 be동사로 연결

Ans. Our manager, who used to work at Google, is very supportive.

▶ 정답 p. 251

유제 1

우리 가이드는 지식이 매우 풍부해서, 우리가 묻는 건 다 대답해 줬어요.

우리 가이드는, + (매우 지식이 풍부해서), + **대답해 줬어요** + 모든 우리의 질문들에

1 우리 가이드는
• Our guide

2 우리 가이드는, / (매우 지식이 풍부해서)
• who was very knowledgeable
계속적 용법의 관계사절이 문장 중간에 오면 앞뒤로 콤마를 써야 함

3 우리 가이드는, / (매우 지식이 풍부해서), / 대답해 줬어요
• answered

4 우리 가이드는, / (매우 지식이 풍부해서), / 대답해 줬어요 / 모든 우리의 질문들에
• all our questions

유제 2

그들이 새 앱을 출시했는데, 그게 벌써 입소문이 났어요.

그들은 출시했어요 + 새로운 앱을, + 그런데 그게 벌써 입소문이 났어요

1 그들은 출시했어요
• They've launched
현재완료 시제로 과거에 일어난 일이 지금까지 영향을 미침을 강조

2 그들은 출시했어요 / 새로운 앱을
• a new app

3 그들은 출시했어요 / 새로운 앱을, / 그런데 그게 벌써 입소문이 났어요.
• which has already gone viral
– '입소문이 나다'는 go viral
– 여기서 which는 [and + 대명사] 의미로 앞의 명사에 대해 추가 정보를 연결

유제 응용

어젯밤에 다큐멘터리를 봤는데, 그걸로 내가 세상을 보는 방식이 바뀌었어요.

어젯밤에 + 나는 봤어요 + 한 다큐멘터리를, + 그런데 그것이 바꿨어요 + 어떻게 내가 보는지를 + 그 세상을

• which changed
여기서 which는 [and + it (다큐멘터리)]로 추가 정보를 연결

• how I see

STEP 2 응용하여 쓰기

뉘앙스를 생각하며 문장을 만들어 보세요.

---

1 제이크는 마감일을 절대 놓치지 않는데, 이번에도 보고서를 일찍 끝냈어요.

↻ 제이크는, + (절대 놓치지 않는데 + 마감일을), + 끝냈어요 + 그 보고서를 + 일찍 + 이번에도 또

- **who never misses a deadline**
  계속적 용법에서 관계대명사 who는 [and + 대명사] 의미로 앞의 명사에 대해 추가 정보를 연결
- **this time as well**

---

2 그 회의, 2시에 시작하기로 했는데, 연기됐어요.

↻ 그 회의는, + (시작하기로 되어 있었는데 + 2시에), + 연기됐어요

- **which was supposed to**
- **has been delayed**
  회의가 연기되었고 그 결과 지금까지도 연기된 상태임을 현재완료 시제로 표현

---

3 내가 가장 좋아하는 책은 다섯 번이나 읽었지만, 여전히 감동을 줘요.

↻ 내가 가장 좋아하는 책은, + (내가 읽었는데 + 다섯 번을), + 여전히 감동하게 합니다 + 나를

- **which I've read**
- **moves**

---

4 이 그림은 18세기에 그려진 건데, 믿기지 않을 만큼 잘 보존되어 있어요.

↻ 이 그림은, + (만들어졌는데 + 18세기에), + ~예요 + 믿기지 않을 만큼 잘 보존된 (상태인)

- **which was created**
- **incredibly**
- '잘 보존된/관리된'은 well-preserved

---

5 그 영화는 여러 상을 받았는데, 신인 감독이 연출한 거였어요.

↻ 그 영화는, + (받았는데 + 여러 상들을), + 연출되었어요 + 처음 해 본 영화감독에 의해

- **receive several awards**
- **by a first-time filmmaker**
  '(무엇을) 처음으로 해 보는'은 first-time

---

6 이 커피숍이 사무실 근처에 새로 생겼는데, 에스프레소를 정말 잘 만들어요.

↻ 이 커피숍은, + (막 문을 열었는데 + 내 사무실 근처에), + 만들어요 + 훌륭한 에스프레소를

- **which just opened**
- **excellent espresso**

7 그들은 마리아를 채용했는데, 제가 그 자리에 그녀를 추천했어요.

○ 그들은 채용했어요 + 마리아를, + 그런데 내가 추천했어요 + 그 자리에

- **whom I recommended**
  문법적으로는 whom이 맞지만, 일상에서는 who를 압도적으로 많이 씀
- **for the position**

8 이쪽은 안젤라고요, 베를린에서 원격으로 우리와 함께 일하고 있어요.

○ 이 사람은 안젤라예요, + 그리고 그녀는 일하고 있어요 + 우리와 함께 + 원격으로 + 베를린으로부터

- **who's been working**
- **remotely**
- **from Berlin**
  물리적으로 떨어져(remotely) 베를린으로부터 일을 해서 보내므로, 출발점을 나타내는 from을 사용

9 다섯 명의 지원자를 인터뷰했는데, 그중 몇 명은 해외 경험도 있었어요.

○ 우리는 인터뷰했어요 + 다섯 명의 지원자들을, + 그런데 그들 중 몇 명은 가지고 있었어요 + 해외 경험을

- **candidates**
- **some of whom**
  '지원자들 중 일부'이므로 some of whom으로 받아서 추가 정보 연결

* 계속적 용법의 관계사절에서 수량을 나타내는 some, any, none, all, many, much 등은
  'of whom, of which, of whose와 함께 쓸 수 있어요.

10 그들이 여러 개를 제안했는데, 그중 어느 것도 예산 필요조건을 충족하지 못했어요.

○ 그들이 제시했어요 + 여러 제안들을, + 그런데 그중 어느 것도 충족시키지 못했어요 + 우리의 예산 필요조건들을

- **present several proposals**
- **our budget requirements**
  - 관계사절은 [none of which]로 연결
  - '(필요·요구 등을) 충족시키다'는 meet

11 그가 우리에게 역사적인 장소에 대해 말해 줬는데, 그 이름이 기억이 안 나요.

○ 그가 말해 줬어요 + 우리에게 + 한 역사적인 장소에 대해, + 그런데 그곳의 이름을 + 나는 기억할 수가 없어요

- **a historic site**
- **can't remember**
  - 앞의 명사 '역사적 장소'의 소유격 [the name of which]로 관계사절 연결

12 그들은 새로운 파트너십 계약을 체결했는데, 그 조건은 다음 주에 발표될 겁니다.

○ 그들은 서명했어요 + 새로운 파트너십에, + 그런데 그것의 조건들이 발표될 겁니다 + 다음 주에

- **the terms of which**
- **will be announced**

UNIT 5
관계사절 5 (문장 전체를 받는 which)

우리가 모든 데이터를 잃어버렸는데, 그건 정말 끔찍한 일이었어요.

관계대명사 which는 명사뿐 아니라 앞에 나온 문장 전체를 받을 수도 있어요. 위의 문장은 '우리가 모든 데이터를 잃어버렸고, 그것(= 우리가 모든 데이터를 잃어버렸다는 사실)은 정말 끔찍한 일이었다'를 의미합니다. 이를 영어로 표현하면 [앞 문장, which + 결과/의견/감정 표현]의 구조가 됩니다. 앞 문장 뒤에 콤마를 써서 분리하고, which가 앞 절 전체(= 데이터를 모두 잃은 일)를 받아 문장의 흐름을 자연스럽게 연결합니다. 이 구조의 문장들은 회화, 비즈니스 이메일, 에세이 등 다양한 상황에서 유용하게 쓰입니다.

우리는 잃어버렸어요 + 모든 그 데이터를, + 그것은 ~였어요 + 완전한 재앙

STEP 1 전체 문장 완성하기

다음 문장을 힌트 단어를 보면서 완성해 보세요.

1 우리는 잃어버렸어요
• lose
과거형으로 표현

2 우리는 잃어버렸어요 / 모든 그 데이터를
• all the data

3 우리는 잃어버렸어요 / 모든 그 데이터를, / 그것은 ~였어요
• which was
앞의 문장 전체를 받는 which가 콤마 뒤에 와서 앞의 내용을 부연 설명

4 우리는 잃어버렸어요 / 모든 그 데이터를, / 그것은 ~였어요 / 완전한 재앙
• a complete disaster

Ans. We lost all the data, which was a complete disaster.

▶ 정답 p. 252

유제 1	면접 바로 직전에 셔츠에 커피를 쏟았는데, 정말 창피했어요.
	나는 쏟았어요 + 커피를 + 내 셔츠에 + 그 면접 바로 직전에, + 그것은 ~였어요 + 정말 창피한

1 나는 쏟았어요 / 커피를   • spill coffee

2 나는 쏟았어요 / 커피를 / 내 셔츠에   • on my shirt

3 나는 쏟았어요 / 커피를 / 내 셔츠에 / 그 면접 바로 직전에   • right before

4 나는 쏟았어요 / 커피를 / 내 셔츠에 / 그 면접 바로 직전에, / 그것은 ~였어요 / 정말 창피한
• which was really embarrassing
앞 문장 전체를 받는 which

유제 2	때마침 전기가 돌아왔고, 덕분에 냉동식품을 지켰어요.
	그 전기가 돌아왔어요 + 때마침, + 그것이 구했어요 + 우리의 냉동식품을

1 그 전기가 돌아왔어요   • The power came back

2 그 전기가 돌아왔어요 / 때마침   • just in time

3 그 전기가 돌아왔어요 / 때마침, / 그것이 구했어요
• which saved
앞에 나온 문장 전체를 받는 which (= 때마침 전기가 돌아온 일)

4 그 전기가 돌아왔어요 / 때마침, / 그것이 구했어요 / 우리의 냉동식품을   • frozen food

유제 응용	그들이 행사를 막판에 취소해서, 많은 혼란이 생겼어요.
	그들이 취소했어요 + 그 행사를 + 그 마지막 순간에, + 그 일이 일으켰어요 + 많은 혼란을

• at the last minute
• a lot of confusion
• '~을 야기하다, 일으키다, 초래하다'는 cause

STEP 2 응용하여 쓰기

뉘앙스를 생각하며 문장을 만들어 보세요.

---

1 우리가 카페에서 옛 친구를 우연히 만났는데, 아주 반가운 우연이었어요.

↻ 우리는 우연히 만났어요 + 옛 친구를 + 그 카페에서, + 그건 ~였어요 + 아주 반가운 우연

- run into
- such a nice coincidence
- [앞 문장, + which was ~]의 구조로, 이때 which는 앞에 나오는 절 전체의 내용을 받음

---

2 소포가 예상보다 하루 일찍 도착했는데, 기분 좋은 깜짝 선물이었어요.

↻ 그 소포가 도착했어요 + 하루 더 일찍 + 예상했던 것보다, + 그건 ~였어요 + 기분 좋은 깜짝 선물

- package
- a day earlier
- '뜻밖의 기쁜 일, 예상치 못한 즐거운 일'은 a pleasant surprise

---

3 그들이 아무 말 없이 마감일을 바꿨는데, 정말 답답했어요.

↻ 그들이 바꿨어요 + 그 마감일을 + 말하지 않고 + 우리에게, + 그것은 ~였어요 + 정말 답답한

- without telling us
- quite frustrating

---

4 그가 그 일자리 제안을 거절했는데, 제 생각에 그건 대담한 선택이었어요.

↻ 그가 거절했어요 + 그 일자리 제안을, + 그것은 [나는 생각했어요] ~였다고 + 대담한 결정

- turn down
- which I thought
- a bold move

*앞 문장 전체를 받는 관계대명사 which가 이끄는 절에 [I thought]가 들어가 내 생각을 부드럽게 덧붙이는 방식의 문장 구조입니다.

---

5 그들은 웹사이트를 완전히 다시 디자인했는데, 그 덕분에 훨씬 쉽게 이용할 수 있게 되었어요.

↻ 그들은 완전히 다시 디자인했어요 + 그 웹사이트를, + 그것이 만들었어요 + 그것을 + 훨씬 더 쉽게 + 돌아다니는 것을

- completely redesign
- '(웹사이트·인터넷을) 돌아다니다'는 navigate

*to부정사인 to navigate가 단독으로 make의 목적어 자리에 오지 못하므로 [make + 가목적어(it) + 목적보어(much easier) + 진목적어(to navigate)]의 구조로 쓰세요.

---

6 그녀는 기자의 질문에 답변을 거부했고, 이는 의심을 더 키우기만 했어요.

↻ 그녀는 거부했어요 + 대답하기를 + 그 기자의 질문에, + 그것은 키우기만 했어요 + 더 많은 의심을

- refuse
- the journalist's question
- more suspicion
- 앞 문장 전체를 받는 which로 부연 설명

▶ 정답 p. 252

7 그들이 마감일을 정확히 일주일 연장했는데, 그 덕분에 팀에게 매우 필요했던 숨 돌릴 여유를 주게 되었어요.

↻ 그들은 연장했어요 + 그 마감일을 + 정확히 일주일만큼, + 그것이 주었어요 + 그 팀에게 + 매우 필요했던 숨 돌릴 여유를

- by a full-week
- '매우/절실히 필요한'은 much-needed
- '숨 돌릴 틈, 숨 돌릴 만한 여유'는 breathing room

8 행사 전날 밤에 전체 발표 자료를 다시 만들어야 했는데, 정말 피곤했지만 꼭 필요하긴 했어요.

↻ 우리는 다시 만들어야 했어요 + 그 전체 발표 자료를 + 그 행사 전날 밤에, + 그것은 ~였어요 + 힘들지만 꼭 필요한

- redo the entire presentation
- exhausting but necessary
- '~ 전날 밤에'는 the night before ~

9 CEO가 통화 중 몇 가지 중요한 발표를 했고, 그게 투자자들의 신뢰를 크게 높였어요.

↻ 그 CEO가 했어요 + 몇 가지 중요한 발표들을 + 그 통화 중에, + 그것은 크게 높였어요 + 투자자들의 신뢰를

- make several key announcements
- significantly boost
- '투자자들의 신뢰/확신'은 investor confidence

10 면접 직후 바로 그에게 자리를 제안했는데, 그런 일은 흔하지 않아요.

↻ 그들은 제안했어요 + 그에게 + 그 자리를 + 즉시 + 그 면접 후에, + 그것은 일어나지 않아요 + 매우 자주

- immediately
- very often

11 그들이 임대 계약을 갱신하지 않았고, 그로 인해 우리가 이달 말까지 이사를 나가야 했어요.

↻ 그들은 갱신하지 않았어요 + 그 임대 계약을, + 그것은 의미했어요 + 우리가 이사를 나가야 했다는 것을 + 이달 말까지

- renew the lease
- which meant
- by the end of the month
- '(살던 집에서) 이사를 나가다'는 move out

12 그는 지원서를 제시간에 제출하는 것을 잊어버렸고, 그건 다음 차수까지 기다려야 한다는 뜻입니다.

↻ 그는 잊어버렸어요 + 제출하는 것을 + 그 지원서를 + 제시간에, + 그것은 의미합니다 + 그는 기다려야 하리라는 것을 + 다음 차수까지

- he'll have to wait
- until the next round
- '지원서/신청서를 제출하다'는 submit the application

STEP UP YOUR WRITING

One Teammate, Many Lessons

내가 첫 정규직 일을 시작했을 때, 나는 한 작은 프로젝트팀에 합류했어요.	• full-time job • join
바쁠 때도 항상 침착함을 유지하던 팀원이 있었어요.	• even during busy days
그녀는 너무 비판적이지 않으면서도 도움이 되는 조언을 해 주는 그런 사람이었어요.	• the kind of person • helpful advice
그녀가 한번은 정리된 상태에 있게 도움을 준 체크리스트를 나에게 보여줬어요.	• once • stay organized
그것은 그녀가 직접 만든 시스템이었고, 정말 잘 작동했어요.	• that she had created herself
그녀는 또 내가 처음 작성한 클라이언트 이메일에 피드백을 줬는데, 그 이메일은 자잘한 실수들로 가득했어요.	• feedback on • the first client email • which was full of
그녀는 나와 함께 이메일을 다시 썼고, 클라이언트가 훨씬 더 긍정적으로 답변했어요.	
우리는 프로젝트에 큰 변화를 가져온 중요한 회의를 몇 번 했어요.	• lead to • in the project
그녀는 아무도 물어볼 생각도 못 한 질문들을 던졌어요.	• raise • no one else thought
어느 날, 그녀가 발표를 했고, 우리 매니저가, 평소에 말이 많지 않은데, 모든 사람 앞에서 그녀를 칭찬했어요.	• say much • compliment
그녀의 태도는 사무실에 있는 많은 사람에게 영감을 줬고, 그들 중 일부는 평소에 소극적인 사람들이었어요.	• attitude • inspire • some of whom
결국 그녀는 승진했고, 그 일은 모두를 기쁘게 했어요.	• which made
그녀는 직장에서 내가 진심 어린 응원을 느끼게 해 준 유일한 사람이에요.	• feel truly supported
그녀와 함께 일한 것은 나를 여러 방면으로 성장시키는 데 도움을 준 경험이었어요.	

밑줄 친 우리말을 영작해서 다음 글을 완성하세요.

One Teammate, Many Lessons

There was a teammate _____

_____ without being overly critical.

_____
_____, and it worked really well.

_____,
_____

She rewrote it with me, and the client responded much more positively.

We had some important meetings _____

One day, she gave a presentation, and our manager, _____
_____,
_____
_____ usually shy.

Eventually, _____

She's the only person at work _____

in many ways.

CHAPTER 5

복합관계사로 문장 확장하기

QR코드를 스캔하시고 '바로듣기'를 탭하세요. 해당 도서의 음원을 바로 들으실 수 있습니다. 반복 재생과 속도 조절도 가능합니다.

UNIT 1
복합관계사 1 (whoever, whatever, whichever로 명사절 만들기)

그 말을 한 사람이 누구든 분명히 잘못 알고 있었네요.

복합관계사 whoever, whatever, whichever는 선행사를 포함한 개념이라서 관계대명사 what처럼 명사절을 이끕니다. 이 명사절은 전체 문장에서 주어 또는 목적어 역할을 합니다.

- **whoever** (= anyone who~): ~하는 사람은 누구든지/누구든 ~하는 사람
  Whoever wins will get a prize. 이기는 사람은 누구든 상을 받을 것입니다.
- **whatever** (= anything that ~): ~하는 무엇이든
  Do whatever you want. 당신이 원하는 무엇이든 하세요.
- **whichever** (= any one of two or more that ~): ~한 어느 것이든
  You can buy whichever you like. 좋아하는 어느 것이든 살 수 있어요.

말을 한 사람이 누구든지 + 그것을 ~였어요 **+ 분명히 잘못 알고 있는**

STEP 1 전체 문장 완성하기

다음 문장을 힌트 단어를 보면서 완성해 보세요. MP3 024

1 말을 한 사람이 누구든지 / 그것을
- **Whoever said that**
  whoever가 명사절의 주어일 때 [whoever + V]의 어순으로

2 말을 한 사람이 누구든지 / 그것을 / ~였어요
- **was**

3 말을 한 사람이 누구든지 / 그것을 / ~였어요 / 분명히 잘못 알고 있는
- **clearly mistaken**
  '잘못 알고 있는'은 mistaken

Ans. Whoever said that was clearly mistaken.

* 복합관계사 whoever(~하는 누구든지), whatever(~한 무엇이든), whichever(~한 어느 것이든)는 그 자체로 '하나의 누군가/무언가'를 대표하므로 3인칭 단수로 취급합니다. 또 이들 복합관계사가 만드는 명사절도 단수 취급합니다.

Whoever wants to join is welcome. 참여하고 싶은 사람은 누구든 환영이에요.
Whatever comes next is going to be exciting. 다음에 오는 게 무엇이든 흥미로울 거야.
Whichever comes first is fine with me. 먼저 오는 게 뭐든 난 괜찮아.

▶ 정답 p. 253

| 유제 1 | 당신이 팀장으로 임명하는 사람은 누구든 지지할게요.
나는 지지할게요 + 누구든 당신이 임명하는 사람을 + 팀장으로 |

1   나는 지지할게요
- I'll support

2   나는 지지할게요 / 누구든 당신이 임명하는 사람을
- whoever you appoint
  whoever가 명사절의 목적어일 때 [whoever + S + V]의 어순으로

3   나는 지지할게요 / 누구든 당신이 임명하는 사람을 / 팀장으로
- as team leader

| 유제 2 | 회의에서 당신이 무슨 말을 했든 그게 강한 인상을 남겼어요.
무엇이든 당신이 말한 것이 (그 회의에서) 만들었어요 + 강한 인상을 |

1   무엇이든 당신이 말한 것이
- Whatever you said
  whatever가 명사절의 목적어일 때 [whatever + S + V]의 어순으로

2   무엇이든 당신이 말한 것이 (그 회의에서)
- in the meeting

3   무엇이든 당신이 말한 것이 (그 회의에서) 만들었어요
- made

4   무엇이든 당신이 말한 것이 (그 회의에서) 만들었어요 / 강한 인상을
- a strong impression
  '강한 인상을 남기다/주다'는 make a strong impression

| 유제 응용 | 그는 그녀가 무슨 말을 하든 항상 믿는데, 그것 때문에 그가 가끔 곤경에 처해요.
그는 항상 믿어요 + 무엇이든 그녀가 말하는 것을 + 그에게, +
그것이 때때로 처하게 해요 + 그를 + 곤경에 |

- whatever she tells him
- 앞 문장 전체를 받는 관계대명사 which로 추가 정보 연결
- '~을 곤경에 빠뜨리다'는 get ~ into trouble

125

STEP 2 응용하여 쓰기

뉘앙스를 생각하며 문장을 만들어 보세요.

---

1 누구든 이 프로젝트를 맡는 사람은 의사소통 능력이 뛰어나야 합니다.

↻ 누구든 맡는 사람은 + 이 프로젝트를 + 반드시 가지고 있어야 합니다 + 뛰어난 의사소통 능력을

- **Whoever manages**
  '~하는 사람은 누구든지/ 누구든 ~하는 사람은'
  [whoever + V]
- **strong communication skills**

---

2 누구든 가장 좋은 아이디어를 내는 사람이 프로젝트 자금을 받을 겁니다.

↻ 누구든 생각해 내는 사람은 + 가장 좋은 아이디어를 + 받을 것입니다 + 자금을 + 그들의 프로젝트를 위한

- **receive funding**
- '~을 생각해 내다, 내놓다'는 come up with ~

---

3 우리의 가치와 목표를 공유하는 사람이라면 누구와도 협력할 의향이 있어요.

↻ 우리는 열려 있어요 + 협력하는 것에 + 누구와든 + 공유하는 + 우리의 가치들과 목표들을

- **open to collaborating**
- **whoever shares**
- **values and goals**

---

4 어제 무슨 일이 있었든 오늘 결정에는 영향을 주지 말아야 합니다.

↻ 무슨 일이 일어났든 + 어제 + 영향을 주지 말아야 합니다 + 오늘의 결정들에

- **Whatever happened**
- **shouldn't affect**

---

5 팀이 합의하는 어떤 결정이든 지지하겠습니다.

↻ 저는 지지하겠습니다 + 어떤 결정이든 + 그 팀이 합의하는

- **I'll support**
- **whatever decision**
  whatever가 뒤에 오는 명사를 수식하는 복합 형용사로 쓰인 경우
- '~에 동의하다, 합의하다'는 agree on ~

---

6 당신이 추천한 건 무엇이든 (나중엔) 훌륭한 선택인 것으로 밝혀졌어요.

↻ 무엇이든 당신이 추천한 것은 + 밝혀졌어요 + ~인 것으로 + 훌륭한 선택

- **a great choice**
- '~인 것으로 드러나다/ 밝혀지다'는 turn out to be ~

▶ 정답 p. 253

7 그는 항상 생각나는 대로 무엇이든 말해 버려요. 충분히 생각도 안 하고요.

↻ 그는 항상 말해요 + 무엇이든 오는 것을 + 그의 마음속으로,
+ 그것을 생각하지 않고 + 충분히

- whatever comes
- without thinking
- '생각이 떠오르다'는 come to one's mind
- '충분히 생각하다'는 think through

---

8 어떤 직업이든 보수가 더 많은 일을 택할 겁니다.

↻ 나는 택할 겁니다 + 어느 직업이든 보수를 주는 + 더 많이

- take
- pay more
- whichever가 뒤에 오는 명사를 수식해서 '어느/어떤 ~든지'의 의미

---

9 대다수에게 맞는 일정이면 뭐든지 따를게요.

↻ 나는 따를게요 + 어느 일정이든 잘 맞는 것을 + 그 다수에게

- whichever schedule
- the majority
- '(사람에게) 적합하다, 잘 맞다, 도움이 되다'는 work for ~

---

10 팀에게 가장 잘 맞는 어떤 방법이든 선택해도 됩니다.

↻ 당신은 선택해도 됩니다 + 어떤 방법이든 잘 맞는 것을 + 가장 + 당신의 팀에게

- whichever method
- work best

---

11 고객은 자신이 가장 매력적이라고 생각하는 레이아웃은 어느 것이든 승인할 겁니다.

↻ 그 고객은 승인할 겁니다 + 어느 레이아웃이든 + 자신이 생각하는 +
가장 매력적이라고

- approve
- they find the most appealing

---

* the client를 지칭하는 대명사를 they로 쓴 이유: 영어에서 성별이 명확하지 않거나 밝힐 필요가 없을 때, 사람을 지칭하는 단수 명사의 대명사로 they를 사용합니다. 이때 they는 의미상 복수형에 일치시킵니다.

12 팀이 만장일치로 동의하는 어떤 전략이든 따르겠습니다.

↻ 저는 따르겠습니다 + 어떤 전략이든 + 그 팀이 동의하는 + 만장일치로

- which strategy
- unanimously
- '~을 선택하다/따르다/채택하다'는 go with ~

UNIT 2
복합관계사 2 (whoever, whatever, whichever로 부사절 만들기)

오늘 누구를 만나든, 그 사람들에게 친절하게 대하세요.

복합관계사 whoever(~하는 누구든, 누가 ~하든지), whatever(무엇이든, 어떤 ~가 ...하든), whichever(어느 것이든, 어느 ~을 ...하든)가 부사절을 이끌어 전체 문장의 배경이나 전제 조건을 더해 줄 수 있어요. 복합관계사가 부사절을 이끌 때 '누가/무엇이/어떤 것이 ~하든 간에' 등의 의미로, 조건 또는 양보의 뉘앙스를 나타내며 주절의 의미를 보조하고 수식합니다.

 누구를 당신이 만나든지 + 오늘, + **대해 주세요** + 그들을 + 친절하게

STEP 1 전체 문장 완성하기

다음 문장을 힌트 단어를 보면서 완성해 보세요.

1 누구를 당신이 만나든지
- **Whoever you meet**
  whoever가 부사절의 목적어일 때 [whoever S + V]의 구조로

2 누구를 당신이 만나든지 / 오늘
- **today**

3 누구를 당신이 만나든지 / 오늘, / 대해 주세요 / 그들을
- **treat them**

4 누구를 당신이 만나든지 / 오늘, / 대해 주세요 / 그들을 / 친절하게
- **with kindness**

Ans. Whoever you meet today, treat them with kindness.

▶ 정답 p. 253

유제 1	그가 무슨 약속을 했든 간에, 액면 그대로 믿지 마세요. 무엇을 그가 약속했든 간에, + **받아들이지 마세요** + 그것을 + 액면 그대로

1	무엇을 그가 약속했든 간에	• **Whatever he promised** whatever가 부사절의 목적어일 때 [whatever S + V]의 구조로
2	무엇을 그가 약속했든 간에, / 받아들이지 마세요 / 그것을	• **please don't take it** don't 앞에 please를 넣어 부드러운 뉘앙스로 표현
3	무엇을 그가 약속했든 간에, / 받아들이지 마세요 / 그것을 / 액면 그대로	• **at face value** '~을 액면 그대로 믿다/받아들이다'는 take ~ at face value

유제 2	그런 말을 누가 했든, 마음에 담아두지 마세요. 누가 말했든 간에 + 그런 말들을, + **허락하지 마세요** + 그것이 + 영향을 미치도록 + 당신에게

1	누가 말했든 간에 / 그런 말들을	• **those things** whoever가 부사절의 주어일 때 [whoever + V]의 구조로
2	누가 말했든 간에 / 그런 말들을 / 허락하지 마세요	• **don't let**
3	누가 말했든 간에 / 그런 말들을 / 허락하지 마세요 / 그것이 / 영향을 미치도록	• **affect** '~에 영향을 주다/미치다'는 affect
4	누가 말했든 간에 / 그런 말들을 / 허락하지 마세요 / 그것이 / 영향을 미치도록 / 당신에게	• **you**

유제 응용	당신 일정이 어떻든 간에, 재충전할 시간을 꼭 가지세요. 주세요 + 당신 자신에게 + 잠깐의 시간을 + 재충전할, + 어떤 (모습으로) 당신의 일정이 보이든 간에	• **a moment to recharge** • **whatever your schedule looks like**

* 이 문장의 '일정이 어떻든 간에'는 방법이나 정도를 뜻하는 how의 의미가 아닌, 어떤 모습(상태)으로 보이는지 모양/구성 묘사를 뜻합니다. (What does it look like? '그건 어떻게 (어떤 모습으로) 생겼나요?')

STEP 2 응용하여 쓰기

뉘앙스를 생각하며 문장을 만들어 보세요.
MP3 025

---

1 누가 반대하든 간에, 난 그 계획 계속 진행할 거예요.
   ↻ 나는 계속할 거예요 + 그 계획을, + 누가 반대하든 간에 + 그것을

- continue with
- oppose
- whoever가 부사절의 주어일 때 [whoever + V]의 구조로

---

2 누구를 상대하든 간에, 항상 프로답게 행동하세요.
   ↻ 계속 유지하세요 + 프로다운 (상태로), + 누구를 당신이 상대하든지 간에

- professional
- you're dealing with
- '감정을 배제하고, 직업적인 태도로 행동해라'는 의미

* you're dealing with: '지금 상대하고 있든, 앞으로 상대하게 되든' 가까운 미래의 상황도 포함하는 표현으로 현재진행형을 쓸 수 있어요.

---

3 결국 누가 승진하든 간에, 난 그 결과를 받아들일 거예요.
   ↻ 나는 받아들일 거예요 + 그 결과를, + 누가 결국 ~하게 되든지 + 승진하는 것을

- accept the outcome
- getting the promotion
- '결국 ~하게 되다'는 end up Ving

---

4 앞으로 무슨 일이 일어나든, 당신이 최선을 다했다는 건 알아두세요.
   ↻ 무슨 일이 일어나든 + 앞으로, + 알아두세요 + 당신이 했다는 것을 + 당신의 최선을

- from now on
- know that you did
- whatever가 부사절의 주어일 때 [whatever + V]의 구조로

---

5 당신이 어떤 실수들을 했든, 아직 고칠 수 있어요.
   ↻ 어떤 실수들을 당신이 했어도, + 당신은 아직 고칠 수 있어요 + 그것들을

- Whatever mistakes
- whatever가 뒤에 오는 명사를 수식
- still fix

---

6 어떤 길을 선택하든, 당신 가치관에 들어맞는지 꼭 확인하세요.
   ↻ 어떤 길을 당신이 선택하든, + 꼭 확인하세요 + 그것이 들어맞는지 + 당신의 가치관과

- Whatever path
- make sure
- your values
- '~와 일치하다/들어맞다'는 align with ~

| 7 | 당신이 무슨 말을 하든, 이번에는 사과만으로는 충분하지 않은 것 같아요. | • I don't think
• apologizing is enough |

○ 무엇을 당신이 말하든, + 나는 생각하지 않아요 + 사과하는 것이 충분하다고 + 이번에는

| 8 | 어느 방을 쓰든, 나갈 때 불 끄는 건 기억해 주세요. | • Whichever room
whichever가 뒤에 오는 명사를 수식
• turn off the lights |

○ 어느 방을 당신이 사용하든, + 기억해 주세요 + 끄는 것을 + 그 불들을 + 당신이 떠날 때

| 9 | 당신이 어느 레스토랑을 고르든, 음식은 정말 맛있을 거라고 확신해요. | • I'm sure
• '고르다, 선택하다'는 pick |

○ 어느 식당을 당신이 고르든, + 나는 확신해요 + 그 음식이 ~일 거라고 + 훌륭한

| 10 | 우리가 어느 접근 방식을 취하든, 그것은 충분히 고민되어야 해요. | • Whichever approach
• it needs to be
• '충분히 고려되고 계획된'은 well thought out |

○ 어느 접근 방식을 우리가 취하든, + 그것은 ~ 되어야 합니다 + 충분히 고민된 (상태로)

| 11 | 어느 길이든 더 나은 협업으로 이어지면, 그것을 택합시다. | • Whichever path leads
• collaboration
• take |

○ 어느 길이든 이어지면 + 더 나은 협업으로, + 택합시다 + 그것을

| 12 | 어느 가방이든 가져갈지 결정하면, 물건이 다 들어가는지 꼭 확인하세요. | • decide to bring
• it fits all your stuff
'(모양·크기가 어떤 사람·사물에) 맞다'는 fit |

○ 어느 가방을 당신이 결정하든 + 가져가기로, + 꼭 확인하세요 + 그것(가방)이 맞는지 + 당신의 모든 물건에

UNIT 3
복합관계사 3 (wherever, whenever, however로 부사절 만들기)

문제가 생길 때마다 그는 항상 혼자서 해결하려고 해요.

위의 문장에서 '문제가 생길 때마다'는 복합관계사 whenever가 부사절을 이끌어, 주절에 시간적 조건을 제시해 줍니다. whenever, wherever, however가 부사절을 이끌 때 주절과의 관계가 유연하여 시간, 조건, 방법, 양보 등 다양한 의미로 확장될 수 있어요. whenever(~할 때는 언제나, ~할 때마다), wherever(어디서 ~하든, (~한 곳) 어디서나), however(어떻게 ~하든, 아무리 ~해도) 등의 복합관계사 뒤에 [주어 + 동사]의 구조가 와서 부사절을 이루고 주절을 수식합니다.

있을 때마다 + 문제가, + **그는 항상 노력해요** + 그것을 해결하려고 + 혼자서

STEP 1 전체 문장 완성하기

다음 문장을 힌트 단어를 보면서 완성해 보세요. MP3 026

1 있을 때마다 / 문제가
- **Whenever there's**
  '~할 때는 언제나, ~할 때마다'는 [whenever S + V]

2 있을 때마다 / 문제가, / 그는 항상 노력해요
- **try**
  '~하려고 노력하다, ~하려고 하다'는 [try to + V]

3 있을 때마다 / 문제가, / 그는 항상 노력해요 / 그것을 해결하려고
- **fix it**

4 있을 때마다 / 문제가, / 그는 항상 노력해요 / 그것을 해결하려고 / 혼자서
- **on his own**

Ans. Whenever there's a problem, he always tries to fix it on his own.

유제 1	직장에서 스트레스를 받을 때마다 그는 심호흡을 합니다. **그는 취합니다** + 깊은숨을 + 그가 느낄 때마다 + 스트레스를 받는 (상태로) + 직장에서

1	그는 취합니다 / 깊은숨을	• take a deep breath
2	그는 취합니다 / 깊은숨을 / 그가 느낄 때마다 / 스트레스를 받는 (상태로)	• stressed '스트레스를 받다'는 feel stressed
3	그는 취합니다 / 깊은숨을 / 그가 느낄 때마다 / 스트레스를 받는 (상태로) / 직장에서	• at work

유제 2	나는 어디로 여행가든, 현지 길거리 음식을 먼저 먹어 봅니다. 어디로 내가 여행가든, + **나는 먹어 봅니다** + 그 현지 길거리 음식을 + 먼저

1	어디로 내가 여행가든	• Wherever I travel '어디서 ~하든/~하는 어디서나'는 [wherever S + V]
2	어디로 내가 여행가든, / 나는 먹어 봅니다	• try
3	어디로 내가 여행가든, / 나는 먹어 봅니다 / 그 현지 길거리 음식을	• the local street food
4	어디로 내가 여행가든, / 나는 먹어 봅니다 / 그 현지 길거리 음식을 / 먼저	• first

유제 응용	인생이 당신을 어디로 데려가든, 항상 당신 편이 되어 줄게요. 어디로 인생이 데려가든 + 당신을, + 당신은 항상 갖게 될 거예요 + 나를 + 당신의 편에	• Wherever life takes you • '~가 당신 편에 있다, ~가 당신 편이 되어 주다'는 have someone in your corner

STEP 2   응용하여 쓰기

뉘앙스를 생각하며 문장을 만들어 보세요.

1 깊이 집중해야 할 때마다 난 그 플레이리스트를 들어요.
- 나는 들어요 + 그 플레이리스트를 + 내가 집중해야 할 때마다 + 깊이

- **that playlist**
- **need to focus**
- '~할 때는 언제나, ~할 때마다'는 [whenever S + V]로

2 압박감을 느낄 때마다 머리 식히려고 짧게 산책해요.
- 내가 있을 때마다 + 압박감 아래에, + 나는 취합니다 + 짧은 산책을 + 맑게 하려고 + 내 머리를

- **take a short walk**
- **to clear my head**
- '압박감을 느끼는/스트레스를 받는'은 under pressure

3 너무 벅차거나 쉴 필요가 있을 때는 언제든 와도 돼요.
- 당신은 와도 됩니다 + 언제든지 당신이 느낄 때마다 + 벅찬 (상태로) + 그리고 + 필요할 때마다 + 휴식이

- **come over**
- come over는 '~의 집에 오다'의 뜻
- **feel overwhelmed**
- and (you) need a break 에서 동일한 주어(you)는 생략

4 어디서든 진심 어린 사람들을 만나면, 그들을 꼭 잡으세요.
- 어디에서 당신이 발견하든 + 진심 어린 사람들을, + 꼭 잡으세요 + 그들을

- **Wherever you find**
- '어디서 ~하든, (~한 곳) 어디에나'는 [wherever S + V]
- '진실한, 진심 어린'은 genuine
- **hold on to**

5 우리가 어디에서 먹든, 당신이 늘 메뉴에서 최고의 요리를 찾아내잖아요.
- 어디에서 우리가 먹든, + 당신은 항상 찾아내요 + 최고의 요리를 + 그 메뉴에서

- **the best dish**
- **on the menu**

6 그녀는 어디를 가든, 중요한 아이디어를 메모하려고 작은 노트를 가까이 두어요.
- 어디에 그녀가 가든, + 그녀는 둡니다 + 작은 노트를 + 가까이에 + 메모하기 위해 + 중요한 아이디어들을

- **a small notebook**
- '(필요할 때 빠르게 사용하기 위해) ~을 가까이 두다'는 keep something handy
- '빠르게 적다, 메모하다'는 jot down

7 일찍 일어나려고 아무리 노력해도, 맨날 스누즈 버튼을 눌러요.

🔄 아무리 열심히 내가 노력해도 + 일어나기 위해 + 일찍, + 나는 항상 누릅니다 + 그 스누즈 버튼을

- **However hard I try**
  however 뒤에 형용사/부사가 오면 '아무리 ~해도'의 의미로 정도를 나타냄
- **hit the snooze button**

* snooze button: 알람이 울렸을 때 일정 시간 동안 일시적으로 알람을 멈추고 다시 울리게 하는 버튼

8 아무리 피곤해도, 자기 전에는 항상 화장을 지우세요.

🔄 아무리 피곤한 (상태로) 당신이 ~여도, + 항상 지우세요 + 당신의 화장을 + 잠자기 전에

- **However tired**
  [however + 형용사 + S + V]의 구조로
- **take off your makeup**

9 아무리 많이 먹어도, 두 시간 뒤면 항상 다시 배가 고파요.

🔄 아무리 많이 내가 먹어도, + 나는 항상 배가 고파요 + 다시 + 두 시간 후에는

- **However much**
- **two hours later**

10 아무리 조심스럽게 설명해도 그는 여전히 오해해요.

🔄 아무리 조심스럽게 내가 설명해도 + 그것을, + 그는 여전히 오해해요.

- **carefully**
- **misunderstand**

11 일이 어떻게 되든, 난 당신이 쏟은 노력이 자랑스러워요.

🔄 어떻게 일이 되든, + 나는 자랑스러워요 + 그 노력이 + (당신이 쏟은)

- **However things turn out**
  '(일·진행·결과가) 되다/되어 가다'는 turn out
- '(많은 시간·노력을) 쏟다/들이다'는 put in

12 당신이 그것을 어떻게 설명하든 간에, 여전히 나에게는 말이 되지 않아요.

🔄 어떻게 당신이 설명하든지 + 그것을, + 그것은 여전히 말이 되지 않아요 + 나에게는

- **still**
- (방법을 나타낼 때) '아무리/어떻게 ~해도'는 [however S + V]
- '이해가 되다, 말이 되다'는 make sense

UNIT 4
복합관계사 4
(동사를 생략하는 경우)

이유가 무엇이든 간에, 그는 우리에게 진실을 말했어야 했어요.

위에서 '이유가 무엇이든 간에'는 whatever the reason is로 표현할 수 있어요. 여기서 whatever가 be동사의 보어 역할을 하는데, 이때 관계사절에서 be동사를 생략할 수 있습니다. 생략해도 의미 전달에 문제가 없고 더 간결한 표현이 되기 때문에 자주 생략되지요. 원어민들은 또, [however + 형용사] 뒤에 오는 [대명사 + be동사]도 자주 생략합니다. However late (it is), call me when you get home.(아무리 늦어도, 집에 도착하면 전화해.)처럼요. 맥락상 분명한 [대명사 주어 + be동사]를 생략하면 더 간결하고 명확한 문장이 되므로 원어민들이 선호합니다.

무엇이든 간에 + 그 이유가, + 그는 말했어야 했어요 + 우리에게 + 그 진실을

STEP 1 전체 문장 완성하기

다음 문장을 힌트 단어를 보면서 완성해 보세요. MP3 **027**

1 무엇이든 간에 / 그 이유가

● **Whatever the reason**
whatever the reason (is) 처럼 whatever가 be동사의 보어일 때 be동사 생략 가능

2 무엇이든 간에 / 그 이유가, / 그는 말했어야 했어요

● **should have told**
'(과거에) ~했어야 했다'는 should have p.p로 하지 않음을 후회하거나 아쉬움을 표현

3 무엇이든 간에 / 그 이유가, / 그는 말했어야 했어요 / 우리에게 / 그 진실을

● **the truth**

Ans. Whatever the reason, he should have told us the truth.

▶ 정답 p. 254

유제 1

비용이 어떻든 간에, 우리는 이 기회를 놓쳐서는 안 됩니다.

무엇이든 간에 + 그 비용이, + **우리는 허락할 수 없어요** + 이 기회를 + 흘려보내는 것을

1 무엇이든 간에 / 그 비용이
- **Whatever the cost**
  whatever the cost is에서 'is' 생략

2 무엇이든 간에 / 그 비용이, / 우리는 허락할 수 없어요
- **we can't let**

3 무엇이든 간에 / 그 비용이, / 우리는 허락할 수 없어요 / 이 기회를
- **this opportunity**

4 무엇이든 간에 / 그 비용이, / 우리는 허락할 수 없어요 / 이 기회를 / 흘려보내는 것을
- **slip by**
  '흘려보내다, 놓치다, 스쳐 지나가다'는 slip by

유제 2

아무리 설득력이 있어도, 들리는 모든 말을 다 믿지는 마세요.

아무리 설득력이 있어도, + **믿지 마세요** + 모든 것을 + (당신이 듣는)

1 아무리 설득력이 있어도
- **However convincing**
  however convincing it is에서 [however + 형용사] 뒤에 오는 (대명사 + be동사)는 생략 가능

2 아무리 설득력이 있어도, / 믿지 마세요
- **don't believe**

3 아무리 설득력이 있어도, / 믿지 마세요 / 모든 것을 / (당신이 듣는)
- **everything you hear**

유제 응용

아무리 유혹적이어도, 압박에 굴복해서 성급히 결정 내리지 마세요.

아무리 유혹적이어도, + 굴복하지 마세요 + 그 압박에 + 그리고 + 내리지 마세요 + 성급한 결정을

- **However tempting**
- **make a hasty decision**
- '~에 항복하다, 굴복하다'는 give in to ~

137

STEP 2 응용하여 쓰기

뉘앙스를 생각하며 문장을 만들어 보세요.

1 날씨가 어떻든 간에, 행사는 계획대로 진행될 것입니다.

↻ 무엇이든 간에 + 그 날씨가, + 그 행사는 진행될 것입니다 + 계획된 대로

- go ahead
- as planned
- whatever the weather (is)처럼 whatever가 be동사의 보어일 때 be동사 생략 가능

2 그들의 문제가 무엇이든 간에, 그들 스스로 해결해야 합니다.

↻ 무엇이든 간에 + 그들의 문제들이, + 그들은 해결해야 합니다 + 그것들(문제들)을 + 그들 스스로

- need to
- on their own
- '문제를 해결하다'는 sort out으로 대명사 목적어는 sort와 out 사이에 위치

3 의도가 무엇이었든, 그는 더 명확하게 소통해야 했어요.

↻ 무엇이었든 + 그의 의도들이, + 그는 소통했어야 했어요 + 더 명확하게

- communicate
- more clearly
- Whatever his intensions (were)에서 be동사 생략 가능

4 결과가 어떻든 간에, 제 결정을 고수하고 그것에 대해 모든 책임을 지겠습니다.

↻ 무엇이든 + 그 결과들이, + 나는 지지하겠습니다 + 나의 결정을 + 그리고 + 지겠습니다 + 완전한 책임을 + 그것에 대한

- the consequences
- '~을 고수하다/계속 지키다'는 stand by ~
- '~에 대해 전적으로 책임지다'는 take full responsibility for ~

5 아무리 바빠도, 그녀는 항상 아이들을 위해 시간을 냅니다.

↻ 아무리 바빠도, + 그녀는 항상 냅니다 + 시간을 + 그녀의 아이들을 위해

- However busy
- however busy (she is)에서 [however + 형용사] 뒤에 오는 [대명사 + be동사] 생략 가능

6 아무리 적은 노력이라도, 이 프로젝트에서는 모든 노력이 중요해요.

↻ 아무리 적어도, + 모든 노력이 중요합니다 + 이 프로젝트에서는

- every effort counts
- however small it is에서 it is는 생략 가능

7 아무리 어려워도, 우리는 금요일까지 그 작업을 완료해야 해요.

↻ 아무리 어려워도, + 우리는 완료해야 합니다 + 그 작업을 + 금요일까지

- have to
- complete the task
- however difficult (it is)
  에서 it is를 생략

8 언제든지 편할 때, 사무실에 들러 서류 가져가세요.

↻ 언제든지 편할 때, + 들리세요 + 그 사무실에 + 가져가기 위해 + 그 서류들을

- swing by
- to pick up the documents
- Whenever (it is) convenient
  시간 표현에서 [주어(it) + be동사(is)]는 자주 생략되어 간결하게 표현

9 가능할 때마다 팀과 연락하세요. 그래야 그들이 항상 상황을 잘 알고 있게 됩니다.

↻ 연락하세요 + 당신의 팀과 + 가능할 때마다, + 그러면 + 그들이 항상 ~입니다. + 상황을 잘 알고 있는

- whenever feasible
- '~와 연락하다/상황을 확인하다'는 check in with ~
- '정보를 받고 있는, 상황을 잘 알고 있는'은 in the loop

10 특히 중요한 회의 중에는, 필요할 때마다 메모하세요.

↻ 하세요 + 메모를 + 필요할 때마다, + 특히 + 중요한 회의들 중에는

- Take notes
- especially during
- Whenever (it is) necessary에서 it is를 생략해서 더 간결하게

11 언제든지 적절한 때에, 그들의 노력에 감사의 마음을 표현하세요.

↻ 언제든지 적절한 때에, + 표현하세요 + 당신의 감사함을 + 그들의 노력들에

- Whenever appropriate
- for their efforts
- '감사를 표하다'는 express one's appreciation

12 가능할 때마다 물병을 가까이 두고 수분을 충분히 섭취하세요.

↻ 가능할 때마다, + 계속 두세요 + 물 한 병을 + 가까이에 + 수분을 유지하기 위해

- Whenever possible
- nearby
- to stay hydrated

STEP UP YOUR WRITING

Groceries, Greetings, and Great Friendship

처음 이 아파트 단지로 이사 왔을 때, 나는 아무도 몰랐어요.
- move into
- complex

내가 복도에서 마주친 누구든 그냥 정중히 고개만 끄덕이고 지나가곤 했어요.
- pass
- would just nod
- walk away

어느 날, 내가 실수로 장을 본 봉투를 떨어뜨렸는데, 누군가가 곧장 도와주러 왔어요.
- drop
- a bag of groceries

그녀의 손에 있던 게 무엇이든, 그녀는 망설이지 않고 내려놓고 나와 함께 물건들을 줍기 시작했어요.
- Whatever was
- put it down

그렇게 해서 나는 Jina를 만났고, 그녀는 나중에 내 가장 친한 친구 중 한 명이 된 이웃이에요.
- who later became

아무리 바빠도 그녀는 마주치는 누구에게나 항상 인사해요.
- greet

그녀는 베이킹을 할 때마다, 나를 포함해서 이웃들에게 몇 조각씩 나눠줍니다.
- a few pieces
- with the neighbors

조언이 필요할 때나, 그냥 좋은 사람과 시간을 보내고 싶어질 때면 언제든 그녀의 집에 갈 수 있어요.
- go to her place
- whenever

성격이 아무리 달라도, 우리는 항상 서로를 잘 이해해 줍니다.
- our personalities

그녀는 언젠가 나에게 마음이 편안해지는 어떤 선택이든 그것을 따라가라고 했고, 그 말은 내 마음에 깊이 남았어요.

문제가 무엇이든지, 그녀는 침착하고 다정하게 대합니다.
- approach
- calmly and kindly

진정한 우정은 아주 사소한 계기에서 시작될 수 있다고 나는 믿게 되었어요.
- in the simplest ways

그리고 솔직히 말해서, 그녀 옆집에 살게 되는 사람은 누구든 간에 정말 행운이죠.
- end up living
- truly lucky

Groceries, Greetings, and Great Friendship

Whoever _____

_____

_____ ,

and someone immediately came over to help.

_____

and started picking things up with me.

That's how I met Jina, a neighbor _____

_____ , no matter how busy she is.

_____ ,

including me.

_____

_____ — or just some good company.

_____

She once told me to go with whichever decision brought me peace, and that stuck with me.

I've come to believe that _____

And to be honest, _____

CHAPTER 6

분사 구문으로 더 간결하고 세련된 문장으로

QR코드를 스캔하시고 '바로듣기'를 탭하세요. 해당 도서의 음원을 바로 들으실 수 있습니다. 반복 재생과 속도 조절도 가능합니다.

UNIT 1
분사구문 1
(다양한 분사구문 만들기)

방 안에 갑자기 한기가 느껴져서, 그녀는 몸을 따뜻하게 하려고 담요에 손을 뻗었어요.

문장을 간결하고 생동감 있게 해 주는 분사구문은 같은 뜻이면 더 짧은 표현을 선호하고 반복을 싫어하는 영어의 특성을 잘 보여줍니다. [접속사 + 주어 + 동사]로 이루어진 부사절에서 접속사를 생략, 주절과 동일한 주어도 생략하고 동사를 현재분사(Ving)로 바꾼 형태가 분사구문입니다. 간결한 형태지만 문맥을 통해 조건, 이유, 때, 양보, 결과 등의 의미를 충분히 전달할 수 있어요. 문장 맨 앞에 p.p.로 시작하는 분사구문이 있는데, 이것은 수동태(be + p.p.)인 부사절을 분사구문으로 만든 경우입니다. 원래 being p.p.인데 being은 대부분 생략해서 p.p.만 남은 거죠. 분사구문의 동작이나 상황이 주절보다 먼저 일어난 일임을 명확하게 밝혀 줄 때는 having p.p., having been p.p.(수동태) 형태로 쓰면 됩니다.

느껴서 + 갑작스러운 한기를 + 그 방안에서, + 그녀는 손을 뻗었어요 + 담요에 + 따뜻하게 하려고 + 자신을

STEP 1 전체 문장 완성하기

다음 문장을 힌트 단어를 보면서 완성해 보세요. MP3 028

1 느껴서 / 갑작스러운 한기를 / 그 방안에서,
   • feel a sudden chill
   Ving ~ 형태의 분사구문으로 주절 수식

2 느껴서 / 갑작스러운 한기를 / 그 방안에서, / 그녀는 손을 뻗었어요 / 담요에
   • reach for a blanket
   '~에 손을 뻗다, ~을 잡으려고 하다'는 reach for ~

3 느껴서 / 갑작스러운 한기를 / 그 방안에서, / 그녀는 손을 뻗었어요 / 담요에 / 따뜻하게 하려고 / 자신을
   • to warm herself

Ans. Feeling a sudden chill in the room, she reached for a blanket to warm herself.

▶ 정답 p. 255

유제 1	시간이 너무 없어서, 우리가 합리적으로 해낼 수 있는 일이 많지 않았어요. 갖고 있어서 + 거의 없는 시간을, + **없었어요 + 많은 것이** + (우리가 합리적으로 해낼 수 있었던)

1 갖고 있어서 / 거의 없는 시간을
- **Having so little time**
  little은 셀 수 없는 명사와 함께 쓰여 '거의 없는(아닌)'의 의미

2 갖고 있어서 / 거의 없는 시간을, / 없었어요 / 많은 것이
- **there was not much**

3 갖고 있어서 / 거의 없는 시간을, / 없었어요 / 많은 것이 / (우리가 합리적으로 해낼 수 있었던)
- **we could reasonably accomplish**
  '해내다, 성취하다'는 accomplish

유제 2	선생님의 격려를 받아, 그는 장학금을 신청하기로 했어요. 격려를 받아서 + 그의 선생님에 의해, + **그는 결심했어요** + 신청하기로 + 그 장학금에

1 격려를 받아서 / 그의 선생님에 의해,
- **Encouraged**
  분사구문 being p.p.에서 being 생략

2 격려를 받아서 / 그의 선생님에 의해, / 그는 결심했어요
- **decide**
  '~하기로 결정하다/결심하다'는 [decide to + V]

3 격려를 받아서 / 그의 선생님에 의해, / 그는 결심했어요 / 신청하기로 / 그 장학금에
- **apply for the scholarship**

유제 응용	그의 설명에 납득이 되지 않아서, 그들이 추가 증거를 요구했어요. 납득이 되지 않아서 + 그의 설명에, + 그들은 요구했어요 + 추가적인 증거를

- **Not convinced**
  분사구문 앞에 not만 붙이면 부정의 의미
- **ask for**
- **further proof**

STEP 2 응용하여 쓰기

뉘앙스를 생각하며 문장을 만들어 보세요.

1 완벽주의자여서 그는 프로젝트 전체를 다시 할 수밖에 없었어요.
   ↻ 완벽주의자였기 때문에, + 그는 다시 할 수밖에 없었어요 + 그 전체 프로젝트를

- Being a perfectionist
- couldn't help but redo

'~하지 않을 수 없다, ~할 수밖에 없다'는 [can't help but + V]

* 부사절 [As he was a perfectionist,]를 분사구문으로 만들면 Being a perfectionist

2 진실을 아는 유일한 사람이라서, 그녀는 책임감을 떨쳐낼 수가 없었어요.
   ↻ 그 유일한 사람이었기 때문에 + (알았던 + 그 진실을), + 그녀는 떨쳐낼 수 없었어요 + 그 책임감을

- Being the only one
- couldn't shake
- the feeling of responsibility

3 무슨 말을 해야 할지 몰라서, 그녀는 어색하게 웃기만 했어요.
   ↻ 몰라서 + 무슨 말을 해야 할지, + 그녀는 그저 웃었어요 + 어색하게

- what to say
- awkwardly
- 분사구문 앞에 not만 붙이면 부정의 의미

4 서비스에 만족하지 못해서, 그녀는 전액 환불을 요청했어요.
   ↻ 만족하지 못해서 + 그 서비스에, + 그녀는 요청했어요 + 전액 환불을

- satisfied with
- a full refund

5 친구들과 가족에 둘러싸여, 그는 벅찬 감사함을 느꼈어요.
   ↻ 둘러싸여서 + 친구들과 가족에 의해, + 그는 느꼈어요 + 벅찬 마음을 + 감사의

- Surrounded by
- an overwhelming sense of gratitude

'압도적인, 엄청난'은 overwhelming

6 거의 한 시간 동안 교통 체증에 갇혀 있어서, 그들은 영화 오프닝 장면을 놓쳤습니다.
   ↻ 갇혀 있어서 + 교통 체증에 + 거의 한 시간 동안, + 그들은 놓쳤어요 + 그 오프닝 장면을 + 그 영화의

- Stuck in traffic
- for nearly an hour
- the opening scene

▶ 정답 p. 255

7 두 번이나 시험에 떨어졌기에, 그는 이번에는 합격하기로 단단히 결심하고 있었어요.

↻ 떨어져서 + 그 시험에 + 두 번, + 그는 단단히 결심하고 있었어요 + 합격하기로 + 이번에는

- **Having failed the exam**
  주절의 시제보다 먼저 일어난 일임을 알려줄 때 [having p.p.]로
- '단단히 결심한'은 determined

8 전에 혼자 여행해 본 적이 한 번도 없어서, 그녀는 혼자 떠나는 여행이 신나면서도 불안했어요.

↻ 한 번도 여행해 본 적이 없어서 + 혼자 + 전에, + 그녀는 느꼈어요 + 신나면서도 불안한 상태로 둘 다 + 그 혼자서 하는 여행에 대해

- **Never having traveled**
- **both excited and anxious**
- **the solo trip**

9 진실을 듣고 나서야, 그녀는 마침내 무슨 일이 일어났는지 이해했어요.

↻ 듣고 나서 + 그 진실을, + 그녀는 마침내 이해했어요 + 무슨 일이 일어났는지

- **Having been told**
  분사구문이 주절보다 먼저 일어난 일이고 수동태이므로 [having been p.p.] 형태로 표현
- **what happened**

10 두 번째 기회가 주어진 후, 그는 같은 실수를 하지 않겠다고 굳게 다짐했어요.

↻ 주어진 후 + 두 번째 기회가, + 그는 굳게 다짐했어요 + 하지 않겠다고 + 그 똑같은 실수를

- **Having been given**
  먼저 기회를 받고 그 결과로 맹세한 것을 강조하기 위해 분사구문을 [having been p.p.]로
- **he vowed**

11 밤에 운전할 때는, 안전을 위해 항상 헤드라이트를 켜 두세요.

↻ 운전할 때 + 밤에, + 항상 두세요 + 당신의 헤드라이트들을 + 켠 상태로 + 안전을 위해

- **When driving**
  더 명확한 의미 전달을 위해 분사구문 앞에 접속사를 붙일 수 있음
- **keep your headlights on**

12 긴장했는데도, 그녀는 자신 있게 연설을 했어요.

↻ 느꼈음에도 불구하고 + 긴장된 (상태로), + 그녀는 전달했어요 + 그녀의 연설을 + 자신 있게

- **Although feeling nervous**
  양보의 의미를 명확하게 하기 위해 분사구문 앞에 접속사 although를 붙임
- **with confidence**
- '연설하다'는 deliver a speech

147

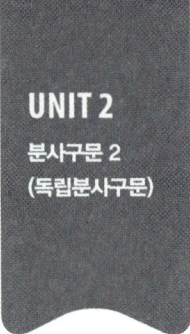

UNIT 2
분사구문 2
(독립분사구문)

모두가 완전히 지쳐 보여서, 회의는 중단되었어요.

분사구문에서는 주어를 생략해도 주절의 주어와 같아서 누가 하는 동작인지 문맥을 통해 자연스럽게 알 수 있어요. 하지만 분사구문의 주어가 주절의 주어와 다를 때는 어떻게 표현할까요? 이런 경우 분사구문의 주어를 반드시 명시해 줘야 합니다. 분사구문이 주절과는 다른 독립적인 주어와 동작을 갖기 때문에 독립분사구문이라고 해요. [주어 + 분사]의 구조로 'OO가 ~하면서/~할 때/~하고 나서/~하기 때문에/~이지만' 등으로 해석합니다. 독립분사구문도 분사구문이므로 부사절을 대신하여 시간, 이유, 조건, 양보 등의 의미를 나타낼 수 있어요.

 모두가 보였기 때문에 + 완전히 지친 (상태로), + 그 회의는 중단되었어요.

STEP 1 전체 문장 완성하기

다음 문장을 힌트 단어를 보면서 완성해 보세요. MP3 029

1 모두가 보였기 때문에

• **Everyone looking**
looking ~의 주어는 everyone이라서 주절의 주어 the meeting과 다름

2 모두가 보였기 때문에 / 완전히 지친 (상태로)

• **exhausted**

3 모두가 보였기 때문에 / 완전히 지친 (상태로), / 그 회의는 중단되었어요.

• **adjourn**
'(재판, 회의 등을) 중단하다'는 adjourn이고, 회의가 중단되었으므로 [be p.p.] 수동태로

Ans. Everyone looking exhausted, the meeting was adjourned.

▶ 정답 p. 255

유제 1

전화벨이 쉬지 않고 계속 울리자, 그녀는 마침내 전화를 받았어요.
그 전화벨이 울리자 + 쉬지 않고, + **그녀는** 마침내 **받았어요** + 그것(전화)을

1 그 전화벨이 울리자

• The phone ringing
주절의 주어(she)와 다른 분사구문의 주어(the phone)를 Ving 앞에 위치

2 그 전화벨이 울리자 / 쉬지 않고,

• nonstop

3 그 전화벨이 울리자 / 쉬지 않고, / 그녀는 마침내 받았어요 / 그것(전화)을

• finally picked it up

유제 2

제안은 거절되었지만, 그는 여전히 긍정적으로 있었어요.
그의 제안이 거절되었지만, + **그는** 여전히 **유지했어요** + 긍정적인 (태도를)

1 그의 제안이 거절되었지만,

• His proposal rejected
부사절(Though his proposal was rejected)이 수동태이므로, 분사구문 역시 being이 생략된 [주어 + p.p.]로

2 그의 제안이 거절되었지만, / 그는 여전히 유지했어요

• still remained
'~한 상태를 계속 유지하다'는 [remain + 형용사]

3 그의 제안이 거절되었지만, / 그는 여전히 유지했어요 / 긍정적인 (태도를)

• optimistic

유제 응용

티켓이 매진되어, 그들은 실망한 고객들을 돌려보내야 했어요.
그 모든 티켓들이 매진되어, + 그들은 돌려보내야 했어요 + 실망한 고객들을

• All the tickets sold out
• disappointed customers
• '~을 돌려보내다'는 turn away

STEP 2 응용하여 쓰기

뉘앙스를 생각하며 문장을 만들어 보세요.

---

1 바람이 불어대서, 창문들이 밤새도록 흔들리고 덜컹거렸어요.

↻ 바람이 불어대서, + 그 창문들이 흔들리고 덜컹거렸어요 + 밤새도록

- howling
- shook and rattled
- 주절의 주어와 다른 분사구문의 주어를 Ving 앞에 위치

---

2 마감일이 다가오자, 그들은 밤을 새우기로 했어요.

↻ 그 마감이 다가오자, + 그들은 결정했어요 + 밤을 새우기로

- approaching
- pull an all-nighter

---

3 도로가 수리 중이어서, 우리는 다른 길로 가야 했어요.

↻ 그 도로가 수리 중이어서, + 우리는 취해야 했어요 + 다른 경로를

- The road being repaired
  도로가 수리 중이라는 진행의 의미를 살리기 위해 [being p.p.]로
- take a different route

---

4 서류가 검토 중이어서, 우리가 아직 프로젝트를 진행할 수가 없어요.

↻ 그 서류들이 검토 중이어서, + 우리는 진행할 수 없어요 + 그 프로젝트를 + 아직

- The documents being reviewed
  '~을 계속 진행하다'는 proceed with ~

---

5 지갑을 도둑맞아서, 그는 택시비를 빌려야 했어요.

↻ 그의 지갑을 도둑맞아서, + 그는 빌려야 했어요 + 돈을 + 그 택시를 위해

- having been stolen
  분사구문이 주절보다 먼저 일어난 일이고 수동태이므로 [having been p.p.] 형태로

---

6 해가 지고 나니, 기온이 급격히 떨어졌어요.

↻ 해가 지고 나니, + 그 온도가 떨어졌어요 + 급격히

- drop significantly
- 해가 진 것은 기온이 떨어지기 전에 일어난 일이므로, 분사구문은 The sun having set

▶ 정답 p. 255

7 휴대폰이 꺼져서, 그녀는 몇 시간 동안 아무에게도 연락할 수 없었어요.
- 휴대폰이 꺼져서, + 그녀는 연락할 수 없었어요 + 아무에게도 + 몇 시간 동안

- The phone having died
- contact
- for hours

8 아이들이 잠든 후, 부모는 마침내 조용한 시간을 좀 가졌어요.
- 그 아이들이 잠든 후, + 그 부모는 마침내 가졌어요 + 조용한 시간을

- fall asleep
  분사구문은 [주어 + having p.p.] 형태로
- some quiet time

9 날씨를 고려하면, 우리 아마도 소풍을 미뤄야 할 것 같아요.
- 고려하면 + 그 날씨를, + 우리는 아마도 연기하는 게 좋겠어요 + 그 소풍을

- we should probably postpone
- 분사구문의 관용적 표현 '~을 고려하면'은 considering ~

10 그의 표정으로 판단해 보니, 그가 그 소식을 잘 받아들이지 않더라고요.
- 판단해 보면 + 그 표정으로 + 그의 얼굴에, + 그는 받아들이지 않았어요 + 그 소식을 + 그렇게 잘

- the look on his face
- didn't take
- very well
  '~으로 판단하건데/미루어 보아'는 judging from ~

11 세상의 모든 돈을 가지고 있다고 가정한다면, 제일 먼저 무엇을 하시겠어요?
- 만약 가정한다면 + 당신이 가지고 있다고 + 그 모든 돈을 + 세상에 있는, + 무엇을 당신은 하시겠어요 + 먼저

- what would you do
- [supposing 주어 + 과거 동사]는 '만약 ~라면' 으로 분사구문의 관용적 표현

* 현재의 사실이 아닌 상황을 가정하는 내용이어서, 비현실감을 주는 장치로 동사의 시제는 과거형으로 씁니다.

12 엄밀히 말하면, 마감일은 어제였지만, 하루 연장을 승인해 줄 수 있어요.
- 엄밀히 말하면, + 그 마감일은 ~였어요 + 어제, + 하지만 + 우리는 승인할 수 있어요 + 하루 연장을

- a one-day extension
- '엄밀히 말하면'은 strictly speaking
- '(공식적·법적으로) 승인/허락하다'는 grant

* 분사구문의 주어가 people, we, you, they와 같은 일반적인 사람일 때, 주어를 생략하고 관용적으로 쓰는 표현들: generally speaking (일반적으로 말하면), frankly speaking(솔직히 말하면), talking of ~(~에 대해 말하자면), provided that ~(만약 ~라면)

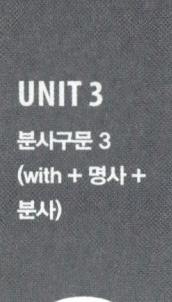

UNIT 3
분사구문 3
(with + 명사 + 분사)

그는 가슴에 팔짱을 낀 채 참을성 있게 기다렸어요

주절에서 일어나는 주요 동작에 덧붙여 부수적으로 동시에 일어나는 상황을 설명할 때 [with + 명사 + 분사(Ving/p.p.)] 구문을 활용하면 간결하고 세련된 문장을 만들 수 있습니다. with 뒤에 오는 명사와 분사의 의미 관계에 따라 현재분사(능동/진행) 또는 과거분사(수동/완료)가 옵니다. [with + 명사 + 분사]는 문맥에 따라 원인, 상황/상태, 동시 동작을 나타내며, '~해서/~한 채로/~하면서'로 해석됩니다.

 　그는 기다렸어요 ＋ 참을성 있게 ＋ 그의 팔짱을 낀 채로 ＋ 그의 가슴에

STEP 1 　전체 문장 완성하기

다음 문장을 힌트 단어를 보면서 완성해 보세요. MP3 030

1 　그는 기다렸어요
　• wait

2 　그는 기다렸어요 / 참을성 있게
　• patiently

3 　그는 기다렸어요 / 참을성 있게 / 그의 팔짱을 낀 채로
　• with his arms crossed
　[with + 명사 + p.p.] 구조로 팔짱 낀 상태를 묘사

4 　그는 기다렸어요 / 참을성 있게 / 그의 팔짱을 낀 채로 / 그의 가슴에
　• over his chest

Ans. He waited patiently with his arms crossed over his chest.

▶ 정답 p. 256

유제 1	그는 주머니 깊숙이 손을 넣은 채 거리를 걸었어요. **그는 걸었어요** + 그 거리를 + 그의 손들이 파묻힌 채로 + 깊숙이 + 그의 주머니들 속에

1 그는 걸었어요 / 그 거리를
- walk down the street

2 그는 걸었어요 / 그 거리를 / 그의 손들이 파묻힌 채로
- with his hands buried

'~을 푹 파묻다/찌르다'는 bury이고 손은 파묻힌 것(수동 관계)이므로 p.p.인 buried로 쓸 것

3 그는 걸었어요 / 그 거리를 / 그의 손들이 파묻힌 채로 / 깊숙이 / 그의 주머니들 속에
- deep
- in his pockets

유제 2	그녀는 얼굴에 눈물을 흘리며 창밖을 멍하니 바라보았어요. **그녀는 응시했어요** + 멍하니 + 그 창밖을 + 눈물을 흘리면서 + 그녀의 얼굴 아래로

1 그녀는 응시했어요 / 멍하니
- stare blankly

2 그녀는 응시했어요 / 멍하니 / 그 창밖을
- out the window

3 그녀는 응시했어요 / 멍하니 / 그 창밖을 / 눈물을 흘리면서 / 그녀의 얼굴 아래로
- with tears streaming down her face

'계속 흐르다, 흘러나오다'는 stream이고, 눈물이 얼굴을 타고 흘러내리므로 stream down her face

유제 응용	모두가 새 제안에 동의하면서 회의는 순조롭게 끝났어요. 그 회의는 끝났어요 + 순조롭게 + 모두가 동의하면서 + 그 새로운 제안에

- end smoothly
- agree to

부대상황 '~하면서'는 [with + 명사 + Ving] 구조로

STEP 2 응용하여 쓰기

뉘앙스를 생각하며 문장을 만들어 보세요.

1 그녀는 고개를 높이 들고 자신감을 되찾은 채로 걸어가 버렸어요.
- 그녀는 걸어가 버렸어요 + 그녀의 고개를 든 채 + 높이 + 그리고 + 그녀의 자신감을 되찾은 채로

- walk away
- restored
- '~을 높이 들다'는 hold high

2 그녀는 헤드폰에서 음악이 크게 울리게 한 채 책상에서 일했어요.
- 그녀는 일했어요 + 그녀의 책상에서 + 그녀의 헤드폰이 크게 울리게 한 채 + 음악을

- with her headphones blasting music
- '음악을 아주 크게 틀다'는 blast music

3 해가 뒤에서 지는 가운데 그녀는 강을 따라 조깅했어요.
- 그녀는 조깅했어요 + 그 강을 따라 + 그 해가 지는 가운데 + 그녀의 뒤에서

- along the river
- with the sun setting

4 그들은 시시각각으로 긴장감이 점점 더 고조되는 가운데 침묵 속에서 걸었어요.
- 그들은 걸었어요 + 침묵 속에서 + 그 긴장감이 점점 더 고조되는 가운데 + 시시각각으로

- in silence
- by the minute
- '긴장감이 점점 더 고조되다/강해지다'는 the tension grows thicker

5 고양이가 자기 무릎 위에서 자는 채로 그녀는 몇 시간 동안 공부했어요.
- 그녀는 공부했어요 + 몇 시간 동안 + 그녀의 고양이가 자는 채로 + 그녀의 무릎 위에서

- on her lap
- [with + 명사 + Ving] 구조로 고양이가 자고 있는 동시 동작을 묘사

6 레스토랑은 직원 두 명만이 전체 근무 시간을 일하는 채로 영업을 계속했어요.
- 그 레스토랑은 계속 있었어요 + 영업하는 상태로 + 두 명의 직원만 일하는 채로 + 그 전체 근무 시간을

- stay open
- only two staff members
- the entire shift

7	청중들이 공연 내내 환호하는 가운데 콘서트는 계획대로 진행되었어요. 🔴 그 콘서트는 진행되었어요 + 계획된 대로, + 그 청중들이 환호하는 가운데 + 그 전체 공연 내내	• go on • with the audience cheering • throughout
8	땅이 눈으로 덮여 있는 가운데, 아이들은 밖으로 뛰어나가 놀았어요. 🔴 그 땅이 덮여 있는 가운데 + 눈으로, + 그 아이들은 뛰어나갔어요 + 밖으로 + 놀기 위해	• covered in snow [with + 명사 + p.p.]로 눈으로 덮인 상태를 설명 • run outside
9	뉴스가 빠르게 퍼지자, 회사는 성명을 발표했어요. 🔴 그 뉴스가 퍼지자 + 빠르게, + 그 회사는 발표했어요 + 성명을	• spread rapidly • issue a statement • [with + 명사 + Ving]로 원인과 상황을 설명
10	정신이 딴 데 팔려서, 그는 강의에 집중할 수가 없었어요. 🔴 그의 정신이 다른 데로 팔려서, + 그는 집중할 수 없었어요 + 그 강의에	• couldn't concentrate • '(마음·정신이) 다른 데로 팔리다, 산만해지다'는 wander • [with + 명사 + Ving]로 상태 설명
11	기운이 솟아서, 그녀는 마침내 도전에 맞설 준비가 되었음을 느꼈어요. 🔴 그녀의 기운이 솟아서, + 그녀는 마침내 느꼈어요 + 준비된 (상태로) + 맞설 + 그 도전에	• With her spirits lifted [with + 명사 + p.p.]로 기운이 올라간, 마음이 고양된 상태를 설명 • face the challenge
12	자신감이 산산조각이 난 채, 그는 아무 말 없이 걸어 나갔어요. 🔴 그의 자신감이 산산조각이 난 채로, + 그는 걸어 나갔어요 + 말하지 않고 + 한 마디도	• walk away • without saying a word • '산산조각 내다'는 shatter 로, 자신감이 무너진 상태를 [with + 명사 + p.p.]로 표현

STEP UP YOUR WRITING

A Lucky Morning

유난히 상쾌하게 잠에서 깨어나며,
나는 커튼 사이로 햇살이 비치는 것을 보았어요.

- notice
- the sun shinning

전날 밤 일찍 잠자리에 들어서,
나는 평소보다 더 활기찬 기분이 들었어요.

- Having gone to bed
- more energized
- than usual

밖에서는 새들이 지저귀고 주방에서는 커피가 끓고 있어,
아침이 거의 완벽하게 느껴졌어요.

- With birds chirping

문밖으로 나가니, 평소 붐비던 버스가 정확히 제시간에 도착한 것을 알게 되었어요.

- find that S + V
- the usually crowded bus

버스 기사에게 미소를 지으며, 나는 창가 자리에 앉았어요.

- Smiling at
- grab a seat

사무실 맞은편에 빈 카페를 발견하고,
나는 출근 전 간단한 간식을 사 먹기로 했어요.

- Spotting
- across from the office
- treat myself

내가 제일 좋아하는 페이스트리를 주문한 후,
가방을 뒤졌지만, 지갑을 깜빡했다는 것을 알게 되었어요.

- Having ordered
- I had forgotten

내가 당황하기 시작하자, 바리스타는 웃으며 말했어요. "오늘은 무료예요."

- It's on the house
(식당/카페/바 등에서 무료로 줄 때 쓰는 말, '서비스입니다', '공짜예요')

그 친절함에 감동해서, 나는 나중에 돌아와 계산하겠다고 약속했어요.

- return later
- pay for it

손에는 페이스트리를, 마음에는 감사함을 안고, 나는 아침 회의 시간에 딱 맞춰 회사에 도착했어요.

- With a pastry in hand
- just in time

모든 것이 순조롭게 진행되자, 팀은 일찍 일을 마무리하고 함께 점심을 먹으러 나갔어요.

- Everything going smoothly
- wrap up
- go out for lunch

동료들과 웃으며, "이런 날이 자주 오는 건 아니지."라고 생각했어요.

- Days like this

아무 기대 없이 하루를 시작했지만, 결국 세상에서 가장 운 좋은 사람처럼 느끼며 하루를 마쳤어요.

- Having started the day

A Lucky Morning

Waking up unusually refreshed, _____
_____ the night before, _____
_____
_____ and coffee brewing in the kitchen,
_____

Heading out the door, _____
_____
_____
to a little pre-work snack.
_____, I reached into my bag
— only to realize _____

Just as I started to panic, _____
_____
_____ and gratitude in my heart,
_____
_____
_____
_____, I ended it feeling like
_____

CHAPTER 7

조건절과 가정법 문장 만들기

QR코드를 스캔하시고 '바로듣기'를 탭하세요. 해당 도서의 음원을 바로 들으실 수 있습니다. 반복 재생과 속도 조절도 가능합니다.

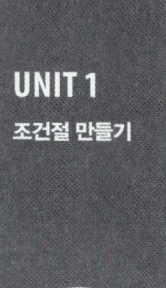

UNIT 1 조건절 만들기

지금 나가면 저녁 교통 체증을 피할 겁니다.

If the sun sets, it gets dark.(해가 지면 어두워진다.), If water reaches 100℃, it boils.(물은 100℃에 도달하면 끓는다.) 여기서 if절은 '~하면'의 의미이고, 조건만 맞으면 항상 실현되는 사실이므로 if절과 주절 모두 단순 현재를 씁니다. 반면, if절의 내용이 일어날 수도 있고 그렇지 않을 수도 있는 열린 조건일 때, if절은 단순 현재, 주절은 미래 시제, [will + 동사원형]을 씁니다. If I finish work early, I'll call you.(일 일찍 끝내면 너한테 전화할게.), If you don't hurry, you'll miss the train. (서두르지 않으면 기차를 놓칠 거야.) 이때, 조건의 if절에서 현재 시제는 미래를 나타낸다는 것에 유의하며 문장 만들기 연습을 해 보세요.

 당신이 나가면 + 지금, + **당신은 피할 겁니다** + 그 저녁 교통 체증을

STEP 1 전체 문장 완성하기

다음 문장을 힌트 단어를 보면서 완성해 보세요.  MP3 031

1 당신이 나가면 / 지금,

● **If you head out**
조건의 if절에서 현재 시제가 미래를 나타냄

2 당신이 나가면 / 지금, / 당신은 피할 겁니다

● **will beat**
beat은 '~을 피하다'의 의미로도 쓰임

3 당신이 나가면 / 지금, / 당신은 피할 겁니다 / 그 저녁 교통 체증을

● **the evening traffic**

Ans. If you head out now, you will beat the evening traffic.

▶ 정답 p. 256

| 유제 1 | 파일을 정기적으로 백업하지 않으면 모든 것을 잃게 될 거예요.
당신이 백업하지 않으면 + 당신의 파일들을 + 정기적으로, + **당신은 잃을 거예요** + 모든 것을 |

1 당신이 백업하지 않으면 / 당신의 파일들을
- **back up**
  '당신이 ~하지 않으면'은 [if you don't + V]

2 당신이 백업하지 않으면 / 당신의 파일들을 / 정기적으로
- **regularly**

3 당신이 백업하지 않으면 / 당신의 파일들을 / 정기적으로, / 당신은 잃을 거예요 / 모든 것을
- **will lose**

| 유제 2 | 소포가 도착하지 않으면 고객에게 환불해 줘야 할 거예요.
그 소포가 도착하지 않으면, + **우리는 환불해 줘야 할 거예요** + 그 고객에게 |

1 그 소포가 도착하지 않으면
- **the package**
- **arrive**

2 그 소포가 도착하지 않으면, / 우리는 환불해 줘야 할 거예요
- **we'll have to**
  '~해야 할 것이다'는 [will have to + V]
- '환불해 주다'는 refund

3 그 소포가 도착하지 않으면, / 우리는 환불해 줘야 할 거예요 / 그 고객에게
- **the customer**

| 유제 응용 | 그녀가 오늘 밤까지 예약을 확정하지 않으면, 우리가 행사를 치를 다른 장소를 찾아야 할 거예요.
그녀가 확정하지 않으면 + 그 예약을 + 오늘 밤까지, + 우리는 찾아야 할 거예요
+ 다른 장소를 + 그 행사를 위한 |
- **confirm**
- **another venue**

STEP 2 응용하여 쓰기

뉘앙스를 생각하며 문장을 만들어 보세요.

1. 그가 이메일 보내는 것을 잊어버리면, 제가 직접 그들에게 연락해야 할 겁니다.
   - 그가 잊어버리면 + 보내는 것을 + 그 이메일을, + 내가 연락해야 할 것입니다 + 그들에게 + 직접

   - I'll have to contact
   - 조건절은 현재 시제가 미래를 나타냄
   - 화자가 무엇인가를 직접 하는 걸 강조할 때는 myself를 씀

2. 그녀가 오늘 밤까지 내 문자에 답 안 하면, 난 그녀가 관심이 없는 걸로 생각할게요.
   - 그녀가 답장하지 않으면 + 내 문자에 + 오늘 밤까지, + 나는 생각할게요 + 그녀가 관심이 없다고

   - reply to my text
   - I'll assume

3. 고객이 마감일을 변경하면, 그래도 금요일까지 프로젝트를 끝낼 수 있을까요?
   - 그 고객이 변경하면, + 그 마감일을, + 당신은 그래도 끝낼 수 있을까요 + 그 프로젝트를 + 금요일까지

   - will you still be able to
   - '~할 수 있을 것이다'는 [will be able to + V]
   - 여기서 still은 '그런데도, 그럼에도 불구하고'의 뜻

4. 이메일 스레드를 나에게 전달해 주면, 내가 고객 후속 조치를 처리할게요.
   - 당신이 전달해 주면 + 나에게 + 그 이메일 스레드를, + 내가 처리할게요 + 그 후속 조치를 + 그 고객과의

   - forward
   - handle the follow-up
   - email thread는 '이메일 대화 내역, 전체 대화 흐름을 포함한 일련의 이메일'을 뜻함

5. 당신이 톰을 파티에 초대하지 않으면, 그는 정말 소외감을 느낄 거예요.
   - 당신이 초대하지 않으면 + 톰(Tom)을 + 그 파티에, + 그는 느낄 거예요 + 정말로 소외된 (상태로)

   - '소외감을 느끼다'는 feel left out

6. 매달 조금씩 저축하면 내년에 휴가를 갈 만큼 충분한 돈이 모일 겁니다.
   - 당신이 저축하면 + 조금씩 + 매달, + 당신은 갖게 될 거예요 + 충분한 양(돈)을 + 휴가를 위해 + 내년에

   - save a little
   - each month
   - have enough
   - 이 문장에서 a little, enough는 모두 명사로 쓰여 money를 지칭

UNIT 1 조건절 만들기

▶ 정답 p. 256

7 자외선 차단제 가져오는 걸 잊으면, 햇볕에 심하게 탈 거예요.

🔄 당신이 잊으면 + 가져오는 것을 + 자외선 차단제를, + 당신은 될 거예요 + 햇볕에 심하게 탄 (상태로)

- bring sunscreen
- get sunburned

---

8 또 아침을 거르면, 점심시간도 되기 훨씬 전에 배고파서 못 견딜 거예요.

🔄 당신이 거르면 + 아침 식사를 + 또, + 당신은 몹시 배고플 거예요 + 점심시간 훨씬 전에

- long before lunchtime
- '몹시 배고플 거야, 배고파 죽을 거야'는 will be starving으로

* will starve는 '굶주릴 것이다/굶어 죽을 것이다'의 의미로 단순 결과를 의미하며, 영양 부족으로 결국 굶주림에 이른다는 다소 극적인 의미입니다.

---

9 금요일까지 소포가 도착하지 않으면, 대신에 막판에 급히 선물을 사야 할 거예요.

🔄 그 소포가 도착하지 않으면, + 금요일까지, + 우리는 사야 할 거예요 + 막바지의 선물을 + 대신

- will have to
- a last-minute gift
- '막판에 급히 준비한 선물, 임박해서 사는 선물'이라는 뜻

---

10 밤새 난방을 계속 켜 두면, 다음 달 전기 요금이 확 올라갈 거예요.

🔄 당신이 계속하면 + 그 난방기를 + 켜 둔 상태로 + 밤새도록, + 그 전기 요금이 급등할 거예요 + 다음 달에

- keep the heater on
- the electricity bill
- '급증/급등하다'는 shoot up

---

11 교통 앱에 정체가 심하다고 뜨면, 우리는 강변도로를 타서 더 빨리 도착할 거예요.

🔄 그 교통 앱이 나타내면 + 극심한 정체를, + 우리는 탈 거예요 + 그 강변도로를 + 그리고 + 도착할 거예요 + 거기에 + 더 빨리

- heavy congestion
- take the river road

---

12 그 소프트웨어 업데이트 무시하면, 카메라 켤 때마다 휴대폰이 계속 꺼질 거예요.

🔄 당신이 무시하면 + 그 소프트웨어 업데이트를, + 당신의 휴대폰은 계속 꺼질 거예요 + 당신이 켤 때마다 + 그 카메라를

- keep crashing
- '(전자 기기, 프로그램이) 갑자기 멈추다, 고장 나다, 강제 종료되다'는 crash
- whenever you open

UNIT 2
가정법 문장 만들기 1 (현재 사실에 반대되는 가정)

내가 당신이라면, 두 번 생각할 것도 없이 그 일자리 기회를 잡을 거예요.

영어에서 현재 사실이 아닌 상황을 가정하거나 현실과 반대되는 상황을 상상할 때, 과거 시제와 would를 써서 현실과 동떨어진 느낌을 줍니다. if절에는 과거 시제(were/과거형 동사), 주절은 [would + 동사원형]을 써서 'OO가 …한다면 ~할 텐데'의 의미가 되지요. 여기서 시제는 비현실감을 주는 장치이므로 실제 의미는 현재입니다. 말하고자 상황에서 한 단계 과거로 떨어뜨려 거리감을 주는 거예요. 현재 사실에 반대되는 가정법 문장에서 be동사는 특이하게 주어에 관계없이 were를 쓴다는 것을 꼭 기억하세요. (회화에서는 if I was도 쓰지만 정확한 표현은 if I were입니다.)

 내가 당신이라면, + 생각할 것도 없이 | 나는 잡을 거예요 | + 그 일자리 기회를 + 두 번

STEP 1 전체 문장 완성하기

다음 문장을 힌트 단어를 보면서 완성해 보세요.   MP3 032

1 내가 당신이라면
 • **If I were you**
 비현실적인 상황을 가정할 때 '내가 너라면'은 [If I were you]

2 내가 당신이라면, / 나는 잡을 거예요
 • **would take**
 '나라면 ~할 텐데'는 [I would + V]

3 내가 당신이라면, / 나는 잡을 거예요 / 그 일자리 기회를
 • **that job opportunity**

4 내가 당신이라면, / 나는 잡을 거예요 / 그 일자리 기회를 / 두 번 생각할 것도 없이
 • **without a second thought**

Ans. If I were you, I would take that job opportunity without a second thought.

▶ 정답 p. 257

유제 1	당신이 나라면, 내가 왜 그런 결정을 내렸는지 이해할 거예요. 당신이 나라면 + **당신은 이해할 거예요** + 왜 내가 내렸는지 + 그런 결정을

1	당신이 나라면	• If you were me if절에 과거형 동사를 쓰지만 실제 의미는 '현재'로, 현재 상황을 가정
2	당신이 나라면, / 당신은 이해할 거예요	• would
3	당신이 나라면, / 당신은 이해할 거예요 / 왜 내가 내렸는지	• why I made
4	당신이 나라면, / 당신은 이해할 거예요 / 왜 내가 내렸는지 / 그런 결정을	• that decision

유제 2	내가 돈이 더 많다면, 가격이 오르기 전에 그것을 살 거예요. 내가 가지고 있다면 + 더 많은 돈을, + **나는 살 거예요** + 그것을 + 그 가격이 오르기 전에

1	내가 가지고 있다면 / 더 많은 돈을,	• have 의미는 현재이지만 시제는 과거형을 써서 현재 사실의 '가정'임을 표현
2	내가 가지고 있다면 / 더 많은 돈을, / 나는 살 거예요 / 그것을	• buy it
3	내가 가지고 있다면 / 더 많은 돈을, / 나는 살 거예요 / 그것을 / 그 가격이 오르기 전에	• before the price goes up 시간의 부사절에서는 현재 시제가 미래를 의미

유제 응용	그가 그렇게 많이 일하지 않으면, 가족과 더 많은 시간을 보낼 텐데요. 그가 일하지 않는다면 + 그렇게 많이, + 그는 보낼 텐데요 + 더 많은 시간을 + 그의 가족과	• didn't work • so much

STEP 2 응용하여 쓰기

뉘앙스를 생각하며 문장을 만들어 보세요.

---

1 요리를 할 줄 알면, 당신한테 저녁을 만들어 줄 텐데요.

 내가 안다면 + 요리하는 방법을, + 내가 만들어 줄 텐데요 + 저녁을 + 당신을 위해

- **how to cook**
- 비현실적인 상황을 가정하는 문장이므로 if절은 과거 시제로, 주절은 [would + V]로

---

2 당신이 더 체계적이면, 약속을 잊지는 않을 텐데요.

 당신이 ~라면 + 더 체계적인, + 당신은 잊지 않을 텐데요 + 당신의 약속들을

- **more organized**
- **wouldn't**
- **appointments**
- '당신이 ~라면'이라고 현실과 다른 상황을 가정할 때는 if you were ~

---

3 더 인내심이 있다면, 그가 그렇게 쉽게 짜증 내진 않을 거예요.

 그가 ~라면 + 더 인내심이 있는, + 그는 되지 않을 거예요 + 짜증난 (상태로) + 그렇게 쉽게

- **patient**
- **so easily**
- '좌절하게 되다, 짜증 나다, 답답해지다'는 get frustrated

---

4 그들이 진실을 안다면, 아마 다르게 반응할지도 몰라요.

 그들이 안다면, + 그 진실을, + 그들은 아마 반응할지도 몰라요 + 다르게

- **react differently**
- 주절에 would 대신 might (~할지도 모른다, 어쩌면 ~할 수도 있다)가 올 수 있음

---

5 내일 회의가 없다면, 우리 오늘 밤 늦게까지 밖에 있을 수 있을 텐데요.

 우리가 가지고 있지 않다면 + 회의를 + 내일, +
 우리는 있을 수 있을 텐데요 + 밖에 + 늦게까지 + 오늘 밤

- **could stay out late**
- 주절에 would 대신 could (~할 수 있을 텐데)가 올 수 있음

---

6 당신이 커피에 그렇게 돈을 쓰지만 않아도, 휴가 가게 저축할 수 있을 거예요.

 당신이 쓰지 않는다면 + 그렇게 많은 돈을 + 커피에, +
 당신은 저축할 수도 있을 거예요 + 휴가를 위해

- **so much money**
- **could save**
- '돈을 ~에 쓰다'는 spend money on ~

---

166 UNIT 2 가정법 문장 만들기 1 (현재 사실에 반대되는 가정)

▶ 정답 p. 257

7 주말마다 초과 근무만 하지 않아도 되면, 그녀는 더할 나위 없이 행복할 거예요.

↻ 그녀는 ~일 텐데요 + 완벽하게 행복한 + 그녀가 일하지 않아도 된다면 + 초과 근무를 + 주말마다

- perfectly happy
- work overtime
- every weekend
- '~하지 않아도 된다, ~할 필요 없다'는 [don't have to + V]이며, 가정법 문장이므로 if절은 과거 시제로

8 당신이 매일 거실에 물건들 좀 어지르지 않으면 좋겠어요.

↻ 좋을 텐데요 + 당신이 두지 않는다면 + 당신의 물건들을 + 온통 그 거실에 + 매일

- It would be nice
  '~하면 좋을 텐데'는 It would be nice if ~ (현실은 그렇지 않음)
- leave your stuff
- all over

* It would be nice if you ~는 부드럽고 공손하게 제안할 때 자주 쓰입니다.

9 차가 그렇게 오래 안 됐으면, 우리가 그렇게 자주 수리할 필요가 없을 텐데요.

↻ 그 차가 ~아니라면 + 그렇게 오래된, + 우리는 수리할 필요가 없을 텐데요 + 그것을 + 그렇게 자주

- so old
- wouldn't need to repair
  현재 차가 오래돼서 수리를 자주 해야 하는 상황이므로 반대 상황을 가정

10 여동생이 해외에서 공부하는 중이 아니라면, 연휴에 여기 있을 텐데요.

↻ 내 여동생이 공부하고 있지 않다면 + 해외에서, + 그녀는 있을 텐데요 + 여기에 + 그 연휴를 위해

- for the holidays
- 현재 사실(she's studying abroad)에 반대되는 가정이므로 If my sister weren't studying abroad

11 인터넷 연결이 더 안정적이면 중단 없이 회의를 마칠 수 있을 텐데요.

↻ 그 인터넷 연결이 ~라면 + 더 안정적인, + 우리는 끝낼 수 있을 텐데요 + 그 회의를 + 중단 없이

- more stable
- without interruptions
- '~할 수 있을 텐데'는 [could + V]

12 시간을 되돌릴 수 있다면, 어릴 적 내게 남의 의견에 너무 많이 걱정하지 말라고 말해 주겠어요.

↻ 내가 되돌릴 수 있다면, + 시간을 + 나는 말해 줄 텐데요 + 어릴 적 나에게 + 걱정하지 말라고 + 다른 사람들의 의견들에 대해 + 너무 많이

- If I could
- tell my younger self
- about others' opinions
- '시간을 되돌리다, 과거로 돌아가다'는 go back in time

* 현재 불가능한 능력이나 상황을 상상할 때, '그럴 수만 있다면 ~할 텐데'는 If I could ~, I would ~로 표현합니다.

UNIT 3
가정법 문장 만들기 2 (과거 사실에 반대되는 가정)

우리가 10분만 더 일찍 출발했으면, 기차 놓치지 않았을 텐데요.

과거에 일어나지 않았던 일, 과거 사실에 반대되는 상황을 가정할 때도 '시제' 표현이 중요합니다. 가정법에서 말하고자 하는 상황보다 시제를 한 단계 과거로 떨어뜨리는 것은 현실과 동떨어진 느낌, 비현실감을 주는 장치입니다. '그때 그랬다면, ~했을 텐데'라고 과거 사실에 반대되는 가정을 할 때 if절은 과거완료(had p.p.), 주절은 [would have p.p.]를 씁니다. 주절의 조동사는 필자/화자의 의도에 따라 would/could/might 등을 쓸 수 있어요.

If I had known his number, I **would have called** him. 나는 그에게 전화했을 텐데.
(내가 그의 번호를 알았다면) I **could have called** him. 나는 그에게 전화할 수 있었을 텐데.
I **might have called** him. 나는 그에게 전화했을지도 몰라/
아마 전화했을 텐데.

우리가 떠났더라면 + 10분 더 일찍, + **우리는 놓치지 않았을 텐데요** + 그 기차를

STEP 1 전체 문장 완성하기

다음 문장을 힌트 단어를 보면서 완성해 보세요.   MP3 033

1 우리가 떠났더라면
- leave
- '(과거에) ~했다면'은 [If S + had p.p.]

2 우리가 떠났더라면 / 10분 더 일찍
- ten minutes earlier

3 우리가 떠났더라면 / 10분 더 일찍, / 우리는 놓치지 않았을 텐데요
- miss
- '했을 텐데'는 [would have p.p.], '~하지 않았을 텐데'는 [wouldn't have p.p.]

4 우리가 떠났더라면 / 10분 더 일찍, / 우리는 놓치지 않았을 텐데요 / 그 기차를
- the train

Ans. If we had left ten minutes earlier, we wouldn't have missed the train.

▶ 정답 p. 257

유제 1

그가 저에게 솔직했다면, 제가 그렇게 배신감을 느끼지 않았을 거예요.

그가 솔직했다면 + 나에게, + **나는 느끼지 않았을 거예요** + 그렇게 배신당한 (상태로)

1 그가 솔직했다면
- **If he had been honest**
  If절은 과거완료(had p.p.) 시제를 써서 과거 사실의 반대되는 상황을 가정

2 그가 솔직했다면 / 나에게
- **with me**

3 그가 솔직했다면 / 나에게, / 나는 느끼지 않았을 거예요
- **wouldn't have felt**
  '~하지 않았을 텐데/ ~하지 않았을 것이다'는 [wouldn't have p.p.]

4 그가 솔직했다면 / 나에게, / 나는 느끼지 않았을 거예요 / 그렇게 배신당한 (상태로)
- **so betrayed**
  '배신감을 느끼다'는 feel betrayed

유제 2

차가 고장 나지 않았으면, 저희가 훨씬 더 일찍 도착할 수 있었을 거예요.

그 차가 고장 나지 않았더라면, + **우리는 도착할 수 있었을 텐데요** + 훨씬 더 일찍

1 그 차가 고장 나지 않았더라면
- **break down**
- 과거 사실에 반대되는 가정을 할 때, '~하지 않았더라면'은 [if S + hadn't p.p.]

2 그 차가 고장 나지 않았더라면, / 우리는 도착할 수 있었을 텐데요
- **could have arrived**
  '~할 수 있었을 텐데'는 [could have p.p.]

3 그 차가 고장 나지 않았더라면, / 우리는 도착할 수 있었을 텐데요 / 훨씬 더 일찍
- **much earlier**
  비교급 앞에 온 much는 '훨씬'의 의미로 비교급을 강조

유제 응용

당신이 그렇게 고집부리지 않았으면, 우리가 합의에 도달했을지도 모르잖아요.

당신이 ~ 아니었다면 + 그렇게 고집스러운, + 우리는 도달했을지도 몰라요 + 합의에

- **so stubborn**
- **reach an agreement**
- '~했을지도 모른다/ 아마 ~했을 텐데'는 [might have p.p.]

STEP 2 응용하여 쓰기

뉘앙스를 생각하며 문장을 만들어 보세요.

1. **당신이 제 조언을 들었다면, 상황이 다르게 전개되었을지도 모르죠.**
   - 당신이 들었다면 + 나의 조언을, + 상황은 되었을지도 모릅니다 + 다르게

   - listen to
   - things turn out
   - turn out은 (일·진행·결과가 특정 방식으로) 되다

2. **그녀가 도움을 요청했으면, 우리가 프로젝트를 제시간에 끝낼 수도 있었을 거예요.**
   - 그녀가 요청했다면 + 도움을, + 우리는 끝낼 수 있었을 거예요 + 그 프로젝트를 + 제시간에

   - ask for help
   - on time
   - '~할 수 있었을 텐데'는 [could have p.p.]

3. **가장 좋아하는 식당인 줄 알았다면, 제가 당신을 거기에 데려갔을 텐데요.**
   - 내가 알았더라면 + 그것이 ~였던 것을 + 당신이 가장 좋아하는 식당, + 나는 데려갔을 텐데요 + 당신을 + 그곳으로

   - If I had known
   - take you there
   - '했을 텐데'는 [would have p.p.]

4. **그가 바로 사과했다면, 그녀가 그렇게 화내지 않았을지도 모릅니다.**
   - 그가 사과했더라면 + 바로, + 그녀는 ~이지 않았을지도 모릅니다 + 그렇게 화난 (상태인)

   - apologize right away
   - might not have been
   - If절은 과거 완료(had p.p.) 시제를 써서 과거 사실의 반대되는 상황을 가정

5. **내가 음식을 조금만 더 많이 만들었으면, 모두에게 충분한 양이 있었을 텐데요.**
   - 내가 요리했더라면 + 조금 더 많은 음식을, + 우리는 가졌을 텐데요 + 충분한 양(음식)을 + 모두에게

   - a little more food
   - have enough for everyone

6. **그들이 제대로 준비했으면, 발표가 엉망이 되지 않았을 겁니다.**
   - 그들이 준비했더라면 + 제대로, + 그 발표는 ~가 되지 않았을 것입니다 + 재앙

   - prepare properly
   - a disaster
   - '~이다/되다'의 be동사를 활용해 '~가 되지 않았을 것이다'는 [wouldn't have been ~]

7 그 일자리 제안을 받아들였다면, 제 인생은 완전히 달라졌을 거예요.

  ○ 제가 받아들였다면 + 그 일자리 제안을, + 제 인생은 ~였을 텐데요 + 완전히 다른 (상태인)

- take that job offer
- completely different
- If절은 과거완료(had p.p.) 시제, 주절은 [would have been + 형용사]로

8 그들이 지침을 따랐다면, 프로젝트는 성공했을 거예요.

  ○ 그들이 따랐더라면 + 그 지침들을, + 그 프로젝트는 ~이었을 거예요 + 성공

- the instructions
- would have been

9 날씨가 더 따뜻했으면, 우리 수영하러 갈 수 있었을 텐데요.

  ○ 그 날씨가 더 따뜻했더라면, + 우리는 갈 수 있었을 텐데요 + 수영하러

- warmer
- go for a swim
- 과거의 다른 가능성을 상상할 때, '~할 수 있었을 텐데'는 [could have p.p.]

10 매니저가 예산을 승인했으면, 우리가 캠페인을 시작할 수 있었을 텐데요.

  ○ 그 매니저가 승인했더라면 + 그 예산을, + 우리는 시작할 수 있었을 텐데요 + 그 캠페인을

- approve the budget
- campaign

11 그 주식에 투자했다면, 당신이 돈을 많이 벌었을지도 모르죠.

  ○ 당신이 투자했더라면 + 그 주식에, + 당신은 벌었을지도 몰라요 + 많은 돈을

- invest in that stock
- make a lot of money
- '~했을지도 모른다/ 아마 ~했을 텐데'는 [might have p.p.]

12 그렇게 피곤하지만 않았으면, 나는 회의가 내일이 아니라 사실 오늘인 걸 깨달았을지도 몰라요.

  ○ 내가 ~ 아니었다면 + 그렇게 피곤한 (상태인), + 나는 깨달았을지도 모릅니다 + 그 회의는 사실 오늘이었다고, + 내일이 아니라

- If I hadn't been
- actually today

UNIT 4 가정법 문장 만들기 3 (혼합 가정법)

대학 때 돈을 좀 더 모았다면 지금쯤 든든한 목돈이 있을 텐데요.

위의 문장은 '과거에 다르게 행동했다면 지금 달라졌을 텐데'의 의미로 if절과 주절의 시제가 서로 다릅니다. 과거 조건이 현재에 미쳤을 영향을 가정할 때 [If S + had p.p., S + would/could/might + V]의 혼합 가정법을 사용합니다.

If I had left early, I would be home now. 일찍 출발했다면, 지금 집에 있을 텐데.

또 현재의 다른 상황이 과거에 미쳤을 영향을 가정할 때는 [If S + 과거 시제, S + would/could/ might have p.p.]의 혼합 가정법을 씁니다.

If I were taller, I would have joined the team last year.
키만 조금 더 크면, 작년에 팀에 들어갔을 텐데.

일반적으로 사람들이 '과거에 달리했다면 지금 어떻게 달라졌을까?'를 상상하는 경우가 훨씬 많아서 if절은 과거를 가정하고 주절은 현재를 상상하는 혼합 가정법을 더 자주 사용합니다.

내가 저축했더라면 + 더 많이 + 대학 시절에, + **나는 가지고 있을 텐데요** + 상당한 목돈을 + 지금쯤

STEP 1 전체 문장 완성하기

다음 문장을 힌트 단어를 보면서 완성해 보세요. MP3 034

1 내가 저축했더라면 / 더 많이
- save more
- '(과거에) ~했다면'은 [If S + had p.p.]

2 내가 저축했더라면 / 더 많이 / 대학 시절에
- during college

3 내가 저축했더라면 / 더 많이 / 대학 시절에, / 나는 가지고 있을 텐데요
- would have
- if절은 과거를 가정하고, 주절은 현재를 상상하는 혼합 가정법 문장

4 내가 저축했더라면 / 더 많이 / 대학 시절에, / 나는 가지고 있을 텐데요 / 상당한 목돈을 / 지금쯤
- a decent nest egg
- '상당한, 제대로 된'은 decent
- '비상금, 저축액, 목돈'은 nest egg

Ans. If I had saved more during college, I would have a decent nest egg now.

▶ 정답 p. 258

유제 1	그들이 사무실에 더 가까운 곳으로 이사했으면 출퇴근 시간이 훨씬 줄어들 텐데요.
	그들이 이사했다면 + 더 가까이 + 그 사무실에, + **그들은 보낼 텐데요** + 훨씬 더 적은 시간을 + 출퇴근하는 데

1 그들이 이사했다면 / 더 가까이 / 그 사무실에,
- move
- If절은 과거완료(had p.p.) 시제를 써서 과거 사실의 반대되는 상황을 가정
- closer to

2 그들이 이사했다면 / 더 가까이 / 그 사무실에, / 그들은 보낼 텐데요 / 훨씬 더 적은 시간을
- would spend
- far less time
- 비교급 앞의 far는 '훨씬'의 의미로 비교급을 강조

3 그들이 이사했다면 / 더 가까이 / 그 사무실에, / 그들은 보낼 텐데요 / 훨씬 더 적은 시간을 / 출퇴근하는 데
- commuting
- '~하는 데 시간을 보내다/들이다'는 [spend time + Ving]

유제 2	회원이라면 지난주에 얼리버드 할인을 받았을 텐데요.
	당신이 회원이라면, + **당신은 받았을 텐데요** + 그 얼리버드 할인을 + 지난주에

1 당신이 회원이라면
- a member
- 현재 사실에 반대되는 가정으로, '당신이 ~라면'은 [If you were ~]

2 당신이 회원이라면, / 당신은 받았을 텐데요
- receive
- 현재의 조건이 과거에 미쳤을 영향을 가정하는 혼합 가정법으로 주절은 [would have p.p.]

3 당신이 회원이라면, / 당신은 받았을 텐데요 / 그 얼리버드 할인을 / 지난주에
- the early-bird discount

유제 응용	제가 거절을 더 잘하는 사람이라면, 지난달에 그 힘든 프로젝트를 피했을 텐데요.
	제가 더 잘한다면 + 말하는 것을 + 아니라고, + 저는 피했을 텐데요 + 그 힘든 프로젝트를 + 지난달에

- better at saying no
- '거절하다, no(노)라고 말하다'는 say no
- 현재의 조건이 과거에 미쳤을 영향을 가정하는 문장
- that exhausting project

STEP 2 응용하여 쓰기

뉘앙스를 생각하며 문장을 만들어 보세요.

1 우리가 작년에 태양광 패널을 달았다면, 지금 전기 요금을 훨씬 적게 내고 있을 텐데요.

↻ 우리가 설치했다면 + 태양광 패널들을 + 작년에, + 우리는 지불하고 있을 텐데요 + 훨씬 적게 + 전기에 대해 + 지금

- install solar panels
- pay much less
- 과거에 했다면 현재 달라졌을 상황을 가정하는 혼합 가정법
- [would be Ving]로 지금 진행되고 있을 일을 더 생생하게 묘사함

2 매일 아침 요가를 연습했다면, 요즘 훨씬 더 몸이 유연하다고 느낄 수 있을 텐데요.

↻ 당신이 연습했더라면 + 요가를 + 매일 아침, + 당신은 느낄 수 있을 텐데요 + 훨씬 더 유연한 (상태로) + 요즘

- If절은 과거완료(had p.p.) 시제를 써서 과거 사실의 반대 상황을 가정
- a lot more flexible
  비교급 앞의 a lot은 '훨씬'의 의미로 비교급을 강조
- these days

3 그녀가 더 일찍 인맥을 넓혔다면, 지금쯤 검토할 수 있는 일자리 제안이 여러 개 들어와 있을 텐데요.

↻ 그녀가 시작했더라면 + 인적 네트워크 형성을 + 더 일찍, + 그녀는 가질 수 있을 텐데요 + 여러 개의 일자리 제안들을 + 검토할 수 있는 + 지금쯤

- start networking
- multiple job offers
- on the table

* on the table은 '논의, 검토할 수 있도록 제안된, 선택할 수 있는' 상태를 나타내는 비유적 표현입니다.

4 당신이 작년에 설탕을 줄였다면, 올여름엔 더 건강하다고 느끼고 있을지도 모르죠.

↻ 당신이 줄였더라면 + 설탕을 + 작년에, + 당신은 느끼고 있을지도 몰라요 + 더 건강한 (상태로) + 올여름에

- cut down on sugar
- might be feeling
  올여름 내내 몸이 더 건강하다고 느끼는 중일 거라는 진행과 지속의 의미를 강조

5 호텔을 더 일찍 예약했다면, 지금쯤 우리가 바다 전망이 보이는 방에 묵고 있을지도 몰라요.

↻ 우리가 예약했더라면 + 그 호텔을 + 더 일찍, + 우리는 묵고 있을지도 몰라요 + 바다 전망 방에 + 지금쯤

- book the hotel
- in a sea-view room
- right now

6 회사가 그 당시 클라우드 저장소에 투자했다면, 우리가 현재 확장 가능한 서버를 보유하고 있을 텐데요.

↻ 그 회사가 투자했더라면 + 클라우드 저장소에 + 그 당시에, + 우리는 갖고 있을 텐데요 + 확장 가능한 서버들을 + 현재

- invest in cloud storage
- scalable servers
- '그 당시에, 과거 그때에'는 back then
- '현재에, 바로 지금'은 at the moment

7 당신 내선 번호를 외워 뒀으면, 매번 전화번호부 찾지 않고 바로 전화할 텐데요.

　○ 내가 외워 뒀다면 + 당신의 내선 번호를, + 나는 전화할 텐데요 + 당신에게 + 확인하지 않고 + 그 전화번호부를 + 매번

- extension
- checking the directory
- each time
- If절은 과거완료(had p.p.) 시제, 주절은 [would + V]의 혼합 가정법

8 내가 밤새 휴대폰을 충전했으면, 지금 당장 충전기를 찾느라 허둥대고 있지는 않을 텐데요.

　○ 내가 충전했더라면 + 나의 휴대폰을 + 밤새, + 나는 허둥대고 있지 않을 텐데요 + 충전기를 찾느라 + 지금 당장

- overnight
- I wouldn't be scrambling
- '~을 얻기 위해 허둥지둥 움직이다, 허둥대며 찾다'는 scramble for ~

9 그가 스페인어를 유창하게 한다면, 마드리드에서 그 일자리를 맡을 수 있었을 텐데요.

　○ 그가 말한다면 + 스페인어를 + 유창하게, + 그는 맡을 수 있었을 텐데요 + 그 일자리를 + 마드리드에서

- could have taken
- in Madrid
- [If S + 과거 시제, S + could have p.p.]는 현재의 다른 조건이 과거에 미쳤을 영향을 가정하는 혼합 가정법

10 당신이 마감일을 신경 쓴다면, 월요일에 양식을 제출했을 거예요.

　○ 당신이 신경 쓴다면 + 마감일들에 대해, + 당신은 제출했을 거예요 + 그 양식을 + 월요일에

- care about
- submit the form
- 현재의 조건이 과거에 미쳤을 영향을 가정하는 혼합 가정법으로 주절은 [would have p.p.]

11 내가 길눈이 밝다면, 어젯밤 당신 집에 오는 길에 헤매지 않았을 거예요.

　○ 내가 더 밝다면 + 방향들에, + 나는 되지 않았을 거예요 + 길을 잃은 (상태로) + 내가 가는 길에 + 당신의 집으로 + 어젯밤

- wouldn't have gotten lost
- on my way
- to your place
- '길눈이 밝다'는 be good with directions

12 그녀가 대중 연설에 자신 있는 사람이라면, 지난달 컨퍼런스에서 기조연설을 했을지도 몰라요.

　○ 그녀가 더 자신 있다면 + 대중 연설에, + 그녀는 주었을지도 모릅니다 + 그 기조연설을 + 지난달의 컨퍼런스에서

- confident with public speaking
- give the keynote
- 현재의 조건이 과거에 미쳤을 영향을 가정하는 혼합 가정법으로 주절은 [might have p.p.]

UNIT 5
I wish 가정법, as if 가정법 문장 만들기

오늘 비 오는 대신에 날씨가 맑으면 좋겠어요.

사실이 아니거나 바라는 대로 되지 않은 상황에 대해 아쉬움을 표현할 때 [I wish 가정법]을 자주 씁니다. I wish 뒤에 that절이 오는 구조인데 that은 자주 생략돼요.

* I wish S + 과거 시제(were/과거형 동사): '지금 ~면 좋을 텐데' [현재 사실의 반대를 가정]
* I wish S + had p.p.: '그때 ~했더라면/~였다면 좋았을 텐데' [과거 사실의 반대를 가정]

또, 사실이 아닌 상황을 표현할 때 [as if + 과거/과거완료 시제]를 써서 비현실성을 강조할 수 있습니다. as if 뒤에 과거형 문장을 써서 '마치 ~인 것처럼', 과거완료형 문장을 써서 '마치 ~했던 것처럼'이라는 의미를 나타냅니다.

    He acts as if he were rich. 그는 마치 부자인 것처럼 행동한다. (실제로는 부자가 아님)
    He talked as if he had won the lottery. 그는 마치 복권에 당첨된 것처럼 말했다. (실제 당첨되지 않았음)

좋겠어요 + 날씨가 맑으면 + 오늘 + 비가 오는 대신에

STEP 1   전체 문장 완성하기

다음 문장을 힌트 단어를 보면서 완성해 보세요.    MP3 035

1   좋겠어요

    • **I wish**
    현재 사실의 반대를 가정할 때 I wish 다음에 오는 문장은 과거 시제로

2   좋겠어요 / 날씨가 맑으면 / 오늘

    • **it were sunny**
    I wish 가정법에서 be동사는 주어에 상관없이 were로 씀 (현재 사실의 반대를 가정)

3   좋겠어요 / 날씨가 맑으면 / 오늘 / 비가 오는 대신에

    • **instead of raining**

Ans. I wish it were sunny today instead of raining.

---

* 가정법 과거에서 be동사는 were로 씁니다.
비격식 대화나 일상적인 말에서는 was를 사용하는 때도 있어요.
I wish it was warm. 날씨가 따뜻하면 좋겠어요.
She talks as if she was the CEO. 그녀는 자기가 CEO인 것처럼 말해요.

그러나 공식적인 문장이나 정확한 가정법 표현에서는 were가 쓰입니다.
I wish it were warm.
She talks as if she were the CEO.

▶ 정답 p. 258

| 유제 1 | 당신이 더 일찍 나에게 진실을 말했다면 좋았을 텐데요.
좋았을 텐데요 + 당신이 말해 줬더라면 + 나에게 + 그 진실을 + 더 일찍 |

1 좋았을 텐데요
- I wish

2 좋았을 텐데요 / 당신이 말해 줬더라면
- you had told
- 과거 사실의 반대를 가정할 때 I wish 다음에 오는 문장은 과거완료(had p.p.) 시제

3 좋았을 텐데요 / 당신이 말해 줬더라면 / 나에게 / 그 진실을
- the truth

4 좋았을 텐데요 / 당신이 말해 줬더라면 / 나에게 / 그 진실을 / 더 일찍
- earlier

| 유제 2 | 그는 마치 여기서 자신이 상사인 것처럼 행동해요.
그는 행동해요 + 마치 그가 ~인 것처럼 + 그 상사 + 여기서 |

1 그는 행동해요
- act

2 그는 행동해요 / 마치 그가 ~인 것처럼 / 그 상사
- as if he were the boss
- 현재 사실과 반대되는 가정법은 [as if + 과거 시제]이며, be동사는 주어에 상관없이 were로 씀

3 그는 행동해요 / 마치 그가 ~인 것처럼 / 그 상사 / 여기서
- here

| 유제 응용 | 그는 마치 내가 뭔가 잘못한 것처럼 나를 쳐다봤어요.
그는 쳐다봤어요 + 나를 + 마치 내가 한 것처럼 + 뭔가 잘못된 일을 |

- look at me
- something wrong
- 과거 사실과 반대되는 것을 가정할 때, [as if S + had p.p.]로

STEP 2 응용하여 쓰기

뉘앙스를 생각하며 문장을 만들어 보세요. MP3 035

1 이 질문에 대한 답을 알면 좋겠어요. 정말 신경 쓰여요.
  ↻ 좋겠어요 + 내가 안다면 + 그 답을 + 이 질문에 대한; 그건 정말 신경 쓰이게 해요 + 나를

- bothering me
- 현재 사실에 반대되는 가정은 [I wish + 과거 시제]

* 세미콜론(;)은 접속사 없이 두 문장을 밀접하게 연결하면서 마침표보다는 약하게 분리하는 효과가 있습니다.

2 스트레스를 받을 때도 차분할 수 있으면 좋겠어요.
  ↻ 좋겠어요 + 내가 지낼 수 있으면 + 침착한 (상태로) + 스트레스가 많은 상황들 속에도

- stay clam
- in stressful situations
- [I wish I could + V]로 현재 할 수 없는 능력, 상황에 대한 아쉬움을 표현

3 날 필요로 했을 때 당신 곁에 있었으면 좋았을 텐데요.
  ↻ 좋았을 텐데요 + 내가 있었다면 + 거기에 + 당신을 위해 + 당신이 필요로 했을 때 + 나를

- be there for you
- [I wish S + had p.p.]로 과거에 하지 못했던 일에 대한 후회, 아쉬움을 표현

4 사소한 모든 것까지 지나치게 고민하는 걸 당신이 그만하면 좋겠어요.
  ↻ 좋겠어요 + 당신이 그만하면 + 너무 많이 생각하는 것을 + 모든 사소한 것을

- overthinking
- every little thing
- [I wish S would + V]는 현재 상황에 대한 유감을 나타내며 변화가 있기를 바라는 것을 표현

5 계획만 세우지 말고 행동으로 옮기면 좋겠어요.
  ↻ 좋겠어요 + 당신이 취하면 좋겠어요 + 행동을 + 단지 만드는 것 대신 + 계획들을

- take action
- just making plans
- '~ 대신에, ~하지 않고'는 instead of ~

6 어제 비가 안 왔으면 좋았을 텐데, 그러면 우리가 하이킹을 하러 갈 수도 있었을 텐데요.
  ↻ 좋았을 텐데요 + 비가 오지 않았더라면 + 어제, + 그래서 + 우리는 갈 수도 있었을 텐데요 + 하이킹하러

- so
- could have gone hiking
- 과거 상황의 반대를 가정할 때, [I wish + 과거완료 시제]

7 그에게 그런 말을 하지 않았으면 좋았을 텐데. 지금 너무 후회돼요.

- 좋았을 텐데요 + 내가 말하지 않았더라면 + 그런 말들을 + 그에게.
 나는 후회해요 + 그것을 + 아주 많이 + 지금

- said those things
- regret it
- [I wish I hadn't p.p.]
 '~하지 않았더라면 좋았을 텐데'라고 과거의 행동을 후회

8 그녀는 마치 결과에 신경 쓰지 않는 것처럼 행동해요.

- 그녀는 행동해요 + 마치가 그녀가 신경 쓰지 않는 것처럼 + 그 결과들에 대해

- care about the consequences
- 현재 사실과 반대임을 [as if + 과거 시제]로 표현

9 그들은 부자인 것처럼 행동하지만, 사실 빚더미에 앉아 있어요.

- 그들은 행동해요 + 마치 그들이 부자인 것처럼, + 하지만 +
 그들은 실제로는 ~예요 + 빚을 지고 있는

- in debt

10 당신이 마치 그 결정을 완전히 받아들이는 것처럼 들리네요.

- 당신은 들리네요 + 마치 당신이 ~인 것처럼 + 완전히 괜찮은 + 그 결정에

- completely fine with
- 현재 사실과 반대임을 [as if + 과거 시제]로 표현

11 그녀는 나한테 마치 우리가 몇 년 동안 절친이었던 것처럼 말했어요.

- 그녀는 말했어요 + 나에게 + 마치 우리가 ~였던 것처럼 + 가장 친한 친구들 +
 몇 년 동안

- spoke
- we had been
- for years
- 과거 사실과 반대되는 것을 가정할 때는 [as if S + had p.p.]로

12 그는 우리가 심하게 다툰 적이 있는 것처럼 날 피했어요.

- 그는 피했어요 + 나를 + 마치 우리가 가졌었던 것처럼 + 심한 다툼을

- avoided
- a huge argument
- 실제로 싸우지 않았지만 마치 다툼이 있었던 것처럼 → as if절은 과거완료 시제로

UNIT 6
if only 가정법 문장 만들기

이런 상황에서 무슨 말을 해야 할지 알면 얼마나 좋을까요!

다른 상황이기를 바라는 소망을 강하게 표현할 때 if only 구문을 씁니다. I wish 가정법 문장과 같은 의미지만, 더 절실한 소망을 나타내죠. if only절만으로도 문장이 완전한 의미가 있을 수 있어서 주절은 생략하고 if only절만 쓰는 경우도 많습니다.

* **If only + 주어 + 과거 시제**: 현재 상황에 대한 소망
  If only you were here! 네가 여기 있다면 얼마나 좋을까!

* **If only + 주어 + would + 동사원형**: 미래에 대한 소망, 주어의 의지나 변화를 기대할 때 사용
  If only somebody would smile! 누군가 웃어 준다면 얼마나 좋을까!

* **If only + 주어 + 과거완료 시제(had p.p.)**: 과거 상황에 대한 소망 또는 아쉬움
  If only I had kept my mouth shut. 내가 입을 다물고 있었다면 얼마나 좋았을까.

얼마나 좋을까요 + 내가 안다면 + 무엇을 말해야 할지 + 상황들에서 + 이와 같은

STEP 1 전체 문장 완성하기

다음 문장을 힌트 단어를 보면서 완성해 보세요.

1 얼마나 좋을까요 / 내가 안다면

• **If only**
현재 상황과 반대되는 소망은 [If only + 과거 시제]

---

2 얼마나 좋을까요 / 내가 안다면 / 무엇을 말해야 할지

• **what to say**

---

3 얼마나 좋을까요 / 내가 안다면 / 무엇을 말해야 할지 / 상황들에서

• **in situations**

---

4 얼마나 좋을까요 / 내가 안다면 / 무엇을 말해야 할지 / 상황들에서 / 이와 같은

• **like this**

Ans. If only I knew what to say in situations like this!

유제 1

그가 새로운 것을 시도하는 걸 그렇게 두려워하지만 않는다면 얼마나 좋을까요!

얼마나 좋을까요 + **그가** 그렇게 두려워하지 **않는다면** + 시도하는 것을 + 뭔가 새로운 것을

1 얼마나 좋을까요 / 그가 그렇게 두려워하지 않는다면
- so
- [If only + 주어 + 과거 시제]로 현재 상황의 반대를 가정
- '~을 두려워하는, 무서워하는'은 [afraid of + (동)명사]

2 얼마나 좋을까요 / 그가 그렇게 두려워하지 않는다면 / 시도하는 것을
- trying

3 얼마나 좋을까요 / 그가 그렇게 두려워하지 않는다면 / 시도하는 것을 / 뭔가 새로운 것을
- something new

유제 2

그가 진짜 속마음을 말하기만 한다면 얼마나 좋을까요!

얼마나 좋을까요 + **그가 그냥 말하기만 한다면** + 그가 진정으로 느끼는 것을

1 얼마나 좋을까요 / 그가 그냥 말하기만 한다면
- just say
- 미래에 대한 소망, 태도/행동 변화의 기대는 [If only S + would + V] 로 표현

2 얼마나 좋을까요 / 그가 그냥 말하기만 한다면 / 그가 진정으로 느끼는 것을
- what he really feels

유제 응용

그녀가 전화를 받아 주기만 하면, 이 문제를 즉시 해결할 수 있을 텐데요.

그녀가 받아 준다면 + 그녀의 전화를, + 우리가 해결할 수 있을 텐데요 + 이것을 + 즉시

- she would pick up
- we could
- right away
- '문제를 해결하다, ~을 해결하다'는 sort out (대명사 목적어를 취할 때 분리되는 구동사)

STEP 2 응용하여 쓰기

뉘앙스를 생각하며 문장을 만들어 보세요.

---

1 그 어색한 커피 휴식 때마다 내가 스몰토크를 더 잘한다면 얼마나 좋을까요!

↻ 얼마나 좋을까요 + 내가 더 잘한다면 + 스몰토크를 + 그 어색한 커피 휴식들 동안

- better at small talk
- those awkward coffee breaks
- [If only + 주어 + 과거 시제]로 현재 상황과 관련된 소망을 표현

---

2 마감일이 긴 연휴 주말 직후에 있는 게 아니라면 얼마나 좋을까요!

↻ 얼마나 좋을까요 + 그 마감일이 있지 않다면 + 긴 연휴 주말 직후에

- the deadline weren't
- a long holiday weekend
- '~ 직후에, ~ 바로 후에'는 right after ~

---

3 이 비좁은 아파트에 햇빛이 쏟아질 창문이 하나만 더 있다면 얼마나 좋을까요!

↻ 얼마나 좋을까요 + 이 비좁은 아파트가 갖고 있다면 + 단지 하나만 더 창문을 + (하게 할 + 그 햇빛이 + 쏟아져 들어오는 것을)

- just one more window
- to let the sunlight pour in
- '비좁은, 갑갑한'은 cramped

---

4 그가 조금만 더 인내심이 있다면, 우리가 제대로 된 대화를 나눌 수 있을 텐데요.

↻ 그가 ~라면 + 조금만 더 인내심이 있는, + 우리는 가질 수 있을 텐데요 + 제대로 된 대화를

- a little more patient
- a proper conversation
- 현재 상황과 관련된 소망은 [If only + 주어 + 과거 시제]로
- '~할 수 있을 텐데'는 [could + V]

---

5 이웃들이 공공장소에서 개에게 목줄을 채워 준다면 얼마나 좋을까요!

↻ 얼마나 좋을까요 + 그 이웃들이 유지한다면 + 그들의 개를 + 줄에 맨 채로 + 공공장소들에서

- in public places
- 미래에 대한 소망, 행동의 기대는 [If only S + would + V]
- '(반려동물 등을) 줄에 매다, ~을 끈으로 매어두다'는 keep ~ on a leash

---

6 그가 자신의 책임을 더 진지하게 받아들인다면 얼마나 좋을까요!

↻ 얼마나 좋을까요 + 그가 받아들인다면 + 그의 책임들을 + 더 진지하게

- would take
- more seriously

7	상사가 하루 쉬게 해 준다면 (얼마나 좋을까요), 내가 드디어 좀 쉴 수 있을 텐데요.	• let me take a day off
	↻ 내 상사가 허락해 준다면 + 내가 + 취하도록 + 하루 휴가를, + 나는 드디어 얻을 수 있을 텐데요 + 약간의 휴식을	• could finally get • 현재 휴가를 얻지 못한 상황 → 미래에 대한 소망을 [If only S + would + V]로 표현

8	처음부터 그가 나에게 좀 더 솔직했다면 얼마나 좋았을까요!	• more honest with me
	↻ 얼마나 좋았을까요 + 그가 더 솔직했다면 + 나에게 + 그 시작부터	• from the start • 과거 상황의 반대를 가정해 아쉬움을 표현할 때는 [If only + 주어 + 과거완료 시제]

9	그 팀이 소프트웨어를 철저히 테스트만 했다면 얼마나 좋았을까요!	• thoroughly
	↻ 얼마나 좋았을까요 + 그 팀이 철저히 테스트했다면 + 그 소프트웨어를	• 과거일에 대한 후회, 아쉬움에 다른 상황이었기를 소망하는 문장으로, [If only + 주어 + 과거완료 시제]

10	고등학교 때 좀 더 열심히 공부했다면 얼마나 좋았을까요!	• a bit harder • in high school
	↻ 얼마나 좋았을까요 + 내가 공부했다면 + 조금 더 열심히 + 고등학교 때	

11	직감을 믿었다면 (얼마나 좋았을까요), 그런 실수를 하지 않았을 텐데요.	• trust my instincts
	↻ 내가 믿었더라면 + 나의 직감들을, + 나는 하지 않았을 텐데요 + 그런 실수를	• make that mistake • 과거에 대한 후회 → 과거 사실에 반대를 가정하는 문장이며, [If only S + had p.p., S + wouldn't have p.p.] 구조로

12	그들이 조금만 더 일찍 출발했으면 (얼마나 좋았을까요) 기차를 놓치지 않았을 텐데요.	• leave a little earlier
	↻ 그들이 출발했더라면 + 조금만 더 일찍, + 그들은 놓치지 않았을 텐데요 + 그 기차를	

UNIT 7
if it were not for 가정법 문장 만들기

당신 도움이 없다면, 나는 지금 완전히 길을 잃을 거예요.

'~이 없다면/아니면'이라고 상황을 뒤바꿔 놓을 사건이나 상황을 가정할 때, [If it were not for ~] 구문을 이용해 현재 사실과 반대되는 가정을 표현합니다.

* If it weren't for my alarm, I would oversleep every day.
  알람이 없다면 난 매일 늦잠을 잘 거예요.

'~이 없었다면/아니었다면'이라고 과거 상황을 가정할 때는 [If it had not been for ~]를 씁니다.

* If it hadn't been for the map, we would have taken the wrong turn.
  지도가 없었다면, 우리는 길을 잘못 들었을 거야.

참고로, but for는 if it were not for나 if it had not been for를 모두 대체해 쓸 수 있습니다.

 없다면 + 당신의 도움이, + 나는 ~일 거예요 + 완전히 길을 잃은 + 바로 지금

STEP 1 전체 문장 완성하기

다음 문장을 힌트 단어를 보면서 완성해 보세요. MP3 037

1 없다면 / 당신의 도움이
   • **If it were not for**
   현재 상황과 반대되는 가정으로 '~이 없다면/아니면'은 [If it were not for~]로 표현

2 없다면 / 당신의 도움이, / 나는 ~일 거예요
   • **I would be**
   가정, 상상하는 결과를 말할 때 [would + V]

3 없다면 / 당신의 도움이, / 나는 ~일 거예요 / 완전히 길을 잃은
   • **completely lost**

4 없다면 / 당신의 도움이, / 나는 ~일 거예요 / 완전히 길을 잃은 / 바로 지금
   • **right now**

Ans. If it were not for your help, I would be completely lost right now.

▶ 정답 p. 259

유제 1	커피가 없으면, 나는 월요일 아침을 못 버틸 거예요. 없다면 + 내 커피가, + **나는 견디지 못할 거예요** + 월요일 아침들을

1 없다면 / 내 커피가
- **If it weren't for**
- were not을 weren't로 축약 가능

2 없다면 / 내 커피가, / 나는 견디지 못할 거예요
- **wouldn't survive**

3 없다면 / 내 커피가, / 나는 견디지 못할 거예요 / 월요일 아침들을
- **Monday mornings**

유제 2	당신이 날 격려해 주지 않았다면, 나는 진작에 그만뒀을 거예요. 없었다면 + 당신의 격려가, + **나는 그만뒀을 거예요** + 오래전에

1 없었다면 / 당신의 격려가
- **encouragement**
- 과거 상황과 반대되는 가정으로 '~이 없었다면/아니었다면'은 [If it hadn't been for ~]

2 없었다면 / 당신의 격려가, / 나는 그만뒀을 거예요
- **quit**
- '~했을 것이다'라고 과거 상황을 가정할 때는 [would have p.p.]

3 없었다면 / 당신의 격려가, / 나는 그만뒀을 거예요 / 오래전에
- **long ago**

유제 응용	그녀가 빠르게 생각하지 않았다면, 우리는 심각한 곤경에 빠졌을 거예요. 없었다면 + 그녀의 빠른 생각이, + 우리는 있었을 거예요 + 심각한 곤경에

- **her quick thinking**
- **in serious trouble**
- '~이 없었다면/아니었다면'은 [If it hadn't been for ~]로 과거 상황을 가정

STEP 2 응용하여 쓰기

뉘앙스를 생각하며 문장을 만들어 보세요.

1. 단체 채팅방이 없으면, 우리는 학교 공지 사항의 절반을 놓칠 거예요.
   - 없다면 + 그 단체 채팅이, + 우리는 놓칠 거예요 + 절반의 그 학교 공지 사항들을

   - the group chat
   - we'd miss
   - announcements
   - 현재 상황과 반대되는 가정으로 '~이 없다면/아니면'은 [If it were not for ~]

* '학교 공지 사항의 절반'은 한정사 half(절반의, 반의)가 뒤에 오는 명사구를 수식하는 구조로 표현합니다.

2. 그녀가 매일 알려 주지 않으면, 나는 약 먹는 걸 잊어버릴 거예요.
   - 없다면 + 그녀의 매일 알림들이, + 나는 잊어버릴 거예요 + 복용하는 것을 + 나의 약을

   - take my medication
   - reminder는 '상기시키는 것, 생각나게 하는 것'
   - '~하는 것을 잊다'는 [forget to + 동사원형]

3. GPS가 없으면 나는 시내로 운전할 때마다 길을 잃을 거예요.
   - 없다면 + GPS가, + 나는 ~하게 될 거예요 + 길을 잃은 (상태로) + 내가 운전할 때마다 + 시내로

   - I'd get lost
   - every time
   - 여기서 every time은 부사절 접속사로 '~할 때마다'의 의미

4. 인맥이 없다면, 그는 지금 그곳에서 일하고 있지 않을 텐데요.
   - 없다면 + 그의 인맥들이, + 그는 일하고 있지 않을 텐데요 + 그곳에서 + 지금

   - connections
   - he wouldn't be working
   - 인맥 덕분에 지금도 거기서 계속 일하는 중임을 진행형(would be Ving)으로 뉘앙스를 살림

5. 멘토의 지도가 없었다면 그 프로젝트는 틀어졌을 거예요.
   - 없었다면 + 그 멘토의 지도가, + 그 프로젝트는 탈선했을 거예요.

   - the mentor's guidance
   - would have derailed
   - 과거 상황과 반대되는 가정으로 '~이 없었다면/아니었다면'은 [If it hadn't been for ~]

* derail은 원래 기차가 '탈선하다'의 의미로 '(일·계획이) 틀어지다, 큰 차질을 빚다'를 뜻할 때도 자주 씁니다.

6. 그녀가 조기에 진단받지 못했다면 치료가 훨씬 어려웠을 겁니다.
   - 없었다면 + 그녀의 조기 진단이, + 치료가 ~였을 겁니다 + 훨씬 더 어려운

   - early diagnosis
   - much harder

7 그의 결단이 없었다면, 회사는 파산했을 거예요.

⭕ 없었다면 + 그의 결단이, + 그 회사는 파산했을 거예요.

- determination
- go bankrupt

8 때마침 당신의 조언이 아니었다면, 내가 어찌했을지 모르겠어요.

⭕ 없었다면 + 당신의 시기적절한 조언이, + 나는 모르겠어요 + 무슨 일을 + 내가 했을지

- your timely advice
- I don't know

'내가 무엇을 했을지'는 what I would have done으로 과거에 다르게 취했을 행동을 가정

* 9-12번은 But for를 활용해 영작해 보세요.

9 그녀의 유머 감각이 아니면, 우리 팀 회의는 견디기 힘들 거예요.

⭕ 없다면 + 그녀의 유머 감각이, + 우리 팀 회의들은 ~일 거예요 + 참을 수 없는

- But for

if it were not for 대신 But for를 써도 같은 의미

- sense of humor
- unbearable

10 소음 차단 헤드폰이 없으면, 이 오픈 오피스에서 집중할 수 없을 거예요.

⭕ 없으면 + 그 소음 차단 헤드폰들이, + 나는 집중할 수 없을 거예요 + 이 오픈 오피스 안에서

- noise-canceling
- in this open office

* open office: 칸막이 없이 한 공간을 공유하는 사무실 형태

11 적시에 백업하지 않았다면, 몇 달 치 연구 데이터를 잃었을 거예요.

⭕ 없었다면 + 그 적시의 백업이, + 우리는 잃었을 거예요 + 몇 달 치의 연구 데이터를

- timely backup
- months of research data

12 통역사의 도움이 없었다면, 어제 어떻게 계약을 성사시켰을지 모르겠어요.

⭕ 없었다면 + 그 통역사의 도움이, + 나는 모르겠어요 + 어떻게 우리가 성사시켰을지 + 그 계약을 + 어제

- translator
- how we would have closed

'계약을 맺다, 협상을 마무리 짓다'는 close the deal

* I don't know(현재 시점에서 '모르겠다'라는 화자의 인식) + how we would have closed ~('어떻게 성사시켰을지' 과거의 상황을 가정)

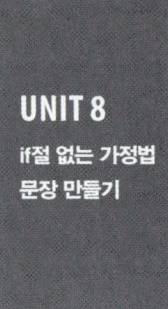

UNIT 8
if절 없는 가정법 문장 만들기

A 복권에 당첨된다면 뭘 할 거예요?
B 세계 여행하고 해변에 있는 집을 살 거예요.

가정법 문장은 일반적으로 if절(조건절)과 주절(결과절)로 구성되지만, if절 없이 주절만으로도 가정의 의미를 전달할 수 있는 경우가 많아요. 이때, 주절은 보통 would, could, might 등을 사용하여 가정의 의미를 전달합니다. 위의 대화에서 B의 대답은 if절을 생략하고 would로 가정법 문장을 표현할 수 있어요. 원어민은 일상 대화에서 if절이 없는 가정법 문장을 자주 사용해 간결하고 함축적인 표현으로 의미를 전달합니다. 대화에서 자주 쓰이는 가정법 문장 만들기를 통해 원어민다운 표현 방식을 자연스럽게 익혀 보세요.

A What would you do if you won the lottery?
B 나는 여행할 거예요 + 세계를 + 그리고 + 살 거예요 + 집 한 채를 + 그 해변에 있는

STEP 1 전체 문장 완성하기

다음 문장을 힌트 단어를 보면서 완성해 보세요. MP3 038

1 나는 여행할 거예요 / 세계를
• I would travel
현재 사실과 반대되는 상황을 If절은 생략하고 [would + V]로 가정법 문장 가능

2 나는 여행할 거예요 / 세계를 / 그리고 / 살 거예요 / 집 한 채를
• buy a house

3 나는 여행할 거예요 / 세계를 / 그리고 / 살 거예요 / 집 한 채를 / 그 해변에 있는
• by the beach

Ans. A What would you do if you won the lottery?
B I would travel the world and buy a house by the beach.

▶ 정답 p. 259

| 유제 1 | A What would you do if you could go back ten years? 10년 전으로 돌아갈 수 있다면 뭐 할 거예요?
B 내 교육에 투자하고 집을 일찍 사게 돈을 모으기 시작할 거예요.
나는 투자할 거예요 + 나의 교육에 + 그리고 + **시작할 거예요** + 저축하기를 + 집을 위해 + 더 일찍 |

1   나는 투자할 거예요 / 나의 교육에

• **invest in**
If절은 생략하고 [would + V]로 가정법 문장 가능

2   나는 투자할 거예요 / 나의 교육에 / 그리고 / 시작할 거예요 / 저축하기를

• **start saving**

3   나는 투자할 거예요 / 나의 교육에 / 그리고 / 시작할 거예요 / 저축하기를 / 집을 위해 / 더 일찍

• **for a house**

| 유제 2 | A What would you have done if you had lost your passport abroad?
해외에서 여권을 잃어버렸다면 어떻게 했을 것 같아요?
B 바로 대사관에 가서 도움을 청했을 거예요.
나는 갔을 거예요 + 곧장 + 그 대사관으로 + 도움을 위해 |

1   나는 갔을 거예요 / 곧장

• **go straight**
• '~했을 것이다, ~했을 텐데'라고 과거 상황을 가정할 때 [would have p.p.]

2   나는 갔을 거예요 / 곧장 / 그 대사관으로

• **to the embassy**

3   나는 갔을 거예요 / 곧장 / 그 대사관으로 / 도움을 위해

• **for help**

| 유제 응용 | A What would you have said if your boss had asked you to work on the weekend? 상사가 주말에 일하라고 했으면 뭐라고 말했을 것 같아요?
B 이미 가족과 계획이 있었다고 말했을 거예요.
나는 말했을 거예요 + 그에게 + 나는 이미 있었다고 + 계획들이 + 나의 가족과 |

• **already had plans**

STEP 2 응용하여 쓰기

뉘앙스를 생각하며 문장을 만들어 보세요.

---

1 **A** Mike just asked me to lend him $100 again.
마이크가 또 나한테 100달러를 빌려 달라고 했어요.

B 내가 당신이라면 그에게 돈 빌려주지 않을 거예요.

↻ 내가 당신 입장이라면, + 나는 빌려주지 않을 거예요 + 그에게 + 돈을

- **wouldn't lend**
- '내가 당신이라면/당신 입장이라면'은 in your place로 (if절 없이 부사구가 조건의 의미를 대신)

---

2 **A** What would you do if you were the boss?
당신이 사장이라면 뭘 할 건가요?

B 모두에게 급여 인상을 해 줄 거예요. 정말 열심히 일하거든요.

↻ 나는 줄 거예요 + 모두에게 + 급여 인상을. + 그들은 일해요 + 아주 열심히

- **a raise**
- **so hard**

---

3 **A** What would you do if you were in my shoes?
당신이 제 입장이라면 어떻게 할 건가요?

B 결정을 내리기 전에 심사숙고하게 시간을 좀 가질 거예요.

↻ 나는 취할 거예요 + 약간의 시간을 + 심사숙고하기 위해 + 그것을 + 결정을 내리기 전에

- **take some time**
- '~을 심사숙고하다, 신중히 생각하다'는 think over (대명사 목적어를 취할 때 분리되는 구동사)

---

4 **A** What would you have said if he had apologized?
그가 사과했다면 당신은 뭐라고 했을까요?

B 아마 그를 용서했을지도 몰라요.

↻ 나는 용서했을지도 몰라요 + 그를

- **forgive**
- '~했을지도 모른다, 아마 ~했을 텐데'라고 과거 상황을 가정할 때는 [might have p.p.]

---

5 **A** I found a wallet with $500 in it. What would you have done if no one had been around?
500달러가 든 지갑을 발견했어요. 주변에 아무도 없었다면 당신은 어떻게 했을 것 같아요?

B 그래도 난 그걸 경찰에 제출했을 거예요. 내 것이 아니니까요.

↻ 나는 그래도 제출했을 거예요 + 그것을 + 경찰에. 그것은 아니니까요 + 내 것이

- **still**
- **turn it in**
- '~했을 것이다, ~했을 텐데'라고 과거 상황을 가정할 때 [would have p.p.]

6 A I can't believe Lisa told everyone about my secret.
리사가 모두에게 내 비밀에 대해 말했다는 게 믿기지 않아요.

B 끔찍하네요. 진짜 친구라면 당신에 대한 그런 소문을 퍼뜨리지 않았을 거예요.

🔄 그것은 끔찍하네요. 진짜 친구는 퍼뜨리지 않았을 거예요 + 그런 소문들을 + 당신에 대한

- **A real friend**
  명사가 조건절 if절을 대신할 수 있어서 If she were a real friend, she would ~ → A real friend would ~
- **spread such rumors**

7 A What if I tell the boss the project's finished even though it's not?
끝난 건 아니지만 프로젝트가 끝났다고 상사한테 말하면 어떨까요?

B 안 좋은 생각이에요. 그녀는 알아챌 거고, 당신은 그녀의 신뢰를 잃게 되겠죠.

🔄 안 좋은 생각이에요. 그녀는 알게 될 거예요, + 그리고 + 당신은 잃을 거예요 + 그녀의 신뢰를

- **Bad idea**
- **find out**
- **lose her trust**

8 A What would you have done if the GPS had sent you the wrong way?
GPS가 길을 잘못 안내했으면 어떻게 했을 것 같아요?

B 차를 길 한쪽에 세우고 현지인에게 길을 물어봤을 거예요.

🔄 나는 차를 길 한쪽에 세웠을 거예요 + 그리고 + 물어봤을 거예요 + 현지인에게 + 길을

- **pull over**
- **ask a local for directions**
- '~했을 것이다, ~했을 텐데'라고 과거 상황을 가정할 때 [would have p.p.]

9 A Why didn't you tell her the truth? 왜 그녀에게 진실을 말하지 않았어요?

B 어차피 그녀는 내 말을 믿지 않았을 거예요.

🔄 그녀는 믿지 않았을 거예요 + 나를 + 어차피

- **anyway**
- 과거 상황에 대한 가정은 [would have p.p.]인데, 대화상 If절(If I had told her the truth)을 생략

10 A What if I just ignore her messages?
내가 그녀의 메시지를 그냥 무시하면 어떻게 될까요?

B 저라면 그러지 않을 거예요. 그게 상황을 더 악화시킬 수도 있어요.

🔄 나는 그러지 않을 텐데요. + 그것이 만들 수도 있어요 + 상황들을 + 더 나쁜 상태로

- **I wouldn't**
  If I were you, I wouldn't do that.의 의미를 간결하게 표현
- **That could make**
- '상황을 악화시키다'는 make things worse

STEP 2 응용하여 쓰기

11 A He's thinking of quitting his job without a backup plan.
그가 대책 없이 직장을 그만둘까 생각 중이더라고요.

　　B 나라면 그러지 않을 거예요. 나중에 후회할지도 몰라요.

　　🔄 나는 그러지 않을 거예요. + 그가 후회할지도 몰라요 + 그것을 + 나중에

- might regret

---

12 A You look exhausted. Why don't you just take a day off?
너무 피곤해 보여요. 하루 쉬는 게 어때요?

　　B 쉴 수 있다면 그러겠지만, 해야 할 일이 너무 많아요.

　　🔄 나는 그럴 거예요 + 내가 할 수 있다면, + 하지만 + 나는 갖고 있어요 + 너무 많은 일을 + 해야 할

- I would if I could
- I've got
- way too much work

  way too much work에서 way는 too를 더욱 강조하는 표현으로 정도가 훨씬 과하거나 지나치다는 의미

---

13 A My phone's on 5 %. Should I install that big update now?
내 휴대폰 배터리가 5%거든요. 지금 그 주요 업데이트를 설치해야 할까요?

　　B 나라면 안 할 거예요. 배터리가 중간에 방전되어 휴대폰을 완전 먹통으로 만들 수 있어요.

　　🔄 나는 안 할 거예요. 그 배터리가 죽을 수도 있어요 + 중간에 + 그래서 + 완전히 먹통으로 만들 수 있어요 + 당신의 휴대폰을

- I wouldn't
- halfway
- brick your phone

  '(기기를) 먹통으로 만들다'는 동사 brick(벽돌처럼 쓸모없게 만들다)을 사용해 표현

---

14 A He wants to post his entire travel itinerary online.
그는 전체 여행 일정을 온라인에 올리고 싶어 해요.

　　B 나라면 그거 안 할 거예요. 도둑들이 집이 언제 비는지 추적할지도 몰라요.

　　🔄 나는 하지 않을 텐데요 + 그것을—도둑들이 추적할지도 몰라요 + 언제 당신의 집이 비는지를

- thieves might track
- empty
- I wouldn't.으로 짧게 대답해도 되지만 I wouldn't do that.을 써서 단호한 뉘앙스를 더함

---

15 A She's considering skipping the networking event to stay home and game.
그녀는 집에 있으면서 게임하려고 네트워킹 행사를 건너뛸까 생각하고 있어요.

　　B 나라면 갈 텐데요. 좋은 인맥 하나가 나중에 훌륭한 일자리로 이어질 수도 있으니까요.

　　🔄 나는 갈 텐데요. 한 좋은 인맥이 이어질 수도 있어요 + 훌륭한 일자리로 + 나중에

- One good connection
- lead to
- 가정의 결과나 가능성을 could로 표현

WRAP IT UP

한 번에 정리하는 가정법 문장

영어의 가정법은 현실이 아닌 상황을 상상하고 가정해서 그에 따른 결과를 표현할 때 쓰는 문장 구조입니다. 사실이 아닌 가능성, 소망, 후회, 사상 등을 표현할 때 사용하죠. 그래서 비현실감을 주는 장치로 조건절에서 동사의 시제를 말하고자 하는 상황보다 한 단계 뒤로(과거로) 밀어서 쓰고, 주절(결과절)에 would/could/might의 조동사를 붙여 '가정'임을 표시합니다. 이렇게 '사실과 다른 가상의 시나리오'를 만들어, 필자/화자의 상상, 소망, 후회를 자연스럽게 전달하지요. 가정법 문장은 일반적으로 조건절인 if절과 결과절인 주절의 결합으로 이루어지는데, 영어에서는 이를 크게 4가지 유형으로 나눕니다.

기본 유형	문장 구조	예문
Zero Conditional (과학적/일반적 사실, 습관)	조건절(If절): 현재 시제 결과절(주절): 현재 시제 * 항상 맞는 사실	If water reaches 100℃, it boils. 물이 100℃에 이르면 끓어요. If I sleep badly, I am grumpy in the morning. 나는 잠을 잘 자지 못하면, 아침에 심술이 나요.
1st Conditional (가능성 큰 미래)	If S + 현재 시제, S + will + V	If it rains tomorrow, we'll cancel the picnic. 내일 비가 오면 우리는 소풍 취소할 거야. If she calls, I'll answer. 그녀가 전화하면 내가 받을게.
2nd Conditional (현재 사실의 반대를 가정)	If S + 과거 시제, S + would + V If절에서 be동사는 모든 주어에 were를 쓰는 것이 자연스러움 뉘앙스에 따라 다른 조동사 사용: could(가능성), might(약한 추측)	If I were rich, I would travel the world. 내가 부자면 세계 여행을 할 텐데. If he were taller, he could play basketball. 그가 키가 더 크면 농구를 할 수 있을 텐데.
3rd Conditional (과거 사실의 반대를 가정)	If S + had p.p., S + would have p.p.	If she had studied, she would have passed. 그녀가 공부했으면 합격했을 텐데. If we had known, we would have helped. 우리가 알았다면 도와줬을 텐데.
Mixed Conditional (혼합 가정법)	과거 조건 + 현재 결과 If S + had p.p., S + would + V 현재 조건 + 과거 결과 If S + 과거 시제, S + would have p.p.	If I had saved, I would have money now. 저축했으면 지금 돈이 있을 텐데. If I were taller, I would have played center. 내가 키만 더 크다면, 센터로 뛰었을 텐데.

STEP UP YOUR WRITING

What ifs and What's Next

진: 작년에 그 인턴십을 했으면,
나 지금쯤 정규직 제안을 받았을지도 몰라.

- take that internship
- get a full-time offer
- by now

소피: 그럴지도. 하지만 내가 너라면,
너무 '만약에'에 머물러 있지는 않을 거야.

- dwell on what-ifs

진: 알아. 그래도 그때 내가 조금 더 자신감이 있었으면 좋았을 텐데.
네가 내 입장이었다면, 어떻게 했을 것 같아?

- a bit
- back then
- What would you

소피: 아마 나도 똑같이 했을 거야.
결과를 모른 채 결정한다는 게 쉽지 않잖아.

- probably
- It's not

진: 응. 가끔 겉으로는 괜찮은 척 굴지만, 속으로는 여전히 궁금해.

- act as if
- everything were fine

소피: 우리가 인생의 결정을 위한 수정 구슬만 있다면 얼마나 좋을까?
(앞날을 내다볼 수만 있다면 얼마나 좋을까.)

- a crystal ball
- for life decisions

진: 그렇지? 시간을 되돌릴 수 있다면,
스스로에게 "그냥 부딪혀 봐"라고 말해 줄 텐데.

- go back in time

소피: 그럼 지금은? 새로운 기회가 생긴다면, 그걸 잡을 거니?

- get
- take it

진: 응, 이번에는 망설임 없이 할 거야.

소피: 바로 그거야. 계속 배우고 성장하면,
결국엔 일들이 잘될 거야.

- keep learning

진: 고마워. 그걸 좀 더 일찍 믿었더라면 좋았을 텐데.

- I wish
- a little sooner

* a crystal ball: 비유적 표현으로 미래를 예측할 수 있는 '수정 구슬'을 뜻합니다.

What ifs and What's Next

Jin: _____

_____

Sophie: Maybe. _____ too much.

Jin: I know. Still, _____

_____ if you had been in my position?

Sophie: _____

_____ without knowing the outcome.

Jin: Yeah. _____, but deep down I still wonder.

Sophie: If only _____

Jin: Right? _____, "Just go for it."

Sophie: And now? _____

Jin: I would — without hesitation this time.

Sophie: That's the spirit. _____,

things will turn out just fine.

Jin: Thanks. _____

CHAPTER 8

영어 문장의 재구성

 QR코드를 스캔하시고 '바로듣기'를 탭하세요. 해당 도서의 음원을 바로 들으실 수 있습니다. 반복 재생과 속도 조절도 가능합니다.

UNIT 1 감탄문 만들기

산책하기에 정말 멋진 날이야! 공기가 얼마나 상쾌한지!

놀라움, 감탄, 기대, 아쉬움 등을 표현할 때 사용하는 감탄문 중 원어민이 가장 자연스럽게 많이 사용하는 형식은 [What a/an + (형용사) + 명사] 구조예요.

What a surprise! 깜짝이야!   What a day! 정말 힘든 하루였어!/정말 대단한 날이었어!

강조하거나 극단적인 감정을 표현할 때는 [so + 형용사], [such a/an (+ 형용사) + 단수 가산명사] 구조의 감탄문을 많이 사용합니다.

You're so lucky! 넌 정말 운이 좋아!   She's such a drama queen! 그녀는 진짜 호들갑이 심해!

또, 부정의문문 형태로 특정한 감정을 강조하거나 상대방의 동의를 구할 때 자주 사용하죠.

Isn't it amazing! 정말 놀랍죠!   Can't you believe it! 정말 대단하죠!

참고로, [How + 형용사/부사] 구조의 감탄문은 문어체로 격식을 차린 느낌이라 일상 대화에서는 상대적으로 덜 쓰입니다. 다양한 감탄문을 직접 만들면서 뉘앙스를 느껴보세요.

 |정말 멋진 날이야| + 가기에 + 산책하러! 얼마나 상쾌한지 + 그 공기가!

STEP 1 전체 문장 완성하기

다음 문장을 힌트 단어를 보면서 완성해 보세요.   MP3 039

1 정말 멋진 날이야

• **What a beautiful day**
[What a + 형용사 + 명사] 구조의 감탄문으로

2 정말 멋진 날이야 / 가기에 / 산책하러!

• **to go for a walk**

3 얼마나 상쾌한지

• **How refreshing**
[How + 형용사 + S + V] 구조의 감탄문으로

4 얼마나 상쾌한지 / 그 공기가!

• **the air is**

Ans. What a beautiful day to go for a walk!
How refreshing the air is!

▶ 정답 p. 261

유제 1	정말 기발한 아이디어를 갖고 있었네! 너 정말 똑똑하구나!
	정말 기발한 아이디어를 + 너는 갖고 있었네! 정말 똑똑하구나 + 너는!

1 정말 기발한 아이디어를
- **What a brilliant idea**
  [What a/an + 형용사 + 명사 + S + V] 구조의 감탄문으로

2 정말 기발한 아이디어를 / 너는 갖고 있었네!
- **you had**

3 정말 기발한 아이디어를 / 너는 갖고 있었네! / 정말 똑똑하구나
- **How clever**
  상대방의 성격, 성향 등을 감탄, 칭찬, 비난할 때 [How + 형용사 + of + 명사/대명사] 구조의 감탄문으로 표현

4 정말 기발한 아이디어를 / 너는 갖고 있었네! / 정말 똑똑하구나 / 너는!
- **of you**

유제 2	그렇게 해 주다니 넌 정말 다정하구나! 네가 진짜 내 구세주야!
	정말 다정하구나 + 너는 + 하다니 + 그것을! 너는 ~야 + 진짜 구세주

1 정말 다정하구나 / 너는
- **That's so sweet**
  – 특정 행동에 대한 감탄은 [That's so + 형용사 + of + 대명사/명사] 구조로 표현
  – You're so sweet!은 사람 자체가 다정하다고 칭찬할 때 사용

2 정말 다정하구나 / 너는 / 하다니 / 그것을!
- **to do that**

3 정말 다정하구나 / 너는 / 하다니 / 그것을! 너는 ~야 / 진짜 구세주
- **such a life-saver**
  [such a + 명사] 구조의 감탄문

유제 응용	그 일을 처리하는 방법이 정말 대단해! 너는 정말 완벽주의자야!
	정말 대단한 방법이야 + 처리하는 + 그 일을! 너는 ~야 + 정말 완벽주의자

- **What an incredible way**
- **handle that task**
- **perfectionist**

STEP 2 응용하여 쓰기

뉘앙스를 생각하며 문장을 만들어 보세요.

1 정말 무모한 결정이야! 그건 정말 끔찍한 실수였어!
  ↻ 정말 무모한 결정이야! 정말 끔찍한 실수 + 그것은 ~였어!

- a reckless decision
- a terrible mistake
- 두 문장 모두 [What a + 형용사 + 명사 + (S + V)] 구조의 감탄문으로

2 정말 안타깝다! 정말 아까운 일이야!
  ↻ 정말 안타깝다! 정말 아까워!

- a shame
- a waste
- 두 문장 모두 [What a + 명사] 구조의 감탄문으로

3 진짜 싸게 샀어요! 20달러밖에 안 했다는 게 믿어지나요?
  ↻ 진짜 횡재네요! 당신은 믿을 수 있나요 + 그것이 ~였다는 것을 + 겨우 20달러

- What a steal! a steal은 명사로, '횡재, 공짜나 다름없이 산 물건'
- only $20

4 정말 아슬아슬했어! 우리가 제때 빠져나오다니 정말 다행이었어!
  ↻ 그건 ~였어 + 정말 아슬아슬한! 정말 다행이었어 + 우리는 + 빠져나와서 + 거기에서 + 제때

- so close '아슬아슬한'은 close
- '우리는 정말 다행이었어!'는 [How lucky + S + V] 구조로
- to get out of
- in time

5 그 상황을 고려하면, 그건 정말 용감한 결정이었어!
  ↻ 그건 ~이었어 + 아주 용감한 결정, + 고려하면 + 그 상황들을

- That was
- given the circumstances
- [such a + 형용사 + 명사] 구조의 감탄문으로

6 정말 잊지 못할 경험이었어! 그걸 어떻게 잊을 수 있겠어?
  ↻ 그건 ~이었어 + 정말 잊지 못할 경험! 어떻게 내가 도대체 잊을 수 있겠어 + 그것을?

- unforgettable
- How could I ever ever는 '언제라도, 도대체'의 의미로 절대 잊을 수 없음을 강조

7	그들은 정말 말도 안 되는 이야기를 퍼트려요! 얼마나 어처구니없는지!	• such nonsense • ridiculous • '퍼트리다, 확산시키다'는 spread • [How + 형용사] 구조의 감탄문으로
	↻ 그들은 퍼트려요 + 정말 말도 안 되는 이야기를! 얼마나 어처구니없는지!	
8	올해가 얼마나 빨리 지나갔는지 믿을 수 없는 일 아닌가요!	• Isn't it unbelievable 부정의문문 형태의 감탄문으로 놀라움을 표현 • '순식간에 지나가다'는 fly by (과거형은 flew by)
	↻ 그것은 ~ 아닌가요 + 믿을 수 없는 + 얼마나 빨리 + 올해가 지나갔는지	
9	그 결말, 정말 충격적이지 않았나요!	• Didn't that ending • just blow '충격을 주다, 깜짝 놀라게 하다'는 blow one's mind
	↻ 그 결말이 정말 날려 버리지 않았나요 + 당신의 마음을	

* 여기서 just는 '정말, 완전히'의 의미로 감탄의 강도를 높이는 역할을 합니다.

10	네가 본 것 중에 가장 귀엽지 않았니!	• the cutest thing • 부정의문문 형태의 감탄문으로
	↻ 그건 ~ 아니었니 + 가장 귀여운 것 + (네가 이제까지 본)	
11	정말 운이 좋으시네요! 정말 멋진 삶을 살고 계시네요!	• How lucky • What a life
	↻ 얼마나 운이 좋은지 + 당신은! 정말 멋진 삶을 + 당신은 살고 있네요!	
12	이곳은 정말 놀라워요! 정말 숨 막히게 아름다운 경치 아닌가요!	• amazing • the most breathtaking view • 첫 번째 문장은 [How + 형용사 + S + V] 구조의 감탄문으로 • 두 번째 문장은 부정의문문 형태의 감탄문으로
	↻ 정말 놀라워요 + 이곳은요! 그것은 ~ 아닌가요 + 정말로 가장 숨 막히게 아름다운 경치	

UNIT 2 전치(Fronting)를 활용한 문장 만들기

이 조언을 진작 들었더라면 좋았을 텐데요.

영어 문장이 주어가 아닌 요소(대상어, 보어, 부사구 등)를 문장 맨 앞에 두는 전치(fronting) 구문이 되면 문법상 주어가 아니더라도 화제의 중심이 됩니다. 이 전치 구문은 특히 회화에서 자주 쓰여 청자의 시선을 끌고, 생동감을 줍니다.

- That attitude I really can't stand. 저런 태도는 정말 못 참겠어.
- A very good lesson I had today. 아주 훌륭한 교훈을 오늘 얻었어.

또, as나 though와 함께 쓰는 전치 표현은 형용사, 부사를 문장 맨 앞에 배치해 그 의미를 더 강조하고, 주절과 대조되는 문체 효과를 줍니다.

- Tired though he was, he kept working. 비록 피곤했지만, 그는 계속 일했다.
- Much as I tried, I couldn't convince him. 아무리 노력했어도, 그를 설득할 수 없었다.

전치 구문을 활용한 문장 만들기를 통해 일반적인 어순을 바꿔 문장 속 정보를 효과적으로 배치하는 방법을 익혀 보세요.

 이 조언을 + **좋았을 텐데요** + 내가 받아들였다면 + 더 일찍

STEP 1 전체 문장 완성하기

다음 문장을 힌트 단어를 보면서 완성해 보세요. MP3 040

1 이 조언을

- **This advice**
- 전치 구문으로 take의 대상어(목적어)를 문장 맨 앞으로 이동

2 이 조언을 / 좋았을 텐데요

- **I wish**

3 이 조언을 / 좋았을 텐데요 / 내가 받아들였다면

- **take**
- 과거에 '~했더라면 좋았을 텐데'는 [I wish I had p.p.]

4 이 조언을 / 좋았을 텐데요 / 내가 받아들였다면 / 더 일찍

- **sooner**

Ans. This advice I wish I had taken sooner.

▶ 정답 p. 261

| 유제 1 | 그런 거짓말들은 단 한 순간도 믿지 않을 거예요.
그런 거짓말들은 + **나는 믿지 않을 거예요** + 단 한 순간도 |

1 그런 거짓말들은
- Those lies

2 그런 거짓말들은 / 나는 믿지 않을 거예요
- won't
  '~하지 않겠다'라고 의지를 나타낼 때
  [I won't (= will not) + V]

3 그런 거짓말들은 / 나는 믿지 않을 거예요 / 단 한 순간도
- for a second

| 유제 2 | 그러한 행동은 이 회사에서 도저히 용납할 수 없어요.
그러한 행동은 + **우리는** 도저히 **용납할 수 없어요** + 이 회사에서 |

1 그러한 행동은
- Such behavior
  목적어(such behavior)를 문두로 이동한 전치 구문

2 그러한 행동은 / 우리는 도저히 용납할 수 없어요
- simply cannot tolerate
  simply는 부정문에서 '도저히, 결코, 절대로'의 의미

3 그러한 행동은 / 우리는 도저히 용납할 수 없어요 / 이 회사에서
- in this company

| 유제 응용 | 그 제안이 회의 중에 의외로 도움이 되었더라고요.
그 제안이, + 나는 여겼어요 + 의외로 도움이 된다고 + 그 회의 중에 |

- helpful
- '~라고 여기다/생각하다'는 [find + 목적어 + 형용사]
- surprisingly는 '놀랄 만큼, 의외로, 대단히'라는 뜻의 부사

203

STEP 2 응용하여 쓰기

뉘앙스를 생각하며 문장을 만들어 보세요.

---

1 이 결정은 너무 늦기 전에 다시 고려해야 합니다.

↻ 이 결정은 + 우리가 다시 고려해야 합니다 + 너무 늦기 전에

- have to reconsider
- too late

---

2 계획의 모든 세부 사항을 그녀가 신중하게 설명했어요.

↻ 모든 세부 사항을 + 그 계획의 + 그녀는 신중하게 설명했어요

- Every single detail
- carefully

---

3 이런 변명은 내가 수도 없이 들었어요.

↻ 이런 변명들은 + 내가 들어봤어요 + 천 번

- I've heard
- a thousand times

  a thousand times는 실제 수치가 아니라 '정말 여러 번'이라는 점을 강조, 과장하는 표현

---

4 완전 엉망이네, 이 방!

↻ 정말 엉망진창이네 + 이 방은

- Such a mess
- 짧은 문장에서 보어가 앞으로 전치되어 의미가 강조됨

---

5 걔네들, 이상한 사람들이야!

↻ 이상한 사람들 + 그 사람들은 ~이야

- Strange people
- 보어를 문장 앞으로 끌어내 강조하며 [S + V] 어순은 그대로 유지

---

6 겁이 났지만, 그는 자기 입장을 고수했어요.

↻ 겁이 난 (상태인) + 비록 그가 ~였지만, + 그는 고수했어요 + 그의 입장을

- Scared though he was

  though가 이끄는 부사절의 형용사를 맨 앞으로 보내서 의미를 강조해 주절의 내용과 대조하는 효과

- '자기 입장/주장을 고수하다, 지키다'는 stand one's ground

| 7 | 피곤했지만, 그는 보고서를 끝내려고 늦게까지 깨어 있었어요. | • Tired though |
| | | • stay up late |

  ⊙ 피곤한 (상태인) + 비록 그가 ~였지만, + 그는 깨어 있었어요 + 늦게까지 + 끝내기 위해 + 그 보고서를

8	늦었지만, 그는 그래도 막차를 간신히 탔어요.	• Late as he was
		• still
		• catch
		• '간신히 ~해내다'는 [manage to + V]

  ⊙ 늦은 (상태인) + 비록 그가 ~였지만, + 그는 그래도 간신히 해냈어요 + 잡는 것을 + 그 마지막 기차를

---

* 형용사나 부사가 문두로 전치된 [형용사/부사 + as + S + V] 구조일 때, as는 양보의 의미로 쓰입니다.

9	그녀는 나이는 어렸지만, 침착하고 자신 있게 위기를 처리했어요.	• Young as she was
		• manage
		• calmly and confidently

  ⊙ 어린 (상태인) + 비록 그녀가 ~였지만, + 그녀는 처리했어요 + 그 위기를 + 침착하게 그리고 자신 있게

| 10 | 내가 다음에 뭘 할지 정말 모르겠어요. | • What I'm going to do |
| | | [의문사절(목적어) + S + V] 의 구조로 의문사절을 문장 앞으로 이동시킨 전치 구문 |

  ⊙ 무엇을 + 내가 할지 + 다음에 + 나는 정말 모르겠어요

| 11 | 그녀가 당신에 대해 한 말, 나라면 너무 심각하게 받아들이지 않을 거예요. | • What she said |
| | | • I wouldn't take |

  ⊙ 그녀가 말한 것을 + 당신에 대해 + 나라면 받아들이지 않을 거예요 + 너무 심각하게

| 12 | 그들이 어떻게 제시간에 끝낼 수 있었는지 우리는 여전히 궁금해요. | • they managed to finish |
| | | • still wonder |

  ⊙ 어떻게 그들이 해낼 수 있었는지 + 끝내는 것을 + 제시간에 + 우리는 여전히 궁금해요

UNIT 3
도치(Inversion)를 활용한 문장 만들기

당신의 모든 소망이 이루어지길!

도치는 영어 문장에서 기본 어순을 바꿔 특정한 의미를 강조하거나 문법적인 이유로 어순을 바꾸는 것입니다. 위의 문장은 기원문으로 의문문이 아님에도 조동사 may가 주어 앞으로 나오는 어순이며, 이는 기원문의 문법 규칙에 따른 도치입니다. 의문문에서 주어와 be동사/조동사의 도치, 가정법 if절의 생략 도치 등도 문법적 도치에 해당합니다. 이 외에 특정 표현을 강조하거나 문장 스타일을 위해 일어나는 도치도 있어요. 강조를 위해 부정 부사/부정어구, 장소/방향 부사구, 보어 등을 문두로 보내면 주어와 동사는 도치됩니다. 원어민은 빈번하게 사용하는 도치, 다양한 문장 만들기를 통해 익혀 보세요.

 바랍니다 + 모든 당신의 소망들이 + 이루어지길

STEP 1 전체 문장 완성하기

다음 문장을 힌트 단어를 보면서 완성해 보세요.

1 바랍니다

• **May**
'(바람·소망을 나타내어) 바라건대 ~하기를, ~이기를 (빌다)'는 may

2 바랍니다 / 모든 당신의 소망들이 / 이루어지길

• **all your wishes come true**
기원문으로 May가 문두로 나가서 [조동사 May + S + V] 어순으로

Ans. May all your wishes come true!

---

* 의미와 스타일을 살리는 도치 구문

① **기원문에서 도치**: 주어 앞에 조동사 may를 쓰면 소망이나 바람을 나타냅니다.
   May you be happy and healthy. 행복하고 건강하시길!

② **강조를 위해 부정 부사/부정어구가 문두에 오면 [조동사 + 주어]로 어순 도치**
   Never have I seen such a view. 그런 풍경은 한번도 본 적이 없어요.

③ **가정법 조건절의 if 생략 시 주어와 조동사를 도치**
   Had I known (= If I had known), I would have helped. 내가 알았다면, 도와줬을 텐데.

④ **장소/방향을 나타내는 부사구가 문두에 올 때, 주어와 자동사를 도치**
   : 서술문 또는 문학 작품에서 흔히 쓰이는 구문으로 문장에 리듬과 다양성을 더해줍니다.
   On the table sat a cute cat. 탁자 위에는 귀여운 고양이가 앉았어요.

▶ 정답 p. 261

유제 1	당신 가족에게 평화와 사랑이 함께하길 바랍니다!
	바랍니다 + **당신의 가족이 복을 받기를** + **평화와 사랑으로**

1	바랍니다	• **May** 기원, 바람을 나타내는 may가 문두로 나와 [May + 주어 + 동사원형] 구조의 기원문으로
2	바랍니다 / 당신의 가족이 복을 받기를	• **be blessed** '복을 받다, 축복받다'는 be blessed
3	바랍니다 / 당신의 가족이 복을 받기를 / 평화와 사랑으로	• **with peace and love** '~으로 축복받다, 복을 받아 ~을 누리다'는 be blessed with ~

유제 2	어떠한 상황에서도 그 파일을 열어서는 안 됩니다.
	어떠한 상황에서도 + **당신은 열어서는 안 됩니다** + **그 파일을**

1	어떠한 상황에서도	• **Under no circumstances** '어떠한 경우/상황에도 (결코 ~ 아니다/ ~해서는 안 된다)'의 부정의 부사구를 도치해 문장 전체를 부정문으로 만듦
2	어떠한 상황에서도 / 당신은 열어서는 안 됩니다	• **should you open** 부정의 부사구가 문두로 나가 주어와 조동사가 도치되어 [조동사 + 주어 + 동사원형]의 형태로
3	어떠한 상황에서도 / 당신은 열어서는 안 됩니다 / 그 파일을	• **that file**

유제 응용	그들은 약속을 잊었을 뿐만 아니라 마감일까지 놓쳤어요.	• **Not only did they forget** not only가 문두에 와서 주어와 조동사의 어순 도치 • **but they also**
	그들은 잊었을 뿐만 아니라 + 그 약속을, + 그들은 또한 놓쳤어요 + 그 마감일을	

STEP 2 응용하여 쓰기

뉘앙스를 생각하며 문장을 만들어 보세요. MP3 041

1 새해가 당신에게 기쁨과 번영을 가져다주길 바랍니다.

↻ 바랍니다 + 그 새해가 가져다주길 + 당신에게 + 기쁨과 번영을

- **joy and prosperity**
- [May + 주어 + 동사원형]의 기원문으로

2 어떤 연설에도 이렇게 영감을 받은 적은 없었어요.

↻ 전혀 + 내가 느꼈던 적이 없었어요 + 이렇게 영감을 받은 (상태로) + 어떤 연설에 의해

- **so inspired**
- **by a speech**
- 부정의 의미를 강조하기 위해 Never를 문두로 이동해 주어와 have의 어순이 도치됨

3 그 순간이 얼마나 큰 의미가 될지 전혀 몰랐어요.

↻ 전혀 + 나는 몰랐어요 + 얼마나 많이 + 그 순간이 의미할지를

- **Little did I know**
- **would mean**
- 부정의 부사 little이 문두로 올 때, [조동사 + 주어 + 동사원형]으로 도치

4 그제야 비로소 그녀는 그가 진심으로 의미한 바를 깨달았어요.

↻ 그제야 비로소 + 그녀는 깨달았어요 + 그가 진심으로 의미했던 것을

- **Only then**
  Only then이 문두에 와서 [조동사 + 주어 + 동사원형]으로 어순 도치
- **truly**

5 설명서가 너무 헷갈려서 아무도 어떻게 해야 할지 몰랐어요.

↻ 너무 헷갈려서 + 그 설명서들이 + 그래서 아무도 알아내지 못했어요 + 무엇을 해야 할지

- **So confusing**
  강조 표현 So confusing이 문두로 이동해서 주어와 be동사가 도치
- **that no one could figure out**

6 매니저가 솔선수범하면, 팀원들도 따라서 그렇게 합니다.

↻ 매니저가 이끌 때면 + 모범으로, + 그렇게 + 합니다 + 그 팀원들도

- '모범을 보이며 이끌다, 솔선수범하다'는 lead by example
- **so do**
  부사 so가 앞 문장의 내용을 받아 [so + 조동사 + 주어]로 도치

7 지금 그녀가 여기 있다면, 당신의 생각을 지지할 텐데요.

○ 그녀가 있다면 + 여기에 + 지금, + 그녀는 지지할 텐데요 + 당신의 생각을

- she would support
- 가정법 조건절의 if 생략 시 주어와 동사(she were)를 도치

* if를 생략하면 도치가 일어나고 이에 따라 더 간결하고 리듬감 있는 문장이 됩니다.

8 그들이 그 조언을 들었더라면, 그 문제를 피했을지도 몰라요.

○ 그들이 들었더라면 + 그 조언을, + 그들은 피했을지도 몰라요 + 그 문제를

- might have avoided
- 조건절 If they had listened ~에서 if 생략 시, 주어와 had의 어순 도치

9 당신의 도움이 없었다면, 우리는 끝내지 못했을 거예요.

○ 없었다면 + 당신의 도움이, + 우리는 끝낼 수 없었을 거예요

- couldn't have finished
- 조건절 If it had not been for ~에서 if 생략 시, 주어와 had를 도치

10 저 멀리에는 작고 낮은 오두막 하나가 서 있었어요.

○ 저 멀리에는 + 서 있었어요 + 작고, 낮은 오두막 하나가

- In the distance
- stand
- cabin
- 장소/방향 부사구를 문장 앞으로 놓고 주어와 동사를 도치하면 묘사에 생동감과 리듬감을 줌

* 장소/방향을 나타내는 부사구가 문두에 올 때, 자동사(목적어가 필요 없는 동사)는 조동사의 도움 없이 바로 주어와 도치됩니다.

11 길 아래쪽으로 초등학생들의 행렬이 펼쳐졌어요.

○ 그 길 아래쪽으로 + 다가왔어요 + 퍼레이드가 + 초등학생들의

- a parade of schoolchildren

12 마을을 내려다보는 언덕 위에는 창립자의 동상이 서 있었어요.

○ 그 언덕 위에는 + 내려다보는 + 그 마을을 + 서 있었어요 + 동상 하나가 + 그 창립자의

- On the hill
- a statue of the founder
- '바라보는, 내려다보는'은 overlooking

UNIT 4
분열문(Cleft sentence)으로 강조하는 문장 만들기

지난 금요일 엠마에게 새 프로젝트를 배정한 사람은 매니저였어요.

분열(cleft = 갈라진)문은 영어 문장에서 특정 정보를 강조하고 싶을 때, 문장을 둘로 나눠서 강조하고 싶은 부분을 돋보이게 하는 문장 구조입니다. 대표적으로 [It ~ that] 구문을 써서 분열문을 만들 수 있는데, 강조하고자 하는 어구는 it과 that 사이에 넣고 그 외의 모든 어구는 that절에 몰아넣으면 돼요. 일반적으로 말보다 글에서 분열문이 유용하게 쓰이지만, 구어체에서도 흔히 쓰입니다.

It-cleft: It was you who/that called me. 나에게 전화한 건 너였잖아. → 강조 대상: you
Wh-cleft: What I need is some rest. 내가 필요한 건 휴식이야. → 강조 대상: some rest
All-cleft: All I want is your honesty. 내가 원하는 건 너의 솔직함이야. → 강조 대상: your honesty

STEP 1   전체 문장 완성하기

다음 문장을 4가지 분열문으로 만들어 보세요.

* **The manager assigned the new project to Emma last Friday.**

1   그 매니저였어요 + 배정한 (사람은) + 그 새 프로젝트를 + 엠마에게 + 지난 금요일에
   • 다른 사람이 아니라 매니저임을 강조, 강조할 단어는 it ~ that 사이에 넣기

2   그 새 프로젝트였어요 + 그 매니저가 배정한 것은 + 엠마에게 + 지난 금요일에

3   엠마였어요 + 그 매니저가 배정한 (사람은) + 그 새 프로젝트를 + 지난 금요일에

4   지난 금요일이었어요 + 그 매니저가 배정한 것은 + 그 새 프로젝트를 + 엠마에게

Ans. 1 It was the manager that assigned the new project to Emma last Friday. (다른 사람이 아니라 매니저)
2 It was the new project that the manager assigned to Emma last Friday. (다른 것이 아니라 새 프로젝트)
3 It was Emma that the manager assigned the new project to last Friday. (다른 사람이 아니라 엠마)
4 It was last Friday that the manager assigned the new project to Emma. (다른 날이 아니라 지난 금요일)

▶ 정답 p. 262

| 유제 1 | 5분도 안 걸려서 퍼즐을 풀어 모두를 놀라게 한 건 쌍둥이들이었어요.
그 쌍둥이들**이었어요** + 놀라게 한 건 + 모두를 + 푸는 것으로 + 그 퍼즐을 + 5분 이하로 |

1 그 쌍둥이들이었어요
- **the twins**
- 복수 주어를 강조할 때도 it is/was는 단수로

2 그 쌍둥이들이었어요 / 놀라게 한 건 / 모두를 /
- **who surprised everyone**
- [It ~ that] 구문의 강조 요소가 '사람'이고 that절 안에서 '주어'일 때 that 대신 who를 쓸 수 있음

3 그 쌍둥이들이었어요 / 놀라게 한 건 / 모두를 / 푸는 것으로 / 그 퍼즐을 /
- **by solving**
- '~함으로써, ~해서'는 by Ving

4 그 쌍둥이들이었어요 / 놀라게 한 건 / 모두를 / 푸는 것으로 / 그 퍼즐을 / 5분 이하로
- **in under five minutes**
- [in under + 시간]은 '~도 안 되어, ~도 안 걸려서'의 의미

| 유제 2 | 제 동료가 최종 보고서를 제출한 것은 마감 시간 전이었어요.
그 마감 시간 전**이었어요** + 제 동료가 제출했던 건 + 그 최종 보고서를 |

1 그 마감 시간 전이었어요
- **before the deadline**
- '마감 시간 전'을 돋보이게 하는 [it ~ that] 강조 구문

2 그 마감 시간 전이었어요 / 제 동료가 제출했던 건
- **submit**

3 그 마감 시간 전이었어요 / 제 동료가 제출했던 건 / 그 최종 보고서를
- **the final report**

| 유제 응용 | 올리비아가 훌륭한 대안을 제시한 건 토론 중이었어요.
그 토론 중이었어요 + 올리비아(Olivia)가 제안했던 건 + 훌륭한 대안을 |
- **propose**
- **a brilliant alternative**

STEP 2 응용하여 쓰기

뉘앙스를 생각하며 문장을 만들어 보세요.

1 포기하고 싶을 때 항상 나를 격려해 주는 사람이 바로 당신입니다.
   ↻ 당신이에요 + 항상 격려해 주는 건 + 나를 + 내가 ~하고 싶을 때 + 포기하는 것을

- encourage me
- feel like
- 대명사 주어를 강조할 때, It is you who ~(격식체), It's you that ~(비격식체) 모두 가능

2 어젯밤 문 열어 놓은 사람은 당신이었죠, 맞죠?
   ↻ 당신이었어요 + 두었던 것은 + 그 문을 + 열린 상태로 + 어젯밤에, + 그렇지 않나요

- leave the door open

3 최종 보고서 제출 과정에서 실수한 사람은 조수가 아니었어요.
   ↻ 그 조수가 아니었어요 + 했던 건 + 그 실수를 + 그 최종 보고서 제출 동안

- It wasn't the assistant
- during
- submission

4 마침내 무슨 일이 있었는지 설명하려고 그가 전화한 건 회의가 끝난 후였어요.
   ↻ 그 회의 후였어요 + 그가 마침내 전화한 건 + 나에게 + 설명하려고 + 무슨 일이 있었는지

- what had happened

5 지금 당장 내게 필요한 건 생각을 정리하기 위한 평온함과 고요함입니다.
   ↻ 내가 필요로 하는 것은 + 지금 당장 + ~입니다 + 약간의 평온함과 고요함 + 명확하게 하기 위한 + 내 생각들을

- What I need
  [What S + V + is ~] 구조의 분열문에서 강조 어구는 문장 뒤에 위치
- clear my thoughts

* '평화롭고 조용한 상태, 마음의 평온'을 peace and quiet라는 고정된 관용 표현으로 제시합니다.
  ex) black and white(흑백), hustle and bustle(북적북적, 분주함)

6 아무 조건 없는 전액 환불이 그들이 우리에게 약속한 것입니다.
   ↻ 전액 환불이 + 조건들 없는 ~입니다 + 그들이 약속한 것 + 우리에게

- A full refund
- with no conditions
  강조 어구는 주어 자리에 [~ is what S + V] 구조로

7 이 시점에서 내가 바라는 전부는 자신을 증명할 두 번째 기회입니다.

🔵 전부는 (내가 원하는 + 이 시점에서) ~입니다 + 두 번째 기회 + 증명할 + 나 자신을

- **All**
  all을 이용한 [All (that) S + V + is/was ~] 구조의 분열문으로, 강조 어구를 보어 자리에
- **at this point**
- **prove myself**

8 내가 유일하게 기억하는 것은 TV를 계속 켜 놓은 채로 소파에서 잠든 겁니다.

🔵 그 유일한 것은 (내가 기억하는) ~입니다 + 잠든 것 + 그 소파에서 + 그 TV를 계속 켜 놓은 채로

- **falling asleep**
- **with the TV still on**

9 파리는 그들이 여름휴가 중 처음 만난 곳이었어요.

🔵 파리는 ~였어요 + 그 장소 + (그들이 처음 만났던 + 그들의 여름휴가 중에)

- **the place where**
  the place where ~로 장소를 강조하는 분열문

10 내가 일찍 떠난 이유는 무시할 수 없는 급한 집안일 때문이었어요.

🔵 그 이유는 (내가 떠났던 + 일찍) ~이었어요 + 급한 집안일 + (내가 무시할 수 없었던)

- **a family emergency**
- **ignore**
- the reason why ~로 이유를 강조하는 분열문

11 그가 한 일은 모든 사람 앞에서 자신의 실수를 인정하고 진심으로 사과하는 것이었어요.

🔵 그가 한 일은 ~이었어요 + 인정하는 것 + 그의 실수를 + 모든 사람 앞에서 + 그리고 + 사과하는 것 + 진심으로

- **in front of everyone**
- **apologize sincerely**
  동작이나 행위를 강조하려면 [What S + V + is/was] 뒤에 원형부정사 또는 to부정사로 연결

12 무슨 일이 있었냐면 우리가 초대장을 다 보냈는데도 아무도 안 왔다는 거예요.

🔵 일어났던 일은 ~였어요 + 아무도 나타나지 않았다는 것, + 우리가 보냈는데도 불구하고 + 그 모든 초대장들을

- **What happened was (that)**
- **showed up**
- **even though**

UNIT 5
반복(Repetition)을 통한 강조 문장 만들기

그가 말하지는 않아도 당신을 정말로 신경 쓰고 있어요.

영어의 기본 어순은 고정되어 있어서 강조를 위한 어순 변화나 조동사 활용이 중요합니다. 긍정문에서는 [do/does/did + 동사원형]을 써서 문장의 중심 의미(동사)를 강조할 수 있어요. 이때 do/does/did는 조동사처럼 쓰입니다. I do like this idea.(나는 이 아이디어가 정말 마음에 들어.), He did finish the report on time.(그는 분명히 보고서를 제시간에 끝냈어.) 같은 이러한 강조 방식은 동사나 진술 내용을 강조할 때 원어민이 자주 사용합니다. 또 반복을 통한 감정, 의미 강조도 가능한데, 특히 구어체에서 흔히 쓰입니다. It was a long, long day at work.(직장에서 정말 긴, 긴 하루였어.), I tried and tried, but nothing worked.(시도하고 또 시도했지만, 아무 소용없었어.) 이렇게 같은 단어나 문구를 반복해서 강조 효과를 주고 문장에 리듬감을 더해 줄 수 있어요.

그는 정말로 신경 써요 + 당신에 대해, + 그가 말하지 않아도 + 그것을

STEP 1 전체 문장 완성하기

다음 문장을 힌트 단어를 보면서 완성해 보세요. MP3 043

1 그는 정말로 신경 써요

• **He does care**
3인칭 단수 주어이므로 [does + 동사원형] 구조로 동사 강조

2 그는 정말로 신경 써요 / 당신에 대해

• about you

3 그는 정말로 신경 써요 / 당신에 대해, / 그가 말하지 않아도 / 그것을

• even if
'~이긴 하지만, ~라 하더라도'는 even if ~

Ans. He does care about you, even if he doesn't say it.

▶ 정답 p. 262

유제 1	그 부분에서 당신 말은 정말 일리가 있어요. 난 그런 식으로는 생각 못 했어요. **당신은 정말 가지고 있어요** + 요점을 + 거기에서 — **난 생각해 본 적이 없었어요** + 그것을 + 그런 식으로

1　당신은 정말 가지고 있어요 / 요점을 / 거기에서

- '일리가 있다, 논리적 근거가 있다'는 have a point
- **there**
  여기서 there는 '말한 부분'을 뜻함

2　당신은 정말 가지고 있어요 / 요점을 / 거기에서 — 난 생각해 본 적이 없었어요 / 그것을

- **hadn't thought of it**
  과거완료 시제를 써서 상대방의 말을 듣기 전까지 그런 생각을 한 적이 없었다는 것을 강조

3　당신은 정말 가지고 있어요 / 요점을 / 거기에서 — 난 생각해 본 적이 없었어요 / 그것을 / 그런 식으로

- **that way**

---

* 대시(dash, —)는 단어, 구, 문장 뒤에 모두 올 수 있으며, 보충 설명, 끊어 읽기, 생각 전환, 강조 등에 두루 쓰입니다.

유제 2	그에게 몇 번이고 말했는데도, 들으려고 하질 않았어요. **나는 말했어요** + 그에게 + 몇 번이고, + 하지만 + **그는 들으려고 하지 않았어요**

1.　나는 말했어요 / 그에게

- **tell**

2　나는 말했어요 / 그에게 / 몇 번이고,

- **again and again**
  반복 표현으로 행동의 반복성과 답답한 감정을 강조

3　나는 말했어요 / 그에게 / 몇 번이고, / 하지만 / 그는 들으려고 하질 않았어요.

- **wouldn't listen**
  과거에 '~하려 하지 않았다'의 의미로 wouldn't ~

유제 응용	그녀는 지쳐 있었어요. 소음에 지치고, 스트레스에 지치고, 가식적으로 하는 것에 지쳐 있었어요. 그녀는 지쳐 있었어요, + 지치고 + 그 소음에, + 지치고 + 그 스트레스에, + 지치고 + 인 척하는 것에

- **tired of pretending**
  점층적 반복으로 피로의 원인을 나열해 문장의 리듬과 감정의 무게를 동시에 전달하는 효과

215

STEP 2 응용하여 쓰기

뉘앙스를 생각하며 문장을 만들어 보세요.

 MP3 043

---

1 자정 즈음에 이상한 소리를 분명히 들었어요. 뭔가 밖에서 움직이는 것 같았어요.

　↻ 나는 분명히 들었어요 + 이상한 소리를 + 자정 즈음에
　　— 뭔가 움직이고 있는 것처럼 + 밖에서

- **a strange noise**
- **like something was moving**
- [did + 동사원형]으로 동사의 의미를 강조

---

2 그는 정말 답을 알고 있어요. 단지 사람들 앞에서 말하기에 너무 수줍음이 많아요.

　↻ 그는 정말 알고 있어요 + 그 답을 — 그는 단지 너무 수줍음이 많아요 + 말하기에 + 그것을 + 모두 앞에서

- **does know**
- **he's just too shy**

---

3 그를 컨퍼런스에서 만났던 것을 확실히 기억해요. 훌륭한 질문을 했어요.

　↻ 나는 확실히 기억해요 + 만났던 것을 + 그를 + 그 컨퍼런스에서
　　— 그는 물어봤어요 + 훌륭한 질문을

- **meeting him**
- **a brilliant question**
- '(과거에) ~한 것을 기억하다'는 remember Ving

---

4 그 영화 정말 재밌게 봤어요. 결말은 좀 예상 가능했지만요.

　↻ 나는 정말 즐겼어요 + 그 영화를, + 비록 그 결말이 ~이었지만 + 조금 예상 가능한

- **even though**
- **a bit predictable**

---

5 계획도 없고, 대안도 없고, 다음에 뭘 해야 할지도 전혀 몰라요.

　↻ 계획도 없고, + 대안도 없고, + 생각도 없어요 + 무엇을 해야 할지 + 다음에

- **no backup**
- **no idea**
- **what to do**
- [No A, no B, no C ~] 구조로 부정 표현을 반복하여 의미를 강조

---

* 문장 앞에 There was 또는 We had가 생략되고 핵심 정보만 나열, 반복된 문장이에요.

6 그녀는 그가 마침내 나타날 때까지 기다리고 또 기다렸어요.

　↻ 그녀는 기다리고 또 기다렸어요 + 그가 마침내 나타날 때까지

- **show up**
- 기다렸음을 강조하기 위해 waited를 반복

7	그녀는 그것을 실현하기 위해 일하고 또 일했어요.	• to make that happen • 동사의 반복으로 계속 열심히 일했음을 강조하여 단순히 worked hard보다 더 강한 뉘앙스를 띰
	🔄 그녀는 일하고 또 일했어요 + 만들기 위해 + 그 일이 + 일어나도록	

8	간절히 부탁하고 또 부탁했는데, 그는 듣지 않으려 했어요.	• begged • wouldn't listen 'wouldn't'은 과거 특정 행위의 완강한 거부를 뜻함
	🔄 내가 간절히 부탁하고 또 부탁했어요, + 그러나 + 그는 듣지 않으려 했어요.	

9	그는 다리가 풀릴 때까지 달리고 또 달렸고, 선택의 여지가 없었기에 달렸어요.	• have no choice • '(다리에서) 힘이 빠지다'는 give out
	🔄 그는 달렸고, 달렸어요 + 그의 다리가 풀릴 때까지, + 달렸어요 + 그는 가지고 있었기 때문이에요 + 선택 없음을	

10	그는 고향의 모든 거리, 모든 구석, 모든 냄새까지 다 기억했어요.	• every corner 기억의 생생함과 감정의 깊이를 강조하기 위해 'every ~, every ~, every ~'를 의도적으로 반복
	🔄 그는 기억했어요 + 모든 거리, + 모든 구석, + 모든 냄새를 + 그의 고향의	

11	그녀는 가족을 위해 울고, 미래를 위해 울고, 잃어버린 모든 것을 위해 울었어요.	• everything she had lost • cried for ~의 3중 반복으로 감정의 깊이를 확대, 강조하는 효과
	🔄 그녀는 울었고 + 그녀의 가족을 위해, + 울었고 + 그녀의 미래를 위해, + 울었어요 + 모든 것을 위해 + (그녀가 잃어버렸던)	

12	친구 한 명도, 동료 한 명도, 심지어 낯선 사람 한 명도 도와주러 오지 않았어요.	• Not one friend • not even a stranger
	🔄 친구 한 명도 없었고, + 동료 한 명도 없었고, + 심지어 낯선 사람 한 명도 오지 않았어요 + 도와주러	

UNIT 6
병렬(Parallelism)을 통한 강조 문장 만들기

우리는 단호하게 행동하고, 솔직하게 말하며, 용기 있게 이끌어야 합니다.

영어 문장을 이루는 정보를 어떻게 구성하냐에 따라 화자나 필자의 의도를 더욱 효과적으로 전달할 수 있어요. 병렬은 같은 문장 구조(단어, 구, 절 등)를 나란히 나열해 리듬감과 명확성, 논리적 균형을 갖추는 표현 방식입니다.

I came, I saw, I conquered. 왔노라, 보았노라, 이겼노라.(정확히는 정복했노라.)
She likes reading, writing, and painting. 그녀는 읽기, 쓰기, 그림 그리기를 좋아한다.
To succeed is to work hard, to stay focused, and to never give up.
성공한다는 것은 열심히 일하고, 집중력을 유지하고, 절대 포기하지 않는 것이다.

이처럼 같은 문장 구조를 병렬 구성하여 강조하고 싶은 개념이나 열거된 항목들을 동등하게 보여주면 문장에 균형감과 리듬감을 줍니다. 영어 쓰기, 말하기를 위해 꼭 익혀야 할 병렬 구조를 다양한 문장 만들기로 익혀 보세요.

| 우리는 ~해야 합니다 | + 행동하고 + 단호하게, + 말하고 + 솔직하게, + 그리고 + 이끌고 + 용기 있게 |

STEP 1 전체 문장 완성하기

다음 문장을 힌트 단어를 보면서 완성해 보세요.

1 우리는 ~해야 합니다 / 행동하고 + 단호하게
   • must act decisively

2 우리는 ~해야 합니다 / 행동하고 + 단호하게, / 말하고 + 솔직하게
   • speak honestly

3 우리는 ~해야 합니다 / 행동하고 + 단호하게, / 말하고 + 솔직하게 / 그리고 / 이끌고 + 용기 있게
   • lead courageously
   [동사원형 + 부사] 형태를 나열해 리듬감 있게 의미 강조

Ans. We must act decisively, speak honestly, and lead courageously.

▶ 정답 p. 263

유제 1	그들의 성공은 꾸준한 노력, 명확한 소통, 그리고 상호 존중에 달려 있어요. **그들의 성공은 ~에 달려 있어요** + 꾸준한 노력, + 명확한 소통, + 그리고 + 상호 존중

1 그들의 성공은 ~에 달려 있어요 / 꾸준한 노력,
- depend on
- consistent effort
- [형용사 + 명사]의 병렬

2 그들의 성공은 ~에 달려 있어요 / 꾸준한 노력, / 명확한 소통
- clear communication

3 그들의 성공은 ~에 달려 있어요 / 꾸준한 노력, / 명확한 소통, / 그리고 / 상호 존중
- mutual respect

유제 2	그녀는 창문을 열고, 깊게 숨을 들이쉬고, 아침 햇살을 향해 미소 지었어요. **그녀는 열었고** + 그 창문을, + **들이마셨고** + 깊은숨을, + 그리고 + **미소 지었어요** + 그 아침 햇살에

1 그녀는 열었고 + 그 창문을
- 동사 과거형의 병렬로 생생한 묘사와 부드러운 내용 연결 효과

2 그녀는 열었고 + 그 창문을, / 들이마셨고 + 깊은숨을
- take a deep breath

3 그녀는 열었고 + 그 창문을, / 들이마셨고 + 깊은숨을, / 그리고 / 미소 지었어요 + 그 아침 햇살에
- at the morning sun

유제 응용	그는 전화하겠다고, 방문하겠다고, 그리고 자신을 도와준 사람들을 절대 잊지 않겠다고 약속했어요. 그는 약속했어요 + 전화하겠다고, + 방문하겠다고, + 그리고 절대 잊지 않겠다고 + 그 사람들을 + (도와줬던 + 그를)

- to never forget
- the people who helped him
- to부정사 병렬로 명확성과 리듬감을 위해 to도 반복해서 쓸 것

---

* to부정사 병렬 구조에서 to는 생략할 수 있지만, 문장이 길거나 to 뒤에 오는 내용이 복잡할 경우, to를 반복하는 것이 더 명확하고 안정적입니다.

STEP 2 응용하여 쓰기

뉘앙스를 생각하며 문장을 만들어 보세요. MP3 044

1 언어를 배우는 것은 마음을 열고, 타인과 소통하며, 다른 문화를 이해하는 것입니다.
- 배우는 것은 + 언어를 + ~입니다 + 여는 것 + 당신의 마음을, + 연결하는 것 + 다른 사람들과, + 그리고 + 이해하는 것 + 다른 문화들을

- **To learn a language**
- **to connect with others**
- to부정사 병렬 (to 반복형)

---

2 신청서는 온라인으로 제출하거나, 우편으로 보내거나, 직접 제출할 수 있어요.
- 당신은 제출할 수 있어요 + 당신의 신청서를 + 온라인으로, + 보내거나 + 그것을 + 우편으로, + 또는 + 제출하거나 + 그것을 + 직접

- **You can submit**
- **or hand it in**
- **personally**
- 같은 형태의 동사구(동사 + 목적어 + 부가 정보)를 균형 있게 병렬하여 리듬감과 가독성을 높임

---

3 그녀는 방에 들어와 가방을 내려놓고 소파에 털썩 주저앉았어요.
- 그녀는 걸어 들어왔어요 + 그 방 안으로, + 내려놓았어요 + 그녀의 가방을, + 그리고 + 털썩 주저앉았어요 + 그 소파에

- **walk into**
- **drop**
- **collapse**
- 동사 과거형을 병렬하여 연속된 동작을 역동적으로 자연스럽게 표현

---

4 그는 자신 있게 말했고, 질문에 명확하게 답했으며, 내내 눈을 마주쳤어요.
- 그는 말했어요 + 자신 있게, + 대답했어요 + 질문들에 + 명확하게, + 그리고 + 유지했어요 + 눈 맞춤을 + 내내

- **maintain eye contact**
- **throughout**
- 3개의 동사구가 일관된 구조로 나열되어 행동을 구체적으로 설명

---

5 보고서는 문법에 맞게 편집하고, 일관성을 위해 형식을 갖추고, 정확성을 확인해야 합니다.
- 그 보고서는 편집되어야 합니다 + 문법에 맞게, + 형식이 갖춰지고 + 일관성을 위해, + 그리고 + 확인되어야 합니다 + 정확성을 위해

- **need to be edited**
- **formatted for consistency**
- **accuracy**

---

6 그 영화는 잘 써졌을 뿐만 아니라, 아름답게 촬영되었고, 연기도 강렬했어요.
- 그 영화는 ~였어요 + 잘 써졌을 뿐만 아니라, + 또한 아름답게 촬영되었고 + 그리고 + 강렬하게 연기된

- **not only well-written**
- [not only A, but also B] 구문에서 [부사 + p.p.] 구조가 병렬
- **shot**
- **powerfully acted**

UNIT 6 병렬(Parallelism)을 통한 강조 문장 만들기

7 나는 그녀에게 전화하고, 문자를 보내고, 심지어 문을 두드리기까지 했지만 아무런 응답이 없었어요.

나는 시도했어요 + 전화하기를 + 그녀에게, + 문자를 보내기를 + 그녀에게, + 그리고 + 심지어 두드리기까지 + 그녀의 문을, + 하지만 없었어요 + 응답이

- tried calling her
- there was no answer
- 동명사구의 병렬

8 무슨 말을 해야 할지, 언제 말해야 할지, 어떻게 말해야 할지 몰라서 그녀는 대화를 아예 피했어요.

몰라서 + 무슨 말을 할지, + 언제 말을 할지 + 그것을, + 또는 + 어떻게 말을 할지 + 그것을, + 그녀는 피했어요 + 그 대화를 + 완전히

- Not knowing
- when to say it
- '완전히, 전적으로'는 altogether

9 그들의 전략은 피드백을 듣고, 빠르게 적응하며, 트렌드를 앞서가는 것을 포함했어요.

그들의 전략은 포함했어요 + 듣는 것을 + 피드백을, + 적응하는 것을 + 빠르게 + 그리고 + 앞서 나가는 것을 + 트렌드들에

- involve
- adapting quickly
- '~보다 앞서 있다'는 stay ahead of ~

10 그는 관심도, 칭찬도 바라지 않았고, 이해를 구했어요.

그는 구했어요 + 관심도 아니고, + 칭찬도 아니고, + 이해를

- not for attention
- but for understanding
- [not for A, not for B, but for C]의 전치사구 병렬 구조로 대비와 강조의 효과를 띰

11 그녀는 주말을 산에서 하이킹하고, 새로운 요리법을 요리하고, 밀린 책을 읽으며 보내요.

그녀는 보내요 + 그녀의 주말들을 + 하이킹하면서 + 그 산들에서, + 요리하면서 + 새 요리법들을, + 그리고 + 따라잡으며 + 책들을

- 주말을 어떻게 보내는지 3개의 동명사구를 병렬 구조로 배치
- '(밀려 있는 것을) 따라잡다'의 의미로 catch up on 사용

12 그들은 음식, 음악, 그리고 테이블에 둘러앉아 나누는 진심 어린 이야기들로 축하했어요.

그들은 축하했어요 + 음식으로, + 음악으로, + 그리고 진심 어린 이야기들로 + (나눠지는 + 그 테이블 주위에서)

- with heartfelt stories
- shared around the table
- [with + 명사]를 반복해 리듬감과 강조 효과

* with를 모두 반복하는 것이 더 자연스럽고 명확하며 리듬감을 더합니다.

UNIT 7
생략으로 더 간결하고 자연스러운 문장 만들기

A 제인이 오늘 밤에 오나요?
B 아마 안 올 거예요.

영어에서는 반복을 피하고 문장을 더 간결하고 자연스럽게 만들기 위해 문장의 일부를 생략하는 경우가 많아요. 생략해도 문맥상 의미가 명확하기에, 원어민은 실제 회화나 글쓰기에서 생략을 자주 사용해요. 대표적인 예로 회화에서 질문에 대답할 때, 상대가 이미 말한 정보를 반복하지 않고 말하는 것입니다.

    Q What time are you leaving? 몇 시에 갈 거야?
    A About seven. 7시쯤. (← I'm leaving around seven.보다 자연스러움)

또, 접속사 and, but, or, so로 연결되는 구문에서 반복되는 말은 대체로 생략합니다.
    She was tired but happy. 그녀는 피곤했지만 행복했어요. (← ... but she was happy.)

조동사 뒤에 동사를 생략하고 조동사만 쓰는 경우가 많아요.
    I'll come and see you when I can. 시간 날 때 보러 갈게요. (← ... can come and see you.)

이 밖에도 문장에서 반복되는 명사, to부정사의 생략, 의문사 뒤의 절 생략, be동사 생략 등이 있어요. 반복된 부분은 삭제하여 더 간결하고 명확한 문장을 만드는 연습을 해 보세요.

    제인이 오나요 + 오늘 밤에? — 아마 안 올 거예요

STEP 1   전체 문장 완성하기

다음 문장을 힌트 단어를 보면서 완성해 보세요.  MP3 045

1   제인이 오나요
    • **Is Jane coming**
    이미 확정돼 있는 것을 물어보는 의미로 현재진행형 시제 사용

2   제인이 오나요 / 오늘 밤에
    • **tonight**

3   제인이 오나요 / 오늘 밤에 / — 아마 안 올 거예요
    • **Probably**
    ~~She is~~ probably not ~~coming tonight~~. 질문에 대한 대답에서 문맥상 명확한 부분은 생략하는 것이 더 간결하고 자연스러움

Ans. **A** Is Jane coming tonight?
        B Probably not.

▶ 정답 p. 263

| 유제 1 | 그녀는 재택근무를 선호하고, 남편은 사무실 출근을 선호해요.
그녀는 선호해요 + 일하는 것을 + 집에서, + 그리고 + 그녀의 남편은 (선호해요 + 일하는 것을)
+ 그 사무실에서 |

1 그녀는 선호해요 / 일하는 것을
- prefer working

2 그녀는 선호해요 / 일하는 것을 / 집에서
- from home
  '재택근무하다'는 work from home

3 그녀는 선호해요 / 일하는 것을 / 집에서 / 그리고 / 그녀의 남편은 (선호해요 / 일하는 것을) / 그 사무실에서
- her husband
  – her husband ~~prefers working~~ from the office
  – 접속사 and 뒤의 반복 요소를 생략해서 더 간결한 문장으로

| 유제 2 | 누군가 내 펜을 가져갔는데, 누군지 모르겠어요.
누군가 가져갔어요 + 내 펜을, + 그러나 + **나는 몰라요** + 누가 (가져갔는지 + 그것을) |

1 누군가 가져갔어요 / 내 펜을
- somebody took

2 누군가 가져갔어요 / 내 펜을, / 그러나 / 나는 몰라요
- but

3 누군가 가져갔어요 / 내 펜을, / 그러나 / 나는 몰라요 / 누가 (가져갔는지 / 그것을)
- who
  who ~~took it~~에서 who는 의문사절의 주어이므로 생략 불가

| 유제 응용 | 당신이 직접 워크숍에 참석할 수도 있고, 동료가 온라인으로 참석할 수도 있어요.
당신이 참석할 수 있어요 + 그 워크숍에 + 직접 + 혹은, +
당신의 동료가 (참석할 수 있어요) + 온라인으로 |

- in person
- 두 개의 독립된 문장이 등위 접속사 or로 연결된 구조로 중복되는 [조동사 + 동사]는 생략 가능

STEP 2 생략하고 다시 쓰기

다음 문장에서 생략 가능한 부분을 지우고 영어 문장을 다시 써 보세요.

1 A 계란은 어떻게 해 드릴까요?
B 스크램블에그로 해 주세요.

A How do you want your eggs?
B Scrambled eggs, please.

• 의미가 분명한 경우, 형용사 뒤에 오는 명사가 반복될 때 명사 생략 가능

2 레드 와인은 없어요. 화이트 와인만 있어요.

We have no red wine. Just white wine.

3 그의 사무실은 복도 끝에 있는 마지막 사무실이에요.

His office is the last office at the end of the hall.

• 문맥상 어떤 것을 말하는지 명확할 때 [형용사 + 명사] 구조에서 명사 생략

4 오늘은 가기 싫네. 그렇지만 내일은 갈지도 몰라.

I don't want to go today, but I might go tomorrow.

• 앞 문장 go today와 병렬 구조로, 앞 문장에서 유추 가능한 경우 조동사 뒤의 본동사 생략 가능

5 우리는 섬을 한 바퀴 돌며 배를 타고, 자전거를 타고, 하이킹도 하고, 캠핑도 했어요.

We sailed around the island, biked around the island, hiked around the island, and camped around the island.

• 반복되는 전치사구 생략 가능

6 A 그에게 내 생각을 말할까요?
B 나라면 그러지 않을 텐데요.

A Shall I tell him what I think?
B I wouldn't tell him if I were you.

• 질문에 대한 응답으로 조동사 뒤의 동사구는 반복하지 않아도 의미가 명확

7 A 당신은 그 파티 별로였을 거예요.
  B 아니요, 좋아했을 거예요.

  A You wouldn't have liked the party.
  B Yes, I would have liked it.

• 질문에 대한 응답으로 조동사가 둘 이상일 때 대체로 첫 번째 조동사만 쓰고 나머지는 생략

8 A 그 일자리에 지원할 거예요?
  B 그럴 계획이에요.

  A Are you going to apply for the job?
  B I plan to apply.

• 의미가 분명한 경우 동사의 반복을 피하기 위해 to부정사의 동사를 생략

* to부정사구 생략의 기본 원리: 이미 바로 앞에 같은 [to + 동사원형]이 있어서 반복을 피할 때, to가 '그 동작'을 대신하는 역할을 합니다. 동일 동작이 이미 언급됐을 때는 [to + (V)]로 간략화 가능합니다.

9 그녀가 결정할 의지가 없다면 억지로 결정하게 하지 마세요.

  Don't push her to decide if she isn't willing to decide.

• [willing to + 동사원형]에서 반복되는 동사만 생략 가능

10 A 해외에서 일하는 거 관심 있어요?
  B 해 보고 싶어요.

  A Are you interested in working abroad?
  B I'd like to work abroad.

• would like 뒤에 오는 to는 대체로 생략 불가하여 I'd like to.처럼 to까지 써야 함

11 상사가 승진에 지원하라고 독려했지만, 그러고 싶지 않았어요.

  My boss encouraged me to apply for the promotion, but I didn't want to apply for it.

• want 뒤의 to는 생략할 수 없음

12 그녀는 그를 직접 대면하지 않을 거예요. 그렇게 할 자신이 없거든요.

  She won't confront him; she doesn't have the confidence to confront him.

• 뒤에서 수식하는 to부정사가 없어도 문장이 의미상 완전하면, to부정사 전체를 생략 가능 (confidence가 보충 설명 없이도 자연스러움)

UNIT 8
추가 정보 (Insertion)를 넣어 풍부한 문장 만들기

놀랍게도 그는 주저 없이 팀을 이끌기로 동의했어요.

영어 문장의 정보를 구성하는 방법 중 삽입(Insertion)은 문장의 구조를 방해하지 않으면서 추가 정보를 넣어 의미를 풍부하게 하고, 어조를 조절하는 방식입니다. 문법적으로는 삽입 어구 없이도 완전한 문장이 성립되며, 추가 정보임을 시각적으로 표시하기 위해 콤마로 구분해 줍니다. 대표적인 삽입 유형에는 부사/부사구, 관용 표현, 관계절 등이 있어요. 다음 밑줄 친 부분이 삽입 어구입니다.

* He is, in fact, a very talented musician. 그는 사실은 아주 재능 있는 음악가예요.
* It was, believe it or not, her first time on stage. 그건, 믿거나 말거나, 그녀의 첫 무대였어요.
* My sister, who lives in Canada, is visiting next week.
  내 여동생이, 캐나다에 사는데, 다음 주에 와요.

추가 정보가 끼어드는 위치는 문장 맨 앞, 중간, 끝부분 모두 가능합니다. 영어 문장 만들기를 하면서 그 감을 익혀 보세요.

놀랍게도, + **그는 동의했어요** + 주저 없이 + 이끌기로 + 그 팀을

STEP 1 전체 문장 완성하기

다음 문장을 힌트 단어를 보면서 완성해 보세요. MP3 046

1 놀랍게도
• **Surprisingly**
문장 앞에 Surprisingly를 쓰고 콤마(,)로 구분하기

2 놀랍게도, / 그는 동의했어요
• **agree**

3 놀랍게도, / 그는 동의했어요 / 주저 없이
• **without hesitation**

4 놀랍게도, / 그는 동의했어요 / 주저 없이 / 이끌기로 / 그 팀을
• **to lead the team**

Ans. Surprisingly, he agreed without hesitation to lead the team.

| 유제 1 | 그녀는 도와주겠다고 약속해 놓고 나타나지 않았어요. 놀랍지도 않아요.
그녀는 약속했어요 + 도와주겠다고, + 그러나 + **그녀는 나타나지 않았어요**, + 놀랍지도 않아요 |

1 그녀는 약속했어요 / 도와주겠다고
- promise to help

2 그녀는 약속했어요 / 도와주겠다고, / 그러나 / 그녀는 나타나지 않았어요
- show up

3 그녀는 약속했어요 / 도와주겠다고, / 그러나 / 그녀는 나타나지 않았어요, / 놀랍지도 않아요
- not surprisingly
  문장 뒤에 삽입 어구가 와서 화자/필자의 감정을 덧붙임 (비꼬거나 냉소적인 어조)

| 유제 2 | 그는 5년 동안 아무 연락 없다가 갑자기 나에게 전화했어요.
그는 전화했어요 + 나에게, + 갑자기, + 5년 후에 + 무소식의 |

1 그는 전화했어요 / 나에게
- call me

2 그는 전화했어요 / 나에게, / 갑자기
- out of the blue
  '갑자기, 난데없이'라는 뜻의 관용 표현

3 그는 전화했어요 / 나에게, / 갑자기, / 5년 후에 / 무소식의
- after five years of silence
  silence는 '고요, 침묵' 외에 '무소식'이라는 뜻도 있음

| 유제 응용 | 그건, 의심할 여지 없이, 내가 가 본 최고의 콘서트였어요
그것은 ~였어요, + 의심할 여지 없이, + 최고의 콘서트 + (내가 이제까지 참석해 본) |

- without a doubt
- I've ever attended

STEP 2 응용하여 쓰기

뉘앙스를 생각하며 문장을 만들어 보세요.

1 내가 아는 한 그는 아직 초대에 응답하지 않았어요.
  ↻ 내가 아는 한, + 그는 응답하지 않았어요 + 그 초대에 + 아직

- As far as I know
- reply
- 과거에 한 초대에 아직까지 응답하지 않은 상태이므로 현재완료 시제로

2 듣자 하니 그들이 새 출발을 위해 다른 도시로 이사할 건가 봐요.
  ↻ 듣자 하니, + 그들은 이사를 하나 봐요 + 다른 도시로 + 새 출발을 위해

- they're moving
- for a fresh start
- '듣자 하니, 보아 하니'는 apparently로 추측이나 전해 들은 정보를 말할 때 사용

3 우리가 오늘의 체크리스트에 있는 모든 것을 거의 다 끝냈어요.
  ↻ 우리는 끝냈어요, + 거의, + 모든 것을 + 오늘의 체크리스트에 있는

- on today's checklist
- 현재완료 시제로
- more or less는 '거의, 약'의 의미이며 삽입 어구로 쓰임

4 우리 고양이는, 믿기 어렵겠지만, 혼자서 문 여는 법을 배웠어요.
  ↻ 나의 고양이는, + 믿기 어렵겠지만, + 배웠어요 + 여는 방법을 + 그 문을 + 그녀 혼자서

- by herself
- '믿거나 말거나, 믿기 어렵겠지만'은 believe it or not으로 뒤에 나올 내용을 부드럽게 전달하기 위해 삽입된 관용 표현

5 그들은 몇 시간의 논의 끝에 다소 마지못해 새 정책을 받아들였어요.
  ↻ 그들은 받아들였어요 + 그 새로운 정책을, + 다소 마지못해, + 몇 시간 후에 + 논의의

- accept
- somewhat reluctantly
- after hours of discussion

6 그것은, 부드럽게 말하자면, 관련된 모두에게 재앙이었어요.
  ↻ 그것은 ~였어요, + 말하자면 + 그것을 + 부드럽게, + 재앙 + 모두에게 + 관련된

- a disaster for everyone
- '부드럽게/조심스럽게 말하면'은 to put it mildly(사실은 훨씬 더 심각함을 의미)로 이때 put은 '말하다, 표현하다'의 뜻

7 그는 어려운 질문들에 모두가 안도할 만큼 수월하게 대답했어요.

○ 그는 대답했어요, + 모든 사람이 안도할 만큼, + 모든 그 어려운 질문들에 + 수월하게

- **to everyone's relief**
  '안심하게도, 한시름 놓게 (도)'는 to one's relief
- **with ease**

8 제가, 저도 정말 놀랍게도, 많은 사람 중에서 우승자로 선정되었어요.

○ 저는 ~이었어요 + 저도 정말 놀랍게도, + 선정된 + 그 우승자로 + 많은 사람들 중에서

- **chosen as**
- **among many**
- '놀랍게도'는 to one's surprise이며, 이를 더 강조한 표현이 much to one's surprise(매우 놀랍게도, 정말 뜻밖에도)

9 아버지는, 제가 아는 모든 것을 가르쳐 주신 분인데, 작년에 돌아가셨어요.

○ 나의 아버지는, + (가르쳐 주셨는데 + 나에게 + 모든 것을 + (내가 아는)), + 돌아가셨어요 + 작년에

- **who taught me**
  계속적 용법의 관계사절이 부가 정보로 삽입되어 앞뒤를 콤마로 구분
- **pass away**

10 그 영화는 실화를 바탕으로 했는데, 모두를 울렸어요.

○ 그 영화는, + (바탕으로 했는데 + 실화를), + 만들었어요 + 모두를 + 울게

- **which was based on**
  계속적 관계절은 항상 콤마로 구분하며, 앞 명사를 한정하지 않고 부연설명만 함

11 이 노트북은, 내가 수년간 가지고 있었는데, 아직도 완벽하게 작동해요.

○ 이 노트북은, + (내가 가지고 있었는데 + 수년간), + 아직도 작동해요 + 완벽하게

- **which I've had for years**

12 그 아이디어는, 처음에는 터무니없어 보였지만, 실제로는 효과가 있었어요.

○ 그 아이디어는, + (보였는데 + 터무니없는 (상태로) + 처음에는), + 실제로는 효과가 있었어요

- **which seemed ridiculous**
- **actually worked**

UNIT 9
동격(Apposition) 구조로 간결하고 리듬감 있는 문장 만들기

연구팀장인 파커 박사가 연구 결과를 발표했어요.

동격(Apposition)은 앞의 명사를 다른 명사구나 명사절로 다시 설명하는 구조입니다. 주제어(topic)인 명사를 구체화하여 대상이나 개념을 명확하게 정의하거나 의미를 강조해 줍니다.

<u>Elon Musk</u>, the CEO of Tesla, is on the news again.
테슬라 CEO 일론 머스크가 다시 뉴스에 나온다.

<u>The rumor</u> that they broke up turned out to be false.
그들이 헤어졌다는 소문은 사실이 아닌 것으로 드러났다.
→ the rumor와 that they broke up은 동격 관계, that절은 the rumor의 내용을 구체화

동격의 명사구는 추가 설명을 압축해서 간결하게 의미를 더하고, 동격의 that절은 앞에 나온 명사를 구체적으로 설명해 줍니다. 동격 구조는 특히, 문어체, 뉴스, 에세이, 설명문 등에서 문장에 리듬감과 세련됨을 더하지요. 문장의 스타일을 살리는 동격 구조를 활용해 다양한 문장을 만들어 보세요.

  | 파커 박사는, | 그 팀장인 + 그 연구팀의 + | 발표했어요 | + 그 연구 결과들을

STEP 1 전체 문장 완성하기

다음 문장을 힌트 단어를 보면서 완성해 보세요. MP3 047

1 파커 박사는, / 그 팀장인 / 그 연구팀의
- **the head of the research team**
  [명사], [동격 명사구] 구조로 고유 명사 뒤에 직책/역할을 동격으로 덧붙여 설명

2 파커 박사는, / 그 팀장인 / 그 연구팀의, / 발표했어요
- **present**

3 파커 박사는, / 그 팀장인 / 그 연구팀의, / 발표했어요 / 그 연구 결과들을
- **the findings**

Ans. Dr. Parker, the head of the research team, presented the findings.

* 동격의 that절과 명사절의 that절 비교

구분	동격의 that절	명사절의 that절
구조	명사 + that 주어 + 동사	동사 + that 주어 + 동사
역할	앞의 명사를 설명 (that절이 명사의 내용)	that절 자체가 문장의 주어 또는 목적어로 역할
예시	I heard the rumor that he quit. (that 생략 불가) 그가 그만뒀다는 소문을 들었다.	I heard that he quit. (that 생략 가능 – 목적어일 때) 그가 그만뒀다는 것을 들었다.

▶ 정답 p. 264

유제 1

맥스라는 이름의 골든 레트리버인 그들의 개는 수영을 아주 좋아해요.
그들의 개, + 골든레트리버는 + (이름 지어진 + 맥스로), + **아주 좋아해요** + 수영하는 것을

1 그들의 개, / 골든레트리버는
- a golden retriever
- [이미 주어진 정보 + 새 정보]를 동격으로 연결

2 그들의 개, / 골든레트리버는 / (이름 지어진 + 맥스로)
- named Max

3 그들의 개, / 골든레트리버는 / (이름 지어진 + 맥스로) / 아주 좋아해요 / 수영하는 것을
- love swimming

유제 2

그들이 결혼한다는 소문은 빠르게 퍼졌어요.
그 소문은 + 그들이 결혼한다는 + **퍼졌어요** + 빠르게

1 그 소문은
- The rumor

2 그 소문은 / 그들이 결혼한다는
- that they're getting married

that절의 내용 = the rumor, 로 the rumor의 내용을 설명하는 문장

3 그 소문은 / 그들이 결혼한다는 / 퍼졌어요 / 빠르게
- spread quickly

유제 응용

그녀가 5개 국어를 한다는 사실은 모두에게 깊은 인상을 줬어요.
그 사실은 + 그녀가 말한다는 + 5개 언어를 + 깊은 인상을 줬어요 + 모두에게

- speak five languages
- impress
- '~라는 사실'은 That fact that ~, 으로 동격의 that절이 바로 앞의 the fact를 설명

STEP 2 응용하여 쓰기

뉘앙스를 생각하며 문장을 만들어 보세요.

1. **애플의 공동 창립자인 스티브 잡스는 우리가 기술을 사용하는 방식을 바꿔 놓았어요.**
   - 스티브 잡스는, + 그 공동 창립자인 + 애플의, + 바꿨어요 + 그 방식을 + (우리가 사용하는 + 기술을)

   - the co-founder of Apple
   - technology
   - 고유명사 뒤에 동격의 명사구를 콤마로 구분하기

2. **우리 시대의 가장 큰 전 세계적인 위협인 기후 변화는, 시급한 대응이 필요합니다.**
   - 기후 변화는, + 가장 큰 전 세계적인 위협으로 + 우리 시대의, + 필요로 합니다 + 시급한 대응을

   - Climate change
   - global threat
   - require
   - '긴급 조치, 시급한 대응'은 urgent action

3. **단순하지만 강력한 그 아이디어는, 모든 것을 바꾸어 놓았어요.**
   - 그 생각은, + 단순하지만 강력한 것인, + 바꿨어요 + 모든 것을

   - The idea
   - a simple yet powerful one

4. **두 회사 간의 주요 협업인 그 프로젝트는 다음 달에 시작됩니다.**
   - 그 프로젝트는, + 주요 협업인 + 두 회사 간의, + 시작됩니다 + 다음 달에

   - a major collaboration
   - between two firms

5. **베를린에 본사를 둔 스타트업인 그 회사는 천 만 달러를 유치했어요.**
   - 그 회사는, + 스타트업인 + 근거지를 둔 + 베를린에, + 모았어요 + 천 만 달러를

   - based in Berlin
   - raised $10 million
   - '(자금·사람 등을) 모으다, 얻어내다'는 raise

6. **시대를 초월한 고전인 그 책은 여전히 전 세계 독자들에게 영감을 주고 있어요.**
   - 그 책은, + 시대를 초월한 고전인, + 계속 영감을 줍니다 + 독자들에게 + 전 세계의

   - a timeless classic
   - continue to inspire
   - around the world

7 지혜로운 조용한 사람인 아버지는, 말은 거의 안 하셨지만, 말씀하실 때면 우리는 귀를 기울였어요.

🔄 나의 아버지는, + 조용한 사람인 + 지혜로운, + 거의 말을 안 했어요, + 하지만 + 그가 했을 때는, + 우리는 귀를 기울였어요

- a quiet man of wisdom
- rarely spoke
- My father 뒤에 동격의 명사구를 덧붙임

8 돈으로 행복을 살 수 있다는 생각은 종종 논쟁의 대상이 됩니다.

🔄 그 생각은 + 돈은 살 수 있다는 + 행복을 + 종종 논쟁이 됩니다.

- The idea that 동격의 that절을 the idea 바로 뒤에 연결
- is often debated

---

* 동격의 that절을 취하는 대표 명사들: fact(사실), idea(생각), rumor(소문), belief(믿음), claim(주장), news(뉴스), conclusion(결론), decision(결정) 등

9 그녀가 부당한 대우를 받고 있다는 주장을 나는 믿지 않았어요.

🔄 나는 믿지 않았어요 + 그녀의 주장을 + 그녀가 대우받고 있었다는 + 부당하게

- her claim
- she was being treated unfairly
- '~ 되고 있다, ~ 당하고 있는 중이다' 진행 수동태는 [be being p.p.] 구조로

10 저는 친절이 더 강한 공동체를 만든다는 믿음을 지지합니다.

🔄 저는 지지합니다 + 그 믿음을 + 친절이 만든다는 + 더 강한 공동체들을

- the belief
- that kindness creates

11 우리는 인수 합병의 조건으로 회사가 해외로 이전해야 한다는 제안을 거절했어요.

🔄 우리는 거절했어요 + 그 제안을 + 그 회사가 이전해야 한다는 + 해외로 + 조건으로 + 그 인수 합병의

- reject the proposal
- should relocate
- overseas
- '인수 합병'은 M&A

12 그녀는 그 제품이 철저히 테스트받았다는 주장에 의문을 제기했어요.

🔄 그녀는 의문을 제기했어요 + 그 주장에 + 그 제품이 테스트받았다는 + 철저히

- question
- thoroughly

UNIT 10 반전의 영어 문장 만들기

그들은 다음 주가 되어야 최종 보고서를 공개할 것입니다.

not ~ until, no sooner than ~, anything but ~, nothing but ~, have yet to ~ 등은 부정어가 있지만 실제 의미는 긍정으로 해석되는, 혹은 부정어가 없는데 부정문으로 해석되는 반전의 영어 표현들입니다. 반전의 영어 표현들을 익혀 다양한 문장 만들기를 해 보세요.

* **not A until B**: 'B하고 나서야 비로소 A하다'
  He didn't sleep until midnight. 그는 자정이 되어서야 잠들었다.

* **no sooner ~ than …**: '~하자마자 …하다'
  No sooner had I left than it rained. 내가 떠나자마자 비가 왔다.

* **anything but + 명사/형용사**: '절대 ~ 아닌, ~는 전혀 아닌'
  He is anything but kind. 그는 전혀 친절하지 않다.

* **nothing but + 명사/형용사**: '오직 ~만, 단지 ~뿐'
  I want nothing but peace. 나는 평화만을 원해.

* **have yet to + 동사원형**: '아직 ~하지 않았다'
  She has yet to reply. 그녀는 아직 답장하지 않았다.

 | 그들은 공개할 것입니다 | + 그 최종 보고서를 + 다음 주가 되어야

STEP 1 전체 문장 완성하기

다음 문장을 힌트 단어를 보면서 완성해 보세요.

1. 그들은 공개할 것입니다
   - won't release
   - '~하고 나서야 비로소 …하다'는 [not … until ~] 구조로

2. 그들은 공개할 것입니다 / 그 최종 보고서를
   - the final report

3. 그들은 공개할 것입니다 / 그 최종 보고서를 / 다음 주가 되어야
   - until next week

Ans. They won't release the final report until next week.

▶ 정답 p. 264

| 유제 1 | 그가 떠난 뒤에야, 그녀는 자신이 얼마나 마음을 썼는지 깨달았어요. **그녀는 깨달았어요** + 얼마나 많이 + 그녀가 마음 썼는지를 + 그가 떠난 뒤에야 |

1 그녀는 깨달았어요
- **didn't realize**
- 반전의 표현 not ~ until 구조로

2 그녀는 깨달았어요 / 얼마나 많이 / 그녀가 마음 썼는지를
- **how much she cared**

3 그녀는 깨달았어요 / 얼마나 많이 / 그녀가 마음 썼는지를 / 그가 떠난 뒤에야
- **walk away**

| 유제 2 | 그는 침착해 보였지만, 전혀 마음이 편하지 않았어요. **그는 보였어요** + 침착한 (상태로), + 하지만 + **그는 ~이었어요** + 전혀 편하지 않은 (상태인) |

1 그는 보였어요 / 침착한 (상태로)
- **look calm**

2 그는 보였어요 / 침착한 (상태로), / 하지만 / 그는 ~이었어요
- **but**

3 그는 보였어요 / 침착한 (상태로), / 하지만 / 그는 ~이었어요 / 전혀 편하지 않은 (상태인)
- **anything but relaxed**
- '절대 ~ 아닌, ~는 전혀 아닌'은 [anything but + 명사/형용사]로 긍정처럼 보이지만 실제로는 부정의 의미

| 유제 응용 | 시작 장면부터 마지막 반전까지 전혀 지루하지 않았어요. 그것은 ~였어요 + 전혀 지루하지 않은 (상태인), + 그 시작 장면부터 + 그 마지막 반전까지 |
- **the opening scene**
- **the final twist**
- 범위를 나타낼 때 '~부터(에서) …까지'는 from ~ to ...

235

STEP 2 응용하여 쓰기

뉘앙스를 생각하며 문장을 만들어 보세요.

---

1 지금 돌아가는 상황이 전혀 정상적이지 않아요.

⟳ 그 방식이 + (상황이 전개되고 있는) + ~예요 + 전혀 정상적이지 않은 (상태인)

- The way things are unfolding
- '절대 ~ 아닌'은 [anything but + 명사/형용사]

---

2 그가 한 일에 대해 내가 따지고 나서야 비로소 그가 사과했어요.

⟳ 그는 사과했어요 + 내가 맞서고 나서야 + 그에게 + 그가 했던 일에 대해

- what he had done
- '~하고 나서야 비로소 …하다'는 [not ... until ~] 구조로
- '맞서다, 따지다'는 confront

---

3 당신이 맥락을 자세히 설명해 준 후에야 비로소 메시지를 이해했어요.

⟳ 나는 이해했어요 + 그 메시지를 + 당신이 자세히 설명해 주고 나서야 + 그 맥락을

- didn't understand
- carefully explain
- context

---

4 나는 눈을 감자마자 잠이 들었어요.

⟳ 내가 감자마자 + 나의 눈들을 + 나는 잠이 들었어요

- No sooner had I closed
- 두 동작이 빠르게 연이어 일어났음을 강조할 때 '~하자마자 …했다'는 [No sooner had + 주어 + p.p. + than + 주어 + 동사 과거형]

* 두 동작/상황의 시간 순서를 강조하기 위해 과거완료형(had p.p.)과 과거형으로 시제를 구분합니다.

---

5 문을 닫자마자 열쇠를 놓고 나왔다는 걸 깨달았어요.

⟳ 내가 닫자마자 + 그 문을 + 나는 깨달았어요 + 내가 잊었다는 것을 + 내 열쇠들을

- I had forgotten
- No sooner가 문두로 나와서 주어와 had의 어순이 도치

---

6 그녀가 말을 끝내자마자 그가 끼어들었어요.

⟳ 그녀가 끝내자마자 + 그 문장을 + 그가 끼어들었어요.

- finish the sentence
- interrupt
- '~하자마자 …했다' [No sooner had + 주어 + p.p. + than + 주어 + 동사 과거형]

7 우리가 지난주에 보낸 제안서에 대해 그들로부터 아직 회신받지 못했어요.

↻ 우리는 아직 듣지 못했어요 + 그들로부터 + 그 제안서에 대해 + (우리가 보냈던 + 지난주에)

- proposal
- '아직 ~하지 않았다'는 [have yet to + 동사원형]으로 부정어가 없지만 부정의 의미를 나타냄
- '(답변·연락 등을) 다시 듣다, 회신을 받다'는 hear back

---

8 마감일이 다가오고 있는데도, 그는 아직 프로젝트를 시작하지 않았어요.

↻ 그는 아직 시작하지 않았어요 + 그 프로젝트를, + 그 마감일이 다가오고 있음에도 불구하고

- even though
- approach

---

9 그들은 여러 차례의 협상에도 불구하고 아직 합의에 이르지 못했어요.

↻ 그들은 아직 도달하지 못했어요 + 합의에, + 여러 차례의 협상들에도 불구하고

- reach an agreement
- several rounds of negotiations
- '~에도 불구하고'는 despite (= in spite of)

---

10 그 남자는 중요한 건 오직 돈뿐인 것처럼, 돈 이야기만 합니다.

↻ 그 남자는 이야기해요 + 오직 돈에 대해서만, + 마치 그것이 ~인 것처럼 + 그 유일한 것 + (중요한)

- as if it were the only thing
- '오직 ~만, ~뿐'은 [nothing but + 명사/형용사]
- 관계절 that matters가 앞의 명사(the only thing)를 수식

* (실제로는 그렇지 않은데) '마치 돈만 중요한 것처럼'의 의미로 as if it were ~로 쓰세요.

11 난 그녀와 함께 일한 모든 사람으로부터 그녀에 대해 좋은 말만 들었어요.

↻ 나는 들었어요 + 좋은 말들만 + 그녀에 대해 + 모두로부터 + (그녀가 함께 일한)

- I've heard
- everyone she's worked with
- '내가 좋은 말을 들어왔고, 그녀가 지금까지 일해 왔다'는 것을 현재완료 시제로 표현

---

12 그들은 우리가 있는 내내 말다툼만 해서, 모두를 불편하게 만들었어요.

↻ 그들은 말다툼만 했어요 + 그 전체 시간을 + 우리가 있었던 + 거기에, + 그건 만들었어요 + 모두를 + 불편한 (상태로)

- did nothing but argue
- the whole time
- 앞 문장 전체를 받는 which로 결과를 부연 설명 [, which made ~]

---

* nothing but은 보통 명사나 형용사 앞에 쓰이지만, '오직 ~만 한다'라고 할 때 [do nothing but + 동사원형] 구조로 회화나 글쓰기에도 쓰입니다.

STEP UP YOUR WRITING

What a Day!

정말 정신없는 아침이었어요! 셔츠에 커피를 쏟고, 버스를 놓치고 회의에도 지각했어요.
- spill
- arrive late

이런 혼란은 평소에 피하려고 애쓰는데—오늘은, 정말 예상치 못하게 당했어요.
- This kind of chaos
  (전치 구조로)

살면서 프레젠테이션을 앞두고 이렇게 준비가 안 된 느낌은 처음이었어요.
- so unprepared
- before a presentation

다행히도, 어젯밤에 슬라이드들을 완성해 뒀지만, 내가 필요한 자신감은 도무지 찾을 수가 없었어요.
- Thankfully
- had finished
- nowhere to be found

나는 정말 침착하려고 애썼어요. 정말로 그랬어요.
- did try
- stay calm

"내게 조금이라도 운이 따르기를!" 회의실에 들어서며 그렇게 생각했어요.
- a little luck
- on my side

빠르게 성장하는 스타트업인 우리 고객은 테이블 건너편에 앉아 있었고—열정적이고, 호기심도 많고, 이미 나를 평가하고 있는 듯했죠.
- fast-growing

모두가 놀랍게도, 내가 이야기를 시작한 그 순간, 분위기가 바뀌었어요.
- To one's surprise
- the moment S + V

그들은 어찌나 정말 집중해서 듣던지! 얼마나 깊이 있는 질문들을 했는지 몰라요!
- How attentively
- What thoughtful questions

그건, 솔직히 말해서, 내가 지금까지 이끌어 온 중 가장 몰입도 높았던 회의 중 하나였어요.
- the most engaging

우리는 그들에게 강한 인상을 남겼을 뿐 아니라, 후속 제안 회의까지 확보해 냈어요.
- Not only did

그날 아침에 내가 하마터면 나타나지 않을 뻔했다는 사실에 나는 여전히 웃어요.
- I almost didn't show up

그건 의심할 여지 없이, 내가 겪어 본 중 가장 예상 밖으로 보람찬 아침이었어요.
- without a doubt
- the most unexpectedly rewarding morning

What a Day!

What a morning it was! _____
_____
_____
— but today, it caught me off guard.

Never in my life _____
_____,
but the confidence _____
_____

"_____!" I thought as I stepped into the conference room.

Our client, _____, sat across the table — eager, curious, and probably judging me already.

_____, _____
the energy shifted.
_____
It was, _____, _____
I've ever led.
_____ we impress them, but we also secured a follow-up proposal meeting.
_____ still makes me laugh.
_____
_____

영어로 문장 만들기 훈련
3차 임계점

ANSWERS

CHAPTER 1 조동사로 표현하는 한 끗 차이 뉘앙스

UNIT 1 과거의 습관·상태를 나타내는 used to 문장 만들기

STEP 1 ▶ 정답 p. 16

I used to drink coffee every morning, but now I prefer tea.

유제 1 He used to eat fast food all the time, but now he tries to eat healthy.

유제 2 My brother used to collect comic books when he was a teenager.

유제 응용 We used to live in New York before moving to California.

STEP 2 ▶ 정답 p. 18

1. I used to watch TV a lot, but now I mostly watch YouTube.
2. I used to wake up early, but now I sleep in.
3. My mother used to bake cookies for us every Sunday.
4. He used to smoke, but he quit five years ago.
5. She used to play the piano every day when she was a child.
6. She used to be really shy, but now she's very outgoing.
7. They used to eat dinner together as a family every night.
8. He used to bring me little presents without saying why.
9. I didn't use to enjoy running, but now I run marathons.
10. They didn't use to travel abroad, but now they go every year.
11. I didn't use to spend a lot of money on gadgets, but now I buy the latest tech without hesitation.
12. I never used to drink coffee, but now I can't live without it.

UNIT 2 공손한 뉘앙스의 would 문장 만들기

STEP 1 ▶ 정답 p. 20

I would like (= I'd like) to move into a bigger apartment next year.

유제 1 I would like (= I'd like) to book a table for two for 7 p.m.

유제 2 I would love (= I'd love) to join you for lunch tomorrow.

유제 응용 I would love (= I'd love) to go, but I have a prior commitment.

STEP 2 ▶ 정답 p. 22

1. I'd love to hear more about your trip.
2. I would like a quiet room with an ocean view for our weekend stay.
3. I'd be interested in learning more about your program.
4. I would be grateful if you could take a look at this report.
5. I would really appreciate it if you could send me the file by tonight.
6. I would prefer to sit by the window if that's alright.
7. Would you be able to meet me tomorrow morning?
8. Would it be possible to reschedule our meeting?
9. Would you please let me know when you're available?
10. Would you be interested in joining our book club?
11. Would you like me to call and confirm the reservation?
12. Would you like me to send you the details by email?

UNIT 3 '추측'과 '예상'의 would 문장 만들기

STEP 1 ▶ 정답 p. 24

I would say this is the best movie of the year.

유제 1 I would say the test wasn't too hard, but let's wait for the results.

유제 2 That would explain why she looked so upset earlier.

유제 응용 That would explain why he didn't answer my calls all day.

STEP 2 ▶ 정답 p. 26

1. If the meeting is at 9, that would mean we need to change our plans.
2. I would guess they're having dinner since they're not picking up.

3   I would say he handled the situation pretty well.
4   This would be the perfect spot for a picnic.
5   This would be a great opportunity for you to learn something new.
6   That would be a reasonable explanation, given the situation.
7   That would be her brother, judging by the way he talks about her.
8   I thought it would be easier than this.
9   I thought he would take care of the issue on his own.
10 I thought she would join us for dinner, but she never showed up.
11 When we were kids, we would spend hours playing outside until sunset.
12 He would call me every evening just to say goodnight.

UNIT 4   '후회'를 나타내는 should have p.p. 문장 만들기
STEP 1 ▶ 정답 p. 28

I should have left earlier to avoid the traffic.

유제 1 We should have made a reservation at the restaurant, especially on a Saturday night.

유제 2 I should have checked the weather before going out.

유제 응용 I should have backed up all my files before updating the software on my computer.

STEP 2 ▶ 정답 p. 30

1   I should have invested in that company when I had the chance.
2   I should have checked the train schedule online before heading to the station.
3   You should have called me if you needed help.
4   You should have checked the expiration date on the milk.
5   You should have saved some money from your last paycheck in case of an emergency like this.
6   You should have spoken up during the meeting if you had concerns about the project.
7   He should have apologized to her right after the argument.
8   You shouldn't have driven so fast in the rain.
9   You shouldn't have brought that up during the meeting.
10 He shouldn't have said that to his boss.
11 She shouldn't have shared my secret with everyone.
12 We shouldn't have trusted him so easily without checking the facts.

UNIT 5   은근히 까다로운 might/could/must have p.p. 문장 만들기
STEP 1 ▶ 정답 p. 32

I might have mistaken him for someone else.

유제 1 I might have seen that movie before, but I can't remember.

유제 2 You might have heard it from Sarah; she knows everything.

유제 응용 He might have forgotten our anniversary; that's why he didn't get a gift.

STEP 2 ▶ 정답 p. 34

1   You might have forgotten to lock the door.
2   They might have changed the schedule without telling anyone.
3   I could have told you earlier, but I didn't want to ruin the surprise.
4   You could have called me when you arrived at the airport.
5   You could have asked for help if you were struggling.
6   They could have given us more time to finish the project.
7   You could have warned me about the change in plans.
8   We must have taken the wrong exit on the highway.
9   You must have been exhausted after the long flight.
10 I must have left my charger at the office; it's not in my bag.
11 He must have known about the meeting; he was well-prepared.

12 They must have had a great time on vacation; they were posting nonstop.

UNIT 6   뜻이 다른 be able to, will be able to 문장 만들기

STEP 1
▶ 정답 p. 36

I'm finally able to cook simple meals on my own.

유제 1 She's able to handle multiple projects at once.

유제 2 She was able to catch the last train just in time.

유제 응용 I wasn't able to concentrate yesterday, but today I am able to focus much better.

STEP 2
▶ 정답 p. 38

1 Are you able to make it to the dinner tonight?
2 Were you able to reach him this morning?
3 I was able to fix the issue after restarting the system.
4 He was finally able to explain everything clearly.
5 He wasn't able to attend due to a scheduling conflict.
6 I'll be able to finalize the budget by tomorrow.
7 We'll be able to solve this once we get more data.
8 You'll be able to understand it better with more practice.
9 We'll be able to launch the new product next month.
10 If all goes well, we'll be able to meet the deadline.
11 She won't be able to attend the meeting next week.
12 We won't be able to finish this project without more help.

STEP UP YOUR WRITING
▶ 정답 p. 40

A Mistake I Made While Traveling

When I traveled to Paris for the first time, I used to carry all my important documents in one bag.
I thought I would be careful enough, but I guess I wasn't.
One afternoon, I left my backpack at a café without realizing it.
I must have been too distracted by the view outside the window.
By the time I returned, it was gone.
I wasn't able to find it anywhere, and I started to panic.
I should have double-checked before leaving the table.
I could have avoided the problem if I had been more alert.
I felt so frustrated and started imagining the worst—losing my passport, canceling my trip, or even going to the embassy.
Thankfully, someone had returned the bag to the café staff.
I was able to recover everything—my passport, money, and even my camera.
After that day, I would always check my surroundings before leaving.
I also used to keep everything in one place, but now I separate my valuables.
I would say that mistake taught me to stay alert, especially when traveling alone.
Next time, I'll be able to handle things more calmly.

CHAPTER 2   비교급, 최상급으로 문장을 더 풍부하게

UNIT 1   비교 문장 만들기 1

STEP 1
▶ 정답 p. 44

It is as good as I expected.
유제 1 She's just as talented as her sister.
유제 2 I'll be there as soon as I can.
유제 응용 You can take as many as you need.

STEP 2
▶ 정답 p. 46

1 This isn't as simple as it looks.
2 He didn't run as fast as usual today.
3 This version isn't as user-friendly as the old one.
4 She's not as confident as her sister in public speaking.
5 We need to finish this as soon as possible.
6 You can bring as many friends as you like.
7 She made as many calls as she could before noon.
8 He bought as many books as he could carry.
9 I'm trying to save as much money as I can.
10 You should drink as much water as you can during the day.
11 We received as many as 300 applications.
12 She spent as much as $500 on that bag.

UNIT 2 비교 문장 만들기 2
STEP 1
▶ 정답 p. 48

Your jacket is exactly the same as mine.

유제 1 This tastes the same as what we had yesterday.

유제 2 I'll go with the same menu as you.

유제 응용 He ended up ordering the same thing as me. (= He ended up ordering the same thing as I did.)

* '내가 주문했던 것과' 같은 것을 지칭하므로 원래는 as I did가 문법적으로 맞지만, 구어체와 일상 회화에서는 흔히 as me를 자연스럽게 많이 씁니다.

STEP 2
▶ 정답 p. 50

1 The rent here is half as expensive as it is downtown.
2 This project is twice as complex as the last one.
3 Your room is three times as big as mine.
4 Our team is working three times as hard as we did last year.
5 Her hands were as cold as ice even in midsummer.
6 That coffee is as hot as hell, almost too hot to drink.
7 That idea is as dumb as a rock, honestly.
8 He looked as nervous as a cat in a room full of rocking chairs.
9 You're as sweet as honey today.
10 His explanation was as clear as mud.
11 She's as busy as a bee these days, always running around.
12 The sky was as dark as night even though it was only 4 p.m.

UNIT 3 비교 문장 만들기 3
STEP 1
▶ 정답 p. 52

That explanation was clearer than the last one.

유제 1 Her handwriting is neater than mine.

유제 2 This task is more complicated than it looks.

유제 응용 This sofa is more comfortable than the one we saw yesterday.

STEP 2
▶ 정답 p. 54

1 Today is much colder than I expected.
2 This coffee is a little stronger than what I usually drink.
3 The new phone is thinner and lighter than the previous model.
4 The second episode was more interesting than the first one.
5 She arrived earlier than planned.
6 He speaks more clearly than his colleague.
7 This app loads more quickly than the old version.
8 You performed much better than last time.
9 They explained it more thoroughly than before.
10 I can think more creatively in the morning than at night.
11 You handled that situation more professionally than I did.
12 The second group completed the task more accurately than the first.

UNIT 4 비교 문장 만들기 4
STEP 1
▶ 정답 p. 56

People are getting more and more interested in AI.

유제 1 He's getting better and better at public speaking.

유제 2 More and more tourists are visiting this island every year.

유제 응용 More and more people are becoming aware of mental health issues.

STEP 2 ▶ 정답 p. 58

1 Her health is getting worse and worse despite the treatment.
2 The more I try to fix this, the more confused I get.
3 The more honest you are, the more people trust you.
4 The less you check your phone, the more you can focus.
5 The more you listen instead of talking, the more people will respect you.
6 The more money he makes, the more useless items he keeps buying.
7 This laptop is faster than my old one, and it's no heavier.
8 This apartment is bigger than our old place, and it's no more expensive.
9 That movie was more enjoyable than I expected, and it wasn't any longer than an hour.
10 This version is a little less complicated than the previous one.
11 She's a lot more confident now than she used to be.
12 The trip turned out to be far more relaxing than we imagined.

UNIT 5 비교 문장 만들기 5

STEP 1 ▶ 정답 p. 60

It took me no more than ten minutes to finish the task.

유제 1 He said no more than a few words during the meeting.

유제 2 I paid no less than $200 for those concert tickets.

유제 응용 The repair cost no more than $30, but the delivery fee was no less than $70.

STEP 2 ▶ 정답 p. 62

1 This costs no more than a cup of coffee.
2 She gave me no more than a cold look and walked away.
3 No more than five people showed up to the meeting.
4 No less than seven volunteers helped set up the event.
5 He received no less than three job offers this week.
6 Getting used to city life took me no less than a year.
7 They allow not more than one carry-on bag per person.
8 Please send not more than five photos with your application.
9 Not more than three cookies are allowed per person.
10 Each order comes with not less than five items.
11 He earns not less than $3,000 a month.
12 Not less than 80% of voters supported the policy.

UNIT 6 비교 문장 만들기 6

STEP 1 ▶ 정답 p. 64

She's the kindest person I've ever met.

유제 1 That was the funniest movie I've seen all year.

유제 2 This is the most exciting part of the book.

유제 응용 That was the longest and the most exciting trip I've ever been on.

STEP 2 ▶ 정답 p. 66

1 That was the most difficult decision of my life.
2 He arrived the earliest among all the guests.
3 She's one of the most creative people I know.
4 That was the most relaxing weekend I've had in months.
5 That was the best meal I've had in weeks, but the worst service ever.
6 This is the hottest summer we've had in

7 That's the least helpful comment I've ever heard.

8 He is the last person I want to see right now—he totally betrayed my trust.

9 Losing my job was the last thing I needed right now.

10 The last thing I want to do is (to) hurt your feelings.

11 This is the most affordable option on the menu, but it still comes with a generous portion and good flavor.

12 He's the most reliable person I know, and that's why I always trust him with important tasks at work.

STEP UP YOUR WRITING ▶ 정답 p. 68

A New City, A Better Me

I recently moved to a new city, and it's not as quiet as my old neighborhood.

The apartment here is much more modern and spacious than my previous one.

Still, **my place is just as cozy as I expected**, and I've started to like it.

The streets are much cleaner and wider than those in my old town.

The commute is a little longer, but the public transport is far more reliable.

The more I explore the city, the more open and friendly people seem.

I've visited as many as five museums already, and each was more impressive than the last.

Last weekend, I had the best coffee I've ever tasted—better than any I had back home.

The café I found is half as crowded as the others, and the staff is as sweet as honey.

Surprisingly, the rent is no more than what I paid before, even though the area is nicer.

I also met a local who is as creative and driven as anyone I've ever worked with.

She's the most passionate volunteer I've seen in a long time.

Adjusting to the new pace of life was difficult at first,

but **now I feel better and better each day**.

Honestly, **this move might be the best decision I've made this year.**

CHAPTER 3 예의 있게 질문/요청하기

UNIT 1 정중한 직접의문문 만들기

STEP 1 ▶ 정답 p. 72

Could you remind me about the meeting tomorrow?

유제 1 Could you help me carry these bags up to the second floor?

유제 2 Would you like to join us for dinner at that new Italian place tonight?

유제 응용 Would you turn down the music a little so I can focus on my work?

STEP 2 ▶ 정답 p. 74

1 Could you please close the window before it starts raining?

2 Could you tell me how to get to the station from here without using the highway?

3 Would you prefer to leave early and beat the traffic, or stay a little longer?

4 Would you be able to finish this report by tomorrow morning if I help you with the data?

5 May I ask you a quick question about the presentation?

6 May I take a look at your report before you submit it to the manager?

7 May I leave a few minutes early today to pick up my child from school?

8 May I borrow your charger for a bit? Mine just died and I have an important call soon.

9 Could I use your printer to print out a few urgent documents?

10 Could I have a moment of your time to discuss something important?

11 Could I join your group for the project if no one else has signed up yet?

12 Could I stay at your place over the weekend while I look for a new apartment?

UNIT 2 정중한 간접의문문 만들기 1

STEP 1 ▶ 정답 p. 76

Could you tell me where I can park my car?

유제 1 Could you tell me where I can find the nearest ATM?

유제 2 Would you tell me when the next break is scheduled?

유제 응용 Would you tell me when you're available next week?

STEP 2 ▶ 정답 p. 78

1 Could you tell me what time the last train departs from this station?
2 Could you tell me what the Wi-Fi password is for guests staying in this hotel?
3 Would you tell me exactly what documents I need for registration?
4 Could you tell me which bus line goes directly to the airport without any transfers?
5 Would you tell me who I should contact regarding my job application status?
6 Could you tell me who designed the layout for this brochure?
7 Could you tell me why my payment didn't go through?
8 Would you tell me why the meeting was canceled at the last minute?
9 Could you tell me how late the store is open tonight, just to be sure?
10 Could you tell me how much this costs with tax included?
11 Could you tell me how I can reset my password?
12 Would you tell me how you got such impressive results in such a short time?

UNIT 3 정중한 간접의문문 만들기 2
STEP 1 ▶ 정답 p. 80

Do you know what kind of charger I need for this phone model?

유제 1 Do you know how much data streaming a movie usually consumes?

유제 2 Do you think (that) we should book our tickets online in advance?

유제 응용 Do you think (that) we'll be able to finish everything before the deadline?

STEP 2 ▶ 정답 p. 82

1 Do you know where I can find gluten-free snacks around here?
2 Do you know why the Wi-Fi connection keeps dropping in this area?
3 Do you know when the coffee shop downstairs usually gets crowded?
4 Do you know how long leftovers stay fresh in the refrigerator?
5 Do you know how I can make this presentation more engaging for the audience?
6 Do you know who I should contact about renewing my parking permit?
7 Do you think (that) he'll be able to make it here on time despite the traffic?
8 Do you think (that) this outfit looks appropriate for the event tonight?
9 Do you think (that) we need to bring anything else besides the documents?
10 Do you think (that) I should give him a quick call to double-check?
11 Do you think (that) this laptop offers good value for the price?
12 Do you think (that) your explanation was clear enough for everyone to understand?

UNIT 4 정중한 간접의문문 만들기 3
STEP 1 ▶ 정답 p. 84

Do you mind if I step out for a minute to take a phone call?

유제 1 Do you mind if I borrow your pen for a second to sign this form?

유제 2 Do you mind sending me that file again with the updated figures?

유제 응용 Do you mind picking up some milk and bread on your way home from work?

STEP 2 ▶ 정답 p. 86

1 Do you mind if I ask you a couple of quick questions about the project?
2 Do you mind if we start the meeting ten minutes earlier than planned?
3 Do you mind closing the door behind you when you leave the office?
4 Do you mind giving me a ride to the train

station after the event?

5 Would you mind if I brought my laptop into the meeting to take notes?
6 Would you mind if we rescheduled our coffee meeting for next week?
7 Would you mind if I asked you a few personal questions about your career path?
8 Would you mind if I took Friday afternoon off to attend a family event?
9 Would you mind forwarding this email chain to the entire team for me?
10 Would you mind printing two additional copies of this report before noon?
11 Would you mind helping me rearrange the tables for the seminar this afternoon?
12 Would you mind checking the conference room schedule for next Friday?

UNIT 5 정중한 간접의문문 만들기 4

STEP 1 ▶ 정답 p. 88

I wonder if you could spare a moment to discuss our marketing strategy.

유제 1 I wonder if you've already booked accommodations for the conference.
유제 2 I wonder who will be presenting the quarterly results next Monday.
유제 응용 I wonder why the mobile app crashes whenever I try to upload large files.

STEP 2 ▶ 정답 p. 90

1 I wonder if you've received confirmation from the caterer about lunch.
2 I wonder if it's worth investing in that new software platform.
3 I wonder if we need to include additional case studies in the report.
4 I wonder if the maintenance crew has fixed the air conditioning in the lobby.
5 I wonder how long it typically takes to get security clearance here.
6 I wonder how much this kind of repair usually costs.
7 I wonder when I'll finally have time to take a proper vacation.
8 I was wondering if you could share the project timeline with the team before noon.
9 I was wondering if you could lend me your notes from yesterday's class.
10 I was wondering if I could get an extension on the deadline.
11 I was wondering what the best route is to avoid traffic during rush hour.
12 I was wondering where we should host the team's year-end celebration.

UNIT 6 부가의문문 만들기

STEP 1 ▶ 정답 p. 92

They were planning to expand the team next month, weren't they?

유제 1 The manager approved the budget increase, didn't he?
유제 2 She's not still mad about what happened yesterday, is she?
유제 응용 They wouldn't mind rescheduling the appointment, would they?

STEP 2 ▶ 정답 p. 94

1 There's still some time left before the meeting, isn't there?
2 You can't access the database without permission, can you?
3 We tend to take the little things for granted, don't we?
4 Keep an eye on my bag for a second, will you?
5 Don't forget to submit the report by Friday, will you?
6 Let me know if anything changes, could you?
7 Think before you post something online, can't you?
8 He never takes responsibility for his mistakes, does he?
9 Everyone's already seen the announcement, haven't they?
10 Nothing ever seems to go as planned, does it?
11 We're supposed to submit this by Friday, not Monday, right?
12 He's the one who helped you with the presentation, right?

STEP UP YOUR WRITING ▶ 정답 p. 96

Sounds Polite, Works Great

Emma: **Could you send me the slides** you presented today?

Jane: Sure, **I'll email them to you right after lunch**. **Would you like me to include the revised timeline, too?**

Emma: Yes, please. Also, **would you be able to check the figures on slide 5?** I think there might be a typo.

Jane: Of course. **I was wondering if you could share the notes you took during the client discussion.**

Emma: Absolutely. **Do you mind if I send them as a Google Doc instead of a PDF?**

Jane: Not at all. Oh, by the way, **do you know where I can find the updated budget file?**

Emma: It's in the shared folder, but **let me know if you can't access it**, will you?

Jane: Will do. One more thing—**could you tell me who's handling the design part for the final report?**

Emma: I think Olivia is. **Would you mind checking with her directly?**

Jane: No problem. I'll give her a call. She's not still out on vacation, **is she?**

Emma: **No, she got back yesterday. The sooner we finalize things, the better**, right?

Jane: Definitely. And this might be a bit last-minute, but **may I leave a bit early today? I have a dentist appointment.**

Emma: Sure, that's fine. Just make sure **your part is done by tomorrow morning, could you?**

CHAPTER 4 관계사절로 문장 확장하기

UNIT 1 관계사절 1 (관계대명사 주격, 목적격)

STEP 1 ▶ 정답 p. 100

She's the one who always remembers everyone's birthday.

유제 1 They hired a designer who specializes in minimalist interiors.

유제 2 The woman who I met yesterday turned out to be my new boss.

유제 응용 The book that you lent me last week has a character who reminds me so much of you.

* that you lent me에서 'that'은 목적격이므로 생략 가능하지만, 전체 문장이 상대적으로 길고, 중간에 수식어가 많기 때문에 여기서는 생략하지 않는 것이 더 자연스러워요.

STEP 2 ▶ 정답 p. 102

1 He's someone who always knows the right thing to say.
2 She's a colleague who brings positive energy to the team.
3 She's working on a project that could disrupt the industry.
4 The reusable bottle that fits perfectly in my backpack helps me stay hydrated all day.
5 The recipe that always saves me on busy weeknights takes just fifteen minutes to make.
6 We need a solution that addresses the root cause of the problem.
7 The short walk that helps me clear my head after work starts at the park just down the street.
8 The song that she keeps playing on repeat is driving everyone in the office crazy.
9 I finally found the email that I had been looking for all morning.
10 The story that she told us brought tears to my eyes.
11 The photo that you posted yesterday got a lot of likes.
12 The documentary that we watched last night was about a woman who overcame incredible obstacles to achieve her dreams.

* that we watched에서 that은 생략 가능하지만 문장이 비교적 길고 관계사절이 겹쳐 있는 경우에는 that을 생략하지 않는 것이 더 명료하고 이해하기 쉬운 문장이 됩니다.

UNIT 2 관계사절 2 (관계대명사 that만 써야 하는 경우)

STEP 1 ▶ 정답 p. 104

He gave the most honest feedback that I've ever received.

유제 1 This is the best solution that addresses both the budget and timeline concerns.

유제 2 That's the last excuse that I want to hear from you.

유제 응용 That's the first question that we should ask in tomorrow's meeting.

STEP 2 ▶ 정답 p. 106

1. This is the clearest explanation that helps even beginners understand the concept.
2. She's the second intern that has been offered a full-time job.
3. There's something that doesn't quite add up in his explanation.
4. Is there anything that you'd like to clarify before we move on?
5. Anything that involves sensitive data must be encrypted.
6. Nothing that she suggested was practical enough to implement.
7. There's nothing that wakes me up faster than the smell of freshly brewed coffee in the morning.
8. This is the same issue that caused problems in last quarter's report.
9. He's the only candidate that meets both the technical and leadership criteria.
10. They offered me complete creative freedom. That's the very reason that I decided to take the job.
11. What's the best book that helped you understand marketing better?
12. Who is the person that told you about this job opening?

UNIT 3 관계사절 3 (관계대명사 소유격)

STEP 1 ▶ 정답 p. 108

He's a speaker whose words always motivate the audience.

유제 1 They hired an intern whose attitude impressed everyone on the team.

유제 2 He told me a story whose lesson I'll never forget.

유제 응용 She joined a company whose culture many employees describe as supportive.

STEP 2 ▶ 정답 p. 110

1. I met a traveler whose stories made me want to visit new places.
2. We hired a developer whose coding skills exceeded our expectations.
3. She has a colleague whose creativity always brings fresh ideas to the team.
4. She's an author whose books have been translated into 15 languages.
5. He joined a company whose mission aligns with his personal values.
6. The company launched a product whose design won multiple awards.
7. It was a book whose ending left me completely speechless.
8. It was a contract whose terms we had never agreed to.
9. She's an artist whose work critics consistently praise.
10. She is leading a project whose success the whole company depends on.
11. They live in a neighborhood whose schools are highly recommended by parents.
12. I spoke with a teacher whose passion changed how I think about education.

UNIT 4 관계사절 4 (계속적 용법)

STEP 1 ▶ 정답 p. 112

Our manager, who used to work at Google, is very supportive.

유제 1 Our guide, who was very knowledgeable, answered all our questions.

유제 2 They've launched a new app, which has already gone viral.

유제 응용 Last night I saw a documentary, which changed how I see the world.

STEP 2 ▶ 정답 p. 114

1. Jake, who never misses a deadline, finished the report early this time as well.
2. The meeting, which was supposed to start at 2, has been delayed.
3. My favorite book, which I've read five times, still moves me.
4. This painting, which was created in the 18th century, is incredibly well-preserved.

5. The movie, which received several awards, was directed by a first-time filmmaker.
6. This coffee shop, which just opened near my office, makes excellent espresso.
7. They hired Maria, whom I recommended for the position.
8. This is Angela, who's been working with us remotely from Berlin.
9. We interviewed five candidates, some of whom had international experience.
10. They presented several proposals, none of which met our budget requirements.
11. He told us about a historic site, the name of which I can't remember.
12. They signed a new partnership, the terms of which will be announced next week.

UNIT 5 관계사절 5 (문장 전체를 받는 which)

STEP 1 ▶ 정답 p. 116

We lost all the data, which was a complete disaster.

유제 1 I spilled coffee on my shirt right before the interview, which was really embarrassing.

유제 2 The power came back just in time, which saved our frozen food.

유제 응용 They canceled the event at the last minute, which caused a lot of confusion.

STEP 2 ▶ 정답 p. 118

1. We ran into an old friend at the cafe, which was such a nice coincidence.
2. The package arrived a day earlier than expected, which was a pleasant surprise.
3. They changed the deadline without telling us, which was quite frustrating.
4. He turned down the job offer, which I thought was a bold move.
5. They completely redesigned the website, which made it much easier to navigate.
6. She refused to answer the journalist's question, which only raised more suspicion.
7. They extended the deadline by a full week, which gave the team some much-needed breathing room.
8. We had to redo the entire presentation the night before the event, which was exhausting but necessary.
9. The CEO made several key announcements during the call, which significantly boosted investor confidence.
10. They offered him the position immediately after the interview, which doesn't happen very often.
11. They didn't renew the lease, which meant we had to move out by the end of the month.
12. He forgot to submit the application on time, which means he'll have to wait until the next round.

STEP UP YOUR WRITING ▶ 정답 p. 120

One Teammate, Many Lessons

When I started my first full-time job, I joined a small project team.

There was a teammate who always stayed calm, even during busy days.

She was the kind of person who offered helpful advice without being overly critical.

She once showed me a checklist that helped her stay organized.

It was a system that she had created herself, and it worked really well.

She also gave me feedback on the first client email I wrote, which was full of small mistakes.

She rewrote it with me, and the client responded much more positively.

We had some important meetings that led to big changes in the project.

She raised questions that no one else thought to ask.

One day, she gave a presentation, and our manager, who doesn't usually say much, complimented her in front of everyone.

Her attitude inspired many people in the office, some of whom were usually shy.

Eventually, she got promoted, which made everyone happy.

She's the only person at work that made me feel truly supported.

Working with her was an experience that helped me grow in many ways.

CHAPTER 5 복합관계사로 문장 확장하기

UNIT 1 복합관계사 1 (whoever, whatever, whichever 로 명사절 만들기)

STEP 1 ▶ 정답 p. 124

Whoever said that was clearly mistaken.

유제 1 I'll support whoever you appoint as team leader.

유제 2 Whatever you said in the meeting made a strong impression.

유제 응용 He always believes whatever she tells him, which sometimes gets him into trouble.

STEP 2 ▶ 정답 p. 126

1 Whoever manages this project must have strong communication skills.
2 Whoever comes up with the best idea will receive funding for their project.
3 We're open to collaborating with whoever shares our values and goals.
4 Whatever happened yesterday shouldn't affect today's decisions.
5 I'll support whatever decision the team agrees on.
6 Whatever you recommended turned out to be a great choice.
7 He always says whatever comes to his mind, without thinking it through.
8 I'll take whichever job pays more.
9 I'll follow whichever schedule works for the majority.
10 You can choose whichever method works best for your team.
11 The client will approve whichever layout they find the most appealing.
12 I'll go with whichever strategy the team agrees on unanimously.

UNIT 2 복합관계사 2 (whoever, whichever, whatever 로 부사절 만들기)

STEP 1 ▶ 정답 p. 128

Whoever you meet today, treat them with kindness.

유제 1 Whatever he promised, please don't take it at face value.

유제 2 Whoever said those things, don't let it affect you.

유제 응용 Give yourself a moment to recharge, whatever your schedule looks like.

STEP 2 ▶ 정답 p. 130

1 I'll continue with the plan, whoever opposes it.
2 Stay professional, whoever you're dealing with.
3 I'll accept the outcome, whoever ends up getting the promotion.
4 Whatever happens from now on, know that you did your best.
5 Whatever mistakes you made, you can still fix them.
6 Whatever path you choose, make sure it aligns with your values.
7 Whatever you say, I don't think apologizing is enough this time.
8 Whichever room you use, please remember to turn off the lights when you leave.
9 Whichever restaurant you pick, I'm sure the food will be great.
10 Whichever approach we take, it needs to be well thought out.
11 Whichever path leads to better collaboration, let's take that.
12 Whichever bag you decide to bring, make sure it fits all your stuff.

UNIT 3 복합관계사 3 (wherever, whenever, however 로 부사절 만들기)

STEP 1 ▶ 정답 p. 132

Whenever there's a problem, he always tries to fix it on his own.

유제 1 He takes a deep breath whenever he feels stressed at work.

유제 2 Wherever I travel, I try the local street food first.

유제 응용 Wherever life takes you, you'll always have me in your corner.

STEP 2
▶ 정답 p. 134

1. I listen to that playlist whenever I need to focus deeply.
2. Whenever I'm under pressure, I take a short walk to clear my head.
3. You can come over whenever you feel overwhelmed and need a break.
4. Wherever you find genuine people, hold on to them.
5. Wherever we eat, you always find the best dish on the menu.
6. Wherever she goes, she keeps a small notebook handy to jot down important ideas.
7. However hard I try to wake up early, I always hit the snooze button.
8. However tired you are, always take off your makeup before bed.
9. However much I eat, I'm always hungry again two hours later.
10. However carefully I explain it, he still misunderstands.
11. However things turn out, I'm proud of the effort you put in.
12. However you explain it, it still doesn't make sense to me.

UNIT 4 복합관계사 4 (동사를 생략하는 경우)

STEP 1
▶ 정답 p. 136

Whatever the reason, he should have told us the truth.

유제 1 Whatever the cost, we can't let this opportunity slip by.

유제 2 However convincing, don't believe everything you hear.

유제 응용 However tempting, don't give in to the pressure and make a hasty decision.

STEP 2
▶ 정답 p. 138

1. Whatever the weather, the event will go ahead as planned.
2. Whatever their problems, they need to sort them out on their own.
3. Whatever his intentions, he should have communicated more clearly.
4. Whatever the consequences, I'll stand by my decision and take full responsibility for it.
5. However busy, she always makes time for her kids.
6. However small, every effort counts in this project.
7. However difficult, we have to complete the task by Friday.
8. Whenever convenient, swing by the office to pick up the documents.
9. Check in with your team whenever feasible, so they're always in the loop.
10. Take notes whenever necessary, especially during important meetings.
11. Whenever appropriate, express your appreciation for their efforts.
12. Whenever possible, keep a bottle of water nearby to stay hydrated.

STEP UP YOUR WRITING ▶ 정답 p. 140

Groceries, Greetings, and Great Friendship

When I first moved into this apartment complex, I didn't know anyone.

Whoever I passed in the hallway would just nod politely and walk away.

One day, I accidentally dropped a bag of groceries, and someone immediately came over to help.

Whatever was in her hands, she put it down without hesitation and started picking things up with me.

That's how I met Jina, a neighbor who later became one of my closest friends.

She always greets whoever she sees, no matter how busy she is.

Whenever she bakes, she shares a few pieces with the neighbors, including me.

I can go to her place whenever I need advice—or just some good company.

However different our personalities are, we always understand each other.

She once told me to go with whichever decision brought me peace, and that stuck with me.

Whatever the problem is, she approaches it calmly and kindly.

I've come to believe that **true friendship can start in the simplest ways**.

And to be honest, **whoever ends up living next to her is truly lucky**.

CHAPTER 6 분사 구문으로 더 간결하고 세련된 문장으로

UNIT 1 분사구문 1 (다양한 분사구문 만들기)

STEP 1 ▶ 정답 p. 144

Feeling a sudden chill in the room, she reached for a blanket to warm herself.

유제 1 Having so little time, there was not much that we could reasonably accomplish.

유제 2 Encouraged by his teacher, he decided to apply for the scholarship.

유제 응용 Not convinced by his explanation, they asked for further proof.

STEP 2 ▶ 정답 p. 146

1 Being a perfectionist, he couldn't help but redo the whole project.

2 Being the only one that knew the truth, she couldn't shake the feeling of responsibility.

3 Not knowing what to say, she just smiled awkwardly.

4 Not satisfied with the service, she requested a full refund.

5 Surrounded by friends and family, he felt an overwhelming sense of gratitude.

6 Stuck in traffic for nearly an hour, they missed the opening scene of the movie.

7 Having failed the exam twice, he was determined to pass this time.

8 Never having traveled alone before, she felt both excited and anxious about the solo trip.

9 Having been told the truth, she finally understood what happened.

10 Having been given a second chance, he vowed not to make the same mistake.

11 When driving at night, always keep your headlights on for safety.

12 Although feeling nervous, she delivered her speech with confidence.

UNIT 2 분사구문 2 (독립분사구문)

STEP 1 ▶ 정답 p. 148

Everyone looking exhausted, the meeting was adjourned.

유제 1 The phone ringing nonstop, she finally picked it up.

유제 2 His proposal rejected, he still remained optimistic.

유제 응용 All the tickets sold out, they had to turn away disappointed customers.

STEP 2 ▶ 정답 p. 150

1 The wind howling, the windows shook and rattled all night.

2 The deadline approaching, they decided to pull an all-nighter.

3 The road being repaired, we had to take a different route.

4 The documents being reviewed, we cannot proceed with the project yet.

5 His wallet having been stolen, he had to borrow money for the taxi.

6 The sun having set, the temperature dropped significantly.

7 Her phone having died, she couldn't contact anyone for hours.

8 The children having fallen asleep, the parents finally had some quiet time.

9 Considering the weather, we should probably postpone the picnic.

10 Judging from the look on his face, he didn't take the news very well.

11 Supposing you had all the money in the world, what would you do first?

12 Strictly speaking, the deadline was yesterday, but we can grant a one-day extension.

UNIT 3 분사구문 3 (with + 명사 + 분사)

STEP 1 ▶ 정답 p. 152

He waited patiently with his arms crossed over his chest.

유제 1 He walked down the street with his hands buried deep in his pockets.

유제 2 She stared blankly out the window with tears streaming down her face.

유제 응용 The meeting ended smoothly with everyone agreeing to the new proposal.

STEP 2
▶ 정답 p. 154

1   She walked away with her head held high and her confidence restored.
2   She worked at her desk with her headphones blasting music.
3   She jogged along the river with the sun setting behind her.
4   They walked in silence with the tension growing thicker by the minute.
5   She studied for hours with her cat sleeping on her lap.
6   The restaurant stayed open with only two staff members working the entire shift.
7   The concert went on as planned, with the audience cheering throughout the entire performance.
8   With the ground covered in snow, the kids ran outside to play.
9   With the news spreading rapidly, the company issued a statement.
10 With his mind wandering, he couldn't concentrate on the lecture.
11 With her spirits lifted, she finally felt ready to face the challenge.
12 With his confidence shattered, he walked away without saying a word.

STEP UP YOUR WRITING ▶ 정답 p. 156

A Lucky Morning

Waking up unusually refreshed, **I noticed the sun shining through the curtains**. **Having gone to bed early** the night before, **I felt more energized than usual**. **With birds chirping outside** and coffee brewing in the kitchen, **the morning felt almost perfect**. Heading out the door, **I found that the usually crowded bus arrived right on time**. **Smiling at the bus driver, I grabbed a seat by the window**. **Spotting an empty café across from the office, I decided to treat myself** to a little pre-work snack. **Having ordered my favorite pastry**, I reached into my bag—only to realize **I had forgotten my wallet**. Just as I started to panic, **the barista smiled and said, "It's on the house today."** **Touched by the kindness, I promised to return later and pay for it**. **With a pastry in hand** and gratitude in my heart, **I arrived at work just in time for the morning meeting**. **Everything going smoothly, the team wrapped up early and went out for lunch together**. **Laughing with my coworkers, I thought, "Days like this don't come often."** **Having started the day without any expectations**, I ended it feeling like **the luckiest person in the world**.

CHAPTER 7 조건절과 가정법 문장 만들기

UNIT 1 조건절 만들기 1

STEP 1
▶ 정답 p. 160

If you head out now, you will beat the evening traffic.

유제 1 If you don't back up your files regularly, you will lose everything.

유제 2 If the package doesn't arrive, we'll have to refund the customer.

유제 응용 If she doesn't confirm the reservation by tonight, we'll have to find another venue for the event.

STEP 2
▶ 정답 p. 162

1   If he forgets to send the email, I'll have to contact them myself.
2   If she doesn't reply to my text by tonight, I'll assume she's not interested.
3   If the client changes the deadline, will you still be able to finish the project by Friday?
4   If you forward me the email thread, I'll handle the follow-up with the client.
5   If you don't invite Tom to the party, he'll feel

really left out.

6 If you save a little each month, you'll have enough for a vacation next year.
7 If you forget to bring sunscreen, you will get sunburned.
8 If you skip breakfast again, you'll be starving long before lunchtime.
9 If the package doesn't arrive by Friday, we'll have to buy a last-minute gift instead.
10 If you keep the heater on all night, the electricity bill will shoot up next month.
11 If the traffic app shows heavy congestion, we'll take the river road and get there faster.
12 If you ignore that software update, your phone will keep crashing whenever you open the camera.

UNIT 2 가정법 문장 만들기 1 (현재 사실에 반대되는 가정)

STEP 1
▶ 정답 p. 164

If I were you, I would take that job opportunity without a second thought.

유제 1 If you were me, you would understand why I made that decision.
유제 2 If I had more money, I would buy it before the price goes up.
유제 응용 If he didn't work so much, he would spend more time with his family.

STEP 2
▶ 정답 p. 166

1 If I knew how to cook, I would make dinner for you.
2 If you were more organized, you wouldn't forget your appointments.
3 If he were more patient, he wouldn't get frustrated so easily.
4 If they knew the truth, they might react differently.
5 If we didn't have a meeting tomorrow, we could stay out late tonight.
6 If you didn't spend so much money on coffee, you could save for a vacation.
7 She would be perfectly happy if she didn't have to work overtime every weekend.
8 It would be nice if you didn't leave your stuff all over the living room every day.
9 If the car weren't so old, we wouldn't need to repair it so often.
10 If my sister weren't studying abroad, she would be here for the holidays.
11 If the internet connection were more stable, we could finish the meeting without interruptions.
12 If I could go back in time, I would tell my younger self not to worry about others' opinions so much.

UNIT 3 가정법 문장 만들기 2 (과거 사실에 반대되는 가정)

STEP 1
▶ 정답 p. 168

If we had left ten minutes earlier, we wouldn't have missed the train.

유제 1 If he had been honest with me, I wouldn't have felt so betrayed.
유제 2 If the car hadn't broken down, we could have arrived much earlier.
유제 응용 If you hadn't been so stubborn, we might have reached an agreement.

STEP 2
▶ 정답 p. 170

1 If you had listened to my advice, things might have turned out differently.
2 If she had asked for help, we could have finished the project on time.
3 If I had known it was your favorite restaurant, I would have taken you there.
4 If he had apologized right away, she might not have been so upset.
5 If I had cooked a little more food, we would have had enough for everyone.
6 If they had prepared properly, the presentation wouldn't have been a disaster.
7 If I had taken that job offer, my life would have been completely different.
8 If they had followed the instructions, the project would have been a success.
9 If the weather had been warmer, we could have gone for a swim.
10 If the manager had approved the budget, we could have started the campaign.

11 If you had invested in that stock, you might have made a lot of money.
12 If I hadn't been so tired, I might have realized that the meeting was actually today, not tomorrow.

11 If I were better with directions, I wouldn't have gotten lost on my way to your place last night.
12 If she were more confident with public speaking, she might have given the keynote at last month's conference.

UNIT 4 가정법 문장 만들기 3 (혼합 가정법)

STEP 1
▶ 정답 p. 172

If I had saved more during college, I would have a decent nest egg now.

유제 1 If they had moved closer to the office, they would spend far less time commuting.

유제 2 If you were a member, you would have received the early-bird discount last week.

유제 응용 If I were better at saying no, I would have avoided that exhausting project last month.

STEP 2
▶ 정답 p. 174

1 If we had installed solar panels last year, we would be paying much less for electricity now.
2 If you had practiced yoga every morning, you could feel a lot more flexible these days.
3 If she had started networking earlier, she could have multiple job offers on the table now.
4 If you had cut down on sugar last year, you might be feeling healthier this summer.
5 If we had booked the hotel earlier, we might be staying in a sea-view room right now.
6 If the company had invested in cloud storage back then, we would have scalable servers at the moment.
7 If I had memorized your extension, I would call you without checking the directory each time.
8 If I had charged my phone overnight, I wouldn't be scrambling for a charger right now.
9 If he spoke Spanish fluently, he could have taken that job in Madrid.
10 If you cared about deadlines, you would have submitted the form on Monday.

UNIT 5 I wish 가정법, as if 가정법 문장 만들기

STEP 1
▶ 정답 p. 176

I wish it were sunny today instead of raining.

유제 1 I wish you had told me the truth earlier.

유제 2 He acts as if he were the boss here.

유제 응용 He looked at me as if I had done something wrong.

STEP 2
▶ 정답 p. 178

1 I wish I knew the answer to this question; it's really bothering me.
2 I wish I could stay calm even in stressful situations.
3 I wish I had been there for you when you needed me.
4 I wish you would stop overthinking every little thing.
5 I wish you would take action instead of just making plans.
6 I wish it hadn't rained yesterday, so we could have gone hiking.
7 I wish I hadn't said those things to him. I regret it so much now.
8 She acts as if she didn't care about the consequences.
9 They act as if they were rich, but they're actually in debt.
10 You sound as if you were completely fine with the decision.
11 She spoke to me as if we had been best friends for years.
12 He avoided me as if we had had a huge argument.

UNIT 6 if only 가정법 문장 만들기

STEP 1
▶ 정답 p. 180

If only I knew what to say in situations like this!

유제 1 If only he weren't so afraid of trying something new!

유제 2 If only he would just say what he really feels.

유제 응용 If only she would pick up her phone, we could sort this out right away.

STEP 2
▶ 정답 p. 182

1. If only I were better at small talk during those awkward coffee breaks!
2. If only the deadline weren't right after a long holiday weekend!
3. If only this cramped apartment had just one more window to let the sunlight pour in!
4. If only he were a little more patient, we could have a proper conversation.
5. If only the neighbors would keep their dog on a leash in public places!
6. If only he would take his responsibilities more seriously!
7. If only my boss would let me take a day off, I could finally get some rest.
8. If only he had been more honest with me from the start!
9. If only the team had thoroughly tested the software!
10. If only I had studied a bit harder in high school!
11. If only I had trusted my instincts, I wouldn't have made that mistake.
12. If only they had left a little earlier, they wouldn't have missed the train.

UNIT 7 if it were not for 가정법 문장 만들기

STEP 1
▶ 정답 p. 184

If it were not for your help, I would be completely lost right now.

유제 1 If it weren't for my coffee, I wouldn't survive Monday mornings.

유제 2 If it hadn't been for your encouragement, I would have quit long ago.

유제 응용 If it hadn't been for her quick thinking, we would have been in serious trouble.

STEP 2
▶ 정답 p. 186

1. If it weren't for the group chat, we'd miss half the school announcements.
2. If it weren't for her daily reminders, I'd forget to take my medication.
3. If it weren't for GPS, I'd get lost every time I drive downtown.
4. If it were not for his connections, he wouldn't be working there now.
5. If it had not been for the mentor's guidance, the project would have derailed.
6. If it had not been for her early diagnosis, treatment would have been much harder.
7. If it hadn't been for his determination, the company would have gone bankrupt.
8. If it hadn't been for your timely advice, I don't know what I would have done.
9. But for her sense of humor, our team meetings would be unbearable.
10. But for the noise-canceling headphones, I couldn't focus in this open office.
11. But for the timely backup, we would have lost months of research data.
12. But for the translator's help, I don't know how we would have closed the deal yesterday.

UNIT 8 if절이 없는 가정법 문장 만들기

STEP 1
▶ 정답 p. 188

A: What would you do if you won the lottery?
B: I would travel the world and buy a house by the beach.

유제 1
A: What would you do if you could go back ten years?
B: I would invest in my education and start saving for a house earlier.

유제 2
A: What would you have done if you had lost your passport abroad?
B: I would have gone straight to the embassy for help.

유제 응용

A: What would you have said if your boss had asked you to work on the weekend?
B: I would have told him I already had plans with my family.

STEP 2
▶ 정답 p. 190

1. A: Mike just asked me to lend him $100 again.
   B: In your place, I wouldn't lend him money.

2. A: What would you do if you were the boss?
   B: I'd give everyone a raise. They work so hard.

3. A: What would you do if you were in my shoes?
   B: I would take some time to think it over before making a decision.

4. A: What would you have said if he had apologized?
   B: I might have forgiven him.

5. A: I found a wallet with $500 in it. What would you have done if no one had been around?
   B: I would have still turned it in to the police. It's not mine.

6. A: I can't believe Lisa told everyone about my secret.
   B: That's terrible. A real friend would not have spread such rumors about you.

7. A: What if I tell the boss the project's finished even though it's not?
   B: Bad idea. She would find out, and you'd lose her trust.

8. A: What would you have done if the GPS had sent you the wrong way?
   B: I would have pulled over and asked a local for directions.

9. A: Why didn't you tell her the truth?
   B: She wouldn't have believed me anyway.

10. A: What if I just ignore her messages?
    B: I wouldn't. That could make things worse.

11. A: He's thinking of quitting his job without a backup plan.
    B: I wouldn't. He might regret it later.

12. A: You look exhausted. Why don't you just take a day off?
    B: I would if I could, but I've got way too much work to do.

13. A: My phone's on 5 %. Should I install that big update now?
    B: I wouldn't. The battery could die halfway and brick your phone.

14. A: He wants to post his entire travel itinerary online.
    B: I wouldn't do that—thieves might track when your house is empty.

15. A: She's considering skipping the networking event to stay home and game.
    B: I'd go. One good connection could lead to a great job later.

STEP UP YOUR WRITING
▶ 정답 p. 194

What ifs and What's Next

Jin: **If I had taken that internship last year, I might have gotten a full-time offer by now.**

Sophie: Maybe. **But if I were you, I wouldn't dwell on what-ifs** too much.

Jin: I know. Still, **I wish I had been a bit more confident back then**.
What would you have done if you had been in my position?

Sophie: **I probably would have done the same. It's not easy to decide** without knowing the outcome.

Jin: Yeah. **I sometimes act as if everything were fine**, but deep down I still wonder.

Sophie: If only **we had a crystal ball for life decisions**.

Jin: Right? **If I could go back in time, I'd tell myself**, "Just go for it."

Sophie: And now? **If you got a new opportunity, would you take it?**

Jin: I would—without hesitation this time.

Sophie: That's the spirit. **If you keep learning and growing**, things will turn out just fine.

Jin: Thanks. **I wish I had believed that a little sooner.**

CHAPTER 8 영어 문장의 재구성

UNIT 1 감탄문 만들기

STEP 1 ▶ 정답 p. 198

What a beautiful day to go for a walk! / How refreshing the air is!

유제 1 What a brilliant idea you had! How clever of you!

유제 2 That's so sweet of you to do that! You're such a life-saver!

유제 응용 What an incredible way to handle that task! You're such a perfectionist!

STEP 2 ▶ 정답 p. 200

1 What a reckless decision! What a terrible mistake that was!
2 What a shame! What a waste!
3 What a steal! Can you believe it was only $20?
4 That was so close! How lucky we were to get out of there in time!
5 That was such a brave decision, given the circumstances!
6 That was such an unforgettable experience. How could I ever forget it?
7 They spread such nonsense! How ridiculous!
8 Isn't it unbelievable how fast this year flew by!
9 Didn't that ending just blow your mind!
10 Wasn't that the cutest thing you've ever seen!
11 How lucky you are! What a life you're living!
12 How amazing this place is! Isn't it just the most breathtaking view!

UNIT 2 전치(Fronting)를 활용한 문장 만들기

STEP 1 ▶ 정답 p. 202

This advice I wish I had taken sooner.

유제 1 Those lies I won't believe for a second.

유제 2 Such behavior we simply cannot tolerate in this company.

유제 응용 That suggestion I found surprisingly helpful during the meeting.

STEP 2 ▶ 정답 p. 204

1 This decision we have to reconsider before it's too late.
2 Every single detail of the plan she carefully explained.
3 These excuses I've heard a thousand times.
4 Such a mess this room is!
5 Strange people they are!
6 Scared though he was, he stood his ground.
7 Tired though he was, he stayed up late to finish the report.
8 Late as he was, he still managed to catch the last train.
9 Young as she was, she managed the crisis calmly and confidently.
10 What I'm going to do next I just don't know.
11 What she said about you I wouldn't take too seriously.
12 How they managed to finish on time we still wonder.

UNIT 3 도치(Inversion)를 활용한 문장 만들기

STEP 1 ▶ 정답 p. 206

May all your wishes come true!

유제 1 May your family be blessed with peace and love.

유제 2 Under no circumstances should you open that file.

유제 응용 Not only did they forget the appointment, but they also missed the deadline.

STEP 2 ▶ 정답 p. 208

1 May the new year bring you joy and prosperity.
2 Never have I felt so inspired by a speech.
3 Little did I know how much that moment would mean.
4 Only then did she realize what he truly meant.
5 So confusing were the instructions that no one could figure out what to do.

6   When a manager leads by example, so do the team members.
7   Were she here now, she would support your idea.
8   Had they listened to the advice, they might have avoided the problem.
9   Had it not been for your help, we couldn't have finished.
10 In the distance stood a small, weathered cabin.
11 Down the street came a parade of schoolchildren.
12 On the hill overlooking the town stood a statue of the founder.

5   What I need right now is some peace and quiet to clear my thoughts.
6   A full refund with no conditions is what they promised us.
7   All I want at this point is a second chance to prove myself.
8   The only thing I remember is falling asleep on the couch with the TV still on.
9   Paris was the place where they first met during their summer vacation.
10 The reason why I left early was a family emergency that I couldn't ignore.
11 What he did was (to) admit his mistake in front of everyone and apologize sincerely.
12 What happened was (that) no one showed up, even though we sent out all the invitations.

UNIT 4 분열문(Cleft sentence)으로 강조하는 문장 만들기

STEP 1 ▶ 정답 p. 210

1   It was the manager that assigned the new project to Emma last Friday. (다른 사람이 아니라 매니저)
2   It was the new project that the manager assigned to Emma last Friday. (다른 것이 아니라 새 프로젝트)
3   It was Emma that the manager assigned the new project to last Friday. (다른 사람이 아니라 엠마)
4   It was last Friday that the manager assigned the new project to Emma. (다른 날이 아니라 지난 금요일)
유제 1   It was the twins who/that surprised everyone by solving the puzzle in under five minutes.
유제 2   It was before the deadline that my colleague submitted the final report.
유제 응용   It was during the discussion that Olivia proposed a brilliant alternative.

STEP 2 ▶ 정답 p. 212

1   It is you who/that always encourages me when I feel like giving up.
2   It was you that left the door open last night, wasn't it?
3   It wasn't the assistant that made the mistake during the final report submission.
4   It was after the meeting that he finally called me to explain what had happened.

UNIT 5 반복(Repetition)을 통한 강조 문장 만들기

STEP 1 ▶ 정답 p. 214

He does care about you, even if he doesn't say it.
유제 1   You do have a point there—I hadn't thought of it that way.
유제 2   I told him again and again, but he wouldn't listen.
유제 응용   She was tired, tired of the noise, tired of the stress, tired of pretending.

STEP 2 ▶ 정답 p. 216

1   I did hear a strange noise around midnight—like something was moving outside.
2   He does know the answer—he's just too shy to say it in front of everyone.
3   I do remember meeting him at the conference—he asked a brilliant question.
4   I did enjoy the movie, even though the ending was a bit predictable.
5   No plan, no backup, no idea what to do next.
6   She waited and waited until he finally showed up.
7   She worked and worked to make that happen.
8   I begged and begged, but he wouldn't listen.

9 He ran, ran until his legs gave out, ran because he had no choice.
10 He remembered every street, every corner, every smell of his hometown.
11 She cried for her family, cried for her future, cried for everything she had lost.
12 Not one friend, not one colleague, not even a stranger came to help.

10 He asked not for attention, not for praise, but for understanding.
11 She spends her weekends hiking in the mountains, cooking new recipes, and catching up on books.
12 They celebrated with food, with music, and with heartfelt stories shared around the table.

UNIT 6 병렬(Parallelism)을 통한 강조 문장 만들기

STEP 1 ▶ 정답 p. 218

We must act decisively, speak honestly, and lead courageously.

유제 1 Their success depends on consistent effort, clear communication, and mutual respect.

유제 2 She opened the window, took a deep breath, and smiled at the morning sun.

유제 응용 He promised to call, to visit, and to never forget the people who helped him.

STEP 2 ▶ 정답 p. 220

1 To learn a language is to open your mind, to connect with others, and to understand different cultures.
2 You can submit your application online, send it by mail, or hand it in personally.
3 She walked into the room, dropped her bag, and collapsed on the couch.
4 He spoke confidently, answered questions clearly, and maintained eye contact throughout.
5 The report needs to be edited for grammar, formatted for consistency, and checked for accuracy.
6 The movie was not only well-written but also beautifully shot and powerfully acted.
7 I tried calling her, texting her, and even knocking on her door, but there was no answer.
8 Not knowing what to say, when to say it, or how to say it, she avoided the conversation altogether.
9 Their strategy involved listening to feedback, adapting quickly, and staying ahead of trends.

UNIT 7 생략으로 더 간결하고 자연스러운 문장 만들기

STEP 1 ▶ 정답 p. 222

A: Is Jane coming tonight?
B: Probably not.

유제 1 She prefers working from home, and her husband (prefers working) from the office.

유제 2 Somebody took my pen, but I don't know who (took it).

유제 응용 You can attend the workshop in person, or your colleague (can attend) online.

STEP 2 ▶ 정답 p. 224

1 A: How do you want your eggs?
   B: Scrambled (eggs), please.
2 We have no red wine. Just white (wine).
3 His office is the last (office) at the end of the hall.
4 I don't want to go today, but I might (go) tomorrow.
5 We sailed (around the island), biked (around the island), hiked (around the island), and camped around the island.
6 A: Shall I tell him what I think?
   B: I wouldn't (tell him) if I were you.
7 A: You wouldn't have liked the party.
   B: Yes, I would (have liked it).
8 A: Are you going to apply for the job?
   B: I plan to (apply).
9 Don't push her to decide if she isn't willing to (decide).
10 A: Are you interested in working abroad?
    B: I'd like to (work abroad).
11 My boss encouraged me to apply for the promotion, but I didn't want to (apply for it).
12 She won't confront him; she doesn't have the confidence (to confront him).

UNIT 8 추가 정보(Insertion)를 넣어 풍부한 문장 만들기

STEP 1
▶ 정답 p. 226

Surprisingly, he agreed without hesitation to lead the team.

유제 1 She promised to help, but she didn't show up, not surprisingly.

유제 2 He called me, out of the blue, after five years of silence.

유제 응용 It was, without a doubt, the best concert I've ever attended.

STEP 2
▶ 정답 p. 228

1 As far as I know, he hasn't replied to the invitation yet.
2 Apparently, they're moving to another city for a fresh start.
3 We've finished, more or less, everything on today's checklist.
4 My cat, believe it or not, learned how to open the door by herself.
5 They accepted the new policy, somewhat reluctantly, after hours of discussion.
6 That was, to put it mildly, a disaster for everyone involved.
7 He answered, to everyone's relief, all the hard questions with ease.
8 I was, much to my surprise, chosen as the winner among many.
9 My father, who taught me everything I know, passed away last year.
10 The movie, which was based on a true story, made everyone cry.
11 This laptop, which I've had for years, still works perfectly.
12 That idea, which seemed ridiculous at first, actually worked.

UNIT 9 동격(Apposition) 구조로 간결하고 리듬감 있는 문장 만들기

STEP 1
▶ 정답 p. 230

Dr. Parker, the head of the research team, presented the findings.

유제 1 Their dog, a golden retriever named Max, loves swimming.

유제 2 The rumor that they're getting married spread quickly.

유제 응용 The fact that she speaks five languages impressed everyone.

STEP 2
▶ 정답 p. 232

1 Steve Jobs, the co-founder of Apple, changed the way we use technology.
2 Climate change, the biggest global threat of our time, requires urgent action.
3 The idea, a simple yet powerful one, changed everything.
4 The project, a major collaboration between two firms, begins next month.
5 The company, a startup based in Berlin, raised $10 million.
6 The book, a timeless classic, continues to inspire readers around the world.
7 My father, a quiet man of wisdom, rarely spoke, but when he did, we listened.
8 The idea that money can buy happiness is often debated.
9 I didn't believe her claim that she was being treated unfairly.
10 I support the belief that kindness creates stronger communities.
11 We rejected the proposal that the company should relocate overseas as a condition of the M&A.
12 She questioned the claim that the product was tested thoroughly.

UNIT 10 반전의 영어 문장 만들기

STEP 1
▶ 정답 p. 234

They won't release the final report until next week.

유제 1 She didn't realize how much she cared until he walked away.

유제 2 He looked calm, but he was anything but relaxed.

유제 응용 It was anything but boring, from the opening scene to the final twist.

STEP 2

1. The way things are unfolding is anything but normal.
2. He didn't apologize until I confronted him about what he had done.
3. I didn't understand the message until you carefully explained the context.
4. No sooner had I closed my eyes than I fell asleep.
5. No sooner had I closed the door than I realized I had forgotten my keys.
6. No sooner had she finished the sentence than he interrupted.
7. We have yet to hear back from them about the proposal we sent last week.
8. He has yet to start the project, even though the deadline is approaching.
9. They have yet to reach an agreement, despite several rounds of negotiations.
10. That man talks about nothing but money, as if it were the only thing that matters.
11. I've heard nothing but good things about her from everyone she's worked with.
12. They did nothing but argue the whole time we were there, which made everyone uncomfortable.

STEP UP YOUR WRITING

What a Day!

What a morning it was! **I spilled coffee on my shirt, missed my bus, and arrived late to a meeting.**

This kind of chaos I usually try to avoid—but today, it caught me off guard.

Never in my life **had I felt so unprepared before a presentation.**

Thankfully, I had finished the slides last night, but the confidence **I needed was nowhere to be found**.

I did try to stay calm. I really did.

"**May a little luck be on my side**!" I thought as I stepped into the conference room.

Our client, **a fast-growing startup**, sat across the table—eager, curious, and probably judging me already.

To everyone's surprise, the moment I started talking, the energy shifted.

How attentively they listened! What thoughtful questions they asked!

It was, **to be honest, one of the most engaging meetings** I've ever led.

Not only did we impress them, but we also secured a follow-up proposal meeting.

The fact that I almost didn't show up that morning still makes me laugh.

It was, without a doubt, the most unexpectedly rewarding morning I've ever had.

Making Sentences in English